中西哲思之源文丛

治法与治道

王斐弘 ◎ 著

厦门大学出版社
XIAMEN UNIVERSITY PRESS

国家一级出版社
全国百佳图书出版单位

中国法治的本源是治法

治法的常则是治民而非民治

治民的传统乃是治道而非政道

政道之要在于去人治而任法治

中西哲思之源文丛

总　序

人文素养之于学人的意义，自不待言。

然而，我时常惊讶于在阅读或研讨中，面对一般人文知识的征引出现的似是而非，乃至错谬。尤其喟然长叹博大精深的中西经典被一再误读，被断章取义，被极度浅薄化、庸俗化。把本来绰约于人类精神峰巅的雪莲花糟践成低俗的塑料花，试图插在每家的花瓶中；看似普及，实则为害深远，因为它亵渎与败坏了人们对圣哲与经典的向往和敬畏。而他（她）们还沾沾自喜，浑然不觉，行走于学术的江湖上高谈阔论，让识者哑然。

本以宁静、清寂为神髓的学术场域，不知从何时起，变得纷纷攘攘，成了争名逐利的名利场。也就复叹，不为时利所驱，不为浮名所诱，不为绩效所迫，一任内心的召唤，寂寞勤苦，青灯黄卷而不计得失之于学术的意义。

而我从事的法学研究，每每溯及思想的源流，涉及中西文化的差异，论说触及深微处，又总遇到我们是立足本土还是全盘西化的难题。虽云中西合璧，然自西方列强的坚船利炮打开国门，攻陷天朝的孤芳自赏之后，屈指算来，自洋务派代表人物之一的张之洞重申"中体西用"，距今已一百余年矣！然而，这一当时的"救时策"，至今依旧是个口号式的轮廓而已，至今还在对二者的犹疑中徘徊。

一方面，鲜有人十年一剑，殚精竭虑，系统思考在中西文化中，哪些是西方文化独有的？哪些是中国文化特有的？为什么会形成各自不同的文化传统，其源头在哪里,其原因是什么? 哪些是中西文明共通的,为什么? 二者在发展过程中的历次"分野"在何处? 形成分野的原因又是什么? 中西思维方式为何是不同的,由此对后来各自的发展造成了什么影响? 中西文化中究竟哪些是悬诸日月的不刊之论,哪些是因时移世易而应剔除的糟粕? 相互借鉴,借鉴什么? 在这一背景下,再系统清理国故中哪些是中华民族的根系,哪些是永不过时并形成了这个民族深层文化心理结构的东西,它经由一代复一代文化的传承而流淌在国人的血脉中,因之是不能颠覆的,不可动摇的,不敢断裂的文明根基。同样,鲜有人甘坐冷板凳,不把自身文明的广大与高明和西方文明的精细与严谨做简单的比附,而是深入堂奥,辨章学术,考镜源流,析分优劣,厘清同异,甄别分野,以做客观中立的比较,从而为中西文化差异形成的诸多纷争找到本根性的答案。

另一方面,迄今为止,历经时间的磨洗和实践的反复校验,即使被视为人类历史上最有智慧的思想圣哲,真正握有"量天尺"以擘画宇宙与人类社会者,也是寥若晨星。更多地,人类把握问题的方式因分工的日益精细以及所谓微观论证的需要,目光日趋如豆。不知从何时起,以宏阔的视角把握宏大的题材以作整体架构,被冠以"宏大叙事"之讥而日趋式微,代之以越来越琐屑的纠缠,从而让我们日渐"近视",只见枝叶,无缘得返森林。《庄子·天下篇》先知般地在战国时期就慨叹道:

> 悲夫,百家往而不返,必不合矣! 后世之学者,不幸不见天地之纯,古人之大体,道术将为天下裂。

惜乎! 这么睿智的哲思已被我们忘却已久了。整个人类的思维在越来越细的学科分工中失却了宏阔如炬的目力和整全的思维之度,犹如盲人摸象,怎不让人怵惕?

对这些问题的长久思考,大抵是我写作《中西哲思之源》文丛的最初动因。

当然,中西对论,清理冗杂,中正公允,送出新论,亦难矣! 所以,构想易立,施之万难。因为这一宏大的构想,不仅需要宗教般的虔诚与倾心,而且需要衣带渐宽终不悔的付出与执着,尤其需要博广的知识储备与一流的眼界,又谈何容易!

可我不甘心。人生一世,有梦想而不曾奋力一搏,此憾绵绵,将永无绝期。于是,从初起为了人文素养的增进到逐渐明晰使命,前后已20余年矣,诚可谓焚膏油以继晷，恒兀兀以穷年。于是，不揣浅陋，反复勾画，穷思苦索，费尽心血，构筑成原定 5 卷本，最终写成了 6 部书稿的文丛——"中西哲思之源"。此间甘苦，惟寸心知耳！

之所以只选取自泰勒斯至亚里士多德的古希腊哲思，因为这是西方哲思之源；之所以只选取自老子至韩非子的先秦诸子的哲思，因为这是中国哲思之源。而这两个源头的哲思所擘画的高度以及范围，是迄今为止人类哲思的高度与范围，后来的发展，只不过在这些哲思的总命题中对其中的分支问题作了精细化的阐释而已。

之所以只选取中西源头的经典哲思予以阐发，不仅出于返本归根的需要，不仅与西方晚近重释经典的学术大势不谋而合，而且克服了罗素所担心的任何一个哲学家在庞大的题材叙述中不及任何一部分的专门家的困局。也就是说，不作中西哲思的通论，实在是出于专论源头经典方有专深之论的斟酌。事实上，我在"文丛"中悉心征引了在某一领域研究精深的一流乃至权威专家的结论，不但很好地解决了罗素的隐忧，事实上还使所论适切，具有了薪火传承的意蕴。不仅如此，还旁及不同见解，加以融会，得以使宏观架构下的纵论有了横断面的博广。在此基础上，爬罗剔抉，刮垢磨光，独立分析以阐发新意，启幽发微为学术增量。

之所以叫"哲思"，而非"哲学史"、"思想史"之类，不惟为了避开历久不休的论争，更因我尝试采用一种多视角的叙述方式：一方面，一改传统哲学史或思想史叙写的单一进路；另一方面，一改呆板乃至令人生厌的表述语言，代之以宇宙学的宏阔，哲学的睿智，政治学的犀利，史学的明达，文学的性灵，法学的谨严，社会学的博广，考据的求真以及文献的辨识等等，因之，我将"文丛"的努力与取向，命名为一种"大文化哲学"。因此，"哲思"绝不是哲学与思想的简单相加，而是"大文化哲学"的代称与宣谕。

"文丛"以人类文明的源起——"双宇宙"为基，即以人类早期对"大宇宙"本原的追问，返回人类哲思的缘起，而对人类千年之后的预设，虽然充满了光明的期许，但亦不无深深的隐忧。事实上，返本即意味着未来：

> 我纵身返回远古的瞬间，
> 已越过现时看见了未来。

而以"人"这一"小宇宙"的内核，亦即对人性的剔剥与分析为深度的解构，则为建构社会秩序提供了中西不同的治世方略。

因此，世界本原、人性、治世方略交互构成了贯穿"文丛"的主线，围绕这三条主线展开的阐述和主张，则构成了"大文化哲思"的主要内容。以此，独立成册的 6 部书稿，主题明晰，脉理相续，前呼后应，浑然一体。

我依然要复述的是，学术不仅是学者心灵幸福的事业和心怀于民而广济天下的抱负，更是一个国度的精神领路人、导师和良心，能为人们提供经过深思熟虑的、合理的生活信仰。

最后，让我们在秋水般明净的心灵深处，追寻静坐深思的年代，开始一段与圣哲邂逅的愉快之旅。一如弗罗斯特，在尘世巨大的喧嚣之外，在世界的一个偏僻角落，撩干净牧场水泉的落叶，把小牛犊抱来。

不用太久的，你跟我来。

王斐弘

2011 年 9 月初 · 杭州半隐庐

自　序

两千多年传统中国的治世方略,大体可归结为"阴法阳儒"。如果说这一表征背后的"礼法并用"是治道的主线,那么儒家的人伦精神和法家的治法思想交互为用的结果,乃使中国变成了人治社会。

进而言之,人治社会带给这个国度的种种积弊,以具有普世价值的法治理念观之,大有罄竹难书之慨。如果说后世对构成人治社会基底的儒家价值系统从正反两个方面已经作了相对比较透彻的反省,而我们对治道的另一极——先秦法家的治法文化,则鲜见追本溯源的反正以及直中鹄的的反思,这一不可或缺的缺失,不仅成了我们尚需深入研究治法与治道的核心理据,而且成了我们检视传统、反观当下、续补罅漏的重大课业。

我们知道,先秦法家是传统中国治道论中以法治国的主张者以及践行者。一个不争的史实是,历代统治者显弃法治之名而阴用治法之实。自儒家思想在西汉以降逐渐取得正统地位以后,传统中国的治道,实际上是把儒家以教化为旨归的礼治秩序和法家以治民为核心的治法秩序杂糅,共同构筑成传统中国混融圆熟、刚柔相济的超稳定政治结构。

毋庸讳言,法家的法治,就其本质而言,乃是中国式的"治法"。换言之,中国只有治法,而无法治。按照亚里士多德关于法治的古典公式:"法治应包含两重意义:已成立的法律获得普遍地服从,而大家所服从的法律又应该本身是制订得良好的法律。"[1]也就是说,法治的要义是法律至上,即任何人都不能凌驾其上,且这一至上的法律又是良法。不要说现代意义上的法治还以民主为前提,以制约权力为关键,渐久会成为人们的一种生活方式,单以良法和获得普遍服从这两项古典标准来检视先秦法家的法治,就不难发现,以赏罚为内核的法律很难被定位为良法,[2]而能否获得普遍服从,则是一个天大的问号。先秦法家虽然也有"一断于法"的名论,但以尊君为务的理论归宿必然使法网独为君开,久而久之便成了"法不加于至尊"的铁律。而法与君便,至高的权力便不受限制,法也就不是法了。这一法为君开的"例外"经由层层传导,使各层的"独头权力"也不受有效制约,由点到面,由局部的权力溃疡变成了普在的特权阶层,而这一特权阶层密织的官僚政治,遂使法律至上溃败于无形。实际上,治法的根气就是治民之具,压根儿就没有想到同时也要治君,加上人君以术操控法的运行于无形,法也就降等而成了权力的奴婢。

由此可见,法家的治法以"治民"为务。至于升格到以法惩治臣僚,那是为了不使点上

① 〔古希腊〕亚里士多德:《政治学》,吴寿彭译,商务印书馆1965年版,第199页。

② 霍布斯说:"良法就是为人民的利益所需而又清晰明确的法律。"参见霍布斯:《利维坦》,黎思复、黎廷弼译,商务印书馆1985年版,第270页。

的溃疡感染整体而做的清除手术，并非常态。所以当治民变成天经地义的常律时，民治也就成了做梦都梦不到的神话了。因为治民是役使和被役使、支配和被支配的单向关系，而民治则是因民而立，反过来受民监督、为民负责的双向机制，二者实有天壤之别。

正因如此，系统研究从管仲到商鞅的法家思想，①不仅能够追溯中国法治的本土之源，洞悉传统中国最切世用的法家治道思想，感知鲜活博大的传统法文化底蕴，在同质文化的对接中汲取一个族群特有的治世智慧，尤其为我们省察人治社会的源头以及深层结构，系统清理沉淀在文化血脉里的杂质与流毒，从而让我们明白治法的渊源与流变、表象与本质、精神与理路，以及反思人治社会的本根与土壤，乃至于建构真正意义上的法治，必将带来诸多昭示。

为此，要溯及管子的首开其源、繁富博广、兼容并包；古之遗爱的子产和他的宽猛相济、铸刑书、作丘赋、不毁乡校等诸多智慧；讼师鼻祖邓析和他的"竹刑"，他的辩才无碍，他的以身殉职；法家的开山之祖李悝和他废除"世卿世禄制"的主张，以及彪炳史册的《法经》和经济思想；吴起的传奇和他的明法审令，以及独特的军事思想；申不害的任法以重术及其"术"的溃疡；商鞅的两次变法，他立基于人性论的治道主张，以及他富国强兵的卓越实践；还有与慎到一起并称的"稷下先生"，比如幽默大师淳于髡，妙论无穷的"天口骈"，以及有石破天惊之论的彭蒙等；乃至从尚法到重"势"的慎到，他的"自为"的人性观、"势论"、"无为而治"等，诚可谓源远流长。而在他们治法与治道论的背后，一方面，"权利、自由、正义，这些观念在中国古代社会是陌生的，当然更谈不上以法律来保证它们的实现。……法不过是镇压的工具，是无数统治手段中的一种，可以由治人者随意运用、组合"②。另一方面，权与力结合形成的威权，隐显的是专断与暴虐；而无权却趋"利"的民众，在权与利二者不可逾越的鸿沟前，失落的是尊严与保障。换言之，在差等文化的背景下，在只有统治者的威权而无民众权利的古代，系统梳理先秦法家的治世思想，还能让我们明白专制是怎样形成的，它与西方的政治图景有着怎样的天悬地隔。

此外，儒、法两家治道思想的对立与紧张，形成了奇特而恒稳的张力，而这一张力也许是与中国古代文人心理结构——儒治世，道修身，释养心——并行的另一维，它更多地在统治者和化民成俗、著久为常的习染中，成了官民共默的秩序世界，成了中国社会超稳定结构得以形成的内在基因。

是为序。

王斐弘

2013 年 8 月 21 日·杭州半隐庐

---

① 先秦法家，从管仲到韩非共九人。基于《韩非子》的深广影响，本文丛专论《韩非子》，因之独著《治术与权谋——〈韩非子〉典正》。

② 梁治平：《法辨》，中国政法大学出版社 2002 年版，第 89 页。

目　录

粹与“能变”——气·道论——“宙合”——灵气——“人”的诞生——“法天合德”——阿拉克西美尼的“气本原”——人本之质——气蕴道,道修心——一心不治,无以治天下——精气何来?——“内得”——刑罚不足以惩过——宽舒而仁,独乐其身——生命哲学——人本哲学法家:宗法的遗痕——"爱施俱行"——爱、智、礼、义之于治世的作用——韩非:既不求智,更不慕信——由"重禁"到"重刑"——由"贤治论"到治法论——人性论乃治法论的基座

德、信、礼、乐、事、官、力、诚——内修政事,外结诸侯

第十五章　治道论:《管子》的经济思想(中)/225

之谋"——饰管仲之多谋而近愚——"引水射鸟谋"——鄙俗、琐屑类——"石璧谋"——"菁茅谋"——"出略之谋"——"优待外商"谋——"粮仓谋"——"生鹿谋"——"崤丘之谋"——"缪术"等

人——通过刑、赏驱迫和鼓励农战——"喜农而乐战"——"利"来自农耕，"名"来自作战——民之内事与民之外事——堵塞其他渠道

仰与坚执——何以"尚法"？——立天子以为天下——"法治"优于"身治"或"心裁"——"事断于法"

第二十七章　中国"尊无二上"与西方早期图景/420

第一章　作为中国法治之源的治法

——先秦法家引论

如果说中国先秦诸子璀璨的星空互照了"轴心时代"的人类文明,那么,在世界范围内,这个前后相沿而精神相契、主旨相通的法家群体,也与成就辉煌的、伟大的古罗马法学家群体东西辉映。只不过,二者形成了巨大的反差:先秦法家的理论与实践,败坏了国人对于法治的胃口与向往,而古罗马法的法学成果,则奠基了整个人类的法治文明。

在一个法治不彰的国度,颇有意味的是,在中国传统文化之源的先秦,在百家争鸣的鼎盛里,我们竟有一个天下显赫的法家,从春秋到战国,彪炳史册者九人,他们以其独立主张、最切世用而卓立于世,超过任何一家一派。世人习以为儒、墨为当时显学,殊不知当时真正的显学,实为法家。他们前开其宗,后继。其旨的理论与实践,不仅是中国法治的本土之源,也是中国法治的本土资源。诚如杨鸿烈先生所说:"支配春秋、战国以至秦统一时法律内容全体的根本原理是法家的学说。"①

沿春秋上溯,"昔白龙、白云,则伏栖、轩辕之代;西火、西水,则炎帝、共工之年。鹈鸠籨宾于少皡,金政策名于颛顼。咸有天秩,典司刑宪。大道之化,击壤无违。逮乎唐虞,化行事简,议刑以定其罪,画像以愧其心,所有条贯,良多简略,年代浸远,不可得而详焉。尧舜时,理官则谓之'士',而皋陶为之;其法略存,而往往概见,则《风俗通》所云'皋陶谟:虞造律'是也"。②《史记》曰:"皋陶为大理,平,民各伏得其实。"③又曰:"皋陶作士以理民。帝舜朝,禹、伯夷、皋陶相与语帝前。皋陶述其谋曰……"④而《尚书·皋陶谟》,当是后世史官追述当时讨论对话而写成的,是我国古代最早、最完整的议事记录。⑤

现撷取《皋陶谟》中的部分文字如下,一识上古之风,皋陶之谋:

---

①　杨鸿烈:《中国法律思想史》,中国政法大学出版社 2004 年版,第 87 页。

②　《唐律疏议·名例》,刘俊文点校,法律出版社 1999 年版,第 1～2 页。

③　《史记·五帝本纪》。皋陶,舜帝的大臣,掌管刑狱,以正直闻名天下。

④　《史记·夏本纪》。

⑤　李民、王健:《尚书译注》,上海古籍出版社 2004 年版,第 38 页。皋陶谟,即皋陶谋。

皋陶曰:"都! 慎厥身,修思永。惇叙九族,庶明励翼,迩可远在兹。"

皋陶曰:"都! 在知人,在安民。"

皋陶曰:"都! 亦行有九德。……宽而栗,柔而立,愿而恭,乱而敬,扰而毅,直而温,简而廉,刚而塞,强而义。彰厥有常,吉哉!"

"天讨有罪,五刑五用哉! 政事懋哉,懋哉!"

"天聪明,自我民聪明;天明畏,自我民明威。达于上下,敬哉有土。"①

《尚书》文字简古,佶屈聱牙,需要翻译一下。其意是,皋陶说:"啊! 要谨以修身,德恒虑远。用厚德来团结各族,广举贤明作为辅翼之臣,使政务能由近及远,及于全境。"

天命玄鸟,凤凰乎

皋陶说:"啊! 还须知人善任,安抚民众。"

皋陶说:"啊! 大凡人有九德。……宽宏而又恭敬威严,柔和而又不乏主见,厚道而又恪尽职守,干练而又处事慎重,驯顺而又坚毅果断,正直而又态度温和,率性而又廉正不苟,严正而又诚信笃实,刚强而又坚守道义。显扬这尽善尽美的九德吧!"

"上天惩罚有罪之人,要用墨、劓、剕、宫、大辟五种刑罚处治五者。② 对待政事要努力啊,勤勉啊! 上天的视听,依从臣民的视听;上天的赏罚,依从臣民的赏罚。天意和民意是相通的,要谨慎啊,有国土的君王!"

综观《皋陶谟》可见,身为"大理"的皋陶,重修身、重德行,因此,其治世方略,大抵是德治和法治的结合。就皋陶司法的情境而言,从广为相传并被王充批判的"皋陶治狱,其罪疑者,令羊触之,有罪则触,无罪则不触"③来看,皋陶的司法,尚处于人类诉讼的第一个阶段——神明裁判阶段。王充所说的"令羊触之"的"羊",实即传说中的神兽——獬豸。由此可见,"中国古代法的历史,一直可以回溯到华夏文明的发轫之初,可以在古代青铜器中寻找它最早的踪迹。即便是从早期著名的成文法《法经》时算起,它有成文法的历史也有二千多年

---

① 《尚书·皋陶谟》。

② 五种用刑方法,大刑用甲兵,其次有斧钺;中刑用刀锯,其次用钻笮,薄刑用鞭扑。对此,梁治平解释说,对外征战以刀兵相加,是为大刑;对内镇压用刀锯鞭扑,是为中刑、薄刑。所谓"内行刀锯,外用甲兵",不外乎国家施行强力统治的手段。这就是中国青铜时代刑的起源和"法"的观念。参见梁治平:《法辨》,中国政法大学出版社 2002 年版,第 80 页。

③ 《论衡·是应》。这是王充认为的"俗儒"的说法,对这种"天生一角圣兽"的"神奇瑞应",王充批评说,羊本来有两只角,而这种怪兽有一只角,形体上与一般的羊相比有所残缺,还不及同类,有什么神奇的呢? 因此,这种怪兽"未必能知罪人,皋陶欲神事助政,恶受罪者之不厌服",因而借助这种怪兽"触人则罪之,欲人畏之不犯,受罪之家没齿无怨言也"。

了。其间虽不乏与异质文化的撞击、融合，它都始终不曾中断，这种顽强的延续性，恰如中华文明本身所具有之同化力，至今仍是尚未完全解开的历史之谜"。①

獬豸(xiè zhì)，也称解廌或解豸，是古代传说中的异兽，体形大者如牛，小者如羊，类似麒麟，双目明亮有神，额上通常长一角，俗称"独角兽"。它懂人言知人性，怒目圆睁，能辨是非曲直，能识善恶忠奸。当人们发生冲突或纠纷时，独角兽能用角指向无理的一方，甚至会将死罪之人用角抵死，令犯法者不寒而栗。据说帝尧的刑官皋陶曾饲有獬豸，凡遇疑难不决之事，悉着獬豸裁决，均准确无误。所以在中国古代，獬豸就成了执法公正的化身。它实质是初民社会"神明裁判"的典型表征

三代以降，春秋战国，争霸竞雄，揽才养士。上至擘画宇宙，经天纬地之大哲，下及击剑扛鼎，鸡鸣狗盗之卒徒，莫不宾礼，以自辅翼。此势如电击长空，百家治世学说，由是郁积勃发，遂成璀璨星空。正如哈耶克所说："使思想获得生命的，是具有不同知识和不同见解的个人之间的相互作用。理性的成长就是一个以这种差异的存在为基础的社会过程。"② 以此观之，导致后世思想贫乏的，恰恰是思想的国有化。西汉以降的"定于一尊"，不仅扼杀了思想得以成长的个体差异，而且也由此扼杀了因差异形成的碰撞与无限张力。它"以天理作为正当化的根据，以人情作为社会化的杠杆，通过道德教化和刑罚恩赦的操作发挥驭民之术的功能"。③ 因此，先秦诸子的辉煌，证明了思想的深邃与思想的自由成正比是不证自明的真理。

我们知道，在纷纷攘攘的各路治道论中，虽然"诸子学说，唯法家后起，独见采用于当世"④者，唯法家耳。韩国学者亦知："法家的理论，大部分通过现实政治中的试验，得到了对功效的验证。"⑤

法家尤为昭焯者有二：一是除慎到、韩非外，不仅是以法治国的理论家，更是不折不扣的实践家；二是他们的治国之道，与"迂远而阔于事情"的儒家大为不同，用之于一国，验之以实践，定然使该国国富兵强，其治乱破立、兴废存亡的赫赫功业，隆著于世，为天下所共睹，夫复何疑？因此，梁治平说："在中国法律史上，法家一派虽然生命短促，其事功的显赫却不可忽视。

---

① 梁治平：《法辨》，中国政法大学出版社 2002 年版，第 136～137 页。

② [英]哈耶克：《通往奴役之路》，王明毅、冯兴元译，中国社会科学出版社 1997 年版，第 157 页。

③ 季卫东：《中国法文化的蜕变与内在矛盾》，载李楯编：《法律社会学》，中国政法大学出版社 1999 年版，第 215 页。

④ 杨幼炯：《中国政治思想史》，上海书店 1984 年版，第 133 页。

⑤ [韩]李在龙：《中国传统法思想与现代法治主义的法哲学根基》，载张中秋编：《中国法律形象的一面——外国人眼中的中国法》，法律出版社 2002 年版，第 65 页。

它的以刑为核心,旨在禁止令行的法观念虽然直接得自中国青铜时代,但在特定的历史条件下,它以其富有特色的理论与实践使这种观念更形丰富、成熟,从而更深地根植于民族意识之中,并对中国法律制度的发展产生了重大的影响。"①

综而论之,正因他们经世致用的治道方略,使他们辅佐的国度,或横扫群雄,一统天下;或平地崛起,成五伯之首。即使身处弱小之国,如子产、申不害,也能在血流漂杵、风雨飘摇的维艰时代使其国度政通人和,安如磐石,终身无虞。即使无缘一展身手,将其满腹经纶用于治国实践的韩非,历代统治者也是"显弃其身而阴用其言"。

分而言之,法家前驱管仲,辅佐齐桓公"九合诸侯,一匡天下",集"三不朽"于一身,声誉卓著,史称"春秋第一相"。其大德,其功业,其治道雄略,乃至他自出和景仰他而广集众慧、周遍治道大略的瑰宝——行世的《管子》,泱泱古国,能与其比肩者,还有何人?

"古之遗爱"子产,其睿达、其慈惠、其远略、其襟抱、其政绩而使耕者妇人爱戴有加以载于史册者,复有几人?

中国讼师鼻祖邓析,是空前绝后的民间"个人法"——《竹刑》的制定者,他的睿智和辩才无碍,师从而学讼者不可胜数的盛况,以及意味深长乃至作为一种符记和象征的"邓析之死",又有怎样的文化宿命?

"魏文侯师"李悝,不仅是中国历史上第一部比较系统的成文法典——《法经》的制定者和立法体例的开创者,法家真正的开山之祖,而且还是农耕文明国度里重农主义的滥觞者,更是两千年来被封建社会政治家奉为圭臬的平籴政策的首创者,复有惜已亡佚的《李子》32篇,集理论与践行于一身,谁能比肩?

著名军事家吴起,一生奉事三国,在鲁鲁胜,适魏魏强,入楚楚昌。吴起不仅有军事上的诸多传奇,还有升华为理论的军事名作《吴起》48篇,因之和孙武并称"孙吴"。他在楚国相位上的"明法审令",增收节支,破横散纵,都证明和显示了他的不世之才。而其传《春秋》之迹,更使他的行迹充满传奇。他虽有"杀妻求将"的戾举,但实有超乎常人的伟略,岂能忽视?

在韩为相十五年,而使韩国"国治兵强"的申不害,其"相韩昭侯,终其身,诸侯不敢侵韩"。而他在治道论上,亦独立一端,以"术"著称。申子之术,虽开权谋之阴,且创法治之疡,然其直揭政治运行之秘,不亦一大贡献乎?

商鞅,更是将法家理论与实践集于一身的大家。第一次变法,"行之十年,秦民大悦,道不拾遗,山无盗贼,家给人足";第二次变法,终使秦后来居上,一跃而成为"兵革大强,诸侯畏惧"的强秦,为统一中国奠定了坚实的基础——"商鞅相孝公,为秦开帝业",此等丰功伟绩,何人堪比?然其作为救时之策的重刑主义者,否弃其他极端农战之论,不幸被冠以"刻薄"、"少恩"而遭唾弃。千载之下,能真识商君职志者,除太炎先生外,复有何人?

综上可见,法家中人,哪一个不是将理论家与实践家集于一身,最切世用的大家?

---

① 梁治平:《法辨》,中国政法大学出版社2002年版,第85页。

即使未将其治世理论亲自用之于实践的慎到，也致力于道法结合，因大化细，执简驭繁，有洋洋可观的《慎子》42篇，"著书以干世主"，且是以道家底子而入法家的"势"论大家，影响深远，岂能疏略？

法家理论集大成者的韩非，虽然是一个只有理论而无实践的理论家，但一部《韩非子》，在穿越两千多年的时光中经久不衰，已无可辩驳地证明它内在的经典品质和历经磨洗的不朽价值，其中必有不因时移世易而过时的文化根基。所以，宏博的韩非子，他对这个世界的贡献，不仅仅是政治思想，也不仅仅是法治思想，乃至不仅仅是权谋之术。他更有阐幽发微的天人观和使之广大的"道理"论，更有"好利自为"这一独辟蹊径的人性论，更有霍然洞见事物本相的"矛盾"法则，更有闪烁着真知灼见的进化史观，尤其有不朽和超一流的"典喻文化"，带给这个世界以文化的丰赡，因此必须独列专论——这就是本文丛的另一部书稿《治术与权谋——〈韩非子〉典正》）。

以上法家人物，如按他们在历史舞台上出场的先后顺序，可分为两个时期，即春秋时期的管仲、子产和邓析；战国时期的李悝、吴起、申不害、商鞅、慎到和韩非。如按法家形成的阶段划分，则可分为三个阶段，即早期法家的形成阶段，他们是法家的先驱，以春秋时期的管仲和子产为代表；法家主张与践行的鼎盛阶段，以李悝和商鞅为

代表；法家理论的总结阶段，以法家理论的集大成者韩非为代表。

问题是，这般功业赫赫、昭著于世的法家，何以如墨家一样而中绝？这一中绝，意味着什么？

就前者而言，原因也许很多，但究其根本原因，大抵如身在中国之外也许看得更明白的李约瑟所言："严酷的法家统治方法基本上违反了人类行为的主流，因此是注定要失败的。"[1]事实上，我们知道，貌似自商鞅始，偏枯、急切的救时策，把经由世代误解的专制同法家等同起来，由此从心底放弃了法家。这一无可回避的历史宿命，使中国从此与法治渐行渐远。而韩非更有过之而无不及的理论主张，以及后来的大秦帝国的实践，都成为民众放弃法治而选择儒家人情伦常、德政教化的根由。但与民众不同的是，事实上历代封建统治者实际秉持的是"德礼为政教之本，刑罚为政教之用"，[2]即阳儒阴法之略。也就是说，统治者对法家实质上是"显弃其名而阴用其实"——不仅用"法"之具，还用"术"与"势"之秘。[3]两相结合，遂成圆熟的政治方略，进而形成令人窒息的专制格局。

而法家的中绝，从内质上讲，乃自管仲开始的"基因"使然。所谓"法治"，实为"治法"，亦即治民之法。质言之，治法才是法家中绝的根本原因。因为中国古代的法，或是治道的工具，或是驭民之策，或是惩治、镇压臣民的手段，与真正的法所追求的

---

① ［英］李约瑟：《中国科学技术史》第二卷《科学思想史》，科学出版社、上海古籍出版社1990年版，第80页。

② 《唐律疏议·名例》，刘俊文点校，法律出版社1999年版，第3页。

③ 吕思勉说："要而言之：则法者，所以治民；术者，所以治治民之人者也。"参见吕思勉：《先秦学术概论》，中国人民大学出版社2011年版，第85页。

"正义"毫不沾边。而治法之上的政治，其旨是"政以治民，刑以正邪"，①或者就是"缘故修法，以政治道"②而已。当法成了工具和手段时，民众也就成了"被治"的客体与对象。因此，这样的治法，才是被民众弃如敝屣的根由。阎步克指出："在英语中有两个词都可以译为'法治'，它们分别是rule of law 和 rule by law，前者指现代法治，后者则意为'用法来统治'。法家的'法治'大致就是后者。君主私欲或许还不是法家的出发之点，但是官僚帝国秩序却不能没有一个作为'霸业'代表的专制寡头，因此就不能不充分地保障君主权益。"③于是，治法中的尊君，不仅成了必然的理由，亦复为必然的趋向。而尊君必使君主凌驾于法律之上，使法网为之撕开一道"缺口"。这一缺口使得这样的"治法"一方面变成真正的治民之法，而且由此形成了总有"例外"的溃疡，"一断于法"和"法立必施"的传统法治精神遂消解于无形。

吕思勉先生曾将我国学术分为七期，④进而指出："历代学术，纯为我所自创者，实止先秦之学耳。"因"不知本原者，必不能知支流。欲知后世之学术思想者，先秦诸子之学，固不容不究心矣。"⑤因此，欲究中国法治本原，不可不深究先秦法家本论。不要说法家以其治世主张和实践而政绩赫然于史册，但就其根植于文化传统的

渊源，我们亦须明白其中的理路、变迁、智慧以及流毒。于是，系统清理，就成为必要。而其价值，上可追本溯源，下可辨证施治，务在清理流毒，去其芜而存其菁。

因此，溯及其源的治法与治道，必然关注当下及未来的治国实践。如果说，"法家精义，在于释情而任法。盖人之情，至变者也"。⑥则后世之中国，如果说科技不振，根源于传统文化的非逻辑特质，那么制度不振，则根源于去法家而溺陷于人情私意的泥沼。如此，既失科技之先，复失制度之优，此乃悠久的中华文明一再落后于世界之大端也。毋庸讳言，单就科技强国一役，中国学习欧美，已百年有余，然成效如何，大家心知肚明。何以如此？无他，政治、法律制度保障缺失。单就制度保障而言，比如在当今知识产权时代，制度保障的重要性人人皆知，可问题是保障不力。一个不争的事实是，法律的显规则不如人情、权力等诸多的潜规则。而执法不严，一方面消解了人们对法律的信仰；另一方面，对法律失望造成的心理"塌陷"，如要对其进行修复，那将是另一条看不见的"万里长城"。因此，将我国依法治国的重心位移于严肃执法，其意义绝不亚于我国从以阶级斗争为纲到以经济建设为中心这一历史性的转移。⑦先秦法家尚知"法立必施"的极端重

---

① 《左传·隐公十一年》。

② 《管子·侈靡》。

③ 阎步克：《士大夫政治演生史稿》，北京大学出版社 1996 年版，第 177 页。

④ 这七期为先秦诸子百家之学，两汉儒学，魏晋玄学，南北朝、隋、唐佛学，宋明理学，清代汉学，以及现今所谓新学。

⑤ 吕思勉：《先秦学术概论》，中国人民大学出版社 2011 年版，第 3～4 页。

⑥ 吕思勉：《先秦学术概论》，中国人民大学出版社 2011 年版，第 86 页。

⑦ 王斐弘：《论执法时代的到来》，载《中国程序法论稿》，法律出版社 2008 年版，第 130～140 页。

要性,何以今不如古? 国人一边享用基于人情、权力或经由寻租而得到的"总有例外"的优便,另一边却在不能总是胜出的无规则轮回中熬煎。法律刚性的缺失,一方面与政治制度相关,另一方面则源于民情的腐败。[①] 而民情的腐败,甚至源于民众以及统治者对法家的否弃和对变异了的儒家的选择。

最后要说的是,如果说中国先秦诸子璀璨的星空互照了"轴心时代"的人类文明,那么,在世界范围内,这个前后相沿而精神相契、主旨相通的法家群体,也与成就辉煌的、伟大的古罗马法学家群体东西辉映。[②] 只不过,二者形成了巨大的反差:先秦法家的理论与实践,败坏了国人对于法治的胃口与向往,而古罗马法的法学成果,则奠基了整个人类的法治文明。

对于以上的成因及个中深层缘由,还是让我们从头细细道来。

---

① 王斐弘:《民情腐败论》,载《中国程序法论稿》,法律出版社 2008 年版,第 235～241 页。

② 二者显著不同的是:(1)主体不同。先秦法家除个别人物外,基本上是一个由政治家前后零散形成的群体。而古罗马法学家群体,基本上由法学家组成的。(2)出现时间不同。先秦法家从管仲到韩非,均在公元前 700 年至公元前 200 年,前后相沿 500 多年。而古罗马法学家出现在公元前 3 世纪至公元 6 世纪,前后相沿 900 多年。(3)研究对象不同。先秦法家以富国强兵为主旨,以法治与治道为研究对象。而古罗马法学家则只对世俗法律进行专业研究。(4)成就不同。先秦法家仅仅把法作为一种治世的工具,因此,很多主张乃是救时之策。而古罗马法学家则以法为目的,精析细研,因此,不少成果依然是现代法律奉为圭臬的不刊之论,具有普世价值。

第二章　管仲:集"三不朽"于一身的春秋第一相

管仲相齐四十年,内修国政,富国强兵,对外"尊王攘夷",终使齐桓公"九合诸侯,一匡天下",成为春秋五霸之首,被后世誉为"春秋第一相"。由于他集立德、立功、立言"三不朽"于一身,有经天纬地之才,匡时济世之略,在中国政治史上备受推崇。

管仲(?—公元前645年),[①]生年不可考,[②]名夷吾,字仲,谥"敬仲",颍上(今安徽省颍上县)人,史称"管子"。中国春秋初期杰出的政治家、思想家,法家前驱的代表人物之一。管仲少时家贫,为生计曾做过商人,游历甚广。后入齐,初事公子纠,助纠与公子小白争夺君位,小白得胜,即位为齐桓公。公元前685年,经鲍叔牙力荐,管仲任政相齐,被齐桓公尊称为"仲父"。管仲相齐四十年,内修国政,富国强兵,对外"尊王攘夷",终使齐桓公"九合诸侯,一匡天下",成为春秋五霸之首,被后世誉为"春秋第一相"。由于他集立德、立功、立言"三不朽"于一身,有经天纬地之才,匡时济世之略,在中国政治史上备受推崇。

管仲

---

①　关于管仲姓氏,陈书仪认为:"管仲出自姬姓者近是。浙版《宗谱》,直说管氏第一代祖宗为管叔鲜,管仲为第十二代孙。"参见陈书仪:《管子大传》,齐鲁书社2008年版,第16页。

②　管仲生年,据浙版《宗谱》,为公元前716年,而据安徽"四戊午"传说,则为公元前723年。陈书仪分析认为:"管仲生于前735年(周平王三十六年,齐庄公六十年),是年为丙午年,享年九十岁。"参见陈书仪:《管子大传》,齐鲁书社2008年版,第377页。此说权备一说,实际上,因史料所限,无可争议的、确定的生年已无法详考。

一、不同史籍中的管仲及其传奇

管仲的身世及其事迹，不同史籍中的载述不尽一致。尽管这样，我们还是可以通过这些有差异的叙说，还原一个相近或者"基本相同"的管仲样貌。

（一）《史记》中的管仲与著名的"管鲍之交"

司马迁对管仲身世的叙说，实际上是以极其精简的史笔交代著名的"管鲍之交"开始的：

> 管仲夷吾者，颍上人也。少时常与鲍叔牙游，鲍叔知其贤。管仲贫困，常欺鲍叔，鲍叔终善遇之，不以为言。已而鲍叔事齐公子小白，管仲事公子纠。及小白立，为桓公，公子纠死，管仲囚焉。鲍叔遂进管仲。①

这段仅有 77 字的记述，内中包含或隐含了"少时好友"、"鲍子遗风"、"一箭之仇"，以及"鲍叔牙力荐管仲"等重要事件。为作"传"之故，只不过在这一段的开头加了 9 个字："管仲夷吾者，颍上人也"，以此来叙说管仲的称谓及籍贯而已。也就是说，管仲传里，唯一透露出来的，除了这姓名籍贯外，还有"管仲贫困"这一事实。其余叙说，均是管鲍之交的文字，字字无法剥离管仲生命中的至贵之人——鲍叔牙。为

鲍叔牙

了丰满"鲍子遗风"，太史公直接援引了管仲的自述：

> 管仲曰："吾始困时，尝与鲍叔贾，分财利多自与，鲍叔不以我为贪，知我贫也。吾尝为鲍叔谋事而更穷困，鲍叔不以我为愚，知时有利不利也。吾尝三仕三见逐于君，鲍叔不以我为不肖，知我不遭时也。吾尝三战三走，鲍叔不以我怯，知我有老母也。公子纠败，召忽死之，吾幽囚受辱，鲍叔不以我为无耻，知我不羞小节而耻功名不显于天下也。生我者父母，知我者鲍子也。"②

这段文字，千载之下读而思之，依然让人怦然心动，以至心神俱往。世人但知有伯乐识才之典喻，却鲜及鲍叔牙之识人能

---

① 《史记·管晏列传》。
② 《史记·管晏列传》。

穿透时空；世人多言伯牙与子期"高山流水"的知音雅话，[①]却难以真正感知管鲍之交中鲍叔牙的博大胸襟。呜呼！至诚而真而慧感人无以复加者，那种至纯的高古风谊，莫过于鲍叔牙矣！诚乃管仲所言"生我者父母，知我者鲍子也"。而太史公尤有点睛之笔："天下不多管仲之贤，而多鲍叔能知人也。"[②]

更重要的是，"管鲍之交"的内核和真意，乃在于他们始终把国家利益置于首位。这不仅表现在前有鲍叔牙识才和无私举荐管仲，后有管仲病重时虽言鲍叔牙公正无私，但他"刚愎而上悍"，直言"非霸者之佐也"。这种不以私谊而误国的高义，古今中外，千载上下，能有几例？

由此，这种友谊的高古之风，遂成为诗人心慕和歌咏的主题。诗仙李白在《陈情赠友人》中咏唱道：

鲍生荐夷吾，一举置齐相。
斯人无良朋，岂有青云望。
临财不苟取，推分固辞让。
后世称其贤，英风邈难尚。

而困居长安十年的杜甫，"朝扣富儿门，暮随肥马尘；残杯与冷炙，到处潜悲辛"，[③]他历经安史之乱，流离失所，贫困潦倒，饱尝了生活的苦难与艰辛，亲历了世态的炎凉与人情的冷暖后，更让他对"贫交"的真谊感触良深：

翻手作云覆手雨，
纷纷轻薄何须数？
君不见管鲍贫时交，
此道今人弃如土。

高适在《赠任华》中，承接杜甫的"贫交"之旨，倾心歌咏：

丈夫结交须结贫，贫者结交交始亲。
世人不解结交者，唯重黄金不重人。
黄金虽多有尽时，结交一成无竭期。
君不见管仲与鲍叔，至今留名名不移。

而元稹因被诬"谋刺裴度"而出刺同州，他在给白居易的《寄乐天二首》中以雷陈、[④]管鲍比喻他们之间的高谊：

荣辱升沉影与身，
世情谁是旧雷陈？
唯应鲍叔犹怜我，
自保曾参不杀人。

在诗人歌咏的背后，我们必得看到，鲍叔牙力荐管仲不假，但齐桓公对鲍叔牙的高度信任，以及从善如流的雅量，也是成就

---

① 《列子·汤问》："伯牙善鼓琴，钟子期善听。伯牙鼓琴，志在高山。钟子期曰：'善哉！峨峨兮若泰山！'志在流水，钟子期曰：'善哉！洋洋兮若江河！'伯牙所念，钟子期必得之。伯牙游于泰山之阴，卒逢暴雨，止于岩下；心悲，乃援琴而鼓之。初为霖雨之操，更造崩山之音。曲每奏，钟子期辄穷其趣。伯牙乃舍琴而叹曰：'善哉，善哉！子之听夫志，想象犹吾心也。吾于何逃声哉？'"

② 《史记·管晏列传》。此处的"多"，意为"称赞"。

③ 杜甫：《奉赠韦左丞丈二十二韵》。

④ 东汉雷义与陈重的并称。据《后汉书·独行传》载：雷义与陈重为同郡人，二人友好情笃，乡人谚云："胶漆自谓坚，不如雷与陈。"后用"雷陈"比喻交谊深厚的朋友。

管鲍之交不可多得的必要条件。齐桓公并没有因为当年的"一箭之仇"而怀恨在心，而是一经举荐，便用人不疑，这也就是后来荀子所说的"夫齐桓公有天下之大节焉"。

（二）《管子》中的"管鲍之交"

与《史记》中的文字相映成趣的是《管子》中的补述，更把鲍叔自知与知人，以及管鲍之交的内涵，表达得无比丰满：

> 桓公自莒反于齐，使鲍叔牙为宰，鲍叔辞曰："臣，君之庸臣也。君有加惠于其臣，使臣不冻饥，则是君之赐也。若必治国家，则非臣之所能也，其唯管夷吾乎！臣之所不如管夷吾者五：宽惠爱民，臣不如也；治国不失秉，臣不如也；忠信可结于诸侯，臣不如也；制礼义可法于四方，臣不如也；介胄执桴，立于军门，使百姓皆加勇，臣不如也。夫管仲，民之父母也，将欲治其子，不可弃其父母。"①

这一段陈说，是在齐桓公从莒回到齐国以后，准备任命鲍叔牙为相时，鲍叔牙对齐桓公说的。我们看到，在巨大的名利面前，鲍叔牙把自己放得很低很低，自称"庸臣"，而对齐桓公的要求，仅言国君要加惠于我，使我不至于挨饿受冻就算恩赐了②

而要"必治国家"，则非管夷吾不可。由此，引出了著名的"五不如"：宽惠爱民，我不如他；治国不失权柄，我不如他；忠信以交好诸侯，我不如他；制定礼仪可以示范于四方，我不如他；披甲击鼓，立于军门，使百姓勇气倍增，我不如他。

如果中西互通，时光倒转，能让晚管鲍240多年的古希腊哲学家苏格拉底看到鲍叔牙的"五不如"，他也许就用不着为了验证德尔菲神庙的神谕是错误的而游历了很多地方。③ 他游历了很多地方，"发现那些人其实和他一样，并没有什么智慧，但是他们却以为自己是最有智慧的。在这一点上，他似乎比他们强，他至少知道自己是无知的，而那些人却连这一点都不知道。由此他终于明白了，原来这个神谕的意思就是说，像苏格拉底这样知道自己是无知的，这就是智慧了。智慧这个东西，是一个很崇高的字眼，人是配不上它的，只有神才配得上。因此自知其无知的人，就算是最有智慧的了。……苏格拉底却表示自己只是爱智慧，决不敢说是有智慧"。④ 这也是苏格拉底引述并强调德尔菲神庙里"认识你自己"的底蕴。也就是说，如果苏格拉底看到在伟大的东方，居然还有如此自知自己是无知的人，定会奉若神明，顶礼有加。

---

① 《管子·小匡》。这段著名的"五不如"，亦见与《国语·齐语》中"管仲对桓公以霸术"，文字基本相同。冯友兰说："《齐语》就是一篇管仲传。"

② 如果真有此论，还倒符合老子"谦让不争"的哲学宗旨。

③ 故事是这样的：一个名叫凯勒丰的宗教狂热青年到德尔菲附近的阿波罗神庙去问，这世上是否还有人比苏格拉底更聪明；女祭司回答说没有。苏格拉底认为这个回答的意思是，他之所以是最聪明的，是因为他意识到并且承认自己的无知。以这个态度，苏格拉底开始了他对永恒真理和智慧的探求。参见撒穆尔·伊诺克·斯通普夫、詹姆斯·菲泽：《西方哲学史》，丁三东等译，中华书局2005年第7版，第48页。

④ 赵林：《西方哲学史讲演录》，高等教育出版社2009年版，第98页。

德尔菲神庙

不仅如此，鲍叔还说，管仲是"民之父母"，将欲治理其子，就不可不用他们的父母。这是不是中国传统文化与理念中，将各级官员视为父母官的最早渊源，已无可详考。但"治其子"之中深藏了很多值得玩味的东西，比如，民如子，所以称为"子民"；官如父母，所以有"父母官"之谓。再如，官是治民的，民是被治的。还有，似乎"子"总是不懂事的，需要父母来管教，而这，似乎与官是被民选出来的，因而受民的监督这一近现代政治理念恰好是相反的。如果作"同情的理解"，内中强调的是《礼记》中的表达："子民如父母，有憯怛之爱，有忠利之教。"①换言之，此即孔颖达注疏之谓："子谓子爱，于民如父母爱子也。"即使爱民如子，看似这么善意的为政预设，事实上已将统治者置放于民众之上，潜在以及不经意地将民众置于被管束、管教的地位。由此，

① 《礼记·表记》。
② 《管子·小匡》。

历代的统治者对这一理论的预设心领神会，心照不宣，渐久便成了一种近似普及的意识——常识。也就在不见刀光剑影的微笑与口口相传间，不露痕迹地固定了官民之间的结构。而这，却是坦荡到隐秘的政治谋略。

言归正传。齐桓公面对鲍叔对管仲的如此举荐，提到了一箭之仇："公曰：'管夷吾亲射寡人，中钩，殆于死，今乃用之，可乎？'鲍叔曰：'彼为其君动也，君若宥而反之，其为君亦犹是也。'"②看来，齐桓公还是不能忘怀一箭之仇，这一反应，很自然，也合乎情理。那么，围绕一箭之仇，又有哪些故事呢？

（三）一箭之仇

对此，不同史籍的文字虽略有不同，但基本事实属实。先看《史记》的载述，甚详，如下：

初，襄公之醉杀鲁桓公，通其夫人，杀诛数不当，淫于妇人，数欺大臣，群弟恐祸及，故次弟纠奔鲁。其母鲁女也。管仲、召忽傅之。次弟小白奔莒，鲍叔傅之。小白母，卫女也，有宠于釐公。小白自少好善大夫高傒。及雍林人杀无知，议立君，高、国先阴招小白于莒。鲁闻无知死，亦发兵送公子纠，而使管仲别将兵遮莒道，射中小白带钩。小白佯死，管仲使人驰报鲁。鲁送纠者行益迟，六日至齐，则小白已入，高傒立之，是为桓公。

桓公之中钩，佯死以误管仲，已而载温

车中驰行，亦有高、国内应，故得先入立，发兵距鲁。秋，与鲁战于乾时，鲁兵败走，齐兵掩绝鲁归道。齐遗鲁书曰："子纠兄弟，弗忍诛，请鲁自杀之。召忽、管仲雠也，请得而甘心醢之。不然，将围鲁。"鲁人患之，遂杀子纠于笙渎。召忽自杀，管仲请囚。

桓公之立，发兵攻鲁，心欲杀管仲。鲍叔牙曰："臣幸得从君，君竟以立。君之尊，臣无以增君。君将治齐，即高傒与叔牙足也。君且欲霸王，非管夷吾不可。夷吾所居国国重，不可失也。"于是桓公从之。乃佯为召管仲欲甘心，实欲用之。管仲知之，故请往。鲍叔牙迎受管仲，及堂阜而脱桎梏，斋被而见桓公。桓公厚礼以为大夫，任政。①

这段不惜笔墨的叙说，把围绕争夺齐国君位的背景及前后经过，以及管仲、鲍叔在其中的作用，说得非常清楚。从中我们看到，公元前 686 年，齐国内乱，襄公被杀，国内无君。逃往国外由管仲、召忽辅佐的公子纠和由鲍叔牙辅佐的小白都率兵回国争夺君位。途中两方相遇，管仲一箭射中小白身上的带钩，小白趁势诈死，骗过了管仲，麻痹了鲁军，兼程直入临淄，赖高傒等重臣的拥戴，得立为国君，是为齐桓公。后子纠被杀，召忽殉死，管仲被囚。在鲍叔牙的劝说下，齐桓公不记一箭之仇，拜管仲为相的全部过程。

从中我们也看到，即位后的齐桓公欲杀管仲，乃常人之情，而高出常人之处，不仅在于他对鲍叔的高度信任，尤在于从善如流，捐弃前嫌而对管仲用之不疑，言听计

从，尊崇有加。换言之，齐桓公未成五霸之首前，已有雄霸天下的器量。世人但言管仲之佐，殊不知成就霸业的前提，乃是人君的抱负与胸襟。也就是说，能有大襟怀者，方使管仲的雄才大略得有用武之地。事实上，这一切全赖幕后默然洞察而又鼎力支持的鲍叔。

历史以如此风际云会的方式成就了春秋时代的天作之合，美哉！

此外，《管子·大匡》中还叙说了《史记》未曾叙说的鲍叔不愿辅佐小白，后经召忽尤其是管仲的劝说，才"无二心"辅佐小白的事实。而《大匡》中记叙的彭生被杀先后的文字，直与《史记》相似。彭生被杀的起因是鲁桓公与夫人文姜到齐国，结果齐襄公与文姜通奸，被鲁桓公知道了，怒责文姜，文姜告诉了齐襄公。齐襄公设宴与鲁桓公喝酒，把鲁桓公给灌醉了，《史记》说："使力士彭生抱上鲁君车，因拉杀鲁桓公。"说直白一点，齐襄公让蛮力过人的彭生以抱鲁君上车为名，直接把鲁君活活给"撕"了。《大匡》说得委婉一点："使公子彭生乘鲁侯胁之，公薨于车。"这下鲁国人不干了，不得已，"齐襄公杀彭生以谢鲁"。与此相近，《大匡》道：

齐人为杀彭生，以谢于鲁。五月，襄公田于贝丘，见豕虣。从者曰："公子彭生也。"公怒曰："公子彭生安敢见！"射之，豕人立而啼。公惧，坠于车下，伤足亡屦。②

这段十分诡异的文字，大意与《史记》

---

① 《史记·齐太公世家》。
② 《管子·大匡》。

13

相同:"冬十二月,襄公游姑棼,遂猎沛丘。见彘,从者曰'彭生'。公怒,射之,彘人立而啼。公惧,坠车伤足,失屦。"[1]对比二者表述,不同的只有一点:时间不同,一为五月,一为冬十二月。关于地点,《史记》作"沛丘",当为"贝丘"之误。可资佐证的是《左传》的表述:

> 冬,十二月,齐侯游于姑棼,遂田于贝丘。见大豕。从者曰:"公子彭生也。"公怒,曰:"彭生敢见!"射之。豕人立而啼。公惧,坠于车。伤足,丧屦。[2]

六道轮回图

这段诡异的文字,让我们想起了毕达哥拉斯的一则轶事:当有一只遭到痛打的狗穿过时,他就充满怜悯地喊叫道:"住手!不要打它。它是我一个朋友的灵魂;我听到它吠声时就认出了他。"[3]将这两则中西非常有趣的故事对照而论,难道真要相信佛教所谓"六道轮回"之说?以彭生论,他"撕"杀鲁桓公后,很快堕入六道中的"畜生道",变成了一头野猪。诡异的是,侍从竟能认出这是"公子彭生",且与齐侯再次相见,被射,而这头猪竟像人一样站着啼叫,岂不有趣得紧?

其实,对这一箭之仇,《大匡》叙说得非常简略:

> 鲍叔乃为前驱,遂入国,逐公子纠。管仲射小白,中钩。管仲与公子纠、召忽遂走鲁。桓公践位,鲁伐齐,纳公子纠而不能。[4]

齐国君位之争,至此结束。

二、图霸之路:事件、人物与功效

(一)由鲁返齐

不同典籍均描述了这样一段史实:齐

---

① 《史记·齐太公世家》。

② 《左传·庄公八年》。李学勤主编:《十三经注疏·春秋左传正义》,杜预注:"姑棼、贝丘,皆齐地,田,猎也。乐安博昌县南有地名贝丘。"参见李学勤主编:《十三经注疏·春秋左传正义》,北京大学出版社1999年版,第233~234页。今考,西汉始置博昌县,故治在今山东博兴县湖滨镇寨郝村南,以"昌水其势平博,故曰博昌"。东汉属乐安。又,博兴县位于鲁北平原黄河下游南岸,符合"贝丘遗址"的特征。

③ 参见张祥龙:《西方哲学笔记》,北京大学出版社2005年版,第40页。

④ 《管子·小匡》。

桓公即位后,在鲁国的公子纠,被鲁人杀死于笙渎,召忽被迫自杀。而管仲,因施伯进言鲁君,差点被鲁国重用,如不能为鲁用,杀之以绝后患。就在这时,齐桓公派遣的鲍叔到鲁国交涉,以齐国要亲自处死管仲为由,把管仲活着捆起来押送回齐国。至此,《国语》云:

> 比至,三衅,三浴之。桓公亲逆之于郊。①

这是说,管仲快到齐国时,三次熏香沐浴,桓公亲自到郊外迎接。而《小匡》记载的是:"至于堂阜之上,鲍叔被而浴之三。桓公亲迎之郊。"这是说到了堂阜地区,鲍叔为管仲举行除灾仪式并使他沐浴了三次。桓公亲自到郊外迎接。《史记》载述的则是:"鲍叔牙迎受管仲,及堂阜而脱桎梏,斋被而见桓公。"司马迁去掉了文学描写的夸饰成分,比较符合实情。

对此,《左传》的载述非常赅简:

> 鲍叔帅师来言曰:"子纠,亲也,请君讨之。管、召,仇也,请受而甘心焉。"乃杀子纠于生窦。召忽死之。管仲请囚,鲍叔受之,及堂阜而税之。归而以告曰:"管夷吾治于高傒,使相可也。"公从之。②

齐国迎回管仲后,《国语·齐语》和《管子·小匡》均以桓、管问答的方式,由管仲纵论国策,系统阐发了霸道之术。③ 在二者之间,前者文字比较精简,后者则非常琐细。与此不同,《史记》则分别直列齐国的图霸之路和取得的成效:

> 管仲既任政相齐,以区区之齐在海滨,通货积财,富国强兵,与俗同好恶。故其称曰:"仓廪实而知礼节,衣食足而知荣辱,上服度则六亲固。四维不张,国乃灭亡。下令如流水之原,令顺民心。"故论卑而易行。俗之所欲,因而予之;俗之所否,因而去之。
>
> 其为政也,善因祸而为福,转败而为功。贵轻重,慎权衡。桓公实怒少姬,南袭蔡,管仲因而伐楚,责包茅不入贡于周室。桓公实北征山戎,而管仲因而令燕修召公之政。于柯之会,桓公欲背曹沫之约,管仲因而信之,诸侯由是归齐。故曰:"知与之为取,政之宝也。"
>
> 管仲富拟于公室,有三归、反坫,齐人不以为侈。管仲卒,齐国遵其政,常强于诸侯。后百余年而有晏子焉。④

这是《史记》中对管仲一生主要事功的高度概括。第一段,主要概括了管仲内修国政所取得的"通货积财,富国强兵"的显著成效,引述了管仲的名言,⑤旨在发展经济,顺应民心;第二段文字虽简,主述外交,包容甚广;第三段则列举了管仲之侈,而

---

① 《国语·齐语》之"管仲对桓公以霸术"。"逆":迎接。
② 《左传·庄公九年》。
③ 几乎是后来三国"隆中对"的原始版。而管仲回答齐侯的具体方略,容在后面的相关问题中引述。
④ 《史记·管晏列传》。
⑤ 以司马迁引述管仲名言,亦可作为对全面否定《管子》中无管仲之言论者的反驳证据。

"齐人不以为侈"。

（二）内政与外交

内政方面，除了上面概括的外，《史记》在另一处讲："桓公既得管仲，与鲍叔、隰朋、高傒修齐国政，连五家之兵，设轻重鱼盐之利，以赡贫穷，禄贤能，齐人皆说。"[①]

外交方面，主要事功有：

1. 袭蔡伐楚

可以互相印证的是《左传》的记载，叙明了桓公何以怒少姬的起因：

> 齐侯与蔡姬乘舟于囿，荡公。公惧，变色。禁之，不可。公怒，归之，未绝之也。蔡人嫁之。[②]

意思是齐桓公和蔡姬在宫内园林的湖里坐船游玩，蔡姬故意摆动船身，让齐桓公摇摇晃晃。齐桓公十分害怕，脸色都变了，令她停止摇晃，蔡姬不听。齐桓公非常生气，便把她遣送回蔡国，但并未正式弃绝。没有料到，蔡国人竟把蔡姬给改嫁了。这一年，是公元前657年。

你看这31字多么赅简、传神和丰富！这则史实，非常有趣。其实谁都看得出来，蔡姬生性活泼，富有情趣，与齐桓公在林木苍翠和幽静的宫苑小湖里荡舟，心情很好，就晃动船身玩儿，结果吓坏了无趣的齐桓公，让别玩儿了。可能正在兴头上，蔡姬压根儿就没有注意到齐桓公已吓得面如土色，就继续摇晃船身，结果惹得齐桓公大怒，把她遣返回她的娘家——蔡国，让她反省，以示惩戒，其实并没有想休掉蔡姬的意思。因为齐桓公先娶王姬、徐姬都无子早逝，又娶了蔡穆侯的妹妹为妻，就是这个蔡姬，深得齐桓公的喜爱。蔡穆侯一看妹妹被齐桓公无故"退"了回来，以为桓公厌弃了她，也很生气，就把蔡姬给改嫁了。《左传》未记改嫁给谁了——蕞尔小事，似乎不值得记述。《东周》说改嫁给了齐国的劲敌——楚国的楚成王了，似乎不能完全认为是小说家的演义。[③] 因为，在"桓公实怒少姬，南袭蔡"之际，《史记》接上说："管仲因而伐楚，责包茅不入贡于周室。"注意，关键词是"因而"，也就是说，与"实怒少姬，南袭蔡"有直接关联。其实，《史记》在另一处作了明确交代：

> 二十九年，桓公与夫人蔡姬戏船中。蔡姬习水，荡公，公惧，止之，不止，出船，怒，归蔡姬，弗绝。蔡亦怒，嫁其女。桓公闻而怒，兴师往伐。
>
> 三十年春，齐桓公率诸侯伐蔡，蔡溃。遂伐楚。楚成王兴师问曰："何故涉吾地？"管仲对曰：……[④]

---

① 《史记·齐太公世家》。

② 《左传·僖公三年》。

③ ［明］冯梦龙：《东周列国志》："先时，蔡穆侯以其妹嫁桓公为第三夫人，一日，桓公与蔡姬共登小舟，游于池上，采莲为乐。蔡姬戏以水洒公，公止之。姬知公畏水，故荡其舟，水溅公衣。公大怒曰：'婢子不能君我！'乃遣竖刁送蔡姬归国。蔡穆公亦怒曰：'已嫁而归，是绝之也。'竟将其妹更嫁于楚国，为楚成王夫人。"参见冯梦龙：《东周列国志》，陕西人民出版社1995年版，第181页。

④ 《史记·齐太公世家》。

康公命我先君大公曰：'五侯九伯，女实征之，以夹辅周室。'赐我先君履，东至于海，西至于河，南至于穆陵，北至于无棣。尔贡包茅不入，王祭不共，无以缩酒，寡人是征。昭王南征而不复，寡人是问。"对曰："贡之不入，寡君之罪也，敢不共给。昭王之不复，君其问诸水滨。"[1]

注意，这里用的是"遂伐楚"。楚成王其实心里明白，这是"冲冠一怒为红颜"，但他故装糊涂，想到你齐桓公不是"仁义无边"吗？我看你把这件事怎么讲得出口，我要让你"师出无名"！于是他派使者来到管仲指挥的大军军帐前交涉："您齐君住在北方，我们住在南方，相距遥远，即使发情的牛马狂奔相诱也不能彼此到达。可是没有料到齐君竟然领兵进入我国，[2]这是什么原因？"话虽委婉，但语含机锋，且不无讥讽。管仲听后，不慌不忙，先引经据典说："从前召康公（代表周天子）册封我们的先君太公的命令中说：'五侯和九伯，你都可以发兵征讨，以辅佐我周王室。'赐给我们先君征讨的地域范围，东至大海，西到黄河，南抵穆陵，北达无棣。"说完这段后，旋即亮出底牌——即何以代表周王室征讨的理由和原因："你国应该进贡王室的包茅[3]没有交纳，使天子没有必备的祭祀之物，不能缩酒祭神，为此我君（代表周天子）前来征讨。还有，昭王南巡而没能回来，我君也

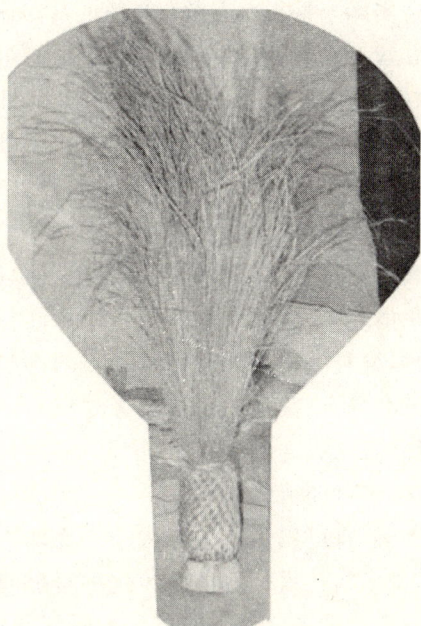

包茅

即齐桓公把蔡姬打发回蔡国，虽然没有弃绝，但蔡穆侯也非常生气，就改嫁了蔡姬。桓公听说后更加生气，于是"兴师往伐"。事实上，为了伐蔡，齐桓公作了充分的准备，不是齐国单独伐蔡，而是到第二年（公元前656年）的春天，"率诸侯伐蔡"，结果大败蔡国。其实，《左传》也作了"后续报道"：

四年，春，齐侯以诸侯之师侵蔡。蔡溃。遂伐楚。楚子使与师言曰："君处北海，寡人处南海，唯是风马牛不相及也。不虞君之涉吾地也，何故？"管仲对曰："昔召

---

① 《左传·僖公四年》。

② 注意，这里的"涉"本意为"过河"，这里当"进入"讲为妥。不说齐"进攻"而说"涉"，是委婉的外交辞令。

③ 包茅，茅为菁茅，古人拔此菁茅束之为包茅。包茅产于荆州，为楚应纳贡之物。包茅的用途，即"缩酒"：用所束之茅滤去酒糟。因为祭祀时，立包茅于地，将酒自上而下浇之，糟留茅中，酒汁则缓缓渗透于地，像神在饮酒一样。因此，包茅为周王祭祀不可缺少之物。

要查问一下这件事。"楚使一听，虽知是借口，但堂而皇之，赶紧对答道："贡品没有交纳，是我君之罪，岂敢不供奉？昭王没有能回去，您还是到水边去问问吧。"

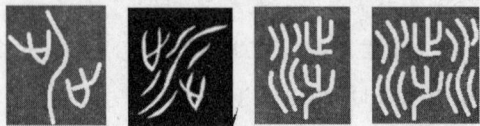

"涉"字

这是多么堂而皇之的借口，真的应了孟子的一句非常著名的话："春秋无义战。"

韩非则第一个直言不讳地揭开了齐伐蔡、楚的真相：

蔡女为桓公妻，桓公与之乘舟，夫人荡舟，桓公大惧，禁之不止，怒而出之。乃且复召之，因复更嫁之。桓公大怒，将伐蔡。仲父谏曰："夫以寝席之戏，不足以伐人之国，功业不可冀也，请无以此为稽也。"桓公不听。仲父曰："必不得已，楚之为菁茅不贡于天子三年矣，君不如举兵为天子伐楚。楚服，因还袭蔡，曰：'余为天子伐楚，而蔡不以兵听从'，遂灭之。此义于名而利于实，故必有为天子诛之名，而有报仇之实。"①

经管仲一策划，把本来的"寝席之戏"变成了堂而皇之、代为天子伐的"伐人之国"之名，韩非子直揭其中的实相：以天子之名而行报仇之实！由此，我们不仅感慨，

一个实际上是小女人撒娇与任性其实显示了蔡姬可爱天性的一个玩笑，让她的娘家和"祖国"——蔡国——横遭战祸。由此可见，即使贵为诸侯的齐桓公夫人，也得处处小心，不敢稍违人君之意，随时面临被"归之"的危险。尤其令人感慨的是，国君的喜怒哀乐不仅是"怒而出之"的缘由，而且是战争的缘由，你看看看春秋第一相之誉的管仲，又是怎样为后有霸主之名的齐桓公转圜的，匡论其他？再看看这对"霸主"与"贤相"，二人之间是多么的"默契"。由此可见，国君的情绪就是法律，不仅可以"归"夫人，而且可以为此挑起战争。而作为一代"贤相"，还得绞尽脑汁为这种喜怒寻找最堂皇的借口，匡论其他？大而言之，在"朕即国家"②的中国古代，法网总会为君王撕开一个"缺口"，"人治"之祸，由此生发。呜呼，法之不行，由来已久矣！

这种公报私仇，还表现在"二年，伐灭郯，郯子奔莒。初，桓公亡时，过郯，郯无礼，故伐之"。③

2."曹沫之约"

这一事件，亦可称之为"柯之盟与曹沫"。《春秋》载："冬，公会齐侯盟于柯。"④即齐、鲁在鲁庄公十三年冬（公元前681年），在柯（今山东东阿西南）会盟，但未提及发生著名的曹沫劫持齐桓公的事件。因曹沫劫齐桓公，桓公被迫答应归还占领的鲁国土地，这就是"曹沫之约"。此事见于《管子》、《吕氏春秋》、《战国策》、《鹖冠子》

① 《韩非子·外储说左上》。
② 孟德斯鸠深刻地指出，在专制国家，"他就是法律，他是国家，又是君主"，亦即君主、国家、法律三位一体。参见孟德斯鸠：《论法的精神》上册，张雁深译，商务印书馆1961年版，第59页。
③ 《史记·齐太公世家》。
④ 《春秋左传·庄公十三年》。

诸书。只是主人公有曹刿、曹翙、曹子、曹沫等，至今争论不休。到汉代，太史公在《刺客列传》中以时间先后将曹沫置于专诸、豫让、聂政和荆轲之首，简要传神地叙录了这一著名的历史事件：

> 曹沫者，鲁人也，以勇力事鲁庄公。庄公好力。曹沫为鲁将，与齐战，三败北。鲁庄公惧，乃献遂邑之地以和。犹复以为将。
>
> 齐桓公许与鲁会于柯而盟。桓公与庄公既盟于坛上，曹沫执匕首劫齐桓公，桓公左右莫敢动，而问曰："子将何欲？"曹沫曰："齐强鲁弱，而大国侵鲁亦甚矣。今鲁城坏即压齐境，君其图之。"桓公乃许尽归鲁之侵地。既已言，曹沫投其匕首，下坛，北面就群臣之位，颜色不变，辞令如故。桓公怒，欲倍其约。管仲曰："不可。夫贪小利以自快，弃信于诸侯，失天下之援，不如与之。"于是桓公乃遂割鲁侵地，曹沫三战所亡地尽复予鲁。①

《史记》不仅在"刺客列传"中叙及曹沫之约，而且在《齐太公世家》中再次复述曹沫之约："五年，伐鲁，鲁将师败。鲁庄公请献遂邑以平，桓公许，与鲁会柯而盟。鲁将盟，曹沫以匕首劫桓公于坛上，曰：'反鲁之侵地！'桓公许之。已而曹沫去匕首，北面就臣位。桓公后悔，欲无与鲁地而杀曹沫。管仲曰：'夫劫许之而倍信杀之，愈一小快耳，而弃信于诸侯，失天下之援，不可。'于是遂与曹沫三败所亡地于鲁。诸侯闻之，皆信齐而欲附焉。"对此，《淮南子》有名论：

"昔者，曹子为鲁将兵，三战不胜，亡地千里。使曹子计不顾后，足不旋踵，刎颈于阵中，则终身为破军擒将矣。然而曹子不羞其败，耻死而无功。柯之盟，揄三尺之刃，造桓公之胸。三战所亡，一朝而反之，勇闻于天下，功立于鲁国。"此乃"小枉而大直，君子行之"。② 冯梦龙则演绎道："昔人论要盟可犯，而桓公不欺，曹子可仇，而桓公不怨，此所以服诸侯霸天下也。……又有诗单道曹沫劫齐桓公一事，此乃后世侠客之祖。诗云：森森戈甲拥如潮，仗剑登坛意气豪。三败羞颜一日洗，千秋侠客首称曹。"③

"七年，诸侯会桓公于甄，而桓公于是始霸焉。"管仲佐桓公7年，在公元前679年，诸侯与齐桓公在甄地盟会，这标志着齐桓公从此成为天下诸侯的霸主。

由此可见，曹沫之约，是管仲叫齐桓公见信于诸侯、以信立于诸侯，从而使诸侯"由是归齐"的著名事件，也是齐桓公走上春秋霸主至关重要的一步，所以再三申说。我们也由此看到，作为仲父的管仲是如何"善因祸而为福，转败而为功"的。

3. 葵丘会盟

《左传》载：

> 夏，会于葵丘。寻盟，且修好，礼也。王使宰孔赐齐侯胙，曰："天子有事于文、武，使孔赐伯舅胙。"齐侯将下拜。孔曰："且有后命。天子使孔曰：'以伯舅耋老，加劳，赐一级，无下拜！'"对曰："天威不违颜

---

① 《史记·刺客列传》。
② 《淮南子·氾论》。
③ [明]冯梦龙：《东周列国志》，陕西人民出版社1995年版，第133页。

咫尺，小白余敢贪天子之命无下拜！恐陨越于下，以遗天子羞。敢不下拜！"下拜，登受。

秋，齐侯盟诸侯于葵丘，曰："凡我同盟之人，既盟之后，言归于好。"①

由于称霸诸侯的主要标志是"会盟"诸侯，所以，葵丘会盟，标志着齐桓公的霸业达到顶峰。

葵丘会盟台

这里需要解释两个字词。杜预注："胙，祭肉。尊之，比二王后。"又注："天子谓异姓诸侯曰伯舅。"②从这则记录来看，僖公九年夏（公元前651年），在位35年的齐桓公已70高龄（天子使臣称之为"耋老"）。在这一年的夏、秋两会诸侯（有鲁僖公、宰周公、宋子、卫侯、郑伯、许男、曹伯）于葵丘，而且周天子派宰孔把祭肉赐给齐桓公，这在当时是何等的荣耀！《史记》亦载述其无限风光：

三十五年夏，会诸侯于葵丘。周襄王使宰孔赐桓公文武胙、彤弓矢、大路，命无拜。桓公欲许之，管仲曰"不可"，乃下拜受赐。秋，复会诸侯于葵丘，益有骄色。周使宰孔会。③

意思是（齐桓公）三十五年（公元前651年）夏，桓公与诸侯在葵丘盟会。周襄王派宰孔赏赐给桓公祭祀文王武王的祭肉、丹彩装饰的弓箭、天子乘用的车乘，而且特许桓公不要下拜谢恩。桓公本想答应，管仲说："不可。"桓公于是下拜接受赏物。这与《左传》的记叙略有不同，赏赐不仅有祭祀文、武二王的祭肉，而且还有丹彩装饰的弓箭和天子乘用的车乘，尤其是，下拜受赐不是《左传》记载的自觉而为，而是经管仲提醒后才下拜受赐。所以，司马迁说，等到秋季会盟时，齐桓公愈发面有骄色。

周襄王之所以在葵丘之盟上如此厚赐齐桓公，是因为这一年周惠王驾崩，齐桓公会同各诸侯国拥立太子郑为天子，这就是周襄王。周襄王即位后，命宰孔赐齐桓公文武胙、彤弓矢、大路，以表彰其功，这就是齐桓公"尊王"带来的功效。所谓"尊王"，就是尊重周朝王室，承认周天子的共同领袖地位。比如，遇到侵犯周王室权威的事情，齐桓公都会过问和制止。显例不仅有拥立周襄王，而且在公元前644年，"戎伐

① 《左传·僖公九年》。
② 李学勤主编：《十三经注疏·春秋左传正义》，北京大学出版社1999年版，第357页。
③ 《史记·齐太公世家》。

周,周告急齐,齐令诸侯各发卒戍周"。①
因此,"尊王"有实绩,岂虚言哉?

然而,齐桓公的"尊王",究其实质,在
当时作为天下共主的周王室即倒未倒的情
势下,树立"尊王"的旗帜,就可以诸侯长的
身份"假天子以令诸侯"。如以"楚之为菁
茅不贡于天子"而伐楚,即是显例。虽然尊
王在于尊己,但不可否认的史实是,齐桓公
的确为力挽衰微的周室作出了自己的贡
献,因而赢得了孔子的赞赏。与此相应,另
一个不可否认的史实是,葵丘会盟,标志着
齐桓公在管仲等人的齐心辅佐下,达到了
霸业的峰巅。

4."攘夷"之功

而所谓"攘夷",即对游牧于长城外的
戎、狄,西边的大夏和南方楚国对中原诸侯
的侵扰进行抵御,其主要史实有三件。

(1)齐桓公伐山戎救燕

二十三年,山戎伐燕,燕告急于齐。齐
桓公救燕,遂伐山戎,至于孤竹而还。燕庄
公遂送桓公入齐境。桓公曰:"非天子,诸
侯相送不出境,吾不可以无礼于燕。"于是
分沟割燕君所至与燕,命燕君复修召公之
政,纳贡于周,如成康之时。诸侯闻之,皆
从齐。②

齐桓公二十三年,即周惠王十四年(公

元前663年),山戎统兵万骑,攻打燕国,齐
军救燕,到达孤竹后才班师。这中间韩非
子有"老马识途"和"蚁壤得水"两个著名的
事典。③燕庄公为了表达谢意,一直送桓
公到齐国境内。桓公说:"除了天子,诸侯
之间相送不出自己国境,我不能对燕无
礼。"于是把燕君所至的齐国领土用沟分开
送给燕国。还让燕君重修召公之政,向周
王室进贡,就像周成王、康王时代一样。此
举着实感人,诸侯闻知后,皆从齐。

(2)齐人救邢

狄人伐邢。管敬仲言于齐侯曰:"戎狄
豺狼,不可厌也;诸夏亲昵,不可弃也。宴
安鸩毒,不可怀也。《诗》云:'岂不怀归,畏
此简书。'简书,同恶相恤之谓也。请救邢
以从简书。"齐人救邢。④

公元前661年,狄人攻邢,齐桓公采纳
管仲"请救邢以从简书"(意思是,竹简上的
军令文字,就是同仇敌忾而忧患与共的意
思,所以请求您听从简书而救援邢国)⑤的
建议,打退了毁邢都城的狄兵,并于公元前
659年,在夷仪为邢国建立了新都。

(3)封卫于楚丘

二十八年,卫文公有狄乱,告急于齐。

---

①《史记·齐太公世家》。

②《史记·齐太公世家》。

③《韩非子·说林上》:"管仲、隰朋从于桓公伐孤竹,春往冬返,迷惑失道。管仲曰:'老马之智可
用也。'乃放老马而随之。遂得道。行山中无水,隰朋曰:'蚁冬居山之阳,夏居山之阴,蚁壤一寸而仞有
水。'乃掘地,遂得水。"

④《左传·闵公元年》。

⑤译文参见沈玉成:《左传译文》,中华书局1981年版,第63页。

齐率诸侯城楚丘而立卫君。①

这是司马迁惜墨如金的史笔，非常赅简。倒是在一般情况下更赅简的《左传》补述了卫国何以被狄人打得大败的背景，很有意思，照录如下：

冬，十二月，狄人伐卫。卫懿公好鹤。鹤有乘轩者。将战，国人受甲者皆曰："使鹤！鹤实有禄位，余焉能战？……及狄人战于荥泽，卫师败绩，遂灭卫。卫侯不去其旗，是以甚败。"②

由于卫懿公好鹤成瘾，不理朝政，终在公元前658年狄人伐卫时兵败被杀。

其时卫国的遗民男女共计730人，加上共地、滕地的百姓共为5000人。以此观之，我们大概不难理解老子的"小国寡民"的情形了。同年，齐桓公率诸侯国替卫国在楚丘另建新都。因此，齐桓公兴灭继绝，功同再造。冯梦龙亦说，"卫文公感齐再造之恩，为《木瓜》③之诗以咏之"。④ 事实上，《毛诗序》亦云："《木瓜》，美齐桓公也。卫国有狄人之败，出处于漕，齐桓公救而封之，遗之车马器物焉。卫人思之，欲厚报之，而作是诗也。"

对这一历史事件，《左传》归结到：

僖之元年，齐桓公迁邢于夷仪。二年，封卫于楚丘。邢迁如归，卫国忘亡。⑤

当时人们都赞赏地说，邢国人迁进新都城，好像回到了老家。恢复后的卫国，人们心里高兴，就像忘记了亡国之痛。

此外，齐桓公以包茅为借口率诸侯伐楚，迫使楚国同意进贡周王室。同时，"齐侯陈诸侯之师，与屈完乘而观之"，终于在召陵使"屈完及诸侯盟"。⑥ 即楚国也表示愿意加入齐桓公为首的联盟，听从齐国指挥，这就是"召陵之盟"。

齐桓公铜像

至此，经过近35年的苦心经营，齐桓公在管仲的辅佐下，先后主持了三次武装

---

① 《史记·齐太公世家》。
② 《左传·闵公二年》。
③ 《诗经·卫风·木瓜》："投我以木瓜，报之以琼琚。匪报也，永以为好也！投我以木桃，报之以琼瑶。匪报也，永以为好也！投我以木李，报之以琼玖。匪报也，永以为好也！"两千多年后读这首诗，依然能感觉到洋溢于字里行间的欢欣，也能感觉到这是载歌载舞的节律，充满了感激与喜庆。
④ [明]冯梦龙：《东周列国志》，陕西人民出版社1995年版，第179页。
⑤ 《左传·闵公二年》。
⑥ 《左传·僖公四年》。

会盟,六次和平会盟;还辅助周王室一次,史称"九合诸侯,一匡天下"。① 桓公的霸业达到顶峰,自信乃至自大也近于"爆棚":

是时周室微,唯齐、楚、秦、晋为强。晋初与会,献公死,国内乱。秦穆公辟远,不与中国会盟。楚成王初收荆蛮有之,夷狄自置。唯独齐为中国会盟,而桓公能宣其德,故诸侯宾会。于是桓公称曰:"寡人南伐至召陵,望熊山;北伐山戎、离枝、孤竹;西伐大夏,涉流沙;束马悬车登太行,至卑耳山而还。诸侯莫违寡人。寡人兵车之会三,乘车之会六,九合诸侯,一匡天下。昔

三代受命,有何以异于此乎? 吾欲封泰山,禅梁父。"管仲固谏,不听,乃说桓公以远方珍怪物至乃得封,桓公乃止。②

明智若管仲,真桓公之幸。没有管仲,齐桓公将怎样?齐桓公自诩的"九合诸侯,一匡天下",太史公一言以蔽之,"管仲之谋也"。③

为了更加全面地了解管仲,让我们通过管仲的言行轶事,以及历代对他的评价,进一步还原一个真实的、多面的,乃至立体的管仲。

---

① 据陈书仪考证,按"九合诸侯"的序次,桓、管在位时,从第一次齐桓公二年(公元前684年)会于郎到最后一次齐桓公四十三年(公元前643年)会于下,实际共有44次盟会。参见陈书仪:《管子大传》,齐鲁书社2008年版,第76~124页。

② 《史记·齐太公世家》。

③ 韩非则认为,齐桓公成就霸业,是君臣齐心协力的结果,既非全赖君之力,亦非全仗臣之谋。

第三章　言行轶事：管仲的功过与评说

管仲辅公子纠而不能遂，不可谓智；遁逃奔走，不死其难，不可谓勇；束缚桎梏，不讳其耻，不可谓贞。当此三行者，布衣弗友，人君弗臣。然而管仲免于缧绁之中，立齐国之政，九合诸侯，一匡天下。使管仲出死捐躯，不顾后图，岂有此霸功哉！……故人有厚德，无问其小节；而有大誉，无疵其小故。

一、不同典籍中的管仲轶事与言行

管仲的言行与轶事，除集中载述在以管子命名的论文集《管子》外，亦见诸《左传》、《国语》、《韩非子》等古籍。通过管仲的言行与轶事，不仅可以还原相对比较本真的管仲样貌，而且对我们认识、分析和开掘管子的思想，大有裨益。

（一）《左传》二则

（1）管仲仅受下卿礼。原典如下：

冬，齐侯使管夷吾平戎于王，使隰朋平戎于晋。王以上卿之礼飨管仲。管仲辞曰："臣，贱有司也。有天子之二守国、高在，若节春秋，来承王命，何以礼焉？陪臣敢辞。"王曰："舅氏！余嘉乃勋！应乃懿德，谓督不忘。往践乃职，无逆朕命！"管仲受下卿之礼而还。君子曰："管氏之世祀也

宜哉！让不忘其上。《诗》曰：'恺悌君子，神所劳矣。'"[1]

这是公元前 648 年的事。其中的"齐侯使管夷吾平戎于王"，是说齐侯派管仲让戎人与周天子讲和。《史记》交代的背景是"三十八年，周襄王弟带与戎、狄合谋伐周"。由此，"齐使管仲平戎于周。周欲以上卿礼管仲，管仲顿首曰：'臣陪臣，安敢！'三让，乃受下卿礼以见"。[2] 将《史记》与《左传》对照，《左传》的叙述更详细一些，但在《史记·周本纪》中的文字，几与《左传》文字相同。只是没有《左传》所引的"君子"的嘉评。其中，周天子称管仲曰"舅氏"，因异姓诸侯曰伯舅，故伯舅之使曰"舅氏"。

这则周天子欲上卿之礼飨管仲，结果管仲受下卿礼以见的史实，乃管仲立德之显例。

这则因王子带而起的故事有后续发展。《左传》云："王以戎难故，讨王子带。

①　《左传·僖公十二年》。
②　《史记·齐太公世家》。

秋,王子带奔齐。"①《史记》曰:"三十九年,周襄王弟带来奔齐。齐使仲孙请王,为带谢。襄王怒,弗听。"②

(2)管仲以德、礼使郑伯乞盟。原典如下:

秋,盟于宁母,谋郑故也。管仲言于齐侯曰:"臣闻之:招携以礼,怀远以德。德、礼不易,无人不怀。"齐侯修礼于诸侯,诸侯官受方物。③

公元前653年春,齐国攻打郑国,到夏天,"郑杀申侯以说于齐"。到了秋天,齐侯与鲁僖公、宋公、陈国的世子款和郑国的世子华在宁母结盟,准备再次攻打郑国。这时管仲对齐桓公讲:"臣听说,招抚有二心的国家,用礼;怀柔疏远的国家,德、礼不易,无人不怀。"故事的后续发展是:

郑伯使大子华听命于会,言于齐侯曰:"泄氏、孔氏、子人氏三族,实违君命。君若去之以为成,我以郑为内臣,君亦无所不利焉。"齐侯将许之。管仲曰:"君以礼与信属诸侯,而以奸终之,无乃不可乎?子父不奸之谓礼,守命共时之谓信,违此二者,奸莫大焉。"公曰:"诸侯有讨于郑,未捷;今苟有衅,从之,不亦可乎?"对曰:"君若绥之以德,加之以训辞,而帅诸侯以讨郑,郑将覆亡之不暇,岂敢不惧?若总其罪人以临之,

郑有辞矣,何惧?且夫合诸侯,以崇德也。会而列奸,何以示后嗣?夫诸侯之会,其德、刑、礼、义,无国不记。记奸之位,君盟替矣。作而不记,非盛德也。君其勿许,郑必受盟。夫子华既为大子,而求介于大国以弱其国,亦必不免。郑有叔詹、堵叔、师叔三良为政,未可间也。"齐侯辞焉。子华由是得罪于郑。

冬,郑伯使请盟于齐。④

从这则记载看,管仲一以贯之地秉持了"以德、礼服人"的原则,尤其是,他赋予了诸侯会盟最核心的理念——"合诸侯,以崇德也",而且放眼未来,将会盟衡之以示范后嗣的意义考量,真高人也。这一则也是彰显管仲立德的显例。

正因如此,公元前652年,"春,王正月,公会王人、齐侯、宋公、卫侯、许男、曹伯、陈世子款,盟于洮。郑伯乞盟"。⑤郑伯由不服齐侯到"乞盟",全赖管仲之韬略。那么,这次会盟干什么呢?旨在商量安定王室。《左传》云:

盟于洮,谋王室也。郑伯乞盟,请服也。襄王定位而后发丧。⑥

也就是惠王驾崩后,姬郑(即周襄王)担心子带争位而秘不发丧,并急忙派人向齐桓公求援。齐桓公于是召集诸侯在洮

① 《左传·僖公十二年》。
② 《史记·齐太公世家》。
③ 《左传·僖公七年》。
④ 《左传·僖公七年》。
⑤ 《左传·僖公八年》。
⑥ 《左传·僖公八年》。

（今山东鄄城县西）开会，宣布拥立姬郑为天子。姬郑即位后才放下心，宣布了惠王的死讯，这是这次会盟的主题。这次会盟的一个副产品则是"郑伯乞盟，请服也"，《左传》一并言之。

（二）《战国策》一则

选取"鲁连致书燕将"。因为在这份书信中，有论管仲、曹沫二人的文字，眼力不凡，别有见地。原典如下：

鲁连乃书，约之矢以射城中，遗燕将曰："……效小节者不能行大威，恶小耻者不能立荣名。昔管仲射桓公中钩，篡也；遗公子纠而不能死，怯也；束缚桎梏，辱身也。此三行者，乡里不通也，世主不臣也。使管仲终穷抑，幽囚而不出，惭耻而不见，穷年没寿，不免为辱人贱行矣。然而管子并三行之过，据齐国之政，一匡天下，九合诸侯，为五伯首，名高天下，光照邻国。曹沫为鲁君将，三战三北，而丧地千里。使曹子之足不离陈，计不顾后，出必死而不生，则不免为败军禽将。曹子以败军禽将，非勇也；功

鲁仲连

废名灭，后世无称，非知也。故去三北之耻，退而与鲁君计也，曹子以为遭。齐桓公有天下，朝诸侯。曹子以一剑之任，劫桓公于坛位之上，颜色不变，而辞气不悖。三战之所丧，一朝而反之，天下振动，[诸侯]惊骇，威信吴、楚，传名后世。若此二公者，非不能行小节，死小耻也，以为杀身绝世，功名不立，非知也。故去忿恚之心，而成终身之名；除感忿之耻，而立累世之功。故业与三王争流，名与天壤相敝也。①

读此书，乃知集隐士、侠客和政治家特质的鲁连，世评他是奇伟高蹈、不慕荣利的代表，信哉斯言！此书也，不仅文采如天风妙行于无垠，尤叹胸襟奇伟，目力如神，同样事例，能独发常人未见之处，奇瑰而信然，非节高、气华、怀秀者不能道也，非千锤百炼之文辞者，不能达也，真乃高士高论！

大抵司马迁亦深叹鲁连奇行奇文，不仅为之欣然作传，且不惜篇章援引全文，可谓惺惺兮相惜。开篇即言："鲁仲连者，齐人也。好奇伟俶傥之画策，而不肯仕宦任职，好持高节。游于赵。"由此引出鲁连第一节奇行：在秦国名将白起坑杀赵国士卒40余万，令赵国举国震骇的背景下，"秦兵遂东围邯郸"。在众人皆惧之际，鲁连通过平原君见到魏国派往赵国欲说服赵国尊奉秦昭王称帝的客籍将军新垣衍，并以三寸不烂之舌说服了新垣衍。"秦将闻之，为却军五十里。适会魏公子无忌夺晋鄙军以救赵，击秦军，秦军遂引而去。"②这已是胆气过人，辩才无碍，堪称乱世奇才。但更精彩

---

① 《战国策·齐策六》之"燕攻齐取七十余城"。
② 《史记·鲁仲连邹阳列传》。

的是此事的后续：

> 于是平原君欲封鲁连，鲁连辞让者三，终不肯受。平原君乃置酒，酒酣起前，以千金为鲁连寿。鲁连笑曰："所贵于天下之士者，为人排患、释难、解纷乱而无取也。即有取者，是商贾之事也，而连不忍为也。"遂辞平原君而去，终身不复见。[①]

真古之高士高节，可叹如此高士已近乎绝迹矣。鲁连的意义，每于蝇营狗苟之世独显，其品其行，愈发光耀万丈。

司马迁此后又记叙了一则鲁连的高论，即上述的"鲁连致书燕将"。其背景是，距前次事件二十多年，燕将攻克聊城。聊城有人在燕王面前说燕将的坏话，燕将害怕被诛杀，就据守聊城不敢回去。齐国田单攻打聊城一年多，士兵们死了很多，却攻不下聊城。鲁仲连就写了一封信，系在箭上射进城去给燕将，其旨"不归燕则归齐。今独守孤城，齐兵日益而燕救不至，将何为乎？"。在这封信中，论管仲、曹沫为其中的一部分，[②]虽旨在说服燕将，但确实把管仲、曹沫的旷世襟怀、勇武过人的神采给点出来了。奇人以奇文评高人高行，可谓相得益彰。这一事件的结果是"燕将见鲁连书，泣三日，犹豫不能自决。欲归燕，已有

隙，恐诛；欲降齐，所杀虏于齐甚众，恐已降而后见辱。喟然叹曰：'与人刃我，宁自刃。'乃自杀"。[③]而鲁连复有奇行：

> 聊城乱，田单遂屠聊城。归而言鲁连，欲爵之。鲁连逃隐于海上，曰："吾与富贵而诎于人，宁贫贱而轻世肆志焉。"[④]

司马迁评曰："鲁连其指意虽不合大义，然余多其在布衣之位，荡然肆志，不诎于诸侯，谈说于当世，折卿相之权。"[⑤]

《资治通鉴》称引时论以发其旨："魏安厘王问天下之高士于子顺，子顺曰：'世无其人也；抑可以为次，其鲁仲连乎！'王曰：'鲁仲连强作之者，非体自然也。'子顺曰：'人皆作之。作之不止，乃成君子；作之不变，习与体成，则自然也。'"[⑥]亦高论也。

而南宋洪迈则在论"史记简妙处"时说："太史公书不待称说，若云褒赞其高古简妙处，殆是摹写星日之光辉，多见其不知量也。然予每展读至《魏世家》、《苏秦》、《平原君》、《鲁仲连传》，未尝不惊呼击节，不自知其所以然。……是三者，重沓熟复，如骏马下驻千丈坡，其文势正尔。风行于上而水波，真天下之至文也。"[⑦]

近人曼殊则以鲁连有寄兴诗作：

---

① 《史记·鲁仲连邹阳列传》。
② 《史记》中援引的鲁连论管仲、曹沫的文字，与《战国策》中的文字有多处不同，大抵《史记》中"管子不耻身在缧绁之中而耻天下之不治"数语，疑似太史公借此阐发之语。二相对照，似觉《战国策》文字比较简古，故从之。
③ 《史记·鲁仲连邹阳列传》。
④ 《史记·鲁仲连邹阳列传》。
⑤ 《史记·鲁仲连邹阳列传》。
⑥ 《资治通鉴·秦孝文王元年》。
⑦ [南宋]洪迈：《容斋随笔·五笔》，中州古籍出版社1994年版，第1507～1508页。

蹈海鲁连不帝秦,茫茫烟水着浮身。
国民孤愤英雄泪,洒上鲛绡赠故人。①

爱国情深,苍凉悲壮;化史寄兴,不同凡响。实际上,鲁连仅仅是"逃隐于海上",并未"蹈海",曼殊如果不是将田横五百士误作鲁连,那便是借题发挥。

徐悲鸿名作《田横五百士》

我每每深叹春秋战国之世,不独大师如云,星河璀璨,令人心神俱往,更惊羡奇行高节、独卓高蹈之士彪炳史册,惊天地、泣鬼神。比如,史载田横一节,每读之下,无不震撼,其壮烈之举,千载之后,犹荡心魂。与后世之风相比,更慕其高节,由是,作《咏田横》古风一首,聊寄情怀:

壮哉一田横,千载越死生。
挥剑去头颅,高悬青史中。
举义诛暴秦,烈烈梦未竟。
其愧固已甚,岂复为汉臣。
视生如薤露,怎屈就王樽。

洛阳三十里,英气独长存。
二客慕高节,殉身撼史魂。
更有五百人,蹈海泣鬼神。
非为能得士,心同义薄云。
不由悲世风,狗苟复蝇营。
权贵一朝倾,能有几人从?
人去名不灭,谁言史无凭!

(三)《韩非子》十二则

韩非对管仲所说的"言于室,满于室;言于堂,满于堂:是谓天下王"等言论虽有微言,②但从整体看,韩非从骨子里还是非常追慕管仲的,因之在《韩非子》中关于管仲之言行的论说,颇为丰富,现选十二则,③分述如下。

(1)管仲待鲍叔之助。原典如下:

管仲、鲍叔相谓曰:"君乱甚矣,必失国。齐国之诸公子其可辅者,非公子纠,则小白也。与子人事一人焉,先达者相之。"管仲乃从公子纠,鲍叔从小白。国人果弑君。小白先入为君,鲁人拘管仲而效之,鲍叔言而相之。故谚曰:"巫咸虽善祝,不能自祓也;秦医虽善除,不能自弹也。"以管仲之圣而待鲍叔之助,此鄙谚所谓"虏自卖裘而不售,士自誉辩而不信"者也。④

---

① 苏曼殊:《七绝·以诗并画留别汤国顿》。
② 请参阅本文丛之《治术与权谋——〈韩非子〉典正》第十章"权谋治术:韩非子的术论"中的相关内容,厦门大学出版社 2013 年版。
③ 其他如桓管之间的"社鼠"论,桓公微服以巡民家,令"丈夫二十而室,妇人十五而嫁",以及管仲"言于室满室,言于堂满堂"逐条,已在本文丛之《治术与权谋——〈韩非子〉典正》中分而述之,请参阅相关章节,不再复述,本书只论《治术与权谋——〈韩非子〉典正》中未论者。
④ 《韩非子·说林下》。

管、鲍相约分工辅佐公子之一，先达者相之，还真是一个万全之策。在韩非眼里，即使如"管仲之圣"者，亦离不开鲍叔之助，道尽了孤掌难鸣的人间内理。

(2)泰侈逼上。韩文曰：

> 管仲相齐，曰："臣贵矣，然而臣贫。"桓公曰："使子有三归之家。"曰："臣富矣，然而臣卑。"桓公使立于高、国之上。曰："臣尊矣，然而臣疏。"乃立为"仲父"。孔子闻而非之曰："泰侈逼上。"①

这是史实，韩非在《难一》中以辩难的方式，讨论了管仲的诉求和齐桓公的给予。韩非复述了这一部分，然后引霄略之言曰："管仲以贱为不可以治国，故请高、国之上；以贫为不可以治富，故请三归；以疏为不可以治亲，故处仲父。管仲非贪，以便治也。"然后以"或曰"阐发并反驳了霄略的观点，认为："今使臧获奉君令诏卿相，莫敢不听，非卿相卑而臧获尊也，主令所加，莫敢不从也。今使管仲之治不缘桓公，是无君也，国无君不可以为治。若负桓公之威，下桓公之令，是臧获之所以信也，奚待高、国、仲父之尊而后行哉？当世之行事、都丞之下征令者，不辟尊贵，不就卑贱。故行之而法者，虽巷伯信乎卿相；行之而非法者，虽大吏诎乎民萌。今管仲不务尊主明法，而事增宠益爵，是非管仲贪欲富贵，必暗而不知术也。故曰：'管仲有失行，霄略有过誉。'"②韩非认为，臣下取得威信的关键，不在于君主增加的恩宠和爵禄，而在于尊主明法。

(3)管仲禁厚葬。韩文曰：

> 齐国好厚葬，布帛尽于衣衾，材木尽于棺椁。桓公患之，以告管仲曰："布帛尽则无以为蔽，材木尽则无以为守备，而人厚葬之不休，禁之奈何？"管仲对曰："凡人之有为也，非名之，则利之也。"于是乃下令曰："棺椁过度者戮其尸，罪夫当丧者。"夫戮死，无名；罪当丧者，无利。人何故为之也？③

是否真有此事，难说。倒像是韩非假借管仲之名而欲达己意——即人性恶害，禁绝厚葬，莫若罚必。此乃管仲后世韩非之法家言也。

(4)齐桓公好服紫。韩文曰：

> 齐桓公好服紫，一国尽服紫。当是时也，五素不得一紫。桓公患之，谓管仲曰："寡人好服紫，紫贵甚，一国百姓好服紫不已，寡人奈何？"管仲曰："君欲止之，何不试勿衣紫也？谓左右曰：'吾甚恶紫之臭。'于是左右适有衣紫而进者，公必曰：'少却，吾恶紫臭。'"公曰："诺。"于是日，郎中莫衣紫，其明日，国中莫衣紫；三日，境内莫衣紫也。④

这则明显是假托桓、管之言事而已。

---

① 《韩非子·外储说左下》。
② 《韩非子·难一》。
③ 《韩非子·内储说上七术》。
④ 《韩非子·外储说左上》。

这则故事说,齐桓公喜欢穿紫色的衣服,结果一国百姓好穿紫色的服装不已,由此导致五匹没染色的布抵不上一匹紫色的布,桓公问管仲怎么办?因症结在上行下效,管仲出的主意是让桓公"勿衣紫",且说恶紫之臭,结果三天之内,境内"莫衣紫"也。韩非借此要表达的恰恰是君主不必以身作则,而是要明确君臣各自的职权名分,要用法令来规束臣民的行为。

(5)隰朋治内,管仲治外。韩文曰:

> 齐桓公将立管仲,令群臣曰:"寡人将立管仲为仲父。善者入门而左,不善者入门而右。"东郭牙中门而立。公曰:"寡人立管仲为仲父,令曰:'善者左,不善者右。'今子何为中门而立?"牙曰:"以管仲之智,为能谋天下乎?"公曰:"能。""以断,为敢行大事乎?"公曰:"敢。"牙曰:"君知能谋天下,断敢行大事,君因专属之国柄焉。以管仲之能,乘公之势以治齐国,得无危乎?"公曰:"善。"乃令隰朋治内、管仲治外以相参。①

此言国柄不可为一人独专,尤其是像管仲之能者。因此,桓公让隰朋治理内政,而让管仲管理外交,使两人互相牵制。

(6)桓公患索官,管仲应之。韩文甚简:

> 桓公谓管仲曰:"官少而索者众,寡人忧之。"管仲曰:"君无听左右之请,因能而受禄,录功而与官,则莫敢索官。君何患焉?"②

管仲的回答,言简意赅,即人君应不听身边近侍的请托,根据人的才能而授予俸禄,根据记录的功劳而给予官职,那就没有人敢来要官,您还担心什么呢?

(7)韩非接着讲了一则"桓公问置吏于管仲"。管仲发表了著名的"五人论",非常精彩。原典如下:

> 桓公问置吏于管仲,管仲曰:"辩察于辞,清洁于货,习人情,夷吾不如弦商,请立以为大理。登降肃让,以明礼待宾,臣不如隰朋,请立以为大行。垦草仞邑,辟地生粟,臣不如宁戚,请立以为大田。三军既成阵,使士视死如归,臣不如公子成父,请以为大司马。犯颜极谏,臣不如东郭牙,请立以为谏臣。治齐,此五子足矣;将欲霸王,夷吾在此。"③

其一,不唯内容精彩,句型亦很经典,当是后来汉高祖"纵论三杰"的模板:"高祖曰:'公知其一,未知其二。夫运筹策帷帐之中,决胜于千里之外,吾不如子房。镇国家,抚百姓,给馈饷,不绝粮道,吾不如萧何。连百万之军,战必胜,攻必取,吾不如韩信。此三者,皆人杰也,吾能用之,此吾所以取天下也。项羽有一范增而不能用,此其所以为我擒也。'"④

---

① 《韩非子·外储说左下》。
② 《韩非子·外储说左下》。
③ 《韩非子·外储说左下》。
④ 《史记·高祖本纪》。

其二，前有鲍叔牙的"五不如"与自知之明，后有管夷吾的"五不如"与知人善任，直疑此乃古人巧作文章，而非真有如此照应之实，太神奇了。

其三，《管子》中亦有此论，但文字相异：

> 相三月，请论百官。公曰："诺。"管仲曰："升降揖让，进退闲习，辨辞之刚柔，臣不如隰朋，请立为大行。垦草入邑，辟土聚粟多众，尽地之利，臣不如宁戚，请立为大司田。平原广牧，车不结辙，士不旋踵，鼓之而三军之士视死如归，臣不如王子城父，请立为大司马。决狱折中，不杀不辜，不诬无罪，臣不如宾胥无，请立为大司理。犯君颜色，进谏必忠，不辟死亡，不挠富贵，臣不如东郭牙，请立以为大谏之官。此五子者，夷吾一不如，然而以易夷吾，夷吾不为也。君若欲治国强兵，则五子者存矣；若欲霸王，夷吾在此。"桓公曰："善。"①

两段"五子论"，一详一简，但所论大旨相同。问题是五子中，究竟谁担任当时的大司理？是韩非子说的弦商，还是此处说的宾胥无？事实上，即使《管子·小匡》中，亦不同："桓公曰：'甲兵大足矣，吾欲从事于诸侯，可乎？'管仲对曰：'未可。治内者未具也，为外者未备也。'故使鲍叔牙为大谏，王子城父为将，弦子旗为理，宁戚为田，隰朋为行……"②这里又成了弦子旗。戴望在《管子校正》中作了详细考证与分析，

结论是时任大司理的是弦章，弦子旗即弦章之字。宾胥无是弦章的误改。而《韩子》作弦商，商与章古字通。至于《新序·杂事四》说是弦宁，乃弦章之讹。《晏子春秋·问上》篇、《吕氏春秋·勿躬篇》作弦章。且认为《管子·大匡》说"宾胥无坚强以良，可以为西土"，则不使为大理明矣。另外，《困学纪闻》乃谓弦章在景帝时，当以《管子》作宾胥无者为正，不知桓公时亦有弦章，不嫌与后人同名。③

有论者对此提出了异议，认为此论值得商榷。理由有三：第一，宾胥无是与隰朋等立下汗马功劳的重臣，岂有不封之理？宾胥无不可能只做大行手下的属官"西土"之事。第二，宾胥无有秉直的性格和明辨是非、审狱断案的能力，得到分封是必然的。第三，宾胥无史料不少，有关弦章的事迹则不见记载。其结论是，宾胥无任过大司理，这是不容置疑的事实。至于弦章做大司理之事，是将宾胥无误做弦章。但两则记载均见于《管子·小匡》同一章中，误写的可能性很小。因此，任职时间不同，即大理初为宾胥无，现甲兵大足之时，或许换为弦子旗。可贵的是，该结论比较审慎，认为还存在很多疑异，尚待进一步考证。④

虽然，时任大司理的究竟是谁，对研究《管子》的思想似无大碍，但谨严的考证之于学术的意义是显见的。实际上，上述两论，恰恰可以证明戴望所引的"王云"即王念孙说的"宾胥无本作弦章"结论，才是正

---

① 《管子·小匡》。
② 《管子·小匡》。
③ ［清］戴望：《管子校正》，《诸子集成》卷六，岳麓书社1996年版，第165页。
④ 姜颖：《齐国部分疑异人物考辨》，载《管子学刊》2006年第2期，第46页。

解。至于东郭牙，当是鲍叔牙，亦明矣。

（8）桓公醉酒遗冠。韩文如下：

> 齐桓公饮酒醉，遗其冠，耻之，三日不朝。管仲曰："此非有国之耻也，公胡不雪之以政？"公曰："善。"因发仓囷，赐贫穷；论囹圄，出薄罪。处三日而民歌之曰："公乎，公乎，胡不复遗其冠乎！"①

由于这是辩难文章，有无其事，已不重要，重要的是借此阐发的思想。韩非眼中的管仲，会以桓公遗冠而行宽政，但在韩非看来，这虽然在小人中洗刷了耻辱，却在君子中滋生了耻辱。尤其是打开粮仓把粮食分赐给贫穷的人，是赏无功；审查狱中因犯而放出罪轻的人，是不诛过。"夫赏无功则民偷幸而望于上，不诛过则民不惩而易为非，此乱之本也，安可以雪耻哉？"②这就是韩非的观点。

（9）齐桓公成霸业，是君之力，还是臣之力？韩非引出此一话头，很有意味：

> 晋平公问叔向曰："昔者齐桓公九合诸侯，一匡天下，不识臣之力也，君之力也？"叔向对曰："管仲善制割，宾胥无善削缝，隰朋善纯缘，衣成，君举而服之，亦臣之力也，君何力之有？"师旷伏琴而笑之。公曰："太师奚笑也？"师旷对曰："臣笑叔向之对君也。凡为人臣者，犹炮宰和五味而进之君，君弗食，孰敢强之也。臣请譬之：君者，壤

地也；臣者，草木也。必壤地美，然后草木硕大。亦君之力也，臣何力之有？"③

在这一段中，有意思的是叔向与师旷对管仲等人的不同比喻。在叔向看来，管仲善于裁剪，宾胥无善于缝纫，而隰朋善于装饰衣边。齐桓公呢，等衣服做好了，拿起来穿就是了。因之认为齐桓公九合诸侯，一匡天下，是臣之力。而师旷则认为，君主好比土地，臣子好比草木，只有土壤肥美，草木才能茂盛。所以，认为此乃君之力。韩非以"或曰"，通过引述史典与事典，阐发了自己的观点，认为叔向和师旷皆一偏之辞，之所以成就霸业，"必君臣俱有力焉"。此论对于一向偏激的韩非而言，则是公允持平之论。但一般而言，均认为桓公九合诸侯，一匡天下，一如司马迁所说，乃"管仲之谋也"。事实上，韩非也不止一次地认为："桓公得管仲，立为五霸主，九合诸侯，一匡天下；孝公得商君，地以广，兵以强。"④在韩非看来，用人固然重要，但关键是要有法术赏罚，对此，他申述了法术的功效并做了一个著名的比喻："治国之有法术赏罚，犹若陆行之有犀车良马也，水行之有轻舟便楫也，乘之者遂得其成。伊尹得之，汤以王；管仲得之，齐以霸；商君得之，秦以强。此三人者，皆明于霸王之术，察于治强之数，而不以牵于世俗之言。"⑤

（10）管仲以公而国人谤怨。原典很短，但意味深长：

---

① 《韩非子·难二》。
② 《韩非子·难二》。
③ 《韩非子·难二》。
④ 《韩非子·奸劫弑臣》。
⑤ 《韩非子·奸劫弑臣》。

管仲束缚，自鲁之齐，道而饥渴，过绮乌封人而乞食。乌封人跪而食之，甚敬。封人因窃谓仲曰："适幸，及齐不死而用齐，将何报我？"曰："如子之言，我且贤之用，能之使，劳之论。我何以报子？"封人怨之。①

这则轶事讲的是齐桓公即位后，管仲请囚，被捆绑着从鲁国返回齐国的路上，又饥又渴，经过绮乌时向守卫边界的官吏讨饭吃。边界官吏跪着给管仲饭吃，非常恭敬。私下对管仲说："假如有幸到齐国不死又被重用，将怎样报答我？"管仲回答说："真能像你说的，我将重用贤人，使用能人，论功行赏。我怎样报答你呢？"边界官听了很不高兴，因此怨恨他。

这是韩非借此证明"公室卑则忌直言，私行胜则少公功"的事例之一。但由此可以看出，即使被缚，在押解途中，面对甚敬于己且跪而食之者，依然以公心而论，此乃真管仲也。

（11）为君易与不易。引出的话题是：

齐桓公之时，晋客至，有司请礼，桓公曰"告仲父"者三。而优笑曰："易哉，为君！一曰'仲父'，二曰'仲父'。"桓公曰："吾闻君人者劳于索人，佚于使人。吾得仲父已难矣，得仲父之后，何为不易乎哉？"②

对此，韩非在其后的"或曰"中，首先认为："桓公之所应优，非君人者之言也。"然后指出"索人不劳，使人不佚"，即寻找人才不辛劳，使用人才不轻松。更重要的是，韩非分析说："管仲，公子纠之臣也，谋杀桓公而不能，其君死而臣桓公，管仲之取舍非周公旦，可知也。若使管仲大贤也，且为汤、武。汤、武，桀、纣之臣也，桀、纣作乱，汤、武夺之。今桓公以易居其上，是以桀、纣之行居汤、武之上，桓公危矣。若使管仲不肖人也，且为田常。田常，简公之臣也，而弑其君。今桓公以易居其上，是以简公之易居田常之上也，桓公又危矣。管仲非周公旦以明矣，然为汤、武与田常，未可知也。为汤、武有桀、纣之危，为田常有简公之乱也。"③韩非最后的结论是，齐桓公只是一个昏庸糊涂的君主。

韩非这段基于管仲会不会危及齐桓公君位的辩难，与其说这是韩非的心度，不如说这是韩非式的担忧，或者提防。内中表达的，其实是战国末期乱世的梦魇积压在韩非心中而形成的极度不信任。相比之下，倒是鲁连对管仲的分析更切近管仲，更能抵达管仲的心气、志趣与襟抱。

（12）桓管猜隐语。韩文如下：

人有设桓公隐者，曰："一难，二难，三难，何也？"桓公不能射，以告管仲。管仲对曰："一难也，近优而远士。二难也，去其国而数之海。三难也，君老而晚置太子。"桓公曰："善。"不择日而庙礼太子。④

---

① 《韩非子·外储说左下》。
② 《韩非子·难二》。
③ 《韩非子·难二》。
④ 《韩非子·难三》。

这是说，齐桓公对一个人出的隐语猜不出来，就告诉管仲。管仲的答案是：一难是君主亲近优伶而疏远贤士；二难是君主离开国都经常到海上去游玩；三难是君主年迈而迟立太子。于是，桓公也不择定吉日就在宗庙里立了太子。由此看，这与其说是隐语，不如说管仲借此对齐桓公的劝谏。韩非认为："管仲之射隐不得也。……夫分势不二，庶孽卑，宠无藉，虽处毫老，晚置太子可也。然则晚置太子，庶孽不乱，又非其难也。物之所谓难者，必借人成势，而勿使侵害己，可谓一难也。贵妾不使二后，二难也。爱孽不使危正适，专听一臣而不敢隔君，此则可谓三难也。"①这，既是韩非的答案，更是韩非借题发挥。

（四）《国语》一则

选"管仲教桓公亲邻国"，原典如下：

桓公曰："吾欲从事于诸侯，其可乎？"管子对曰："未可。邻国未吾亲也。君欲从事于天下诸侯，则亲邻国。"桓公曰："若何？"管子对曰："审吾疆土，而反其侵地；正其封疆，无受其资；而重为之皮币，以骤聘眺于诸侯，以安四邻，则四邻之国亲我矣。为游士八十人，奉之以车马。衣裳，多其资币，使周游四方，以监其上下之所好，择其淫乱者而先征之。"②

此文在《管子·小匡》中亦有简略文字，不如此处甚详。由此可见，在内修国政后，管仲提出了成就霸业的外交策略，即亲邻国。具体方式是，审疆土，返侵地，正封疆，安四邻，游四方，召贤士，伐无道。这种春秋时期的霸业，尚留有王道的一抹残退的亮光，确与战国时代的攻伐不可同日而语。

二、对管仲的评价

春秋以降迄今，评说管夷吾者多矣，真如恒河沙数，岂能尽数？然纵观代表之论，则可一览立于中国治世史册上的管子光焰，一览世道人心的变易与脉线，亦复一奇也。

（一）诸葛亮的极度推崇

虽然，鲁迅曾在《中国小说史略》里谓《三国演义》"状诸葛之多智而近妖"，然而谁也不能不承认的一个事实是，经由《三国演义》的演绎，诸葛亮已是中国老百姓心目中毋庸置疑的"智慧的化身"。而以"诗史"著称的杜工部，不但有《蜀相》中"三顾频烦天下计，两朝开济老臣心。出师未捷身先死，长使英雄泪满襟"这一提要诸葛亮一生的千古名句，更有《咏怀古迹·其五》的高度敬仰：

诸葛大名垂宇宙，宗臣遗像肃清高。
三分割据纡筹策，万古云霄一羽毛。
伯仲之间见伊吕，指挥若定失萧曹。
运移汉祚终难复，志决身歼军务劳。

这首咏怀古迹的首句，道出"诸葛大名垂宇宙"来，直抒胸臆，不吐不快。而诸葛

---

① 《韩非子·难三》。
② 《国语·齐语》。

亮的功业,在老杜眼中,堪比伊尹和吕尚。就是这么一位备受推崇、作为智慧化身的诸葛亮,他敬慕的人其实只有两个,首位便是有"春秋第一相"之誉的管仲,再就是战国后期杰出的军事家,燕国上将军乐毅。

乐毅像(清人绘)

《三国志》载:诸葛亮"躬耕陇亩,好为梁父吟。身长八尺,每自比于管仲、乐毅,时人莫之许也。惟博陵崔州平、颍川徐庶元直与亮友善,谓为信然"。[1] 由此看来,诸葛亮崇敬者,文功武略,唯此二人。为诸葛亮极度推崇的管仲,[2]其赫赫功业,彪炳史册,光耀千秋。

其实,比管仲晚94年的孔子,在春秋时代就已经对管仲作出了客观的评价。

(二)孔子对管仲的评价

孔子对管仲的评价,可信之论见诸《论语》,共四处。

(1)对管仲曾辅佐公子纠,后公子纠被杀这一历史事件,《论语》有连续两段师徒间的问答:

子路曰:"桓公杀公子纠,召忽死之,管仲不死。"曰:"未仁乎?"子曰:"桓公九合诸侯,不以兵车,管仲之力也。如其仁,如其仁。"[3]

这段对话的意思是,子路说:"齐桓公杀了公子纠,召忽自杀殉节,但管仲却没有自杀。"子路就问:"这样,管仲算是没有仁德吧?"孔子回答说:"齐桓公多次召集各诸侯国,主持盟会,没用武力,而制止了战争,这都是管仲的力量啊!这就算他的仁德!这就算他的仁德啊!"可以想象孔子当时说话的神态,连续两个"如其仁",赞许之情,溢于言表。大可与颜渊死,孔子曾悲号的"噫!天丧予!天丧予!"口吻并提,一称赏不已,一悲恸至极。孔子从大处着眼,并不囿于殉节之限,而是更看重管仲使桓公"九合诸侯,不以兵车"的大功业。

(2)是子贡的发问,连在子路相问的后面。依然围绕孔子之教的核心"仁"来问:

子贡曰:"管仲非仁者与?桓公杀公子纠,不能死,又相之。"子曰:"管仲相桓公,霸诸侯,一匡天下,民到于今受其赐。微管仲,吾其被发左衽矣。岂若匹夫匹妇之为谅也,自经于沟渎而莫之知也?"[4]

这段问答的意思是,子贡问:"管仲不

---

① [西晋]陈寿:《三国志·诸葛亮传》。
② 黎翔凤认为:"诸葛亮自比管、乐,必能深知《管子》。"见黎翔凤:《管子校注》,中华书局2004年版,"序言"第26页。
③ 《论语·宪问》。
④ 《论语·宪问》。

是仁人吧？桓公杀了公子纠，管仲没有自杀，却又辅佐桓公。"孔子说："管仲辅佐桓公，使齐国在诸侯中称霸，使天下归于一致而恢复了正道，人民到如今还受到他给的好处。如果没有管仲，我们恐怕已经沦为披头散发，衣襟在左边开的落后民族了。难道管仲像一般的平庸男女那样，为了守小节，在小山沟里上吊自杀，而不被人所知道吗？"在这段问答中，其实子贡和子路的问题几乎一样，而孔子的回答则别有天地。如果说，前一段孔子的回答侧重于"九合诸侯，不以兵车"，而后一段的回答不仅再次重申了管仲辅佐齐桓公一匡天下的伟业，尤其侧重于管子的"尊王攘夷"之功。正因为管子的"尊王攘夷"之功，孔子才称赏"微管仲，吾其被发左衽矣"。这一评价，也是大处着眼。孔子以至简之语，说透了鲁连长论的精髓。

（3）在对管仲做了积极评价后，孔子也对管仲提出了批评：

> 子曰："管仲之器小哉！"或曰："管仲俭乎？"曰："管氏有三归，官事不摄，焉得俭？""然则管仲知礼乎？"曰："邦君树塞门，管氏亦树塞门。邦君为两君之好，有反坫，管氏亦有反坫。管氏而知礼，孰不知礼？"①

第一句评价，意思是管仲器量小。何以有此评？《史记》："管仲世所谓贤臣，然孔子小之。岂以为周道衰微，桓公既贤，而不勉之至王，乃称霸哉？"②《新序·杂事

篇》："桓公用管仲则小也。故至于霸而不能王。故孔子曰：小哉！管仲之器。盖其遇桓公，惜其不能以王也。"《春秋繁露》以"器小"涉及对管仲的评价：

> 齐桓公仗贤臣之能，用大国之资，于柯之盟，见其大信，一年而近国之君毕至。至于救邢、卫之事，见存亡继绝之义，而明年远国之君毕至。其后矜功，振而自足，而不修德，故楚人灭弦而志弗忧，江、黄伐陈而不往救，损人之国而执其大夫，不救陈之患而责陈不纳，不复安郑，而必欲迫之以兵，功未良成志已满矣。故曰管仲之器小哉！自是日衰，九国叛矣。③

这是董仲舒借"器小"对桓管的评价，始言桓公而及管仲。扬雄则谓大器犹规矩准绳，先自治而后治人，而"管仲骄矜失礼为器小"，④与桓公是否称霸无关。司马光则专文论及管仲小器："孔子称管仲之器小哉，先儒以为管仲得君如此，不勉之以王，而仅止于霸，此其所以为小也。愚以为周天子尊，而管仲勉齐公以王，是教之篡也。此管仲所耻而不为，孔子顾欲其为之也？"⑤而徽派朴学代表人物之一的程瑶田则在《论学小记》中独发己见，襟怀不凡："事功大者，必有容事功之量，尧则天而民无能名，盖尧德如天，而即以天为其器。夫器小者，未有不有功而伐者也。其功大者，其伐益骄。塞门反坫，越礼犯分，以骄其

---

① 《论语·八佾》。
② 《史记·管晏列传》。
③ 《春秋繁露·精华》。
④ 《法言·先知》。
⑤ 《司马文正公集略·管仲小器论》。

功，盖不能容器事功矣。吾于管仲之不知礼，而得器小之说矣。享富贵者，必有容富贵之量，舜、禹之有天下而不与，盖舜、禹之德如天，亦即以天为器。夫器小者，未有不富贵而淫者也。其富贵愈显者，其淫愈张，三归具官，穷奢极侈，以张其富，盖不能容其富贵矣。吾于管仲之不俭，而得器小之说矣。"这些论说，都把孔子"管仲之器小哉"作为一个无可置疑的前提，这本身就是一个问题。统观各种批评，可用求全责备来概括。就董仲舒指责管仲"功未良成志已满"谓之器小而言，以管仲功业，实乃苛责；就扬雄谓管仲骄矜失礼为器小而言，以管仲当时情景，似有不得不然；而司马光以周天子尊，而管仲勉齐公以王（实为霸），更是不顾历史大势而发的悖反之论，岂足驳哉？孔子本意，谓管仲器小，直指失礼，这就涉及管仲"焉得俭？"，即管仲之奢。其中有一个重要名词"三归"，何谓也？此一名词，真如刘宝楠所说："解三归者，言人人殊。"归结起来，三归，有以下五种解释：

第一种，指娶三姓女子。何晏集解引包咸曰："三归，娶三姓女也。妇人谓嫁曰归。"按照《东周策》："齐桓公宫中七市，女闾七百，国人非之。管仲故为三归之家，以掩桓公非，自伤于民也。"又，俞正燮《癸巳类稿》云："立一妻，则多一室家礼节之费，管子家有三宫之费，故曰：焉得俭？"①

第二种，指三处家庭。俞樾认为："所谓归者，即以管仲言，谓管仲自朝而归，其家有三处也。家有三处，则钟鼓帷帐不移而具，故足见其奢。"②此论可能受了韩非

"使子有三归之家"之语的影响。

第三种，指"以三牲献"。据《晏子春秋》内、外篇，三归出于桓公所赐。《内篇》言以共宗庙之鲜，而《外篇》言赏以三归，则三归以三牲献无疑。晏子以三归为管仲之一恶，亦谓其侈拟于君。

第四种，指筑三归之台。刘向《说苑·善说篇》："桓公谓管仲政卒归子矣。政之所不及，唯子是匡，仲故筑三归之台，以自伤于民。"毛奇龄《稽求篇》则谓："《国策》有宋子罕、齐管仲掩盖君非二事。宋君之非在筑台，故子罕以扑筑掩之。齐桓之非在女市，女闾之多，故管仲以三娶掩之。若齐桓非在多女，而仲以筑台掩之，是遮甲而障乙。"可见，三归之非台明矣。但冯梦龙依然以刘向此论为本，演绎其小说："管仲乃于府中筑台三层，号为'三归之台'。言民人归，诸侯归，四夷归也。又树塞门，以蔽内外。设反坫，以待列国之使臣。鲍叔牙疑其事，问曰：'君奢亦奢，君僭亦僭，毋乃不可乎？'管仲曰：'夫人主不惜勤劳，以成功业，亦一图一日之快意为乐耳。若以礼绳之，彼将苦而生怠。吾之所以为此，亦聊为吾君分谤也。'鲍叔口虽唯唯，心中不以为然。"③虽是小说家言，然其言想象丰富，甚合情理，颇见才智。

第五种，按常例缴纳给公家的市租。清郭嵩焘《释三归》："此盖《管子》九府轻重之法，当就《管子》书求之。《山至数》篇曰：'则民之三有归于上矣。'三归之名，实本于此。是所谓三归者，市租之常例之归之公

① 以上引自刘宝楠：《论语正义》，《诸子集成》卷一，岳麓书社1996年版，第81页。
② 《群经平议·论语一》。
③ ［明］冯梦龙：《东周列国志》，陕西人民出版社1995年版，第193～194页。

者也。"

此外，尚有以三归为地名者等等，不一而足。

其实，连接《史记》前"富"后"侈"，对照《论语》论"三归"指向"俭"、"侈"，则取第五种解释为妥。郭嵩焘论证之外，荀子的"与之书社三百，而富人莫之敢距也"①亦可作为佐证。

反坫，即坫土筑的平台。互相敬酒后把空酒杯放还在坫上为周代诸侯宴会时的一种礼节。今管仲非诸侯，僭越为之，是不知礼也。

回过头来，这段对答的意思是，孔子说："管仲的器量小啊！"有人问："管仲节俭吗？"孔子说："管仲家收取老百姓大量的市租，为他家管事的官员也是一人一职而不兼任，哪能说是节俭呢？"那人又问："那么，管仲知礼吗？"孔子说："国君在宫殿大门前竖立一道照壁，管仲家门口也竖立一道照壁。国君设宴招待别国的君主，举行友好会见时，在堂上专门设置献过酒后放空杯子的土台，管仲家也设置这样的土台。若说管仲知礼，那谁算不知礼呢？"由此，《史记》据事实录："管仲富拟于公室，有三归、反坫，齐人不以为侈。"②

（4）《论语》还有一处对管仲的评价：

问管仲。曰："人也。夺伯氏骈邑三百，饭疏食，没齿无怨言。"③

其意是有人问管仲是怎样的人，孔子说："是个人才。他剥夺了伯氏骈邑的三百户采地，伯氏只得吃粗粮和蔬菜，可是直到老死，也没有怨言。"孔子首先肯定管仲是个人才，理由是以列举的方式，指出其施政之公，让人无话可说。

综上可见，虽然，孔子以儒家标准轻言"管仲之器小哉！"复因有"三归"和"反坫"而违反了孔子心仪的周礼，让孔子愤然说其不俭、无礼，但却又深深称赏管子"如其仁"。这，不仅不矛盾，恰恰说明了孔子"仁学"结构的着力点，即"仁"统着"礼"，礼是仁的一部分，两相冲突时，应以仁为最终判准，所以孔子才说"人而不仁，如礼何？"，也就是说，虽然管仲"器小"、奢侈而不知礼，但由于是他使桓公"九合诸侯，一匡天下"，以及"尊王攘夷"之功，两相比较，功业远远大于瑕疵，称许因之远远大于批评。这种功、疵二分的客观评价，既符合孔子怀仁践仁的一贯精神，也符合管仲载入史册的不世之功。

（三）孟子对管仲的评说

我们再看孟子是如何评说管仲的。《孟子》中有关管仲的内容有两处。

（1）第一处是孟子与弟子公孙丑的问答：

公孙丑问孟子："夫子当路于齐，管仲、晏子之功，可复许乎？"④

---

① 《荀子·仲尼》。
② 《史记·管晏列传》。
③ 《论语·宪问》。
④ 《孟子·公孙丑上》。

意思是，您如果在齐国当权，管仲、晏子的功业可以再度兴起来吗？

孟子的回答很有意思，他说，你真是一个齐国人啊，只知道管仲、晏子。有一个叫曾西的人都不愿拿管仲和他相比，你以为我是愿意学他的吗？其潜台词是，连曾西都不愿拿管仲和他相比，我孟子岂是曾西可以相比的，那么，我为何要拿管仲来和我相比呢？孟子的辩才于此亦可见一斑。可是，他的弟子公孙丑显然没有为他"$A<B$，$B<C$，则$A<C$"这个"等量代换"给"糊弄"住，而是继续追问：

"管仲以其君霸，晏子以其君显。管仲、晏子犹不足为与？"[①]

意思是，管仲辅佐桓公使他称霸天下；晏子辅佐景公使他名扬诸侯。管仲、晏子难道还不值得学习吗？

孟子的回答则是："以齐王，由反手也。"这是说，以齐国来统一天下，易如反掌。这个回答似乎有点答非所问。更有意思的是，公孙丑不依不饶，而是先指出对孟子答非所问的不满："若是，则弟子之惑滋甚。"然后顺着孟子的思路追问："且以文王之德，百年而后崩，犹未洽于天下；武王、周公继之，然后大行。今言王若易然，则文王不足法与？"大意是，像文王那样的德行，而且活了将近100岁，他推行的德政，还没有周遍于天下，武王、周公继承了他的事业，然后才大大地推行了王道，统一了天下。现在您把统一天下说得那样容易，那么，文王也不值得效法了吗？

────────────

① 《孟子·公孙丑上》。

② 《孟子·公孙丑上》。

孟子面对弟子近于穷追不舍和归谬的追问，通过一大段古今对比后，认为："当今之时，万乘之国行仁政，民之悦之，犹解倒悬也。故事半古之人，功必倍之，惟此时为然。"[②]意思是，实行仁政，事半功倍，只有在这个时代才行，以此结束了这段由弟子设问的话题。世言孟子之儒醇，于此亦可见一斑，然其"迂远而阔于事情"，与此更可见一斑，当属不易之评。

（2）《孟子》另一处记载是，孟子本来准备好去朝见齐王，结果齐王派人来说，他本应要来看孟子，结果感冒了，又不能吹风，希望孟子来朝，他也临朝办公，"不识可使寡人得见乎？"，结果孟子给来人说，不幸得很，我也病了，不能到朝里去。第二天，孟子要到东郭大夫家里去吊丧，公孙丑认为这样不合适，可孟子还是吊丧去了。而齐王打发人和医生一起来问病，孟仲子就应付说，昨天王有命令来，他得着小病，不能奉命上朝。今天刚好了一点，已经去朝廷里去了，"我不识能至否乎？"，即我不晓得能够到达不？接着孟仲子就派了好几个人分别在孟子回家的路上拦截孟子，让孟子不要回家，一定要赶快上朝去。孟子呢，没去朝廷，干脆躲到景丑家歇宿。景丑对孟子的这一做法很是不满，认为孟子对齐王不恭敬。孟子先是说，由于他是唯一以尧舜之道来向王陈述的，所以，在齐国人中，没有一个能赶得上我这样对王恭敬的。可景丑认为，你不听王的召见，与礼不符。孟子就又来了一大段说辞，核心之意是，商汤对于伊尹，桓公对于管仲，是先向他学习，然后以他为臣，才可称霸天下。商汤对伊尹，桓公对管仲，就不敢召唤。"管仲且犹不可召，而况不为管仲者乎？"①意思是，管仲还不可以被召唤，何况连管仲都不愿做的人呢？对比上文，孟子的潜台词是，他更是不可以被齐王这么轻易召唤过去的。

从以上两段可以互相印证的对话中，可以看出孟子对管仲的不屑一顾，发乎心，溢于言，全然不同于孔子的功、疵二分，功远大于疵的评价，而是基本否定。仅在后文中，间接承认了管仲和舜一样是天将降大任之人："舜发于畎亩之中，傅说举于版筑之间，胶鬲举于鱼盐之中，管夷吾举于士，孙叔敖举于海，百里奚举于市。"②孟子以此五人引出了"故天将降大任于斯人也"的著名论断。

对于孟子评管这则公案，梁启超认为："孟子之论管子，轻薄之意，溢于言表，常有'彼哉彼哉，羞与为伍'之心。嘻，其过矣！吾以为孟子之学力，容有非管仲所能及者；管仲之事业，亦有断非孟子所能学者。"③那么，为何孟子对管仲的功业如此视而不见以至于不屑一顾呢？

归结起来，主要有以下两点：

一是孟子坚执不移的终极理想——"王道"的心念使然。坚执既久，遂成信仰。孟子的自视甚高以及义无反顾，不仅在于他对人性的光明预设，更在于他心目中只有"王道"才是真正值得期许和追求的这一

丝毫没有动摇过，甚至需要反思的坚执心念。如果说，无知者小无畏，那么，从孟子这里，我们则得到，有真信仰者大无畏！孟子对"王道"是那样心驰神往，那样矢志不渝，同"霸道"相比，又是那样泾渭分明，容不得一丝一毫的交混。因此，他根本看不上假力而为、行权谋之术而成的"霸道"。由此看来，管仲使齐桓公成为春秋时的第一个霸主，实行的乃是"霸道"而非"王道"，所以孟子的不屑就很容易理解了。

二是过于理想化的心念，使孟子显出一种对于具体施政的"不理解"来。这，不仅表现在他与梁惠王、齐宣王和滕文公临事而问，几无任何谋略的"对策"来，实际就是太史公总结的"迂远而阔于事情"。他以为，只要实行"仁政"就能"百里而王"，且易如反掌。这实际上是一种以心念代替现实，十分幼稚的政治幻想。

孟子终身未仕。他的构想只是"蓝图"，很难实现，因之作为终极目标，就具有恒久引领的定向作用。但这种构想，与周游列国而无法一展政治抱负且有短暂从政经验的孔子是不同的，与具有深湛的政治智慧且有短暂从政经验的荀子也是不同的。这是"儒家三哲"一个极易被忽略然而非常重要的区别。

(四) 荀子对管仲的评价

首先指出的是，要准确把握荀子对管

---

① 《孟子·公孙丑下》。

② 《孟子·告子下》。

③ 梁启超：《管子评传》，《诸子集成》卷六，岳麓书社 1996 年版，第 1 页。对此，梁启超作了善意的理解，认为："在孟子当时或亦有为而发，为此过激之言。而后之陋儒，并孟子之所以自信者而亦无之，乃反吠影吠声，撼至迂极腐之末论以诋謷管子。彼于管子何损，而以此误治术，误学理，使先民之良法美意，不获宣于后，而吾国遂涣散积弱以极于今日。"

仲的评价，就得明了荀子的王、霸思想和相关主张。在战国晚期，荀子早已没有了孟子独尊王道、贬黜霸道的坚执。在荀子看来，一国可分为"四个梯度"，即王—霸—存—亡。在这个从高到低的梯度中，荀子认为，王道、霸道都是统治者的目标，若不能称王，起码也要称霸，存天下为第三，亡天下就是末等了。[①] 换言之，王道、霸道都是荀子所称赏的，是鼓励人君追求的。正因如此，荀子就和孟子对管仲的态度截然不同，他是基本肯定管仲相齐而成就齐桓公霸业这一功绩的。

荀子

（1）荀子站在儒家立场，首先讨论了"仲尼之门，五尺之竖子，言羞称乎五伯。是何也？"这一自设自答的问题：

曰："然，彼诚可羞称也。齐桓，五伯之盛者也，前事则杀兄而争国；内行则姑、姊、妹之不嫁者七人，闺门之内，般乐、奢汰，以齐之分奉之而不足；外事则诈邾、袭莒，并国三十五。其事行也若是其险污、淫汰也，彼固曷足称乎大君子之门哉？"[②]

上面历数了齐桓公杀兄争国、放荡、奢侈、诡诈的斑斑劣迹，所以仲尼之门的五尺童子，都羞称五霸，以此引出下文，亦即齐桓公"若是而不亡，乃霸，何也？"，意思是像这样令人不齿却没灭亡，竟然还能称霸，这是为什么呢？荀子作了论述：

曰："于乎！夫齐桓公有天下之大节焉，夫孰能亡之？俴然见管仲之能足以托国也，是天下之大知也。安忘其怒，出忘其雠，遂立以为仲父，是天下之大决也。立以为仲父，而贵戚莫之敢妒也；与之高、国之位，而本朝之臣莫之敢恶也；与之书社三百，而富人莫之敢距也；贵贱长少，秩秩焉，莫不从桓公而贵敬之；是天下之大节也。诸侯有一节如是，则莫之能亡也；桓公兼此数节者而尽有之，夫又何可亡也？其霸也，宜哉！非幸也，数也。"[③]

荀子虽然列举了齐桓公的斑斑劣迹，但齐桓公并非一无是处，他高明的地方就在于"有天下之大节"，即齐桓公通晓大理，谁能够灭掉他呢？他坚信管仲之才足以托付治国重任，这是天下最大的智慧；他宽宏大度，不计前嫌，立管仲为仲父，这是天下最明智的决定；把管仲立为仲父，而达官贵戚不敢怀嫉妒之心；给管仲显赫尊贵的地位，朝廷大臣不敢与之结怨；封管仲土地人口，富人不敢与之作对；尊贵长幼，秩序井

----

① 可参阅本文丛之《儒宗正源》第二十八章"王道与霸道"中的相关内容，厦门大学出版社 2011 年版，第 179～187 页。

② 《荀子·仲尼》。

③ 《荀子·仲尼》。

然,天下人无不像桓公那样尊敬管仲,这是桓公最卓越的做法!诸侯若要做到其中一点,也不会亡国,而桓公兼及所有这些于一身,怎么可能灭亡呢?所以,桓公称霸天下是理所当然的,这不是侥幸,而是必然的。换言之,也就是"桓公之于管仲也,国事无所往而不用,知所利也"。① 荀子的分析,从大处着眼,说理严密透彻,令人信服。这与明显带有贬义的《国语·秦策》之论,有云泥之别:"管仲,其鄙人之贾人也,南阳之弊幽,鲁之免囚,桓公用之而伯。"②

(2)荀子在另一处归结道:"卑者五伯,齐桓公闺门之内,县乐、奢泰、游抚之修,于天下不见谓修,然九合诸侯,一匡天下,为五伯长,是亦无它故焉,知一政于管仲也,是君人者之要守也。"③意思是,齐桓公之所以能九合诸侯,一匡天下,为五伯长,没有别的,"知一政于管仲也,是君人者之要守也",即全仗管仲之力,或者从齐桓公的视角,幸好他用对了管仲,这才是最最关键的地方。

(3)由此,荀子从人臣的角度出发把管仲归之于"功臣":

> 人臣之论:有态臣者,有篡臣者,有功臣者,有圣臣者。……上忠乎君,下爱百姓而不倦:是功臣者也。……齐之管仲、晋之咎犯、楚之孙叔敖,可谓功臣矣。殷之伊尹、周之太公,可谓圣臣矣。④

在荀子的分类中,功臣,仅次于圣臣。而管仲是仅次于我国第一个帝王之师的伊尹与西周开国元勋和"百家宗师"姜子牙的功臣。如果说,这一评价还算恰当的话,那么,他与管仲并列的晋之咎犯、楚之孙叔敖,无论思想、政绩和影响,恐与管仲无法相提并论。

(4)荀子还把一国之臣,按其忠诚度分为四等:

> 有大忠者,有次忠者,有下忠者,有国贼者。以道覆君而化之,大忠也;以德调君而辅之,次忠也……若周公之于成王也,可谓大忠矣;若管仲之于桓公,可谓次忠矣。⑤

荀子把管仲归为"次忠"者,仅次于"大忠"的周公——孔子一生最崇敬的古圣人,也是持平之论。

(5)在政治方略方面,荀子认为,称得上"不蔽"者,首推鲍叔、宁戚、隰朋三人,这是因为他们"能持管仲而名利福禄与管仲齐",再推召公、吕望,说他们"仁知且不蔽"是因为"能持周公而名利福禄与周公齐"。⑥ 反过来,其实间接肯认了管仲和周公的赫赫功业。

(6)就在这称赏、肯认的同时,荀子把管仲和子产比较,进而对管仲提出了批评:

---

① 《荀子·君子》。
② 《战国策·秦策五》。
③ 《荀子·王霸》。
④ 《荀子·臣道》。
⑤ 《荀子·议兵》。
⑥ 《荀子·解蔽》。

子谓子家驹续然大夫，不如晏子；晏子，功用之臣也，不如子产；子产，惠人也，不如管仲；管仲之为人，力功不力义，力知不力仁，野人也，不可以为天子大夫。①

此处的"野"，与《论语·雍也》中的"质胜文则野"近似，是指其质朴超过了他的礼仪修养。整段文意是，孔子说，子家驹是补续君之过的大夫，②及不上晏子；晏子，是个有成效的臣子，及不上子产；子产，是个给人恩惠的人，及不上管仲；管仲的立身处事，致力于功效而不致力于道义，致力于智谋而不致力于仁爱，是个缺乏礼仪修养的人，不可以做天子的大夫。

晏子

晏子（？—公元前500年），名婴，字平仲，春秋末期齐国夷维（今山东高密）人。晏子是先秦时代著名的思想家、政治家、外交家。他历相齐

灵公、齐庄公、齐景公三朝。他身材不高，其貌不扬，以生活节俭，谦恭下士著称。晏子尽忠极谏，机敏善辩，政绩卓著，是继管仲之后齐国历史上又一位有名的贤相

荀子虽然借用孔子之言对子家驹、晏子、子产和管仲作了对比，表面看管仲比其他几位都好，但在荀子看来，并非尽善尽美，说管仲是"野人"，即缺乏礼仪修养的人，这一从儒家视角进行的评论是否公允，可存而待论。

（7）荀子对管仲的另一处批评也是和子产并论：

子产，取民者也，未及为政也；管仲，为政者也，未及修礼也。故修礼者王，为政者强，取民者安，聚敛者亡。③

意思是说，子产是赢得民心的人，却没能达到处理好政事的境地；管仲，是善于总理政事的人，但没能达到遵循礼义的境地。遵循礼义的能成就帝王大业，善于处理政事的能强大，取得民心的能安定，搜刮民财的会灭亡。可见，此论还是把管仲排在第二层级"为政者"的位次，还是批评管仲是个缺乏礼仪修养的人。何以有此评论？大抵《列子》中的寥寥数语可作补证："管仲之相齐也，君淫亦淫，君奢亦奢，志合言从，道行国霸，死之后，管氏而已。"④

毋庸讳言的是，儒家的孔、孟、荀三人，

---

① 《荀子·大略》。
② ［清］王先谦：《荀子集解》："子家驹，鲁公子庆之孙，公孙归父之后，名羁，驹其字也。续，言补续君之过。不能兴功用，故不如晏子也。"参见王先谦：《荀子集解》，《诸子集成》卷三，岳麓书社1996年版，第263～364页。
③ 《荀子·王制》。
④ 《列子·杨朱》。

其实都没有真正的治国经验，这与长达 40 余年执政于齐国的管仲是不可同日而语的。因此，管仲不仅是一位思想家，尤其是一位真正的政治家。

（五）《淮南子》的名论

对管仲的行略，《淮南子》有名论，原典如下：

> 管仲辅公子纠而不能遂，不可谓智；遁逃奔走，不死其难，不可谓勇；束缚枷楚，不讳其耻，不可谓贞。当此三行者，布衣弗友，人君弗臣。然而管仲免于缧绁之中，立齐国之政，九合诸侯，一匡天下。使管仲出死捐躯，不顾后图，岂有此霸功哉！今人君之论其臣也，不计其大功，总其略行，而求其小善，则失贤之数也。故人有厚德，无问其小节；而有大誉，无疵其小故。①

此论从大处着眼，不仅由此引出了"人有厚德，无问其小节；而有大誉，无疵其小故"的千古名论，还与曹沫不羞其败，在柯之盟以三尺之刃，造桓公之胸而尽复失地并论，真高论也。此论与孔子精评，鲁连长论的精神相通，都是难得的高人高论。

（六）苏洵的评说

作为一般士大夫阶层，再选苏老泉之论，看看他是如何评价管仲的。在《管仲论》中，他对管仲作了与上述思想家截然不同的评价："管仲相桓公，霸诸侯，攘夷狄，终其身，齐国富强，诸侯不敢叛。"这是首肯

其功。他转而说："夫功之成，非成于成之日，盖必有所由起；祸之作，不作于作之日，亦必有所由兆。故齐之治也，吾不曰管仲，而曰鲍叔；及其乱也，吾不曰竖刁、易牙、开方，而曰管仲。何则？竖刁、易牙、开方三子，彼固乱人国者，顾其用之者，桓公也。……顾其使桓公得用三子者，管仲也。"追根究底，直揭管仲用人不当，亦即批评了管仲临死前没有推荐贤人以代，为"不知本"。同时以晋国在死后有"老成人"执政，还以史鰌荐伯玉，萧何举曹参自代为例，证明这是管仲不用心导致的后果："吾观史鰌，以不能进蘧伯玉，而退弥子瑕，故有身后之谏；萧何且死，举曹参以自代。大臣之用心，固宜如此也。夫国以一人兴，以一人亡。贤者不悲其身之死，而忧其国之衰，故必复有贤者，而后可以死。彼管仲者，何以死哉？"②老泉此论，自出机杼，别有洞见，简切锋利，但有诬枉之嫌。何也？观老泉议论，大抵其所据史料，当是《史记》类一途，如下：

> 管仲病，桓公问曰："群臣谁可相者？"管仲曰："知臣莫如君。"公曰："易牙如何？"对曰："杀子以适君，非人情，不可。"公曰："开方如何？"对曰："倍亲以适君，非人情，难近。"公曰："竖刁如何？"对曰："自宫以适君，非人情，难亲。"管仲死，而桓公不用管仲言，卒近用三子，三子专权。③

所以，老泉说："仲之疾也，公问之相，

---

① 《淮南子·氾论》。
② 苏洵：《管仲论》，《四部精华》（下），岳麓书社 1991 年版，第 171～172 页。
③ 《史记·齐太公世家》。

当是时也，吾以仲且举天下之贤者以对，而其言，乃不过曰'竖刁、易牙、开方三子，非人情不可近'而已。"则老泉所据，亦明矣。其后虽有"仲之书，有记其将死，论鲍叔、宾胥无之为人，且各疏其短，是其心以为是数子者，皆不足以托国，而又逆知其将死，则其书诞谩，不足信也"。① 各种典籍，的确记载了管仲病后，桓公往问"政安迁之？"，管仲的确也以"不近人情"的理由否决了竖刁、易牙和开方，也认为鲍叔牙"不可"。如《管子·戒》云："桓公曰：'鲍叔之为人何如？'管子对曰：'鲍叔，君子也，千乘之国，不以其道予之，不受也。虽然，不可以为政。其为人也，好善而恶恶已甚，见一恶终身不忘。'"而韩非子给出的理由是"鲍叔牙为人刚愎而上悍。刚则犯民以暴，愎则不得民心，悍则下不为用，其心不惧。非霸者之佐也"。② 管仲对至交好友鲍叔牙可谓直言不讳。这种把国家利益放在首位而不以私谊置换贵爵厚禄的言行，乃是"管鲍之交"的制高点和真正内核。

苏洵

但他并未就此终了，当齐桓公问："然则孰可？"管仲曰："隰朋可。其为人也，坚中而廉外，少欲而多信。夫坚中则足以为表，廉外则可以大任；少欲则能临其众，多信则能亲邻国。此霸者之佐也，君其用之。"君曰："诺。"③ 有此举荐与透彻的分析，老泉怎能断言各疏其短，皆不足以托国呢？韩非后续分析道："居一年余，管仲死，君遂不用隰朋而与竖刁。刁莅事三年，桓公南游堂阜，竖刁率易牙、卫公子开方及大臣为乱，桓公渴馁而死南门之寝，公守之室，身死三月不收，虫出于户。"正因如此，韩非总结道："故桓公之兵横行天下，为五伯长，卒见弑于其臣而灭高名，为天下笑者，何也？不用管仲之过也。故曰：过而不听于忠臣，独行其意，则灭其高名，为人笑之始也。"④ 把"不听于忠臣"作为君主的"十过"之一加以列举。由此观之，老泉之论，虽然立意独特，然而属于诬枉之论，因而不足取，亦明矣。

（七）梁任公评管仲

再选一则梁启超的评说，经由时间的沉淀，看看其中的臧否有何变化。

梁启超在辛亥革命前夕（即他在"例言"中标署的"宣统元年三月"），用了16天时间一气呵成写就6万多字的《管子评传》。他在"自序"中说："我国以世界最古最大之国，取精多而用物宏，其人物之瑰玮绝特，复非他国之所得望。而前此之读书论

---

① 苏洵：《管仲论》，《四部精华》（下），岳麓书社1991年版，第172页。
② 《韩非子·十过》。
③ 《韩非子·十过》。
④ 《韩非子·十过》。

辛亥革命浮雕

世者，或持偏至之论，挟主奴之见，引绳批根；而非常之人，非常之业，泯没于谬悠之口者，不可胜数也。若古代之管子、商君，若中世之荆公。……余既为荆公作洗冤录，商君亦得顺德麦氏为之讼直，则管子传不可以无述。"①

基此，在"以法治主义及经济政策为两大纲领"的《管子评传》中，梁启超在"叙论"中认为："管子者，中国之最大政治家，而亦学术思想界一巨子也。顾吾国人数千年来崇拜管子者，不少概见。而訾謷之者反倍蓰焉。此误于孟子之言也。"由此可见，梁启超将管仲推崇为中国最大的政治家，其评价与推崇之高，犹胜于古人。不仅如此，有着西学眼界的梁启超还将管子与马基雅维里和孟德斯鸠作了对比："而马氏霍氏之与管子，则地之相去数万里，世之相后数千岁，不期而若合符契；而其立说之偏至，又不能如吾管子之中正者也。"②此论不仅有过誉之嫌，比附更是牵强，但内中的自豪与称赏，已溢于言表。

至此，梁启超尚觉意犹未尽，他引时任

梁启超

梁启超(1873—1929)，字卓如，号任公，又号饮冰室主人、饮冰子、哀时客、中国之新民、自由斋主人等。梁启超一生勤奋，著述宏富，在将近36年而政治活动又占去大量时间的情况下，每年平均写作达39万字之多，各种著述达1400多万字。学术研究涉猎广泛，在哲学、文学、史学、经学、法学、伦理学、宗教学等领域，均有建树，尤以史学研究成就最著。其著作合编为《饮冰室合集》。与康有为一起领导了著名的"戊戌变法"，史称"康梁"

美国总统罗斯福的"政治家者，政治学者之臣仆也"之论，认为"遍考泰西之历史，其政治家与政治学者，未有能相兼者也。……其以伟大之政治家而兼为伟大之政治学者，求诸吾国得两人焉：于后则有王荆公，于前则有管子。此我国足以自豪于世界者也。而政治学者之管子，其博大非荆公所能及；政治家之管子，其成功亦非荆公所能及。

① 梁启超：《管子评传》，《诸子集成》卷六，岳麓书社1996年版，"自序"第1页。
② 梁启超：《管子评传》，《诸子集成》卷六，岳麓书社1996年版，第1页。

故管子倜乎远矣"。① 可见，梁启超将管子二分为政治家与政治学者，即认为他是集二者为一身之人，由此，他不仅将管子与西方作了横向比较，以一管子横扫西方政学两界，认为无一人如管子将二者相兼，还纵贯中国历史，认为能与管子并论者，唯有王安石而已，但王安石不论其思想的博大，还是政绩的显赫与成功，均不及管子。经此纵横比较，梁任公对管子的推崇，可以至高至极，无以复加矣！古人评管子，时代与视域所限，哪能有如此纵横比较之论？

（八）管仲研究者的评说

王德敏等经过研究，概括并称管仲为"经略家"。因为在他们看来，只有用"经略家"这一称谓才能比较准确全面地概括管仲这一杰出历史人物的多方面属性和特点，从而避免其他称谓的孤立片面。

之所以称管仲为"经略家"，具体理据有以下四点：

第一，体现了古代政治的首务。管仲不仅有原属最高统治者应有的经略实践，而且总结出一套相应的理论，这就是他的"牧民"学说。第二，突出了经营管理的特长。管仲身居相位，对齐国的经营管理，也就是他治齐的经略实践。他"通货积财，富国强兵"的业绩，以及由后学整理成书的《管子》，被誉为古代卓越的政治经济学论著。第三，概括了谋略治国的智慧。管仲一向以足智

多谋著称，其谋略不仅表现为经济谋略，还表现为军事谋略、外交谋略。管仲的谋略思想渗透在他治国实践的各个方面。司马迁赞誉"管仲既用，任政于齐，齐桓公以霸，九合诸侯，一匡天下，管仲之谋也"。第四，蕴含了经权结合的精神。管仲治国，善于"常"、"变"结合，即具有经权达变的韬略。故明代赵用贤评价说："王者之法，莫备于周公，而善变周公之法者莫精于管子。"又说："古今递迁，道随时降，王霸迭兴，政由俗革。吾以为周公之经制大备，盖所以成王者之终，管子能变其常而通其穷，亦所以基伯道之始。"概言之，经略家管仲，以善变三代之法而奠基王霸之业，最后致五霸之盛著称于世。而《管子》乃是古代统治者经纬国家、治理人民的大经大法之集成，是以管仲为代表的谋略家治国实践经验的全面总结，是一部经邦治国的百科全书，简言之，可称为经略全书。② 由此可见，管仲在学人心目中，亦有无上崇高的地位。③

综上，从管仲的言行轶事，我们已经多方位感知了一个中国古代贤相所具有的典范品质与治世才略，以及含藏其中的多面性。而从春秋迄今对管仲的不同评说，则为我们更加理性地看待管仲提供了难得的参照与维度。但是，对管仲的真正认知，必得以他身处的时代，尤其是荟萃管仲治世思想的《管子》来深入研究，体悟他的精神，才能作出自己的判断，才不致人云亦云。

---

① 梁启超：《管子评传》，《诸子集成》卷六，岳麓书社1996年版，第2页。

② 王德敏、刘斌：《经略家管仲及管仲学派——管子其人其书及其学术派别》，载《十家论管》，上海人民出版社2008年版，第479～484页。

③ 称管仲为"经略家"，作者的目的是试图以一个称谓涵括管仲"三不朽"的多方面功业。其实，这样做的意义不是很大。因为一般人看到这三个字的称谓，很难如作者那样因此全息地知会管仲，还不如分而论之，比如说管仲是思想家、政治家，既平实，也不是误读。

第四章　读书论世：管仲的时代与《管子》的作者和主旨

> 《管子》宏博精深，兼收诸家，洪纤毕举。它以道为理，以法为宗，倾力经济，融会阴阳，兼及儒墨，杂以兵工农医为一体，而其主旨，实归法家。真乃中国传统文化中的瑰宝。

《管子》一书，旧书共有389篇，汉刘向校，除其重复，定为86篇。今本实存76篇，其余10篇仅存篇名，分8类。

在对《管子》内容进行深入研究之前，有三个很重要问题，必先予以阐明。一是管仲身处的时代，二是《管子》的作者与成书年代，三是《管子》的主旨与归属。①

一、管仲身处的时代

孟子说："颂其诗，读其书，不知其人，可乎？是以论其世也。是尚友也。"②由此，读其书而论其世，与古人交友，已成千古不易之论。其实，孟子说这一句话的语境实从大处着眼，即应以襟怀与实力来论交友。这句话的前面几句是："孟子谓万章曰：'一乡之善士斯友一乡之善士，一国之善士斯友一国之善士，天下之善士斯友天下之善士。以友天下之善士为未足，又尚

论古之人。'"意思是，一个乡村的优秀人物便和那一乡的优秀人物交友，全国性的优秀人物便和全国性的优秀人物交友，天下性的优秀人物便和天下性的优秀人物交友。（如果觉得）与天下性的优秀人物交友还不够，便追慕和颂论古代高洁之士，与他们交友。吟咏他们的诗歌，研读他们的著作，不了解其人，怎么能行呢？所以要论其身处的时代。这就是追溯历史和古人交友。③当然，引申其义，读其书而论其世，可也。

虽然，考辨作者所处的时代，对于辨识其书的真伪，分析作者思想的形成与来源，进而准确把握作者的意图，对其著述的思想进行深层次分析，无疑具有十分重要的意义，甚至是不二法门。但是，毋庸讳言的是，为考辨而考辨的所谓研究，容易陷于琐屑、无关宏旨的无谓论争，恕我

---

① 如从学术史或者考据角度而论，这三个都是大问题，也许一本专著的详尽考辨，也未必能让人信服和心服。因此，我们只列观点，不作详考。

② 《孟子·万章下》。

③ 此处译文参考杨伯峻：《孟子译注》，中华书局2008年版，第193页。

直言,意义不是很大。以极端而言,考辨出某一篇为具体哪一年所作,如果这一结论与另一结论相差了几年,若非恰遇重大历史转折点,而这一转折又深刻地改变了人们的观念,非如此,则相差的几年,又有什么关系? 至于著述中的事件与人物,必得考证出"废太子胤礽有个私生女寄养在曹家"之类的影射论,乃至刻意"多歧为贵,不取苟同",实乃学术研究的末路。事实上,《庄子》中就大量借用、伪托乃至生造了很多人物与事件,用来阐发他要表达的哲思,而研究者又何必非得营营以求其"真"乎?

就管仲身处的时代而言梁任公列了四点:第一,管子之时,中央集权之制度未巩固也。第二,管子之时,君权未确立也。第三,管子之时,中国种族之争甚剧烈也。第四,管子之时,中国民业未大兴也。① 这四点,现在看来似乎不够妥帖。第一、二点,感觉到梁启超的目光是向前的,是说春秋时代的发展趋势而非当时的时代特征。而第三点,将其时的诸侯争霸说成是"种族之争",似乎大可商榷。而在管仲时期,说"甚剧烈",也有问题。至于"民业未大兴",也有点阔远。

管子身处的时代,是周平王东迁约半个世纪之后,周朝王室更加衰微,已由从前的"礼乐征伐自天子出"变为当时的"礼乐征伐自诸侯出",甚至自卿大夫出的格局。

春秋时期的铜鸟尊

即倾未倾的周王室的权威,要由势力强大的诸侯来维护,甚至拥戴得立。② 周天子虽然还是名义上的"天下共主",但仅有些微的王权象征意味。比如,齐桓公伐楚,管仲为之找的借口就是"责包茅不入贡于周室"。因此,对管仲身处的春秋时代,《史记》曰:"周室衰微,诸侯强并弱,齐、楚、秦、晋始大,政由方伯。"③而《说苑·尊贤》总结的更到位:"春秋之时,天子微弱,诸侯力政,皆叛不朝;众暴寡,强劫弱;南夷与北狄交侵,中国之不绝若线。桓公于是用管仲、鲍叔、隰朋、宾胥无、宁戚,三存亡国,一继

---

① 梁启超:《管子评传》,《诸子集成》卷六,岳麓书社1996年版,第3页。
② 如周襄王,就由处于鼎盛期的桓管会聚诸侯拥立。
③ 《史记·周本纪》。

绝世,救中国,攘戎、狄,卒胁荆蛮,以尊周室,霸诸侯。"可见斯世也,天子失权,诸侯争霸,君臣无等,篡弑日闻。一言以蔽之,就是"礼崩乐坏"。除上述特征外,具体还表现在经济上,势力强大的诸侯开始变王田为私田,井田制逐步解体。如鲁国的"初税亩",齐国的"相地而衰征"。在外交上,各诸侯国之间为了争霸,攻伐不已,周天子无力劝阻。在礼乐制度上,诸侯、卿大夫僭用礼乐的现象十分普遍,比如,管仲就有国君才有的"反坫",因此被孔子讥为"不知礼"。

这一时代背景,不仅是管仲思想诞生的土壤,也决定了管仲思想的取向,还是检验《管子》篇章中为何时所作的依据之一。比如,萧公权指出:"《君臣上》篇谓:'天子出令于天下,诸侯受令于天子。'《度地篇》:'天下有万诸侯也,其中有公侯伯子男焉,天子中而处。'此与孔子所谓'天下有道,礼乐征伐自天子出'者,殊少分别,亦《管子》思想内容具有春秋时代历史背景之一证也。"[1]

就总体趋向而言,正因以上的时代背景,决定了管仲思想与行为带有与其身处时代精神相契合的特质,由此提出了"综治论"。比如,管子劝谏桓公在"曹沫之约"上守信,这既不同于孔子因为"礼崩乐坏"而企图的"克己复礼",也不同于孟子时代已然酷烈的"争地以战,杀人盈野;争城以战,杀人盈城",由此梦想的"仁政",更不同于韩非子身处时代的极度残酷,因之烙刻在

韩非理论旗帜上有两个斗大的字"不信",由此构筑"势、术、法"为一体,以期待君主的一统之治。因此,欲读其书,必论其世,理在其中。

二、《管子》的作者与成书年代

《管子》的作者与成书年代,自晋代傅玄提出"《管子书》,过半是后之好事者所加,《轻重篇》尤鄙俗"[2]以来,成为一个搅扰"管子学"的头号难题,更是阻却有志于研究管子思想的一大屏障。

之所以质疑《管子》书的作者,我国台湾学者徐汉昌归纳了历代学者之疑,主要是:其一,时间方面的问题,如书中载有管仲将没之际与死后之事,载有后代之人名等。其二,载有后代地名。如《管子》称三晋之君,而其时没有三晋。《轻重》篇称鲁、梁、齐、赵,其时也没有梁等。其三,思想内容与管仲不合。如朱熹、叶适、黄震等认为,《管子》书中有儒、道、墨等家言。其四,文字杂乱矛盾、文辞鄙俗。其五,以常理论断非管仲作。有代表性的说法是朱熹的分析:"《管子》非仲所著。仲当时任齐国之政,事甚多。稍闲时又有三归之溺,决不是闲工夫著书底人。著书者是不见用之人也(《朱子语类》卷第一百三十七)。"[3]

(一)《管子》的作者

梳理关于《管子》的作者的各类观点,

① 萧公权:《中国政治思想史》,辽宁教育出版社 1998 年版,第 205 页。
② [宋]王应麟:《困学纪闻》(中)卷十引,上海古籍出版社 2008 年版,第 1217 页。
③ 徐汉昌:《〈管子〉书作者》,载《管子学刊》1989 年第 1 期。

归结起来,主要有以下几个方面:①

1."全部遗著说"

"全部遗著说",即全部系管仲所作。今人罗以迪从七个方面论证了"管仲是《管子》书的作者",以此否定朱熹关于《管子》非仲所著的观点。但该文作者对历代学者提出的合理质疑,没有作出解释与回答,难以使人信服。② 事实上,《管子》显然非一人一时之作,全部遗著说,根本不成立。

2. 部分系管仲所作

此类观点中,还可根据管仲所作的多少,又有不同。

(1)认为管仲著述最多者,当属梁任公。他说:"《管子》书中,有记管子卒后事者,且有《管子》解若干篇,其非尽出管子手撰,无可疑者。度其中十之六七为原文,十之三四为后人增益。此则《墨子》亦有然,不独《管子》矣。"③但他后来又作了很大的更改。④ 再就是在首届《管子》学术讨论会上,"有的同志除援引古籍中认为《管子》为管仲所著的论据重新加以肯定外,还以近年来在胶东半岛发现的西周中期以前的铁鼎和铁末,证明齐国在春秋早期业已普遍使用铸铁,而《管子》中所载有关生产力及生产关系的情况又与之相符。据此认为,《管子》应是春秋时代成书,多数篇章应为管仲及其弟子所著"。⑤ 作为汉学家,谢和耐以推测的口吻说:"《管子》据说属于公元前 7 世纪齐相管仲所著,是一本各部分驳杂不一的政治、经济文集。"⑥

(2)当属首先质疑者的傅玄。他既谓"过半是后之好事者所加",则是否意味着

---

① 王德敏等人将《管子》的作者梳理为三类:(1)管仲遗著论。认为韩非、司马迁、刘向、班固及历代官修史书均持此论。(2)部分遗著论。又分为:一是以傅玄、姚际恒等为代表,认为部分篇章是后人所加;二是以关锋、林聿时等人为代表,明确指出"经言"各篇,以及"外言"的"五辅"篇是管仲遗著。(3)非管仲遗著论,又分为:一是以朱长春等为代表,认为完全为后人所假托;二是以余敦康为代表,认为主要是管仲学派集体编撰的论文集。参见王德敏、刘斌:《经略家管仲及管仲学派——管子其人其书及其学术派别》,载《十家论管》,上海人民出版社 2008 年版,第 476~477 页。这样的划分不够全面、详尽和科学,可资参考。

② 罗以迪:《试论〈管子〉作者》,载《管子学刊》1994 年第 2 期。这七个方面是,(1)根据马克思"实践出真知"等基本原理,没有从事过管仲"勉力图霸"这样的创业实践,写不出《管子》这样的书;(2)根据文体不同,有的属于管仲亲撰,有的属别人记录、记叙或代笔;(3)管仲对学术研究、著书立说、教育后人高度重视,而且在相职实践中纳入他工作的组成部分;(4)《管子》书由十月太阳运行历法基础与四时历并存;(5)《管子》也是一门管仲思维智慧学,强调"中";(6)据《管子·治国》有"昔者七十九代之君,法制不一"之论,从传说中的君主 14 位,夏代 17 位,商代 30 位,西周 12 位,东周从平王到管仲时襄王 6 位,前后正好 79 代,证明《管子·治国》著于管仲之时;(7)《弟子职》为管仲是《管子》作者提供了一个旁证。因此,作者认为,《管子》不属战国稷下学者群作。

③ 梁启超:《管子评传》,《诸子集成》卷六,岳麓书社 1996 年版,第 2 页。

④ 但此后梁启超改变了这一说法:"自司马迁以来,即认为管仲所作。然中多记管仲死后事,且以思想系统论,其大部分必为战国末叶作品无疑,最多则《牧民》《山高》《乘马》等篇篇首或有一两段传管仲口说耳。"参见梁启超:《先秦政治思想史》,中国人民大学出版社 2012 年版,第 22 页。观点来了一个很大的转变,由"十分之六七为原文"变成了"或有一两段传管仲口说"。

⑤ 盖光、于孔宝:《〈管子〉学术讨论会概述》,载《管子学刊》1987 年第 1 期。

⑥ [法]谢和耐:《中国社会史》,黄建华、黄迅余译,人民出版社 2010 年版,第 89 页。

约有一半是管仲著述？明确而坚定地认为有不少篇章是管仲遗著的当属关锋、林聿时先生。他们在《管仲遗著考》一文中首先针对疑古派的两个"公例"（一是战国前无私人著作，二是战国前没有把"于"字用作介词的）进行了分析，认为这两条"公例"是不能成立的，进而对《管子》书的编定、流传作了详尽的考察，对相关篇章进行了详细的分析与考证，其结论是："《管子》书中的《经言》各篇，以及《外言》的《五辅》篇，基本上是管仲的遗著（其中有后人掺入的成分）；《外言》除《五辅》篇以外的各篇，以及《内言》各篇，一部分是解释、发挥管仲思想的，一部分是记录管仲的言论和行事，而且是信实可靠的。所以，两者特别是后者可以作为研究管仲思想的重要参考资料。"①与此相近，日人安井衡也认为"《经言》九篇盖成于管敬仲之手矣，故尊称《经言》，《外言》以下则承其学者述之"。②

而余嘉锡先生虽持"依托"论，但对仲之本书，作了肯定："今考其文，大抵后人附会，多于仲之本书。……意其中孰为手撰，孰为记其绪言如语录之类，孰为述其逸事如家传之类，孰为推其意旨如笺释之类，当时必有分别。观其五篇明题《管子解》者，可以类推，必由后人混而一之，致滋疑

余嘉锡

余嘉锡（1883—1955），字季豫，当代著名目录学家，古文献学家。他的力作《四库提要辨证》，积50余年而纂成，是中国现代学术史上最具影响力的著作之一

窦耳。"③

徐汉昌则明确认为："书中记典章政教、管子言行等史事之材料，大部分为严可均所谓门下弟子、宾客或子孙之类人所为，亦可能有齐国政府之档案资料。讲思想之文字，可能小部分出于管仲之口，而为他人所记录。大部分则是稷下学者，就管仲言行与思想，引申发挥，依托于管仲。零星之依托者可能有，但不会太多。"④

（3）认为有管仲自著的篇目或者有其遗说无疑。如韩非子说"今境内之民皆言

---

① 关锋、林聿时：《管仲遗著考》，《春秋哲学史论集》，人民出版社1963年版，第137页。需要说明的是，《管子》中"经言"九篇，究竟是不是管仲遗著，成了两千年来学术史上聚讼不已的一大疑案。关、林所论，在破了"两个公例"后，对《管子》书的来历，以及对这九篇进行了逐一考证与分析，颇见功底。后来胡家聪则在《〈管子·经言〉作于战国田齐考辨——驳〈管仲遗著考〉》（载于《管子学刊》1987年创刊号）一文中认为，其考证多为主观臆测，难以成立。其结论是《管子·经言》作于田齐政治思想家。

② ［日］安井衡：《管子纂诂·序》。

③ 余嘉锡：《四库提要辨证》（卷十一，子部二），中华书局1980年版，第607～608页。

④ 徐汉昌：《〈管子〉书作者》，载《管子学刊》1989年第1期。

治，藏商、管之法者家有之"；①司马迁称读管氏《牧民》《山高》《乘马》《轻重》《九府》，意味着起码这些篇目为管仲所著。今人张固也提出了一个假设："《经言》诸篇可能正是春秋末战国初整理、研究管仲思想时编写而成的，保存了较多管仲的遗说。而当时所依据的主要材料之一是春秋以来口耳相传的口头文献，这时也将其书于竹帛。如果这一说法成立，那么《内言》等组中记载桓管历史和言论的诸篇可能更接近于管仲思想，理应据之来进一步研究《经言》中的管仲遗说。"②首届《管子》学术讨论会上，"多数同志认为，《管子》虽非一人一时之作，但与管仲在著述关系上的联系是毋庸置疑的"。③

（4）有论者认为管仲创造了一个完整的政治、经济、军事与哲学思想体系，因事甚多，又有三归之溺，因而未能亦未必亲手书之简牍以传世，然而却由他人记录整理下来，这便是最早的《管子》版本，而记录之人是史官。并认为其保存和流传渠道有二：一是保存于太府，此即官存官传的《管子》本；二是广布与流传于民间，此为民存民传的《管子》本。正因如此，所以嫁给晋国公子重耳的齐姜，在管仲逝世若干年后，用"昔管敬仲有言，小妾闻之"的口气，娴熟地背诵了管仲一大段"所以纪纲齐国"的

话："畏威如疾，民之上也；从怀如流，民之下也；见怀思威，民之中也。"（《国语·晋语四》）足见管仲的思想学说在春秋时期已广泛流传了。后由推崇管仲的稷下学者对管仲的思想和事迹进行了整理、增益和发挥，并重新编定了《管子》一书。到了战国末年，《管子》一书的流传就非常广泛了，以至于达到家喻户晓的程度。故《韩非子·五蠹》说："今境内之民皆言治，藏商、管之法者家有之。"④

（5）还有学者，如萧公权认为："按《管子》出于纂集，固已成为定论。然吾人不可据此而即谓其内容与夷吾丝毫无涉。盖细绎全书所含之政治思想颇多针对春秋之历史背景，与商韩诸子之以战国者，有重要之区别。"⑤类似萧公权的观点者，即不能确定篇目，但认为《管子》定然与管仲著述有关的论证很多，不一一列举。

3. 否定说

所谓否定说，是指《管子》非管仲手撰或非管仲之作。细分又有以下几种：

（1）后人掇辑说。此说与上述《四部提要》，李勉等之所以不同，乃是认为《管子》中没有管仲的手撰，皆为后人掇辑而成。如章学诚说："春秋之时，《管子》尝有书矣。然载一时之典章政教，则犹周公之有周礼

---

① 《韩非子·五蠹》。"藏商、管之法者家有之"，意思是，"家家都藏有商鞅、管仲的论法的著作"（张觉等撰：《韩非子译注》，上海古籍出版社 2007 年版，第 692 页）；或者译为"收藏商鞅、管仲法家著述的人几乎每家都有"（高华平、王齐洲、张三夕译注：《韩非子》，中华书局 2010 年版，第 715 页）。这就意味着原本的《管子》在韩非身处的战国晚期就已成书且很流行了，而且在时人眼里，是以法为主干的著述。

② 张固也：《〈管子〉研究》，齐鲁书社 2006 年版，第 16～17 页。

③ 盖光、于孔宝：《〈管子〉学术讨论会概述》，载《管子学刊》1987 年第 1 期。

④ 宣兆琦、王雁：《〈管子〉三论》，载《管子学刊》2002 年第 2 期。

⑤ 萧公权：《中国政治思想史》，辽宁教育出版社 1998 年版，第 178 页。

也。记《管子》之言行，则习管氏法者所缀辑，而非管仲所著述也。"①严可均亦曰："先秦诸子皆门弟子或宾客或子孙撰定，不必手著。"②这实际上间接肯定了《管子》是管仲思想的集萃。

（2）附会说。即认为不仅不是管仲所著，也没有多少管仲本人的思想，只是后世出于种种目的附会管仲而成。如朱熹认为，《管子》"想只是战国时人收拾仲当时行事言语之类著之，并附以他书"。③又如，苏辙说："至战国之际，诸子著书，因管子之说而增益之。其废情任法远于仁义者，多申韩之言，非管子之正也。"④还有，叶梦得亦曰："其间颇多与《鬼谷子》相乱。管子自序其事，亦泛滥不切，疑皆战国策士相附益。"⑤

（3）不知何人所作。代表性的说法是叶适之言："《管子》非一人之笔，亦非一时之书，莫知谁所为。以其言毛嫱、西施、吴王好剑推之，当是春秋末年。又'持满定倾，不为人客'等，亦种蠡所遵用也。"⑥

（4）伪书。代表性的观点当属胡适。他说："《管子》这书，定非管仲所作，乃是后人把战国末年一些法家的议论和一些儒家的议论（如《内业篇》，如《弟子职篇》）和一些道家的议论（如《白心》、《心术》等篇），还有许多杂七杂八的话，并作一书；又伪造了

一些桓公与管仲问答诸篇，又杂凑了一些记管仲功业的几篇；遂附会为管仲作。今定此书为假造的，证据甚多……可见是后人伪作的了。"⑦此论不仅甚欠斟酌，近乎粗糙和武断，竟出自胡适之口，令人哑然。因此，徐汉昌引屈万里之言反驳说："'所谓伪书，是一：原有真书，后来真书亡佚，有人另作了一部假的，以冒充真书。二：原来没有这部书，后人假作了一部书，以冒充古人的真书。以上两种，才是伪书。'今本《管子》，并非上述两种情形。"⑧

（5）在否定非管仲著述的基础上，推测系何人所作。如明代朱长春则将《管子》与稷下先生和韩非、李斯等连接了起来："周衰道拙，至雄国而祖霸贱王大甚，天下有口游谈长短之士，都用社稷。管仲为大宗，因以其说系而附之，以干时王，猎世资。田齐之君，亦自以席桓公、敬仲祖烈为最胜，夸一世而存雄。故其书杂者，半为稷下大夫坐议泛谈，而半乃韩非、李斯辈袭商君以党管氏，遂以借名行者也。故其书有春秋之文，有战国之文，有秦先周末之文，其体立辨。"⑨此外，冯友兰认为，《管子》是"稷下学宫的学报"，或者是"稷下学术中心的一部论文总集"。⑩而顾颉刚"怀疑《管子》一

---

① 章学诚：《文史通义》卷一，《诗教》上。
② 严可均：《铁桥漫稿》卷八，《书〈管子〉后》。
③ 朱熹：《朱子语类》（第8册）卷第一百三十七，中华书局1986年版，第3252页。
④ 苏辙：《古史·管晏列传》。
⑤ 《汉书·艺文志·考证》引。
⑥ 叶适：《习学记言序目》卷第四十五，中华书局1977年版，第663页。
⑦ 胡适：《中国哲学史大纲》（上），东方出版社1996年版，第10～11页。
⑧ 徐汉昌：《〈管子〉书作者》，载《管子学刊》1989年第1期，第27页"注⑤"。
⑨ 朱长春：《管子榷·序》。
⑩ 冯友兰：《中国哲学史新编》（上册），人民出版社2001年版，第118、499页。

书竟是一部稷下丛书"。① 胡家聪也认为："《管子》书中的许多篇章，是在宣、湣时期写成的。它们均出于佚名的稷下先生之手，内容包括法家、道家、阴阳家的学说，以及自然科学的作品，真是蔚然大观。而《管子》这部书，实际上是稷下先生作品的汇编，称《管子》为'稷下丛书'是很恰当的。"②但问题是，由于有关稷下学宫的确切史料极少，对于《管子》各篇的具体断代帮助不大，所以上述认识具有很大的推测性，③且无法解释何以有春秋时代的文字，因之很难成立。另外，稷下先生，各有所宗，亦各有其著述独立传世，何以混一而杂凑而成一文集？此解不确。可存疑，可备一说。

郭沫若也认为："《管子》一书乃战国、秦、汉文字总汇，秦、汉之际诸家学说尤多汇集于此。"④还有认为"《管子》一书是战国中后期各家著作的论文集"，⑤凡此种种，不一而足。

管仲纪念馆

（6）在全面否定《管子》为管仲书的基调下，逐篇考证了各篇作于何家，以及成于何时，这就是罗根泽的专著《管子探源》。以罗氏这部书考论的结果看，没有一篇出自春秋时代，甚谬。归纳而言，根据不同篇章，罗氏或谓战国、秦汉间、西汉文景后政治思想家所作；或谓战国末为孙吴申韩之学者所作；或谓秦汉间兵家、阴阳家所作；或谓战国道家、儒家所作；或谓汉初医家所作；或谓战国末杂家所作；或谓汉武昭时理财学家所作等。罗氏之论，虽然用力颇多，但结论殊难令人信服。对罗氏著述，"今人娄良乐氏曾加评议，以为可以成立者仅七项，约居百分之六；可商者仅三十二，约居百分之二十六，而不能成立之论证占绝大多数。娄氏之结论曰：'经言诸篇乃管氏之本宗，然古人并无私自著书之事，皆后人所辑。春秋之时，管子尝有书，载一时之典章政教，记管子之言行，则习管子法者所缀辑。虽有不伦，无乖传信，故《管子》不可谓之伪书'"。⑥

4."依托论"

近代学者余嘉锡先生则作了独立的依托论："合若干家之书，而为某家者流，明乎其所谓家者，不必是一人之著述也。父传之子，师传之弟，则谓之家法。六艺诸子皆同，故学有家法，称述师说者，即附之一家之中。……学不足以名家，则言必称师，述

---

① 顾颉刚：《"周公制礼"的传说和〈周官〉一书的出现》，载《文史》1979年第6辑。
② 胡家聪：《稷下学宫史钩沉》，载《文史哲》1981年第4期。
③ 张固也：《〈管子〉研究》，齐鲁书社2006年版，第14页。
④ 郭沫若：《管子集校·校毕书后》，见《郭沫若全集·历史编》（第八卷），人民出版社1985年版，第467页。
⑤ 北京大学哲学系：《中国哲学史》，商务印书馆1995年版，第73页。
⑥ 转引自徐汉昌：《〈管子〉书作者》，载《管子学刊》1989年第1期。

而不作。虽笔之于书，仍为先师之说而已。原不必一家之中，分别其孰为手撰，孰为记述也。况周、秦、西汉之书，其先多口耳相传，至后世始著竹帛。……故有名为某家之学，而其书并非某人自著者。惟其授受不明，学无家法，而妄相附会，称述古人，则谓之依托。……管子而称毛嫱、西施、吴王、齐桓公，此明是为管氏学者之言，何足疑乎？若谓《管子》不当记仲之死，则《论语》不尝记曾子之死乎？故读先秦之书，但当间其是否依托，而不必问其为何人所著。然而依托与否，亦正难言。惟汉人多见古书，知其授受源流，或能加以别白，犹不能必其无误。至于后世，去古已远，有必不可得而详者矣。……古书不必自著，是皆好学深思，通知古今著作体例者，其言可以互考也。《提要》之于周秦诸子，往往好以后世之见议论古人，其言似是而实非。"[1]

5."管子学派"的论文总集

王瑞英分析道："《管》书既以记管子生前言行思想为主体，纵非出于管子本人之手撰，亦必为当时及较后期与管子关系密切、思想见解相同的人物所追记"，此"足以表示其为管子学派的专著，而成为管子的一家之言"。[2] 此外，池万兴认为："《管子》虽非管仲自著，但也决非后人伪托，也不能说是'战国时代齐国推崇管仲的学者的著

作的汇集'，[3]或者说'《管子》是稷下丛书性质'，[4]更不能说是'齐国稷下学者的著作总集'[5]与'战国、秦、汉文字总汇，秦汉之际诸家学说多汇集于此'。[6] 我们认为，《管子》一书是春秋到战国末年齐国历代推崇管仲功业的学者的著作总汇，这些推崇管仲功业的学者可以称之为管仲学派。"[7]日人金谷治也认为，"它并非是一部将齐国稷下的各种学派的著作杂集而成的书籍，而是土著齐地的应当称之为管仲学派"[8]的著作。

（二）关于成书年代

由上述对《管子》作者的分析可见，《管子》的成书年代，因断定作者的年代不同而不同。没有人断言《管子》成于某一"定时"，相反，学界的共识是此书是一个从何时到何时具有时间跨度的成书过程。相较而言，如罗根泽逐篇考证，但其结论是《管子》中没有一篇属于春秋时代的文字，偏颇显见。此类以后世出现的某著作中有与此前著述相同乃至相近者，就断言该著述不可能成于先前的年代，而应当是后书所在的年代，其致命的错误是倒果为因。正如有论者已经指出的是，是后世之书援引、模仿乃至抄袭前者，而非因为如此便断定前

---

① 余嘉锡：《四库提要辨证》（卷十一，子部二），中华书局 1980 年版，第 608～610 页。

② 王瑞英：《管子新论》，台北大立出版社 1983 年版，第 19 页。

③ 池书注，见张岱年：《〈管子〉学说的历史价值》，载《管子学刊》1987 年创刊号。

④ 池书注，见顾颉刚：《周公制礼的传说和〈周官〉一书的出现》，载《文史》第六辑。

⑤ 池书注，见冯友兰：《中国哲学史史料学初稿》。

⑥ 池书注，见郭沫若：《管子集校校毕书后》，科学出版社 1956 年版。

⑦ 池万兴：《〈管子〉研究》，高等教育出版社 2004 年版，第 44 页。

⑧ ［日］金谷治：《〈管子〉思想的统一性》，载《管子与齐文化》，北京经济学院出版社 1990 年版，第 308 页。

代之书成书于后世之时。由于古书没有规范的援引方法，致使后世援引者，误以为抄袭，甚或误以为前书成书于后书年代。一个显例是，《韩非子·饬令》篇中的不少文字与《商君书·靳令》中的文字相近，甚至完全相同，但不能由此就说是韩非抄袭《商君书》，更不能据此断定《商君书》因为韩非子的援引而成书于战国末年。逐一对照《靳令》与《饬令》可见，文字相同者，乃是韩非援引商子书，因为《饬令》中的上述文字，与《内储说上七术》篇中引出的"公孙鞅曰"的文字只有一字不同，就是明证。更重要的是，韩非根据己意作了不少改动，但意思截然不同。①

对《管子》的成书年代，台湾学者徐汉昌的观点较有代表性："综观管子全书，实非一人一时所编成。至于依托成书之年代，应为自春秋至战国时期陆续附入。当时许多资料可能同时流通于世，彼此有同亦有异。各类资料之大量集中可在西汉初广开献书之路时，而将中央保存与民间流传之不同材料，加以总整理，删重补缺，编为定本者，则为刘向。"②至于或曰成书自春秋至战国末，或曰自春秋、战国，乃至秦汉，最远到汉武、昭时，不再一一援引与分析。

（三）搁置论：《管子》作者与成书年代之我见

综上所述，持全部遗著说者鲜见，而肯定与否定论者大致各半，相持不下。倒是

刘向

叶适说的"《管子》非一人之笔，亦非一时之书"成为不刊之论。我们的看法是：

（1）这场关于《管子》作者与成书年代的笔墨官司，在没有可资确证的文献资料出土之前，不可能有让每一个人都信服的答案。

（2）疑古派之于学术的贡献，在于破除对古籍的盲目与迷信，但问题是，疑古派在西学之风的劲吹下，显然走向了另一个极端——疑古过甚，乃至于以刁钻为务，以辨伪为尚，以否弃为职。恕我直言，这种打着严谨、科学旗号的疑古，实际上"义主破坏"（罗根泽语），对在浩瀚的古籍宝藏中意欲一览其精者，不啻当头一棒，戕害甚深。吕思勉先生小言："读古书固宜严别真伪，诸子尤甚。然近人辨诸子真伪之术，吾实有不甚敢信者。……子为一家之学，与集为一人之书者不同。故读子者，不能以其忽

---

①　参见本文丛之《治术与权谋——〈韩非子〉典正》第十三章"归法于道：韩非子的法论（下）"中的相关内容，厦门大学出版社 2013 年版。

②　徐汉昌：《〈管子〉书作者》，载《管子学刊》1989 年第 1 期。

作春秋时人语,忽为战国人之言,而疑其书之出于伪造。"因此,"知诸子之年代事迹,虽可知其大略,而亦**不容凿求**。……今人考诸子年代事迹者,多即以诸子所记之事为据。既据此假定诸子年代事迹,乃更持以判别诸子之书之信否焉,其可信乎?一言蔽之,总由不知子与集之异,太重视用作标题之人而已"。①

(3)冠名为《管子》之书者,疑古派考证的结果竟然与管子本人没有多少关系,这真是一个近乎荒唐的笑话。就像《老子》与老子没有关系,《论语》与孔门师徒没有关系,《墨子》与墨翟没有关系,《韩非子》与韩非子没有关系一样……在我们看来,《管子》中的核心思想,至少包括但不限于《经言》在内的篇章,出自管仲。② 一个非常有力的证据是,韩非子在《难三》篇中援引了"管子曰:'言于室满于室,言于堂满于堂,是谓天下王。'"且以"或曰:管仲之所谓言室满室,言堂满堂者,非特谓游戏饮食之言也,必谓大物也"。由此认为,"术"关键在

于"不欲见",而"用术,则亲爱近习莫之得闻也,不得满室",岂能"言室满室,言堂满堂"? 由此批评管仲此言"非法术之言也"。事实上,《管子·牧民》篇的确有"言室满室,言堂满堂,是谓圣王"之论。这说明,早在韩非子时管仲此论已是传布甚广的名论,韩非子看到后才加援引的,而那时的《管子》中当未有他人之文附入,起码在韩非看到的属于"经言"的《牧民》篇是如此。一叶知秋,由此可见,《管子》中至少包括但不限于《经言》在内的篇章,出自管仲,确定无疑。至于是否为管仲手撰,已无关紧要,亦大可不必深究。③ 杨鸿烈也认为,"现存的《管子》那部书不是管仲所作是毫无疑义的,但若说管仲这个人和后来法家思想没有关系,那便不对。《管子》书里许多奥衍的法理,必定是由后人引申放大的,但这种引申放大的话,为什么不依托尹子文,不依托狐偃、赵衰,不依托子产,独独依托管仲?便可以推想管仲和这种思想渊源一定有些

---

① 吕思勉:《先秦学术概论》,中国人民大学出版社 2011 年版,第 18~20 页。

② 邓加荣、张靖认为:"纵观《管子》全书的编写体例、思想内容、行文笔法、遣词造句风格,以及说话的口气,可以断定该书第一册的七篇文章,《牧民》、《形势》、《权修》、《立政》、《乘马》、《七法》、《版法》,皆出自于管仲之笔。"理由是,司马迁的称引,刘向编定为《经言》,正如《春秋》、《左传》合刊时的体例。而《外言》、《内言》、《短语》、《杂篇》、《管子解》,显而易见,是对《管子》正式经文的七篇文章补记与追忆,是杂篆与注疏理解的文字。再从文字上来看,《经言》七篇皆是古朴简洁之语,气势磅礴,朗朗上口,且其中多有传世的名言警句,例如"仓廪实则知礼节"、"礼义廉耻,国之四维。四维不张,国乃灭亡"。再从语句上来看,在《经言》的七篇中,可有一句称"管子曰"、"管子云"的话吗?没有!因而可以确信不疑地说,此七篇实乃《管子》的主体,出自于管仲之手。此外,还认为,像《问》、《势》、《山国轨》篇,以及《小匡》篇,皆为管仲自著。还有,作为管子思想精髓部分的《轻重》五篇,纵然不是管仲亲笔,也是他的亲近——协助他一起治理齐国的五子等人和以后继续沿管仲之法治理齐国的人为之的。参见邓加荣、张靖:《〈管子〉作者及年代考》,载《博览群书》2011 年第 11 期。

③ 陈书仪虽然认为《管子》"大部分不是管仲亲著,也不是管仲同时代的人所著,而是战国时期稷下学宫众多推崇管仲的学者所著",但是,"不管出自谁手,它必定基本与管仲思想相合,不会有太多与管仲思想相背之处"。参见陈书仪:《管子大传》,齐鲁书社 2008 年版,第 209 页。

瓜葛"。①

（4）显而易见，《管子》乃是在管仲核心思想的基础与架构上，自春秋以降，由崇尚管仲事功与言行者，以不同的渠道不断叠加、附入和依托了一些与管仲言行、事功、思想相关，乃至无关的文字与篇章，以致在刘向看到时，多达 389 篇，刘向除其重复，定著为 86 篇，即是明证。

（5）既然认为《管子》不是伪书，那么，"搁置"为考辨而考辨又无法有定论的论争，以《管子》为本，从中披沙拣金，开掘思想，才是学术正途。用罗根泽的话说："《管子》八十六篇，今亡者才十篇，在先秦诸子，衰为巨帙，远非他书可及。"因此，此"诚战国秦汉学术之宝藏也。宝藏在前而不知用，不以大可惜哉"！② 因此，不深入开掘蕴藏在《管子》中的思想，而将宝贵的精力与才智用于很多属于无谓的考辨，实在是学术研究的歧途。③

三、《管子》的主旨与归属

今本《管子》实存 76 篇，分 8 大类别。其中，《经言》9 篇，《外言》8 篇，《内言》9 篇，《短语》18 篇，《区言》5 篇，《杂篇》13 篇，《管子解》5 篇，《轻重》19 篇。

对于何以分为如此 8 类，有论者直言"不可解"。但也有研究者，如张固也进行了分析。在他看来，"'经言'之意，为经典

型的论述。………其中《牧民》系纲领性文献，《形势》、《权修》、《立政》、《乘马》、《七法》、《版法》分别侧重于为政规律、治民原则、用人施政、财政经济、军事、法律的论述，《幼官》以五行方位记时令并附综合性政论。各篇之论述声息相通，形成一个完整的思想体系"。对《外言》，他认为，"所谓'外言'当系相对于《经言》而说的，意为《经言》以外的重要论述。这两组的内部编排亦颇为类似"。而《内言》，他则援引黎翔凤之说："《外言》用以辅经。"对于《短语》，他的分析是，"可能主要是指其篇文讨论之问题较具体细微，相当于一些重要篇章中的短语"。并认为"此组编排之妙，令人称绝，哪有丝毫混乱？"，至于《区言》，则认为："区别于《外言》，其分组之目的正是把表面上很相似的这两组区别开来。"对于《杂篇》，他的分析是，"从内容上说，或纵论为君治国之道，或专言土壤、水利、学规等"。并引黎翔凤的看法，即"《杂篇》无一定之旨趣，杂而会之，所以为杂"。进而认为"这是全书中唯一没有任何编排义理可言的一组"。对《管子解》，认为："是这一学派中的齐法家学者特用的一种文体，目的在于作思想发挥，未必会为《经言》每篇做系统的解释，也未必会顾及所解篇目是否在《经言》内。"最后，对于《轻重》，认为："其内容都是讨论轻重理论的，所以刘向合编为一组。"④ 无论张固也的分析是否适切和令人信服，但

---

①　杨鸿烈：《中国法律思想史》，中国政法大学出版社 2004 年版，第 52 页。

②　罗根泽：《管子探源》，岳麓书社 2010 年版，第 3～4 页。

③　当然，一如郭沫若所说，无论做任何研究，材料的鉴别是最必要的基础阶段。因为材料不正确便会得出错误的结论。参见郭沫若：《十批判书》，东方出版社 1996 年版，第 1 页。但就《管子》研究而言，篇章的早晚，甚至各篇章的作者究竟是谁，暂予搁置，不会由此得出错误的结论。

④　张固也：《〈管子〉研究》，齐鲁书社 2006 年版，第 41～46 页。

他毕竟作出了自己的推断，并据此得出一个平实的结论："《管子》的分组及其名称是有一定实际意义的。"①也就是说，《管子》并不是随意混编的杂集。

学界公认的是，《管子》内容宏博精深，涉及哲学、政治学、经济学、法学、史学、行政管理学、财政学、军事学、社会学、教育学、伦理学、心理学、民俗学、考古学、文学、音乐，以及农学、水利、天文、地理等自然科学，无所不包。而其实质，则以道为理，以法为宗，倾力经济，融会阴阳，兼及儒墨，杂以兵工农医等诸家学说，真乃先秦诸子中的瑰宝。用《庄子·天下》篇中的话说，应属"道术"尚未为"天下裂"的混元状态。这与"管仲在世时，诸子百家各学派尚没形成独立门户，从这个意义上说，管仲可以称为中国百家思想之源"②不无关系。

无疑，《管子》并非如有论者所言是"杂烩"，或零散的资料汇编，而是有其思想体系的。对此，在首届《管子》研讨会上，已有基本识见："关于《管子》的思想，不少同志认为，它虽非一人一时之作，但不是杂烩，而是有一个基本的思想体系。这思想体系是以管仲思想为基础，以法家学说为根本，融合了儒、道、阴阳等百家学说，这正反映了齐国意识形态的开放性。"③黎翔凤也认为《管子》"全书体系严密，一家之学，脉络相承，言论不离其宗，非随意缀辑也。"因"《管子》内容博大，体系整饬，超越九流诸

家之上，汉初贾谊、晁错称述之"。④

当然，《管子》一书又有怎样的思想体系，这又是一个见仁见智的问题。梳理先贤与时俊之论，归结起来，有以下五类：

1. 认为《管子》的思想体系，以道家为主

《汉书·艺文志》将之列入道家，并说"《管子》八十六篇。名夷吾，相齐桓公，九合诸侯，不以兵车也。有《列传》"。虽然，《隋书》将之更改为法家，但后世依然认为《管子》的思想体系属于道家的论者不少。比如，以研究道家思想与道家文化著称的陈鼓应先生就认为："《管子》一书，虽然杂纂各家各派的论文，但如冯友兰先生所说的，其'中心是黄老之学的论文'。统观《管子》全书，虽编入法家、阴阳家、兵家、农家、儒家、墨家等论文，但以论'道'为核心，现存七十六篇之中言道论道者有六十五篇，'道'字约540现，而老子所提出的作为万物本原的'道'散见于《管子》各重要篇章之中。明确属于稷下道家作品的，除了通常所说的《管子》四篇之外，《水地》、《枢言》、《宙合》也被公认为稷下黄老的作品。此外，《形势》、《势》、《正》、《九守》、《四时》、《五行》等篇，亦属稷下道家之作，我们把这几篇和《老子》及帛书《四经》对照，便可明白地看出它们的学派性质。"⑤再如，厉以平认为，《管子》从横向看是一个以道家学说为核心，以法儒杂糅的政治经济学说为

① 张固也：《〈管子〉研究》，齐鲁书社 2006 年版，第 46 页。
② 陈书仪：《管子大传》，齐鲁书社 2008 年版，第 138 页。
③ 盖光、于孔宝：《〈管子〉学术讨论会概述》，载《管子学刊》1987 年第 1 期。
④ 黎翔凤：《管子校注》，中华书局 2004 年版，"序论"第 15、20 页。
⑤ 陈鼓应：《先秦道家研究的新方向》，载陈鼓应：《黄帝四经今注今译》，商务印书馆 2007 年版，第 11 页。

主体,并由阴阳、兵、农诸家的若干论点缘饰而成的多元一体思想体系。① 这两论,极具代表性。

2. 认为《管子》的主干和核心,属于法家

以官修史书论,从《隋书·经籍志》始,后续的新旧《唐书·艺文志》以至到《宋史·艺文志》等,均列《管子》在法家,且历代相沿不改。比如,《旧唐书·经籍下》曰:"《管子》十八卷,管夷吾撰",列在法家之首。与此相同,《诸子集成刊行旨趣》亦曰:"法家之说,管子发其端,韩非子集其成。在战国时,法家实占最大之势力。"②

与此相应,后世学者,大多认为《管子》主旨与归属应为法家。比如,最著者,当推梁启超。他激情澎湃地说:"今世立宪之国家,学者称为法治国。法治国者,谓以法为治之国也。……故法治者,治之极轨也。而通五洲万国数千年间,其最初发明此法治主义以成一家之言者谁乎,则我国之管子也。"③这就不仅把管仲推为中国法家的先驱,事实上还把管仲推为世界以法治国的先驱。此论过分夸饰,有过誉之嫌。但他明确认为:"管子以法家名,其一切设施,无一非以法治精神贯注之。"④且这种看法是一以贯之的:"法家成为一有系统之学派,为时甚晚。盖自慎到、尹文、韩非以后。然法治主义,则起原甚早。管仲、子产时确

已萌芽。其学理上之根据,则儒墨道三家皆各有一部分为之先导。"⑤如果说,梁任公前论带有感情色彩,那么,后者之言,则是冷静、客观的学术判断。

萧公权

萧公权(1897—1981),字恭甫,号迹园。中国现代政治学家,有《中国政治思想史》、《政治多元论》、《中国乡村》等著述

萧公权说:"殊不知《管子》书中虽主法治,而其观点及内容均与申不害、公孙鞅、韩非、李斯诸家不尽相同。《汉书·艺文志》列之为'道家',《隋书》始改列法家之首。观分类之不一,亦可想见其内容之不纯。吾人如谓《管子》为商韩学术之先驱,而非法家开宗之宝典,殆不至于大误。此书是否确为管仲所作,或果承霸国遗教,尚

① 厉以平:《中国经济思想史论》,人民出版社1985年版,第299~366页。
② 《诸子集成刊行旨趣》,载《诸子集成》卷一,岳麓书社1996年版,第4页。
③ 梁启超:《管子评传》,《诸子集成》卷六,岳麓书社1996年版,第10页。
④ 梁启超:《管子评传》,《诸子集成》卷六,岳麓书社1996年版,第11页。
⑤ 梁启超:《先秦政治思想史》,中国人民大学出版社2012年版,第146页。

属次要之问题也。"①他还将管、荀对比而论，总结道："荀子屡立明刑而不失为儒家之后劲，管子又是明礼而不失为法家先驱。"②此论甚切。

同样，杨幼炯亦认为："荀子代表礼治之终端，管子代表法治之始端。前者以儒家而近法家，后者以法家而近儒家，其间不过一步之差而已。"又曰："管子全部主张之法治也，恰如荀子之主张隆礼。"③他进而归结为："法家以管子为宗，世所传之法家书，以《管子》为最早。"④此外，张岱年考虑到《管子》全书的基本一致性，认为"主导思想是法家思想"，特点是"兼重礼与法"。⑤

3. 道、法折中说

持此论者亦不少。比如，张岂之认为："《管子》虽杂，但以道德、无为为理论基础，道法不二，礼刑兼顾。"⑥金敏也认为："《管子》内容虽较为丰富，时代或有相抵牾的地方，但并非'无系统的类书'。形式上以经言、外言、内言、短语、枢言、杂篇、管子解、轻重等八部分组成，自成一体不说，思想上也以道法为其主流，表现出地处海滨，因'乐水'而'崇智'的齐学特色。"⑦

4. 归之于"杂家"

代表人物是吕思勉先生。他说："《管子》，《汉志》隶之道家，《隋志》隶之法家，然实成于无意中之杂家也。书中道法家言诚精绝，然关涉他家处尤多。……诸家之书，所传皆少，存于此书中者，或转较其当家之书为精。即以道法家言论，亦理精文古，与老庄、商韩，各不相掩；真先秦诸子中之瑰宝也。"⑧他在《经子解题》中亦曰："而此书错杂特甚，与其隶之道法，毋宁称为杂家。"⑨今人亦谓："实则《管子》其书兼有道、法两家之长而无其短，又掺以阴阳、兵、农、儒各家学说，竟是中国历史上最早、最大的杂家，任何一家的思想均不足以涵盖本书的丰富内容，而又远非《吕氏春秋》、《淮南子》之属所能仰望颈背。"⑩

5. 归之于"管子学派"

也就是说，提出并主张这一观点的学者认为，《管子》的主旨与归属，应当突破传统的"九流十家"的成说，而以独立的"管仲学派"名之。顾名思义，"这一流派由管仲奠基，由以齐国为主的推崇管仲的学者构成，直到汉代桑弘羊才告结束"。⑪余敦康先生明确提出并阐释了"管仲学派"这一概念，指出该学派的主要思想特征是主张"礼法并用"，实际上就是将它限定为法家；而其他都被说成"稷下先生的著作，这是直到

---

① 萧公权：《中国政治思想史》，辽宁教育出版社 1998 年版，第 178～179 页。
② 萧公权：《中国政治思想史》，辽宁教育出版社 1998 年版，第 186 页。
③ 杨幼炯：《中国政治思想》，上海书店 1984 年版，第 134 页。
④ 杨幼炯：《中国政治思想》，上海书店 1984 年版，第 135 页。
⑤ 张岱年：《中国哲学史史料学》，三联书店 1982 年版，第 47 页。
⑥ 张岂之：《中国思想史》，西北大学出版社 1993 年版，第 17 页。
⑦ 金敏：《法出乎道——论〈管子〉的道法观》，载《浙江大学学报》（社会科学版）1997 年第 3 期。
⑧ 吕思勉：《先秦学术概论》，中国人民大学出版社 2011 年版，第 44 页。
⑨ 吕思勉：《经子解题》，华东师范大学出版社 1995 年版，第 151 页。
⑩ 滕新才：《〈管子〉思想论纲》，载《三峡学刊》1994 年第 1 期。
⑪ 宣兆琦、王雁：《〈管子〉三论》，载《管子学刊》2002 年第 2 期。

刘向编书时才掺杂进去的"。① 张固也则先引用吴光的观点，认为"管仲学派"的说法恐难成立，容易使人误认为管仲本人组成过一个学派。他进而作了详细的分析："又余氏之意，似乎只有他引述过的 27 篇主张'礼法并用'，属于这一学派，这都是不妥当的。以此不能作为区分一个学派的唯一标准。因为这部书内容十分丰富，并不都是一般政论，许多篇章因主题所限根本没有涉及而并非反对礼法并用，都被开除出这一学派，实际上就是生硬地砍掉这个学派的许多小分支，只剩下一具干巴巴的躯壳，这是典型的削足适履，以偏概全。而如果真正贯彻这一标准，其他学派的论文，如荀子的核心思想之一正是'隆礼至法'，就应该拉入管仲学派，这更是荒谬的。"② 这一批评是中肯的，也是到位的。还需要补充的是，将《管子》归旨为"管仲学派"，新则新矣，然而由于论者没有、也无法赋予该学派以区别于其他学派的特质，导致该学派徒有其名，而无其实，遂成为既无历史渊源，又无主旨、无宗骨，看似时髦然而很难成立的一个新词，近于游谈无根。

综上所述，《管子》主旨，归之于大多数学者认为的法家，无疑是妥当的。正如有论者指出的："法治是《管子》的灵魂，否定了《管子》的法治思想，就等于否定了《管子》。"③ 而将《管子》归旨于道家，之所以欠妥，主要理由有以下两点：

一是以经国治世为务的管仲，其主干思想必然是"以法治国"的思想系统，而非高蹈玄虚的道论；二是构成《管子》核心思想与主干的《经言》9 篇，能一以贯之的主线，唯法治耳。至于折中的"道法"论，实际上乃是未深察二者关系而导致的并列。事实上，如果附入《管子》中的"道论"能够作为管仲思想的一种背景，那么，只能说明《管子》中的道论，至多是法论之理。换言之，道，仅仅是《管子》以法治国主旨的理论依据，而非治世之道。用吕思勉解释道法名家的关系之论，就是"法因名立，名出于形，形原于理，理一于道，故名法之学，仍不能与道相背也。"④ 简言之，法原于理，理一于道，因之道法并称。这一点，在韩非子那里就有非常显豁的印证，他将"为道之理"仅仅作为法论的根据，乃是治世之学，而非为道而论道的形上之学。⑤ 正因如此，司马迁将老庄申韩一传并列，亦即"本于黄老而主刑名"。本者，根据也；主者，谓其主旨与主张之倾向也。职是之故，折中道法，不唯混淆了"本"与"主"，尤其湮没了核心主旨，因之难立也。

---

① 余敦康：《论管仲学派》，载《中国哲学》第二辑，生活·读书·新知三联书店 1980 年版，第 39～67 页。

② 张固也：《〈管子〉研究》，齐鲁书社 2006 年版，第 18～19 页。

③ 盖光、于孔宝：《〈管子〉学术讨论会概述》，载《管子学刊》1987 年第 1 期。

④ 吕思勉：《先秦学术概论》，中国人民大学出版社 2011 年版，第 83 页。吕思勉又说："夫道家主因任自然，而法家主整齐划一，似相反矣；然其整齐划一，乃正欲使天下皆遵守自然之律，而绝去私意，则法家之旨，与道家不相背也。"参见吕思勉：《先秦学术概论》，中国人民大学出版社 2011 年版，第 9 页注④。

⑤ 可参阅本文丛之《治术与权谋——〈韩非子〉典正》第五章"为道之理：韩非子的天人观"中的相关内容，厦门大学出版社 2013 年版。

还有，杂家之谓，固然以其"杂"而涵括《管子》之形，但失其神。杂者，谓之无主旨也，因之视道、法、儒、墨、兵、农、医、阴阳诸家同列并论，也就成了郭沫若说的"大杂烩"，实际上等于否定了《管子》以道为理，以法为宗，融以阴阳、儒、墨、兵、农、医、理财家等为一体的思想体系，此乃杂家为多数学者所不取之深因也。

所以，《管子》以法家为归旨，夫复何疑？虽然，管仲法论，因"综"略显"不纯"，但正因如此而成为法家前驱，亦别于道术为天下裂后之"纯"法家之特色也。

在归旨之外，就《管子》的总体取向与样貌，则可用被萧公权称为对管学之定评的孟子高论概括："五霸，假之也。"①

还是让我们从《管子》卓越的哲思论开始，在风光瑰丽的思想之旅中，沿着文明传承的脉线，去领略古代先哲经天纬地之才和洞悉万象的智慧。

① 《孟子·尽心上》：孟子曰："尧、舜，性之也；汤、武，身之也；五霸，假之也。久假而不归，恶知其非有也。"意思是，尧舜实行仁义，是习于本性，因其自然；商汤和周武王便是亲身体验，努力推行；而五霸便是借来运用，以此谋利的。但是，借得长久了，总不归还，你又怎能知道他[不弄假成真]终于变成他自己的呢？译文参见杨伯峻：《孟子译注》，中华书局 2008 年版，第 245 页。

第五章　哲思论:《管子》的万物本原说

在《管子》四篇中,就万物本原,《内业》认为"气"为万物之本原,而《水地》则认为"水"为"万物之本原"。《内业》论气与心的关系,认为气充则心正;而《水地》则认为"水一则人心正"。《内业》认为"气"决定事物的生灭成败,《水地》则认为"圣人之治世也,其枢在水"。《内业》赋予"气"以人文意义,《水地》则认为改良"水性"可变易人性。

长期以来,学界论及《管子》的哲学思想,多以《管子》四篇——《内业》、《心术》上、《心术》下和《白心》而论,①也多及于《管子》的万物本原论——精气说,较少并论《水地》中的"水本原"论,以及杂糅的道论,而一并论及《管子》的认识论,兼及人性论者,更是鲜见。事实上,《管子》的哲思,将万物本原说、认识论及人性论三位一体,一立并论。

一、精气说

无疑,在《管子》的万物本原论中,《内业》篇是"精气说"的核心,《心术》下是对《内业》的解释,《心术》上的后半部分是对前半部分的解释。而《白心》则是对《内业》与《心术》中的道及道用的追问与进一步阐发。

《管子》的《内业》篇阐发了"精气说",这是学界的共识,且认为"《心术》等篇关于万物始基的精气说,奠定了我国古代唯物论主要形态气一元论的理论基础"。② 问题的关键是,"精气说"是《管子》首创的,是先秦哲思的巨大贡献,是对世界本原的中国式思考。

研究《管子》的学者曾一度对《内业》的首句,有着不同的解释:

> 凡物之精,此则为生。下生五谷,上为列星。流于天地之间,谓之鬼神;藏于胸中,谓之圣人。③

何谓"精"?《管子》云:

---

① 事实上,这四篇代表的仅仅是《管子》道家的哲学思想,非全整的《管子》哲学思想。即使是道家的哲学思想,亦不止这四篇,还有《宙合》、《枢言》等篇章。

② 盖光、于孔宝:《〈管子〉学术讨论会概述》,载《管子学刊》1987 年第 1 期。

③ 《管子·内业》。

精也者,气之精者也。①

由此,学界认为,《管子》中首论万物本原,乃"精气说"。

郭沫若在《管子集校》中引丁士涵、张佩纶云:"此"乃"化"字之误;还引姚永概云:"此"字上当从《注》有"得"字;再引石一参云:原本"比"作"此",丁氏《注》作"化",皆误。比,合也。郭沫若认为:"石说'此'为'比'之讹,较长。"②对此,马非百有一个著名观点,即认为研究古书,不要**"无错错改,有错错解"**,并举了郭沫若《管子集校》中的很多"错改"例子加以说明,其中就有郭老改"此则为生"为"比则为生"一例。因此,马非百认为:"'精'这个字,本义是细米;引申之,为一切细微之物。精为气之精,就是说'精'乃'气'中更细微的部分。可见著者认为精神乃是一种极其细微的流动性物质。此中物质,并无固定形式,本身又能运动,可以在任何地方存在,也可以转化为各种具体事物,如'五谷'、'列星'、'鬼神'及'圣人'等等。故曰:'凡物之精,此则为生'。'此'即指'凡物之精','生'即生命。'此则为生',就是说精神这个东西,就是一切万物生命的根源。它用此来说明万物的物质性和世界统一的物质性。在古代

自然科学知识尚不发达的阶段,具有重要的意义。"③马非百此说将"此"还原为"此",拨乱反正,甚是。唯将"精"以现代义释为"精神",虽云"此中物质",后却言"精神这个东西,就是一切万物生命的根源",则歧义甚多。相比之下,他在另一处的释解更精准:"精为气之精,犹言精乃气中更细微的部分。可见著者认为精气乃是一种极其细微的流动性的物质。"④用"精气"替换"精神",就适切了。与此解相近,戴望云:"精,谓神之至灵者也,得此则为生。"⑤可谓言简意赅。而李存山则认为:"与'精气'概念相联系的'精'字有细微、纯粹、神妙和精神四层含义。"⑥

因此,原典第一段是说,凡物都有精气,得到精气就会获得生命。在下就产生地上的五谷,在上就是天空的群星。精气流散于天地之间,称为天地的精神;把它藏储在心中,就成为具有智慧的圣人。⑦由于"凡物之精"的"精",根据原典作者自己的解释,就是"气之精者也",可见,精,实乃"气",只不过此"气"非一般之"气",而是精微、精粹、精细之气。对此,张岱年就说:"所谓精其实乃是精气。所谓精即是细微而粹美的气,亦称为精气。"⑧质言之,《管子》的万物本原论,实乃"气本原"论,只不过加了一个限定词"精"字而已。

---

① 《管子·内业》。

② 郭沫若:《管子集校》(三),人民出版社1984年版,第121页。

③ 马非百:《〈管子·内业〉篇之精神学说及其他》,载《管子学刊》1988年第4期。

④ 马非百:《〈管子·内业〉篇集注》,载《管子学刊》1990年第1期。

⑤ [清]戴望:《管子校正》,《诸子集成》卷六,岳麓书社1996年版,第332页。

⑥ 李存山:《关于〈内业〉等四篇精气思想的几个问题》,载《管子学刊》1997年第3期。

⑦ 译文参考了姚晓娟、汪银峰注译的《管子》,中州古籍出版社2010年版,第250页。

⑧ 张岱年:《〈管子〉书中的哲学范畴》,载《管子学刊》1991年第3期。

[明]杨补《怀古图》

如果说"精也者,气之精者也"界说了"气"的实质内容,那么,还有一说,则进一步界说了"气"的运动属性:

一气能变曰精。①

即指此"一气"不唯精粹,尤其还蕴含了"能变"——能变能化的属性,唯其如此,方谓"精"。此句与"气之精者也"合起来,则"精"之含义,乃指精粹而能化生万物之气。那么,此一"精气",又是怎样的呢?《管子》曰:

杲乎如登于天,杳乎如入于渊,淖乎如在于海,卒乎如在于己。②

用诗意的言说表述深奥的思想,是古代东方大哲的一个显著特质。其意是说,这种精气,明亮如高升于天际,幽暗如沉潜于深渊,舒展如开阔的大海,收束又像在

己身。

一气之精本有的这种变化不居,无形无迹,实近于古哲之"道"。事实上,气与道,是中华传统文化哲学的制高点和核心理念。《管子》将其汇于一炉,存于一篇之中,亦一奇文:

谋乎莫闻其音,卒乎乃在于心;冥冥乎不见其形,淫淫乎与我俱生。不见其形,不闻其声,而序其成,谓之道。③

其意是,它寂静无声,不可得闻,倏然间又在我的心中;它杳然无形,不可得见,不觉间又与我俱生。不见其形,不闻其声,却又有条不紊地使万物生成,此之谓"道"。对"道"的这种描述以及功用,《内业》篇在其后作了进一步的申说:

道也者,口之所不能言也,目之所不能视也,耳之所不能听也,所以修心而正形也。人之所失以死,所得以生也;事之所失以败,所得以成也。凡道无根无茎,无叶无荣。万物以生,万物以成,命之曰道。④

道,是口不能言、目不能视、耳不能听的。何以故?口不能言,大抵就是老子点出的可以说得出的"道",就不是常"道";而目不能视,乃因"道在天地之间也,其大无外,其小无内",因之"不远而难极"⑤之故;耳不能听,乃因道杳无声,不可得而闻也。

---

① 《管子·心术下》。
② 《管子·内业》。
③ 《管子·内业》。
④ 《管子·内业》。
⑤ 《管子·心术上》。

这无根、无茎、无叶、无花的道，却是万物得以生长和成就的始基。唯因如此，才称之为"道"。唯因有道，化生始成："天地若夫神之动。化变者，天地之极也。"① 亦即天地间的最高准则，乃是客观事物的发展变化。② 而若夫神之动者，道也。故曰："道也者，万物之要也。"③ 而这种化生与天道运行，是不以人的意志为转移的客观规律。事实上，也只有在运动中才能实现新旧事物间的更替："天地不可留，故动，化故从新。"④

此外，《管子》中常将天、地、人并论，亦一道也。比如，"天有常象，地有常形，人有常礼。一设而不更，此谓三常"。⑤ 再如，"天主正，地主平，人主安静"⑥ 等皆是。

就气、道二者的关联而论，如果将《内业》篇的"气"与"道"两相对比，二者何其相似。因此，马非百直言该"篇中使用的'道'、'精'、'气'、'神'、'性'等字，都是同义语"。⑦ 郭沫若也认为该篇中的"精"、"道"、"一"、"气"以及"灵气"，均本体之异名。⑧ 也就是说，气与道，名异而实同。

但在我们看来，既然各言"气"、"道"，毕竟不同。果若丝毫无异，又何必各立名词，且各自论说呢？仿佛居士云："原'气'之与'道'，本具异同。'气'之为理，本由实指而假寓抽象，而'道'之为理，即由抽象而引申实指，虽终归一理而合一说，但两者缘起殊途，虚实有别。"⑨ 仅"气"之源起而论，在仿佛居士看来："原始起于先民们对云气、呼吸等相应事理之具体表象概念。殆后天人相发，虚实相映，独擅种种赋予，故端非一般道性表义词可比。"即使是"气"本身："由于赋性特具，它不仅具有各别的，即各单纯事物的孤立概念（这也便是日常人们所理解的这一部分），而且又具有博大的，即包容众多事理的整体性概念（此即道门之种种'气'说的一部分）；不仅可作具体事物的称谓指象名称，又可用来比偶万千抽象事理的演化名谓；不仅是代表性的哲学观念，而且也是普遍性的文化思想。它所蕴含的不寻常的理道性内涵，所特具的古奥、深邃、玄博、神秘，即现实而虚无的境界性内涵，确非语言文字之所能表达。"⑩ 与此不同，"道"，不仅为诸子百家共崇，"更且古今相与，递相发挥，善其所能，完其理说，奉尊义首，冠统群哲"。而"道"义，"应情致理，无往不是；因理说物，无所不包！含对立之于同一，藏反成之以变化，以古印

---

① 《管子·侈靡》。

② 辩证唯物主义认为，运动是标志一切事物、现象的一切变化和过程的哲学范畴。由此观之，《内业》视运动和变化为天地间的最高准则，这一原始的、天才的直觉，直与辩证唯物主义的核心理念相契。

③ 《管子·君臣上》。

④ 《管子·侈靡》。

⑤ 《管子·君臣上》。

⑥ 《管子·内业》。

⑦ 马非百：《〈管子·内业〉篇之精神学说及其他》，载《管子学刊》1988年第4期。

⑧ 郭沫若：《管子集校》（三），人民出版社1984年版，第121～122页。

⑨ 陆锦川：《气道》，上海三联书店1994年版，第5页。

⑩ 陆锦川：《气道》，上海三联书店1994年版，第5页。

今，颇为周致"。① 所以，"气"、"道"各异，亦显矣！

然而，虽言"气"、"道"各异，但二者息息相通乃至被视为名异实同，绝非偶然。仿佛居士说："细味古来'气'之与'道'，本同出上古，且义理反成，故两者似乎宿业有自，缘系匪浅。故凡古贤论道，先哲言气，时或潜相默移。即论'道'每涉乎'气'，而言'气'又复及于'道'，常是'气''道'相证，义贯因果，一蒂二叶，体用联姻。……是'气'以'道'而展，'道'以'气'而实；'气'以'道'显，'道'以'气'归；'气'以'道'为理性论证，'道'以'气'为实喻指归。"② 所以，"气"、"道"之间，既有各自的特质，亦有互通之处，若言等同，则过。

在《管子》中，时见以"道"为世界本原的道家思想。在《心术上》中不仅论说了"虚无无形"的道"遍流万物而不变"，而且在另一处讲：

> 始乎无端，卒乎无穷。始乎无端，道也。卒乎无穷，德也。道不可量，德不可数。③

这无始无终的道与德，不就是现代表述宇宙的古代版吗？而不可量、不可数，以及"其细无内，其大无外"，④ 不也表达的是宇宙在时间上的无始无终，在空间上的无边无际吗？也是《宙合》表述的"道也者，通乎无上，详乎无穷，运乎诸生"之意。尤为神妙的，还有下列文字：

> 宙合之意，上通于天之上，下泉于地之下，外出于四海之外，合络天地，以为一裹。散之至于无间。不可名而山。是大之无外，小之无内，故曰有橐天地。⑤

这是说"宙合"的意思，是上通于天空之上，下深于土地之下，外出于四海之外，合拢天地，成为一个包裹。把它散放开来，可以渗透到没有间隙的地方，到无可名状的地方而止。它大到没有什么物体在其之外，小到没有什么东西在其之内。所以说，它又囊括着天地。

在我们看来，这个包裹着天地又无边无际的"宙合"，大致就是现在所谓的"太空"。换言之，就是"天地，万物之橐，宙合有橐天地"。⑥ 其中的"大之无外，小之无内"，让我们想起了惠施的著名界说："至大无外，谓之大一；至小无内，谓之小一。"⑦ 二者有异曲同工之妙。此论直击"双宇宙"的不同向度，是超形质的中华文化对宇宙朴素而直接的神悟。⑧

---

① 陆锦川：《气道》，上海三联书店1994年版，第6页。
② 陆锦川：《气道》，上海三联书店1994年版，第7页。
③ 《管子·幼官图》。
④ 《管子·内业》。
⑤ 《管子·宙合》。
⑥ 《管子·宙合》。
⑦ 《庄子·天下》。此乃惠子的"历物十事"之首。
⑧ 相关论述可参阅本文丛之《文明的源起——以"双宇宙"为主线》第二章中的相关内容，厦门大学出版社2011年版，第16页。

与这段文字相映成趣，或者说更神妙的是下面这段文字：

> 天或维之，地或载之。天莫之维，则天以坠矣；地莫之载，则地以沉矣。夫天不坠，地不沉，夫或维而载之也夫！①

这段文字直译，其意是天或许被什么东西维系着，地或许有什么东西擎载着。天若没有什么东西维系着，天将会坠下来；地若没有什么东西擎载着，地就会沉陷。天不坠落，地不沉陷，或者正是有什么东西在维系和擎载着吧！这是中国古哲对"维而载之"这一宇宙神秘伟力的猜测，充满了神奇的想象。在《白心》的作者看来，青冥的虚空——天，如果没有什么东西维系着，就会塌下来；而大地，如果没有什么东西擎载着，就会陷下去。有论者认为，这一模糊的神悟，"很类似牛顿的'万有引力说'"。还"可能就是《庄子·则阳》篇所说的曾游稷下的接子的'或为'说"。进一步，把"道之在天者，日也；其在人者，心也"。② 说成"很像哥白尼的'太阳中心说'"。③ 这显然过于附会了。但由此也不难发现，《管子》中的不少篇章，的确以"道"独立立论作为世界本原，则是不争的事实。郭沫若认为："它承认着宇宙的本体是'道'，这是'虚无无形'的东西，'其大无外，其小无内'，'动

不见其形，施不见其德'。俨然就像无，它'无根无茎，无叶无荣'，然而却是'万物以生，万物以成'。这分明是超越时间、空间和一切感官认识的本体，由它演变而为万物。它代替了神（人格神）的地位，然而在便宜上也被称为神（非人格神），为精、为灵气。"④这就把"道"与精，与灵气视为名异实同之物，三位一体，予以贯通。

回过头来，我们看看，《内业》篇中又是如何将"气"与"道"连接起来的。原典云：

> 气，道乃生，生乃思，思乃知，知乃止矣。⑤

此处的气、道相遇，实在易生误解。张佩纶句读为"气乃道，道乃生"，妄加衍字，更改原典，显然不对。戴望案：《左氏》襄公三十一年《传注》："道，通也。气道乃生，犹言气通乃生耳。"⑥由此，戴望释为："气得道，能有生。"⑦黎翔凤在其《管子校注》中从戴望之释。郭沫若在《管子集校》中只引戴、张及《越绝书》之论，未发己见。

固然，气通乃生，可也，然未得其鹄的。此处的气、道相遇，实有绝大天机，精微之意。绝大天机者，乃是在不动声色中将气、道两大核心范畴作了天衣无缝的对接；精微之意者，乃是在看似平淡的叙说中因简

---

① 《管子·白心》。
② 《管子·枢言》。
③ 杨柳桥：《〈管子〉的哲学思想》，载《管子学刊》1987 年第 2 期。但《管子·枢言》所论："管子曰：道之在天者，日也；其在人者，心也。故曰：有气则生，无气则死，生者以其气。"可命之为"日气说"。
④ 郭沫若：《十批判书》，东方出版社 1996 年版，第 150～151 页。
⑤ 《管子·内业》。
⑥ ［清］戴望：《管子校正》，《诸子集成》卷六，岳麓书社 1996 年版，第 348 页。
⑦ ［清］戴望：《管子校正》，《诸子集成》卷六，岳麓书社 1996 年版，第 335 页。

省的张力,说透了二者的实质关系,即精气化生万物之理曰"道",或者说,精气能化生万物,必有道在其中,故曰:"气,道乃生。"可《内业》的作者显然不满足于仅仅叙说两大核心范畴的相遇及其关系,继而由"道乃生"转向"生乃思,思乃知,知乃止矣"。这就在不经意间,或者说在潜意识中将天道拉回到人道,在人道层面论及人类的认知。我们知道,关注天道乃是为了深解人道,这是中华传统文化的一个基本特质,一个基本面向。

当然,"生乃思"的主体是"人"。作为万物之一的"人",也是"气化于道"而生的,所以《内业》云:

> 凡人之生也,天出其精,地出其形,合此以为人。

戴望的解释是,"天出其精"者,"言禀精于天也",而"地出其形"者,是因"地出衣食,以养成其形"。[①] 此解甚好。天给他精气,地给他形体,两者相结合而成为人。若以现代知识而论,这一朴素的天诞人类观,也是一种神奇的直觉与妙悟。[②] 有论者认为:"从科学哲学的角度来说,生命之'精'属于本质因——内因,它来自洪荒浩瀚的宇宙——'天',而地球是生命的'摇篮'(因为地球拥有优越的自然条件,例如空气、水、适宜的温度和丰富的养料),它属于形式因——外因(即《内业》说的'形')。如所周知,内因是事物发生与发展变化的根据,而外因是事物发生与发展变化的条件,只有两者(即内因'天出其精'与外因'地出其形')相互结合——它须经长期不断的生物进化终于演变为人类(即'合此以为人')。所以,《管子·内业》篇紧接此语立即作出科学与哲学判断:'和乃生,不和不生!'何其精辟,何其绝妙!"[③]

事实上,正因有了"人"这一立于天地之间的意识主体,才有"生乃思"之谓,才有"思乃知,知乃止矣"的知止。为何要"知乃止矣",乃因"凡心之形,过知失生",即求知过多,心会失去生机。道家本色,于是立现。事实上,"在道家的思想谱系中,《管子》'四篇'超出前人的突破之处在于,其明确将'心'置于视野中心"。[④] 这也是《管子》四篇凸显的特质所在。陈鼓应甚至认为:"我们从《管子》四篇可以看出稷下道家已经有了完整的心学体系,并对孟子心气说有所影响。稷下道家的心学可以《管子》四篇中的《内业》为代表,它有着自成一家之言的心性说、心气说和心形说,并提出'心意专一'(抟一)的方法。"[⑤]这一大胆的猜想,尚需缜密的求证。

与此同时,也正因言"气、道"化生,必

---

① [清]戴望:《管子校正》,《诸子集成》卷六,岳麓书社1996年版,第338页。
② 天诞人类,请参阅本文丛之《文明的源起——以"双宇宙"为主线》第二章"仰观与追问:'宇宙'是什么?"中的相关内容,厦门大学出版社2011年版,第38~40页。
③ 刘清泉:《论〈管子〉'精'、'虚'概念的科学与哲学意义——兼探讨是否存在〈管子〉的'精气论'及其他》,载《管子学刊》1996年第4期。
④ 匡钊、张学智:《〈管子〉"四篇"中的"心论"与"心术"》,载《文史哲》2012年第3期。
⑤ 陈鼓应:《楚简〈太一生水〉之宇宙生成论——兼论〈性自命出〉之尚情说》,载陈鼓应:《老庄新论》,商务印书馆2008年修订版,第115页。

涉人文，所以《内业》的作者论人与精气相遇，如何把握时，乃云：

> 是故此气也，不可止以力，而可安以德；不可呼以声，而可迎以音。①

内中表达的是人要顺应天道的规律，不能强行制止和改变它。亦即要"法天合德"。② 或曰："效夫天地之际"③以顺应天道，而这还是使国家长治久安的治世原则："万世之国，必有万世之宝，必因天地之道。"④这种法天象地的思想，在《管子》中比比皆是："其功顺天者，天助之；其功逆天者，天违之。天之所助，虽小必大；天之所违，虽成必败。顺天者有其功，逆天者怀其凶，不可复振也。"⑤

这一论说，中国特质的印记非常显豁——对化生万物本原，属于自然范畴的"气"，不以自然属性把握，而代之以德性与心意，即此气，不可以用强力留住它，却可以用德性来安顿它；不可以用声音去呼唤它，却可以用心意去迎接它。非常有意味的是，一向有天壤之别的东西方哲学，在人类发展史上，恰恰在"气本原"这一点上，《内业》之论与西哲阿拉克西美尼的"气本原"相遇，而且表面上看起来非常接近。就气本原而言，有论者明确认为："这四篇里

的精气是先天地而存的，是天地万物的总本体。"⑥而阿拉克西美尼不仅认为"气"（aer）是世界本原，而且认为"灵魂是气"。此论正如黑格尔指出的，这一说法标志着自然哲学向意识哲学的过渡。⑦

就阿拉克西美尼把"气"作为世界本原本身来讲，赵林用黑格尔的概念，认为这是希腊早期自然哲学的一个"合题"："在阿拉克西美尼之前，泰勒斯认为万物本原是（肯定性的）水，阿拉克西曼德认为万物本原是（否定性的）阿派朗，二者分别构成了早期希腊自然哲学关于本原问题的正题和反题，而阿拉克西美尼的气则把它们辩证地结合在一起了。气固然是一种自然之物，但是比起水来，气显然也是无定形的。所以，气本原说是对水本原说和阿派朗理论的一个发展。"⑧

比较而言，尽管《管子》中的"精气说"与西哲阿拉克西美尼的"气本原"在表面上相似，但其内质上，依然各自表征了不同的哲学趋向：西哲之"气"，是一个具有内在规定性的自然之物；而《管子》之"气"，则不但是一个具有自然属性，还尤其内具**人本之质**的混合物：

> 敬守勿失，是谓成德，德成而智出，万

---

① 《管子·内业》。

② 《管子·版法》。

③ 《管子·白心》。

④ 《管子·侈靡》。

⑤ 《管子·形势》。

⑥ 徐立军：《〈心术〉等四篇属道家著作》，载《管子学刊》1987 年创刊号。

⑦ 详论可参阅本文丛之《文明的源起——以"双宇宙"为主线》第四章"世界本原：米利都学派的最初题解"中的相关内容，厦门大学出版社 2011 年版，第 89～91 页。

⑧ 赵林：《西方哲学史讲演录》，高等教育出版社 2009 年版，第 44 页。

物果得。①

这是说，对此"气"要"敬守勿失"。何以故？因为如此能够"成德"，而德性的成就使人产生智慧，有了智慧，万事万物就能为我所得。那么，用何得呢？

> 凡心之刑，自充自盈，自生自成。②

意思是，心的形体，能自然地充满精气，能自然地生长。也就是说，精气能为"心"得，而这一"得"的过程是自然的，无须强求。至此，《内业》的作者把"气"、"道"与"心"这三大中国传统哲学的核心范畴打通融合在了一起。返回去，"气"虽可自得，但须"敬守勿失"，否则，有可能失去：

> 其所以失之，必以忧乐喜怒欲利。③

也就是说，心中"自充自盈，自生自成"的精气，会因忧、乐、喜、怒、嗜欲和贪利而丧失。因此，"能去忧乐喜怒欲利，心乃反济"。反济者，意即去除忧乐喜怒欲利，心又会恢复到精气充盈的状体。所以，《内业》续言：

> 彼心之情，利安以宁，勿烦勿乱，和乃自成。

所谓"彼心之情"，非单言心之特性，而是说心之精气的特性，最适宜于安定和宁静，不躁不乱，和气就能自然生成。内中表达的是精气尚安宁，忌烦乱。安宁则和自成，烦乱则失精气。所以，静定，实乃气之归。那么，充盈于心中的精气，又是什么样态呢？

> 折折乎如在于侧，忽忽乎如将不得，渺渺乎如穷无极。④

意思是它清晰如在身旁，恍惚如不可捉摸，渺渺如不可穷极。究竟而言，这是道、气"卒乎乃在于心"的样状。由于精气"乃在于心"，所以：

> 此稽不远，日用其德。⑤

考察它并不远，我们的日常生活就在享用着它的德惠。那么，道与心，又是什么关系呢？《内业》云：

> 凡道无所，善心安爱。心静气理，道乃可止。

无形无声的道，没有固定的停留场所，只有善于修心的人才能使它安处下米。心意静定，和气通畅，道就可以留驻在这里。以此论观之，道气指向了修心。换言之，气蕴道，道修心，三位一体，故曰："彼道之情，恶音与声，修心静音，道乃可得。"如此，方

---

① 《管子·内业》。
② 《管子·内业》。
③ 《管子·内业》。
④ 《管子·内业》。
⑤ 《管子·内业》。

谓"道也者……所以修心而正形也"。① 至此,我们看到,《内业》由"气"而"道",由道外发为万物的生长,内修而成人的生死成败。

而修心,要旨在于专一勿失,如此,"能君万物"。但修心,是方法,不是归宿,归宿依然在于治世:

> 治心在于中,治言出于口,治事加于人,然则天下治矣。②

这是说,内里有一个治理好的心,口里说的就会是治理好的话,加于民众的就将是治理好的事,这样,天下也就会治理好了。这是非常紧要和伟大的论断。它紧要在涵括了传统中国文化的价值取向,伟大就伟大在它表达了这样一个论断:治理好内心的秩序,就能治理好天下的秩序。简言之,一心不治,无以治天下。由此,《管子》在另一处作了浓缩表达:

> 心治,是国治也。③

治心方可治国。由此可见,中华哲思的基本性格,即使是追问世界本原,追问天道,落脚点依然是人道,念兹在兹者依然是治世,而非西哲为形而上而形而上。所以,"先秦儒道两家共享同一种先修己再治人的看法,如通行本《老子》第五十四章谓'修之于身,其德乃真;修之于家,其德乃余;修之于乡,其德乃长;修之于邦,其德乃丰;修之于天下,其德乃普'和《大学》中'修齐治平'的次第,均可作如是观。《管子》四篇也继承和延续了类似的观点"。④ 用陈鼓应的话说,就是"稷下道家之道论方面具有最大突破性的发展可总结为这两个方面:一是援法入道,二是以心受道。后者为道与主体之关系,前者为道落实于政治社会之运作"。⑤ 所谓"一言得而天下服,一言定而天下听",即是这个道理。

必须注意的是,由中国传统文化的总体取向决定了修己之心,在于身治而治天下,此一指向似乎道儒相同,但是,道儒二家在"心"的修持方法上,决然不同:道家的修心,实质是修性,贵虚静,强调的是通过意念的调控,以自然的方式,比如通过"练气"(练精气),达到心平气和,性命兼修;而儒家的修心,实质是修行,贵品德,强调的是通过伦常的锻炼,以社会的方式,比如通过"养气"(养浩气),达到宽信敏惠,内圣外王。火候不好,前者极易滑向"玄虚",后者极易导向"俗利"。由此可见,二者不同如泾渭分明。

所以,道家内心的修治,赖乎精气。那么,精气何来?《内业》有二论:

> 正形摄德,天仁地义,则淫然而自至。

这是说,外正其形,内修其德,如天之仁,如地之义,精气就会源源不断地自然到

---

① 《管子·内业》。

② 《管子·内业》。

③ 《管子·心术下》。

④ 匡钊、张学智:《〈管子〉"四篇"中的"心论"与"心术"》,载《文史哲》2012年第3期。

⑤ 陈鼓应:《管子四篇诠释:稷下道家代表作解析》,商务印书馆2006年版,第35页。

来。这是对"形不正，德不来；中不静，心不治"的反动。还有一处：

> 敬除其舍，精将自来。

《内业》在这里作了一个形象的比喻，即将心比喻为"舍"，意思是虔敬地把心里的杂念打扫干净，"精气"就会自然到来。这实际上是内修其德的强调与申述。质言之，修治内心，精气也就随之而来。

[明]沈周《山空无人，水流花谢》

心中一旦有了精气，人就能至若神明，朗然察知万物，故曰："神明之极，照乎知万物。"不仅如此，它还使人外荣内得：

> 精存自生，其外安荣。内藏以为泉原，浩然和平，以为气渊。渊之不涸，四体乃固；泉之不竭，九窍遂通。①

如此，发展到极致，即可达致"乃能穷天地，被四海。中无惑意，外无邪灾。心全于中，形全于外。不逢天灾，不遇人害"②的圣人境地。可见，成圣乃是中国文化的

传统追求，也是至高追求。与此相宜，《内业》还认为，虔敬的发挥充实在心中的精气，叫作"内得"。而"内得"显之于外，亦有无量功德：

> 人能正静，皮肤裕宽，耳目聪明，筋信而骨强，乃能戴大圜而履大方。鉴于大清，视于大明。敬慎无忒，日新其德，遍知天下，穷于四极。敬发其充，是谓内得。③

此中种种功德，可谓广矣大矣。不仅及于下文所说的"全心在中，不可蔽匿，和于形容，见于肤色"，而且及于德行与智慧。这种由德而得，谓之"内得"。至此，《内业》提出了一个与商鞅，尤其是与韩非子截然不同的刑赏观：

> 赏不足以劝善，刑不足以惩过。

这真是一个非常独特的观点。也就是说，"治国的根本不在刑赏，而在于是否把握住'气'"。④ 而这与商、韩的观点大相径庭。商鞅明确指出："刑不能去奸，而赏不能止过者，必乱。故王者刑用于将过，则大邪不生；赏施于告奸，则细过不失。"⑤其中强调的乃是"王者以赏禁，以刑劝"。即通过赏告奸以止过，通过刑罚以去奸。商鞅的这一取向与《内业》的取向是不一样的。韩非子认为，必因人情的赏罚，是官治、国富、兵强的法与术。他不认为"赏"是为了

---

① 《管子·内业》。
② 《管子·内业》。
③ 《管子·内业》。
④ 刘泽华：《中国政治思想史集》第一卷《先秦政治思想史》，人民出版社 2008 年版，第 378 页。
⑤ 《商君书·开塞》。

劝善,而是为了赏功,进而以劝一国;而刑罚,旨在惩过止奸。由此可见,《内业》的这一论断,恰与韩非子的观点相左。在《内业》的作者看来,赏不足以劝善,而刑罚也不足以惩过。那么,它要表达一种怎样的观点呢?《内业》讲:

气意得而天下服,心意定而天下听。

可见,《内业》的治世观,是由"气本原"论衍生的"心治论"。其意是气意已得,天下就会诚服;心意已定,天下就会听从。这种以气由心的治世论,跳出了以刑赏劝善惩恶的窠臼,实质上是后来《庄子·天下》中概括,并为儒家践行,同时为先秦各家认可和尊奉的"内圣外王"的另路表达。① 它内质上申说的是一种内修心气,气得心定而可以治天下的人的修为根本。而这种修为要达到什么境地呢?《内业》云:

抟气如神,万物备存。

这八个字,意思是专心一意在精气上,就会像神明一样,能把万物完全收存在心中。不知此八字高论是承袭孟子的"万物皆备于我",抑或是孟子借鉴了这八字的神髓而得的妙论?还是各不相干,英雄所见略同?

但《内业》在做这样的申说时,也提出了追问:

能抟乎?能一乎?能无卜筮而知吉凶乎?能止乎?能已乎?能勿求诸人而得之己乎?思之,思之,又重思之。思之而不通,鬼神将通之。非鬼神之力也,精气之极也。

这是一段近于口语的追问:问题是人们能专心吗?能一意吗?能做到不用卜筮而预知凶吉吗?想止就能止么?要定就能定么?能不外求于人而靠自己解决吗?思考,思考,反复思考,反复思考还不通,鬼神将助你忽然贯通。其实这不是鬼神的力量,而是精气的最高妙用。

这一追问,不仅有趣,而且富含启迪。有趣就有趣在把"气得心定"这一能达致神明之境的成效,以常人的视角作了口语化的追问。启迪在于,它以极其平静的方式,向我们叙说了认识和思维的一个绝大真理,即反复思考,终会在无路可走处忽然贯通,有点行到水穷处,豁然天地开的意味。更绝的是,它平实地告诉我们,这种豁然贯通,不是什么神明的力量使然,而是精气至极的必然。大凡深思者,都会有此体悟。

至此,《内业》由"气本原"论而兼及天地生人。对于人,作者认为,不仅在情绪上要"不喜不怒,平正擅匈",即不喜不怒,让平和中正之气盈胸,而且强调饮食之道:

---

① 刘泽华分析说,治天下者必须是圣人,而圣人是精气的产物。保持住气,就能使人聪明、无私、宽仁、和平,就能成为圣人。依靠这种品德才可以治天下。一方面,作为《管子》政治根本原则的"尊天从人"思想,把帝王从神秘的天堂拉回到自然与人世面前,使帝王失去了神秘性;另一方面,尊天从人的圣人又如同天地一样,高居于百姓之上,获得了超人的地位。参见刘泽华:《中国政治思想史集》第一卷《先秦政治思想史》,人民出版社 2008 年版,第 377~379 页。至于"内圣外王"的相关阐述,可参阅本文丛之《儒宗正源》第十六章中的相关论述,厦门大学出版社 2011 年版,第 105~106 页。

凡食之道：大充，伤而形不臧；大摄，骨枯而血沍。充摄之间，此谓和成。

意思是，吃得太多，就伤身而损害形体；吃得太少，就骨枯而血液凝滞。吃得适中，才能使身心舒和。不仅如此，《内业》还强调内抱虚静而外行恭敬，强调运动，强调"守一而弃万苛，见利不诱，见害不惧，宽舒而仁，独乐其身"这么高明的修身方式，由此指出：

凡人之生也，必以其欢。忧则失纪，怒则失端。忧悲喜怒，道乃无处。

而且申述虚静得道，躁则失之。心能执静，道将自定。由此，与其说《内业》篇中"还叙述了练气功的具体方法"，[①]毋宁说，"管子四篇的精气论主要讨论精气同人的生命特别是精神现象的关系，探讨如何才能获得精气而有智慧，特别是如何才能在保有精气的基础上使之不断积聚而成为有

大智慧的圣人"。[②] 在我们看来，从更高层级讲，四篇中的《内业》，是一篇中华古国以"气·道"为要枢的**"生命哲学"**。

最后，要谈一下《内业》中对"灵气"的描述，让人称奇不已：

灵气在心，一来一逝，其细无内，其大无外。[③]

这是将"气、心"并论，侧重在灵气，而以心为体。灵气，实即精气之灵，它出入心中，"其细无内，其大无外"。而于"灵气"的学术来源，郭沫若认为"孟子显然是揣摩过《心术》、《内业》、《白心》这几篇重要作品的。只是孟子袭取了来，稍微改造了一下"，[④]变成了"浩然之气"而已。对此，李存山则坚执"《管子》四篇受到了孟子人性本善和'浩然之气'说的影响"，[⑤]并在《再谈〈内业〉等四篇的写作时间——与学友白奚先生商榷》一文中，认为"孟子达到'不动心'的境界和提出性善论等，是在稷下学宫

---

① 例如，乐爱国就认为："《内业》篇在精气说的基础上还系统地阐述了中国古代气功学的基本原理，建立了最早的气功学体系。因此，《管子·内业》不仅是中国古代哲学气一元论发展的重要论著，而且也是中国古代气功学的经典。"参见乐爱国：《〈管子〉的精气说与气功学》，载《厦门大学学报》（哲社版）1995 年第 1 期。他在此后的另一篇论文中分析道："《管子·内业》不仅实际上提出了入静得气的练气功的基本要领，而且还叙述了练气功的具体方法。其中说：'大心而敢，宽气而广，其形安而不移，能守一而弃万苛，见利不诱，见害不惧，宽舒而仁，独乐其身，是谓云气，意行似天。'这里的'云气'即'运气'，也就是今天所谓的气功。……这里完全具备了气功的调心、调息、调身三大要素：（1）在调心方面，要'大心而敢'，'守一而弃万苛'，'意行似天'是指调心中的意行法。（2）在调息方面，要'宽气而广'。（3）在调身方面，要'形安而不移'，属气功中的静功；要'宽舒而仁，独乐其身'。显然，这是对练气功的完整描述。"参见乐爱国：《〈管子〉的精气说辨证》，载《管子学刊》1996 年第 1 期。

② 白奚：《稷下学研究——中国古代的思想自由与百家争鸣》，北京三联书店 1998 年版，第 170 页。

③ 《管子·内业》。

④ 郭沫若：《十批判书》，东方出版社 1996 年版，第 151 页。

⑤ 李存山：《〈内业〉等四篇的写作时间和作者》，载《管子学刊》1987 年创刊号。

进入鼎盛时期之前",而当时"孟子已是55岁的老叟,其思想已经达到完全成熟的程度"。因此,"其思想受《管子》书的影响的可能性是极其微小的"。再者,"孟子对于'尔嗣桓文'的稷下黄老也是排斥、轻视的,更何况我们很难想象,有着'舍我其谁'气魄的孟子,在他已届花甲之年,还去学读、揣摩他本轻视的'佚名的齐地土著学者'的著作"。① 因此,坚持认为是《孟子》影响了《管子》而非相反。②

需要申述的是,唯因中国传统哲学是人本哲学,所以在宇宙本原论上,也以人之本原而上下其说,亦即不仅有天出其精的"精气说",而且有"地出其形"的"水地论"。

二、水地论

从形式上看,关于万物的本原,《管子》中有两个学说,一个是上述的"精气说",另一个则是它的"水地论"。换言之,万物的本原一个是"精气",另一个是"水地"。如果说,前者主要以《内业》篇为主,那么后者则以《水地》为宗。

《水地》开篇开门见山道:

地者,万物之本原,诸生之根菀也,美恶、贤不肖、愚俊之所生也。水者,地之血气,如筋脉之通流者也。故曰:水,具材也。③

首先,需要指出的是,《管子》中论万物的本原,曰"气",但此"气",必谓"精",实乃"精气";而论"地",必连"水",实乃"水地"。也就是说,气之精者,始为万物之本原;虽云"地者,万物之本原,诸生之根菀",但唯因此"地"中有了"水"这一地之"血气",方如人之筋脉流通,才能成为万物的本原。直言之,"水"才是万物的本原。

其次,《管子》中即使论万物的本原,也必及人文,一如"精气说",论天道必及人道一样,《水地》篇在论说水地为万物本原时,很自然地及于"美恶、贤不肖、愚俊"这一人文评说,几与论说万物本原作了无缝对接。之所以如此,是因为传统中国文化的特性使然,而且表明了《水地》作者认为这些基于人的评价所作的划分,可与自然万物等量齐观,也是万物之一类。这,确与西哲的自然哲学大异其趣。

最后,我们也可看到,赖以产生"美恶、贤不肖、愚俊"之"地",其材质是"水"。由此,这种人文的连接以一言蔽之:"故曰:水,具材也。"所谓"具材",不仅指水是万物必备的材质,更如尹知章注,"言水材美具备",即具有人文的品性。如此,以"何以知其然也"引申出下论:

① 李存山:《再谈〈内业〉等四篇的写作时间——与学友白奚先生商榷》,载《中国哲学史》1999年第2期。

② 此类学术论争亦多矣。然而,在新文献出土之前,这样的论争无论讨论得多么深人,多么热火朝天,终究难以让人信服。事实上,究竟谁影响了谁,这一问题即使有新文献,也很难断然分清谁影响了谁。以当时学术争鸣的景况而言,当是一个相互影响的过程。因此,除非有重大学术分野的事件必予澄清外,宜把精力放在对古典文献的精研与阐发上。

③ 《管子·水地》。

[清]戴熙《山水图》

夫水淖弱以清，而好洒人之恶，仁也；视之黑而白，精也；量之不可概，至满而止，正也；唯无不流，至平而止，义也；人皆赴高，己独赴下，卑也。卑也者，道之室，王者之器也，而水以为都居。①

其意是，水柔弱而清白，善于洗去人的秽恶，这是它的仁；水看起来颜色似黑，但本质却是白的，这是它的诚；计量水不必用刮平斗斛的器具，流满了就自动停止，这是它的正；不拘什么地方都可以流去，一直流布到平衡而止，这是它的义；人皆攀高，水独就下，这是它的卑。而谦卑是"道"寄寓的地方，是王天下者的气度，而水就聚集在低下的地方。这，简直就是对"水"之品性的人文化，是赞美水性的哲诗！

而其中对于水的就下、谦卑、去人秽恶之论，后来被老子赋予"道品"，成为"上善若水"这一内在基质的根由，亦即老子所说的"水善利万物而不争，处众人之所恶，故

几于道"。②

至此，作者还觉得不够，续赞与分析道：

准也者，五量之宗也；素也者，五色之质也；淡也者，五味之中也。是以水者，万物之准也，诸生之淡也，违非得失之质也。③

作者认为，"水"是万物的"根据"，一切生命的"中心"，一切是非得失的基础。这种对水的分析，分别以"准、素、淡"三种不同的自然介质与标准，来进一步比附论说水兼具"万物之准"、"诸生之淡"与"违非得失之质"的内在品性，是对自然与人文的结合。但就"水"的自然质性而言，《水地》分析说：

集于天地而藏于万物，产于金石，集于诸生，故曰水神。集于草木，根得其度，华得其数，实得其量。鸟兽得之，形体肥大，羽毛丰茂，文理明著。万物莫不尽其几，反其常者，水之内度适也。

这是对水的物理性质的解释。意思是，水聚集在天空和大地，潜藏在万物的内部，产生于金石中间，又聚集于一切生命之内，所以说水如神。水聚集在草木之内，根就能得到充分的生长，花就能开得非常繁华，果实就能结到相当的数量。飞禽走兽

① 《管子·水地》。
② 《老子》第八章。需要指出的是，学界历来认为是《管子·水地》篇借鉴了老子的"道论"，殊不知，在没有确凿证据证明该篇作于《老子》之后，也不排除该篇作于《老子》之前，果若如此，则是老子借鉴了《水地》中关于"水"之人文品性的大旨，而非相反。
③ 《管子·水地》。

得到水的滋养，形体就能长得肥大，羽毛就能无比丰茂，毛色花纹就会鲜亮而清晰。万物之所以尽获生机，充分发展了它们的本性，是因为水在万物内部充足适宜。

再三研析此段文字，会觉得它切实回答了"水"何以是万物的基质这一比较困难的哲学问题，实比西哲泰勒斯"水是原则"要深入得多。而泰勒斯何以将水视为万物的基质，更多的是后来人们的解释，甚至附会。[①] 因此，研究《管子》的学者认为，"《水地》篇中关于水是万物本原的思想，比古希腊泰勒斯的学说不仅时间要早，而且论证详细"。[②] 的确如此。

接着，《水地》在对含"水"之玉作了"九德"赞誉：仁、智、义、行、洁、勇、精、容、辞。[③] 然后回到了"人"：

人，水也。男女精气合，而水流形。

人，也是水生成的。男女精气和合，而由"水"流布成人的形体胚胎。在此前提下，后论详细叙说了"人"的生成过程：

三月如咀。咀者何？曰五味。五味者何？曰五藏。酸主脾，咸主肺，辛主肾，苦主肝，甘主心。五藏已具，而后生肉。脾生

隔，肺生骨，肾生脑，肝生革，心生肉。五内已具，而后发为九窍。脾发为鼻，肝发为目，肾发为耳，肺发为窍。五月而成，十月而生。[④]

显然，这是中国五行理论在人的生成过程中的具体运用。说远一点，被李约瑟证实的曾在一个相当长的历史时期居于世界领先地位的中国古代科学技术，它的理论基础是"阴阳五行说"。而将阴阳与五行两个不同的思想体系作了最初融合，并建立了"以气为本原，以阴阳为'天地之大理'，融阴阳说与五行说为一体、并配以四时（春、夏、秋、冬）五方（东、南、中、西、北）的阴阳五行说体系"[⑤]的，则是《管子》。在这里，我们看到，《水地》篇不仅将五味与五脏联系了起来，而且将五脏与五内连接了起来，更将五脏与五官对接了起来。[⑥] 进而指出了怀胎五月，形体初成，满十个月，婴孩就生出来了。

人一经诞生，就能"目视，耳听，心虑"。目之所视，不仅能看到大山丘陵，而且还能看清恍恍惚惚的东西；耳之所听，不仅能听到雷鸣鼓声，而且能听到细小的声音；心之所虑，不仅能知道巨大显豁的事物，而且能知晓精微奥妙的事理。

① 详论可参阅本文丛之《文明的源起——以"双宇宙"为主线》第四章"世界本原：米利都学派的最初题解"中的相关内容，厦门大学出版社 2011 年版，第 81～84 页。

② 盖光、于孔宝：《〈管子〉学术讨论会概述》，载《管子学刊》1987 年第 1 期。

③ 如前所述，《尚书·皋陶谟》中皋陶认为人的行为有"九德"，此言"夫玉之所贵者，九德出焉"。

④ 《管子·水地》。

⑤ 乐爱国：《〈管子〉的阴阳五行说与自然科学》，载《管子学刊》1994 年第 3 期。

⑥ 可参阅本文丛之《文明的源起——以"双宇宙"为主线》中"五类对应构局"的相关内容，厦门大学出版社 2011 年版，第 20～21 页。实际上，《水地》篇此处只对应了四脏与四官，分别是脾对鼻、肝对目、肾对耳、肺对口，少了心对舌，且与"五类对应构局"中的脾对口、肺对鼻不一致。

精美绝伦的龙纹玉璧

至此，《水地》的作者再次将"水"与"玉"对接而回应了玉之"九德"，并说明了与人生出的九窍五虑暗合：

是以水集于玉，而九德出焉。凝蹇而为人，而九窍五虑出焉。此乃其精也，精粗浊蹇，能存而不能亡者也。

玉有九德，乃是水集于玉的结果。戴望注："蹇，停也。言精液凝停则为人也。"[1]甚是。意思是，水集于玉而生九德，水的凝蹇则为人。此水也，也就是前述的"男女精气合，而水流形"之谓。而人的九窍，比附、对应了玉的九德。由此说明了水的精、粗凝聚，能存而不亡的事例，也再一次申述了水之于生命始基的意味。与这种能存而不能亡的事例不同，《水地》也列举了既能存而又能亡的龟与龙：

伏暗能存而能亡者，蓍龟与龙是也。龟生于水，发之于火，于是为万物先，为祸福正。龙生于水，被五色而游，故神。欲小则化如蚕蠋，欲大则藏于天下，欲尚则凌于云气，欲下则入于深泉。变化无日，上下无时，谓之神。龟与龙，伏暗能存而能亡者也。

这段文字，之所以重要，乃是因为其中内含了中国传统文化的两个非同寻常、极其重要的且富有象征意味的**文化符号**——龟与龙。

龟，首先是长寿的象征。葛洪曰："谓生必死，而龟鹤长存焉。"[2]又曰："知龟鹤之遐寿，故效其道引以增年。"[3]曹操反其意而赋诗云："神龟虽寿，犹有竟时。……盈缩之期，不但在天；养怡之福，可得永年。"[4]即在承认龟乃长寿的同时，一反寿命天定的宿命论，更倾向于养怡之福可得延年的养生论。此外，龟尤其是灵异之物，是中国四灵之一："何谓四灵，麟、凤、龙、龟，谓之四灵。……故先王秉蓍龟，列祭祀……"[5]何以以龟为占？《说苑》曰："灵龟文五色，似玉似金，背阴向阳，上隆象天，下平法地，盘衍象山，四趾转运应四时，文著象二十八宿。蛇头龙翅，左精象日，右精象月，千岁之化，下气上通，能知吉凶存亡之变。"[6]这是一种法天象地的比附，由此认为龟有灵异，可占吉凶。而《淮南子》则言

---

① [清]戴望：《管子校正》，《诸子集成》卷六，岳麓书社1996年版，第291页。
② [东晋]葛洪：《抱朴子·论仙》。
③ [东晋]葛洪：《抱朴子·对俗》。
④ [魏]曹操：《龟虽寿》。
⑤ 《礼记·礼运》。
⑥ 《说苑·辨物》。

简意赅地指出了其中的道理:"必问吉凶于龟者,以其历岁久矣。"①因之,龟甲成了占卜吉凶祸福的灵物。司马迁不仅记述了"至周室之卜官,常宝藏蓍龟"的史实,还记述了龟的神异:

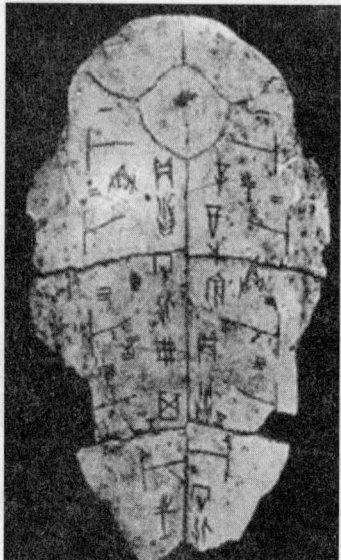

大致说来,殷人以龟甲占卜,周人以蓍草占筮。相较而言,"筮短龟长",即认为龟卜总比占筮灵验。但占筮重视数的推算和对卦象的分析,因之提升了人的抽象思维能力,后来从《周易》中,终于导出哲学体系,而龟卜始终停留在迷信的阶段。《左传·僖公十五年》:"龟,象也;筮,数也。物生而后有象,象而后有滋,滋而后有数。"即卜据龟的兆纹之象,其裂痕是自然成纹;筮依蓍的大衍之数,按蓍草之数推衍而成。

南方老人用龟支床足,行二十余岁,老人死,移床,龟尚生不死。龟能行气导引。

问者曰:"龟至神若此,然太卜官得生龟,何为辄杀取其甲乎?"近世江上人有得名龟,畜置之,家因大富。与人议,欲遣去。人教杀之勿遣,遣之破人家。龟见梦曰:"送我水中,无杀吾也。"其家终杀之。杀之后,身死,家不利。人民与君王者异道。人民得名龟,其状类不宜杀也。以往古故事言之,古明王圣主皆杀而用之。②

这里不仅叙及了龟的神异,而且还论及人民与君王异道,故民不宜杀龟而明王圣主皆可杀而用之的不同。在《管子》"轻重"论中,其中一招便是"赋籍藏龟",即用样子像龟一样的东海之子抵押于富户丁家,借出了供三军食用五个月的粮食,而此龟便成了"御用神宝"。③

龙,不仅是四灵之一,而且与白虎、玄武、朱雀并称为"四神兽"。将四神兽与四方相配,谓之"四象"。《礼记》有:"行,前朱鸟(雀)而后玄武,左青龙而右白虎,招摇在上。"④这是军队出行时,以此作为天神护卫,示方阵而壮威仪。而古代中国的这个常用的"四",在列维-布留尔看来,则富有深意:"在以四这个数为一方和以东南西北正好四个方位、从这四个方向吹来的风、在这四方的上面居住的神、那里住着神圣的动物、象征着四个方位的四种颜色为另一方之间被认为是确立了联想。……在中国广为流行的东南西北四方、一年四季、四种颜色等等之间的联想关系就是这样的东

① 《淮南子·说林训》。
② 《史记·龟策列传》。
③ 《管子·山权数》。
④ 《礼记·曲礼上》。

西。"①这种联想关系，在"龙"这一象征物那里，更加普遍。它多用来指称帝王和与帝王相关的东西，比如龙种、龙颜、龙廷、龙袍、龙宫。但从更深广的象征意义上讲，"龙"成了华夏民族这个族群的图腾与象征，寄寓了这个族群最神圣的想象。这种想象在《水地》中可大可小，凌于云气，潜入深泉，变化无日，上下无时，集各种神异于一身，与《说苑》中对龙的描述非常近似：

神龙能为高，能为下，能为大，能为小，能为幽，能为明，能为短，能为长。昭乎其高也，渊乎其下也，薄乎天光，高乎其著也。一有一亡忽微哉，斐然成章，虚无则精以知，动作者灵以化。②

这一对龙的描述，颇具代表性。③ 而《水地》在对引水而生玉、生人，生龟、生龙作了叙说后，还引出了两种比较罕见的精怪——牛蟡与庆忌。庆忌诞生的条件是"涸泽数百岁，谷之不徙，水之不绝者"。它是什么样子的呢？《水地》云：

其状若人，其长四寸，衣黄衣，冠黄冠，戴黄盖，乘小马，好疾驰，以其名呼之，可使千里外一日反报，此涸泽之精也。

很奇怪、很奇特的一种形象。与此共述的是涸川中的精怪——蟡，它"一头而两身，其形若蛇，其长八尺，以其名呼之，可以取鱼鳖"。④ 这些描写，大抵是初民图腾崇拜的原始遗痕或神异的想象。至此，《水地》总结道：

是以水之精粗浊蹇，能存而不能亡者，生人与玉。伏暗能存而亡者，著龟与龙。或世见或不见者、蟡与庆忌。故人皆服之，而管子则之。人皆有之，而管子以之。

这里，以水的精粗浊蹇，把它所生之物作了三类划分：第一类，是只能存在而不能隐没的，乃是人和玉；第二类，隐伏在幽暗中，能存在而又能隐没的，是神龟和龙；第三类，有的时代出现，有的时代不出现，是蟡与庆忌。这种以事物属性加代表性事物列举的方式进行的叙说，把水作为万物的本原作了归结。至于"人皆服之，而管子则之"，意思是人们都把水看成是平常之物，而管仲却能把水当作生成万物的法则效法它。相应的，"人皆有之，而管子以之"，则是说，人人都占有水，只有管仲能够掌握利用它。有了以上这些铺垫，作者画龙点睛曰：

水者何也？万物之本原也。⑤

作者明白无误地直言水是万物的本

---

① ［法］列维-布留尔：《原始思维》，丁由译，商务印书馆1981年版，第206页。
② 《说苑·辨物》。
③ 罗贯中在《三国演义》"曹操煮酒论英雄"中，以曹操之口说："龙能大能小，能升能隐；大则兴云吐雾，小则隐介藏形；升则飞腾于宇宙之间，隐则潜伏于波涛之内……"罗著对"龙"的描述，与《水地》、《说苑》等对龙腾挪变化，呼风唤雨，能显能隐，能细能巨，能短能长，能大能小的神异描述，是一致的。
④ 《管子·水地》。
⑤ 《管子·水地》。

原。相比之下,《水地》篇的作者比西哲第一人泰勒斯所言的"水是好的"或"水是原则"这一表述,要清楚、直接得多。强调"万物莫不以生,唯知其托者能为之正。具者,水是也"。对此,陈鼓应指出:"《水地》将老子的水提升而为最高的哲学范畴,成为万物之本原。"①

如上所述,中国先哲即使在言说万物本原时,没有像西哲那样向自然哲学发展,而是始终落向人文评说:

> 诸生之宗室也,美恶、贤不肖、愚俊之所产也。②

以一语"诸生之宗室也"(即水是一切生命的植根之处)将自然界中万物生成之理轻轻带过,而是侧重叙说水乃是生成美和丑、贤和不肖、愚蠢和贤俊的根由。唯因此论,作者乃以"水质"的不同,论说了水质之于人的品性的影响:

> 夫齐之水道躁而复,故其民贪粗而好勇;楚之水淖弱而清,故其民轻果而贼;越之水浊重而洎,故其民愚疾而垢;秦之水泔聚而稽、淤滞而杂,故其民贪戾罔而好事;齐晋之水枯旱而运、淤滞而杂,故其民谄谀葆诈,巧佞而好利;燕之水萃下而弱、沉滞而杂,故其民愚戆而好贞,轻疾而易死;宋之水轻劲而清,故其民闲易而好正。③

如前已述,赖以产生"美恶、贤不肖、愚俊"之"地",其材质是"水"。因此,水质的不同,生就的民性就会不同。换言之,水性决定了民性。在此论中,我们看到,齐民贪婪,粗暴而好勇,是因齐地的水湍急而又回旋;楚民轻捷、果断而敢为,是因为楚地的水柔弱而清清;越民愚蠢、妒忌而污秽,是因为越地的水浊重而浸润;秦人贪婪、暴戾、虚狂而好生事,是因秦地的水浓聚而流缓,淤泥沉滞而混杂;晋民谄谀、伪诈,巧佞而好财利,是因为晋地的水苦涩而浑浊,淤泥沉滞而混杂;燕民愚憨、坚贞,轻急而不怕死,是因为燕地的水深聚而柔弱,沉滞而杂;宋民纯朴、平易而喜好公正,是因为宋地的水轻快、坚劲而清澈。此论,可谓奇论。事实上,这一奇论大抵近于后世所谓一方水土养一方人,以及水土不同,风俗与性情亦各不相同的看法。由此,《水地》云:

> 是以圣人之化世也,其解在水。故水一则人心正,水清则民心易。一则欲不污,民心易则行无邪。是以圣人之治于世也,不人告也,不户说也,其枢在水。

其意是,圣人要改易世风,解人之邪正,尝水而知。水若纯洁,则人心公正;水若清明,则人心平易。人心正就没有污浊的欲望,人心平易就没有邪恶的行为。所以圣人治世,不去告诫每个人,不去劝说每一户,关键只在于掌握水质。

这种由水乃万物之本原而起的"水地

---

① 陈鼓应:《楚简〈太一生水〉之宇宙生成论——兼论〈性自命出〉之尚情说》,载陈鼓应:《老庄新论》(修订版),商务印书馆 2008 年版,第 113 页。

② 《管子·水地》。

③ 《管子·水地》。

论",最终落脚于圣人治世"**其枢在水**"的奇论上。在李约瑟看来,《管子》中的《水地》篇,它的"主要内容是说,水是万物的原始元素和变化的根基;换句话说,它是一种类似于第一个前苏格拉底的自然哲学家、米利都的泰勒斯(Thales of Miletus,鼎盛于公元前 585 年)的观点的学说"。① 在对《水地》作了全面翻译与引述后,李约瑟说:"这一有趣的篇章以一种较好的展望提出了最优秀的道家人物对他们当时环境的一些深刻的论述。"②我们看到,中国先哲的《水地》论,与西哲泰勒斯对水以自然哲学的姿态,代表人类智慧向宇宙进发之旅的面向显著不同:一个是基于人文的治世关怀,一个是基于自然的科学宣谕。

至此,总结而言,在《管子》四篇中,就万物本原,"《内业》认为'气'为万物之本原,而《水地》则认为'水'为'万物之本原'、'诸生之宗室'。《内业》论气与心的关系,认为气充则心正;而《水地》则认为'水一则人心正'。《内业》认为气决定事物的生灭成败,《水地》则认为'圣人之治世也,其枢在水'。《内业》赋予气以人文意义,《水地》则认为改良水性可变易人性"。③

这种对事物的认识,与《管子》中的认识论是分不开的。

第五章　哲思论:《管子》的万物本原说

---

① ［英］李约瑟:《中国科学技术史》第二卷《科学思想史》,科学出版社、上海古籍出版社 1990 年版,第 44～45 页。

② ［英］李约瑟:《中国科学技术史》第二卷《科学思想史》,科学出版社、上海古籍出版社 1990 年版,第 49 页。

③ 陈鼓应:《楚简〈太一生水〉之宇宙生成论——兼论〈性自命出〉之尚情说》,载陈鼓应:《老庄新论》(修订版),商务印书馆 2008 年版,第 113 页。

第六章　哲思论:《管子》静因之道的认识论

> 发一端,散无竟,周八极,总一管,谓之心。见本而知末,观指而睹归,执一而应万,握要而治详,谓之术。

周立升、王德敏说:"在先秦哲学史上,《管子》中的《心术》等篇,其最大特点就是将哲学思想寓于政治论中,而哲学思想的核心则是精气论以及在精气论基础上所系统阐发了的认识论。"①的确,《管子》认识论的基础建立在精气论上,如上所述,《内业》篇明言:"敬守勿失,是谓成德,德成而智出,万物果得。"意即敬守精气而不遗失,这叫"成德",而德性的成就使人产生智慧,对万事万物都能理解和掌握了。在此基础上,《管子》中的《心术》等篇章里,比较详细地阐发了《管子》认识论的很多方面,具有独特的价值。

一、认识的主体

《管子》首先揭示了"人皆欲知"这一普在的事实,进而指出"而莫索之"。意即求知虽然是人的普遍需要,但人们并不知道怎样才能获得知识。因此,《心术》的作者说:

> 其所知,彼也;其所以知,此也。不修之此,焉能知彼?②

所知,即认识对象;所以知,为认识主体。或者说,"彼"表述的是认识对象,而"此"表述的是认识主体。"不修之此,焉能知彼?"则申说了不把这个认识主体修养好,怎能认识被认识的对象呢? 可见,在《心术》篇的作者看来,认识的发生,固然要有认识的对象,但是,客观存在的认识对象,如果没有适格的认识主体,也不能被认识。这一观点,应当说是非常独到的。那么,这个适格的认识主体,究竟是什么呢?

是"心"。

这是理解、把握、统率中国传统文化及其思维方式的一个核心字眼。此"心",可二分,一为有形之心,即位于胸腔之内、膈膜之上、两肺之间,形似倒垂未开之莲蕊,此乃生理之心,是主管血液循环的器官。在中国古人看来,它不仅是血之主,脉之宗,还是神之舍。而神之舍,实乃无形之心,亦即"心神"的简称。心神者,即心所藏

86

① 周立升、王德敏:《评〈管子〉书中"静因之道"的认识论》,载《文史哲》1984 年第 3 期。
② 《管子·心术上》。

之神，它既是人体生命活动的主宰，还包括精神、意识、思维、情志等，也就是现代意义上的"心灵"之谓。正是在后一意味上，中国的先哲将它作为思维之主，主宰人的精神、意识、思维、情感活动及性格倾向等活动。也正是在后一意义上，大到发端于孟子的心性论而终至蔚为大观的阳明心学，小至中国国人以"心"辐射和织就的浩瀚日常口语，①其实都明白无误地表明了"心"实乃心神、心灵的简称，非误以为有形之心乃思维器官也。

就"心"的本来含义而言，许慎《说文解字》曰："人心，土藏，在身之中。象形。博士说以为火藏。凡心之属皆从心。"这是说，心，指人心，而人心，在许慎看来，以五行对应，因为土在五方居中，而心亦居人身之中，所以属于土性的脏器，故曰土藏（脏）。但许慎又援引博学之士言之，心属阳中之阳，在五行属火性的脏器，故曰火藏。前者以方位定属性，后者则以质性定属性，所以后者成为通说。至于"象形"，是说"心"字在早期金文，以致在篆体中，象形而成，如下图：

前两个字为早期金文，像人体内椭圆形的泵血器官；后两个字为晚期金文，是简化的血管形状。而最后一个篆体心字，承续了晚期金文的字形。至隶书，为之一变，下图可见其变化轨迹：

隶书　褚遂　王羲　孙过庭　印刷体
　　　良体　之体　草体

事实上，我们还可通过"思"字本身，来解读究竟中国先哲是不是误将"有形之心"当作思维器官？《说文解字》曰："思，容也。从心，囟声。凡思之属皆从思。"其意是，思，把认识的对象放在头脑、心坎。字形采用"心"作偏旁，采用"囟"作声旁。所有与思相关的字，都采用"思"作偏旁。我们再看"思"的象形文字，篆文如下：

篆文　思

"思"是由 （囟，脑）＋（心）组成的文字，其造字的本义就是**"用头脑考虑，用心灵感受"**。② 这才是完整的"思"的界说。也就是说，中国古人之"思"，既非用有形之心作为思维器官，亦非单一用"头脑"考虑，二者和合，才是中国先哲关于"思"的完整意涵。如此看来，错把中国先哲之"心"，即"有形之心"误读为思维器官的，恰恰是后世之人。

事实上，《管子》中对"心"与感官也作

---

① 诸如心情、心意、心事、开心、虚心、细心、心爱、心仪、心病、心裁、心机、心计、心胸、心眼、心术、心数、小心、粗心、用心、花心、好心、狠心、核心、灰心、黑心、寒心、热心、忍心、恒心、欢心、会心、决心、变心、伤心、痛心、信心、爱心、放心、省心、孝心、心甘、心醉、核心、实心、离心……参见以及此类成语，如心事重重、心灰意冷、心旷神怡、心情舒畅、心猿意马、心无旁骛、心血来潮、心潮澎湃、心有所属、一心一意、三心二意、有心无意、心花怒放、狼心狗肺、丧心病狂……以心为中，词语浩瀚，岂能尽数？

② 此解甚妙，参见"象形字典网"，http://www.vividict.com/WordInfo.aspx? id=1329.

过明确的界分：

> 心之在体，君之位也；九窍之有职，官之分也。心处其道，九窍循理。①

这实际上是一个比附，即将国家的君臣分别比作人的心与九窍，其目的能使之形象化、可感化。在作者看来，心之于人体，就像一国之君，而九窍（耳、目、口、鼻等）则各有其职，就像国家的百官各司其职一样。所谓"心处其道，九窍循理"，是说心合于正道，九窍就能各尽其分，可见此论已包含了"心"的统制作用。实际上，作者在后面的自我解释中，的确明确表达了心的"制窍"作用：

> 耳目者，视听之官也，心而无与于视听之事，则官得守其分矣。夫心有欲者，物过而目不见，声至而耳不闻也。故曰："上离其道，下失其事。"故曰：心术者，无为而制窍者也。故曰"君"。②

其意是，耳目是视听的器官，心不去干预视听的职守，器官就得以尽到它们的本分。心里如果有了嗜欲杂念，那就有东西也看不见，有声音也听不到。所以说："上离其道，下失其事。"即作者认为心的功能，

就是用虚静无为来统制九窍的，因之叫作"君"。当然，作者认为"心"的"制窍"作用是"无为"的，所以，回归上文，循理的关键，是修养认识的主体，而修养认识主体，亦即"修心"。而"修心"之法，即"心术"。陈鼓应指出："'心术'一词为稷下黄老专有名词，《管子》四篇都以'心'命名（《心术》上下、《白心》、《内业》），而'心术'概念尤为突出，它和'精气'一样，代表稷下道家在哲学上最为称著的两个哲学概念。"③实际上，此论说对了一半，说"精气"为稷下黄老专有名词则可，然而同时说"心术"也是稷下黄老专有名词，则非也。事实上，"心术"非《管子》四篇独发，先秦其他典籍中也比较多见。④

而对"心术"比较经典的界说，当推《淮南子》：

> 发一端，散无竟，周八极，总一管，谓之心。见本而知末，观指而睹归，执一而应万，握要而治详，谓之术。⑤

不仅经典地界说了心与术，还分而论及各自之用，可视为心术总论。那么，如何修心呢？作者认为，心的修养，在"虚"、"一"、"静"、"因"。而这，其实就是认识的路径与方法。

---

① 《管子·心术上》。

② 《管子·心术上》。

③ 陈鼓应：《楚简〈太一生水〉之宇宙生成论——兼论〈性自命出〉之尚情说》，载陈鼓应：《老庄新论》（修订版），商务印书馆 2008 年版，第 118 页。

④ 日人池田知久考证后认为，"心术"这个词，在同《性自命出》相前后的文献中非常多见。参见池田知久：《郭店楚简〈性自命出〉篇中的道之四术》，《池田知久简帛研究论集》，曹峰译，中华书局 2006 年版，第 285 页。我国台湾学者杨儒宾在《儒家身体观》中亦有类似的考证与观点。

⑤ 《淮南子·人间训》。

二、认识的路径与方法

如上所述，"根据精气论，'心'之所以能思虑、有智慧，是因为心中充满了精气。精气的功能、属性、作用统称为'道'，获得精气也就获得了道。所以说'气，道乃生，生乃思，思乃知'"。[①] 事实上，《内业》篇直言"修心"，直言"修心静音，道乃可得"。可见，修心，不仅得"道"，也是生发认识的前提。

流行于商晚期至春秋中期的酒器

（一）《管子》认识论的总原则：因

《管子》中的所谓"因"，就是根据事物本来面目的意思。或者说，就是去掉主观成见，遵循事物的本来面目去认识事物。[②] 其导向是，当人面对客观事物，欲认识这一事物时，应做到"不顾"：

不顾，言因也。因也者，非吾所顾，故无顾也。[③]

意思是，不偏不倚，说的是因。而所谓因，不是由主观择取，所以能做到不偏不颇。言下之意，因，忌讳的是认识主体在面对客体时掺入主观知见，而应做到客观中立，不偏不倚，只是"应"：

"不言之言"，应也。应也者，以其为之人者也。执其名，务其应，所以成，之应之道也。[④]

作者认为，"不言之言"，就是"应"。所谓"不言之言"，实际就是没有命名的事物的本然状态，而这种本然状态因为人的"介入"，由此在人心中形成了一种对于该事物的观感与看法，此即"应"。但这种看法本可以用"言"来界说的，实际上还没有被"言说"出来，这一状态谓之"不言之言"，也就是"言则言彼形耳，于我无言"。[⑤] 内中申说的是人在认识事物时应当"顺应"本然，而不可掺入人为的知见。所以作者说，"应也者，以其为之人者也"。意思是要顺应自然的实际，是因为可以说出的都是人为的。而"执其名，务其应，所以成，之应之道也"，就是说要根据事物本有的名称，务必使它们与自身形成的规律相一致，这是应物之道。换言之，也就是"物既有名，守其名而命合之，则所务自成，斯应物之道"。[⑥] 这种顺应自然本真来认识自然的方法，即"应"。而"应"须至于"无为"：

---

① 周立升、王德敏：《评〈管子〉书中"静因之道"的认识论》，载《文史哲》1984年第3期。
② 中国哲学教研室、北京大学哲学系：《中国哲学史》，商务印书馆1995年版，第77页。
③ 《管子·心术上》。
④ 《管子·心术上》。
⑤ ［清］戴望：《管子校正》，《诸子集成》卷六，岳麓书社1996年版，第270页。
⑥ ［清］戴望：《管子校正》，《诸子集成》卷六，岳麓书社1996年版，第270页。

无为之道，因也。因也者，无益无损也。以其形因为之名，此因之术也。①

如果说，"应"是接物之初，而"因"则是应物之宗，打通二者的要津，乃是"无为"。无为之旨，在于因自然、不添附。所以，无为视角下的所谓因，就是在"应"物的过程中，既不增加也不减少。因形命名，这就是"因"的做法。作者在其后解析道：

"其应非所设也，其动非所取也"，此言因也。因也者，舍己而以物为法者也。感而后应，非所设也；缘理而动，非所取也，"过在自用，罪在变化"：自用则不虚，不虚则忤于物矣；变化则为生，为生则乱矣。故道贵因。因者，因其能者，言所用也。②

这就把"因应之道"说透了。应，即是"感而后应"，即感触事物之后再与之相应，因此不可以预设。换言之，"所谓'应'，是指在人的头脑中所形成的一种对客体的正确的主观映象。就是说，这种反映在形式上是主观的，而不是客观事物本身，尽管如此，这里的'应'还是'非吾所设'，其内容在实质上仍然具有客观

性，是对客观事物的如实反映"。③ 与此关联，感而后应的行动，必得"缘理而动"，亦即根据事物的规律行动，所以亦非预先择取。就文本而言，所谓"因"，乃是"舍己而以物为法者也"，意思是去掉己见而以客观之物为准则。进一步阐发而言，"所谓'因'，对认识客体来说，就是指事物之'所以然'。对于认识主体来说，就是'从其所以然'，因循事物自然之理而不以己意度之变之"。④

可问题是，很多人的过错在于妄用主观，自以为是，更甚者还在于妄加变化。因为自以为是就不能"虚"，而不虚，就要与客观事物发生抵触。同样，妄加变化则伪生，伪生引起的假象则引致混乱。换言之，"如果不顾客观对象而自以为是，凭主观随意性歪曲事物的本来面目（'过在自用，罪在变化'），定会发生过错。因为主观违背客观（'忤于物'），认识就必然产生谬误（'伪生'）。故尔《心术》等篇的作者要求人们在认识事物时必须贯彻'静因'的原则，因物之实以应物"。⑤

必须注意的是，这一段中有"缘理而动"四字，固然说明了"他们并没有把认识停留在感知现象的阶段，而是要求人们必须深入事物的本质，掌握其内在之理"，⑥同时，还因有一"理"字，意味着《管子》四篇

① 《管子·心术上》。
② 《管子·心术上》。
③ 栗冬生：《略论〈管子〉认识论的主客体思想》，载《长白学刊》1994 年第 2 期。
④ 栗冬生：《略论〈管子〉认识论的主客体思想》，载《长白学刊》1994 年第 2 期。
⑤ 周立升、王德敏：《评〈管子〉书中"静因之道"的认识论》，载《文史哲》1984 年第 3 期。
⑥ 周立升、王德敏：《评〈管子〉书中"静因之道"的认识论》，载《文史哲》1984 年第 3 期。

绝非比第一代圣哲还早的管仲所写。①

此外，由于天地之道贵虚静，欲"因天地之形"，②必谓虚静。可见虚静乃是"因"的前提，所以道以"因"为贵，即"'道'是十分注重'因'的原则的"。③ 而由认识及于行动，"因"是"就能而用"，故曰"因"。用现在的话说，就是根据事物自身的规律来办事。这意味着"'贵因'不是消极的因循，而是'因其能而有所用'"。④ 举其大端，以正世与治天下论，设赏立禁，"皆随时而变，因俗而动"。⑤ 以经济论，"知万物之可因而不因者，夺于天下"。⑥ 以四时论，则谓"'春采生，秋采蓏，夏处阴，冬处阳。'此言圣人之动静、开阖、诎信、涅儒、取与之必因于时也"。⑦ 而"这明显地触及发挥人的主观能动性的问题……事实上，后来荀子的'制天命而用之'的'戡天'思想，正是以此为理论来源的"。⑧

（二）虚

"因"是《管子》认识论的总原则，而其具体路径与方法，首先是"虚"。因为在《管子》四篇的作者看来，"不修之此，焉能知彼？"后明确认为：

> 修之此，莫能虚矣。⑨

这里的"此"，即认识主体——心。"不修之此，焉能知彼？"，意思是不把认识主体修养好了，又怎能认识客观事物呢？而要"修心"，莫过于虚。由此引出了何谓"虚"？

> 虚者，无藏也。⑩

遍检《管子》可见，虚，是与"满"相对的一个概念，用此处的话说就是"无藏"，即一无所隐，一无所藏之谓。换言之，也就是虚"心"以待，满则无容积，因之无法纳物。由此，《管子》四篇认为，"心"是智慧居住的地方，只有把"心"打扫干净，去掉主观的好恶成见，也就是只有保持心之"虚"，智慧才能居住进来。所以说："虚其欲，神将入舍；扫

---

① 我们通过检索和研究发现，在道、儒、墨三家的第一代圣哲中，均讲"道"，但无"理"。第一代圣哲之后，道家庄子，儒家孟、荀开始讲"理"后，道与理，逐渐靠拢。法家，至韩非，大讲特讲"为道之理"，开始以"理"释"道"，这是韩非子的一个绝大贡献。详论可参阅本文丛之《治术与权谋——〈韩非子〉典正》第五章中的相关内容，厦门大学出版社2013年版。

② 《管子·势》。

③ 中国哲学教研室、北京大学哲学系：《中国哲学史》，商务印书馆1995年版，第79页。

④ 周立升、王德敏：《评〈管子〉书中"静因之道"的认识论》，载《文史哲》1984年第3期。

⑤ 《管子·正世》。

⑥ 《管子·轻重甲》。

⑦ 《管子·宙合》。

⑧ 周立升、王德敏：《评〈管子〉书中"静因之道"的认识论》，载《文史哲》1984年第3期。需要甄别的是，荀子的"制天命而用之"，只表达了"天司其职，人尽其事"的思想而已，绝不可以用"戡天"这一控制自然极强的语词概括之，因为这在荀子看来就是一种妄念。具体详论，可参阅本文丛之《儒宗正源》第二十六章中的相关内容，厦门大学出版社2011年版，第157～169页。

⑨ 《管子·心术上》。

⑩ 《管子·心术上》。

除不洁，神乃留处。"①他们说，"心"如果能保持"虚"，那就不会自满，才能接受外来的事物。相反，"不虚则仵于物"，即如果"心"不保持"虚"，就会与将要接受的事物发生抵触。② 事实上，在《心术》的作者看来，道之特性就是"虚无无形"的，因此，他们认为：

> 天曰虚，地曰静，乃不伐。洁其宫，开其门，去私毋言，神明若存。③

道与天地尚虚、尚静，作为生于天地间依道认识世间万物的人，也应虚、静。这当中有深广的道理：

> 天之道，虚其无形。虚则不屈，无形则无所位迮，无所位迮，故遍流万物而不变。④

天道是虚空而无形的。虚空就不会穷尽，无形就无所抵触，无所抵触，所以能在万物中遍流而不变。由此，"虚者"不仅是"万物之始"，亦认识之始也。在《管子》四篇的作者看来，虽然"虚之与人也无间"，但常人其实不易获得虚境，"唯圣人得虚道，故曰并处而难得"。⑤ 而要得虚境，关键是"无求无设"：

> 无求无设则无虑，无虑则反复虚矣。⑥

这其实是"因"之"应非所设，动非所取"的具体运用。也就是说，只有无求无设才能无虑，而无虑就返回到虚的境地了。而无求、无设、无虑，实际上是与"无藏"相应和守"虚"的另一途，即"去欲"。"去欲"实际就是无求，也就是要人克制喜怒哀乐等情感与欲念，亦即"不怵乎好，不迫乎恶。恶不失其理，欲不过其情"。⑦ 这是因为，"嗜欲充益"，就会"目不见色，耳不闻声"，⑧所以，只有"去欲"，可使心回复到"虚"的状态。"但又不是要求绝对的'无知无欲'，而是'去欲则寡'，不超过一定的'情'和'理'即可。这一思想直接来源于老子的'见素抱朴，少私寡欲'的观点，但又和老子的'绝圣弃智'不同"。⑨ 至此，《心术》的作者总结道：

> "君子之处也若无知"，言至虚也；"其应物也若偶之"，言时适也，若影之象形，响之应声也。故物至则应，过则舍矣。舍矣者，言复所于虚也。⑩

---

① 《管子·心术上》。
② 中国哲学教研室、北京大学哲学系：《中国哲学史》，商务印书馆 1995 年版，第 78 页。
③ 《管子·心术上》。
④ 《管子·心术上》。
⑤ 《管子·心术上》。
⑥ 《管子·心术上》。
⑦ 《管子·心术上》。
⑧ 《管子·心术上》。
⑨ 周立升、王德敏：《评〈管子〉书中"静因之道"的认识论》，载《文史哲》1984 年第 3 期。
⑩ 《管子·心术上》。

郭沫若说："要使得心就像明镜止水一样，物来则生出反映，不增加一分，不减少一分，就像'影之象形，响之应声'，完全泯却主观，采取纯客观的态度——这被称为'静因之道'。"① 实际上，这一段结论性质的论说，已不限于认识论的范畴了。也就是说，已由认识论进而指导人的行止了。在作者看来，君子处世，恍若无知，贵至虚；而应物，则如顺手为之，讲适时，就好像如影随形，如响应声一般。由此，作者提出了为后世儒、道两家大加阐发的八个字的不易之言：

物至则应，过则舍矣。

物来顺应，过则舍矣，此论如清风明月，毫不沾滞。而所谓舍，非弃之不顾，而是应物之后，随它而去，不留痕迹。如此，复返于虚境。质言之，就是"不使这种认识存在于心中去妨碍以后的认识，这就是回到'虚'的意思。后来，荀子讲的'心未尝不臧也，然而有所谓虚'，'不以所已臧害所将受，谓之虚'（《荀子·解蔽》），就是继承和发展了《管子》四篇的这一思想"。②

（三）壹

先说"壹"的含义，有二：一是"正"，即对认识对象——万物而言，要一视同仁，不偏不倚，一律看待，没有偏好，去掉个人的

好恶。二是"专心一意"，即从认识主体本身而言，认识事物要专心集中到一个事物上。实际上，此"正"与专心一意是一枚硬币的正反两面。就"正"而言，唯因"正心在中"，才能"万物得度"。与此相连，则是"心无他图"的专一。同样，就专心一意而言，要"一意搏心，耳目不淫"，必得"四体既正，血气既静"，二者互补，方能达致"虽远若近"③之效。

如前所述，所谓"思之，思之，又重思之。思之而不通，鬼神将通之。非鬼神之力也，精气之极也"。④ 其核心言说的是不停地专一思考，将会如有神助，终会豁然贯通。要达到这一神奇效果的前提则是"能搏乎？能一乎？"，⑤意思是人们能专心么？能一意么？所以，《心术下》云：

专于意，一于心，耳目端，知远之近。

如此，则"执一不失，能君万物"。因为，"简物、小大一道"，即对一切事物都要以"道"作为统一标准，此之谓"执一"或"守一"。进一步，只有执一，方谓"一以无贰，是谓知道"。⑥ 意思是专一而无二意，才叫懂得了"道"。

（四）静

欲静，须先去欲。静者，定也，即《内业》所言的"能正能静，然后能定"。静，以

① 郭沫若：《十批判书》，东方出版社 1996 年版，第 151 页。
② 中国哲学教研室、北京大学哲学系：《中国哲学史》，商务印书馆 1995 年版，第 78 页。
③ 《管子·内业》。
④ 《管子·内业》。
⑤ 《管子·内业》。
⑥ 《管子·白心》。

[明]沈贞《竹炉山房图》

业》)"。① 还有，作为"制窍"的心如果烦乱急躁，感官就会被外物所困扰而"闭其门"，从而"物过而目不见，声至而耳不闻"。② 因此，认识的发生，唯有"静乃自得"，③否则，"躁则失之"。④ 因为中静是心治的必要条件，只有"静"，方能"照乎知万物"，方能"不以物乱官，不以官乱心"，作者把这种因静以得叫作"中得"。

再说静观，这是对认识对象即客观事物而言的。细分其义又有两方面：一是《心术上》所言的"毋先物动，以观其则"。亦即在客观事物出现或到来之前不要轻举妄动，而是静观其则。因为"这是精气运行之道的客观性所要求的。既然事物有其固有的状态和规律，就不应任意地改变它"，⑤而要静观事物本身的法则。二是去欲。《管子》四篇的作者认为，情欲过多是不能保持心"静"的主要原因。因此，要保持"静"必须去掉过多的欲望。⑥ 所以，作者指出：

> 去欲则宣，宣则静矣，静则精。精则独立矣，独则明，明则神矣。⑦

意思是说，如果去掉过多的欲望，则心意自会通达，用戴望的话说，"去欲则虚自行，故通而静"。⑧ 通达则虚静。虚静就可

定为归。静亦有二义：一是安静，二是静观。

先说安静，这是对认识主体——"心"自身而言的。《内业》讲：

> 彼心之情，利安以宁，勿烦勿乱，和乃自成。

此四句用以界说心的安静之义。不难看到，"这是一种与心烦意乱相对立的心境安宁、心气和平的自然状态。这种状态也是'道'所要求的，因为'天之道虚，地之道静'，'内静外敬，能返其性'，所以，'心静气理，道乃可止'，'修心静音，道乃可得'（《内

---

① 周立升、王德敏：《评〈管子〉书中"静因之道"的认识论》，载《文史哲》1984 年第 3 期。
② 《管子·心术上》。
③ 《管子·心术上》。
④ 《管子·内业》。
⑤ 周立升、王德敏：《评〈管子〉书中"静因之道"的认识论》，载《文史哲》1984 年第 3 期。
⑥ 中国哲学教研室、北京大学哲学系：《中国哲学史》，商务印书馆 1995 年版，第 79 页。
⑦ 《管子·心术上》。
⑧ [清]戴望：《管子校正》，《诸子集成》卷六，岳麓书社 1996 年版，第 269 页。

以专一。心意专一则独立于万物之上，独立则明察一切，明察一切就能得到至高的智慧了。

综上，从《心术上》的"缘理而动"中有一"理"字可见，《管子》四篇必定作于第一代圣哲之后，而从荀子将《管子》四篇中比较零散的关于认识的静因之道——"虚"、"壹"、"静"在其后直接连接和阐发为"虚壹而静"来看，[①]应当作于荀子之前，比荀子略早一点。也就是说，《管子》四篇大约作于战国中期，具体时间，在孟、庄之后。而作者，倾向于认为属于稷下黄老学派之作。[②]

综上，从静因之道的具体内容可见：

第一，待物不要先有主观成见。

第二，不要干预事物的发展过程。

第三，要善于利用事物之能。根据静因之道的原则，作者着重论述了以名制形、以静制动、以阴制阳、以虚制实、以心制窍之术。[③]

同时，《管子》四篇在坚持"因"，即名实相符、名实统一的原则之上，指出了认识主体把握认识对象的具体路径和方法，即虚、壹、静，其中的许多细微甄别与小心论证，触及了认识论中核心元素，在人类的认识论史上，闪烁着璀璨与恒久的光芒。

必须指出的是，静因之道不仅是一种

---

① 关于荀子的认识论，可参阅本文丛之《儒宗正源》第三十四章中的相关内容，厦门大学出版社2011年版，第242～244页。

② 关于《管子》四篇的作者和写作时间，学界长期存在争论。就作者而言，1943年，刘节在《管子中所见之宋钘一派学说》中，首次发掘出《管子》中的《心术》（上下）和《白心》、《内业》四篇是宋钘一派的著述，并系统地探讨了"白心"说的内容、体系、渊源和演进途径。此后，郭沫若在《宋钘尹文遗著考》（收入《青铜时代》）中认为此四篇是宋钘、尹文的遗著，还在《十批判书》中指出《心术》、《内业》是宋子书，《白心》属于尹文子"。且在"稷下黄老学派的批判"中对四篇作了简要分析（郭沫若：《十批判书》，东方出版社1996年版，第150～153页）。但郭沫若的这一观点，虽有侯外庐、孙开泰、李学勤、余敦康、李锦全和林之达等学者的赞同，但更多学者不同意此说。比如，李存山在《〈内业〉等四篇的写作时间和作者》（载《管子学刊》1987年创刊号，后收入其专著《中国气论探源与发微》中改为《〈管子·内业〉等四篇写作时间考》）和《再谈〈内业〉等四篇的写作时间——与学友白奚先生商榷》（载《中国哲学史》1999年第2期）中通过详细对比、甄别相关文献后认为："《管子》四篇是从庄子学派内部分裂出去的一部分稷下黄老学者的作品"；在写作时间上，"大体推定它们作于孟子、《易传》、惠施和庄子的思想之后"。就作者而言，这一观点，与冯友兰（《中国哲学史新编》，人民出版社1998年版，第500页）和陈鼓应的观点一致，渐成学界通说。如陈鼓应认为，"无疑它是属于齐国稷下黄老学派之作"，故"仍用《管子》四篇为妥"（《老子与先秦道家各流派》，载陈鼓应：《老庄新论》（修订版），商务印书馆2008年版，第183页）。再如，张连伟在《论〈管子〉四篇的学派归属》（载《管子学刊》2003年第1期）比较全面地梳理、对比分析了"宋钘、尹文说"、"慎到说"何以不成立，结论是这四篇是"稷下黄老学派"之作。而匡钊、张学智亦认为："管子四篇非宋尹遗著，宋钘应归入墨家，而尹文当属黄老学派。"（匡钊、张学智：《〈管子〉"四篇"中的"心论"与"心术"》，载《文史哲》2012年第3期）有少数学者，如朱伯崑（《〈管子〉四篇考》，载《中国哲学史论文集》第一辑，山东人民出版社1979年版）、裘锡圭、蒙文通曾一度认为这四篇是慎到之作的，后来改变了观点。此外，徐立军认为《管子》四篇是道家学派的著作（《〈心术〉等四篇属道家著作》，载《管子学刊》1987年创刊号），吴光、裘锡圭亦持此论；而胡家聪等学者认为，四篇作者为管仲学派（胡家聪：《管子新探》，中国社会科学出版社1995年版，第300页）。

③ 刘泽华：《中国政治思想史集》第一卷《先秦政治思想史》，人民出版社2008年版，第381页。

认识论,更是一项政治原则。也就是说,"静因之道"还是"君主统治之术的根本"。我们必须看到,"《管子》中道家派强调君主要把顺天因人作为自己政治的起点和行动的依据,这种观点是很可贵的。但是作者又一再教导君主要运用规律和必然性,作为驾驭臣民的手段,从而流为权术"。① 这一分析不仅是恰当的,也是深刻和透彻的。

而要驾驭臣民,必得透彻地把握人的本性,因为这是有效统治或有效治理的前提和基础。

---

① 刘泽华:《中国政治思想史集》第一卷《先秦政治思想史》,人民出版社 2008 年版,第 381、383 页。

第七章 哲思论：《管子》趋利避害的人性论

《管子》基于民众"欲利恶害"的本性，将之转化为统治策略时，也就是"彼欲利，我利之，人谓我仁；彼欲知，我知之，人谓我敏。"也就是因势利导，皆大欢喜。但在具体操作时，首先强调的是顺民心、适民意。

虽然，《管子》一书学说庞杂，内容丰富，乃至有不少学者将之归为杂家，但是，如前所述，深研《管子》就不难发现，它以道为理，以法为宗，倾力经济，融会阴阳，兼及儒墨，杂以兵工农医为一体，而其思想归旨，实乃法家。既属法家，则其人性论的大旨，不出法家苑围。换言之，《管子》中虽有不少篇章具有浓厚的道家气息，但这些篇章不足以构成《管子》的主线，表现在人性论方面，没有显豁、明晰的人性论说，也是佐证。而兼容的其他各家，只不过因为《管子》属于论文集的性质，具有十足的包容性而已，更不可能深度论及人性。深度论及人性者，唯齐法家尔。齐法家虽在"趋利避害"这一法家人性论的大旨上与秦晋法家精神相通，然而其中的不同，亦历历可辨，不宜混同而论。

一、主干与阐释：《管子》人性论的主要内容

作为治道的基础，鲜明论述人性的文字，在《管子》中多属齐法家一派。齐法家论述人性，大旨与秦晋法家论说人性的最高点相同，即人性的核心，不外四个字：**趋利避害**。不同的是，齐法家在论说时更多地用了**"欲利恶害"**。而立基于这四字之上的种种治道方略，无非是用"害"来约束人们，用"利"来牵引人们。只有这样的统治者，才被齐法家认为是善治国者，因为他善于利用人的这种趋利避害的本性加以导束，从而使财富增加而过错减少。这就是《管子·禁藏》中所说的："善者圈之以害，牵之以利。能利害者，财多而过寡矣。"由此，对人之趋利，引出一段富有诗意的名论：

夫凡人之情，见利莫能勿就，见害莫能勿避。其商人通贾，倍道兼行，夜以续日，千里而不远者，利在前也。渔人之入海，海深万仞，就彼逆流，乘危百里，宿夜不出者，利在水也。故利之所在，虽千仞之山，无所不上；深源之下，无所不入焉。[1]

---

[1] 《管子·禁藏》。

意思是大凡人之常情，见利没有不趋就的，见害没有不躲避的。商人做买卖，常常一天赶两天的路程，夜以继日，千里迢迢而不以为远，是因为利在前面。渔人下海，海深万仞，在那里随波逐流，逆流而进，冒险出航百里，昼夜都不出来，是因为利在水中。所以，利之所在，即使千仞的高山，没有不能上去的；即使万丈的深渊，也没有不能下去的。这就把人的趋利本性，作了形象而透彻的表达。

而对人的趋利本性表达最赅简的，则是《管子》中的八个字：

> 百姓无宝，以利为首。①

这八个字，是法家对一般民众以利为中心的基本定位。其实，这八个字后面还有四个字："一上一下，唯利所处"，意即上下奔波，唯利所趋。

需要指出的是，前一段论说的前提或者要表达的核心观点是"见利莫能勿就，见害莫能勿避"，而从其后的论证中只有"趋利"而无"避害"中可以看出，人们对于"利"的趋就，是积极的、自觉的，因之是显性的。而对于"害"的躲避，则是消极的、被动的，因之是潜隐的。中国民间有"人为财死，鸟为食亡"的俗语，恰恰在不经意间说透了人（甚至鸟）之本性中趋利愿望的强烈，乃至不知避祸。而其中的财与食，因了生命本体求生的强烈欲望，变得近乎不顾一切。所以，虽言"趋利避害"，但就"利、害"两端而论，逐利优先，避害潜随。唯因如此，作者接着认为：

> 故善者势利之在，而民自美安，不推而往，不引而来，不烦不扰，而民自富。如鸟之覆卵，无形无声，而唯见其成。②

其意是，所以善于治国者，掌握利源之所在，人民自然安居乐业，无须推动，他们也会前往；无须引导，他们也会跟来。如此，既不烦民又不扰民，而人民自富。这就像鸟儿孵卵，不见其形，不闻其声，小鸟就破壳而出了。

黄幻吾《壁立千仞》

在作者看来，由于人的趋利的本性使然，只要统治者掌握"利源"，人民就会"不推而往，不引而来"。这一结论的得出，当是一种长期观察人本身，以及考察社会中人的实际后总结出的一种经验事实。因此，法家一改儒家以善恶为标准来论说人性的伦理方法，而以经验事实和社会现象为基底归纳出的人性之理，不仅跳出了伦理层面的窠臼，而且由此建基的治世学说，

---

① 《管子·侈靡》。
② 《管子·禁藏》。

切事情，富功效，为"迂远而阔于事情"的儒家学说所不及。与此论说相近，下面也是以"利"为中心展开论说的：

> 民，利之则来，害之则去。民之从利也，如水之走下，于四方无择也。故欲来民者，先起其利，虽不召而民自至。设其所恶，虽召之而民不来也。①

民众的归附与背离，关窍在利、害。民众追逐利益，就像水流向低处，不管东西南北。所以要让民众归附，必"先起其利"，如此，则民众不招自来。但是，这种"利"，绝非一人独占，必与天下同利，方能长久：

> 凡人者，莫不欲利而恶害。是故与天下同利者，天下持之；擅天下之利者，天下谋之。天下所谋，虽立必隳；天下所持，虽高不危。②

既然人的本性没有不欲利恶害的，那么，与天下人同利的，天下人就拥护他；独占天下利益的，天下人就图谋他。天下人所图谋的，地位虽然一时得立，必遭倾覆；天下人所拥护的，地位虽然尊高，也没有危险。

这种"与天下同利"，反对"擅天下之利"的观点，已然暗含不朽的民生光芒，而将是否"同利"与统治者的统治地位是否稳固连接起来立论，更是卓论。所以，"天下所谋，虽立必隳；天下所持，虽高不

---

① 《管子·形势解》。
② 《管子·版法解》。
③ 《管子·形势解》。
④ 《管子·明法解》。

危"，这 16 个镂之历史金石的大字，是古代先哲用黄金梦想打造的为政理念，它在穿越两千多年的时空中熠熠生辉，历久弥新！

在"利"之外，需要追问的是民众"恶"什么呢？《管子》曰：

> 民之情，莫不欲生而恶死，莫不欲利而恶害。③

民众莫不"欲生恶死，欲利恶害"，这八个字，关涉人唯此为大的生死，更及常态的利害，说透了民之所欲——欲生、欲利；亦说透了民之所恶——恶死、恶害。事实上，"欲生而恶死"是人之共性，非一般民众独然，作为人臣，亦复如此：

> 人臣之所以畏恐而谨事主者，以欲生而恶死也。使人不欲生，不恶死，则不可得而制也。④

因此，这是人主控制臣下的关窍。假设人不怕死，实际上就无法控制了。正因如此，生杀的权柄应由人主专控而不能旁落，即不能由大臣掌控。此所谓"夫生杀之柄，专在大臣，而主不危者，未尝有也"。对一般百姓而言，又怎样转化为治道之策呢？作者云：

> 故上令于生、利人，则令行；禁于杀、害

人，则禁止。①

这是说，君主的命令有利于促进百姓的生存和对百姓有利，就能推行；君主的禁令有利于防止百姓的死亡和禁止害人，就能实现。也就是这段论说的前置语所言的："人主之所以令则行、禁则止者，必令于民之所好，而禁于民之所恶也。"由此，作者提出了一项著名原则——民乐其政，令乃行：

令之所以行者，必民乐其政也，而令乃行。②

民乐其政，令乃行，这一闪烁着真理光芒的论断，内中表达的是真正的贯彻执行，必以"民乐其政"为前提。此令得行，乃是行之有效的行，而不是阳奉阴违的行，或者浮于表面的行。事实上，这一论断，已经为无数历史事实确证，已无须举证。

就一般意义和关涉大局的利、害而言，共通的一点则是以安定为利，以动乱为害：

夫利莫大于治，害莫大于乱。③

国家之利，没有比安定更大的；国家之害，没有比动乱更严重的。

需要插叙的是与以上齐法家截然不同的稷下黄老学派的观点：

人之可杀，以其恶死也；其可不利，以其好利也。是以君子不休乎好，不迫乎恶，恬愉无为，去智与故。④

显然，即使是稷下黄老学派，亦承认人的天性是恶死好利，所不同者，稷下黄老道家没有像法家一样，由此导向利用民之本性来令行禁止，而是导向道家心目中的君子不为其所好而诱惑，不被其所恶而胁迫，安愉无为，抛弃智巧。因为在《心术》的作者看来，"人迫于恶，则失其所好；怵于好，则忘其所恶。非道也。故曰：'不怵乎好，不迫乎恶。'恶不失其理，欲不过其情，故曰：'君子'"。可见，即使对人性有相同的看法，其行为导向和目的也可大为不同，甚至截然相反。

但诉诸生死，毕竟不是常态，除了利害，民之常性尚有忧、乐为人所恶、所欲：

凡人之情，得所欲则乐，逢所恶则忧，此贵贱之所同有也。近之不能勿欲，远之不能勿忘，人情皆然。⑤

这是说，人之常情，得到了所需的东西就快乐，遇到了厌恶的事情就忧愁，这是不论地位高低的人都共有的天性。对接近的东西不能不追求，对远离的东西不能不遗忘，人情也莫不如此。

这段揭橥人性的文字，因引入**忧乐**而别开风光。人生在世不称意者十有八九，

① 《管子·形势解》。
② 《管子·形势解》。
③ 《管子·正世》。
④ 《管子·心术上》。
⑤ 《管子·禁藏》。

诗意地表达一下就是快乐像小鸟在啁啾，而痛苦则如大海的波涛汹涌。所以，人之求乐，似乎天经地义。所以，快乐是西哲的一个重要的哲学命题。赫拉克利特不仅关注人的快乐，而且认为人的幸福不是所谓肉体的快乐，由此超越了感观层面。德谟克利特则直接指出："人生的目的在于灵魂的愉快，这与快乐完全不同，人们由于误解把二者混同了。在这种愉快中，灵魂平静地、安泰地生活着，不为任何恐惧、迷信或其他情感所苦恼。"此后，伊壁鸠鲁则进一步真确地表述了他的"快乐原则"："我们所说的快乐指的是身体的无痛苦和心灵的无纷扰。"①可见，大哲们所言的快乐，是触及灵魂的追求。而这段的可贵在于，"得所欲则乐"，很经典地印证了叔本华在论说一个**没有精神需求**的菲利斯丁人时的一条原则："没有真正的需求也就没有真正的快乐。"②

伊壁鸠鲁

除了忧乐，对于人主，显然超越了一般民众的利、害，因此，他们所欲求的实不同于民众：

> 贵富尊显，民归乐之，人主莫不欲也。③

地位尊显，财产富足，人民乐于归附，这是所有人主所欲求欲得的。但问题是要求人民乐于归附，"必服道德而勿厌也，而民怀乐之"。即必须奉行德政并持之以恒，这样人民就乐于归附。要人民乐于归附，核心"说在爱施"，在适民。有此一语，立见齐法家兼容儒家道德深意，与三晋法家韩非一任法治（实为治法，在这一点上又是相同的）有绝大的不同。

对于一般民众而言，所欲之利与所避之害其实是很基本的，也是非常具体和日常的：

> 凡民之所以守战至死而不德其上者，有数以至焉。曰：大者，亲戚坟墓之所在也，田宅富厚足居也。不然，则州县乡党与宗族足怀乐也。不然，则上之教训、习俗，慈爱之于民也厚，无所往而得之。不然，则山林泽谷之利足生也。不然，则地形险阻，易守而难攻也。不然，则罚严而可畏也。不然，则赏明而足劝也。不然，则有深怨于敌人也。不然，则有厚功干上也。此民之所以守战至死而不德其上者也。④

这几乎是《九变》篇的所有文字。论说人民之所以守战至死而不对君主自居有

---

① 以上引文和阐释，请参阅本文丛之《文明的源起——以"双宇宙"为主线》，厦门大学出版社2011年版，第113,227～228,229页。

② ［德］叔本华：《人生的智慧》，韦启昌译，上海人民出版社2005年版，第38页。

③ 《管子·形势解》。

④ 《管子·九变》。

功,是因为人之情变有九,亦即再次证明了因为种种利、害在其中而有必然原因。这些人情之变,最大的原因是因为父母的坟墓在这个地方,而且田地住宅富足足以使人们安居乐业。如不是这个原因,那就是州县乡党与宗族的情谊足以让人感怀亲慕;或者就是君主对百姓的教化训导、遵从习俗、仁慈爱民方面十分深厚,无处可寻;或者就是此地的山林泽谷的财利足以使人维持生计;或者就是此地的地形险要,易守难攻;或者就是刑罚严厉而令人畏惧;或者就是赏赐分明足以劝民;或者就是对敌人有深仇大恨;或者就是对君主有重大功劳。凡此九种人情之变,就是人民为什么能守战至死而不对君主自居有功的缘故。

虽然,这段文字下接"今恃不信之人,而求以智;用不守之民,而欲以固;将不战之卒,而幸以胜,此兵之三暗也"。亦即通过对人情九变的分析,旨在说明用兵"三暗"。但就人情"九变"的具体阐述本身而言,可谓曲致悉备,涉及人生的方方面面。从亲戚坟墓、田宅富厚、州县乡党、教训习俗到山林泽谷、地形险阻、赏罚恩怨,历历分明,一幅农耕社会布景上的人情世态。

需要指出的是,《管子》基于民众"欲利恶害"的本性,将之转化为统治策略时,也就是"彼欲利,我利之,人谓我仁;彼欲知,我知之,人谓我敏"。[①] 也就是因势利导,皆大欢喜。但在具体操作时,首先强调的是顺民心、适民意:

> 民恶忧劳,我佚乐之;民恶贫贱,我富贵之;民恶危坠,我存安之;民恶灭绝,我生育之。能佚乐之,则民为之忧劳;能富贵之,则民为之贫贱;能存安之,则民为之危坠;能生育之,则民为之灭绝。[②]

意思是,民众厌恶劳苦忧患,我就使他们安逸快乐;民众厌恶贫贱,我就使他们富贵;民众厌恶危难,我就使他们安定;民众厌恶灭种绝后,我就使他们繁衍生息。因为我能使民众安逸快乐,他们就可以为我承担忧劳;我能使民众富贵,他们就可以为我忍受贫贱;我能使民众安定,他们就可以为我承担危难;我能使民众繁衍生息,他们也就不惜为我而牺牲了。

这段论说,不仅在更广层面上触及了人性之中好逸乐,恶忧劳;好富贵,恶贫贱;好安存,恶危坠;好繁衍,恶灭绝等自然本性,尤其点出了顺民性以使民众归附图报的观点,相较之于韩非子对趋利避害的民性是一种赤裸裸的利用不同,内中多了几分尊重。事实上,这也与荀卿将好逸恶劳看作是人性之恶不同。《管子·牧民》篇更多地秉持了一种"客观叙事"的立场,认为人性无所谓善恶,是天性使然,因之要加以顺应,也就是"从其四欲"的"四顺"。这种顺应,作者有名论:

> 政之所兴,在顺民心;政之所废,在逆民心。[③]

---

① 《管子·枢言》。
② 《管子·牧民》。
③ 《管子·牧民》。

此论直接将民心的向背作为为政兴废的标准与端口,在中国政治思想史上,闪烁着耀眼的光芒。无论这种观点是不是"民心成败论"的滥觞,都不失其独卓的品质。管子把这种"从其四欲"亦即顺民心的为政方略,称为"予之为取"之道:

> 故知予之为取者,政之宝也。①

所谓"予之为取",就是看似给予[民众],实乃夺取[民利]于无形。质言之,"予之为取"之道,不仅是贯通《管子》中的一条主线,更是《管子》"轻重"论的一项基本原则。② 那么,其内核又是什么呢?《管子》讲:

> 夫民者亲信而死利,海内皆然。民予则喜,夺则怒,民情皆然。先王知其然,故见予之形,不见夺之理。故民爱可洽于上也。③

既然民众总是信任亲己的人而舍命追逐财利,四海之内皆然。民众又总是给他好处则喜,夺之则怒,这也是人之常情。《管子》以此出发,发明了"故见予之形,不见夺之理"的赋税论,其实质是以利牟引民意,夺民利于无形,此即"予之为取"为政之道在"轻重"中的具体运用。由此,"民爱可洽于上也"。"洽于上",乃听上,故"政可善为":

> 夫民必得其所欲,然后听上;听上,然后政可善为也。④

这是说人民所需必须得到满足,然后才能够听从上面的政令;听从上面的政令,然后政事才能办好。在《管子》中,这种使民"必得其所欲"之论,绝非空议,它是非常务实和具体的"六兴"之论:

> 所谓六兴者何?曰:辟田畴,利坛宅,修树艺,劝士民,勉稼穑,修墙屋,此谓厚其生;发伏利,输墆积,修道途,便关市,慎将宿,此谓输之以财;导水潦,利陂沟,决潘渚,溃泥滞,通郁闭,慎津梁,此谓遗之以利;薄征敛,轻征赋,弛刑罚,赦罪戾,宥小过,此谓宽其政;养长老,慈幼孤,恤鳏寡,问疾病,吊祸丧,此谓匡其急;衣冻寒,食饥渴,匡贫窭,振罢露,资乏绝,此谓振其穷。凡此六者,德之兴也。⑤

这"六兴",大到德政之兴,小到民间细故,举凡田畴、坛宅、树艺、稼穑、墙屋、道途、关市、水利、津梁、税赋、刑罚、长老、幼孤、鳏寡、疾病、祸丧、衣食、饥渴、贫窭等,无所不包,其细致周密的程度,令人感叹。这样绵密的文字,辅以三字成句,在先秦治道论中,亦不多见,堪称美文。

也就是说,顺民心,从其欲,德政之兴,必至绵密深致的"六兴",而不能以空言、大

---

① 《管子·牧民》。
② 对"予之为取"之道的深入阐发,尚需参见本书其他章节中的具体论述,为避免重复,此处不作详论。
③ 《管子·国蓄》。
④ 《管子·五辅》。
⑤ 《管子·五辅》。

言、假言糊弄民众,而应以最低的生活限度为之:

> 饮食者也,佟乐者也,民之所愿也。足其所欲,赡其所愿,则能用之耳。今使衣皮而冠角,食野草,饮野水,孰能用之?①

意思是,饮食是百姓的欲求,佟乐是他们的愿望,满足他们的欲求和愿望,就可以使用他们。假使只让他们身披兽皮,头戴兽角,吃野草,喝生水,怎么能够使用他们呢?所以,治道之基,在乎与民同利。这种将高高在上的统治根基于民众深广生活欲求基础中的理念,可一言以蔽之:

> 高安在乎同利。②

意即巩固尊高地位,在于与民同利。这是多么赅简而透彻的表达!此论若依韩非的视角看,"君臣(尚且)利异",与民能否同利,本身是一个值得质疑的大问题,而以此以求高安,可能性就更值得怀疑。

需要指出的是,在肯认民众"欲利恶害"之性的前提下,与上述顺民心、适民意以"使民"不同的另一路径,则是"反民性"而用之:

> 为国者,反民性,然后可以与民戚。民欲佚而教以劳,民欲生而教以死。劳教定而国富,死教定而威行。③

在《佟靡》篇的作者看来,要治理国家,要敢于违反人民的习性进行教化,然后才可以与民相亲。人民图安逸,就要教育他们勤劳;人民贪生怕死,就要教育他们献身。只有勤劳的教育成功了,国家才可富裕;献身的教育深入人心,国家才可扬威。也就是说,国富威行恰恰不是顺民心、从民欲,而要反民性。何以如此,因为"顺其性欲,必败亡。若能反之,然后有成"。④ 实际上,这种"反民性"而治之的思想,不唯《佟靡》篇的作者所独有,齐法家基于法禁之需,亦有相近之论:

> 圣王之治民也,进则使无由得其所利,退则使无由避其所害,必使反乎安其位,乐其群,务其职,荣其名,而后止矣。故逾其官而离其群者,必使有害;不能其事而失其职者,必使有耻。⑤

意思是圣王治民,对向上爬的要使他无法得利,对向后退以推卸责任的要使他无法逃避惩罚。必须使人们回到安其职位,乐其同人,尽其职守,珍惜其名方可。所以,对于超越职权而脱离同僚的人,应当使之受害;对于不胜任而失职的人,必须使之受辱。这一论说,实际上是"昔者圣王之

---

① 《管子·佟靡》。
② 《管子·版法》。
③ 《管子·佟靡》。
④ [清]戴望:《管子校正》,《诸子集成》卷六,岳麓书社1996年版,第244页。
⑤ 《管子·法禁》。

治其民也不然，废上之法制者，必负以耻"①的延伸表达。那么，"反民性"的原理又何在呢？

> 天道之数，至则反，盛则衰；人心之变，有余则骄，骄则缓怠。②

这种将天道人心对比而论的方式，是中国古代思维与论说的常则。正因为人心有余则骄，骄则缓怠，因此，"民欲佚而教以劳，民欲生而教以死"就成为治民之一途。此途与"是以明君顺人心，安情性，而发于众心之所聚。是以令出而不稽，刑设而不用"，③有根本的不同，其极致是：

> 夫至用民者，杀之，危之，劳之，苦之，饥之，渴之，用民者将致之此极也，而民毋可与虑害己者，明王在上，道法行于国，民皆舍所好而行所恶。④

如果说，顺人心，安情性，是为了令出而不稽，刑设而不用，那么，反民性而用民的极致，则可用杀戮、危害、劳役、苦工、饥渴等方法。在齐法家看来，用民者可以用这种极端的手段，而民众并不以为害己的，是因为明王在上，道和法通行全国，百姓都舍弃一己的私欲而做不爱干的公务。

此论一出，立见法家峭利的刀锋。论中虽有"道"相伴而行，但内中透出的森冷、决绝，乃至冷酷无情，已悄然向韩非子的严刑重罚主张滑行。齐法家之所以要"反民

性"而用民，其中有一语说透了内中的秘密：

> 计上之所以爱民者，为用之爱之也。⑤

此论虽然刺耳，倒也诚实，甚至可以说是一种犀利，因为它道出了统治者之所以爱民，乃是为了使用他们而爱的。这与孟子基于人心有向善之端而力主的仁政，不仅有预设上的根本分野，更有结果上的天壤之别。

二、派生与相异：《管子》人性论的辐射与晋法家的不同

（一）《管子》人性论的派生与辐射

由于《管子》非一人一时之作，有关人性论的论说也比较繁芜。事实上，除了上述《管子》所见的人性论说外，比较多的是基于人性的派生论。比如，下论即是：

> 仓廪实则知礼节，衣食足则知荣辱。⑥

此论被视为管仲的经典名言，实乃人性论派生的第二义。因为礼节与荣辱，虽非人性的直接外显，但绝对是深藏于人性之中的对于人与人交往，以及获得社会肯认的一种派生需求，它是人性论的一种辐

---

① 《管子·法禁》。
② 《管子·重令》。
③ 《管子·君臣上》。
④ 《管子·法法》。
⑤ 《管子·法法》。
⑥ 《管子·牧民》。

射。由此可见,"在伦理观点上,《管子》认为社会伦理标准是否有实践意义,要依据人民的物质生活条件以为断。……即在一定的物质生活条件下伦理标准才能发生作用。"①事实上,基于人性的事例,在《管子》中随处可见:

> 夫楚王好小腰而美人省食,吴王好剑而国士轻死。死与不食者,天下之所共恶也,然而为之者何也?从主之所欲也。②

楚王爱细腰美女,由此就有美女节食,以至于"宫中多饿死";而吴王好剑,因此国中就有轻死之士。有饭不吃,乃至活活饿死,以至不重生而轻死,表面这是违背人性的,或者是天下人所共同厌恶的,可是为什么就有人愿意这样做呢?因为这是投君主所好。如果说,楚王好细腰与吴王好剑属于特例,而这两则的前述事例,则更具普遍性:

> 主好本,则民好垦草莱;主好货,则人贾市;主好宫室,则工匠巧;主好文采,则女工靡。③

君主重农业,人民就开垦荒地;君主好财货,人们多去经商;君主好宫室,工匠就精巧;君主好华丽的色彩,女工就讲求靡丽。这种投其所好,更具大众性质。需要指出的是,投君主所好,就特例而言,乃至

于有向死而生的决心与行为,绝非一般意义上的从众心理使然。楚王好细腰这一典型事件的背后,透露出了人性更深的欲求,亦即为了得宠,以便在险恶的宫闱斗争中胜出,或者为了自保。这实际也是一种无奈的选择:与其失宠被弃幽怨而死,不如节食细腰赢得宠爱,虽死犹荣。这种扭曲与非常态行为的背后,隐而不显的依然是人性,一种权衡之下的利己选择,只不过它以看似违背人性的方式展现了而已。由此,我们为之惊叹的是,根植于人性深处的行为何其超常,反过来无可辩驳地证明了人性何其强大。推而广之,只有立基于人性深处的制度,才具有不可撼动的根基。在不被扭曲的情形下,才具有一般意义上的合理性,乃至正当性。

再如,以人性派生的事例进行论说者,在《管子》中还有下例:

> 事之先易者,人轻行之。人轻行之,则必困难成之事。始不足见者,人轻弃之。人轻弃之,则必失不可及之功。④

的确,"事之先易者,人轻行之",而"始不足见者,人轻弃之",也是人性常态。作者据此认为,由于行事开头感到容易的,人们就轻率对待它。轻率对待,就必为难成之事所困;同样,对结果开始预见不足的,人们往往轻易放弃它。轻易放弃,就一定无法创设不世之功。

①　胡寄窗:《中国经济思想史》(上),上海财经大学出版社 1998 年版,第 291 页。
②　《管子·七臣七主》。
③　《管子·七臣七主》。
④　《管子·版法解》。

欧阳修

还有，以人性派生的论说，进而成为民众认可的"一般知识"的事例，在《管子》中亦不少见：

> 人情不二，故民情可得而御也。审其所好恶，则其长短可知也；观其交游，则其贤不肖可察也。二者不失，则民能可得而官也。①

由于人的本性没有什么两样，"故民情可得而御也"，这是法家以刑赏牵导人们趋利避害的根由与立论的原理。基此，在一般意义上，推导出"审其所好恶，则其长短可知也；观其交游，则其贤不肖可察也"这一近乎生活经验法则的结论来。与这种察人、知人之法相近，代有名论。比如孔子说，"无友不如己者"，②内中强调的是"与不如己者为友，无益有损"。由此，钱穆进一步的解读是："人若各求胜己者为友，则胜于我者亦将不与我为友，是不然。师友

皆所以辅仁进德，故择友如择师，必择其胜我者。能具此心，自知见贤思齐，择善固执，虚己向学，谦恭自守，贤者亦必乐与我友矣。"③唐宋八大家之一的欧阳修则言，"君子与君子以同道为朋，小人与小人以同利为朋"，亦是名论。再如，周恩来青年时代撰有一副很有名的自勉联："与有肝胆人共事，从无字句处读书"，亦有孔子交友所秉持的况味。事实上，中国的老百姓已将"人以类聚，物以群分"作为一种生活常识。也就是说，察其交友品味，识其为人高低。

此外，从人性派生的治道论，亦有不少，仅举一例，比如：

> 罚严令行，则百吏皆恐；罚不严，令不行，则百吏皆喜。④

意思是刑罚严明，法令施行，则百官恐惧谨慎；刑罚不严、法令不行，则百官疏怠马虎。这也是从人性避害本能衍生而来的，罚严则畏法，畏法则恐，否则就是流于荒嬉。

（二）齐法家与晋法家的不同

萧公权指出："管子则已先倡战国任法之仪，而犹未脱封建宗法之影响。丁是糅杂人治法治，几成自相抵牾之论。"⑤萧公权虽是从儒、法不同立论，但实际上已触及齐法家"犹未脱封建宗法之影响"，以及"糅

① 《管子·权修》。
② 《论语·学而》。
③ 钱穆：《论语新解》，生活·读书·新知三联书店 2005 年版，第 12 页。
④ 《管子·重令》。
⑤ 萧公权：《中国政治思想史》，辽宁教育出版社 1998 年版，第 182 页。此处的"封建"，当时"封诸侯，见藩卫"之义。

杂人治法治"的事实。也就是说,齐法家虽倡治法,但尚留德、智、礼、义等教化治具,至晋法家韩非,则全然脱去了这些遗痕而一任治法。

(1)《管子》认为,礼义廉耻,国之四维。尤其认为"刑罚不足以畏其意,杀戮不足以服其心"。① 因此,表现在人性论上,与韩非之论大相径庭:

凡民者,莫不恶罚而畏罪。是以人君严教以示之,明刑罚以致之。②

法家共同承认民性恶罚畏罪,但从这一基点出发后,采取的治民方式大大不同:齐法家虽有"明刑罚以致之"之论,但首先考虑,或者并论的则是"人君严教以示之"。而韩非则断然认为:"凡治天下,必因人情。人情者,有好恶,故赏罚可用;赏罚可用,则禁令可立而治道具矣。"③根本不承认人君的"严教以示之"。

(2)《管子》将"爱施俱行"视为一种治世方略,乃至认为"爱施"是一种君德:

凡众者,爱之则亲,利之则至。是故明君设利以致之,明爱以亲之。徒利而不爱,则众至而不亲;徒爱而不利,则众亲而不至。爱施俱行,则说君臣、说朋友、说兄弟、说父子。爱施所设,四固不能守。故曰:

"说在爱施。"④

《管子》明言:"凡君所以有众者,爱施之德也。"不能"徒利而不爱",也不能"徒爱而不利",只有"爱施俱行"和"明君兼爱以亲之,明教顺以道之",⑤即明君要广施仁爱使民众亲附,宣明教训来引导他们,如此才能使君臣喜悦,朋友喜悦,兄弟喜悦,父子喜悦,因而四守得固。而韩非则根本不信爱施,认为:"行义示,则主威分;慈仁听,则法制毁。"⑥由此,齐法家与晋法家在治法上分途:前者爱施俱行,后者一任于治法。

其实,齐法家虽然意欲"爱施俱行"以为治,但也非常清楚地看到了爱施俱行中的"爱"的实质是什么:

明主之治也,县爵禄以劝其民,民有利于上,故主有以使之;立刑罚以威其下,下有畏于上,故主有以牧之。故无爵禄则主无以劝民,无刑罚则主无以威众。故人臣之行理奉命者,非以爱主也,且以就利而避害也;百官之奉法无奸者,非以爱主也,欲以爱爵禄而避罚也。⑦

悬爵禄以劝民,立刑罚以威众,其机理依旧是臣民"就利而避害",而关窍与本质则是"非以爱主也"。对非以爱主这一点,

① 《管子·牧民》。
② 《管子·版法解》。
③ 《韩非子·八经》。
④ 《管子·版法解》。
⑤ 《管子·版法解》。
⑥ 《韩非子·八经》。
⑦ 《管子·明法解》。

韩非不仅心领神会，而且对此作了大量的论证与阐释，直揭真相，因之犀利，因之而成经典。①

（3）齐法家还相信爱、智、礼、义之于治世的作用：

厚爱利足以亲之，明智礼足以教之。②

事实上，下文还有"上身服以先之，审度量以闲之，乡置师以说道之"。申说的还是"欲民之有礼"，"欲民之有义"，"欲民之有廉"，以及"欲民之有耻"，认为"民之修小礼、行小义、饰小廉、谨小耻、禁微邪，治之本也"。③ 由此可见，管仲走的是一条**杂糅综治**的道路。而韩非认为："明主之道，一法而不求智，固术而不慕信。"④压根儿不求智，更不慕信，不仅认为："行仁义者非所誉，誉之则害功；工文学者非所用，用之则乱法。"此之谓"儒以文乱法"。⑤ 而且认为："举士而求贤智，为政而期适民，皆乱之端，未可与为治也。"⑥因此，韩非直言道："故明主举实事，去无用，不道仁义者故，不听学者之言。"⑦可见，韩非走的是一条任法、固术，弃仁义，进而"持势"以尊君之道。⑧ 与齐法家的旨趣大为不同。

（4）基于避害的人之本性，齐法家明确提出"设厚赏，非侈也；立重禁，非戾也"的主张，理由是：

赏薄则民不利，禁轻则邪人不畏。设人之所不利，欲以使，则民不尽力；立人之所不畏，欲以禁，则邪人不止。……民者，服于威杀然后从，见利然后用，被治然后正，得所安然后静者也。⑨

意思是，赏薄则人们不以为利，禁轻则恶人无所恐惧。设立人们不以为利的轻赏，想要役使人们做事，则人们不肯尽力；规定人们不以为惧的轻禁，想要禁止人们作恶，则恶人不会罢手。……人民，畏于刑杀然后才能服从，得到好处然后才能听用，被治理然后才能端正行为，安居乐业然后才平静无事。相较之下，齐法家的厚赏、重禁与后来韩非子的厚赏、重罚还是有程度上的不同：前者的厚赏，要"赏必足以使"，这与韩非子继承了商鞅的赏少罚多是不同的；而前者的重禁，虽也"威必足以胜"，但与韩非子的"重罚"乃至"重刑"背景下的"罚严而必"也是不同的。

概言之，由齐法家的"重禁"发展到晋

---

① 详论可参阅本文丛之《治术与权谋——〈韩非子〉典正》第六章"好利自为：韩非子的人性论"中的相关内容，厦门大学出版社 2013 年版。

② 《管子·权修》。

③ 《管子·权修》。

④ 《韩非子·五蠹》。

⑤ 《韩非子·五蠹》。

⑥ 《韩非子·显学》。

⑦ 《韩非子·显学》。

⑧ 详论可参阅本文丛之《治术与权谋——〈韩非子〉典正》第十二章"归法于道：韩非子的法论"（上）中的相关内容，厦门大学出版社 2013 年版。

⑨ 《管子·正世》。

法家韩非子的"重刑",反映了法家理论由相对平和、中正到偏酷、极端的大致路向,这一路向也是一个为世所用到为世所弃的发展历程。

(5)齐法家基于人之趋利避害的本性,其史论认为,如果对社会人不加任何规制,必然会因争利导致"以力相征":

> 古者未有君臣上下之别,未有夫妇妃匹之合,兽处群居,以力相征。于是智者诈愚,强者凌弱,老幼孤独不得其所。故智者假众力以禁强虐,而暴人止。为民兴利除害,正民之德,而民师之。是故道术德行,出于贤人。[①]

就史观本身而言,齐法家基于人性的分析,认为以力相征只能导致社会无序,也就是一个尔虞我诈,以强凌弱,老幼孤寡不得其所的社会。基此,齐法家提出了智者"假众力以禁强虐",[②]因之相信"为民兴利除害"的贤人治国论。而韩非子基于趋利避害的人性,以及时移世易的史观,充分反驳了"贤治论",提出"贤治不如势治"的主张。但是,韩非子在克服"必待贤"这一贤人治国论弊端的同时,也深深滑向了**持势以尊君**这一专制论的泥沼。[③]

以上二者的人性论虽有种种不同,但二者相同的是,他们都是基于趋利避害的人性,构筑了他们各自的治法论。

---

① 《管子·君臣下》。

② 这与主权在民,以此"创建一种能以全部共同的力量来维护和保障每个结合者的人身和财产的结合形式,使每一个人在这种结合形式下与全体相联合的人所服从的只不过是他本人,而且同以往一样的自由"的"社会契约"是根本不同的。参见卢梭:《社会契约论》,李平沤译,商务印书馆2011年版,第18~19页。

③ 详论可参阅本文丛之《治术与权谋——〈韩非子〉典正》第九章"威权独专:韩非子的势论"中的相关内容,厦门大学出版社2013年版。

第八章 治法论：《管子》所见法的内涵与作用

《管子》首次提出了"以法治国"，因此在中国法律思想史上十分显豁。它极其赅简地将法家的治国主张以标签式的言说，作了最贴近中国人识记的浓缩表达。但这四个字的前置语为"威不两错，政不二门"，言说的是威势应为人主独专，而保证威势独专的源头，乃是政令独出于人君。由此看来，此处的"以法治国"，仅仅将"法"视为一种"治国"的工具。一如后语，仅仅是"举措而已"。

法在传统中国，是一民之轨，臣守之规，治国之术，因而是为政之具，故政法天然内联。由此，先秦法家所谓的法治，实为治法而已，《管子》也不例外。《管子》治法论的理论基础有二：一是它的人性论，二是它的道论。

一、《管子》中的"法"是什么

东方文化特质背景下的农耕文明造就的中国古代思维方式，是一个与起源于古希腊的西方文化特质迥异的思维方式。就一个事物的定义而言，前者是形象的、模糊的、描述的，乃至于是解说的，而后者则是抽象的、精准的、分析的，所以它是逻辑的。前者通常的思维方式，表述为"法是什么？"比如，法是"规矩"等；而后者的思维方式，通常表述为"什么是法？"，比如，霍贝尔在"什么是法"的专章里首先认为"是无法给法律下一个确切的定义的"。他通过层层分析，认为"特殊的强力，官吏的权力和规律性是构成法律的因素"，"在这个基础上，为了工作的目的，法律可以定义如下：这样的社会规范就是法律，即如果对它置之不理或违反时，照例就会受到拥有社会承认的、可以这样行为的特权人物或集团，以运用物质力量相威胁或事实上加以运用"。①与此相应，"什么是法"在罗科斯·庞德那里，也是一个专题问题。庞德认为，可以用社会控制的观念来统一三种意义上的"法"："（1）法学家们现在所称的法律秩序——通过有系统地、有秩序地使用政治组织社会的强力来调整关系和安排行为的制度。（2）一批据以作出司法或行政决定的权威性资料、根据或指示，这也就是当我们讲到印第安纳州的法律、比较法、财产法或契约法时所理解的东西。（3）卡多佐法

① ［美］E.霍贝尔：《原始人的法》，严存生等译，贵州人民出版社1992年版，第25页。

官中肯地所称的司法过程,而今天我们还必须加上行政过程——为了维护法律秩序依照权威性的指示以决定各种案件和争端的过程。"① 与这两种通过分析加列举的方式界说"什么是法"不同,功利主义哲学家边沁认为:"法律在未定义的情况下,是个抽象的集体名词,若有所含义,只能是指一项一项法律聚集起来的总和。"② 与这一平实得几乎是白话的界说大异其趣的是富勒,他把法律作为**"使人类行为服从于规则之治的事业"**。③ 此四例,大抵就是西方惯常的"定义"或分析的方式。比较可见,中国古代的思维方式,界定事物,通常不是下一个"定义"、界定一个"概念",而是在"说明"一种"现象",这就是迥异于西方概念的、逻辑的"中国方式"。

正因如此,《管子》中对"法"的解说,不是西方式的定义"法",而是一种描述,甚至仅仅是一种形象的说法,以此**超越**可归纳的具体情形,而代之以具有辐射意味的形象或描述,从而达到"简约而心会"、"摄一而含万有"的效果。这种独特的中国方式,我们将在《管子》中的"法是什么"中,有非常直观的把握。需要指出的是,之所以梳理和研究"法是什么",因为这关涉到《管子》对"法"意涵的把握,以及对"法"理解的高度、范围,以及蕴含其中的义理等。

(一)以譬喻法:中国古代界说"法"的基本方法

中国古代对"法"的界说,最常见的表达方式是用譬,即通过一个或数个比喻,一方面将抽象的"法"形象化,从而让人们可知、可感;另一方面,则将"法"的作用"物化",其用意和本质是使"法"趋于客观化、普遍化和准确化,以此替代主观和私意的不确定。比如:

尺寸也,绳墨也,规矩也,衡石也,斗斛也,角量也,谓之法。④

这里所述的六对常连在一起称谓的计量工具,是中国古代最常用的比喻标准、法度的用譬对象。戴望注曰:"凡此十二事,皆立政者所以为法也。"⑤

这一组器物,是先秦法家常用来解说"法是什么"的形象工具。比如,《商君书》云:"夫不待法令绳墨,而无不正者,千万之一也。"⑥直接将法令与绳墨并称并用。再如,"先王县权衡,立尺寸,而至今法之,其分明也。夫释权衡而断轻重,废尺寸而意长短,虽察,商贾不用,为其不必也。故法者,国之权衡也"。⑦ 权衡断轻重,尺寸量长短,犹法之裁量,故曰,法就是国家的权衡。《申子》云:"君必有明法正义,若悬权

① [美]罗科斯·庞德:《通过法律的社会控制》,沈宗灵译,商务印书馆 1984 年版,第 20 页。
② [英]边沁:《道德与立法原理导论》,时殷弘译,商务印书馆 2000 年版,第 361 页。
③ [美]富勒:《法律的道德性》,郑戈译,商务印书馆 2005 年版,第 143 页。
④ 《管子·七法》。
⑤ [清]戴望:《管子校正》,《诸子集成》卷六,岳麓书社 1996 年版,第 32 页。
⑥ 《商君书·定分》。
⑦ 《商君书·修权》。

衡以称轻重,所以一群臣也。"①直言明法正义,就像悬权衡以称轻重,点出了此乃用譬。慎到亦云:"有权衡者,不可欺以轻重;有尺寸者,不可差以长短;有法度者,不可巧以诈伪。"②通过权衡定轻重,尺寸量长短,由此烘托出法度止诈伪。《韩非子》中用此譬言法,更是比比皆是:"无规矩之法,绳墨之端,虽王尔不能以成方圆。"③法是规矩,以其方圆;法是绳墨,以其正直。又如:"据法直言,名刑相当,循绳墨、诛奸人,所以为上治也,而愈疏远。"④所谓"循绳墨",是一种借代,意指遵照法律的标准,去惩处奸邪之人。再如,"巧匠目意中绳,然必先以规矩为度;上智捷举中事,必以先王之法为比。故绳直而枉木斫,准夷而高科削,权衡县而重益轻,斗石设而多益少。故以法治国,举措而已矣。法不阿贵,绳不挠曲。"⑤通过巧匠与上智的对比,托出准绳与法的对应,乃至以此说明"以法治国",就像用这些计量器具量直、称物等一样,是一种"举措而已"。由此,还以"绳不挠曲"之喻点出了"法不阿贵"这一高扬先秦法家追求的理想。还有,"释法术而任心治,尧不能正一国;去规矩而妄意度,奚仲不能成一轮;废尺寸而差短长,王尔不能半中。使中主守法术,拙匠执规矩尺寸,则万不失矣"。⑥通过对比,点出了以法办事,方能万无一失。《管子》中亦有相似之论:

以规矩为方圆则成,以尺寸量长短则得,以法数治民则安。⑦

先秦法家"以譬喻法"的这一传统,实际上在不知不觉间被我们继承了下来。我们耳熟能详的"以事实为根据,以法律为准绳"这一现代司法原则,其中的"准绳"就是对中国传统"以譬喻法"言说法律方法的直接继承。

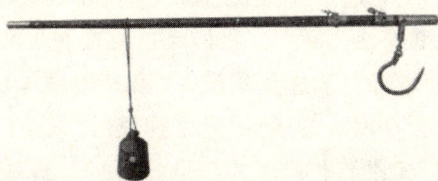

单向的、中国的权衡

如果再拓展一下视域,就会发现,用譬言说抽象事物这一思维方式,并不是先秦法家独有的方法,而为诸子所共有,它还成了一种葛兆光所言的"一般知识"。比如,醇儒孟子曰:

离娄之明,公输子之巧,不以规矩,不能成方圆……徒善不足以为政,徒法不能以自行……遵先王之法而过者,未之有也。圣人既竭目力焉,继之以规矩准绳,以为方圆平直,不可胜用也。⑧

---

① 《申子·佚文》。
② 《慎子·佚文》。
③ 《韩非子·奸劫弑臣》。
④ 《韩非子·诡使》。
⑤ 《韩非子·有度》。
⑥ 《韩非子·用人》。
⑦ 《管子·形势解》。
⑧ 《孟子·离娄上》。

孟子此说中的"不以规矩，不能成方圆"，通过长期的文化浸润，到现在已成了广布于民间的口头语。① "规矩"二字，实际上已经脱开了原初的譬喻身份，直接成了标准、成规乃至法度的代名词。对此，范忠信先生早有甄别和深论："本来，在先秦时期或更早时候，'规矩'一词，像'权衡'、'绳墨'、'尺寸'一样，是一个没有任何感情倾向的词，是中性的。但不知从什么时候起，它竟成了有明显感情或倾向的词，失去了其中性的意义。比如，说'某人一点规矩也没有'，'请你规矩点'，'家有家规'，'国家没有规矩怎么行'等。这里的'规矩'一词，其骨子里的含义都是'限制'、'禁制'、'约束'等。从只有客观准则意义的无感情或价值倾向的'规矩'到明显有感情倾向的'限制'、'约束'，这种变化也是有着鲜明的中国风格的。这一变化，是古代中国人对于法的作用之认识的缩影。"②

在另一处，孟子曰："大匠不为拙工改废绳墨……"③以此表明道高似天，但就像大匠不为拙工改废绳墨，道也不会为庸者改易，唯"能者从之"。

如果说，孟子第一论中还以规矩、准绳言及政、法，而第二论则以绳墨等喻道。也就是说，规矩、准绳之类，并非只能"喻法"，它完全可以用譬于其他抽象之物。比如，

在墨翟那里，规矩就是"天志"："是故子墨子之有天志，辟人无以异乎轮人之有规，匠人之有矩。"④而在博睿的荀子那里，则多处将权衡和绳墨譬之以"礼"：

礼之理诚深矣……故绳墨诚陈矣，则不可欺以曲直；衡诚县矣，则不可欺以轻重；规矩诚设矣，则不可欺以方圆；君子审于礼，则不可欺以诈伪。故绳者，直之至；衡者，平之至；规矩者，方圆之至；礼者，人道之极也。⑤

礼之于正国家也，如权衡之于轻重也，如绳墨之于曲直也。⑥

国无礼则不正。礼之所以正国也，譬之犹衡之于轻重也，犹绳墨之于曲直也，犹规矩之于方圆也。⑦

这是荀子"隆礼"的必然表述。如果将其中的"礼"换成"法"，就成了上述法家的典型表述。礼亦法，由此亦可见一斑。

由此可见，以譬设喻，是中国古代先哲表达抽象事物的一种共同方式。跳出先秦诸子，即使司马迁，也用此法："人道经纬万端，规矩无所不贯，诱进以仁义，束缚以刑罚。"⑧由此可见，一方面，这种"法意识中作为民族性格沉淀下来带有普遍性的成

---

① 常见的口头语，如"你懂不懂规矩？"，即用此意。
② 范忠信：《情理法与中国人》，北京大学出版社 2011 年修订版，第 35 页。
③ 《孟子·尽心上》。
④ 《墨子·天志上》。
⑤ 《荀子·礼论》。
⑥ 《荀子·大略》。
⑦ 《荀子·王霸》。
⑧ 《史记·礼书》。

分，则构成法文化的主要内容"。① 另一方面，则反映了汉民族这个特定族群的思维习惯以及表达方式，它因而超越了法律符号成为一种文化符号。所以，它是这个族群深层文化内核的外显标识，其中蕴藏着观念结构和社会结构，是这个族群的"胎记"和文化密码。用列维-布留尔的话说，它是非逻辑的、经由原始思维向更高思维过渡的抽绎和升华，因之成为一种具有辐射性质的集体共识和"集体表象"，一种"喻射"。② 渐久，便成为一种"文化惯性"。

剑与天平

透过这些用譬，就"法"的原质而言，阎步克讲："我们先取'法'之古义，用'以法为治'来定义'法治'……将之解说为专制官僚政治之'吏道'的主要规范、机制与安

排。"③ 可见，"把法比喻为那些度量衡器具或标准，虽有作为官吏执法审判时判断是非的客观标准和作为百姓日常生活的准则两重意义，但作为官吏的标尺、官吏审理案件时的依据这一意义是最主要的。就是说，必须有这样一些公开的、客观的标准来管住那些官吏，免得他们草菅人命、胡作非为、鱼肉百姓、假公济私"。④

（二）介于描述与解说之间

除了直接"以譬喻法"这一方法外，还有一种介于描述与解说之间的方法，在《管子》中亦有例式：

> 法者天下之仪也，所以决疑而明是非也，百姓所县命也。⑤

首句"法者天下之仪也"，还是一种用譬，即将"法"通过比喻成一种"仪表"，但这种用譬与上述用譬不同，这里多了描述的成分。此句与下述两句对照，这种"描述"的性质更加明显：

> 仪者，万物之程式也。法度者，万民之仪表也。⑥

---

① 赵震江、季卫东、齐海滨：《论法律社会学的意义与研究框架》，载李楯编：《法律社会学》，中国政法大学出版社 1999 年版，第 36～37 页。
② 以譬设喻，实质上是一种喻指，它是汉民族思维方式的一大特征，即以浅显、形象的事物或事理，"喻射"抽象的、繁难的、原理相通的相关事物或事理，已普化在我们的日常生活中。比如，"雷声大雨点小"，实非说雷雨，"喻射"计划定得很大而兑现得很少，或说得好而做得少等。
③ 阎步克：《士大夫政治演生史稿》，北京大学出版社 1996 年版，第 167 页。
④ 范忠信、郑定、詹学农：《情理法与中国人》，北京大学出版社 2011 年修订版，第 34 页。
⑤ 《管子·禁藏》。
⑥ 《管子·形势解》。

法者,天下之程式也,万事之仪表也。①

"仪者"之"仪",《说文》曰:"仪,度也。"徐锴曰:"度,法度也。"而仪表,即法式、法度、标准之谓。何谓"程式"呢?所谓程式,是古人长期对社会观察后,归纳、总结以及约定俗成的格式与成规。合起来是说,所谓仪,就是万物的成规。所谓法度,就是万民的行为标准。这句后接的"礼义者,尊卑之仪表也"。也是此意,即礼义是尊卑的标准。

第二句,可视为对第一句的综合和套用,即将"法者,天下之程式也"替代了"仪者,万物之程式也",遂将万物落到人事,专言"法"是人世的成规,万事(行为)的准则。

再返回上述"法者天下之仪也"这句话,可见它是兼具用譬、描述和解说性质的对"法"的一种象征性表达——所谓"法",就是天下的仪表。但是第二句,"所以决疑而明是非也",则是对"法"功能的实质性解说,即法是"决疑"和"明断是非"的标准,用现在的话来说,也就是解决纠纷的根据,所以说,它与百姓生命攸关。至此,我们看到超越了"以譬喻法"而近乎界定的一种方法,对"法是什么"作了表述。

由此可见,中国古代的"'法'的本意是式样、典范、准则,并由此引申出应遵循的方式、程序的含义。从法的本意出发,形成中国法律理论中的一个基本概念:法是最高统治者强制制定的、人们必须服从的准则"。② 从实质内容上看,在中国古代,"不仅形式的法律学未能发展,而且也从未设想要有一套系统的、实质的,且彻底理性化的法律"。③ 从界说方式上看,对法的界定,反映了"中国传统哲学绝无'作为事物本质规定之综合的概念'这一内容,而这恰恰是西方概念形而上学的灵魂"。④ 广而言之,中国"模糊"的思维方式是导致后世科学技术落伍的根由之一。

(三)对法、律、令、刑等概念的不同界说

《管子》中对法、律、令、刑等概念作了不同的界说,而且丰富、细微,可以一改我们认为中国古代只有刑律的粗糙印象。《管子》曰:

> 夫法者,所以兴功惧暴也;律者,所以定分止争也;令者,所以令人知事也。法律政令者,吏民规矩绳墨也。⑤

虽然"法"、"律"、"令"、"刑"在古代的词义之间可以互训,在论说和社会实践中也多混用,但从这一界分中,我们看到,它们之间毕竟不同。法,是用来兴功惧暴的:一方面,明劝赏以兴功,同时,禁奸邪以惧暴。这是从大处着眼来言说"法"的两端。与"法度者,主之所以制天下而禁奸邪也,

① 《管子·明法解》。

② [美]D.布迪、C.莫里斯:《中华帝国的法律》,朱勇译,江苏人民出版社2004年版,第7页。

③ [德]马克斯·韦伯:《中国的宗教:儒教与道教》,简惠美译,广西师范大学出版社2004年版,第217页。

④ 周昌忠:《中国传统文化的现代性转型》,上海三联书店2002年版,第29页。

⑤ 《管子·七臣七主》。

所以牧领海内而奉宗庙也"①有同样的制高点——治天下、牧领海内，只不过后者添加了"奉宗庙"的功用而已。而"律"，则是用来"定纷止争"的。也就是说，"法"，表征着公正、普遍、统一的规则体系，是规范天下所有人及其行为的准则，因之是"天下通规"。而"律"，则是将法落实到制定法中用以"定纷止争"的具体规定。相较而言，大体可以这样理解，"法"是高位阶、观念性的普遍规则，而"律"则是将法的理念、原则等具有普遍意义的体系落实到制定法中的法典以及具体条文。而"令"，是用来"令人知事"的，因之多与行政相连，谓之"政令"，如这里所说，是"法律政令"。② 当然，也有与"法"相连者，谓之"法令"。所谓"令人知事"，内含了"令"是针对一时一事随时发布的单行命令，③效力及于该人该事，因之不具有普遍的效力。至于"刑"，在中国古代虽然时常与"法"混用，但毕竟不同。刑，触犯刑律而当罪者之谓。所以，《管子》有云：

罪人当名曰刑，出令时当曰政，当故不改曰法。④

意思是罪刑（名）相当，罚当其罪叫作"刑"，⑤出令合乎时宜叫作"政"，合于成规而不改变叫作"法"。这是非常著名的界分与论断。首先，"罪人当名曰刑"，这是不是现代刑法"罪刑相适应"原则的最早雏形，不好妄断，但其中表达的含义，的确包含了罪刑相适应原则的精髓。与此相关，荀子亦有"刑称罪则治，不称罪则乱"，以及"刑法有等，莫不称罪"的著名论断，孰先孰后，亦不好妄断。无论如何，《管子》中抑或《荀子》中的相关论断，应当是现代刑法"罪刑相适应"原则的最早雏形，二者必有其一。

其次，这一界说，把"法"与"刑"作了明确的区分：法，是具有普遍效力的不能轻易更改的成规，强调了它的稳定性。而刑，应当是法的一类（在中国古代是最主要的一类），是对触犯刑律者进行惩罚的具体规定与具体方式。晋代傅玄曰："立善防恶谓之礼，禁非立是谓之法。法者，所以正不法也。明令禁书曰法，诛杀威罚曰刑。"⑥傅子所论，法的"禁非立是"，恰恰就是《管子》中"兴功惧暴"；而"明令禁书"，恰恰就是《管子》中"法度者，主之所以制天下而禁奸邪也"的总结。而"刑"，在原则上是"罪人当名"，也就是行使方式上的"诛杀威罚"。究竟而言，"刑"仅仅是法，乃至律的一个主要部分。虽然在中国古代，学界向来认为民刑不分，但不分并不意味着民事、行政法律及其制度的不存在，事实上，不仅存在，而且广延于民间，都是不争的事实。所以，所谓"刑"，更多地指向刑事法律及其对违

---

① 《管子·明法解》。

② 此处把"法律"二字连在一起使用，从现有的文献看，当属最早者。

③ 戴望注："令当于正，时之谓也。"见戴望：《管子校正》，《诸子集成》卷六，岳麓书社1996年版，第315页。

④ 《管子·正》。

⑤ 详论可参阅本文丛之《儒宗正源》第三十章"隆礼至法"中荀子的"罪刑相称"原则的论述，厦门大学出版社2011年版，第203～205页。

⑥ ［唐］魏徵：《群书治要》卷四十九《傅子》，商务印书馆1936年版，第863页。

法行为的惩罚。① 因此，日本学者仁井田陞说："在中国，提到所谓'法'或'法制'时，自古以来大多是在刑法的意义上使用的。因此在中国，刑法自古以来就在法律中居有重要的地位。"②注意，连日本学者亦知法"大多"是在刑法意义上使用的，而非全部。

口蜜腹剑，"无学术，发言陋鄙，闻者窃笑"的奸相李林甫竟能聚众慧，奉勒修成《唐六典》

《唐六典》在注疏唐代四种主要法律形式即"律、令、格、式"时云："律，法也。……商鞅传之，改法为律……"③而"凡律以正刑定罪，令以设范立制，格以禁违正邪，式以轨物程事"。④ 也就是说，当"法"改"律"后，刑，也就成了律的一部分，即"刑律"。

实际上，《管子》对法、刑，乃至政、德、道，都有明晰的擘画：

> 制断五刑，各当其名，罪人不怨，善人不惊，曰刑。正之，服之，胜之，饰之，必严其令，而民则之，曰政。如四时之不贰，如星辰之不变，如宵如昼，如阴如阳，如日月之明，曰法。爱之、生之、养之、成之，利民不德，天下亲之，曰德。无德无怨，无好无恶，万物崇一，阴阳同度，曰道。⑤

这段界说须仔细分析。所谓"制断五刑"，包括"制"与"断"二义，前者指制定的五种刑律，⑥后者指依据这五种刑律对犯罪者处以刑罚。也就是说，"制断"二字，包含立法与司法两个层面的意思，所以后接"各当其名"，意思是依律断罪，每一种刑罚都应使犯罪行为与所承受的罪名相当，使因罪受到惩罚的人无所抱怨，而没有犯罪的良民不生惊恐，这就叫作"刑"。匡正、折服、强制、整治民众，一定要出令严格，教民众遵守，这叫作"政"。像四时运行一样没有差错，像天上星辰一样没有变更，像昼与

---

① 当然，中国古代也用刑罚的方式，调整部分民事、行政行为，也是不争的事实。
② ［日］仁井田陞：《中国法制史》，牟发松译，上海古籍出版社 2011 年版，第 56 页。
③ ［唐］李林甫等撰：《唐六典》，陈仲夫点校，中华书局 1992 年版，第 180 页。
④ ［唐］李林甫等撰：《唐六典》，陈仲夫点校，中华书局 1992 年版，第 185 页。
⑤ 《管子·正》。
⑥ 西周以前的五刑即"墨（在面部或额刺字且以墨涂之）、劓（割鼻）、剕（砍脚）、宫（毁坏生殖器）、大辟（死刑）"。商鞅"改法为律，以相秦，增相坐之法，造参夷之诛，大辟加凿颠、抽胁、镬烹、车裂之制"（《唐六典》，陈仲夫点校，中华书局 1992 年版，第 180 页）。由此可见，以残酷的肉刑为主的五刑，即使"各当其名"，也是惨无人道的。到唐代，在隋朝《开皇律》的基础上将五刑改为笞、杖、徒、流、死五种基本的法定刑。当下中国的五刑包括管制、拘役、有期徒刑、无期徒刑和死刑。从五刑刑种总体的演变来看，是一个从野蛮走向文明与人道的过程。

夜、阴与阳、太阳与月亮一样分明,这叫作"法"。① 内中强调"法"的品质,一如星辰,如宵昼阴阳,自有常则,因之应当守常,这也就是上论中的"当故不改曰法"的另一表达。此外,以四时、星辰、宵昼、阴阳以至日月之明来喻"法",也暗含了"法"的高位阶性,是永恒的、普遍有效的规范公理。

此外,该论中还一并论及了何谓"德"与"道":爱护、增多、供养、成全民众,利民而不居有德,使天下都来亲近,这叫作"德"。不施恩,也不结怨,无所爱,也无所恶,认为万物都本乎"一",阴阳都有规范,这叫作"道"。作者在对以上范畴进行界说之后,归结为"刑以弊之,政以命之,法以遏之,德以养之,道以明之"。这是说,应当用刑律进行裁断,用政权推行命令,用法来遏制奸邪,用德来养育人们,用道来启发人们。这,还是《管子》中一以贯之的"综治"思想的反映。

(四)《管子》中第四种对"法"的解说

《管子》曰:

> 故曰:法者,不可恒也,存亡治乱之所以出,圣君所以为天下大仪也。君臣上下贵贱皆发焉,故曰"法"。②

这一观点,之所以独列为第四种对法的解说,是因为首句"法者,不可恒也"与上述强调法的"守常不变"似乎抵牾。为何此处申说"法者,不可恒也"? 黎翔凤认为:"法弊则当变,故不恒。"③这是有道理的。实际上,法的变与不变,是一个辩证的关系。也就是说,"法律必须稳定,却不能静止不变"。④ 一般来讲,法宜稳定,忌朝令夕改,使人们对自己的行为及其后果可依法而有稳定的预期。但是,当法产生的社会生活发生变化时,也应当对法进行修改,也就是《管子》中著名的社会观所表达的:"与时变,与俗化。"如此,法,才具有强大的生命力,才是存亡治乱的根据,才为天下之大式,才值得臣民一体取法与遵守,故曰"法"。

二、法的目的与作用

为了让人君以法治国,也为了让一般民众服从于法律之治,甚至为了在先秦诸子中畅行其说,各家均不遗余力地阐述自己核心治国论的作用,早期法家也不例外。一个显著特征是,《管子》中论法的作用时,多与目的混一而论。综观全书,其最显著者,当属下论:

> 威不两错,政不二门。以法治国,则举

---

① 戴望注:"宵昼阴阳,皆有其常。法之用,守常不变。"见戴望:《管子校正》,《诸子集成》卷六,岳麓书社 1996 年版,第 314 页。

② 《管子·任法》。

③ 黎翔凤:《管子校注》,中华书局 2004 年版,第 902 页。

④ [美]本杰明·卡多佐:《法律的成长 法律科学的悖论》,董炯、彭冰译,中国法制出版社 2002 年版,第 4 页。此句是卡多佐援引庞德的观点:Pound, *Interprelation of Legal History*, p. 1.

措而已。①

此论之所以在中国法律思想史上十分显豁，乃因其中有颇合现代法治理念的核心主张"以法治国"四字。这四字的意义，不仅在于它第一次鲜明地提出了治国的核心理念在于以法为治，更重要的是，它极其赅简地将法家的治国主张以标签式的言说，作了最贴近中国人识记的浓缩表达。而究其实质，所谓"威不两错，政不二门"，言说的是威势应为人主独专，而保证威势独专的源头，乃是政令独出于人君。由此看来，此处的"以法治国"，一如后语，仅仅是"举措而已"。②

对前两句，《明法解》曰："人主之所以制臣下者，威势也。故威势在下，则主制于臣；威势在上，则臣制于主。夫蔽主者，非塞其门守其户也，然而令不行、禁不止、所欲不得者，失其威势也。故威势独在于主，则群臣畏敬；法政独出于主，则天下服德。故威势分于臣则令不行，法政出于臣则民不听。故明主之治天下也，威势独在于主而不与臣共，法政独制于主而不从臣出。故《明法》曰：'威不两错，

政不二门。'"③这就把《明法》中这两句话的精髓与实质解释得非常透辟，其要义在于"威势独在于主而不与臣共，法政独制于主而不从臣出"，换言之，也就是两个字"专制"。④

[清]周培春《中国古代刑罚图》

因此，"专制"背景下的"以法治国"，也就只能是"举措而已"。《明法解》曰："明主者，一度量，立表仪，而坚守之，故令下而民从。法者，天下之程式也，万事之仪表也；吏者，民之所悬命也。故明主之治也，当于法者赏之，违于法者诛之。故以法诛罪，则民就死而不怨；以法量功，则民受赏而无德也。此以法举措之功也。故《明法》曰：'以

---

① 《管子·明法》。

② 此论亦见《韩非子·有度》。

③ 《管子·明法解》。

④ 日本学者仁井田陞对"东方专制主义的成立基础"归结为两方面：一是村落的孤立封闭形态是专制主义成立的基础条件，二是大规模的治水事业，为政治权力集中为一的集权性结构的建立、完成提供了可能。虽然，他随后在对部分来自魏特夫教授的理论如"东方的水永久地决定东方"进行了语义暧昧的批评，但依旧不能让人信服，让人觉得此论非常离谱，压根儿就无法触及中国何以形成专制的真正原因。其论述可参见仁井田陞：《中国法制史》，牟发松译，上海古籍出版社2011年版，第41～45页。

法治国,则举措而已.'"①由此解可见,法之"举措",实为赏罚得当,沿此线路,韩非子直接将赏罚命为"二柄",并专题论证。因此,这里的"以法治国",不仅与现代意义上的"法治"理念相去甚远,甚至也与亚里士多德的"法治的古代公式"也有天壤之别。质言之,即使主张"以法治国"的先秦法家,也仅仅把"法"看成是人君用来进行统治的"手段与工具"而已,虽然其中不乏维护社会秩序的一般意义,甚至暗含了程序(程式)与实体(仪表)兼备之意,但其首要之意以及根本,还是在于通过赏罚来维护人君的威权独专。这与强调法律的独立价值,以及期许良法,由此获得普遍的遵从,真是判若云泥。

质言之,"以法治国"是在"尊君"的治国政体与背景下提出来的,而且仅仅将"法"视为一种"治国"的工具。这种论说,是先秦法家的一种"集体无意识",因而也就是一种没有任何反思的集体共识:

法制度量,王者典器也。②

这是说,法制度量,是王者治国的准则和工具。这就把"工具论"表露无遗了。虽然,《管子》中有"法者,民之父母也"③之论,但这一表达,内中申说的虽有民众对"法"的遵从,但在传统中国语境下,更多强调的是法对民众的"管束",乃至"惩治",因之是治民之具,或者是"牧民"之途:

凡牧民者,欲民之可御也。欲民之可御,则法不可不审。法者,将立朝廷者也。将立朝廷者,则爵服不可不贵也。爵服加于不义,则民贱其爵服;民贱其爵服,则人主不尊;人主不尊,则令不行矣。法者,将用民力者也。将用民力者,则禄赏不可不重也。禄赏加于无功,则民轻其禄赏;民轻其禄赏,则上无以劝民;上无以劝民,则令不行矣。法者,将用民能者也。将用民能者,则授官不可不审也。授官不审,则民间其治;民间其治,则理不上通;理不上通,则下怨其上;下怨其上,则令不行矣。法者,将用民之死命者也。用民之死命者,则刑罚不可不审;刑罚不审,则有辟就;有辟就,则杀不辜而赦有罪;杀不辜而赦有罪,则国不免于贼臣矣。④

民如家畜,是被"牧"的,而牧民(管理民众)之旨,在于使民众"之可御"(也就是"服从驱使")而要实现御民的目的,"法"就成了首选之具,也就不能不重视法的作用了。在这段论说里,法的作用,首要之义,在于确立朝廷的权威。而这个权威,又是靠爵位来树立的,因此,法的第二项作用就是"贵爵服",不能将之"加于不义"之人,否则,就会使"民贱其爵服",而"民贱其爵服,则人主不尊;人主不尊,则令不行矣"。通过循环推导,最终依旧指向"主尊令行"。法的第三项作用,是用来驱使人民出力的。而要民众出力,其途径是通过"重禄赏"以"劝民"。与此相同,法的第四项作用,是用

① 《管子·明法解》。
② 《管子·侈靡》。
③ 《管子·法法》。
④ 《管子·权修》。

民之所能。而要发掘民众的才能，就不可不慎重地委派官职。如果委派官职不慎重，人民就背离其治理；人民背离治理，则下情不能上达；下情不能上达，人民就怨恨君主；人民怨恨君主，命令也就无法推行了。推导了一圈，又转到了"**主尊令行**"的终极意愿上。法的最后一项作用，直言"法"是用来决定人民生死的。决定人民生死，就不可不审慎地使用刑罚。如果刑罚不审慎，就会使有罪之人逃罪而让无辜之人蒙冤。如此，就会错杀无辜，而赦免有罪；错杀无辜而赦免有罪，国家就难免被贼臣篡位了。

虽然，《管子》中的"法"作用与目的，最终归结为"主尊令行"的终极意愿上，但不可否认的是，在一般意义上，它表达了法之于树立朝廷权威的作用，表达了以法的规束引导民众"出力尽能"的愿望；在犯罪与刑罚方面，则清晰地表达了慎刑罚，准确惩罚犯罪，不伤及无辜的思想，则是难能可贵的。

法导束民众"出力尽能"，实际上就是《管子》中的另一表达：

论功计劳，未尝失法律也。[1]

功劳大小，法律明文规定。这样，是有效防止"便辟、左右、大族、尊贵、大臣，不得

增其功焉"，以及同时防止"疏远、卑贱、隐不知之人，不忘其劳"[2]的有效途径。其内中机理何在？《管子》曰：

是故先王之治国也，不淫意于法之外，不为惠于法之内也。动无非法者，所以禁过而外私也。[3]

之所以依法"论功计劳"，而"不淫意于法之外"，其内在的机理是："法度者，主之所以制天下而禁奸邪也，所以牧领海内而奉宗庙也。私意者，所以生乱长奸而害公正也，所以壅蔽失正而危亡也。故法度行则国治，私意行则国乱。"[4]同样，之所以"不为惠于法之内"，是因为"夫舍公法而行私惠，则是利奸邪而长暴乱也。行私惠而赏无功，则是使民偷幸而望于上也；行私惠而赦有罪，则是使民轻上而易为非也。夫舍公法用私惠，明主不为也"。[5] 可见，法的作用，更在于"禁过而外私"，从而实现"夫法者，上之所以一民使下也"[6]的目的。

正因为法有如此作用，《管子》直言：

故法者，天下之至道也，圣君之实用也。[7]

所以，法是天下的最高准则，是圣明之君用来治理国家的有效方法。反之，如果

---

[1] 《管子·七法》。
[2] 《管子·七法》。
[3] 《管子·明法》。
[4] 《管子·明法解》。
[5] 《管子·明法解》。
[6] 《管子·任法》。
[7] 《管子·任法》。

"不明于法，而欲治民一众，犹左书而右息之"。① 可见，法的作用，还在于"治民一众"。《管子》在另一处作了申说："制仪法，出号令，莫不响应，然后可以治民一众矣。"②这里的"一众"好理解，也就是韩非子的"一民之轨"，亦即是民众的行为齐一，这是法本身具有的对行为后果可预期的特质之一。那么，"法"何能"一众"呢？《管子》曰：

> 不知亲疏、远近、贵贱、美恶，以度量断之。③

这就是法的功用。它表达的是在规则面前的人人平等，所以能够"一众"。唯因如此，圣君以法治国，令往而民从：

> 故圣君失度量，置仪法，如天地之坚，如列星之固，如日月之明，如四时之信，然故令往而民从之。④

此论简直就是对治法的赞美诗：如天地之坚，如列星之固，如日月之明，如四时之信，内中表达的是对治法的坚信与不渝。

需要注意的是，在《管子》中论说法的作用时，常将圣人与圣君混用或者并论，比如：

> 虽圣人能生法，不能废法而治国。故虽有明智高行，倍法而治，是废规矩而正方圆也。⑤

在这里的所谓"圣人"，其实就是"圣君"，绝非一般意义上的"素王"一类的圣人，而是"能生法"的圣人，也就是有立法权的所谓"圣君"。它强调的是即使能生法、有明智高行的圣君也不能背法而治，必须依法而治，这就把"治法"在"治道"中的作用突显无遗。内中的原理及他们的识见是"若倍法弃令而行怒喜，祸乱乃生，上位乃殆"。⑥ 也就是说，君主必得依法行事而忌喜怒。因为喜怒无常乃是祸乱的根源之一，严重者会危及君位。这一点，已是经由历史事实反复检验了的一般常识。

与此相关的是"治民"，不仅意味着对民众的治理，尤其内含了"整治使之服帖听令"之义。所以，法家倡导的传统中国的法治，究其本质是"治法"——治民之法。⑦用《管子》的话说，就是"夫法之制民也，犹陶之于埴，冶之于金也。故审利害之所在，

---

① 《管子·七法》。
② 《管子·七法》。
③ 《管子·任法》。
④ 《管子·任法》。黎翔凤注："圣君见有失度量，则置仪法以改也。"见黎翔凤：《管子校注》，中华书局 2004 年版，第 909 页。
⑤ 《管子·法法》。
⑥ 《管子·版法解》。
⑦ 日人大木雅夫讲："可以说中国法家的'法'，归根结底只是针对黎民百姓，只是以重刑主义统治黎民百姓的手段罢了。"参见大木雅夫：《东西方的法观念比较》，华夏、战宪斌译，北京大学出版社 2004 年版，第 85～86 页。

民之去就，如火之于燥湿，水之于高下"。① 或者说，就是"以规矩为方圆则成，以尺寸量长短则得，以法数治民则安"。② 所谓"以法数治民"，就是以治法治民。"则安"，意味着统治秩序的维持，或者一般意义上的社会秩序的稳定。由此，经由"制法仪，出号令"，"然后可以一众治民"。③

因此，在齐法家看来，"圣君任法而不任智，任数而不任说，任公而不任私，任大道而不任小物"，就成为必然。因为任法而不任智等效果，乃是"身佚而天下治"。④ 因为只有以法治民一众，其结果是人君自身安闲而天下太平，可见此论的出发点与归宿点，始终是人君。

为了强调这一点，齐法家在论说时还将"圣君"与"失君"作了对比，认为只要任法而治，就会身佚国治：

圣君则不然，守道要，处佚乐，驰骋弋猎，钟鼓竽瑟，宫中之乐，无禁圉也。不思不虑，不忧不图，利身体，便形躯，养寿命，垂拱而天下治。⑤

首先，在中国政治思想史上，"垂拱而天下治"，⑥历来被视为有道之君的治国高

境，与那些事必躬亲而身劳国乱者形成强烈对比。"垂拱而治"的理论基底，当是道家无为的哲学思想在政治领域的运用，只不过法家借此言说"法"的作用而已，即只要任法而治，也能垂拱而治，用法家的话来说，就是"名正法备，则圣人无事"。⑦

其次，不仅在此处，实际上，《管子》中多处对"圣君"与"失君"、"乱君"作了对比而论。与"圣君任法而不任智"等不同的是，"失君则不然，舍法而任智，故民舍事而好誉；舍数而任说，故民舍实而好言；舍公而好私，故民离法而妄行；舍大道而任小物，故上劳烦，百姓迷惑，而国家不治"。⑧再如，"故有为枉法，有为毁令，此圣君之所以自禁也。故贵不能威，富不能禄，贱不能事，近不能亲，美不能淫也"。⑨ 与对圣君任法对比而论的是："失君则不然，法立而还废之，令出而后反之，枉法而从私，毁令而不全。是贵能威之，富能禄之，贱能事之，近能亲之，美能淫之也。"⑩再有，与上述"不知亲疏、远近、贵贱、美恶，以度量断之"对比而论的是"今乱君则不然，有私视也，故有不见也；有私听也，故有不闻也；有私虑也，故有不知也。夫私者，壅蔽失位之道也。上舍公法而听私说，故群臣百姓皆

---

① 《管子·禁藏》。

② 《管子·形势解》。

③ 《管子·兵法》。

④ 《管子·任法》。

⑤ 《管子·任法》。

⑥ 垂拱，意思是垂衣拱手，谓不亲理事务，无为而治之义。由此，在唐代还成了唐睿宗李旦的年号，由于受武则天的操控，一般视作武则天的年号。

⑦ 《管子·白心》。

⑧ 《管子·任法》。

⑨ 《管子·任法》。此词此语，让我们想到了孟子的"大丈夫"之论。

⑩ 《管子·任法》。

设私立方以教于国，群党比周以立其私，请谒任举以乱公法，人用其心以幸于上。上无度量以禁之，是以私说日益，而公法日损，国之不治，从此产矣"。① 换言之，如果没有法术，就会造成群臣欺君，百姓为非的后果：

> 主无术数，则群臣易欺之；国无明法，则百姓轻为非。②

其意也就是"法立数得，而无比周之民，则上尊而下卑"。③ 由此看来，主操术数以驭臣，而国有明法以治民。也就是说，术数的作用，在于防止人主被群臣欺蒙，而法的作用，在于防止百姓轻易为非。也就是吕思勉总结的："则法者，所以治民；术者，所以治治民之人者也。"④ 如此，法、术并用，从而达到治理的目的：

> 明法审数，立常备能，则治。⑤

法既然如此重要，"和民一众，不知法不可"，⑥法因此就成了必备之选。这不仅能实现"上有法制，下有分职"⑦的目的，而且能够达到贤人尽能，天下细故尽知的功效：

> 布法出宪，而贤人列士尽功能于上矣。千里之内，束布之罚，一亩之赋，尽可知也。⑧

这一对法治的期许是很高的。在大的方面，因"布法出宪，而贤人列士尽功能于上矣"。在小的方面，在千里之内的地方，哪怕是一束布的惩罚，一亩地的赋税，君主都可以完全了解。

《管子》中除了上述正面论说"法"的作用外，还从反面论说了不以法治国的种种弊端，反衬了法的作用。比如，"夫盗贼不胜则良民危，法禁不立则奸邪繁"。⑨ 再如，"今主释法以誉进能，则臣离上而下比周矣；以党举官，则民务交而不求用矣"。⑩ 等等皆是，不再逐一分析了。

梁启超在《管子评传》中论及"法治之目的"时认为："虽然，管子与商君之政术，其形式虽若相同，其精神则全相反。管子贤于商君远矣。商君徒治标不治本者也，管子则治本而兼治标者也；商君舍富国强兵无余事，管子则于富国强兵之外，尤有一大目的存焉。其法治主义，凡以达此目的

---

① 《管子·任法》。
② 《管子·明法解》。
③ 《管子·幼官》。
④ 吕思勉：《先秦学术概论》，中国人民大学出版社 2011 年版，第 85 页。
⑤ 《管子·幼官》。
⑥ 《管子·七法》。
⑦ 《管子·君臣上》。
⑧ 《管子·君臣下》。
⑨ 《管子·正世》。
⑩ 《管子·明法》。

而已。"①在梁启超看来，这一目的就是"化民成俗"。姑且不论梁任公对管子和商君两人的对论是否适切，但言及治本，确有其言、其策，即前述《权修》篇中的"民之修小礼、行小义、饰小廉、谨小耻、禁微邪，治之本也"。② 此篇的出发点是"欲民之正"，亦即要求人民走正道，而"厉民之道"则是让民"修小礼、行小义、饰小廉、谨小耻、禁微邪"，从小处着眼，防微杜渐，乃是治国之本。其潜在的背景是，民为国本，治理好民众则国治。而治民，在理念上不仅要人民走正道，在举措上则重申"国之四维"的"礼义廉耻"。而"礼义廉耻"的保障则是"法"。由此看来，法不仅是礼义廉耻的保障，更是治本之策。

为了论证"法"之于治国的重要作用，《管子》还以史为说："故尧之治也，善明法禁之令而已矣。黄帝之治天下也，其民不引而来，不推而往，不使而成，不禁而止。故黄帝之治也，置法而不变，使民安其法者也。"③即把尧之治，归结为善于明确地发布该怎么办和不要怎么办的法令罢了，而把黄帝之治，归结为"置法而不变"，从而让人们习惯于依法行事。

《管子》还就治理国家不变的原则而论，有两条：

> 故明王之所恒者二：一曰明法而固守之，二曰禁民私而收使之。此二者，主之所恒也，夫法者，上之所以一民使下也；私者，下之所以侵法乱主也。④

在这两条不变的原则中，首先要明确宣布法度而坚定地执行它，由此可"一民使下"；二是禁民私以法，防止民私"侵法乱主"。一言以蔽之，以法治国，不仅是齐法家的纲领性主张，亦是法的作用的最高点。⑤

其实，治法的内涵与作用，一方面深植和广大于道法观中，另一方面则外显于立法论中。

---

① 梁启超：《管子评传》，《诸子集成》卷六，岳麓书社1996年版，第24页。
② 《管子·权修》。
③ 《管子·任法》。
④ 《管子·任法》。
⑤ 就法的作用，范忠信先生曾有一个非常经典的比喻，即"家长的手杖"，并列出了法的作用在于"定纷止争"，是"规矩、绳墨、权衡"，小则能"驱人向善"，大则能"救乱起衰"，还能"统一大脑，均平才智"，以及具有"管人与管事的差异"。参见范忠信、郑定、詹学农：《情理法与中国人》，北京大学出版社2011年修订版，第27～48页。

第九章　治法论：《管子》的道法观与立法论

由于"道"是法源，道论也就成了立法的基底性理论。一方面，立法之所以要与"道"合，是因为道即理，法要合乎道理，方有生命，所以立法必须合乎法覆围领域的客观规律，才是真正具有正当性与可操作性的"法"。另一方面，由于"道"至公而不私、遍施万物而不偏，这一"道性"，恰恰是法应当效仿的本质与精神，这也是立法必须"法道"的根由。

一、道法观

牟宗三在"法家的物化的治道"一部分中指出："春秋末战国初，尚是儒墨的天下，自此以后，便是法家的天下，亦可说是道法的天下（惟此所谓道，不是独立的道家自己，乃是被法家所吸收了的道）。"[①]此论可谓触及了法家及其重要的一个特质，即以道入法，或归法于道。金敏也在论及《管子》的道法观时认为："《管子》'事督乎法，法出乎权，权出乎道'[②]的道法观，至为精深，在中国法律思想史上，可以说是前无古人、独步一时的。"[③]此论的背景，是认为《管子》一书是以道法为主流而展开的。如前所述，《管子》的确杂糅了诸家学说，但其本旨，是以道为理，以法为宗的。也就是说，道，仅仅是作为《管子》主旨的理论背景而已。即使被视为道家作品的《心术上》中的下列此论，也是以法为宗的：

天之道，虚其无形。虚则不屈，无形则无所位迁。无所位迁，故遍流万物而不变。德者，道之舍。物得以生生，知得以职道之精。故德者得也。得也者，其谓所得以然也。以无为之谓道，舍之之谓德。故道与德无间，故言之者不别也。间之理者，谓其所以舍也。义者，谓各处其宜也。礼者，因人之情，缘义之理，而为之节文者也，故礼者谓有理也。理也者，明分以谕义之意也。故礼出乎义，义出乎理，理因乎宜者也。法者所以同出，不得不然者也，故杀僇禁诛以一之也。故事督乎法，法出乎权，权出于道。[④]

①　牟宗三：《政道与治道》，台湾学生书局1980年版，第38页。

②　《管子·心术上》。

③　金敏：《法出乎道——论〈管子〉的道法观》，载《浙江大学学报》（社会科学版）1997年第3期。

④　《管子·心术上》。

推导的结果，落脚于"权出于道"，亦即法出于道。那么，这个"道"究竟是何意呢？《管子》曰：

> 道在天地之间也，其大无外，其小无内，故曰"不远而难极也"。①

> 道也者，动不见其形，施不见其德，万物皆以得，然莫知其极。故曰"可以安而不可说"也。②

在第一段中，以"其大无外，其小无内"指称天地之间的"道"。一方面，可见"道"乃充塞于天地之间，所以说"不远而难极也"。此"道"也，非常接近老子所谓"先天地生"，"可以为天地母"的"道"。而"其大无外，其小无内"，则与惠施"历物十事"之首的宇宙观完全相同，同样表达的是宇宙的不同面向，即"其大无外"与现代"膨胀"的宇宙神合，"其小无内"又与对物质结构深层的探索相契。

不断膨胀的宇宙

那么，究竟何谓"道"？《管子》曰："不见其形，不闻其声，而序其成，谓之道。"或曰："凡道无根无茎，无叶无荣。万物以生，

万物以成，命之曰道。"③以此论，则道是无形无声而生发万物者，是可以无限大和可以无限小又无处不在者。因之，所谓的道，运动时看不见它的形体，布施时看不到它的德惠，万物都已经得到它的好处，但不知它的究竟。所以说"可以安而不可说"。道的"不可说"，又近于老子的"道可道，非常道"了。而从"法出乎权，权出于道"可见，道生法。1973年《黄帝四经》出土后，我们才恍然于道法思想的重大意义：

> 道生法。法者，引得失以绳，而明曲直者也。故执道者，生法而弗敢犯也，法立而弗敢废也。故能自引以绳，然后见知天下而不惑矣。④

也就是说，法之所以为法，因内含"道"，"故执道者，生法而弗敢犯也，法立而弗敢废也"。这就是"道法"的深层意蕴。以此再看《管子》中的"法出乎权，权出于道"，就被《黄帝四经》中的"道生法"一语点破，且单刀直入，简洁明了。很显然，在"权出于道"这段著名的论说中，核心和关键，依然是"法"。金敏在赅要条列并分析了"道"的至高无上性、绝对性和抽象性、普遍统一性、客观性、可认识性以及不可违背性之后，着力分析了"法"何以出于"道"以及其中的深层关系。在金敏看来，德、理、义、礼、法等均为"道"的表现形式。而德，则是这六种范畴之间的"中介"。没有"德"这一

① 《管子·心术上》。
② 《管子·心术上》。
③ 《管子·内业》。
④ 《黄帝四经·道法》。

中介，道便犹如游魂在虚空中飘荡，而无从体现。德是用以体现道的，二者密不可分，亦即"道之与德无间"，因此，德实际上就是具体化了的道。由此，金敏认为，由道而德引发为两支，一类是义、礼等道德规范；另一类则是政、令等法律规范。所以道的运动模式应该表达如下：

$$道——德——\begin{cases}理——义——礼\\权——法\end{cases}$$

对这一图式，金敏分析道，理为本然的规则、本分；义出于理，是理的外化，在现实生活中表现为对君臣父子等社会关系的正确处理；礼从义产生，是根据人的感情，按照义的道理规定的制度仪式。礼具体规定了处理尊卑、贵贱、亲疏之间关系的行为准则。能依照义、礼的要求各处其宜，使整个社会处于安定、和谐的状态当然便是有"德"，体"道"而行了。"权"应该是权衡得失，得即"得道"，失即"失道"。至于法，是用来统一不齐的社会行为而不得不实行的规定、准则，因而需用杀戮禁诛等强制手段，使事无巨细都纳入"道"所要求的同一轨迹。从法的强制特征可以看出，法偏重于对失"道"行为的矫正、补救，通过对失"道"行为的惩罚，使之归于"道"。行为之所以失"道"，原因在于无"德"，即没有得到"道"，因而要靠法这一强制手段来实现"道"。[1] 金敏进一步分析认为，与德、礼之间的亲密关系即"有德"（得道）——"循礼"不同，法与德之间的关系表现为"无德"（失道）——"法法"。法与德在此分离了，法

（刑）、德成为对立面。道在社会生活中的运动模式也变为：

$$道——\begin{cases}德——理——义——礼\\权——法\end{cases}$$

对此，金敏认为，道仍然是最高范畴，其内部分为德礼与权法两支，两者互为补充，构成和谐之道。由于"道、德"一支败落，"道、法"一支发达，形成"事督乎法"的局面。还因道虚而无形，由"宪律制度必法道"变成了"法者，天下之至道也"。所以，"道"对"法"的制约、监督与批判意义在此跌落，法被抬高到与道平起并坐的地位。[2] 这些对道法关系的分析，非常深刻。但是，最后将"法"抬高到与"道"平起并坐的地位这一观点，值得商榷。所谓"法者，天下之至道也"，是说法乃治理天下的最高准则，并不是说"法"因之就是"道"。这里的"至道"的道，非"道"之"道"也，而是法则之谓。即使以《管子》中的道法观深刻地影响了韩非的道法观而言，韩非所谓"以道为常，以法为本"，追求或者要表达的是法的高境在于"不令而自然"，在于"顺道"，亦即"归法于道"，或"因道全法"。[3] 可见，"道"要么是"法"的理论基底，要么是"法"生成的依据，无论哪一种，"道"还是高于"法"的一个哲学范畴，怎会"平起并坐"？而道生法的意蕴，在美国学者看来，这是"懂得了变化着的世界的过程与根源，懂得了不以人的意志为转移的自然固有的变化规律，这些执道明理的贤哲们也就既不会固执己见，也不会一成不变，而能以一种客观宁静

---

[1] 金敏：《法出乎道——论〈管子〉的道法观》，载《浙江大学学报》（社会科学版）1997年第3期。

[2] 金敏：《法出乎道——论〈管子〉的道法观》，载《浙江大学学报》（社会科学版）1997年第3期。

[3] 详论可参阅本文丛之《治术与权谋——〈韩非子〉典正》第十二章"归法于道：韩非子的法论（上）中"的论述，厦门大学出版社2013年版。

的态度面对世界。通过这种清晰的、非主观的观点，贤哲们把自然之理应用于社会问题，法也就应运而生"。①

事实上，这种重视"道法"的论说，不独在《管子·心术上》等被视为道家之作中，这一观点也存在于其他篇章：

是故治民有常道，而生财有常法。道也者，万物之要也。为人君者，执要而待之。②

治民有常道，生财有常法。"道"是万物的枢要，做人君的掌握这个枢要来处理事情。反之，《管子》曰："为人君者，倍道弃法，而好行私，谓之乱。"③从这一事例也可看出，《管子》即使融会诸子百家于一书，基本观点也是契恰的，大旨是相通的，虽有冲突，但不明显。这也就证明，《管子》一书绝不是郭沫若所说的"大杂烩"，也不是没有主旨、主线，胡乱杂凑在一起的论文集，而是以管仲治世思想为主旨与主线，兼收并蓄各家的论文荟萃，是"道术"尚未为天下裂的一种整体观的治世论。

至此，我们不难发现，《管子》中不仅将道法并称并论，实际上，道即法也：

道也者，上之所以导民也。是故道德出于君，制令传于相，事业程于官，百姓之力也，脊令而动者也。④

道者，导也，人君之导民者也。道德出于君，实际就是法令出于君，以此，才有"制令传于相"之续文。也就是说，道以君权而成法，法由辅相而传布，事业由百官而裁定，百姓之力，视令而动，则所举不妄，此谓导民也。"道法"导民，亦见《法法》篇：

明王在上，道法行于国，民皆舍所好而行所恶。⑤

在此篇中，由于"宪律制度必法道"，所以，道法通行全国，民众甚至能一反其性，舍其所好而行其所恶。道法导民若此，亦极致矣。质言之，道法者，实际还是"法"，只不过，此"法"乃由"道"生，因之取得了正当性、合理性，乃至权威性，所以并称"道法"。这也是《管子》的立法观。以此观之，《管子》中论说道法从何而来的表达，其意就非常清楚：

天子出令于天下，诸侯受令于天子，大夫受令于君，子受令于父母，下听其上，弟听其兄，此至顺矣。……是故天子有善，让德于天；诸侯有善，庆之于天子；大夫有善，纳之于君；民有善，本于父，庆之于长老。

① ［美］冉云华：《道理与法——黄老之学中的三个关键性概念》，周宁译，载张中秋编：《中国法律形象的一面——外国人眼中的中国法》，法律出版社 2002 年版，第 26 页。
② 《管子·君臣上》。
③ 《管子·君臣下》。
④ 《管子·君臣上》。
⑤ 《管子·法法》。

此道法之所从来,是治本也。①

这段论说中的"天子出令于天下,诸侯受令于天子",一方面可视为对"道德出于君,制令传于相"的补述;另一方面,这种天子发令,诸侯受令,层层往下传令的格局,被认为是最顺("至顺")的治理秩序。反过来,天子有了成就,就要把功德归让于上天;诸侯有了成就,就要归功于天子;大夫有了成就,就要奉献给本国国君;人民有了成就,就应当追溯来源于父亲,并归功于长老之辈。这就是"道法"所产生的根源,也是治国的根本。对此,戴望注曰:"道法以让为主。"②如果说,这段论说中的前半部分言说的是法令自上而下的**传布**,乃是一种"至顺"之道,那么,后半部分言说的则是道法之德**贵让**,不恃功而倨傲,自下而上相让。一上一下,顺序与逆序,构成了"道法"的来源,且被认为是治国之本。

实际上,令自上下传,如果视为一种顺序的话,那么,"德"自下上让,这一逆序的结果,就是一国臣民将功德归让于天子。这与其说是一种非常巧妙的设计,不如说是一种非常巧妙的欺骗。虽然,天子也"让",但他是"让德于天",而天又是形上的一个虚无,所以,自下上让的结果,能落到实处的实际上就全归功于人君了。如此看来,可轻轻觑破道法的本质,依然不离"尊君"二字。

尽管如此,论法以道,无疑对立法的正当性、合理性、权威性有一个背景性的影响,而这,则是具有积极意义的。

二、《管子》的立法论

《管子》既然以法为宗,其中不少篇章自然涉及"法"得以生成的源头——立法。因此,研究《管子》中的立法论,具有不言自明的意义。

(一)法源于道:立法必须尊重并符合客观规律

这一点,我们实际上已从上述《管子》的道法观中,能够得出这一基本结论。所谓"法源于道",不仅是指《管子》所言的"宪律制度必法道",③即法律制度必须效法"道",而且是指"法出于礼,礼出于治,治、礼,道也"。④ 更是指"事督乎法,法出乎权,权出于道"。⑤ 一言以蔽之,也就是"道生法"。

所谓"道生法",非谓"道"能直接生成法律,而是说,制定法律必依乎道。因为道即法则,而这种法则,乃是自然法,应为人间的制定法所依循,所以,道生法。由此,道,不仅是法源,道论也就成了立法的基底性理论。一方面,立法之所以要与"道"合,是因为道即理,法要合乎道理,方有生命,所以立法必须合乎法覆囿领域的客观规律,才是真正具有正当性与可操作性的"法"。另一方面,由于"道"至公而不私、遍施万物而不偏,这一"道性",恰恰是法应当

① 《管子·君臣上》。
② [清]戴望:《管子校正》,《诸子集成》卷六,岳麓书社1996年版,第201页。
③ 《管子·法法》。
④ 《管子·枢言》。
⑤ 《管子·心术上》。

效仿的本质与精神,这也是立法必须"法道"的根由。可见,"道生法"的大旨,颇近于孟德斯鸠关于"法"的名论:"法是由事物的性质产生出来的必然关系。"也就是说,先法之前,"是有一个根本理性存在着的。法就是这个根本理性和各种存在物之间的关系,同时也是存在物彼此之间的关系"。① 而这个"根本理性",也就是孟德斯鸠所说的"公道关系"。②

唯因如此,《管子》明言,"欲出号令"(号令者,实即"立法定制"之谓),必须"明于则"。何谓"则"? 则,指的是"规律"。《管子》曰:

> 根天地之气,寒暑之和,水土之性,百姓、鸟兽、草木之生,物虽不甚多,皆均有焉,而未尝变也,谓之则。③

这是说,探究天地间的元气,寒暑的调和,水土的特性以及人类、鸟兽和草木的生长,事物虽多,但都有一个共同不变的法则,这就叫作"规律"。质言之,令必根植于自然之则,不得违反它的内在规律。《管子》据此认为:

> 不明于则,而欲出号令,犹立朝夕于运均之上,檐竿而欲定其末。④

意思是不明白规律,而想要立法定制,就好比把测时的标杆插在转动着的陶轮上,摇动竹竿而妄想稳定它的末端一样。因此,《管子》之义亦明矣,立法定制,必须尊重和依循客观规律,不得有违。

(二)法随时变,因俗制宜

事实上,《管子》所言的立法必明于则,不仅指称立法要遵循自然规律,也要遵循社会规律及人性特点,符合客观实际情况,要因时、因俗制宜:

> 古之欲正世调天下者,必先观国政,料事务,察民俗,本治乱之所生,知得失之所在,然后从事。故法可立而治可行。⑤

立法既然用之于匡正世道,调治天下,在立法之前,一定要先考察国家的政情,调查国家的事务,了解人民的习俗,查明治乱根源与得失之所在,然后采取相应的治理措施,如此,"法可立而治可行"。换言之,立法必须与国情与民性相合,如此才能"法立令行"。

正因如此,明于则,就指立法"随时而变,因俗而动":

> 故古之所谓明君者,非一君也。其设赏有薄有厚,其立禁有轻有重,迹行不必同,非故相反也,皆随时而变,因俗而动。⑥

---

① [法]孟德斯鸠:《论法的精神》上册,张雁深译,商务印书馆1961年版,第1页。
② 从孟德斯鸠论述的上下文语境看,这个"公道关系"更近于社会关系的一般规律,与此处的"道"有层级上的相异。
③ 《管子·七法》。
④ 《管子·七法》。
⑤ 《管子·正世》。
⑥ 《管子·正世》。

时世不同，民俗各异，立法不必相同，要适应时代与民俗的变化要求，"随时而变，因俗而动"。比如，"夫民躁而行僻，则赏不可以不厚，禁不可以不重"。也就是"立禁有轻有重，迹行不必同"。因为在《正世》的作者看来，"夫民贪行躁而诛罚轻，罪过不发，则是长淫乱而便邪僻也，有爱人之心，而实合于伤民。此二者不可不察也"。所以，"夫盗贼不胜则良民危，法禁不立则奸邪繁"。而所谓"圣人者，明于治乱之道，习于人事之终始者也"。意思是所谓圣人，就是懂得治乱规律，深悉人事终始的人。由此，《管子》曰：

> 其治人民也，期于利民而止。故其位齐也，不慕古，不留今，与时变，与俗化。①

懂得治乱规律，洞悉人世终始的圣人之治，其最终"期于利民而止"。② 这是一个非常高蹈而又平实的立法期许。所以，立法之要，还在于既不慕古，也不拘泥于当今，而是与时俱进，随俗变化。这不仅是著名的进化史观，还是著名的社会观，更是著名的立法观。而这一始终以变化了的实际情形立论的方法，是法家的治世主张能取得实效的根由。吕思勉说："法家贵综核名实，故其所欲考察者，恒为实际之情形。

……既明实际之情形，而断以行之者矣。商鞅、吴起之徒，所以一出而收富国强兵之效者，以此。"③

需要指出的是，《管子》中这一著名的史观与立法观，到了韩非那里，就进一步明确为著名的"法与时转则治，治与世宜则有功"，④以此来反对和颠覆孔子效法三代的复古思想。⑤ 由此可见，法家的治世论，从方法到具体主张，前后相沿，一脉相承，声息相通。

（三）立法必须合乎人性，顺应民心

如前所述，《管子》中的人性论可概括为四个字："**欲利恶害。**"由此，它的种种治道方略，立基于这四字之上，立法亦不例外。正因如此，所谓"欲出号令，必明于则"不仅指立法必须明于客观事物之"则"，尤其必须明于人性之"则"，也就是经典的《牧民》篇中所说的：

> 下令于流水之原者，令顺民心也。⑥

这不仅因为"令顺民心，则威令行"，还因为立法必须具有的审慎：

> 难言宪术，须同而出。⑦

---

① 《管子·正世》。

② 虽然，治法之于治民，就其实质方面乃在于"用民"，然而在表达上，却以如此高调的期许，深具欺骗性。

③ 吕思勉：《先秦学术概论》，中国人民大学出版社2011年版，第87页。

④ 《韩非子·心度》。

⑤ 详论可参阅本文丛之《治术与权谋——〈韩非子〉典正》第八章"韩非子的历史观：世异则备变"中的相关内容。

⑥ 《管子·牧民》。

⑦ 《管子·白心》。

意思是,宣布一项政策法令是不容易的,它必须符合众人心愿才可以设立。

必予申明的是,令顺民心,不是一味地迁就民之"四欲",亦即"授有德,则国安;务五谷,则食足;养桑麻、育六畜,则民富",①这仅仅是"令行"的一个方面。事实上,立法还包含对民众"恶害"之性的反向"顺应",即通过刑罚使"民远邪",也就是"禁止"。所以,《管子》中明确认为:"故上令于生、利人,则令行;禁于杀、害人,则禁止。"②也就是说,令不仅要行,禁还必止,这是一个问题的两个方面,缺一不可。

可见,《管子》基于人性而申述的立法观,一方面强调了"法立而民乐之,令出而民衔之。法令之合于民心,如符节之相得也"。③ 另一方面,虽然说"刑罚不足以畏其意,杀戮不足以服其心",④欲"宽其政",但是《管子》更多地认为,由于"人心之变,有余则骄,骄则缓急",更因"民皆舍所好而行所恶",因此不仅要"严刑罚,则民远邪",⑤甚至认为"夫至用民者,杀之、危之、劳之、苦之、饥之、渴之,用民者将致之此极也"。⑥ 尤其是后者,我们必须要有充分的认识,切忌天真地看待管子的"令顺民心",以致做不合史实的过誉之论。其实,梁启超早就注意到:"我先民极知民意之当尊

重,惟民意如何而始能实现,则始终未尝当作一问题以从事研究。故执政若违反民意,除却到恶贯满盈群起革命外,在平时更无相当的制裁之法。此吾国政治思想中之最大缺点也。"⑦换一视角,巴林顿·摩尔指出:"社会系统中缺少有效率的机构来制止官员的压榨行为这一点,可以说是中国社会中最基本的结构性弱点之一。"⑧也就是说,在执政者违反民意时,或在官吏倾轧民众时,由于既没有制裁之法,也没有相应的机构予以执行,"令顺民心"也就成了一句永远时髦但实际上永远只是时髦的空话和装饰词而已。

当然,《管子》中的主调是立法要从民欲而顺其心,刑罚之设,重在威慑,而其出发点,最好是"刑设而不用"。但是,由于《管子》中的篇章写作年代相去甚远,至《管子》晚出的后期篇章,明显可见法家峻急犀利的刀锋已然出鞘,透出了森冷、决绝乃至冷酷无情的一面,悄然向韩非子的严刑重罚主张滑行,亦不可不察。

除了以上《管子》所见的立法原则,刘泽华则总体概括并分析了"先秦法家立法原则"的八个方面:(1)"顺天道"。即顺应自然、天时的规律,同时要把天道无私的性质引到立法中来,这是法家试图寻求人与

---

① 《管子·牧民》。
② 《管子·形势解》。
③ 《管子·形势解》。其趋导依然是"主尊显"。
④ 《管子·牧民》。
⑤ 《管子·牧民》。
⑥ 《管子·法法》。
⑦ 梁启超:《先秦政治思想史》,中国人民大学出版社 2012 年版,第 37 页。
⑧ [美]巴林顿·摩尔:《民主与专制的社会起源》,拓夫、张东东等译,华夏出版社 1987 年版,第 135 页。

人交往同人与自然交往两者统一的尝试。(2)"随时变"。即根据历史不同阶段的不同特点,立法要切合时代精神与时代脉搏,行法要有灵活性。(3)"因人情"。即抓住人皆好利的人性来立法,同时要以民情为基础。这虽是一个光辉的命题,但实质是"他们把法当成了卷扬机,使利经过臣民之手,最后上送到君主之手"。(4)"循事理"。即立法要遵循事理。从《管子》看,包括三方面:事物的规律性;惯例、传统、习俗;事物之间的轻重关系。(5)"定职分"。这既是立法原则,又是立法目的,即明确职权范围,对不同阶层的人作出相应的规定。(6)"明开塞"。即提倡什么,禁止什么,立法要作出明确的规定。法家更多地看重塞,把塞视为开的堤防。因此,"重农抑末"是法家立法的一个根本原则。(7)"重刑罚"。法有赏罚,但在赏罚两者中,多数法家主张重刑罚。(8)"量可能"。即立法要考虑客观的可能性,因为法的实现程度是由客观条件决定的,立法者不能为所欲为。① 由此可见,"法家提出的立法原则,有许多精湛之论。可是这些闪烁着光辉的珍珠却被穿在君主专制的线索上"。因此,"原则尽管讲得很高明,但君主一句话便可化为乌有。在君主权力面前,高明的原则很容易变成漂亮的空话。……在君主专制的政治制度下,法只能落入这种可怜

的境地"。②

(四)立法、守法、法于法的三个层次

《管子》中明确论述了从立法、守法、遵照法律行事的三个层级:

> 有生法,有守法,有法于法。夫生法者,君也;守法者,臣也;法于法者,民也。君臣上下贵贱皆从法,此谓为大治。③

在这一段言简意赅的论说中,我们看到,《任法》篇的作者将法律分为三个层级,即生法、守法和法于法。生法者,也就是立法者,是人君。可见,最重要的立法权归属于人君,是绝不能旁落的。而这与孟德斯鸠所说的"民主政治还有一条基本规律,就是只有人民可以制定法律"④完全相左。可见,这也是判断君主政体的标准之一。所以,"在君主政体里,君主就是一切政治的与民事的权力的泉源。……如果一个国家只凭一个个人一时的与反复无常的意志行事的话,那末这个国家便什么也不能固定,结果也就没有任何基本法律了"。⑤ 也就是说,君主立法并听凭其意志进行统治的君主制国家,有法等于无法。

而守法者,是人臣。这里的守法,意思与现代守法的含义不同,意指持守君主制

---

① 刘泽华:《中国政治思想史集》第三卷《王权主义与思想和社会》,人民出版社 2008 年版,第 335 页。

② 刘泽华:《中国政治思想史集》第三卷《王权主义与思想和社会》,人民出版社 2008 年版,第 334~345 页。

③ 《管子·任法》。

④ [法]孟德斯鸠:《论法的精神》上册,张雁深译,商务印书馆 1961 年版,第 12 页。

⑤ [法]孟德斯鸠:《论法的精神》上册,张雁深译,商务印书馆 1961 年版,第 15~16 页。

定之法以治民之谓。再往下,就是法于法,亦即民众则是遵照法律行事的。

需要特别指出的是,这段论说中有一个重要的观点,就是"君臣上下贵贱皆从法,此谓为大治"。也就是说,只有君臣、上下、贵贱都服从法制,国家才能大治。或者说,法律一经颁行,必须得到一体遵从,这是国家得以大治的根本。单从理论上讲,这一思想是可贵的,只可惜,这一论断,仅仅是一种理论上的主张而已。事实上,君主立法而非人民立法,已属根基性缺陷,而守这样的法,亦即让人臣守法和民众服从法律,应该没有多少问题,问题就出在君主制定法律,真的能否"皆从法"上。中国的历史经验一再表明,法网总是为君主留有"缺口",而这一缺口,就变成了商鞅感叹和归结的"法之不行,自上犯之"的痼疾。所以,孟德斯鸠的判断是真确的:"专制的国家没有任何基本法律,也没有法律的保卫机构。"①而后者,大抵就是后来商鞅十分感叹的"无使法必行之法"的根由。

伟大的孟德斯鸠

如果不触及这一底线,仅从立法方面而论,《管子》有谓:

君不能审立其法,以为下制,则百姓之立私理而径干利者必众矣。②

意思是,君主如果不能审慎地立法作为下面的规范,那么百姓中自立私理而径直追求私利的必然会多了。所以,君主立法,贵在统一:

君一置其仪,则百官守其法;上明陈其制,则下皆会其度矣。君之置其仪也不一,则下之倍法而立私理者必多矣。③

这是说,国君统一立法,百官就都能守法;上面把制度公开,下面行事就都能合于制度。如果国君立法不能统一,下面违公法而另立私理的人就必然增多。可见,君主立法,从更广泛的意义上讲,立法不仅要审慎,更要统一,忌讳"君之置其仪也不一",因为它会造成民众背法另立私理、各行其是的混乱格局。由此可见,《法禁》篇作者的潜意识里,把人君所立之法置于**公理**的地位,以与"私理"相对。正因为在《管子》的立法观中,潜隐了"法即公理"这一不言自明的题中之意,所以,《管子》曰:

君据法而出令,有司奉命而行事,百姓顺上而成俗,著久而为常。④

---

① [法]孟德斯鸠:《论法的精神》上册,张雁深译,商务印书馆1961年版,第17页。
② 《管子·法禁》。
③ 《管子·法禁》。
④ 《管子·君臣上》。

这里的人君据法而出令,官吏奉命而行事,不仅表明了"君令"是低于"法"的一个层级的"准法律",是人君以个人名义临时发布的命令,以区别于君主以国家名义颁行的法或律,而且表明了君令应当"据法而出",不应凭个人好恶随意而出。这,对于限制君令的无据显然有非常积极的意义。同时,这一段还表明了法于法的百姓在"君据法而出令,有司奉命而行事"的格局下,久而久之,就会"顺上而成俗,著久而为常"。从积极意义上讲,这大抵近于把法律作为一种生活方式,一种俗常的行为规范;从消极意义上讲,大抵近于"被格式化"了,法于法成了一种刻板的、僵化和被动的服从。也就是说,"站在顶端的君主发号施令,由大大小小的各级官吏来执行,庶民则永远是法律施行的客体,刑赏由之。正因为如此,中国历史上对于'法'的强调总是和加强君权联系在一起的。三代如此,先秦法家亦如此,清代还是如此"。[1]

(五)立法贵简明、易行、适度

《管子》中的立法观,还表现在它一再申述的所立之法,忌繁苛:

> 法行而不苛,刑廉而不赦,有司宽而不凌。[2]

这是说,法令能够推行而不苛刻,刑罚简明而不妄赦罪人,官吏宽厚而不迟慢拖拉,其中强调的是立法与执法中的"度"要适中。那么,这个"度"如何掌握呢?《管子》云:

> 威罚之制,无逾于民,则人归亲于上矣。如天雨然,泽下尺,生上尺。[3]

意思是赏罚的制定,不超过人民所应得和能承受的,人民就归附和亲近君上了。这就像天下雨一样,天降下一尺的雨量,大地里的禾苗就向上生长一尺。换句话说,法律规定的赏罚,不要超过人民所能做到的和所能避免的,因为过宽或过严如果超过了民众的承受能力,就无法达到法所预期的好的效果。《管子》进而指出:"致赏则匮,致罚则虐。财匮而令虐,所以失其民也。"[4]行赏过多则导致国贫,刑罚过重则导致暴虐。财力贫乏和法令暴虐,都会丧失民心,而失去民心的法律,又怎能指望得到"君臣上下贵贱皆从法"的期许?因此,《管子》倡导的立法应当是:

> 法简而易行,刑审而不犯。[5]

"**法简易行**",这又是非常宝贵的一项立法原则,亦即国家法律忌繁苛。因此,所立法令,必须宽严适度。孟德斯鸠也说:"法律的体裁要精洁简约。《十二铜表法》

---

① 梁治平:《法辨》,中国政法大学出版社2002年版,第90页。
② 《管子·中匡》。
③ 《管子·君臣上》。
④ 《管子·君臣下》
⑤ 《管子·桓公问》。

是精简谨严的典型。"①而立法的适度,还表现在法的变与不变之间的"度"上:

> 不可常居也,不可废舍也。随变断事也,知时以为度。②

所谓"不可常居",是指法律不可能永远不变;而"不可废舍",则指法律也不应变动不居,时立时废,要有相对的稳定性。而在变与不变之间,如何取舍,《白心》篇的作者认为:"随变断事也,知时以为度。"即随着事物的变化而变化,以此来裁断事物,以合乎时宜为度。这种把因应时世作为是否改易法律标准的思想,无疑是正确的,也是难能可贵的,饱含了不可改易的立法真理。但是,也要看到,法家的立法原则,总体趋向是"严苛",虽有此处的适度论,但实在缺少孟德斯鸠所说的"适中宽和的精神应当是立法者的精神"③这一大旨,则是不争的事实。

我们知道,立法本身不是目的,目的在于实施。那么,《管子》中又有怎样执法论呢?以及还有哪些治法思想呢?

---

① [法]孟德斯鸠:《论法的精神》下册,张雁深译,商务印书馆 1963 年版,第 296 页。
② 《管子·白心》。
③ [法]孟德斯鸠:《论法的精神》下册,张雁深译,商务印书馆 1963 年版,第 286 页。

第十章 治法论:《管子》的执法论和其他治法思想

> 《管子》已经充分意识到"法之不行,自上犯之"的痼疾,因此努力在理论上试图解决这一棘手的难题。然而,法家治法与治道论的归旨,乃在尊君,而尊君本身,实际上已为君主预留了"例外",而这个"例外",与法律至上,没有例外是相悖的。也就是说,法家尊君的根气让君主总是凌驾于法律之上,法律由此也就变成了权力的奴婢,因此期望"令尊于君",本身就是一个根本无法实现的梦呓。法,也就仅仅成了臣守之规,驭民之具而已。此乃法治不彰于国的源头与根由。

《管子》治法论中的一项重要内容是它的执法论,而执法的核心,可以概括为四个字:"法立必施。"事实上,围绕这四个字的执法论,从君到臣,再到民众,有着不同的层级与丰富的内容。

一、《管子》的执法论

中国古代的执法论,是指一个国度的法律在实施过程中应当秉持怎样的理念、原则与方式。在《管子》中,关于执法的内容十分丰富,且有着不同的层级。

(一)君主与执法

君主是凌驾于法律之上,还是一体遵守法律,这是关涉执法层级以及法律能不能得到普遍遵守的关键问题。如前所述,

《管子》中的确有"君臣上下贵贱皆从法,此谓为大治"的高论与理念,但是,这种论说能否成为当时执法的现实,确又是一个天大的问号。尽管这样,理论意义上的君主与执法的关系,《管子》中还是多有阐述的,甚至明确强调必须使法令具有高于君主之上的绝对权威方可:

> 不为君欲变其令,令尊于君。[1]

不为君主个人的私欲而改变法令,尊重法令甚于尊重人君。无疑,这一理念是非常可贵的。这句著名论说的前后语境是这样的:"明君不为亲戚危其社稷,社稷威于亲;不为君欲变其令,令尊于君;不为重宝分其威,威贵于宝;不为爱民亏其法,法

---

[1] 《管子·法法》。

爱于民。"①此论就其思想本身而言,似乎含有法在君上的意味。但梁启超指出:"就此点论,可谓与近代所谓君主立宪政体者精神一致。然则彼宗有何保障,能使法律不为'君欲'所摇动耶?最可惜者,彼宗不能有满意之答覆以饷吾侪,虽然,彼宗固已苦心擘画,求出一较有力的保障焉,曰:使人民法律智识普及。"②所以梁启超直言道:"法家最大缺点,在立法权不能正本清源。彼宗固力言君主当'置法以自治立仪以自正',力言人君'弃法而好行私谓之乱'。然问法何自出?谁实制之?则仍曰君主而已。夫法之立与废,不过一事实中之两面。立法权之何人,则废法权即在其人。"③梁任公此论,直揭法何以不能有效实施的症结。在中国古代,由于法的立与废集于君主一身,在"法立必施"又无监督与保障的情形下,指望君主在违法时也能得到应有的制裁,无异于痴人说梦。

与上论相近,在《法法》中的另一比较,实际上也很有价值:

> 令重于宝,社稷先于亲戚;法重于民,威权贵于爵禄。故不为重宝轻号令,不为亲戚后社稷,不为爱民枉法律,不为爵禄分威权。故曰:势非所以予人也。④

意思是政令重于宝物,政权先于至亲,法度重于人民,威权重于爵禄。所以,不可为重宝而看轻政令,不可为至亲而把国家政权放在后面,不能为爱民而歪曲法律,不能为爵禄而分让权威。所以说:权势是不能给予他人的。在这两层比较里面,威、令、法、社稷,不仅重于君,重于宝,重于民,也先于亲戚,贵于爵禄。凡此种种,《管子》名之曰"势",告诫人君是不能给予他人的,因之是独专的。这与其说是执法的原则,不如说它强调的是立法权应为君主所独控,不能让与。与此相近的另一表述则是"令贵于宝。不为爱亲危其社稷,故曰:社稷戚于亲。不为爱人枉其法,故曰:法爱于人"。⑤ 所以,《管子》将其归结为:

> 天不为一物枉其时,明君圣人亦不为一人枉其法。⑥

由天道而治道,这是典型的传统思维和叙事方式,虽然它出自被认为是稷下黄老道家者之手,但它所谓的"天不为一物枉其时",实与儒家四书之一的《中庸》中"辟如天地之无不持载,无不覆帱。辟如四时之错行,如日月之代明"意近;更与《礼记》的"三无私"同义:"天无私覆,地无私载,日月无私照。"⑦也就是戴望注疏的"冬不为松柏不凋辍其霜雪,夏不为荠麦枯死止其

① 《管子·法法》。
② 梁启超:《先秦政治思想史》,中国人民大学出版社 2012 年版,第 162 页。
③ 梁启超:《先秦政治思想史》,中国人民大学出版社 2012 年版,第 163 页。
④ 《管子·法法》。
⑤ 《管子·七法》。
⑥ 《管子·白心》。
⑦ 《礼记·孔子闲居》。

雨露也"。① 由此天道而及人道，即明君圣人也不会为一人枉其法。这里的"枉其法"不仅与"枉其时"对应与对接，而且一"其"字表明了此"法"乃明君圣人制定。

唐高祖

"狮心王"理查一世

但是，必予细加甄别的是，天不枉其时，君不枉其法，最多表明的是君主不会为了某一个个人而"枉其法"，问题是这个个人究竟是否包括君主自己呢？这就引申出一个更大的问题，即立法者能否守法？质

言之，如以现代法律理念论，由君主一人立法，其正当性与法律的品质本身就是一个值得质疑的问题，而自己制定的法律在执行中会不会为自己网开一面，也是一个值得怀疑的问题。显然，这里的"明君圣人亦不为一人枉其法"并不包括立法者自己，内中至多强调了"做人君的在法的面前也不能行私"②而已。或者说，"法在《管子》中具有至高无上性、强制性、客观性、规范性、统一性和公开性等基本特征，既把法同经济利益相联系，又强调为上者必带头执法"。③ 最多也就是带头执法而已。实际上，倘若君主一旦违法，法很难执行到他的头上。因此，日人大木雅夫说："在法家的论述中，见不到要依法来约束君主的观念。"④这一说法是没有根据的。

需要补充的是，由这一对论中亦可见得，《管子》四篇，就其思想的形质而言，的确充满了"道法"色彩，即以"道"为背景，开始将重心向"法"位移，是道向法的过渡，颇近郭沫若推测的慎到的思想与特色。通观慎到所论，他应当是出"道"入"法"的一个转型人物，其论以"道"为基底，但其重心已由"道"移向了"法"的法家人物。而在齐法家作品中，又是怎样论说君主与执法的关系呢？

故有为枉法，有为毁令，此圣君之所以自禁也。⑤

---

① ［清］戴望：《管子校正》，《诸子集成》卷六，岳麓书社1996年版，第275页。
② 郭沫若：《十批判书》，东方出版社1996年版，第154页。
③ 盖光、于孔宝：《〈管子〉学术讨论会概述》，载《管子学刊》1987年第1期。
④ ［日］大木雅夫：《东西方的法观念比较》，华夏、战宪斌译，北京大学出版社2004年版，第85页。
⑤ 《管子·任法》。

意思是有时歪曲法度，有时毁弃政令，这是圣明的君主禁止自己去做的。此论似乎比上论前进了一步，即强调了"自禁"。但是，一看便知，这里的"自禁"，依然在于君主不带头去歪曲和毁弃法令，并没有说君主也必须置于法律之下，自己犯法，与民同罪。其后论云：

故贵不能威，富不能禄，贱不能事，近不能亲，美不能淫也。植固而不动，奇邪乃恐，奇革而邪化，令往而民移。①

这是说，君主自禁，就会使贵臣不能威胁他，富人不能贿赂他，贱者不能讨好他，近臣不能亲昵他，美色不能诱惑他。执法之心坚定而不动摇，乖异邪僻的人就自然恐惧，乖异邪僻的人都有了改变，法令一颁布下去，民众就跟着行动了。换言之，君主通过"自禁"后的执法必严，严在贵、富、贱、近、美诸色人等，而非自己。由此，《管子》中申述和强调的不仅是"治国有法"，而且是"法制有常"：

人君不公，常惠于赏，而不忍于刑，是国无法也。治国无法，则民朋党而下比，饰巧以成其私。法制有常，则民不散而上合，竭情以纳其忠。②

也就是说，作为治法的刑赏应当并用，不应"常惠于赏，而不忍于刑"。因为赏多

出于私爱，而不忍于刑的结果是"治国无法"，从而导致"群官朋党，以怀其私"以及"下比"的格局。何谓"下比"？《管子》曰："于子之乡，有不慈孝于父母，不长弟于乡里，骄躁淫暴，不用上令者，有则以告。有而不以告，谓之下比。"③反之，法制有常，则臣民就不会拉帮结派而迎合上意，为君主竭其忠而尽其智。如此，也就是《管子》所言的下论：

故明主在上位，则官不得枉法，吏不得为私。民知事吏之无益，故财货不行于吏。④

在一国之中，执法之要，明君处在上位，官不能枉法，吏不能行私，人们看到侍奉官吏也没有什么益处，所以就不用财货行贿于官吏了，仅此而已。质言之，法为君主所执，是用来约束官吏、民众的。不要说在实践中做不到约束君主本人，即使在理论上也没有约束君主或君权之论。所以，《管子》中的所谓法治，也就是"以度量案之"之谓：

明主之治也，审是非，察事情，以度量案之。合于法则行，不合于法则止。⑤

明君治国，分辨是非，决断事情，以法为度。合于法度则实行，不合则不实行。也就是说，君主既是立法者，也是官吏执法

---

① 《管子·任法》。
② 《管子·君臣上》。
③ 《管子·小匡》。戴望注曰："下与有罪者比而掩盖之"谓之"下比"。
④ 《管子·明法解》。
⑤ 《管子·明法解》。

的督导者。而在《法法》篇中，则申述了君主欲行令于民，必先"禁胜于身"：

> 不法法，则事毋常；法不法，则令不行。令而不行，则令不法也；法而不行，则修令者不审也；审而不行，则赏罚轻也；重而不行，则赏罚不信也；信而不行，则不以身先之也。故曰：禁胜于身，则令行于民矣。①

意思是不以法推行法度，则国事没有常规；法度不用法的手段推行，则政令不能贯彻。君主发令而不能贯彻，是因为政令没有成为强制性的法律；成为强制性的法律而不能贯彻，是因为起草政令不够慎重；慎重而不能贯彻，是因为赏罚太轻；赏罚重而不能贯彻，是因为赏罚还不信实；信实而不能贯彻，是因为君主不以身作则。所以说：禁律能够管束君主自身，政令就可以行于民众。这段论说很有意味。意味不仅在将"法而不行"的原因归结到"修令者不审"上，而且步步归结，最后竟归结到"**禁胜于身，则令行于民**"。不唯是至理名言，更是将"法"能否"行于民"的根源归结到禁律能够管束君主自身上，这种思想，大抵只有《管子》中才有，的确珍贵，确乎不易。与此相类的论述还有：

> 凡民从上也，不从口之所言，从情之所好者也。上好勇，则民轻死；上好仁，则民轻财。故上之所好，民必甚焉。是故明君知民之必以上为心也，故置法以自治，立仪

以自正也。故上不行则民不从，彼民不服法死制，则国必乱矣。是以有道之君，行法修制，先民服也。②

依然强调和再次申述有道的君主，行法令、修制度，总是先于人民躬行实践，强调君主的率先垂范，申述君主的以身作则。即使作为一种理论主张，其中的"置法以自治，立仪以自正"，以及"行法修制，先民服也"，都是难能可贵的。上述梁任公的批评，作为一种反思，自然是需要的。那么，为何要"先服于民"呢？这不仅仅因为"先自行法以率人"，③还因为"君有三欲于民"，即"一曰求，二曰禁，三曰令"：

> 求必欲得，禁必欲止，令必欲行。求多者，其得寡；禁多者，其止寡；令多者，其行寡。求而不得，则威日损；禁而不止，则刑罚侮；令而不行，则下凌上。故未有能多求而多得者也，未有能多禁而多止者也，未有能多令而多行者也。……号令已出又易之，礼义已行又止之，度量已制又迁之，刑法已错又移之。如是，则庆赏虽重，民不劝也；杀戮虽繁，民不畏也。④

这"三欲"的纲领是，不求则已，求必欲得；不禁则已，禁必欲止；不令则已，令必欲行。但问题是，"求"要有度，超过了一定的度，则适得其反："求多者，其得寡。"同理，禁与令亦然，否则，"禁多者，其止寡；令多

---

① 《管子·法法》。
② 《管子·法法》。
③ ［清］戴望：《管子校正》，《诸子集成》卷六，岳麓书社1996年版，第109页。
④ 《管子·法法》。

者，其行寡"。如此，会导致威信日益降低、刑罚受到轻视、臣民欺凌君上的情形发生。因为，从来没有多求而多得，多禁而多止，多令而能多行的。同时，忌讳朝令夕改，否则，还会导致赏赐虽重，人民也不勉力；杀戮虽多，人民也不害怕的格局形成。这里，管子提出了一个非常重要的原理，即"求、禁、令"的颁行要有度，要审慎。否则，后果非常严重。这种严重的后果，也就是"为人君者，倍道弃法，而好行私，谓之乱。为人臣者，变故易常，而巧官以谄上，谓之腾。乱至则虐，腾至则北"。① 所以，在一定层面上，虽然法不加于君主本人，但是，法令一旦颁行，则为人君者不得违背君道，抛弃法制，否则就是暴虐。

综上，《管子》中虽有"禁胜于身"以及"君臣上下贵贱皆从法"的论断，但是，可以想见的是，由于此"法"出于君主一人之手，以一人之智，本身就很难构筑良法，即使制定某项法律的不是君主本人而是君主授意和组成的"立法智囊"，也很难排除私意于其中。因为从本质上讲，立法反映的就是各个阶层的实力对比。因此，这样的法律，就很难实现"故为人君者，莫贵于胜。所谓胜者，法立令行之谓胜。……夫盗贼不胜则良民危，法禁不立则奸邪繁"②的预期。即使"圣君任法而不任智，任数而不任说，任公而不任私，任大道而不任小物"，③亦绝难实现"然后身佚而天下治"的良效。因为，这已不是"圣君"和所谓"失君"的问题，而是所依持的法律的品质问题，以及法律

真的是否至上的问题。

正因《管子》已经充分意识到"法之不行，自上犯之"的痼疾，因此努力在理论上试图解决这一棘手的难题。然而，法家治法与治道论的归旨，乃在尊君，而尊君本身，实际上已为君主预留了"例外"，而这个"例外"，与法律至上，没有例外是相悖的。也就是说，法家尊君的根气让君主总是凌驾于法律之上，法律由此也就变成了权力的女婢，因此期望"令尊于君"，本身就是一个根本无法实现的梦呓。法，也就仅仅成了臣守之规，驭民之具而已。此乃法治不彰于国的源头与根由。与此不同，储安平在对比论说中国人与英国人的同异时说："英人重视理性的结果，乃有英国的法治。英国的法治，一方面是自君王以至庶民，在法律之前人人平等，无一人得自处于法律以外；另一方面则官吏及人民都须依法行事，重公法而不重私情。就前者而言，既自君主以至庶民，在法律之前人人平等，故官吏并无特殊的地位，也无法律以外的权力。"④对比之下，也就是说，中国式的"例外"看似仅仅只对君王一个人"法外留情"——有"例外"，但这一先例一开，重臣、权臣就会模仿，就会也有"例外"，而由重臣、权臣一路往下，遂产生"多米诺骨牌效应"，以致每一个民众总是企图在规则之外寻求"例外"，于是，"一断于法"就成了"例外"，法律面前人人平等的精神与原则因之溃败。反过来，假定君王犯法，与庶民同

① 《管子·君臣下》。
② 《管子·正世》。
③ 《管子·任法》。
④ 储安平：《英人 法人 中国人》，辽宁教育出版社2005年版，第16页。

罪,可以想见,自君王以下,谁敢犯之?质言之,最高阶层在法权之外的特权,是中国没有法治因之很难建成法治社会的最初根源。

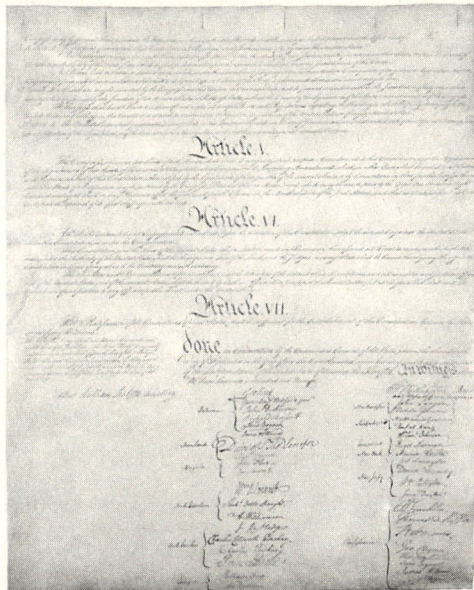

美国宪法文本原件第四页,后面为制宪代表的签名

(二)执法的对象:臣民

所以,《管子》所见的执法论,乃是将臣民作为执法的对象,君主并不在其中。唯因臣民是执法对象,因之才有"法立必施"之论。从总纲上讲:

> 宪律制度必法道,号令必著明,赏罚必信密,此正民之经也。①

这里的"宪律制度",实即法律制度,非谓宪法乃至宪政也。这是说法律制度必须合乎治国之道,号令一定要严明,赏罚一定

要坚决执行,这是规正人民的准则。这段论说实际上是有前论语境的,因而有必要加以补述,因为它涉及执法与立法的深层关系:

> 令未布而民或为之,而赏从之,则是上妄予也。上妄予,则功臣怨;功臣怨,而愚民操事于妄作;愚民操事于妄作,则大乱之本也。令未布而罚及之,则是上妄诛也。上妄诛,则民轻生;民轻生,则暴人兴、曹党起而乱贼作矣。令已布而赏不从,则是使民不劝勉、不行制、不死节。民不劝勉、不行制、不死节,则战不胜而守不固;战不胜而守不固,则国不安矣。令已布而罚不及,则是教民不听。民不听,则强者立;强者立,则主位危矣。②

在这段论说中,作者分两种情形加以分析:第一种情形是"令未布",这一情形又细分为"赏从之"和"罚及之",在这一情形下,如果"民或为之",前者则是"上妄予",如此,会导致"功臣怨,而愚民操事于妄作,则大乱之本也"。后者则是"上妄诛",如此,会导致"民轻生,则暴人兴、曹党起而乱贼作矣"。也就是说,对于"民或为之"的行为,在法未立之时,妄赏或妄罚,都会导致灾难性的后果。这一观点起码表明,依法赏、罚,或者赏、罚出于法令而不是人主的好恶,具有特别的意义。第二种情形是"令已布",这一情形又细分为"赏不从"和"罚不及"。在这一情形下,如果"民或为之",前者则是"使民不劝勉、不行制、不死节"。

① 《管子·法法》。
② 《管子·法法》。

如此，"则战不胜而守不固"，终至"国不安矣"。后者"则是教民不听。民不听，则强者立，强者立，则主位危矣"。这就把立法与执法的深层关系以及相应的后果，阐释得非常明了。

之所以强调所立之法一定要审慎，是因为这关涉到法令的废止问题，关涉民听与不听的问题，实际上触及执法的可操作性问题：

> 法立令行，则民之用者众矣；法不立，令不行，则民之用者寡矣。故法之所立、令之所行者多，而所废者寡，则民不诽议；民不诽议则听从矣。法之所立，令之所行，与其所废者钧，则国毋常经；国毋常经，则民妄行矣。法之所立、令之所行者寡，而所废者多，则民不听；民不听则暴人起而奸邪作矣。①

换言之，法令不能朝令夕改。往前推，则要求立法必慎，是可行、合于治国之道的制度；往后看，则强调了法律的稳定性，轻易不得废止，要"废者寡"。如果法令的立、行到了与"废者钧"的程度，则"国毋常经。国毋常经，则民妄行矣"！而如果"所废者多"，将导致"民不听"而"暴人起而奸邪作矣"的直接后果。这种将法律的立、废活动视为一体的法律观，以及强调法令稳定性的思想，其理至今不废，两千多年之下，依旧闪烁着璀璨夺目的光芒，令人惊叹不已！

而当时的实际情形，与这一睿智之思相去甚远。即使是没有废止的良法，也难以得到坚守和严格执行。《管子》如实载述道：

> 今天下则不然，皆有善法而不能守也。然故谍杵习士闻识博学之士，能以其智乱法惑上；众强富贵私勇者，能以其威犯法侵陵；邻国诸侯能以其权置子立相，大臣能以其私附百姓，翦公财以禄私士。凡如是而求法之行，国之治，不可得也。②

其意是现在天下的情况就不是如此，本来有良好的法度却不能坚持。因此，所谓能干的、懂法律的和多识博学的人，用他们的智谋来扰乱法度，迷惑君主；人多势强、富贵而有私勇的人，用他们的威势来破坏法度，侵害君主；邻国诸侯则用他们的权力来废置太子，任用辅相；国内大臣用他们的行私来拉拢百姓，并克扣公财豢养私党。像这样的情况，要求法度通行，国家太平，那是不可能的。

这就是当时执法遇到的困境："有善法而不能守！"看来，"以法治国"不唯要有良法，更在于制定良法之后，能否有人坚守和依良法而治，这，才是法治的要义。③否则，"求法之行，国之治，不可得也"。正因如此，管子才申述和强调："法制不议，则民

① 《管子·法法》。
② 《管子·任法》。
③ 后来荀子试图通过"君子"这一人格模范来实现之，不幸的是，却被打上了"人治"主张的标志。可参见本文丛之《儒宗正源》第三十章"隆礼至法"中"法治与人治之争"的相关内容，厦门大学出版社2011年版，第201～203页。

不相私;刑杀毋赦,则民不偷于为善。"①这也是为什么《管子》中强调"法立必施"的时代背景。正因如此,在依法赏、罚上,《管子》一再强调:

> 用赏者贵诚,用刑者贵必。②

此论又可上下其说。上接立法,给予用赏的情形,在立法时贵诚。所谓贵诚,意即所立之法,在实施时能赏给该赏之人。也就下及执法,给予用赏的行为,在具体执法时更要信实。同理,用刑者贵必。所谓贵必,意思是不打折扣地实施,没有任何例外。何以故? 作者后文云:"刑赏信必于耳目之所见,则其所不见,莫不暗化矣。诚,畅乎天地,通于神明,见奸伪也?"③对此,戴望注云:"既畅天地通神明,故有奸伪必能见之。"④而之所以贵诚、贵必,不仅因为诚能畅乎天地,通于神明,使奸伪毕现,实际上,更为实用的功效使然:

> 令行禁止,海内无敌。⑤

换言之,只要执法中做到令行禁止,则能海内无敌。这就把法立必施的作用提到无以复加的程度。此外,它的功用还在于:

刑赏信必,则善劝而奸止。⑥

刑赏信必,能劝善止奸。唯因劝善止奸,则扬正气而祛邪恶,因之海内无敌。这种近于一般识见的、近于常识因而显得空疏的预设,必得经由对执法中关键部位的防范,才能得以落实:

> 禁不胜于亲贵,罚不行于便辟,法禁不诛于严重,而害于疏远,庆赏不施于卑贱二三,而求令之必行,不可得也。⑦

执法的"关键部位",不仅在于君主,更多地在于亲贵、君侧的嬖臣,他们人数众多,往往是消解法令最危险的伙群。如果法令不能制服他们,以及法令不能惩罚罪行严重的人,而伤害国君疏远的人,庆赏不给卑贱的人,这样还希望法令能够必行,是办不到的。因此,对于"废上之法制者,必负以耻"。⑧

另一方面,执法贵在一以贯之,贵在持之以恒,忌朝令夕改,这一点,《管子》中已有明确的识见:

> 号令已出又易之,礼义已行又止之,度量已制又迁之,刑法已错又移之。如是,则庆赏虽重,民不劝也;杀戮虽繁,民

① 《管子·法禁》。
② 《管子·九守》。
③ 《管子·九守》。
④ [清]戴望:《管子校正》,《诸子集成》卷六,岳麓书社1996年版,第375页。
⑤ 《管子·明法解》。
⑥ 《管子·版法解》。
⑦ 《管子·重令》。
⑧ 《管子·法禁》。

不畏也。①

民何以不劝、不畏？因为民众对号令、礼义、度量、刑法没有稳定的预期，而没有稳定预期的根由是这些法律号令会一再改易。因此，某种应受庆赏的行为可能得不到应得的回报，因之不劝；同样，某种应受惩罚的行为也可能不会受到应有的惩罚，因之不畏。所以，《管子》中的执法论，以"禁罚威严、赏庆信必"为务：

> 禁罚威严，则简慢之人整齐；宪令著明，则蛮夷之人不敢犯；赏庆信必，则有功者劝；教训习俗者众，则君民化变而不自知也。是故明君在上位，刑省罚寡，非可刑而不刑，非可罪而不罪也。②

事实上，不仅要禁罚威严，宪令著明，使无视律令者守法而不敢犯，同时因为赏庆信必，而使有功者劝，而且在强调这种罚严赏必实施久了，就会成为一种民众的"习俗"，而一旦执法成为一种习俗，"则君民化变而不自知也"。用现在的话说，法律成了一种民众的生活习惯。如果有此效果，则会导向"刑省罚寡"这一良好的格局。由此，作者进一步认为，这并不是该用刑的不用刑，该治罪的不治罪，而是明君关闭了犯罪的入口，堵塞了犯罪的路径，消灭了犯罪的动机，使民众无由接触为非作歹的环境，因而人民走正道、做

好事，就好像出自本性了，"故罪罚寡而民以治矣"。这也是一个可贵的法理念，即预防犯罪的发生，甚至比犯罪后予以惩罚更重要。对此，戴望注曰："既闭出非之门，又塞生过之途，成罪之迹，莫不掩匿，如此则自然端直，欲接淫非之地，其路无由也。"③

而《管子》中的执法之论，更体现在君臣的职分界划之中：

> 是故有道之君者执本，相执要，大夫执法以牧其群臣，群臣尽智竭力以役其上。④

如果说，《管子·任法》中所言的"夫生法者，君也；守法者，臣也；法于法者，民也"是对君、臣、民三个层面所涉立法、守法与依法行事的界说，那么，此处的君、相、大夫、群臣，则言说了官僚阶层的职分：法自君出，以执其本；相设辅策，以执其要；大夫执法，牧其群臣；群臣则竭忠尽智，力奉其君。由此可见，法是为臣民设立的，是治道之具。但即使是治道之具，也不失和强调执法时的极度审慎：

> 决狱折中，不杀不辜，不诬无罪，臣不如宾胥无，请立为大司理。⑤

这句的语境是管仲为相三月后，桓公"请论百官"后管仲的"五不如"之一，恰与鲍叔牙辞相而举荐管夷吾时提到的"五不

① 《管子·法法》。
② 《管子·八观》。
③ ［清］戴望：《管子校正》，《诸子集成》卷六，岳麓书社 1996 年版，第 86 页。
④ 《管子·君臣下》。
⑤ 《管子·小匡》。

中西哲思之源文丛 ——— 治法与治道

如"形成对照与呼应,是古代先哲的自知之明。在这里,我们看到,身为法家前驱的管仲不仅自谦不如宾胥无,实际上,更重要的是他由此道出了执法的根本理念与原则:裁断刑案轻重适中,不杀无辜者,不诬枉无罪之人。公允而论,这在将法视为治法的两千多年前的中国古代,是非常了不起的理念与原则。如果能在执法中不打折扣地落实这一原则,那将是了不起的功德。据实而论,在司法实践中究竟怎样,不得而知。

与此理念与原则相匹配的一个观点是:

> 审刑当罪,则人不易讼。①

就文本语义而言,这是说罚当其罪,则民众就不会轻易争讼。细审文本背后的思维方式,则表明了一项合宜公正的判决,反过来会产生良好的社会效应。这是一种以实践作回溯性反证的叙说,非常难得。这种往返回证的思维方式,在《管子》的执法论中并不少见:

> 法者,先难而后易,久而不胜其福。②

这里论及了一个非常重要的问题,即对犯罪者是否进行"赦免"? 在《管子·法法》篇的作者看来,"凡赦者,小利而大害者也,故久而不胜其祸。毋赦者,小害而大利

者也,故久而不胜其福"。也就是说,权衡利弊,对犯罪者不宜赦免。为了形象地说明这一问题,作者将二者作了鲜明的对比:"故赦者,奔马之委辔;毋赦者,痤睢之砭石也。"在此背景下,作者进一步认为,赦免就是一种施加的恩惠,如此,则"先易而后难,久而不胜其祸"。所以,真正的执法,必得从严而不加赦免,如此,虽"先难而后易,久而不胜其福"。所以,《管子》坚持认为:

> 正法直度,罪杀不赦;杀僇必信,民畏而惧。武威既明,令不再行。③

意思是法令要公正,制度要平等。杀戮有罪不予赦免,执行刑戮必须坚决,如此,百姓就会畏惧。这种依靠国家暴力推行法令的结果既已宣明,法令就无须重申(而会自动深入民心)。这一论断的原理何在?《版法解》的解释是:"凡国无法则众不知所为,无度则事无机。有法不正,有度不直,则治辟。治辟则国乱。故曰:'正法直度,罪杀不赦。杀僇必信,民畏而惧。武威既明,令不再行。'"④由此,《管子》一以贯之的执法原则是"赏厚罚必":

> 故德莫若博厚,使民死之;赏罚莫若必成,使民信之。⑤

意思是施德必须博厚,使人民能够以

---

① 《管子·问》。
② 《管子·法法》。
③ 《管子·版法》。
④ 《管子·版法解》。
⑤ 《管子·禁藏》。

死相报;赏罚必须坚决,使人民能够深信不疑。正是在这种理念下,《管子》反复申述了能否"法立令行"之于治国的重要意义:"法立令行,则民之用者众矣;法不立,令不行,则民之用者寡矣。……法之所立、令之所行者寡,而所废者多,则民不听;民不听,则暴人起而奸邪作矣。"①而贯穿法立必施这一执法论的底线,是"公"与"私"的界分:

加刑无苛,以济百姓。行之无私,则足以容众矣;出言必信,则令不穷矣。此使民之道也。②

由此论可以看到齐法家早期主张的以法治国,内中强调的是施用刑罚而不苛刻,这与后来主张严刑峻法的商鞅与韩非的主张是有显著区别的。而在"行之无私"方面,无论齐法家还是后来的商、韩,则是一以贯之的。

除此论外,《管子》一再申说依法办事,不以私论:"吏啬夫尽有訾程事律,论法辟、衡权、斗斛、文劾,不以私论,而以事为正。"③这是说,吏啬夫完全掌握着计量的规程和办事的法律,在审议刑法、权衡、斗斛、文告与劾奏时,都不以私意论断,而是以事实据律而行。因此,《管子》曰:

凡法事者,操持不可以不正,操持不正则听治不公;听治不公则治不尽理,事不应。治不尽理,则疏远微贱者无所告诉;事不尽应,则功利不尽举。④

执法以公正为务。只有公正执法,才能治狱合理,办事得当。否则,疏远微贱的人就无法通过诉讼获得救济,民众也就不能获得最大的功利。正因如此,《管子》强调和总结道:

法制不议,则民不相私;刑杀毋赦,则民不偷于为善;爵禄毋假,则下不乱其上。三者藏于官则为法,施于国则成俗,其余不强而冶矣。⑤

意思是"君出法制,下不敢议,则人奉公,不相与为私"。⑥ 刑杀不容赦免,人们就不敢忽视为善;授爵赐禄的大权不假于人,臣下就不会犯上作乱。这三件事掌握在官府,就是"法";推行到全国民众,就成为习俗。其他事情不用费力就可以治理好国家了。可见,《管子》中始终坚持所执之法必须统一,在刑罚的执行过程中不得打折扣,亦即不得赦免,而爵禄的赏赐,也不能由臣下操控。这些论断,后来被韩非子作了进一步的阐发。

① 《管子·法法》。
② 《管子·小匡》。
③ 《管子·君臣上》。
④ 《管子·形势解》。
⑤ 《管子·法禁》。
⑥ [清]戴望:《管子校正》,《诸子集成》卷六,岳麓书社1996年版,第92页。

站笼

二、《管子》治法论的其他思想

除了以上所论,事实上,《管子》中还存有大量的关于治法的其他论述,而且非常丰富,不细拣详论,有遗珠之憾。特此专论,以备镜鉴。

(一)令

关于与法并论的"令",在《管子》中作了多方面的阐述,在这里集中作一简要阐释。

(1)在著名的《牧民》篇中,将"令"置放在"政之兴废"是否顺民心这一大背景上:

令顺民心,则威令行。使民各为其所长,则用备。严刑罚,则民远邪。信庆赏,则民轻难。①

也就是说,令,无论是政令还是法令,能否有权威而成"威令",关键在于此令是否在"顺民心"。因为在管仲看来,如果政令抑或法令逆民心而立、而行,不仅会导致"政之所废",而且刑罚亦不足以"畏其意",乃至"杀戮不足以服其心",所以,令行的前提或者基础,在于"顺民心"。② 在此基础上,严刑信赏,方有用武之地。

虽然,令行首要在于"顺民心",但不是唯一要件。在《管子》看来,还有以下三个方面。首先,制定政令或法令的"君主"要"尊",否则,令不行矣:

人主不尊,则令不行矣。③

从此论的语境分析,此令当为有关爵位的行政法令。意思是说,不能把爵位授予"不义"之人,否则,人民就会轻视爵位,人民轻视爵位,君主就没有威信;君主没有威信,命令就不能推行了。可见,人主之"尊",枢要在于授爵位要授予那些德义俱佳之人,这样,爵位才显得珍贵,人主由此而尊,则政令由此而行矣。与此原理相同,将用"民力"的法,不可不重禄赏。如果禄赏加于无功,则民轻其禄赏,由此,就会导致"上无以劝民,则令不行矣"的发生。还有,将用"民能"的法,不可不审慎地委派官职。如果委派官职不审慎,人民就不听其治,不听其治,则下情不能上达,人民就怨恨君主。而"下怨其上,则令不行矣"。④

---

① 《管子·牧民》。
② 这一观点,在现在看来似乎已很平常,但只要想想,此论以降的后世,曾发生了多少以各级官僚的己意替代民意的疯狂事件,就会觉得此论有多么可贵。
③ 《管子·权修》。
④ 《管子·权修》。

151

由此看来，令行在于爵位不加于不义，赏禄不加于无功，授官不可不审，以及刑罚的审慎。这些朴素的道理中蕴含了深刻的真理。

（2）君臣关系以及君主的威仪，也关涉政令不行：

> 上下不和，令乃不行。衣冠不正，则宾者不肃；进退无仪，则政令不行。①

上下不和，令乃不行的前置论说是"君不君，则臣不臣；父不父，则子不子。上失其位，则下逾其节"。因此，政令得以畅行，关键还在君像君的样子，亦即上不失其位，下才不逾其节。由此可见，《形势》篇强调的是君应率先垂范，乃至于不能衣冠不正，进退无仪，这些，都会影响政令不行。概言之，"朝廷不肃，贵贱不明，长幼不分，度量不审，衣服无等，上下凌节，而求百姓之尊主政令，不可得也"。②还有，《管子·权修》篇还注意到令不行的另一种情形，即"民力竭"：

> 民力竭，则令不行矣。③

是什么导致"民力竭"呢？管仲认为，"轻用众、使民劳，则民力竭矣"，意思是轻易兴师动众，使民过劳，就会造成民力枯竭。而民力枯竭，政令就无法推行。如果说"顺民心"是前提和理念，而防止"轻用众、使民劳"则是过程控制与落实，十分难

得。这一观点，是对不管民众死活，一味横征暴敛，强推政令的蛮横与愚蠢的警告与提醒。在这一点上，实与《管子》中后期法家作品的倾向是有明显区别的：

> 凡君国之重器，莫重于令。令重则君尊，君尊则国安；令轻则君卑，君卑则国危。故安国在乎尊君，尊君在乎行令，行令在乎严罚。罚严令行，则百吏皆恐；罚不严，令不行，则百吏皆喜。故明君察于治民之本，本莫要于令。故曰：亏令者死，益令者死，不行令者死，留令者死，不从令者死。五者死而无赦，唯令是视。故曰：令重而下恐。④

在这一大段论说中，论点是君国重器，"莫重于令"。由此演述的逻辑是，令重则君尊，君尊则国安。这与上述"人主不尊，则令不行"倒是一脉相通的。但由君尊则国安，倒过来，变成了"安国在乎尊君"，由此演述的逻辑是"尊君在乎行令，行令在乎严罚"。作为一种历史经验，无须论证，我们不难得出——尊君不一定国安。尊君尊到独裁的程度，国安就成了梦呓。再有，**"尊君在乎行令，行令在乎严罚"**，就更加荒唐。因为不重视民心、民意的尊君行令，以及严罚，实际上是国乱的根源。为尊君而行令，为行令而进行的严罚，与上述刑罚亦不足以"畏其意"，乃至"杀戮不足以服其心"是矛盾的。换言之，为尊君而进行的严罚，是没有根基的。老子曰："民不畏死，奈

① 《管子·形势》。
② 《管子·权修》。
③ 《管子·权修》。
④ 《管子·重令》。

何以死惧之？"①这样的"罚严令行"，虽是中国古代常见的"治民"之策，但绝非"治民之本"。何以如此，因为"人民既为君主之用具，则君民间最理想之关系为君有所令，民无不从。"②虽然，从推行法令、政令得行的制度保障来讲，"亏令者死，益令者死，不行令者死，留令者死，不从令者死"，此"五者死而无赦"似乎是必要的，但问题在于，此令何令也？如果是逆民心之令，纵然以死恐吓，大抵不会收到"令重而下恐"，终致尊君的效果与目的。

而以此"五死而不赦"的理由，就是此论后续的观点："令出而留者无罪，则是教民不敬也。令出而不行者毋罪，行之者有罪，是皆教民不听也。令出而论可与不可者在官，是威下分也。益损者毋罪，则是教民邪途也。"③因此，"令出虽自上，而论可与不可者在下"，乃是"为上者不明"④的表征。也就是说，令自上出，论可与不可，也在出令者，否则，就是威权下分。

（3）还有一个导致"上令不行"的原因，则是"私议自贵之说胜"，⑤即私立异说、清高自贵的议论如果占优势，君主政令就无法推行。这一点到韩非时，则成了他深恶痛绝的"杂反之学"之一，要明主"举实事，去无用"，"不听学者之言"。⑥ 与此类似，《管子》中只是讲：

昔者圣王之治人也，不贵其人博学也，欲其人之和同以听令也。⑦

即在对人才的管理与使用上，并不看重他的博学多才，却希望他能与君主保持一致而听从君令。但到了韩非，对世称高逸的许由、务光、伯夷、叔齐等12人则界定为"不令之民"，由此主张"除之"。因为韩非眼中的"不令之民"便是无用之民，即使是贤者，若"势不足以化，则除之"。对此，韩非以"齐东海上有居士曰狂矞、华士"为例，说他们"不臣天子，不友诸侯，耕作而食之，掘井而饮之，吾无求于人也。无上之名，无君之禄，不事仕而事力"，"太公望至于营丘，使执杀之以为首诛"。其理由是："彼不臣天子者，是望不得而臣也；不友诸侯者，是望不得而使也；耕作而食之，掘井而饮之，无求于人者，是望不得以赏罚劝禁也。且无上名，虽知，不为望用；不仰君禄，虽贤，不为望功。不仕，则不治；不任，则不忠。且先王之所以使其臣民者，非爵禄，则刑罚也。今四者不足以使之，则望当谁为君乎？"⑧可见，早期的齐法家在用人上，不希望被用之人博学，但要与君主"和同"且"听令"就行，但到了韩非，如果"不听令"，则除之，已毫不遮掩地露出了冷硬、决绝与极其残酷的一面，这也是为世所弃的原因

①　《老子》第七十四章。
②　萧公权：《中国政治思想史》，辽宁教育出版社 1998 年版，第 182～183 页。
③　《管子·重令》。
④　《管子·重令》。
⑤　《管子·立政》。
⑥　《韩非子·显学》。
⑦　《管子·法禁》。
⑧　《韩非子·外储说右上》。可参阅本文丛之《治术与权谋——〈韩非子〉典正》中的相关内容。

之一。

（4）《管子》中的"令"，还有两点需要简述。一是认为"常令不审，则百匿胜"，[①]意思是国家法令如果不严格，各种邪恶就会占上风。这实际上强调了法令在国家日常治理中的极端重要性。另外，令先于事，作为一种理念，也被明确地提了出来：

> 凡将举事，令必先出。曰：事将为，其赏罚之数，必先明之。[②]

令必先出，其意义在于使所举之事有明确的行动指南，而行事者的个人也将对自己的行为有稳定的预期，这是法令的题中之意，因之很好。

还有，令，在《管子》看来，关涉《管子》中的"轻重之术"。比如，《地数》曰："令疾则黄金重，令徐则黄金轻。"当"桓公问于管子曰：'吾欲守国财而毋税于天下，而外因天下，可乎？'"时，"管子对曰：'可。夫水激而流渠，令疾而物重。先王理其号令之徐疾，内守国财而外因天下矣'"。看来，物之轻重，亦看令之疾徐。

（二）治法的其他思想

（1）《管子》中有著名的"民以法与吏相距"的表达：

> 民以法与吏相距，下以法与上从事。[③]

相距，是什么意思呢？距，兼通"拒"与"据"。意思是，法度是民众用来抵御官吏诈伪的凭据，由此，则臣下就会依据法律为朝廷办事。应当说，在《管子》中有"民以法与吏相距"这样的表述与理念，是十分珍罕的。

（2）《管子》中申说一国之治，贵在依法，而法不可不恒：

> 《周书》曰："国法，法不一，则有国者不祥；民不道法，则不祥；国更立法以典民，则不祥；群臣不用礼义教训，则不祥；百官服事者离法而治，则不祥。"故曰：法者不可不恒也。[④]

在《任法》的作者看来，不但"仁义礼乐者，皆出于法"，而且法是先圣用来"一民"者，而国法废弛不统一，人民不守法，国家擅改已立的法度来管理人民，大臣们不用礼节和法制来教育百姓，大小管理国事的官吏脱离法度办事，均为"不祥"。由此，管子认为，法是不可不永远坚持的，它是存亡治乱的根源，是圣明君主用来作为天下最高标准的。无论君主或群臣、上层或下层、贵者或贱者，都必须一律遵守，所以叫"法"。实际上，法的一律遵守，如上已述，君主除外。

（3）真正为君主独守的，乃是"权势"：

> 法令者，君臣之所共立也；权势者，人主之所独守也。故人主失守则危，臣吏失

---

① 《管子·七法》。
② 《管子·立政》。
③ 《管子·明法解》。
④ 《管子·任法》。

守则乱。罪决于吏则治，权断于主则威，民信其法则亲。①

必须指出的是，法令自君独出，绝非君臣共立。君立法而臣执法，所以罪决于吏。而权势则为君主独守，此论后来经慎到阐发，至韩非蔚成治术与权谋的核心。② 至于"民信其法则亲"，意思是法令得到民众的拥护，则民众会对国家亲近，这不仅是实话，也近情理。这一论说，与《商君书》中对法、信、权的论说非常接近："法者，君臣之所共操也；信者，君臣之所共立也；权者，君之所独制也。人主失守，则危；君臣释法任私，必乱。"③对比而论，法才是君臣共操的，而君臣共立的，不是法，而是"信"。至于权，则为君主独制，不能共也。

春秋青铜龙耳尊

需要补述的是，所谓"罪决于吏则治"，不仅是指官吏依法断罪决狱，实际上内中也有"能据法而不阿，上以匡主之过，下以

振民之病者"这一"忠臣之所行也"④的意思。至于忠臣，《管子》明确提出了不同于儒家的"忠臣论"："凡所谓忠臣者，务明法术，日夜佐主明于度数之理，以治天下者也。"⑤

因此，《管子》揭示了一个反向运动的规律："威伤，则重在下；法伤，则货上流。"⑥意思是，权威被伤害，君权就会往下移；法治被伤害，财货就会通过贿赂往上流。唯其如此，《管子》明确认为："明主在上位，有必治之势，则群臣不敢为非。是故群臣之不敢欺主者，非爱主也，以畏主之威势也；百姓之争用，非以爱主也，以畏主之法令也。故明主操必胜之数，以治必用之民；处必尊之势，以制必服之臣。故令行禁止，主尊而臣卑。"⑦内中申说的无非是两个方面：一是君主以法令治必用之民，则百姓争用，因为他们畏主之法令；二是君主独掌权势以制必服之臣，因为他们畏主之威势。归结起来，也就是主尊臣卑，令行禁止。需要指出的是，其中叙说的群臣不敢欺主，非爱主也，以及百姓之争用，非以爱主也，这是法家独有的冷静与客观——揭去粉饰而作的客观呈露。这一手法，为心领神会的韩非子在他的人性论中，得到了极度阐扬。

（4）前已述及，这种"非以爱主"的本

---

① 《管子·七臣七主》。
② 详论可参阅本文丛之《治术与权谋——〈韩非子〉典正》第九章"威权独专：韩非子的势论"中的相关内容，厦门大学出版社 2013 年版。
③ 《商君书·修权》。
④ 《管子·君臣下》。
⑤ 《管子·明法解》。
⑥ 《管子·七法》。
⑦ 《管子·明法解》。

质,乃是"就利而避害"与"爱爵禄而避罚"。对此,《管子》讲:"明主之治也,县爵禄以劝其民,民有利于上,故主有以使之;立刑罚以威其下,下有畏于上,故主有以牧之。故无爵禄则主无以劝民,无刑罚则主无以威众。故人臣之行理奉命者,非以爱主也,且以就利而避害也;百官之奉法无奸者,非以爱主也,欲以爱爵禄而避罚也。"①与此相应,如果"赏不足劝,则士民不为用;刑罚不足畏,则暴人轻犯禁。民者,服于威杀然后从,见利然后用,被治然后正,得所安然后静者也"。②

如果要追问为人主所独守的权势,或者为群臣所不敢欺主的威势,其具体内容有哪些时,《管子》中也作了明确的表述:

> 故明王之所操者六:生之、杀之、富之、贫之、贵之、贱之。此六柄者,主之所操也。③

可见,权势带来的威势,乃是生杀予夺之权。这关涉人臣生、死、贫、富、贵、贱的"六柄",到韩非子那里,总括为刑、赏二柄。凡生、富、贵可归结为赏赐一类,而使之死、贫、贱可归结为刑罚一类。看来,无论六柄,还是二柄,均为所谓的明王所独操,这

是他们驾驭、掌控臣下的权力资源,也是他们恣意而不能以法治国的祸端。

更多的史实是,没有监督的权力不被滥用者,亦鲜矣!也就是《管子》中所说的"为人君者,倍道弃法,而好行私,谓之乱"。④ 唯因如此,《管子》警惕法废而私行,不仅在于"乱国者",在"臣术胜也",⑤也在君主自废其法而行喜怒,以致发生"谏臣死而谀臣尊,私情行而公法毁"⑥的人间悲剧一再上演。所以,《管子》云:"有道之君者,善明设法,而不以私防者也。而无道之君,既已设法,则舍法而行私者也。为人上者释法而行私,则为人臣者援私以为公。"⑦这就是上行下效。

(5)为了防止君主废法行私,《管子》中列举了 17 种"圣王之禁",其中与法治有关的,主要有 4 种,分别是:"乱国之道,易国之常,赐赏恣于己者,圣王之禁也。"⑧意思是破坏国家正道,改变国家常法,封赐与禄赏之事全随个人意志决定,是圣王所要禁止的;其次,"轻取于其民而重致于其君,削上以附下,枉法以求于民者,圣王之禁也"。⑨ 还有,"常反上之法制以成群于国者,圣王之禁也。⑩ 这是说,经常反对朝廷的法制,并以此结聚徒党于国内,是圣王所

---

① 《管子·明法解》。

② 《管子·正世》。

③ 《管子·任法》。

④ 《管子·君臣下》。

⑤ 《管子·明法》。

⑥ 《管子·八观》。

⑦ 《管子·君臣上》。

⑧ 《管子·法禁》。

⑨ 《管子·法禁》。

⑩ 《管子·法禁》。

要禁止的。再就是"诡俗异礼，大言法行，难其所为而高自错者，圣王之禁也"。① 意思是实行奇怪的风俗和反常的礼节，语言夸大而行为骄傲，把自己所做过的事，说得非常难做，借此以抬高自己，是圣王所要禁止的。② 所以，《管子》期待"法臣"：

> 法臣：法断名决，无诽誉。故君法则主位安，臣法则货赂止而民无奸。呜呼，美哉！名断言泽。③

意思是法臣依法度断事，按刑名判案，没有诽谤和夸誉。所以君主以法治国则君位安，大臣守法则贿赂停止而人民不搞奸邪之事。按刑名断案，讼狱也会自己消释。

（6）《管子》以法家的视域，论述了一个与儒家截然不同的治民论：

> 明君在上，忠臣佐之，则齐民以政刑，牵于衣食之利，故愿而易使，愚而易塞。君子食于道，小人食于力，分民。④

意思是明君在上位，加上忠臣的辅佐，就可以用政策和刑罚来整治人民，使人民都关心衣食之利，这样，人民就老实而容易

被役使，愚昧而容易控制。君子依靠治国之道来生活。平民依靠出力劳动来生活，这就是本分。齐法家"齐民以政刑"的这一思想，恰与孔子的德、礼治国论相左："道之以政，齐之以刑，民免而无耻；道之以德，齐之以礼，有耻且格。"⑤ 儒家期冀的是，将外在的社会规范内心化，通过知耻而归服，从而与社会规范无违。⑥ 而法家则直言"齐民以政刑"，通过外在的社会规范使之齐一，并以衣食之利牵引，目的是使民众"愿而易使，愚而易塞"。质言之，外在形式上，不管民众愿意与否，均以政刑齐之；而内在本质，则是愚民做法。这与儒家通过"治心"而"治行"要外在和肤浅得多。

而"君子食于道，小人食于力，分民"的观点，让我们极易想到孟子的"劳心者治人，劳力者治于人；治于人者食人，治人者食于人，天下之通义也"⑦这一著名论断。而荀子的表述则是"君子以德，小人以力。力者，德之役也"。⑧ 可见，这三者的表述虽然不同，然而内涵相通。一方面，这是社会分工不同造成的客观事实，因而是一种客观总结与描述；另一方面，则表现为不同学派的学者对此达成的共识，属于当时的"一般知识"，根本不存在对劳力者

---

① 《管子·法禁》。
② 《管子·法禁》中一口气列举了17种"圣王之禁也"的情形，可谓韩非子《亡征》篇一口气列举了47种"可亡也"的先声。
③ 《管子·七臣七主》。
④ 《管子·君臣下》。
⑤ 《论语·为政》。
⑥ 可参阅本文丛之《儒宗正源》第九章"《论语》所见孔子的核心法律观"，厦门大学出版社2011年版，第43页。
⑦ 《孟子·滕文公上》。可参阅本文丛之《儒宗正源》第二十四章"孟子的民本思想"，厦门大学出版社2011年版，第140～141页。
⑧ 《荀子·富国》。

歧视的问题。

（7）至于对于君、臣、民三者的关系，《管子》有一个形象的比喻：

> 夫君臣者，天地之位也；民者，众物之象也。……臣之事主也，如影之从形也。故上令而下应，主行而臣从，此治之道也。①

经此比喻，则天尊地卑，也就转换成了主尊臣卑，而臣之事主，则如影随形，成了天经地义的事情。而民众，则如天地之间的众物之象，要立地，须听天令。

（8）如果说，古今法令对贿赂历来严惩不贷的话，那么，古代中国为了防止君权旁落，法律还有一个重要的功用，就是防奸与止奸。就贿赂而言，《管子》认为："货财行于国，则法令毁于官。"②意思是贿赂财货风行于国内，法律政令就败坏于官府。就法之功用之一在于防奸与止奸而言，《管子》曰："夫国有四亡：令求不出，谓之灭；出而道留，谓之拥；下请求不上通，谓之塞；下情上而道止，谓之侵。故夫灭、侵、塞、拥之所生，从法之不立也。"③对此，《管子·明法解》曰："人主之治国也，莫不有法令赏罚。是故其法令明而赏罚之所立者当，则主尊显而奸不生；其法令逆而赏罚之所立者不当，则群臣立私而壅塞之，朋党而劫杀之。"

（9）《管子》中还提到法家心目中的仁与义：

> 公又问曰："吾欲行广仁大义，以利天下，奚为而可？"管子对曰："诛暴禁非，存亡继绝，而赦无罪，则仁广而义大矣。"④

在齐法家看来，能够利天下的"广仁大义"，也就是以管仲口吻说出的"诛暴禁非，存亡继绝，而赦无罪"。此仁此义，与儒家的仁义有着不同的风景。

（10）《管子》实际上论说了监督法律实施的纠察之官对官吏的管理：

> 是故有道之君，上有五官以牧其民，则众不敢逾轨而行矣；下有五横以揆其官，则有司不敢离法而使矣。⑤

这一论说的前提是"国无常法，则大臣敢侵其势"。⑥ 因此，有道的君主，在上设立五官以治理人民，民众就不敢越轨行事了；在下面有五横之官以纠察官吏，执事官吏就不敢背离法制而行使职权了。

［春秋］青铜虎

（11）在执行刑罚的时令方面，《管子》

---

① 《管子·任法》。
② 《管子·八观》。
③ 《管子·明法》。
④ 《管子·小问》。
⑤ 《管子·君臣上》。
⑥ 《管子·君臣上》。

中也有载述：

> 秋行五刑，诛大罪，所以禁淫邪，止盗贼。[1]

之所以"秋行五刑，诛大罪"，这与农耕文明的文化背景是分不开的。因为"春生夏长，秋收冬藏"是农耕文明的一个基本识见。这种基本识见加上"天垂象，圣人则之"这一顺应自然，效法自然的观念，遂成由天及人的治世论。也就是说，这种自然之道进而变成了人间之则，它不仅表现前已述及的立法必"明于则"的道法观上，也表现在刑罚实施的"司法时令"上。因此，行刑不得与天时相悖，就成了必然结论。这一结论影响深远，比如，唐律规定"立春后不决死刑"。而秋天霜降以后，由于"天地始肃"，杀气已至，便可"申严百刑"，以示"顺天行诛"。这即"顺天应时"观在刑罚执行方面的具体体现。《管子》中有此表述，证明了这一观念并非始自汉代的"天人感应"理论，它远及战国末年。[2]

对"顺天应时"作理论上集中表述的是《礼记·月令》。春季，"命有司省图圄，去桎梏，毋肆掠，止狱讼"。夏季，则"断薄刑，决小罪，出轻系"。到秋季，"凉风至，白露降，寒蝉鸣。鹰乃祭鸟，用始行戮"。所谓"用始行戮"，即开始对罪犯杀戮处决。从"命有司修法制，缮囹圄，具桎梏，禁止奸，慎罪邪，务搏执"到"申严百刑，斩杀必当，毋或枉桡"。意思是重申严肃对待各种刑罚，特别是处死刑的，一定要做到十分恰当，不能有宽严的偏差。否则，"枉桡不当，反受其殃"。意思是倘若有冤屈不当的，执法者一定要遭应灾殃。而到"草木黄落"之月，则要"乃趣狱刑，毋留有罪"。意思是督促结案和处决囚犯，不要留下没有判决的罪人。这种"顺天应时"的观念及做法，自战国以降，历代相沿不改，至《唐律疏议·名例》中，概括为"观雷电而制威刑，睹秋霜而有肃杀"。[3] 中国古代在执行刑罚方面的"顺天应时"，在美国学者布迪、莫里斯看来，是"在法律儒家化的同时，还存一个或许可以称之为法律'自然化'的过程"。而"法律自然化的最显著表现是：死刑的执行日期只能选在秋季或冬季；春季与夏季禁止执行死刑"。[4]

概言之，用《管子》中的话说，就是"象天则地"，[5] 或者就是《管子》中把按时令执行刑罚叫作"刑德"：

> 道生天地，德出贤人。道生德，德生正，正生事。是以圣王治天下，穷则反，终则始。德始于春，长于夏；刑始于秋，流于

---

① 《管子·禁藏》。

② 当然，这又牵涉《管子·禁藏》篇的断代问题了。根据罗根泽的考证，此篇"兼儒墨，合名法"，纯战国末年至汉初杂家之言也。又，《管子·四时》篇也论及了"刑德"，罗根泽将此篇断代为战国末年作，那么，合而论之，"顺天应时"的观念，最早可溯及战国末年。参见罗根泽：《管子探源》，岳麓书社 2010 年版，第 71、58 页。

③ 《唐律疏议》，刘俊文点校，法律出版社 1999 年版，第 1 页。

④ ［美］D. 布迪、C. 莫里斯：《中华帝国的法律》，朱勇译，江苏人民出版社 2004 年版，第 29 页。

⑤ 《管子·霸言》。

冬。刑德不失,四时如一。刑德离乡,时乃逆行。作事不成,必有大殃。①

在《四时》篇的作者看来,刑罚只有按照时序的特点进行才叫"刑德不失",否则,逆时序而行,不但做事不成,而且"必有大殃"。即"刑德者,四时之合也。刑德合于时则生福,诡则生祸"。② 所以,要"法天合德,象法无亲,参于日月,佐于四时"。③ 也就是"取与之必因于时也。时则动,不时则静"。④

(12)《管子》中还提出了"以情断狱"。⑤ 此处的"情",当按"情实"、"实情"解,非人情之谓也。意思是以实情定罪。实际上,这也是当时的"一般知识"。如《国语·鲁语上》中著名的"曹刿论战"中,就有"余听狱虽不能察,必以情断之"。但是,在同一篇《大匡》中第二次出现的"情",则是"人情"之谓:

> 断狱,情与义易,义与禄易,易禄可无敛,有可无赦。⑥

这是说,在定罪量刑时,如果拿人情与义理作交易,拿义理与爵禄作交易,而对这种与爵禄作交易不加检束,这是罪在不赦的。

(13)有意思的是,《管子》中还提出了"薄刑罚以厚甲兵"的"以金赎刑"办法:

> 死罪不杀,刑罪不罚,使以甲兵赎。死罪以犀甲一戟,刑罚以胁盾一戟,过罚以金军,无所计而讼者,成以束矢。⑦

意思是规定犯死罪者不杀,犯刑罪不坐牢,让犯人用盔甲和兵器来赎罪。死罪可用犀牛皮盔甲加上一支戟来赎罪,刑罪用护胁的盾牌加上一支戟来赎罪,犯过失者罚钩金,没有什么冤屈而轻易诉讼的,罚束矢。⑧

对这一"欲轻重罪而移之于甲兵"的办法,在《小匡》中作了相近的表述:

> 管子对曰:"制重罪入以兵甲、犀胁、二戟,轻罪入兰盾、鞈革、二戟,小罪入以金钧,分宥薄罪入以半钧。无坐抑而讼狱者,正三禁之而不直,则入一束矢以罚之。"

意思是规定犯重罪者交纳武器、盔甲、犀皮的胁驱和两支戟,犯轻罪者交纳兵器架、盾牌、胸甲皮与两支戟,犯小罪者纳钧金(即30斤铜);宽宥薄罪,只纳一半钧金

---

① 《管子·四时》。
② 《管子·四时》。
③ 《管子·版法》。
④ 《管子·宙合》。
⑤ 《管子·大匡》。
⑥ 《管子·大匡》。
⑦ 《管子·中匡》。
⑧ "束矢",是指一束弓矢,古时一弓百矢(一说五十矢)。"钧金",是指三十斤铜。郑注:"必入矢者,取其直也……古者一弓百矢,束矢,其百个与?"又:"必入金者,取其坚也。三十斤曰钧。"

（即 15 斤铜）。至于没有冤屈而提起讼狱者，官长再三劝禁不听且理不直者，则须交纳一束矢（100 支箭），以资惩罚。应当说，这和后世的罚金刑具有质的不同。

可资互证的是，《周礼·秋官·大司寇》云：“以两造禁民讼，入束矢于朝，然后听之。以两剂禁民狱，入钧金，三日乃致于朝，然后听之。”两相对比，除了《小匡》篇中“欲轻重罪而移之于甲兵”的办法外，在限制狱讼这一点上，二者是一致的。但二者有细微的不同：根据《周礼》中的载述，对提起民事诉讼的，先要交纳束矢到官府，官府然后受理和裁断案件；而对于提起刑事诉讼的，则要交纳钧金，三天后召集双方到场，受理并裁断案件。也就是说，争讼者，交纳束矢；争罪者，交纳钧金。[①] 而《小匡》中没有分得这么细，笼统以没有冤屈而提起讼狱者，统统交纳束矢。

（14）还有两则《管子》的论说极具意蕴，第一则是：

发善必审于密，执威必明于中。[②]

这近乎格言。意思是行赏必须严密审核，行刑必须宣明国中。第二则是：

以有刑至无刑者，其法易而民全；以无刑至有刑者，其刑烦而奸多。[③]

意思是从有刑到无刑，能做到法律简易而人民得到保全；从无刑到有刑，法律就将烦琐而恶人反会增多。这一观点，其前提是明主应致力于百姓不受刑罚。使百姓不受刑罚，是坚持有罪必罚的结果。百姓有受刑现象，才是没有坚持有罪必罚造成的。因此，严格执法，往往先难而后易，从而会达到以有刑至无刑的效果；而执法如果选择先易者后难，则是以无刑至有刑，其结果就是法律日渐烦琐而奸邪不止。

总之，《管子》的治法论，涵容深广，一如《形势解》曰：“主，牧万民，治天下，莅百官，主之常也。治之以法，终而复始。”以此与“天，覆万物，制寒暑，行日月，次星辰，天之常也。治之以理，终而复始”。[④] 相应，从而成为幕天席地的治世论。所以，《管子》的治世思想，以治法为核心但不限于治法，它是综合而治的治道论，包容甚广，须细研精论。

---

① 狱、讼是不同的：“争罪曰狱，争财曰讼。”用现代法律术语讲，狱，属于刑事诉讼；讼，属于民事诉讼，古代虽然刑民不分，但毕竟不同。

② 《管子·幼官》。

③ 《管子·禁藏》。

④ 《管子·形势解》。

第十一章　治道论：《管子》的综治思想

当尊卑贵贱变成不再有任何质疑的铁律时，反抗的心念都被消解于无形，反抗的行为也就渐趋于无。实在被逼得走投无路不得不揭竿而起后，又被犯上作乱等一大堆罪名像天穹一样罩住，加上国家这一暴力机器的疯狂咬噬，反抗最多也就成了一声叹息，或者做了改朝换代的工具。还可怕在它还是中国两千多年超稳定结构得以形成和持续的思想根源。

从广义上说，上述治法论，也是《管子》治道论的一部分，甚至《管子》中的精气、水地论，乃至人性论与认识论，无一不是治道论的有机组成部分。质言之，治法之于治道，自不用说；而人性论，乃治道论的基础，已是共识；由于《管子》认识论的最终归旨仍在于治道，一如界说万物本原的精气说和水地论，最终也由天及人，落脚于治道，所以，也是广义的治道论的一部分。由此，《管子》的治道论，形成了融教、训、俗、刑、禁、礼、义、廉、耻、法等为一体的"厉民之道"，兼收并蓄了道、惠、仁、义、德、信、礼、乐、事、官、力、诚诸多范畴。之所以专论《管子》的治道论，是因为在上述论题之外，尚有综治思想，尚有与治道贴得更直接的政治思想，更有以"轻重"标签的经济思想，因之专论。

细拣《管子》有关以法治为主线的治道论，可用礼法结合，兼容并包概括之。这种导向，就是《管子》总体追求的"综治"思想。①

一、礼法结合，法教统一

以《管子》为书名集结起来的法治理论，一个最大的特点是礼法结合，法教统一，可谓兼容并包。对此，余敦康认为，齐法家是"设想了一种把中央集权和宗法制有机结合起来的封建体制，因而主张采用

---

① 与《管子》追求的"综治"思想不同，孟德斯鸠则考察了法律与国家的自然状态，和寒、热、温的气候，和土地的质量、形势与面积，和农、猎、牧各种人民的生活方式的诸种关系，和政制所能容忍的自由程度，和居民的宗教、性癖、财富、人口、贸易、风俗、习惯相适应的关系，法律和法律之间，法律和它们的渊源，和立法者的目的，以及和作为法律建立基础的事物秩序的所有关系"考察法律"，以此来研究和追求"法的精神"。参见孟德斯鸠：《论法的精神》上册，张雁深译，商务印书馆1961年版，第7页。

礼法并用的统治方术"。① 由此，学界多以对礼乐教化的不同态度，作为区分齐法家和三晋法家的标准。换言之，凡主张礼法并用的是齐法家，而拒斥礼乐教化，任法而治的则是三晋法家。严格来说，对礼乐教化的不同态度，作为区分齐法家与三晋法家的重要方式之一尚可，如果作为唯一标准，则误。因为荀子治世论的核心内容，也是礼法并重，相互为治，而他则是继孔子之后，与孟子并称的大儒。②

(一)"礼"与礼法并用

在管仲执政时，尽管齐国正经历着一场深刻的社会变革，但在治理国家的方式上，管仲依然承袭了西周以来的"礼治"思想。因此他非常重视"礼"。他在著名的《牧民》篇中讲：

> 国有四维，一维绝则倾，二维绝则危，三维绝则覆，四维绝则灭。倾可正也，危可安也，覆可起也，灭不可复错也。何谓四维？一曰礼，二曰义，三曰廉，四曰耻。礼不逾节，义不自进，廉不蔽恶，耻不从枉。故不逾节则上位安，不自进则民无巧诈，不蔽恶则行自全，不从枉则邪事不生。③

对此，张岱年认为："礼义廉耻都属道德规范，《管子》把道德规范的作用提到'四维不张，国乃灭亡'的高度，充分肯定教化的重要性。"④ 而在"国之四维"之中，管子又将"礼"置于四维之首。那么，何谓"礼"之维呢？管子讲"礼不逾节"。意思是，礼，要求人们不超越各种等级的规定，其作用在于"不逾节，则上位安"，亦即不超越规范，君主的地位就安然稳固。可见，此处的"节"，实乃"上下等级的节度"。而这个"节度"，应当是由"礼"统名而设的各种礼仪、礼俗交互而成的典章制度，以及规范一切行为的道德标准。《礼记》云："夫礼者，所以定亲疏，决嫌疑，别同异，明是非也。礼，不妄说人，不辞费。礼，不逾节，不侵侮，不好狎。"⑤这其中的"礼，不逾节"，与《牧民》篇中的"礼不逾节"完全是一个含义，内中强调的是"序上下"的尊卑有分，它与贵贱有等、亲疏有别、长幼有序一道构成了礼的实质内容，也就是《管子》中所说的：

> 登降揖让、贵贱有等、亲疏之体谓之礼。⑥

意思是尊卑揖让，贵贱有别，以及亲疏之间的体统叫作礼。可见，礼的核心是尊卑、贵贱和亲疏的差等，内中申说和强调的是尊卑不可逾越，贵贱有别以及亲疏远近

---

① 余敦康：《论管仲学派》，载《中国哲学》（第二辑），生活·读书·新知三联书店1980年版，第51页。

② 详论可参阅本文丛之《儒宗正源》第三十章"隆礼至法"中的相关内容，厦门大学出版社2011年版，第196～214页。

③ 《管子·牧民》。司马迁在《史记·管晏列传》中引述了："四维不张，国乃灭亡"等《管子·牧民》中一段论说，亦可旁证此乃管仲之作。

④ 张岱年：《〈管子〉的法教统一观》，载《管子学刊》1989年第3期。

⑤ 《礼记·曲礼上》。

⑥ 《管子·心术上》。

的"差序格局"。这一出自被学界一般认为属于稷下黄老学派之作《心术上》中的界说,也与儒家经典对"礼"的界说含义毫无二致,这说明了古代中国对礼的实质内容有着完全相同的认知。

颂壶

需要说明的是,此处界说"礼",还与"君臣父子人间之事谓之义"(摆正君臣父子这类人间的关系叫作"义"),"简物小未一道,杀僇禁诛谓之法"(繁简、大小的事务都使之遵守统一规范,并规定杀戮禁诛等事叫作法)共论。这一事实也从侧面说明了即使是稷下黄老学派的篇章,能被收进题名为《管子》的著述中,也表明了在对主要问题比如礼法结合等的界说上,也要与《管子》的主旨相同或相近,也再次证明了《管子》虽然兼容了各家学说,但不是没有主旨的大杂烩。

事实上,关于"礼"旨在规范尊卑、贵贱、亲疏、长幼方面,在《管子》中被认为是"礼之八经":

> 民知义矣,而未知礼,然后饰八经以导之礼。所谓八经者何?曰:上下有义,贵贱有分,长幼有等,贫富有度。凡此八者,礼之经也。①

这段论说,是在论说德、义、礼、法、权这五者辅弼国政的具体措施时,一路承接了"德有六兴,义有七体"而来的。在论说民应知德、知义之后,论说了此处的礼有八经。可见,"礼"的"本质属性在于确定等级差异"。② 所以,作者认为民在知德、知义之后,尚需知礼,这才有"民知义矣,而未知礼,然后饰八经以导之礼"之论。后续还有知法、知权。由此可见,在《管子》中,核心是礼法结合,实际上包括但不限于礼法,尚有德、义、权三者兼备而治。③

必须注意的是,此处"礼"的内容,与一般界说礼时的内容略有不同,即以"贫富"代替了"亲疏",何以使然?窃以为,这种不同,富有深意:此乃**法、儒重大分野的标志性差异**,不可不察也。换言之,是法家以"贫富有度"代替了儒家的"亲疏有别",而这一代替,为古代中国**共用性范畴——**"礼",添加了新的、属于法家的内容,其向度与意义,怎么评说也不过分。事实上,它是尊崇、承继管仲"仓廪实则知礼节,衣食足则知荣辱"之论以及关注贫富这一社会问题所作的衍生表达。它与管仲的务实主

---

① 《管子·五辅》。

② 季卫东:《中国法文化的蜕变与内在矛盾》,载李楯编:《法律社会学》,中国政法大学出版社1999年版,第215页。

③ 此处之"权",通权达变之谓,亦即"三度":"上度之天祥,下度之地宜,中度之人顺。"实际上就是强调天时、地利与人和。

旨,有着天然的契恰。唯因如此,其后文曰:

> 故上下无义则乱,贵贱无分则争,长幼无等则倍,贫富无度则失。上下乱,贵贱争,长幼倍,贫富失,而国不乱者,未之尝闻也。[①]

凡此八者,礼之经也。内中强调的是无义则乱,无分则争,无等则背,无度则失,如此,国家不乱的,是从来没有听说过的。唯因如此,必使"八者各得其义"。如此,"则为人君者,中正而无私;为人臣者,忠信而不党;为人父者,慈惠以教;为人子者,孝悌以肃;为人兄者,宽裕以诲;为人弟者,比顺以敬;为人夫者,敦蒙以固;为人妻者,劝勉以贞"。[②]由此涉及君臣父子,兄弟夫妻这八种基本的**人伦序范**。如此,"则下不倍上,臣不杀君,贱不逾贵,少不陵长,远不间亲,新不间旧,小不加大,淫不破义"。由此分析,下不倍上,臣不弑君,言尊卑;贱不逾贵,言贵贱;少不陵长,言长幼;远不间亲,新不间旧,言亲疏;而小不加大,淫不破义,则言贫富。因为小不加大,本意是小的不凌驾于大的之上;而淫不破义,本意是过头的不破坏合宜的。究竟言之,小者,小众也;大者,大众也,即小众不凌驾于大众之上。大众小众,贫富之别称也;而淫,其意乃是孟子所言的"富贵不能淫"之谓;而

"义",当指《五辅》中"义有七体"之中的"纤啬省用,以备饥馑"之谓。合起来,就是富不坏俭。这两句,实言贫富,申说的依然是"贫富有度"。

关于"知礼"的言说,最后归结为:"夫人必知礼然后恭敬,恭敬然后尊让,尊让然后少长贵贱不相逾越,少长贵贱不相逾越,故乱不生而患不作,故曰礼不可不谨也。"[③]核心依然是尊卑、少长、贵贱之间的不可逾越。因此,《管子》中多有独论,比如:

> 礼仪足以别贵贱。[④]

就像"宫室足以避燥湿,食饮足以和血气,衣服足以适寒温,游虞足以发欢欣,棺椁足以朽骨,衣衾足以朽肉,坟墓足以道记"[⑤]一样,成为一种生活常识。再如:

> 礼义者,尊卑之仪表也。[⑥]

这句前面是"仪者,万物之程式也。法度者,万民之仪表也"。由此可见,礼法并论以期并用,成了《管子》中的一种**思维自觉**。我们看到,此处的"礼义"与上段中的"礼仪"起码在文字上是不同的,事实上,二者严格说来是有区别的。对于与"礼"相关的概念,阎步克先生曾做过甄别。在他看来,"礼"源于乡俗或礼俗,进而发展为"礼

---

① 《管子·五辅》。
② 《管子·五辅》。
③ 《管子·五辅》。
④ 《管子·禁藏》。
⑤ 《管子·禁藏》。
⑥ 《管子·形势解》。

制"。"礼制"产生后,依然存留在乡土亲缘社区之中的"礼俗",与"礼制"就将有所分离而渐为二事。作为礼节仪式的"礼仪",与作为一切典章制度的广义的"礼",亦渐生不同。对"礼"所体现的原则加以阐发而日益升华出来的义理,当其积累到一定程度的时候,便将成为理念体系而有别于具象仪文,对之可名之为"礼义"。同时"礼"之政治方面和文化方面,又将因社会分化而出现分离。偏重从文化角度,强调其文化意义,基于这种态度所看到的"礼",我们可称之为"礼乐"。而偏重从政治方面,强调乐、仪、服、物的政制意义,并将官制、军制、法制、田制等都纳入其统摄之中,那么从这一角度看到的"礼",我们不妨称为"礼法"。以"礼"为教,我们称为"礼教"。而在以上诸方面所体现出来的,作为"尊尊"、"亲亲"与"贤贤"之"结体"的政治文化秩序,我们依然称之为"礼治"。① 虽然礼义与礼仪是不同的,但从《管子》的论说可见,二者往往是交互的、重叠的,并没有非常严格的边界。

那么,《管子》何以如此重视"礼"呢?其中有两句言简而意赅的论说,说透了其中的道理:

然则礼义廉耻不立,人君无以自守也。②

这是从人君的视角而论的。这句话的语境是说,人君只要专好全生保命,群臣也就都来全生保命,而大讲养生之道。什么叫作养生呢? 饮食滋味,声色享受,这些就是养生。然而,纵欲妄行,男女无别,就要返回到禽兽状态。所以礼义廉耻不立,人君就无法自保,言下之意,又怎能全生呢? 由此,礼义之于人君,其重要性可用《管子》中的另一语概括:

礼义者,人君之神也。③

戴望注:"礼义在,则君尊臣卑,万人以宁,故曰神。"④ 可见,这句话的意思是说,礼仪是人君保有尊严的条件。礼义的重要,可谓极矣! 此外,礼义的重要性还表现在它之于民众的意义:

夫民无礼义,则上下乱而贵贱争。⑤

所以,"凡人君者,欲民之有礼义也"。因为民无礼义,就尊卑不保而贵贱相争。可见,管仲非常重视礼义,已是不争的事实。这一点,还可从鲍叔牙的"五不如"之一中得到进一步的佐证:"臣之所不如管夷吾者五……制礼义可法于四方,臣不如也。"⑥ 虽然,礼义固繁,但其中再三申说的核心内容,还是尊卑、贵贱等基本序范。比如,在君臣方面:

---

① 阎步克:《士大夫政治演生史稿》,北京大学出版社 1996 年版,第 182～183 页。
② 《管子·立政九败解》。
③ 《管子·侈靡》。
④ [清]戴望:《管子校正》,《诸子集成》卷六,岳麓书社 1996 年版,第 251 页。
⑤ 《管子·版法解》。
⑥ 《管子·小匡》。

君臣上下之分素，则礼制立矣。是故以人役上，以力役明，以刑役心，此物之理也。……主劳者方，主制者圆。圆者运，运者通，通则和。方者执，执者固，固则信。君以利和，臣以节信，则上下无邪矣。故曰：君人者制仁，臣人者守信。此言上下之礼也。①

君尊臣卑，这是上下之分的大义。其细论则谓，通于天道人情者做君主，虽不能通，但宠贵者可以为臣。君主谋划，臣主事功。而民众侍君，力者侍明，形体侍心。主圆臣方，以应事务之方圆。戴望注曰："圆，谓君道也。圆而不滞，必运而无碍，故和之也。方，谓臣道也。方而有常，故执而不舍则固，固而不妄则信也。"②由此，君以宽仁宰制，臣以谨信守节，这就是所说的上下之礼。

又如，在普通民众方面：

君子食于道，则义审而礼明。义审而礼明，则伦等不逾，虽有偏卒之大夫，不敢有幸心，则上无危矣。齐民食于力，则作本。作本者众，农以听命。……决之则君子行于礼，塞之则小人笃于农。君子行于礼，则上尊而民顺；小民笃于农，则财厚而备足。③

这里的"君子食于道"，而"齐民食于力"，与孟子的"劳心者治人，劳力者治于人；治于人者食人，治人者食于人，天下之通义也"④的名论相通。实际上，《左传》中知武子就已说过："君子劳心，小人劳力，先王之制也。"⑤由此可见，这不仅是社会分工的必然结果，也是对当时脑体劳动差别这一普遍存在的现象的客观概括，而且是葛兆光所说的"春秋战国时代的一般知识和思想"。而内中申说的"礼"，不仅确认了这种社会分工，且由此认为如此"则伦等不逾"。如此，"君子行于礼，则上尊而民顺；小民笃于农，则财厚而备足"。

曾乙侯编钟（局部）

当这种外在的行为规范一再被强调和申说，渐久变成一种内心认可的信念时，一方面，它成了规范人们一切行为的准则；另一方面，它已内化成人们的一种道德律令，使之变得天经地义，让人们对此不再有任何质疑。因此，《管子》曰：

天有常象，地有常形，人有常礼。一设

---

① 《管子·君臣下》。
② ［清］戴望：《管子校正》，《诸子集成》卷六，岳麓书社1996年版，第215页。
③ 《管子·君臣下》。
④ 《孟子·滕文公上》。
⑤ 《左传·襄公九年》。

而不更,此谓三常。①

人之所谓的"常礼",竟与天象、地形,成了"一设而不更"的"三常"！这一教化过程形成如此的"丰功伟绩",是相当可怕的。因为当尊卑贵贱变成了不再有任何质疑的铁律时,反抗的心念都被消解于无形,反抗的行为也就渐趋于无。实在被逼得走投无路不得不揭竿而起后,如果成功了,实际上只是做了改朝换代的工具;如果失败了,则因犯上作乱而以谋反、大逆之罪入"十恶"不赦予以绞斩。还可怕在它还是中国两千多年超稳定结构得以形成和持续的思想根源。但中国历史上史不绝书的农民起义,又说明了什么呢?一方面说明了统治的暴虐已到了忍无可忍的程度,另一方面则说明了"像中国那样的在绝对主权支配下的强大农业官僚机构,特别容易使触发农民革命的各种因素聚合在一起"。② 用孟德斯鸠的话说就是"在专制的国家,却都是只有革命而没有内战"。③

就"礼"的内容而言,实非"八经"概括得这么"原则"。"礼之八经"其实是一种高度概括了的义理,而非具体内容。④ 礼的具体内容的广泛,可谓无所不包:

> 道德仁义,非礼不成;教训正俗,非礼不备;分争辨讼,非礼不决;君臣、上下、父子、兄弟,非礼不定;宦学事师,非礼不亲;班朝治军,莅官行法,非礼威严不行;祷祠祭祀,供给鬼神,非礼不诚不庄。是以君子恭敬撙节退让以明礼。⑤

当"礼"无所不包,广布于人们生活的方方面面,变得具有如此强大的规定性时,礼,也就变成了古代中国的"法"。如果说,法之主旨,乃在有"理"方立方行,"礼"亦如此:

> 礼者,因人之情,缘义之理,而为之节文者也,故礼者谓有理也。理也者,明分以谕义之意也。⑥

如果把这段文字中的"礼"换成"法",何尝不可? 法也基于人情,要"缘义之理"。事实上,其后文就是"法者所以同出,不得不然者也"。可见,礼法有着天然的渊源。所以,"在许多情况下,法与礼是一个意思,法即礼"。⑦ 二者的区别,"礼主要表现为

---

① 《管子·君臣上》。

② 〔美〕巴林顿·摩尔:《民主与专制的社会起源》,拓夫、张东东等译,华夏出版社1987年版,第388页。

③ 〔法〕孟德斯鸠:《论法的精神》上册,张雁深译,商务印书馆1961年版,第57页。

④ 关于礼的主旨,最为流行的观点认为,是别君臣、上下、父子、兄弟、内外、大小;或者是掌握权位,或者是"劝赏、畏刑、恤民",或者是人伦关系的指导精神等。刘泽华通过对这些梳理后认为,诸说可以并行不悖,互相补充。这些说法的总和更加突出了礼的重要作用。参见刘泽华:《中国政治思想史集》第一卷《先秦政治思想史》,人民出版社2008年版,第66~67页。

⑤ 《礼记·曲礼上》。

⑥ 《管子·心术上》。

⑦ 刘泽华:《中国政治思想史集》第一卷《先秦政治思想史》,人民出版社2008年版,第67页。

习惯与传统,而法则是由针对性的政治规定。这种规定,可以与礼一致,于是礼、法并存,并行不悖"。①

(二)礼法、法教统一

阎步克说:"《慎子》有言:'礼从俗,政从上。'又《管子·宙合》云:'乡有俗,国有法。'由'俗'而至'礼',由'礼'而至'法',这是中国古代因社会进化、分化和复杂化而导致的政治文化形态变迁的独特路线。'礼'体现为三统或三道的三位一体,而'法'则是由'礼'所蕴含的政统吏道因素充分分化而来的;但是它也就因此而成了'礼'的异化物和异己物了。"②实际上,《管子》中不仅是礼法结合,并称并用,而且是将以礼义为核心的教化统一起来。因此,在管仲看来,民心的向背比刑罚杀戮更重要:

> 政之所兴,在顺民心;政之所废,在逆民心。……故刑罚不足以畏其意,杀戮不足以服其心。故刑罚繁而意不恐,则令不行矣;杀戮众而心不服,则上位危矣。③

如前所述,顺民心是为政之本,远胜于刑罚乃至杀戮,否则,单一强调刑罚的结果,会造成法令不行的局面,而一味地杀戮,只会让民心更加不服,危及君位。因

此,要法教结合:

> 厚爱利足以亲之,明智礼足以教之,上身服以先之,审度量以闲之,乡置师以说道之。然后申之以宪令,劝之以庆赏,振之以刑罚。故百姓皆说为善,则暴乱之行无由至矣。④

基于人性的趋利避害,为政者不仅要付出厚利,还要付出厚爱,让人民亲附;还要申明礼,导以智,教化民众;还要人君以身作则、率先垂范来引导民众;同时还要设立法令以防止奸伪的发生,还要设置乡师指导民众。⑤ 然后再用法令进行约束,用奖赏加以劝勉,用刑罚进行威慑。简言之,也就是如前所述的"凡民者,莫不恶罚而畏罪。是以人君严教以示之,明刑罚以致之"。⑥ 但这段论说中,实际上已不止是礼法并用,而是一种"综治"的理路。当然,其核心依然是法、教并行:

> 夫君人之道,莫贵于胜。胜,故君道立;君道立,然后下从;下从,故教可立而化可成也。夫民不心服体从,则不可以礼义之文教也。君人者,不可以不察也。⑦

这段论说,让我们看到,为君教化的前

---

① 刘泽华:《中国政治思想史集》第一卷《先秦政治思想史》,人民出版社 2008 年版,第 68 页。
② 阎步克:《士大夫政治演生史稿》,北京大学出版社 1996 年版,第 167 页。
③ 《管子·牧民》。
④ 《管子·权修》。
⑤ 之所以"乡置师以说道之",是因为"乡建贤士,使教于国,则民有礼矣"(《管子·小匡》)。
⑥ 《管子·版法解》。
⑦ 《管子·正世》。

提是"胜"。何谓胜？"所谓胜者，法立令行之谓胜。"也就是说，法立令行是君道得立的前提。君主的相关制度确立了，然后下面才能服从。下面服从，教化才能够开展而有成效。这表明，法立令行是教化的前提。需要注意的是，这里提出了"心服体从"这一比现代心服口服更妥帖、深细的词语，其中表达的是，礼仪教化的前提是对规则的深度认可，暗含了所立之法，所行之令被民众认可的必要性，也就表明了法令必须具有合理性，以及正当性。这可从另一段论说中略见一斑：

> 公曰："请问为国。"对曰："远举贤人，慈爱百姓，外存亡国，继绝世，起诸孤；薄税敛，轻刑罚，此为国之大礼也。"公曰："请问为天下。"对曰："法行而不苛，刑廉而不赦，有司宽而不凌，菀浊困滞，皆法度不亡，往行不来而民游世矣，此为天下也。"①

这段桓管之间的问答，把为国与为天下分论，表明了春秋之世诸侯国林立以及不仅要治国，而且要"平天下"的职志，反映了时人的最高追求。我们从这段问答中看到的是，欲治国平天下，"法"占了核心地位。而在管仲心目中的"法"，刑罚必轻，法不严苛，这与后来韩非的严刑峻法有着实质的不同。在法立令行的基础上，举贤人、存亡国、继绝世、起诸孤、薄税敛，诸端并举。

而在《管子》的另一段论说，则认为"取天下"者，体礼也：

> 先王取天下，远者以礼，近者以体。②

意思是先王之所以取得天下，远的用礼，近的用亲近。将这两段论说合起来看，礼、法在当时的重要性就不言而喻了，因之并用。在另一种意义上，《管子》中不仅重视教化，甚至欲以教化之途来抵达"礼治"，而闲置法治：

> 教训习俗者众，则君民化变而不自知也。是故明君在上位，刑省罚寡，非可刑而不刑，非可罪而不罪也；明君者，闭其门，塞其涂，弇其迹，使民毋由接于淫非之地，是以民之道正行善也若性然。故罪罚寡而民以治矣。③

内中强调了受教育、守习俗的潜移默化作用，强调了明君刑省罚寡而民治的导向，非常难得。此中亦可看出道家与法家思想的交互影响。

（三）礼出于法，还是法出于礼

关于礼、法孰先孰后，谁出于谁，是一个比较复杂的问题。综观《管子》，有三种彼此不同的观点。

1. 法出于礼。《管子》曰：

> 人故相憎也，人之心悍，故为之法。法出于礼，礼出于治。治、礼，道也。万物待

---

① 《管子·中匡》。
② 《管子·枢言》。
③ 《管子·八观》。

治、礼而后定。①

"人故相憎",意思是人本来是相互憎恨的,这倒是新论。由于人心凶悍,所以需要法律。法律出于礼,礼出于治。那么,何谓"治"呢?郭沫若认为:"'治'与'辞'通,辞者名之成条贯者也,与《论语》'言'字同义。"②据此,有译者译为"礼出于言辞"。③郭解与谢、朱译文均误。黎翔凤案:"'治'为水名,政治为'理'之借。《齐语》:'教不善则政不治',注:'理也。'《仪礼·丧服》:'人治之大者也',注:'犹理也。'法出于礼,礼出于理。《乐记》:'礼也者,礼之不可易者也。'二说俱非。"④也就是说,此处的"治",乃政治之谓。则礼出于治之理,而治之理和礼,都是"道"的体现。万物都依理、礼的内在规定而后确定关系。

法出于礼这一观点,当今学者亦有持此论者。如阎步克认为:"法家的'法'原本也是从'礼'中分化出来的,但那是'礼'之政制方面或吏道因素充分分化和发展而来的异化之物。"⑤之所以说"'法生于礼'而别称之'法',意在割断传统的脐带"。⑥此说能否成立,权备一说。实际上,法出于礼,礼出于治,而治,《枢言》的作者最后归结为"道"的体现,也就印证了学界公认《枢言》为稷下黄老的作品之论。

2. 礼出于法。《管子》曰:

> 所谓仁义礼乐者,皆出于法。此先圣之所以一民者也。⑦

与《枢言》的观点正好相反,不仅认为礼出于法,而且认为仁义礼乐,皆出于法,旨在"一民"。这种将"法"推崇到极致的观点,显然出自齐法家之手。虽然,从表面看,恰与《枢言》之论相反,其实原理一样:《枢言》通过"治"这一"中介"导向了"道",实际上把"道"这一核心概念推崇到了极致,而《任法》则直接将"法"推到了极致。

3. 礼、法同出于理与道。《管子》曰:

> 故礼出乎义,义出乎理,理因乎宜者也。法者所以同出,不得不然者也,故杀僇禁诛以一之也。故事督乎法,法出乎权,权出于道。⑧

这似乎是一种折中说,即礼、法同出于理。其论证是这样的:所谓义,就是让事物各行其宜。而所谓礼,则是根据人的感情,顺从义的道理而形成的规范。所以,礼就是有理。所谓埋,是通过明确本分来表达义的。因此,礼出于义,而义出于理,理则是基于事物之所宜。法,所以与礼同出于

---

① 《管子·枢言》。
② 郭沫若:《管子集校》(一),人民出版社1984年版,第322页。
③ 谢浩范、朱迎平:《管子全译》,贵州人民出版社1996年版,第173页。
④ 黎翔凤:《管子校注》,中华书局2004年版,第247页。
⑤ 阎步克:《士大夫政治演生史稿》,北京大学出版社1996年版,第183页。
⑥ 阎步克:《士大夫政治演生史稿》,北京大学出版社1996年版,第168页。
⑦ 《管子·任法》。
⑧ 《管子·心术上》。

理,也是因为法中有"不得不然者"的缘故。法,是用来统一不同的行为,所以要运用杀戮禁诛来划一。因为事事都要用法来督察,法要根据权衡利弊来制定,而权衡利弊的根据,则是"道"。推导了半天,又回到了"道"。虽然,此论推论的路线不同于《枢言》,但是,这一观点的出处《心术上》,更是学界公认的《管子》四篇之一,以道为宗,自然推崇"道",夫复何言。其实,按照吕思勉先生的观点,不仅道法同源,名法亦同源。以此推论,礼、法各有其理,而理为道显,则礼法同源于道,也是必然结论。

轩辕黄帝画像

需要申述和强调的是,该篇虽系稷下黄老学派的作品,但将礼法并论并重,显然与荀子的礼法并重思想有某种程度的关联,至于谁受谁的影响,还是相互影响,不好臆断。单就此篇表达的思想而言,一是肯定了礼要"因人之情",肯定了"礼"不能脱离人性(情)而设。二是将"礼"与"义"对接,礼不仅要"因人之情",还要"缘义之理",按此而设,则为制度和标志。三是由于"义出乎理",而礼又出乎义,所以,礼要"有理"。四是表明了"法"与"礼"所以同

出,是"不得不然者",即不得不这样,亦即理在其中,还是社会所必需者。所以,刑罚的功用,即在通过杀戮禁诛来统一人们的言行。五是点明了法的来源:"法出乎权",即法来源于对事物的权衡得失,而权又出于"道"。

小结而言,如果说管仲对"礼"非常重视的话,这种重视绝不是荀子看到失"礼"后的灾难性后果,因而基于儒家立场将之改造成为"新礼"的一种纠补,而是"礼"在管仲时代尚未"崩",乐尚未"坏",尚有其强大生命力之际的一种承袭,或者是对"礼治"传统余绪的一种延展,而且叠加了"法",以此共同为治。

二、俗与礼、法

因《管子》中有不少论及"俗"与礼、法者,因此有必要再简论一下《管子》所见的"俗"与礼、法问题。所谓"俗",大致指礼俗、乡俗、民俗以及风俗之类。

1. 尊俗与重俗

细拣《管子》可见,其中有很多处论及"俗",且对之充满了尊重。比如:

> 未之令而为,未之使而往,上不加勉,而民自尽竭,俗之所期也。……令则行,禁则止,宪之所及,俗之所被,如百体之从心,政之所期也。[1]

内中流贯的是令行禁止,不仅要俗与宪合,[2]而且要像四肢百骸服从内心一样

---

[1] 《管子·立政》。

[2] [清]戴望:《管子校正》,《诸子集成》卷六,岳麓书社1996年版,第15页。

妥帖自然,要不加命令就主动去做,不加指使就主动前往,不用人君劝勉,而民众自己就能够尽心竭力,这是民俗所期望的效果。戴望注曰:"君既尽心于俗,所以能期于心也。"①

所谓宪与俗合,亦即国家法令与民俗的契合,这种理念本身是值得肯定的,因为国家法与"民间法"的相契,不仅是对民俗的高度重视与格外尊重,尤其使国家法因此获得了强大的生命力,一石二鸟,功德无量。当然,此俗也,当为良俗。事实上,在《管子》中,直接将国法与乡俗并论:

> 乡有俗,国有法,食饮不同味,衣服异采,世用器械,规矩绳准,称量数度,品有所成。②

这是说,乡有乡俗,国有国法。饮食习惯的口味各有不同,衣裳服饰的色彩各异,乃至常用器械,规矩准绳,称量数度,各事皆有成规。此论充分表达了对乡俗各异的认同与尊重。事实上,这种认同与尊重,有其哲学基础,即诉诸天道,认为"天不一时,地不一利",因此"人不一事","物有所宜",也就承认和尊重"著业不得不多,人之名位不得不殊",③而乡俗也不得不异。所以,为政之始,观习俗,察民俗,就成了关乎国家治乱之基:

> 入州里,观习俗,听民之所以化其上,而治乱之国可知也。④

将"观习俗,听民之所以化其上"作为区分治乱之国的方法,可谓重俗得法。事实上,俗久成习,故称习俗。如果说,《管子》把观习俗、察民俗作为治国方法予以立论,而强调司法过程性质的美国卡多佐大法官,不仅认为"生活塑造了行为的模子,而后者在某一天又会变得如同法律那样固定起来",而且重视和承认历史、哲学和习惯"在我们时代和我们这一代人中正变成所有力量中最大的力量"。⑤ 对此,许章润先生说,不管是经由立法还是司法,"'观俗立法'是法律成长的重要机制。生活本身塑育了自己的行为方式,法律规则即为对此行为方式的摹本,而赋予其规则形式,以维护这一行为方式,也就是维护这一生活方式"。⑥ 可见,尊重习惯,明察习俗,不仅是司法所虑者,亦是欲治天下之必虑者:

> 古之欲正世调天下者,必先观国政,料事务,察民俗,本治乱之所生,知得失之所在,然后从事。故法可立而治可行。⑦

以至设赏的厚薄,立禁的轻重,都要

---

① [清]戴望:《管子校正》,《诸子集成》卷六,岳麓书社1996年版,第15页。
② 《管子·宙合》。
③ 《管子·宙合》。
④ 《管子·八观》。
⑤ [美]本杰明·卡多佐:《司法过程的性质》,苏力译,商务印书馆1998年版,第38,39页。
⑥ 许章润:《法学家的智慧》,清华大学出版社2004年版,第194页。
⑦ 《管子·正世》。

"随时而变,因俗而动"。① 这一思想是难能可贵的。还有,对不同的乡俗和诸侯国不同的礼节,也是尊重的:

> 乡殊俗,国异礼,则民不流矣;不同法,则民不困;乡丘老不通睹,诛流散,则人不眺。安乡乐宅,享祭而讴吟称号者皆诛,所以留民俗也。②

意思是尊重各乡不同的风俗和各国不同的礼节,民众就不会流动迁徙;实行不同的法度,民众就不会感到困窘;使各地区老死不相往来,并惩罚流散人口,人民就不会外逃。让人们安乡乐宅,祭神祭祖的颂词与称呼不求一致,这也是为了保留各地的民俗。可以想见,对殊俗异礼的尊重,在现实中有时表现为不得不然,即使这样,也是明智的。③ 事实上,俗之重要,在《管子》中甚至有"经俗"之论:

> 朝有经臣,国有经俗,民有经产。④

国之"经俗"与朝之"经臣",民之"经产"并论,可谓尊"俗"至极。那么,"何谓国之经俗? 所好恶不违于上,所贵贱不逆于令;毋上拂之事,毋下比之说,毋侈泰之养,毋逾等之服;谨于乡里之行,而不逆于本朝之事者,国之经俗也。"⑤ 这一标准中,有尊君之义,亦有遵法之言,还有去奢谨行之意,可谓齐备。与这一对"俗"尊重的高度可以相提并论的,尚有《管子》的名论:

> 不慕古,不留今,与时变,与俗化。⑥

此一"两不、两与"之论卓立于世,洞穿古今。它一反中国古代慕古的文化积习,也不同于秦晋法家拘泥于当今的偏急促狭,而是以灵动的姿态,不仅与时俱进,而且与俗变化。高!

神道雕塑

---

① 《管子·正世》。

② 《管子·侈靡》。

③ 苏力在论"当代中国立法中的习惯"时认为,应当尊重一部分中国社会中的传统习惯,因为"这种习惯流变往往是约定俗成的,无需国家的强制就会发生,保证了人们在社会生活中的预期,因此,在制定法上注意研究并及时采纳习惯,不仅可以弥补制定法必定会存在的种种不足和疏忽,以及因过于严密细致的法律无法适应社会变化而可能带来的僵化;更重要的是,吸纳习惯也是保持宪法和法律富有生命力,使之与社会保持'地气',尊重人民的首创精神的一种不可或缺的渠道。"参见苏力:《道路通向城市:转型中国的法治》,法律出版社 2004 年版,第 107 页。苏力此论,可资作为《管子》尊重习俗的一个当代的间接解释。

④ 《管子·重令》。

⑤ 《管子·重令》。

⑥ 《管子·正世》。

2. 易俗

《管子》也明确论述了要"易俗"。之所以要易俗，或以为此"俗"过时，或以为此俗与国家法令相悖，不利于社会秩序的稳定，乃至与统治者的偏好不合等，因之要变易习俗。这一主张在《管子》中也不少。比如：

> 不明于化，而欲变俗易教，犹朝揉轮而夕欲乘车。……变俗易教，不知化不可。①

实际上，这里只是表达了"变俗易教"的不容易，因此不可操之过急，其方法是一个字：化。因此，移风易俗，化字当先。而变俗易教，不知化不可。那么，何谓"化"呢？"渐也，顺也，靡也，久也，服也，习也，谓之化。"②戴望注疏曰："渐，谓革物当以渐也。顺也，靡也，谓物顺教而风靡也。久也，服也，习也，谓人习服教命之久。"③此中表达的是移风易俗，宜潜移默化，宜渐久成习，宜顺势披靡，忌妄作，忌躁强。这种对"陋俗"的暂忍与审慎，可知可感，实在是易俗之良法良途。

其实，"化"，仅仅是《管子》中"七法"即"则、象、法、化、决塞、心术、计数"之一。由此亦见《管子》在强调礼、法并用的基础上，非常重视和强调"综合为治"。因此，严格说来，真正将礼、法在相对比较多的"诸策"中凸显出来，作为治国或建构社会秩序的基本框架者，当属荀子。荀子才真正删繁就简，真正"隆礼至法"，真正把礼、法并用提升到治国的基本策略，并由此开创了两千多年治道传统。④ 以此说来，管仲和题名为《管子》的诸论，是重礼、重法，亦重其他"诸策"的"杂糅综论"者。

由于变易习俗，是非常事件，所以要慎之又慎。这一思想在《管子》中是一以贯之的。比如：

> 农事胜则入粟多，入粟多则国富，国富则安乡重家，安乡重家则虽变俗易习、驱众移民，至于杀之，而民不恶也。⑤

农耕文明的"农本论"跃然纸上。此论将变俗易习与农耕文明引致的安土重迁，乃至"杀之"这样的人生重大事件相提并论，从侧面反映了对变俗易习的高度重视，以及审慎。

3. 俗、礼、法间的区别和对接

《管子》曰：

> 法制不议，则民不相私；刑杀毋赦，则民不偷于为善；爵禄毋假，则下不乱其上。三者藏于官则为法，施于国则成俗，其余不强而冶矣。⑥

---

① 《管子·七法》。
② 《管子·七法》。
③ [清]戴望：《管子校正》，《诸子集成》卷六，岳麓书社1996年版，第32页。
④ 详论可参阅本文丛之《儒宗正源》第三十章"隆礼至法"中的相关内容，厦门大学出版社2011年版，第196～214页。
⑤ 《管子·治国》。
⑥ 《管子·法禁》。

法、刑、爵三者藏于官府则为法，施于国则成俗。前者不稀奇，奇在后论——施法成俗。这近似现代所谓的"法治是一种生活方式"。当然，亦有相仿之论："百姓顺上而成俗，著久而为常。"①统治者梦寐以求的就是这里所说的"顺上成俗"，果真如此，则民众就成了恭顺的、被洗脑之后的所谓"良民"。

从上述之论中我们可以看到，一方面是对良俗的充分尊重与重视；另一方面，在下论中，当俗与法、礼相遇时，还是有程度的不同：

> 故法而守常，尊礼而变俗……此谓成国之法也。②

法要守，礼要尊，而俗要变。可见，俗与法、礼的地位毕竟不同，一如戴望所说："流遁之俗，则当变之。"③

4. 禁诡俗

《管子》虽然重俗尊俗，但对无法移易的恶俗与诡俗，则应禁止。《管子》讲：

> 主上无积而宫室美，眠家无积而衣服修，乘车者饰观望，步行者杂文采，本资少而末用多者，侈国之俗也。④

此论与前论中遵从的"乡殊俗，国异礼"之礼俗不同，此是侈国之俗。它使民贫而奸智生，以及邪巧作，因此与节衣服、俭财用、禁侈泰是对立的，所以当禁。更一般意义上的诡俗异礼，更在禁止之列：

> 诡俗异礼，大言法行，难其所为而高自错者，圣王之禁也。⑤

意思是实行诡怪的风俗和反常的礼节，言论和行为都很狂妄，把自己所做过的事说得十分艰难，借以抬高自己，这是圣王要禁止的。所以，《管子》曰：

> 毋杂俗，毋异礼。⑥

亦即反对怪俗异礼就成为必然。《管子·法法》篇中亦有此论：

> 国毋怪严，毋杂俗，毋异礼，士毋私议。

对此论，戴望注："国不作奇怪，则严肃而无杂，俗有常礼，士皆公议。"⑦此注甚切，而尤以"俗有常礼"为佳论。因这四字不仅点出了礼俗之不可分，而且说透了俗也有"常礼"在。换言之，违背常礼，就是杂俗异礼，当然在禁止之列。在齐法家看来，"私议立则主道卑矣，况主倨傲易令，错仪画制，变易风俗，诡服殊说犹立？"，所以，对

---

① 《管子·君臣上》。对"故法而守常"句，郭大痴云："'故'、'固'古通。'故法'，坚持成宪也。'守常'，循为世典也。"见黎翔凤：《管子校注》，中华书局 2004 年版，第 663 页。

② 《管子·侈靡》。

③ [清]戴望：《管子校正》，《诸子集成》卷六，岳麓书社 1996 年版，第 244 页。

④ 《管子·八观》。

⑤ 《管子·法禁》。

⑥ 《管子·霸形》。

⑦ [清]戴望：《管子校正》，《诸子集成》卷六，岳麓书社 1996 年版，第 105 页。

"上不行君令，下不合于乡里，变更自为，易国之成俗者，命之曰'不牧之民'"。①

> 不牧之民，绳之外也。绳之外诛。②

对于上不行君令，于下不合乡里，而又改易国俗的不牧之民，被认为是法度之外之人，于是，刀锋出鞘，杀！此论与韩非对待"不令之民"的观点如出一辙。可见，《管子》中虽有主旨与主线，不是杂凑，但因论文集性质的作品非一人一时之作，其中的不少观点往往有相左者，更有相互抵牾者。比如，此论就与《管子》其他篇章中相对比较宽和的为政之道，有明显的冲突。

三、兼容并包的"综治论"

阎步克曾就儒、法两家的不同指出："就特定意义而言，孔、孟与商、韩是分别地代表了两个极端；前者本于政统、亲统和道统三位一体的'礼治'秩序，后者所追求的却是一种立足政统、独尊吏道的专制官僚政治秩序；因而儒家趋向复古，而法家则主张变革。"③以此论衡量的话，管仲以及以《管子》为题的治道主张，恰恰介乎二者中间，走了一条兼容并包，综合为治的道路。这条路径不仅调和了礼治与法治的极端，是以礼法为核心，集中、渗透、融合了诸种治世论为一体而兼及各派主张的"综治论"。

就史实而言，管仲曾谓齐侯曰："夫诸侯之会，其德、刑、礼、义，无国不记。"④这一记载相对是比较可靠的。管仲的治世论，既不是单一的"礼治"或者"德治"，也不是秦晋法家主张的一断于法的"法治"。有礼，有刑，也有德与义。

就《管子》所见的篇章而言，综治论非常显豁，几成《管子》文体之一大特色。显著者，比如：

> 德有六兴，义有七体，礼有八经，法有五务，权有三度。⑤

这是"五辅"即五种具体治国措施——德、义、礼、法、权——的总纲。如前所述，"德有六兴"，大到德政之兴，小到民间细故，无所不包。而"义有七体"，"七体者何？曰：孝悌慈惠，以养亲戚；恭敬忠信，以事君上；中正比宜，以行礼节；整齐搏逊，以辟刑戮；纤啬省用，以备饥馑；敦蒙纯固，以备祸乱；和协辑睦，以备寇戎"。⑥ 同样绵密有致，涉及孝悌、慈惠、恭敬、忠信、中正、合宜、严整、谦逊、节俭、省用、敦厚、朴实、和睦、协调等，周备有加。加上礼有八经，法

---

① 戴望注曰："于上不行君令，于下不合乡里，但率意自为，异国之俗，故曰不牧之民，言其不可养也。"见戴望：《管子校正》，《诸子集成》卷六，岳麓书社1996年版，第105页。

② 《管子·法法》。

③ 阎步克：《士大夫政治演生史稿》，北京大学出版社1996年版，第192页。

④ 《左传·僖公七年》。

⑤ 《管子·五辅》。

⑥ 《管子·五辅》。

有五务，①以及权有三度，合起来，岂不就是"综治论"？在此基础上，还提出了逐奸民，诘轴伪，屏谗慝，毋听淫辞，毋作淫巧之论，提出了修饥馑，救灾害，振罢露，以及强本事，去无用，论贤人，用有能，薄税敛等具体的方略，可谓收罗备至。这正印证了梁漱溟对中国文化特征之一的概括："融国家于社会人伦之中，纳政治于礼俗教化之中，而以道德统括文化。"②

与此相宜，《管子·权修》篇也提出了融教、训、俗、刑、禁、礼、义、廉、耻、法等"厉民之道"，且将之视为"治之本也"：

> 凡牧民者，使士无邪行，女无淫事。士无邪行，教也；女无淫事，训也。教训成俗，而刑罚省，数也。凡牧民者，欲民之正也。欲民之正，则微邪不可不禁也。微邪者，大邪之所生也。微邪不禁，而求大邪之无伤国，不可得也。凡牧民者，欲民之有礼也。欲民之有礼，则小礼不可不谨也。小礼不谨于国，而求百姓之行大礼，不可得也。凡牧民者，欲民之有义也。欲民之有义，则小义不可不行。小义不行于国，而求百姓之行大义，不可得也。凡牧民者，欲民之有廉也。欲民之有廉，则小廉不可不修。小廉不修于国，而求百姓之行大廉，不可得也。凡牧民者，欲民之有耻也。欲民之有耻，则小耻不可不饰也。小耻不饰于国，而求百姓之行大耻，不可得也。凡牧民者，欲

> 民之修小礼、行小义、饰小廉、谨小耻、禁微邪，此厉民之道也。民之修小礼、行小义、饰小廉、谨小耻、禁微邪，治之本也。③

这更是防微杜渐、兼容并包的综治思想，明眼人一看便知，无须多言。事实上，《管子》中明确提出了"一体之治"的主张：

> 有一体之治，故能出号令，明宪法矣。……一体之治者，去奇说，禁雕俗也。④

此处的"一体之治"，其语境是在《七法》篇中讲治军的八种具体方法后，⑤在"选阵"中出现的一种说法。在"选阵"中，作者阐明了出兵攻占要行疾如风雨，轻捷如飞鸟，进击如雷电等，因此，上下同心，其犹一体，所以能发号施令，严明法令。……唯因上下一体，方能摒除谲诳之言，禁止浮伪之俗。由此可见，"一体之治"虽是讲出兵之法，但是，其语义已突破了"选阵"本身，不仅关涉出号令、明宪法，而且关涉去奇说、禁雕俗。可见此论早已突破了"论兵"之旨。一体之治，也就是综治论。此外，《管子》的综治论，还广及中国传统文化的诸多范畴：

> 通之以道，畜之以惠，亲之以仁，养之以义，报之以德，结之以信，接之以礼，和之

---

① 《五辅》："布法以任力，任力有五务。五务者何？曰：君择臣而任官，大夫任官辩事，官长任事守职，士修身功材，庶人耕农树艺。"

② 梁漱溟：《中国文化要义》，上海人民出版社2011年版，第22页。

③ 《管子·权修》。该篇还以"凡牧民者"为起首句，四层排比论及"法"的目的与作用，因这部分要后论，故略。

④ 《管子·七法》。

⑤ 即聚财、论工、制器、选士、政教、服习、遍知天下和明于机数。

以乐,期之以事,攻之以官,发之以力,咸之以诚。①

作为《经言》之一,实为《管子》理论中心的《幼官》中的这段论说,其中兼收并蓄了道、惠、仁、义、德、信、礼、乐、事、官、力、诚诸多范畴,更是经典的综治论。单就被商鞅称为"六虱"之一的"诚信",在《管子》中就有至高的位阶:"先王贵诚信,诚信者,天下之结也。"②此论几与将"诚"置于宇宙本体地位的子思之论相媲美。

归结而言,如前已反复申述的那样,《管子》以道为理,以法为宗,倾力经济,融会阴阳,兼及儒墨,杂以兵工农医为一体,是一种非常全面的"综治论"。这也是自古及今的共识。宋晁公武说:"予读仲书,见其谨政令、通商贾、均力役、尽地利,既为富强,又颇以礼义廉耻化其国俗,如《心术》、《白心》诸篇,亦尝侧闻诚心正意。其能一天下,致君为五霸之盛,宜矣。"③张岱年也认为:"儒家宣扬'德治',强调道德教育的重要,对于法律的作用估计不足。三晋的法家如商鞅、韩非强调'法'与'势'的重要,把法治与文化学术对立起来,认为道德教育都是毫无价值的。两者都陷于一偏。唯有齐国的法家学者以《管子》为题的著作,既主张以法治国,又肯定道德教育的必要性,看到法律与教育的统一关系。这是先秦时代最全面的政治思想。"④而其目标,则是"内修政事",外结诸侯,富国强兵,一匡天下。

而这一目标的设定及其实现,构成了《管子》最核心的政治思想。

---

① 《管子·幼官》。
② 《管子·枢言》。
③ [清]戴望:《管子校正》录《管子》文评,《诸子集成》卷六,岳麓书社1996年版,第5页。
④ 张岱年:《〈管子〉的法教统一观》,载《管子学刊》1989年第3期。

第十二章　治道论:《管子》的政治思想(上)

"礼义廉耻,国之四维。四维不张,国乃灭亡。"为何此论历久而弥新？因为这是一个国度及其民众最基本的伦常与道德底线,是支撑一个巨大国度最基本的价值基座,一旦沦丧,民众就成了没有礼义廉耻的民众,而组成的族群也就是没有礼义廉耻的族群,国家也就成了徒有其形而无其神的躯壳,衙门林立,麻木不仁,纲纪废弛,腐败成风……一遭风吹草动,旋即解体。可见,由人及国,凡此种种,皆由此四字而起,因之成千古不刊之论。

一、《管子》政治思想的总体特征

《管子》治道论的总体特征,实乃兼容并包的综治论。相应的,《管子》的政治思想,虽然也包容甚广,但其核心是"为政以法",即把"以法治国"作为为政的基本方略。但其为政方略中的治法,不像后来商、韩那样极端——尊治法而否弃其他,[①]而是在尊治法的同时,并不否弃德礼的教化作用,乃至礼法结合,法教统一。[②] 同时,《管子》还以其"欲利恶害"的人性论牵民以利,强调"以民为本",而其具体举措,则是通过选贤任能,以及建立完整严密的行政管理系统,实现以尊君为归旨的君主集权统治。

(一)何为"政"

中国古代典籍中,对"政"的论述颇多。比如,《左传》:"政以治民,刑与正邪。"[③]即将"政"与"刑"对举,以论其用。而《管子》则对"政"作了比较详细的界说:

---

① 牟宗三将之界定为"物化的治道",其表征就是"先反贤,反德,反民智,反性善,进而反孝弟,反仁义礼智。如是人性只成一个黑暗的,无光无热的,干枯的理智,由此进而言君术。由干枯的理智与君术,遂把道家的道吸收进来以为'体'。如是,心只成一个虚极静极而一无德性内容的玻璃镜子,以此运术而行法。道家的道,本是由破除外在的形式与人为的对待而显的一个混沌,其中并无德性内容。故正好可取来以为法家之体。君在权位上本是个超越无限体,今复益之以无德性内容无价值内容之干枯冷静的虚寂浑全之心以为神秘莫测之术府,则其为极权专制乃不可避免。此神秘莫测之术府所运用之工具便是法。"参见牟宗三:《政道与治道》,台湾学生书局1980年版,第41页。

② 也就是戴望所说的:"政者立法以齐物,教者训诱以感心。"参见戴望:《管子校正》,《诸子集成》卷六,岳麓书社1996年版,第241页。

③ 《左传·隐公十一年》。

政者，正也。正也者，所以正定万物之命也。是故圣人精德立中以生正，明正以治国。故正者，所以止过而逮不及也。过与不及也，皆非正也。非正，则伤国一也。勇而不义，伤兵；仁而不法，伤正。故军之败也，生于不义；法之侵也，生于不正。①

在这一段对"政"的界说里，有四层意思：第一层意思，所谓"政"，也就是"正"。那么，什么是"正"呢？《说文解字》曰："是也，从止一以止，凡正之属皆从正。徐锴曰：'守一以止也'。"既然"正"乃"是"，也就是正确的、合宜的意思。而"止一"或"守一以止"为"正"，则必究这里的"一"何谓？再引《说文解字》："一，惟初太始，道立于一；造分天地，化成万物。凡一之属皆从一。"两者连接起来可见，此"一"实同于宇宙的太始。如此，则"止一"意味着止于宇宙的太始，而"守一以止"也就是意味着以宇宙的太始为边界。老子云："道生一，一生二，二生三，三生万物。万物负阴而抱阳，冲气以为和。"②这里的"一"是一个指"最原初的统一体"。③ 此"一"的功用，即"天得一以清，地得一以宁，神得一以灵，谷得一以生，侯王得一以为天下正"。④ 可见此"一"

与"正"具有天然的勾连，体现的是化生万物法则本身的庄严。"止一"也就是持守或止于永恒不变的化生万物法则的边界，所以把这种"守一以止"叫作"正"。中国古代的"止一"为正，让我们想到了巴门尼德所说的整个宇宙只存在一个单一的、不变的、不可分的、也不可毁灭的东西，这个东西就是"一"（One）。⑤ 可见，"正"字背后的"一"，中西皆指宇宙乃以生成、持守的东西。所以，"正"字的终极内涵，是它面向的宇宙及其一切存在者所持守的"原初的统一体"，近似于"道"。

就"正"字的一般字义，是指"不偏，不斜"的意思，与它的终极内涵近似的"道"勾连，意味着它不是邪道，也就是通常所谓的"正道"。

此处的"政者，正也"这样的表述方式，与《论语》毫无二致："季康子问政于孔子。孔子对曰：'政者，正也。子帅以正，孰敢不正？'"⑥杨伯峻将"正"解释为"端正"，意思是您自己带头端正，谁敢不端正呢？⑦ 对此，李泽厚作了相同的解释："政治就是端正。你率先端正自己，谁敢不端正？"他进一步解释道："伦理即政治，即'一是以修身为本'的氏族政治：氏族首领以自身行为为

① 《管子·法法》。
② 陈鼓应：《老子校订文》第四十二章，《老子注释及评介》，中华书局1984年版，第459页。
③ 详论可参阅本文丛之《文明的源起——以"双宇宙"为主线》第六章"老子的道论：大宇宙的众妙之门"，厦门大学出版社2011年版，第127～136页。
④ 陈鼓应：《老子校订文》第四十二章，《老子注释及评介》，中华书局1984年版，第457页。
⑤ 西方即使论证超形质的"一"，也是运用逻辑的方式加以阐释，而古代中国则在论证超形质的"一"时，是非逻辑的直悟方式，一种隐喻性的诗意表达。前者指向确定，后者指向"模糊"；前者通过言语界定、命名事物以概念来把握客观世界，后者甚至反对运用言语把握客观世界。这是中西思维方式的分野。
⑥ 《论语·颜渊》。
⑦ 杨伯峻：《论语译注》，中华书局2006年版，第145页。

表率才能获得信任，进行管理和统治。这与后代政治已毫不相干，却仍为儒家所坚持和强调，并影响至今。字源学显示'政'源于'正'，'正'源于'征'，其意是加刑于人，这与荀子讲的'礼乐刑政'倒相接近，而不同于此处。"①而钱穆的解释是："正，犹言正道。政治乃群众事，必以正道，不当偏邪。"其译文是："政只是正的意义。你若把正道来率先领导，在下的又谁敢不正呀？"②其实，对孔子之言的解释，不如译解成："政治就是正道。你率先走正道，谁敢不走正道？"似乎更恰切一些。

但问题是，《管子》对"正"的进一步解释却是"正也者，所以正定万物之命也"，又是什么意思呢？我们知道，中国古代先哲论人必及于天，然后又由天及人。既然"正"字的终极内涵面向的是宇宙及其万物，而宇宙及其万物由于"乾道变化，各正性命"，③而"天命之谓性，率性之谓道"，④亦即性是受之于天，是自然赋予；命是天之所授，各有差别。换言之，万物各有各的性命，各有各的存在价值，各有各的位置，即在各正性命中各得其正。由此可见，"正定万物之命"，也就是每个存在者都根据自己的存在方式而各得其所，各得其宜时，也就

蕴含了宇宙及其万物持续纯正的和谐，而这一和谐本身，就展现为一种内在统一性的秩序。这种秩序，是变化着的乾道亦即天的法则——"正道"的呈现，表现在政治上，就是实践乾道和谐的人间秩序，使天下各得其宜，持久和平。

第二层意思是说，因此圣人总是精修德性，确立不偏不倚的正道来培植这个"正"，并通过彰明这一"正道"来治理国家。如果说"圣人精德立中以生正"大抵与"内圣"暗合的话，那么，"明正以治国"则暗合外王之旨。

第三层意思，对"正"界说的意绪，进一步由天庭回落人间：所以"正"就是用来防止过头而弥补不及的。过与不及都不是"正"。戴望注曰："正者中立，故过者令止之，不及者令逮之。"⑤

第四层意思是说，过犹不及，即不正，都一样损害国家。比如，勇而不义，损害军队；仁而不合法度，损害公正。军队失败，产生于不义；法度的侵蚀，就是产生于不正。

可见，政之精义，在于立中合宜。既不能不足，也不能过头。评论而言，实质上，这一界说虽然义理精微广大，但并未真正触及"政"之本质——权力，更未触及对权力怎样赢得，如何监督等核心问题。⑥而

---

① 李泽厚：《论语今读》，安徽文艺出版社 1998 年版，第 292 页。
② 钱穆：《论语新解》，生活·读书·新知三联书店 2005 年版，第 318 页。
③ 《易经》乾卦象传。
④ 《中庸》。
⑤ ［清］戴望：《管子校正》，《诸子集成》卷六，岳麓书社 1996 年版，第 109 页。
⑥ 当然，不应这样苛求古人，但就问题本身，还是点透为好。倒是在《管子·霸言》中说："夫权者，神圣之所资也。独明者，天下之利器也；独断者，微密之营垒也。此三者，圣人之所则也。"但此篇中的"权"，对外而言，是指"夫欲用天下之权者，必先布德诸侯"，指的是争霸天下的权力；对内而言，即上引文句，则指含有政治意味的、为君主依赖并被认为应当独明、独断的君权。唯一一处界说"权有三度"的论说是："所谓三度者何？曰：上度之天祥，下度之地宜，中度之人顺，此所谓三度。"（《管子·五辅》）这里的三度之权，是指天时、地利、人和，实为"权衡"之意，非政治之"权"也。

马克斯·韦伯将政治界定为"争取分享权力或影响权力分配的努力"，①就直击政治的枢机。

龙椅图饰（局部）

（二）为政的梯度：皇、帝、王、霸

《管子》对政治理想图景的划分，有一个渐次降低的梯度，即皇、帝、王、霸。如，在《兵法》篇中曰：

明一者皇，察道者帝，通德者王，谋得兵胜者霸。②

意思是通晓万物本质的可成皇业，明察治世之道的可成帝业，懂得实行德政的可成王业，深谋远虑取得战争胜利的可成霸业。还有一处，也有皇、帝、王、霸四阶：

若因处虚守静，人人物物则皇。……[率]常至命，尊贤授德，则帝。身仁行义，

服忠用信，则王。审谋章礼，选士利械，则霸。③

第一句，根据黎翔凤的《管子校注》，以及郭沫若的《管子集校》等补出。这是说，君王恪守虚静，让各种人物各得其适，这样就能成就皇业。遵循常道，达于天命，尊重贤能，任用贤德，这样就能成就帝业。身体力行仁义之举，选拔使用忠信之臣，这样就能成就王业。审虑战争谋略，彰明攻伐之理，精选兵士，修利武器，这样就能成就霸业。

将以上两论对比，前者略，后者详。除对成就皇业的论说不同之外，其余三者的大旨相通：论帝业，均重"道"，论王业，均重"德"，而论霸业，则重"兵"。

与上两论不同，另外两处，只有帝、王、霸三个梯度，如下：

无为者帝，为而无以为者王，为而不贵者霸。④

这是说顺其自然、无为而治的君王可成就帝业，治理有方而无须亲自操劳的可成就王业，有所作为但不妄自尊大者可成就霸业。此论与前两论对比而言，同样是对成就帝、王、霸的期许，但借以实现的条件并不一样。下论的角度更加不同：

凡有天下者，以情伐者帝，以事伐者

① ［德］马克斯·韦伯：《学术与政治》，冯克利译，生活·读书·新知三联书店1998年版，第55页。
② 《管子·兵法》。
③ 《管子·幼官》。
④ 《管子·乘马》。

王,以政伐者霸。①

意思是凡是据有天下的,靠人心取天下者成帝业,靠事功取天下者成王业,靠征战取天下者成霸业。

从以上对皇、帝、王、霸四阶的不同论说,我们看到,在春秋争霸,战国争雄的历史背景下,对皇、帝乃至王业的论说,仅仅成了一种理想与憧憬。残酷的现实标注的是弱者求存,强者图霸,因而所谓帝王之道,就成了商鞅见秦孝公时的一种被视为"妄人"的梦呓,因之秦孝公不是睡着了,就是"弗听",他要的是"霸道"。明赵用贤认为:"世之谭者曰:帝降而王,王降而霸,自仲之说行,一变而入于夸诈之习,其末及于秦鞅,尽去先王之籍,而流毒天下,遂以管商为功利之首。夫商君惨礉少恩,卒受恶名于秦。而仲之政,饰四维,固六亲,其论白心内业,不可谓无窥于圣人之道,而徒以刀锯绳民如商君者。故虽吾父子,亦且大其功,而以'如其仁'归之,奈何跻鞅于仲也。"②赵氏完全不同意将管仲与商鞅并列并论。其实,世称管商,必有其内在相通者,非全属诬枉之言。

(三)农耕文明背景下的"地德"论

农耕文明注定了"土地"在为政中具有不可替代的根本作用。因此,在《管子》中将"地"视为"政之本也":

> 地者,政之本也。是故地可以正政也。地不平均和调,则政不可正也。政不正,则事不可理也。③

从这段论说中,作者将土地视为为政之本,"并不是土地这个自然物的本身,而是封建土地所有权,只有它才是一切封建特权的基础,建立在这个基础上的一切封建政治法权都是土地所有权的属性。《管子》作者看来,地所以能在政治上发生如此大的作用,主要还是它在社会物质资料的生产中特别是在农业生产中所起的作用"。④ 也就是说,土地可以调整国家的政事。如果土地分配不合理,管理不完善,国政就得不到调整。而一旦没有公正的政事,生产就得不到发展。

实际上,《管子》中很多篇章,都是围绕土地展开的。比如,"不好本事,不务地利,而轻赋敛,不可与都邑";⑤又如,"土地博大,野不可以无吏"。⑥ 再如:

> 地者,政之本也。朝者,义之理也。市者,货之准也。黄金者,用之量也。诸侯之地、千乘之国者,器之制也。⑦

---

① 《管子·禁藏》。
② [明]赵用贤:《管子书序》,《诸子集成》卷六,岳麓书社1996年版,第2页。
③ 《管子·乘马》
④ 胡寄窗:《中国经济思想史》(上),上海财经大学出版社1998年版,第296页。
⑤ 《管子·立政》。
⑥ 《管子·权修》。
⑦ 《管子·乘马》。

将土地与朝廷、市场、黄金、军备五者并论，实际上论政以经济基础和军事保障。《管子》在很多具体的论说后，依据中国古代的思想传统，以及当时"一般知识"，抽象出"地德"论：

> 理国之道，地德为首。①

戴望注曰："法地以为政，故曰地德为首。"②而所谓"地德"，也就是《管子·心术下》所说的"是故圣人若天然，无私覆也；若地然，无私载也"。可见，地德，就是与天无私覆相对的"地无私载"，引申为一视同仁，大公无私。唯此，方称之为"理国之道"，内中表达的核心之旨，乃是去私而任公，所以是治理国家的首要原则。

此外，《管子》还从阴阳消长、大化运行的高度，申说了"可以正政者，地也"的观点：

> 春秋冬夏，阴阳之推移也；时之短长，阴阳之利用也；日夜之易，阴阳之化也。然则阴阳正矣，虽不正，有余不可损，不足不可益也。天，莫之能损益也。然则可以正政者，地也。故不可不正也。正地者，其实必正。③

四季推移，农时短长，日夜更替，均为天道自成，不易之则，不可损益。唯有"地"，可以调整政事，因此，要对实际可耕的土地进行核正，据此来治理官府，达到政事治，财货多的目的。所以，即使在论说为政的一般表述中，土地也是首要考虑的关键因素：

> 故善为政者，田畴垦而国邑实，朝廷闲而官府治，公法行而私曲止，仓廪实而囹圄空，贤人进而奸民退，其君子上中正而下诐谀，其士民贵武勇而贱得利。其庶人好耕农而恶饮食。④

这一带有为政总纲性质的论说，首要因素，乃是"田畴垦而国邑实"。与此相反者，就是"不能为政者"。此外，《管子》中即使论说君民关系，也以土地切入：

> 地之生财有时，民之用力有倦，而人君之欲无穷。以有时与有倦养无穷之君，而度量不生于其间，则上下相疾也。是以臣有杀其君，子有杀其父者矣。故取于民有度，用之有止，国虽小必安；取于民无度，用之不止，国虽大必危。⑤

这是一段著名的论说。之所以著名，是因为不仅通过"地之生财有时，民之用力有倦"与"人君之欲无穷"两相比较，反衬出人君的贪得无厌，而且由此提出了一个"取民有度，用之有止"的合理限度问题，因为它关涉国家的安危。更有意思的是，这段论说还侧面解释了何以会发生"臣杀其

---

① 《管子·问》。
② ［清］戴望：《管子校正》，《诸子集成》卷六，岳麓书社1996年版，第180页。
③ 《管子·乘马》。
④ 《管子·五辅》。
⑤ 《管子·权修》。

君,子杀其父"的深层问题。亦可视作是对"弑君三十六"这一春秋乱世的经典解释之一。

《管子》还认为,合理分配土地,实行分户经营,可以使百姓抓紧农时。这样,百姓才会关注季节的早晚、时间的紧迫和饥寒的威胁。这样,他们就能晚睡早起,父子兄弟全家关心劳动,不知疲倦并且不辞辛苦地经营,这就是《管子》的"**均地分力**"论:"道曰:均地,分力,使民知时也。民乃知时日之蚤晏,日月之不足,饥寒之至于身也。是故,夜寝蚤起,父子兄弟不忘其功。为而不倦,民不惮劳苦。"①而如果不把土地进行合理分配,不实行分户经营,则会导致这一结果的产生:

地利不可竭,民力不可殚。②

1978年11月24日下午3时左右,村西边严立华家,小岗村20户村民代表签下了秘密契约:"我们分田到户,每户户主签字盖章,如以后能干,每户保证完成全年上交的公粮,不再向国家伸手要钱要粮。如不成,我们干部坐牢剃头也甘心,大家社员也保证把我们的小孩养活到18岁。"这份有点文句不是很通的"契约"带有壮士断腕的决心,显得有点悲壮。

即土地的收益不能得到充分发掘,民力也不能得到充分发挥。具有深意的是,这一在两千多年前就已阐述明白的古老而简单的道理,在两千多年后的中国社会实践中,竟成了安徽凤阳县小岗村以"大包干"方式"分田到户"成就的中国农村改革的第一份宣言,成了"敢为天下先"的"小岗精神"!这多少有点反讽意味。其实,这一现象背后深藏的是人性与制度的冲突与磨合:当人性尚在自利主导的情境下,实行"一大二公"的共产风是对共产主义的浅薄追求,因其严重的平均主义给当时的生产力造成了极大的破坏,带来了众所周知的灾难性后果。

(四)带有总纲性质的为政论

《管子》的不少篇章中,有不少论说,是带有"总纲"性质的为政论。比如:

夫为国之本,得天之时而为经,得人之心而为纪,法令为维纲,吏为网罟,什伍以为行列,赏诛为文武。缮农具当器械,耕农当攻战,推引铫耨以当剑戟,被蓑以当铠鑐,菹笠以当盾橹。故耕器具则战器备,衣事习则功战巧矣。③

这段论说实为两部分,前半部分讲治国的根本,掌握天时叫作"经",能收拢人心叫作"纪",法令好比渔网的总纲,官吏好比网和罟,居民的什伍编制好比军队的行列,赏罚好比进退的金鼓。而后半部分讲农战

① 《管子·乘马》。
② 《管子·乘马》。
③ 《管子·禁藏》。

合一，要把修缮好的农具当作军队的器械，把耕作的农民当作攻伐的兵士，把挥舞着的锄头当作剑戟，把蓑衣当作铠甲，把斗笠当作盾牌。这样农具齐全了，武器也就齐备了；耕作的技能熟练了，攻战也就精巧了。这是典型的农耕国家处于春秋战国特殊时代背景下的特殊治国理念。它将农战合一：民众在平时是农民，在战时是战士；农具在平时是农具，在战时是兵器。此也可视为农耕文明之一大景致。

再如，《管子》中的下列名论，更为为政之总纲：

> 凡有地牧民者，务在四时，守在仓廪。国多财则远者来，地辟举则民留处。仓廪实则知礼节，衣食足则知荣辱。上服度则六亲固，四维张则君令行。故省刑之要，在禁文巧；守国之度，在饰四维；顺民之经，在明鬼神，祇山川，敬宗庙，恭祖旧。①

这历来被认为是管仲的名论。巫宝三指出："管仲的'仓廪实则知礼节，衣食足则知荣辱'这两句名言，是《管子》各篇的指导思想。……这两句话的前半句，是说国家要有充足的粮食储备，人民要有足够的衣食供应；这两句话的后半句，是说物质财富的生产是政治教化的基础。从这两句话，可以知道《管子》对于衣食等物质财富的生产是何等的重视。"②是的，这也是农耕社会为政的基本方略。国家的治理，一定先要致力于四时农事，确保粮食贮备，因为"国多财则远者来，地辟举则民留处"。粮仓充实，百姓才懂得礼节；衣食丰足，百姓才懂得荣辱。君主谨守礼法，六亲就能相安无事；四维广为推行，君主才能令行禁止。因此，精简刑罚的关键，在于禁止奇技淫巧；持守国家的维度，在于整饬四维；训导百姓的要旨，在于崇奉鬼神、③祭祀山川、敬重祖宗和宗亲故旧。

上论中的"守国之度，在饰四维"，引出《管子》的千古名论：

> 国有四维，一维绝则倾，二维绝则危，三维绝则覆，四维绝则灭。倾可正也，危可安也，覆可起也，灭不可复错也。何谓四维？一曰礼，二曰义，三曰廉，四曰耻。礼不逾节，义不自进，廉不蔽恶，耻不从枉。故不逾节则上位安，不自进则民无巧诈，不蔽恶则行自全，不从枉则邪事不生。④

总括管子古义，《五代史·冯道传论》将之归结为："**礼义廉耻，国之四维；四维不张，国乃灭亡。**"

所谓四维，是指治国的四纲，四个基本维度。在管子看来，缺了一维，国基就会倾斜；缺了两维，国家就很危险；缺了三维，国家大厦将要倾覆；缺了四维，国家就会灭亡。倾斜可以扶正，危险可以挽救，倾覆可

---

① 《管子·牧民》。

② 巫宝三：《管子经济思想研究》，中国社会科学出版社 1989 年版，第 11 页。

③ 黎翔凤案："鬼神为始祖，人鬼尊为天帝氏者，例如颛顼。鬼神居幽，明之，所以尊之也。明之者，柴燎以祭。明衣明器，皆由柴燎得义也。宗庙则为始祖以下之帝王。"参见黎翔凤：《管子校注》，中华书局 2004 年版，第 7 页。

④ 《管子·牧民》。

以再起，一旦灭亡了，那就再也没有什么举措可以拯救了。就礼义廉耻原初的本意，礼指上下有节而不能逾越，义指依法进仕而不得自进，廉指明察善恶而不掩饰恶行，耻指羞恶知耻而不诡随邪枉无羞之人。如此，就可使"上安位"、"民无巧诈"、"行自全"和"邪事不生"。于是国可守民可治。这是"原汁原味"的古义和本来义。

礼义廉耻　匾额

对礼义廉耻的感知，今人与古人有很大的不同，此亦时也，势也，论也。照实说来，按照古义，比如"不逾节则上位安"等，以今人感知，充满了陈腐的气息。因此，蒋介石曾在发起的"新生活运动"中，对"礼义廉耻"赋予新义："礼是规规矩矩的态度，义是正正当当的行为，廉是清清楚楚的辨别，耻是切切实实的觉悟。"与此不同，亭林先生对此的解读是这样的：

礼义，治人之大法；廉耻，立人之大节。盖不廉则无所不取，不耻则无所不为。人而如此，则祸败乱亡亦无所不至。况为大臣，而无所不取，无所不为，则天下其有不乱，国家其有不亡者乎？然而四者之中，耻尤为要，故夫子之论士，曰："行己有耻。"孟子曰："人不可以无耻，无耻之耻，无耻矣。"又曰："耻之于人大矣，为机变之巧者，无所用耻焉。"所以然者，人之不廉而至于悖礼犯义，其原皆生于无耻也。故士大夫之无耻，是谓国耻。①

治人的大法，立人的大节，全在礼义廉耻，这是做人的底线。而为人大臣，如不谨守这一底线，国家不亡乱者，鲜见矣。而四维之中，"耻尤为要"。因为人一旦无耻，则比禽兽还可怕。亭林先生将"士大夫之无耻，是谓国耻"，可谓古枝新发，实属高论。

就一般意义而言，我们认为，礼，当为做人的基本礼节与行为规范，乃至对待异己的雅量；义，应是公正合宜的品性和正直勇敢的行为，以及为信念而具有的不同担当；廉，则是自洁其身的节操，以及淡泊、清明、高远的志趣；耻，知其行止应当坚守的底线，以及明白哪些不该为而时常保持的、清醒的羞恶之心。作为拟制人格的国度，亦可作如是观。

我们还要追问的是，为何管子的礼义廉耻之论，历久而弥新？因为这是一个国度及其民众最基本的伦常与道德底线，是支撑一个巨大国度最基本的价值基座，一旦沦丧，民众就成了没有礼义廉耻的民众，而组成的族群也是没有礼义廉耻的族群，国家也就成了徒有其形而无其神的躯壳，衙门林立，麻木不仁，纲纪废弛，腐败成风……一遭风吹草动，旋即解体。可见，由人及国，凡此种种，皆由此四字而起，因之成千古不刊之论。

而就国家乱亡的具体情形，《管子》中

---

① ［清］顾炎武：《日知录》（中），上海古籍出版社 2006 年版，第 772 页。

亦有论说：

> 国之所以乱者四，其所以亡者二。内有疑妻之妾，此宫乱也；庶有疑嫡之子，此家乱也；朝有疑相之臣，此国乱也；任官无能，此众乱也。……失族于内，失援于外，此二亡也。①

宫闱之祸，嫡庶之争，党锢之乱，庸才当道，在中国历史上反复上演，它的种种危害，韩非子已作了无情的揭露。事实上，诸种祸端叠加起来形成的隐形祸害，才更可怕，也更可悲。如果说，防止乱亡是为政在国家层面的"宏大叙事"，那么，《管子》中多处论及的君臣职分以及与民众的关系，则属于"操作指南"。比如：

> 别交正分之谓理，顺理而不失之谓道，道德定而民有轨矣。②

这是说，区别上下关系，规正君臣职分，叫作"理"；顺理而行，没有错误，叫作"道"。道德规范一确定，人民就有轨道可循了。这类确立君、臣、民之间具体关系的诸种理论与操作规程，更是为政以及为政者必谙之则。

此外，带有总纲性质的为政论，还有治国的"三本"、"四固"和"五事"。由于前二者的实质在于用人，所以在其后的"选贤任

能"中论说。而后一个问题，涉及国家贫富问题，在《管子》的经济思想中分论。

需要特别指出的是，《管子》中有一篇"温暖而理想"的篇章，这就是《入国》。它开篇曰：

> 入国四旬，五行九惠之教。一曰老老，二曰慈幼，三曰恤孤，四曰养疾，五曰合独，六曰问疾，七曰通穷，八曰振困，九曰接绝。③

戴望注曰："旬即巡也，谓四面五方而施九惠之数。"④仅以"老老"论：

> 所谓老老者，凡国、都皆有掌老，年七十已上，一子无征，三月有馈肉；八十已上，二子无征，月有馈肉；九十已上，尽家无征，日有酒肉。死，上共棺椁。劝子弟，精膳食，问所欲，求所嗜。此之谓老老。⑤

你看，这是何等温煦的理想，何等让人感动的文字！所以，政治不只是"宏大的叙事"，一如《管子》所说：

> 政自小始。⑥

是的，为政应从小处入手，且要小心翼翼——"治大国如烹小鲜"。我们看到，《入

---

① 《管子·君臣下》。
② 《管子·君臣上》。
③ 《管子·入国》。
④ ［清］戴望：《管子校正》，《诸子集成》卷六，岳麓书社1996年版，第374页。
⑤ 《管子·入国》。
⑥ 《管子·问》。

国》篇中提出的九条惠民政策,针对的是九种特殊的群体——老人、幼儿、孤儿、残疾人、鳏寡之人、病人、穷人、佣人、烈士。用现在的话说,他们是弱势群体,因此要给予特别的关照。照实说来,如此细致地规定弱势群体的种类并提出具体不同的保障措施,这不仅在先秦诸子是不多见的,事实上,即使在当今的一些福利国家,其细微之处,也不一定完全做到。比如,对于"老老",对"九十已上,尽家无征"似乎不难,但难在"日有酒肉"。这倒不是一个每日供给酒肉的问题,而是一份关爱与体恤。再如,对于"养疾者",不仅要求城邑和国都要设有"掌养疾"的官,还要对聋、盲、哑、跛足、瘫痪、畸形等生活不能自理的人,"上收而养之疾官,而衣食之,殊身而后止"。即由官府设专门的地方予以收留,供给衣食,直至身死为止。

《管子》中有如此"温暖而理想"的篇章,起码说明了早期法家爱民的理论预设及其主张是真诚的,应当与统治者的实际做法分开而论。《管子》曾有一语,点透了其中的关窍:"计上之所以爱民者,为用之爱之也。"[1]意思是,考察君主之所以爱民,乃是为了使用他们而爱民的。这就把齐法家通过观察人君的实际做法后的真正用心揭露了出来,是对统治者本质的一种客观描述和揭露,不应视为法家的理论主张。明白这一点,再研析《管子》为政中的"民本"论,就有一个相对客观、中立和公允的结论。

(五)行政机构及其官职

《管子》带有总纲性质的为政论,非常重要的一个方面就是建立相对比较完整严密的行政管理系统,由于此论现在看来已没有多少借鉴的价值,不作详论。简要言之,《管子》中对地方行政区划及政权机构,有两种划分方法。一种是以居民组织为依据,又可分为二,即乡村制和都市制。《立政》篇说:"分国以为五乡,乡为之师;分乡以为五州,州为之长;分州以为十里,里为之尉;分里以为十游,游为之宗。十家为什,五家为伍,什伍皆有长焉。"自乡至什伍共为五级。设乡师、州长、里尉、游宗,什伍之长负责其行政管理。另外,《小匡》篇的划分是:"制国以为二十一乡:商工之乡六,士农之乡十五。公帅十一乡,高子帅五乡,国子帅五乡。参国,故为三军。公立三官之臣:市立三乡,工立三族,泽立三虞,山立三衡。制五家为轨,轨有长;十轨为里,里有司;四里为连,连有长;十连为乡,乡有良人;三乡一帅。"即在都市与乡村建立不同的行政组织,兹列表如下:[2]

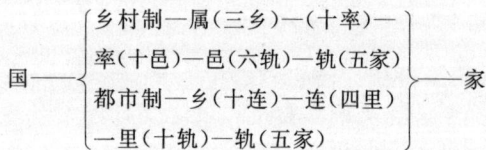

$$
国 \longrightarrow
\begin{cases}
乡村制—属(三乡)—(十率)— \\
率(十邑)—邑(六轨)—轨(五家) \\
都市制—乡(十连)—连(四里) \\
一里(十轨)—轨(五家)
\end{cases}
\longrightarrow 家
$$

另一种划分方法是以地域为依据。《乘马》篇同时提出了官制(行政组织制度)、邑制(居民组织制度)、事制(生产组织制度)与器制(军备制度):

方六里命之曰暴,五暴命之曰部,五部命之曰聚。聚者有市,无市则民乏。五聚

① 《管子·法法》。
② 王森:《〈管子〉的行政法思想》,载《管子学刊》1987年第2期。

命之曰某乡,四乡命之曰方,官制也。官成而立邑:五家而伍,十家而连,五连而暴,五暴而长,命之曰某乡,四乡命之曰都,邑制也。邑成而制事:四聚为一离,五离为一制,五制为一田,二田为一夫,三夫为一家,事制也。事成而制器:方六里,为一乘之地也;一乘者,四马也;一马,其甲七,其蔽五;四乘,其甲二十有八,其蔽二十,白徒三十人奉车两,器制也。①

对于以上建立的相对比较完整严密的行政管理系统,有论者指出:"大都是管仲学派在不同时期提出的设想方案,未必是齐国的实际制度,难免有互相矛盾之处。但它毕竟是具有特色的封建性的社会结构的设计。首先,它是一个有机的整体,是一个从基层到君主的陈陈相因地控制全国的行政网络,其中每一级都是互相联系的纽带,都是不可缺少的环节。其次,它以所管行政事务职能的差异和所从事专业的不同作为机构、官职设立的依据,从而打破了自西周以来实行的按宗法血缘进行社会编制的模式,这不能不说是一大进步。"②法国著名汉学家谢和耐曾认为:"中国最出色的成就之一是在漫长的演变过程中,发展了复杂的政治组织形式,成为人类社会史上最完善者。"③《管子》所载的行政管理系统,

帝国气象

大抵是谢和耐所言的中国复杂的政治组织形式的发轫。

二、选贤任能

政需人举,更需人行。因此,如何选用官吏,历来是治国为政的重要内容,也是思想家必论的话题。比如,《论语》中就有:"仲弓为季氏宰,问政。子曰:'先有司,赦小过,举贤才。'"④孔子将"举贤才"视为为政必备的条件之一。而《管子》亦言:"明王之务,在于强本事,去无用,然后民可使富。论贤人,用有能,而民可使治。"⑤《管子》将选贤任能也看作是仅次于重农富民的要

---

① 《管子·乘马》。
② 王森:《〈管子〉的行政法思想》,载《管子学刊》1987年第2期。
③ [法]谢和耐:《中国社会史》,黄建华、黄迅余译,人民出版社2010年版,第29页。
④ 《论语·子路》。
⑤ 《管子·五辅》。

务。而《管子》中的"一年之计,莫如树谷;十年之计,莫如树木;终身之计,莫如树人"①的名论,更是将人才培养提到国家长治久安的高度。

（一）用人的层级

《管子》中选拔、任用官吏,可分为两个层面:一是选用国家重臣,二是选用一般官吏。

1. 选用国家重臣

选用国家重臣,《管子》提出了著名的"三本"与"四固"说,它与"五事"一道,成为"立政"的核心内容。如果说"五事"关涉国家贫富,而"三本"与"四固"则直接关涉国家治乱与国家安危。《立政》开篇总论道:

> 国之所以治乱者三,杀戮刑罚,不足用也。国之所以安危者四,城郭险阻,不足守也。国之所以富贫者五,轻税租,薄赋敛,不足恃也。治国有三本,而安国有四固,而富国有五事。②

治国以用人为本,所以说治国有"三本"。如果用人不当,则国家乱象丛生,即使动用杀戮、刑罚也是不够用的。那么,何谓"三本"呢?《管子》曰:

> 君之所审者三:一曰德不当其位,二曰功不当其禄,三曰能不当其官。此三本者,治乱之原也。故国有德义未明于朝者,则不可加于尊位;功力未见于国者,则不可授

以重禄;临事不信于民者,则不可使任大官。③

此论不仅言简意赅,而且环环相扣,议论精绝。细审此论,之所以称为"三本",乃是因为选用的这些官员,都是为君主亲自选任的大员,是国家的栋梁之材,绝非选任一般官吏的标准。不仅要"君之所审",而且要考察被举任者的品德是否与相应的职位相称,功劳是否与相应的俸禄相配,能力是否与相应的官职相宜。之所以说是为君主亲自选用的朝廷重臣,是由后面极高的标准决定的:"国有德义未明于朝者,则不可加于尊位;功力未见于国者,则不可授以重禄;临事不信于民者,则不可使任大官。"内中申明的是"尊位"、"重禄"和"大官",其入选的条件则分别是德义显著于朝廷的人,功绩显赫为国人尽知的人,主理政事为人民信任的人,这不是一般官吏所能达到的条件。《管子》接上说:

> 故德厚而位卑者,谓之过;德薄而位尊者,谓之失。宁过于君子,而毋失于小人。过于君子,其为怨浅;失于小人,其为祸深。④

德不当其位,谓之任官的"过失"。而后论"宁过于君子,而毋失于小人",不唯是为政法则,也是一般生活的常识与经验,其理由就是作者所说的"过于君子,其为怨

① 《管子·权修》。
② 《管子·立政》。
③ 《管子·立政》。
④ 《管子·立政》。

浅；失于小人，其为祸深"。① 由此，《管子》将朝廷重臣分为：良臣、劳臣与材臣：

> 是故，国有德义未明于朝而处尊位者，则良臣不进；有功力未见于国而有重禄者，则劳臣不劝；有临事不信于民而任大官者，则材臣不用。②

良臣不进，劳臣不劝，材臣不用，此乱国之象也。由此，《管子》首先申说了"三本"不审的危害：

> 三本者不审，则邪臣上通，而便辟制威。如此，则明塞于上，而治壅于下，正道捐弃，而邪事日长。③

与此相反，如果君主审三本而能重用良臣、劳臣、材臣，则效用极佳：

> 三本者审，则便辟无威于国，道涂无行禽，疏远无蔽狱，孤寡无隐治。④

好一个"疏远无蔽狱，孤寡无隐治"。《管子》由此期许："刑省治寡，朝不合众。"意思是刑罚减少，政务精简，甚至朝廷都无须召集群臣议事了。由此可见，"治国有三本"，而"此三者，治乱之原也"，绝非虚言。

而"四固"则关涉安危：

> 君之所慎者四：一日大德不至仁，不可以授国柄；二日见贤不能让，不可与尊位；三日罚避亲贵，不可使主兵；四日，不好本事，不务地利，而轻赋敛，不可与都邑。此四务者，安危之本也。⑤

实际上，"四固"是"三本"的进一步深化："三本"讲，有德义且明于朝者，可加于尊位；而"四固"则进而言之。第一条，即使有大德，但如果"不至仁"，一如戴望所注，"或包藏祸心，故不可授国柄"⑥。国柄者，卿相也，"大德至仁，则操国得众"。

第二条，让贤亦一大德也，如果"见贤不能让"，实乃妒贤，不自信，无雅量，也就是德养不够，怎好与同僚共事，齐心协力？所以以"三本"德义衡量，"不可与尊位"。因此，"见贤能让，则大臣和同"。

第三条，掌握兵权，统帅军队，直接关系到国家的安危。如果兵主罚避亲贵，则不能做到令行禁止，如此，则"兵主不足畏"，所以"不可使主兵"。只有"罚不避亲贵，则威行于邻敌"。

第四条，对于那些不重视农业，不注重地利，而轻易课取赋税的人，不可以让他做都邑的官。地方要员的任用，直接关系国泰民安与民殷国富，这一道理显而易见。因此，如果地方要员不重视农业，不注重地利，又轻易课取赋税，必然民不聊生，亦即

---

① 君子、小人对论，是传统中国文化的核心命题之一。之所以如此，是以长期的历史经验和一代复一代君子的惨败与伤痛为代价的，因之铭记，因之追问不休，因之时时提醒。
② 《管子·立政》。
③ 《管子·立政》。
④ 《管子·立政》。
⑤ 《管子·立政》。
⑥ ［清］戴望：《管子校正》，《诸子集成》卷六，岳麓书社1996年版，第12页。

"民不怀其产",又怎能让他主掌都邑呢?

在《管子》看来,这四个方面,均涉国家安危,因此君主必须谨慎对待,并作为选用重臣四项不变的标准确定下来,所以称之为"四固"。

综上,对国家重臣的选用标准极高,必得大德大仁,大功大能,大雅大勇,且要顾大局、识大体者方可。

2. 选用一般官吏

选用一般官吏,《管子》确立了"尊贤授德"(《幼官图》)、"察能授官"(《权修》)的用人观,亦即通过选贤任能来选拔、任用官吏。那么,什么是贤与能呢?《管子》提出了两条标准:一是"义立"之贤,二是"经臣"之能。

关于"义立"之贤,《管子》讲:

常义立之谓贤。[1]

这一标准,作者自己起了一个富含哲理的名字——**"鸟飞准绳"**。其意是无论鸟儿飞得多么曲折,但就确定的方向而言,则是正与直的。其中意涵了凡事要从大处着眼,不可拘泥于小的曲折,也不必墨守成规,即"苟大意得,不以小缺为伤"。其语境是:"千里之路,不可扶以绳;万家之都,不可平以准。言大人之行,不必以先帝,义立之谓贤。"意思是长达千里的道路,不可能用绳墨来拨直;大到万家的城市,不可能用准具来取平。这说的是伟大人物的行动,不必拘守先例与常规,能立义就可以称贤。内中强调的是,用人可以不拘一格,不必苟

求,要看其大端。无疑,这一思想是可贵的。

关于"经臣"之能,《管子》说:

何谓朝之经臣?察身能而受官,不诬于上;谨于法令以治,不阿党;竭能尽力,而不尚得;犯难离患,而不辞死;受禄不过其功,服位不侈其能,不以毋实虚受者,朝之经臣也。[2]

这一标准也不低,要求很全:按个人能力接受官职,不欺骗君主;严肃执行法令治理国家,不结党营私;竭尽所能办事,不追求私利;遇到国家患难,不贪生怕死;受禄不超过自己的功劳,官位不超过自己的才能,以及不平白领受禄赏的,就是朝廷的经臣。

(二)选贤任能的原则

《管子》选贤任能的方式,充分显示了齐法家的本色:"以法择人。"即将官吏的选拔与任用纳入法制的轨道。《管子》曰:

使法择人,不自举也;使法量功,不自度也。[3]

这是选拔、任用官吏的基本方式与基本准则。实际上,这里言说了依法择人的两项原则:一是依法选贤任能,二是据法量功。对于前者,《明法解》曰:"明主之择贤人也,言勇者试之以军,言智者试之以官。试于军而有功者则举之,试于官而事治者

① 《管子·宙合》。
② 《管子·重令》。
③ 《管子·明法》。

则用之。故以战功之事定勇怯,以官职之治定愚智。故勇怯愚智之见也,如白黑之分。乱主则不然,听言而不试,故妄言者得用;任人而不官,故不肖者不困。故明主以法案其言而求其实,以官任其身而课其功,专任法不自举焉。故《明法》曰:'先王之治国也,使法择人,不自举也。'"①这是说,勇者以军功论,智者以官治事论,因此,"专任法不自举焉"。对于后者,《明法解》曰:"凡所谓功者,安主上,利万民者也。夫破军杀将,战胜攻取,使主无危亡之忧,而百姓无死虏之患,此军士之所以为功者也。奉主法,治竟内,使强不凌弱,众不暴寡,万民欢尽其力而奉养其主,此吏之所以为功也。匡主之过,救主之失,明理义以道其主,主无邪僻之行,蔽欺之患,此臣之所以为功也。故明主之治也,明分职而课功劳,有功者赏,乱治者诛,诛赏之所加,各得其宜,而主不自与焉。故《明法》曰:'使法量功,不自度也。'"②这是说,臣以法治民,一是使"强不凌弱,众不暴寡,万民欢尽其力而奉养其主";二是上匡人主之过,纠正人主之失,"明理义以道其主,主无邪僻之行,蔽欺之患"。反过来,明主据此课功劳,有功者赏,乱治者诛,这就是"使法择人,不自举也"的深层内涵。

其实,"以法择人"在《管子》的其他篇章中也得到了广泛的认同,因之,这一主张是一以贯之。比如,《君臣上》曰:"选贤论材,而待之以法";《君臣下》曰:"论劳而昭之以法";再如,《七法》曰:"论功计劳,未尝失法律也。便辟、左右、大族、尊贵、大臣,不得增其功焉;疏远、卑贱、隐不知之人,不忘其劳。"

由此,《管子》将"请谒任举之说胜,则绳墨不正","谄谀饰过之说胜,则巧佞者用"等请托保举、谄谀饰过导致的"谋臣死而谄臣尊"列为"立政九败"之一。因此,《管子》主张力戒"朝不贵经臣,则便辟得进,毋功虚取;奸邪得行,毋能上通"③的发生。

(三)"三选"与荐能的方式

所谓"三选",根据《小匡》篇记载,选拔任用官吏是慎重而又严格的。从基层做起,经过乡长、官长和君主三次选拔,便提作上卿的助手,这叫"三选"。具体讲,就是如果在乡里发现本乡"为义好学、聪明质仁、慈孝于父母、长弟闻于乡里者"的文才和"有拳勇、股肱之力,筋骨秀出于众者"的武才,要如实上报给君主。④ 如有不报者,以"蔽贤"或"蔽才"罪惩处。被举荐的秀民,先安排在官府中"使役",经过"官长"的考核,选其中成绩优良、德才出众者,再推荐给君主,"召省相其质"(即召来与他共坐,仔细观察他的素质)和"设问"(考问其国家忧患之事而应对不穷的),再下到乡里调查了解他的能力,"无大过"者,方可"登

---

① 《管子·明法解》。
② 《管子·明法解》。
③ 《管子·重令》。
④ 赵用贤认为,知王者之法莫备于周公,而善变周公之法者莫精于管子。比如,管子选士首以好学慈孝,而且及于拳勇股肱,亦兴贤之典故也。参见赵用贤:《管子书序》,《诸子集成》卷六,岳麓书社1996年版,第1页。

以为上卿之佐"，这就是层层考验而遴选人才的"三选"之法。它的核心是"量能授官"。①

与此相应，对那些"不慈孝于父母，不长弟于乡里，骄躁淫暴，不用上令者"，要求"有则以告。有而不以告，谓之下比，其罪五"。② 如此，就可实现"匹夫有善，可得而举；匹夫有不善，可得而诛"的格局。③ 之所以这样做，有其内在之理：

> 明主之道，卑贱不待尊贵而见，大臣不因左右而进，百官条通，群臣显见，有罚者主见其罪，有赏者主知其功。见知不悖，赏罚不差。有不蔽之术，故无壅遏之患。④

与上述"三选"相近的用人之道，在《大匡》篇中亦有载述："凡于父兄无过，州里称之，吏进之，君用之。有善无赏，有过无罚。

吏不进，廉意。于父兄无过，于州里莫称，吏进之，君用之，善为上赏，不善吏有罚。"⑤再如，在《立政》中亦有："凡孝悌忠信、贤良俊材，若在长家子弟、臣妾、属役、宾客，则什伍以复于游宗，游宗以复于里尉，里尉以复于州长，州长以计于乡师，乡师以着于士师。"⑥这些，都是《管子》中设计的层层荐能的方式。

最后，需要指出的是，《管子》中如此费心选贤任能，"张官置吏"，除了上述人才是治国之本的意义外，还有什么直接目的？《管子》毫不避讳地说："人主之张官置吏也，非徒尊其身厚奉之而已也，使之奉主之法，行主之令，以治百姓而诛盗贼也。"⑦此论可谓一语道破天机。

而"治百姓"以役使百姓乃是《管子》"以民为本"的实质，而"民本"的归旨则是"尊君"。

---

① 《管子·君臣上》。
② 《管子·小匡》。
③ 《管子·小匡》。
④ 《管子·明法解》。
⑤ 《管子·大匡》。
⑥ 《管子·立政》。
⑦ 《管子·明法解》。

第十三章　治道论：《管子》的政治思想（下）

传统中国"只有治道无政道"。进一步而言，如果借用牟宗三的这一说法，将"治道"界说为一种以"法"、"德"、"仁"、"无为"等为工具和手段的治世之道，而将"政道"改造为一种"以法治权"之道，则"政道"之要，就在于去人治而任法治。以此观之，包括《管子》在内的所有中国古代的民本思想，也就是一种"治道"思想。唯其如此，中国古代的民本思想只是一种"治民"之具，"役民使民"之由。

一、以人为本、以民为本

《管子》是一部包罗万象的治国宝典，这已是学界共识。而在其治国之道中，就理念而言，最显著者，当推"以人为本"和"以民为本"。

"民本"一词，最早见于尚存的中国古代典籍《尚书》："皇族有训：民可近，不可下。民惟邦本，本固邦宁。"①其意是伟大的祖先大禹留有训诫：民众只可亲近，不可疏远。民众是国家的根本，根本坚固了国家才会安宁。而建立在这一基本理念基础上的识见有三：一是在大禹看来，愚夫愚妇都可以超过他（"予视天下，愚夫愚妇一能胜予"）。二是一个人有许多过

失，民众的怨恨难道非要等到明显的时候才去考虑吗？应该在还没有显现时就加以考虑（"一人三失，怨岂在明？不见是图"）。三是我面对亿万民众，就像用腐烂的绳子驾驭着六匹马一样有危机感。因此，在民众之上的君王，为什么不审慎呢？②（"予临兆民，懔乎若朽索之驭六马；为人上者，奈何不敬？"）因此，要"畏敬小民"。③

大禹犹懂得愚夫愚妇超过他，要及早发现和懂得民众的怨恨，面对民众，心怀敬畏，而当今的某些官员竟视民众为"屁民"，如此云泥之判，必有深意在焉。可见，如何对待民众，是为政的第一要津。《管子》也有"畏民"之论：

---

① 《尚书·夏书·五子之歌》。
② 译文参考了李民、王健：《尚书译注》，上海古籍出版社 2004 年版，第 94 页。
③ 《尚书·孔传》。需要说明的是，《孔传》系伪作已成学界定论，但此处对《五子之歌》之一的要义概括为"畏敬小民"，则不差，赅简而不失神髓。

管子曰："身不善之患，毋患人莫己知。丹青在山，民知而取之；美珠在渊，民知而取之。是以我有过为，而民毋过命。民之观也察矣，不可遁逃以为不善。故我有善，则立誉我；我有过，则立毁我。当民之毁誉也，则莫归问于家矣，故先王畏民。①

此论可谓深知民性。之所以得出"先王畏民"之论，用现在的话说，那就是"群众的眼睛是雪亮的"，统治者的种种作为，人民看得太清楚了，"不可遁逃"。

大禹治水

"人本"或"民本"思想的提出，有其特定的思想背景："'人本'思想是就天人关系而言，在论述到天人关系时，中国古代的思想家往往以人为本，而不以天的意志为本。'民本'思想是就君与民的关系而言，在论述君民关系时，又往往强调以民为本。但在《管子》中，'人本'与'民本'往往是混用的。《管子·霸言》首先提出了'以人为本'的思想，但这里的'以人为本'显然和'以民为本'具有同样的内涵，都是讲如何治理国家的问题。从治国实践来看，《管子》显然是主张'以民为本'的。"②而《管子》中的"民本"思想，首先是以"顺民"为其逻辑出发点的。

由此，需要追问的是，为何要"顺民"呢？萧公权指出："及至宗法破坏，贵族消亡，君民之地位，遂渐悬绝。民无所贵，君日愈尊。蚩蚩众庶既失其族属身份之依凭，乃悉沦为君上之臣属，一视私人本身之贤愚通塞以定其社会地位之升降，一听君上赏罚予夺以定其政治地位之高低。无形之中，君与国合为一体而民遂转为君主统治之对象。"③正因这一背景的替换与君民地位的转化，形成了君主统治视角下的"顺民"观的诞生。也就是说，"顺民"论是以高高在上的君主视角，以君民悬殊的地位为出发点来立论的。还因为，民心的向背，往往决定了政权的兴废："政之所兴，在顺民心；政之所废，在逆民心。"④

对此，萧公权在《中国政治思想史》的自注中认为："按'顺民'不必与专制冲突。狙公之朝三暮四，朝四暮三，未尝不顺狙意。固不得谓狙公非专制也。盖古今中外最专制政府无有不赖多数人民之信服以维持者。专制民治之实际区别，在人民是否有监督政府，操纵政府之法定权力而已。"⑤

---

① 《管子·小称》。
② 池万兴：《论〈管子〉的民本思想及其治国实践》，载《管子学刊》2007年第3期。
③ 萧公权：《中国政治思想史》，辽宁教育出版社1998年版，第180页。
④ 《管子·牧民》。
⑤ 萧公权：《中国政治思想史》，辽宁教育出版社1998年版，第185页。

超级链接:《诚意伯文集》卷二·《郁离子》卷上有"楚人养狙"一文:

楚有养狙以为生者,楚人谓之狙公。旦日,必部分众狙于庭,使老狙率以之山中,求草木之实,赋什一以自奉。或不给,则加鞭棰焉。群狙皆畏苦之,弗敢违也。

一日,有小狙谓众狙曰:"山之果,公所树与?"曰:"否也,天生也。"曰:"非公不得而取与?"曰:"否也,皆得而取也。"曰:"然则吾何假于彼而为之役乎?"言未既,众狙皆寤。

其夕,相与俟狙公之寝,破栅毁柙,取其积,相携而入于林中,不复归。狙公卒馁而死。

郁离子曰:世有以术使民而无道揆者。其如狙公乎?惟其昏而未觉也;一旦有开之,其术穷矣。

无论是因为民心的向背决定了政权的兴废才"顺民"的,还是因为为了"使民"才"顺民"的,如果对古代思想家不作苛求的话,无疑,重视和申说"顺民"总比无视民众

乃至虐民要强。反过来,只有被"民信之"的政府,方"立":

子贡问政。子曰:"足食,足兵,民信之矣。"子贡曰:"必不得已而去,于斯三者何先?"曰:"去兵。"子贡曰:"必不得已而去,于斯二者何先?"曰:"去食。自古皆有死,民无信不立。"①

在孔子眼里,最为霸业所重的"足兵"(即武备),如果迫不得已要去掉的话,则是首先可以减去的选项。其次,可以减去"食粮"。没有食粮,不过死亡而已,但自古以来,谁都免不了死亡。而如果人民对政府缺乏信心,国家是立不起来的。这就把"民信之"提到了超越死亡的高度,其重民意之高,无以复加。

如果说孔子的这一思想,以及后来孟子"民贵君轻"的名论是出于"德政",或"仁政"以及恤民本身,而法家前驱管仲则是为了"使民"才有"政之所兴,在顺民心"之论。发展到韩非子,决绝地认为只需以赏、罚二柄导之、引之,又何必以仁德争取民心?韩非还将"得民心"之论视为"不知治者":"欲得民之心而可以为治,则是伊尹、管仲无所用也,将听民而已矣。民智之不可用,犹婴儿之心也。"②韩非不仅认为"民智之不可用",也认为"民智之不足用",③如此,匡论"民本"?这就是同为法家思想,但在对待民意上一个由渐变而至裂变的过程。那么,法家原初的"民本"论,究竟有哪些内容

① 《论语·颜渊》。
② 《韩非子·显学》。
③ 详论可参阅本文丛之《治术与权谋——〈韩非子〉典正》相关内容,厦门大学出版社 2013 年版。

呢?《管子》曰:

> 天下者,国之本也;国者,乡之本也;乡者,家之本也;家者,人之本也;人者,身之本也;身者,治之本也。①

国为天下之本,乡为国家之本,家为乡之本,身为人之本,治道为身之本。简言之,治道,以人为本。有论者认为,《管子》在先秦诸子中第一个用最明确的语言表达了民本思想的概念,并认为管仲是中国历史上最早提出四民——"士农工商"分业定居论的政治家。而《管子·小匡》篇则进一步提出:"士农工商四民者,国之石民也。"②此论在没有新史料被发现之前,权备一说。该论者进而认为:"概括《管子》民本思想的内涵,大体可以看出它以《牧民》篇所确立的'予之为取'的政治原则为纲领,以人性唯利论为依据,以爱民、利民、富民、惠民思想及其措施为基本内容。"③此论概括赅简,只是没有点破其中何以爱民、利民以及惠民的实质。就《管子》中直接表述"民本"的论说,一般认为有两处:

> 齐国百姓,公之本也。④
> 夫霸王之所使也,以人为本。⑤

前一句的语境是这样的:"桓公在位,管仲、隰朋见。立有间,有贰鸿飞而过之。"于是桓公感叹鸿雁四飞,是否因为其有二翼?对此,管仲、隰朋默认不答。桓公问"二子何故不对?"管子对曰:"君有霸王之心,而夷吾非霸王之臣也,是以不敢对。"桓公于是说,我有仲父,如鸿有羽翼,你不发一言教导我,我又怎能听到治国之道呢?于是,管子对曰:"君若将欲霸王举大事乎?则必从其本事矣。"桓公变躬迁席,拱手而问曰:"敢问何谓其本?"这就引出了下论:

> 管子对曰:"齐国百姓,公之本也。人甚忧饥,而税敛重;人甚惧死,而刑政险;人甚伤劳,而上举事不时。公轻其税敛,则人不忧饥;缓其刑政,则人不惧死;举事以时,则人不伤劳。"⑥

这段由桓公恭敬请教管仲成就霸王之业的高论,就是欲成霸业,民为国本。具体策略,则是轻税敛,缓刑政,举事以时。这三项举措,"行此数年,而民归之如流水",成效卓著。

后一句,实际上是对民为国本的申述与进一步阐述:霸王之业的开端,以民为本,因为"本理则国固,本乱则国危"。⑦由此更进一步,《管子》曰:

---

① 《管子·权修》。
② 陈逸光:《论〈管子〉的民本思想》,载《厦门大学学报》(哲社版)1993年第2期。
③ 陈逸光:《论〈管子〉的民本思想》,载《厦门大学学报》(哲社版)1993年第2期。
④ 《管子·霸形》。
⑤ 《管子·霸言》。
⑥ 《管子·霸形》。
⑦ 《管子·霸言》。

是故国之所以为国者，民体以为国。①

意思是国家之所以成其为国家，是由于有人民这个根本才成为国家的。②

正因为有了以上基本识见，所以《管子》为政，以德礼为本，爱民惠民。一段发生在桓、管之间非常有意味的对话是：

桓公曰："我欲胜民，为之奈何？"管仲对曰："此非人君之言也。胜民为易。夫胜民之为道，非天下之大道也。君欲胜民，则使有司疏狱，而谒有罪者偿，数省而严诛，若此，则民胜矣。虽然，胜民之为道，非天下之大道也。使民畏公而不见亲，祸亟及于身，虽能不久，则人待莫之弑也，危哉。君之国岌乎。"③

假定这段对话的确出自桓、管之间，则非常鲜明地凸显了作为法家前驱的管仲与作为统治者的齐桓公之间的显著不同：齐桓公的出发点是"胜民"，也就是要用严刑重罚来制服人民，而管仲则直言"此非人君之言也"后，认为制服民众固然容易，但绝不是统治天下的正当办法。如果以制服民众为出发点，不仅使人民因惧怕而疏远，还危及自身安全，进而危及国家安全。但是，不能据此得出管仲就完全站在民众的立场上，事实上他是君权处心积虑、不遗余力的维护者，不仅在这里出主意如何"胜民"，在《管子》其他篇章中，也是处处为君主着想

和擘画。只不过，这一段对话，把统治者"计上之所以爱民者，为用之爱之也"的本质彻底显露无遗罢了。正因如此，希冀君主施行德政，做人民的表率，无异于痴人说梦：

是故有道之君，正其德以莅民，而不言智能聪明。④

此论权当一种理论说辞，那么，又怎样"莅民"呢？《管子》讲：

莅民如父母，则民亲爱之。⑤

这大概是传统文化中"父母官"的由来之一。爱民如子，本身就是一个近乎蹩脚的比喻，因为它不仅颠倒了官民的关系，事实上还暗含了官在民上的"莅临"感。那么，《管子》中的"爱民之道"又如何呢？《管子》云：

桓公又问曰："寡人欲修政以干时于天下，其可平？"管子对曰："可。"公曰："安始而可？"管子对曰："始于爱民。"公曰："爱民之道奈何？"管子对曰："公修公族，家修家族，使相连以事，相及以禄，则民相亲矣。放旧罪，修旧宗，立无后，则民殖矣。省刑罚，薄赋敛，则民富矣。乡建贤士，使教于国，则民有礼矣。出令不改，则民正矣。此

---

① 《管子·君臣下》。
② 与此相应的则是"君之所以为君者，赏罚以为君"。
③ 《管子·小问》。
④ 《管子·君臣上》。
⑤ 《管子·形势解》。

爱民之道也。"①

由此可见,管仲的爱民之道,其举措是:公修公族,家修家族,使他们事业相连,使他们的禄位相及,人民就相亲了。宽放旧罪,救助旧宗,为无后者立嗣,百姓就增多了。减少刑罚,薄收赋税,人民就能富裕了。各乡推选贤士,使之施教于国,人民就有礼了。出令不改,那么老百姓的行为就会端正规范。可见,管仲的爱民之道,涉及甚广。在这些爱民之道中,《管子》特别将"富民"独论:

> 凡治国之道,必先富民。民富则易治也,民贫则难治也。奚以知其然也?民富则安乡重家,安乡重家则敬上畏罪,敬上畏罪则易治也。民贫则危乡轻家,危乡轻家则敢陵上犯禁,陵上犯禁则难治也。故治国常富,而乱国常贫。是以善为国者,必先富民,然后治之。②

以富民而达治国之道,其实质还是"牵之以利"。也就是说,齐法家通过富民的措施来笼络民心,使百姓在一种较为殷实有序的生活中,认可统治者的统治,从而达到长治久安的治国目的。不可否认的是,这一方略,"比之儒家的以人治为特色的'民本'则更具实效,比之以商鞅为代表的秦法家以治民为目的的'法治'则更为人道"。③

但要注意,这个"爱民之道",实质上是铺垫与前奏,其用心在于由此而抵达"使民之道":

> 公曰:"民富而以亲,则可以使之乎?"管于对曰:"举财长工,以止民用;陈力尚贤,以劝民知;加刑无苛,以济百姓。行之无私,则足以容众矣;出言必信,则令不穷矣。此使民之道也。"④

齐桓公念兹在兹的是如何"胜民"或"使民",而管仲的对答,则是民用、尚贤、求知、省刑、无私、守信等项,带有很强的功利性。与此一贯的主张是,在使民过程中,要注意有度:"用财啬则费,用力苦则劳。民不足,令乃辱;民苦殃,令不行。"⑤也就是说,即使"使民",也要考虑人民实际的承受能力,如果横征暴敛,使民无度,则政令不行。

此外,与"顺民"相关的论说,《管子》中还有全面听取民众意见的论述:

> 夫民别而听之则愚,合而听之则圣。虽有汤武之德,复合于市人之言。是以明君顺人心,安情性,而发于众心之所聚。是以令出而不稽,刑设而不用。先王善与民为一体。与民为一体,则是以国守国,以民守民也。⑥

---

① 《管子·小匡》。

② 《管子·治国》。

③ 马建红:《〈管子〉民为国本的法治思想》,载《管子学刊》1999年第2期。

④ 《管子·小匡》。

⑤ 《管子·版法》。

⑥ 《管子·君臣上》。

意思是关于人民的意见，只个别地听取因之作出的决策将会是愚蠢的，全面综合地听取才是圣明的。即使有商汤、周武王之德，也要多方搜集众人的言论。因此，英明的君主，顺从人心，适应民性，行事都从众人共同关心的地方出发。这样，政令出而无碍，刑罚设而不用。先王就是善于与民一体。与民一体，那就是用国家保卫国家，用人民保卫人民。由此，《管子》提出了著名的"啧室之议"：

> 桓公曰："吾欲效而为之，其名云何？"对曰："名曰啧室之议。曰：法简而易行，刑审而不犯，事约而易从，求寡而易足。人有非上之所过，谓之正士，内于啧室之议。"①

对此，梁启超指出："啧室之议者，人民监督政府之一机关也。此机关在当时果曾设立与否，今不可考；其内容组织若何，今更不可考。而要之管子深明此义，而曾倡此论，则章章矣。"②实际上，梁任公此论对"啧室之议"有理想化之嫌。对此，萧公权在其著述的注释中一针见血地指出："按啧室之功用至多不过如近世之咨询机关，其中所发表之意见是否果然采用，权衡在君，与国会票决议案之事迥不相同。梁氏此篇作于宣统元年，有为言之，不辞附会，未足信也。"所以，萧公权的看法是："《桓公问篇》称管仲劝桓公立'啧室之议'，藉得'察民所恶以为戒'，其意殆在设公议以代私议，略似郑人之'乡校'，与尊君之根本学说亦相辅而不冲突。盖听其议，顺人心，遂其利者，惟一之目的在使民能为君用，非于民之本身有所爱恤。"③此论可谓犀利深刻，深中鹄的。

《管子》中的"爱民"与"使民"之道，除了上述论说之外，还有两点必须提及，一是治民要宽缓适中：

> 制民急则民迫，民迫则窘，窘则民失其所葆；缓则纵，纵则淫，淫则行私，行私则离公，离公则难用。④

所以，治国最可贵的是掌握缓急适中，也就是"治莫贵于得齐"。二是治民宜知"四慎"：

> 桓公问治民于管子。管子对曰："凡牧民者，必知其疾，而忧之以德，勿惧以罪，勿止以力。慎此四者，足以治民也。"⑤

其意是当桓公问管仲如何治理百姓时，管仲回答说："凡治理人民，一是必须知其疾苦，二是要厚施德惠，三是不用刑罚恐吓，四是不用强力禁制。注意这四点，就可以治理好了。"此"四慎"理据何在？在管仲看来："夫牧民不知其疾则民疾，不忧以德则民多怨，惧之以罪则民多诈，止之以力则

---

① 《管子·桓公问》。
② 梁启超：《管子评传》，《诸子集成》卷六，岳麓书社1996年版，第21页。
③ 萧公权：《中国政治思想史》，辽宁教育出版社1998年版，第184页。
④ 《管子·正世》。
⑤ 《管子·小问》。

往者不反,来者鹜距。"①

综诸上论,归结而言,《管子》"民本思想的核心论点是:国家为君主之本,庶民为国家之本,所以安定民生为政治之本。"②故其"爱民为手段而非目的,则于《管子》书中一切重视民生之主张可以不生误会而引以为孟荀之同调。……与孟子所主'省刑罚,薄税敛'、'勿夺其时'者操术略同而存心迥异矣"。③

广而言之,按照牟宗三的说法,"中国以往只有治道无政道"。他所谓的"治道","就是治理天下之道,或处理人间共同事务之道。其本质就是'自上而下'的"。④ 牟宗三对政道与治道的区分是:"政道是相应政权而言,治道是相应治权而言。……吏治相应治道而言,政治相应政道而言。"⑤由此而将传统中国的治道分为"儒家的德化的治道,道家的道化的治道和法家的物化的治道"。⑥ 牟宗三进而认为:"比较属于硬心肠,事功主义的人物,这便是所谓的法家。"而"德化与道化的极致是物各付物的天地气象,天国境界,其用心与下手处完全是归于'慎独',起脚落脚都归在个体上,所以这种治道已到超政治的境界。而法家则首先向客观方面的共同事务之领域用心,而不向主观方面的个体(个人人格)用心。共同事务之领域是抽象的,一般的,是有普遍性与客观性的法所运行之地。他们

的目的是在携着法以成就这种共同性的事,所以结果是事功"。由此认为,前期法家只是事功家,无害有益。而"由前期法家发展至后期法家,在治道上始成为'物化的治道'"。而"发展成物化的治道是大不幸事"。当韩非将心变成了神秘莫测的术府,由于"术府中并无光明,所以法所传达的只是黑暗。而又反德反贤,反性善,反民智,则人间光明之根已被抹煞。如是整齐划一之法由术府中压下来而昏暗了一切,亦即物化了一切。如是,人民只成了'物民',刍狗,黔首,在今日就说是机械系统中的一个螺丝钉"。⑦ 此论非常深刻,把法家主张的演变及其何以被民众否弃的内在原因,也揭示了出来。

的确,传统中国"只有治道无政道"。进一步而言,如果借用牟宗三的这一说法,将"治道"界说为一种以"法"、"德"、"仁"、"无为"等为工具和手段的治世之道,而将"政道"改造为一种"以法治权"之道,则"政道"之要,就在于去人治而任法治。以此观之,包括《管子》在内的所有中国古代的民本思想,也就是一种"治道"思想。唯其如此,中国古代的民本思想只是一种"治民"之具,"役民使民"之由。《管子》的"轻重"论中有一段典型论述,深刻地揭示了这一点:

---

① 《管子·小问》。
② 刘泽华:《中国古代政治思想史》,南开大学出版社2001年版,第350页。
③ 萧公权:《中国政治思想史》,辽宁教育出版社1998年版,第182页。
④ 牟宗三:《政道与治道》,台湾学生书局1980年版,第26页。
⑤ 牟宗三:《政道与治道》,台湾学生书局1980年版,第26页。
⑥ 牟宗三:《政道与治道》,台湾学生书局1980年版,第26页。
⑦ 牟宗三:《政道与治道》,台湾学生书局1980年版,第37~42页。

以币准谷而授禄,故国谷斯在上,谷贾什倍。农夫夜寝蚤起,不待见使,五谷什倍。士半禄而死君,农夫夜寝蚤起,力作而无止。彼善为国者,不曰使之,使不得不使;不曰贫之,使不得不用。①

这是说,如能用钱币折算粮食发放全国俸禄,粮食就全都囤积在国君手里,粮价可上涨十倍。这样,农民晚睡早起,不用驱使就可以成十倍地增加产量。这样,战士只要有从前一半的粮食俸禄,就可以为国效命。内中强调的是"不曰使之,使不得不使;不曰贫之,使不得不用"。由此,人民就成了**不得不被役使**的一如牟宗三所说的"物民"。

所以,这种治道思想的出发点和归宿点始终将"民"置于客体地位。而没有主体地位的"民本",最大限度也仅仅是孟子所说的"民贵君轻"而已,或者是"诸侯之宝三:土地、人民、政事"②中像土地一样被"物化"的人民而已,根本不可能倒过来成为政治的主导,由"治民"变成"民治"。因此,《管子》的重民、爱民、富民、利民、惠民等所谓民本思想的出发点和最终归宿都是为了更有效地统治人民,即所谓'牧民'"。③ 而牧民则是为了"尊君"。

二、尊君

一提"尊君"二字,似乎掀开了夏日裹

蔽苍蝇的垃圾盖,立时蝇阵轰然,腥臊扑面……其实,尊君是块臭豆腐,闻着臭吃着香。一方面,国人似乎对权力恨得咬牙切齿;另一方面,却对权力崇拜得五体投地。当自己的权益得不到维护之际,不是通过正当程序维权,或者期冀以权利来限制权力,而是幻想着自己拥有大权,将会如何如何……降而次之,则使尽浑身解数寻租权力,谋一己之利,这是不少国人的真实样态。事实上,对权力崇拜的极限,就是尊君。照实说来,尊君由来已久,流在国人的血脉里,成了一种传统,我们浑然不觉,不自反省,而习惯地把它叫"封建流毒"。于是,在这一替罪名词的掩护下,每个人都成功地撤离到安全地带,没有让崇拜权力附随的膻气沾身,然后私下与权力勾兑,成为权力的附庸。

需要追问的是尊君何以开始,为何成为时势所趋?萧公权说:"先秦诸子之政治思想,每有立说相通,难为界划之处。"然而,"儒家贵民,法家尊君。儒家以人民为政治之本体,法家以君主为政治之本体。就此以观二家之异,正如泾渭殊流,入目可辨。……考二家思想所以歧异至此者,殆由于历史环境之变迁。儒家民本位之思想,大体承宗法封建社会之余风,而法家君本位之思想则为宗法封建衰微以后之产物。"④因此,"君之必尊,亦时势所趋,不得不然"。⑤ 也就是说,在"弑君三十六,亡

---

① 《管子·山至数》。
② 《孟子·尽心下》。
③ 池万兴:《论〈管子〉的,民本思想及其治国实践》,载《管子学刊》2007 年第 3 期。
④ 萧公权:《中国政治思想史》,辽宁教育出版社 1998 年版,第 179 页。
⑤ 萧公权:《中国政治思想史》,辽宁教育出版社 1998 年版,第 180 页。

国五十二"的乱世,尊君和强化君主集权,是历史大势使然。之所以尊君,还由于"荀子认人君职在'管分之枢要',故其位不可不尊,其势不可不重。管子论君道,其大旨与此略同。……人君一身既为全国治乱之所系,故'安国在乎尊君'。尊君者赋以至高无上专有独断之权位而勿使动摇之谓"。① 但问题是,春秋战国时代有不得不尊君的时世,并不意味着尊君因此就具有天然的合理性和正当性,更不意味着尊君也是后世的常则。因为尊君意味着对君权独断的肯认,也就意味着对专制与极权的放任。事实上,包括《管子》在内的很多典籍论说的君权,以独明为尚,以独断为务:

> 夫权者,神圣之所资也。独明者,天下之利器也;独断者,微密之营垒也。此三者,圣人之所则也。②

政治的核心——"权力"从何而来? 此论语焉不详,笼统表述为"神圣之所资",似乎这是上天赐予的。但是,此论表明,它绝不是来自民众拥戴而拥有的。唯其如此,这种权力,一如《管子》自言的属于"贵于爵禄"的"威权"。既然为威权,则"独明"与"独断"就成了必然,因为不仅"微密",亦复"自营而即定"而成"营垒"。这种"营垒"实际上就是**专制**。何以见得?《管子》直揭其秘:

> 制群臣,擅生杀,主之分也;县令仰制,臣之分也。威势尊显,主之分也;卑贱畏敬,臣之分也。令行禁止,主之分也;奉法听从,臣之分也。故君臣相与,高下之处也,如天之与地也;其分画之不同也,如白之与黑也。故君臣之间明别,则主尊臣卑。③

独擅生杀之权而无节制,这就是"威权"。在君臣之间,它指向的是主尊臣卑;在君民之间,它指向的是"莅民如父母",君有所令,民无不从。这种独专的威权理论发展到韩非子,就成了"四美":"身贵位尊、威重势隆"。④ 说透了,就是君主专制。

卢梭

显然,**威权**是一方将自己的意志以强

---

① 萧公权:《中国政治思想史》,辽宁教育出版社 1998 年版,第 180 页。

② 《管子·霸言》。戴望注曰:"独断可以自营而即定,故曰营垒。"参见戴望:《管子校正》,《诸子集成》卷六,岳麓书社 1996 年版,第 172 页。

③ 《管子·明法解》。

④ 详论可参阅本文丛之《治术与权谋——〈韩非子〉典正》相关内容,厦门大学出版社 2013 年版。

力强加给另一方的征服或压服，①而**权威**则是一方基于对另一方的尊重与认可而获得的内心服膺与权利让渡。所以，与"威权"不同的是"权威"，二者有天壤之别。换言之，权力的确立因为民众的拥戴或者选举与让渡而获得正当性，而这种正当性必以受到民众或相应机构的监督使无论何种权力都有一定的边界，而不是毫不受限，为所欲为。② 与此相关，储安平曾讲："多年以来，中国的政治实以强力为核心。我们即使不能说没有一个中国的政府是建筑于人民出于衷心的支持以上的，我们至少可以说，在中国，当政者若无足够的武力，其政权必不易稳定存在。"③也就是说，这样的政权就是一种威权，终被替代是必然的，这只是个时间的问题。④

事实上，《管子》所论的主尊臣卑，还导向一国不能二君，认为这是"天下至理"：

主尊臣卑，上威下敬，令行人服，理之至也。使天下两天子，天下不可理也；一国而两君，一国不可理也；一家而两父，一家不可理也。⑤

这种主尊臣卑，令行人服所要表达的，乃是"尊无二上"的中国政治图景，它强调的是君权的至高无上，乃至于专制。在此背景下，如上所述，还在尊君的同时申说"顺民"，这一方面说明"《管子》书盖取法家君本位之观点以论政，而犹未完全脱离封建与宗法历史背景之影响者也"。⑥ 同时还说明了早期法家的尊君，还没有发展到后期法家韩非子那样无视民心民意那样丧心病狂的程度而已。

需要指出的是，同样是尊君，儒家非常强调和在乎君主能否具有相应的品格以"内圣"，从而有资格"外王"。当君主变成独夫民贼时，孟子尚有"诛"、"弑"之别："闻诛一夫纣矣，未闻弑君也。"⑦而"物化"了的法家治道论，则完全不问君主的品格如何，哪怕他是一个弱智、混蛋、酒徒或者色鬼，也在所不问。究其根由，如前所述，乃因"儒家据宗法之背景以立政治理想，欲君主以身作则，化正万民。故君德不彰，不足以资众目之瞻视"。而"法家弃宗法而别树专制为理想，惟恐君身以私意乱法而为奸臣所乘。故不求君有明德，而欲其藏情隐

① 卢梭讲："如果一个强盗在森林深处截住了我，我不仅因为受他的强力所迫要交出我的钱包，而且，即使我能把钱包藏起来，我也要出于良心的驱使而必须把钱包交给他吗？因为他手中的那把手枪也是一种权威呀。"（注：这实际上是"威权"）因此，卢梭的结论是："强力不构成权利；人们只是对合法的权威才有义务服从。"参见卢梭：《社会契约论》，李平沤译，商务印书馆2011年版，第10页。

② 也有不少是通过战争赢得政权的。当这种"自己打下的江山自己坐"时，一般会获得初期的认可，但这种认可也是对基于武力征服获得的"威权"的认可，而后续的统治只是威权的继替。如果这种继替不能转化为具有正当性的"权威"时，一般会日趋式微，变成有权无威，或有威无权的躯壳。

③ 储安平：《英人　法人　中国人》，辽宁教育出版社2005年版，第20页。

④ 储安平此篇《中国人与英国人》作于1945年，过了仅仅4年，旧政权就被新政权更替了，这不是预言，却比预言还准。

⑤ 《管子·霸言》。

⑥ 萧公权：《中国政治思想史》，辽宁教育出版社1998年版，第180页。

⑦ 《管子·梁惠王下》。

意,不可窥测"。① 还因为在法家看来,由于"君之当尊乃由其所居之之职位"而成,故"其私人之品格或道德"无关大碍。《小匡》篇载桓公自称有好田、好酒、好色之"三大邪",②而管子对以"恶则恶矣,然非其急者也"。《法法》篇更是一语中的:"凡人君之德行威严,非独能尽贤于人也,曰人君也,故从而贵之,不敢论其德行之高卑有故。"此说最能表明尊君之精义。③

而要对《管子》的"尊君"本质有更深刻的认识,非得深入研究《管子》以"轻重"标签的经济思想不可。也只有透过"轻重"论,才能彻底明白"尊君"以怎样的方式沁骨入髓于法家的基底理论,以致无法剔剥。

① 萧公权:《中国政治思想史》,辽宁教育出版社1998年版,第181页。
② 《小匡》中齐桓公自认"寡人不幸而好田……寡人不幸而好酒,日夜相继……寡人有污行,不幸而好色,而姑姊有不嫁者"。《韩非子·外储说右下》亦曰:"桓公被发而御妇人,日游于市。"
③ 萧公权:《中国政治思想史》,辽宁教育出版社1998年版,第181页。

第十四章　治道论：《管子》的经济思想（上）

> 如果说，边沁的功利主义原则是"最大多数的最大幸福"，波普尔的社会民主主义原则是"最小少数的最小不幸"，那么，《管子》轻重论的功利原则，则是"最小少数的最大幸福"。

在治中国经济思想史的学者看来，"《管子》是战国中期出现的一本伟大经济巨著，在现存《管子》七十六篇中有三分之二以上都涉及经济问题；有将近二分之一主要是研究经济。这在先秦著作中是绝无仅有的现象"。[①] 甚至认为，《管子》"这部书讲的是《管子》经济思想，但《管子》一书并非全部是经济思想"。[②] 此论可谓"情人嘴里皆情语"。同理，汉初尊道家，影响所及，《汉书·艺文志》将之列入道家；至隋，有"兼收并蓄、取精用弘，择善而从"的《开皇律》，乃中国法制史上的一个新的里程碑，为中华法系的代表性法典——唐律提供了直接的版本。影响所及，《隋书》亦将《管子》更改为法家。这可真是"古今学术消息，与时升降，通于政治"。[③] 当然，不容否认的是，《管子》一书中的确蕴藏了极其丰富的经济思想，值得我们深入开掘。

一、《管子》经济思想的来源、特点、篇章与定位

在分析和阐述《管子》经济思想的具体内容前，有必要追溯《管子》经济思想的来源，把握其特点，明了其定位，因为这是研究《管子》经济思想的前提。

（一）简论《管子》经济思想的来源

人类经济思想的来源，[④] 有两论从根基上说起，虽简而赅，可从。一是黄汉所言："经济思想，应随人类有生而俱起。人生即有欲望，求欲望之满足，必经甚多思虑，于物质方面，解决满足欲望之思虑，则

---

① 胡寄窗：《中国经济思想史》（上），上海财经大学出版社 1998 年版，第 288 页。
② 巫宝三：《管子经济思想研究》，中国社会科学出版社 1989 年版，第 3 页。此论后巫先生又说：《管子》"七十六篇中绝大多数属于政治和经济思想著作，但也有一些篇明显地是哲学著作，以及军事学、农学，和论述自然现象的著作"。
③ 王季思：《读俞寰澄先生著〈管子之统制经济〉》，载《十家论管》，上海人民出版社 2008 年版，第 157 页。
④ 若作详细考证，大不易，除非专门家基于必需，方有必要追本溯源。

为经济思想之源泉。"①二是俞寰澄之论："古无经济学，欧洲然我国亦然。然经济理论，经济政策，切于民生日用者，不能无也。我国古代诸家论著，涉及经济者大都趋重自由经济，《史记·货殖传》所称'最上因之，其次利导之'，足概其凡。惟管子独重统制经济，以为立国强兵之首要。"②具体针对《管子》经济思想的产生，巫宝三认为它有两大来源："一是管仲的治国功业和政策思想，二是春秋战国时代社会经济变革中所产生的思潮。"③在我们看来，《管子》经济思想的来源，其内在动因始于立国强兵以成霸业之需要，而其思想根基，则深植于中国农耕文明漫长复漫长的经济发展本身，以及由经济发展积累起来的诸多经验，和对诸子百家相关思想的总结。《管子》所独绝者，乃在以齐国天时地利作了针对性很强的阐发。

巫宝三

（二）《管子》经济思想的特点

对此，巫宝三先生概括的很到位："与《管子》书的特点直接联系，它的经济思想有三个重要特点。一是以治国为目标，因而其论述主要是宏观的，就是说，是从封建国家利益出发来论述经济问题的。另一个特点，它是百科全书式的，凡属古代封建国家的经济问题，几乎没有不论述的。其三，是对于商品流通和货币价格问题有专篇论述，并且其篇数之多，在古籍中是仅见的。如果说第一个特点几乎是我国古代思想家论述经济问题所共有的，那么第二、第三两个特点在《管子》一书中很突出，而在我国其他思想家的论述中很少具备，则是颇为彰著的事实。由于这三个特点在《管子》经济思想中是密切联系而不可分割的，因而它的第一个特点，也包含有不同于其他思想家论述的内容。"④对第三个特点，可用胡寄窗先生的观点补充一下："《管子》关于贸易、货币、价格等问题的分析，一般都比较深入细致，在某些方面甚至是很卓越的。"⑤俞寰澄则指出："二千余年历史中，以治道称者，乃转在于用法家之说。然法家偏而不全，重法令而忽教化，务政刑而略经济。管子则洞彻本原，以经济为出发点。

---

① 黄汉：《管子经济思想》，载《十家论管》，上海人民出版社 2008 年版，第 214 页。

② 俞寰澄：《管子之统制经济》，载《十家论管》，上海人民出版社 2008 年版，第 106～107 页。俞先生将《管子》经济制度冠以"统制经济"，实与作者写作此书时（1944 年）国民党政府实行"战时统制经济"的背景有关。作者在"跋"中言："统制经济，新名也。今已竞言计划经济，统制之名旧矣。然轻重非可以拟计划经济也。"参见俞寰澄：《管子之统制经济》，载《十家论管》，上海人民出版社 2008 年版，第 159 页。

③ 巫宝三：《管子经济思想研究》，中国社会科学出版社 1989 年版，第 7 页。

④ 巫宝三：《法家的经济思想（三）——〈管子〉的经济思想》，载巫宝三主编：《先秦经济思想史》，中国社会科学出版社 1996 年版，第 555 页。

⑤ 胡寄窗：《中国经济思想史》（上），上海财经大学出版社 1998 年版，第 289 页。

首提出：'务在四时，守在仓廪。国多财则远者来，地辟举则民留处。仓廪实则知礼节，衣食足则知荣辱。'皆关于经济者也。然后继之以'上服度则六亲固，四维张则君令行'。德礼不废政法，政法兼涵德礼。"① 观此三论，可知《管子》经济思想的基本特点。

（三）构成《管子》经济思想的篇章

《管子》的经济思想，主要由《轻重》这组文献组成，这已是学界共识。此外，还有"经言"中的《乘马》、《立政》、《权修》和《牧民》篇；其他显著者，还有"短语"中的《侈靡》、《四时》、《五行》篇；"区言"中的《治国》，"杂篇"中的《禁藏》、《度地》、《地员》篇等。当然，《管子》的经济思想主要集中在原有 19 篇，现存 16 篇的《轻重》文献中。它们是：《臣乘马》（轻重一）、《乘马数》（轻重二）、《事语》（轻重四）、《海王》（轻重五）、《国蓄》（轻重六）、《山国轨》（轻重七）、《山权数》（轻重八）、《山至数》（轻重九）、《地数》（轻重十）、《揆度》（轻重十一）、《国准》（轻重十二）、《轻重甲》（轻重十三）、《轻重乙》（轻重十四）、《轻重丁》（轻重十六）、《轻重戊》（轻重十七）和《轻重己》（轻重十八）。

（四）学界对《管子》"轻重"篇的定位

1.《轻重》篇的成书年代

关于《轻重》的断代，可谓言人人殊，莫衷一是。归结起来，代表性的有两说：一是战国说；二是汉代说。前者，如胡寄窗认为："这样丰富的经济巨著，如谓成于一人之手，似乎是很难想象的。它必为战国开始后若干轻重家们逐渐累积起来的著作。"② 后者，则自王国维起，受疑古思潮的影响，"汉代说"在学界多有响应。如罗根泽在其《管子探源》中对今存《管子》76 篇作了诸篇考证，认为 46 篇为战国时作，其余 36 篇为秦至汉文、景、武、昭时作，《轻重》成书最晚。而马非百则发展了罗根泽的见解，将《轻重》断为新莽时作。③ 由此，他论说《轻重》的经济思想，均以此为前提和主线。而张固也分三节，分别"从文献上证明"《轻重》作于汉代之前，继而"从理论上证明"《轻重》作于战国中期以前，最后"从与《经言》等篇的关系证明"《轻重》为管子学派的早期作品，其结论是"它可能是战国早、中期之际，依据《经言》所参考过的有关管仲的史料和传说，特别是《侈靡》篇，并结合范蠡、李悝等人的经济思想而作的系统发挥"。④ 在我看来，一如前述，应"搁置"为考辨而考辨又无法有定论的论争，披沙拣金，开掘其有价值的经济思想，才是正途。

2.《轻重》篇与《管子》的关系

马非百认为，《轻重》16 篇"和《管子》其他各篇不是一个思想体系，它是一部专门讨论财政经济问题的书。"⑤ 而巫宝三则坚持多数学者的意见，他通过分析论列《轻重》诸篇的财富观念、赋税主张、本末思想、

---

① 俞寰澄：《管子之统制经济》，载《十家论管》，上海人民出版社 2008 年版，第 150 页。
② 胡寄窗：《中国经济思想史》（上），上海财经大学出版社 1998 年版，第 367 页。
③ 马非百：《论管子轻重》，载《十家论管》，上海人民出版社 2008 年版，第 232 页。
④ 张固也：《管子研究》，齐鲁书社 2006 年版，第 371～396 页。
⑤ 马非百：《论管子轻重》，载《十家论管》，上海人民出版社 2008 年版，第 232 页。

胡寄窗

数量关系、法术势思想等经济问题，认为《轻重》篇的学术思想，尽管有它的特点，它与《管子》其他各篇的学术思想不是没有继承和发展关系的，二个部分同属于一个思想体系，同属于一个学派的著作，刘向把这两部分合编为《管子》一书，不是没有道理的"。① 我们认为，《轻重》16 篇虽然自成一个体系，但它与《管子》的其他诸篇在观点、表述乃至思想的互相照应上具有内在的关联，是《管子》的有机组成部分。

3. 如何评说《轻重》篇

如何评说《管子》的轻重篇，自古至今，学界也有褒贬分明、截然不同的两种观点。贬之者代表性的说法有三：一是晋代"傅子曰：'管子之书，过半是后之好事者所加，《轻重篇》尤鄙俗'"。② 与此大旨相同，即以提出"《管子》非一人之笔，亦非一时之书"而为学界广泛认可的叶适亦言："管子之尤谬妄者，无甚于《轻重》诸篇。"③ 三是黄震《日抄》曰："若《轻重》篇，要皆多为之术以成其私，琐屑甚矣，未必皆管子之真。"④

而褒之者则认为："以视此书之经纬万有，审于机数，精粗之悬，不可道里计。后人不识微旨，亦不明古今习俗殊绝，于书中专详经济，如《轻重》诸篇，都訾为鄙俗谬妄猥琐，不屑措意。其他有关经济之名言妙理，亦都忽置。为可惜也。"⑤ 胡寄窗也给予高度赞誉："对古代轻重论阐发最详、保存最多的现只《管子》一书。其余典籍谈轻重论之处固属不少，大都是一知半解，不足为训。在《管子》的全部经济概念中，以其轻重论为最突出而又最复杂，可谓变化多端，在这里我们看到《管子》作者'天才的闪耀'。如果价值论是政治经济学的基础理论，则轻重论就是《管子》全部经济学说的基石。"⑥ 巫宝三认为："过去评论《管子》一书，不曰，《轻重》诸篇或是后人所加，即曰，《轻重》诸篇鄙俗琐屑，这种评论，可以说大多囿于成见，轻视经济，也可以不去理会。"⑦ 吕思勉虽然没有深研细论《管子》的轻重思想，但也持肯认的态度："然轻重之说，诸家皆不道，惟《管子》书为特详，则亦

① 巫宝三：《管子经济思想研究》，中国社会科学出版社 1989 年版，第 255 页。

② ［宋］王应麟：《困学纪闻》（中）卷十引，上海古籍出版社 2008 年版，第 1217 页。清戴望《管子校正》录《管子》文评，亦引此论。

③ ［清］戴望：《管子校正》录《管子》文评，《诸子集成》卷六，岳麓书社 1996 年版，第 6 页。

④ ［清］戴望：《管子校正》录《管子》文评，《诸子集成》卷六，岳麓书社 1996 年版，第 6 页。

⑤ 俞寰澄：《管子之统制经济》，载《十家论管》，上海人民出版社 2008 年版，第 106 页。

⑥ 胡寄窗：《中国经济思想史》（上），上海财经大学出版社 1998 年版，第 319 页。

⑦ 巫宝三：《管子经济思想研究》，中国社会科学出版社 1989 年版，第 254 页。

其书之所以可贵也。"①张固也则以"《管子》书中的经济思想受到学界的重视"为由,认为"从儒家立场对《轻重》诸篇所作的'鄙俗'、'琐屑'之类的批评,已经不攻自破"。② 从已有诸论可见,褒之者未正视《管子》经济思想中存在的实质问题,而贬之者则只攻其一点不及其余,均有失偏颇。

深研《管子》中的经济思想,不难感知其中足备的卓越之论,尤其是以人类经济活动的探知历程——经济思想史的视角看,一如胡寄窗所言,"《管子》毕竟作出了非常杰出的贡献",③这是毋庸置疑的。但是,一般的译解是不够的,还必须指出隐含在《管子》经济思想背后的实质,这一点应当是研究《管子》经济思想史的出发点和归宿点。因此,有两点必须申明:

卡尔·波普尔

一是研究思想史的价值,更多地在于回溯我们过往曾经也许歪歪斜斜但执着坚定、永不歇息的脚步,它以怎样的曲折经过反复探寻终于踏出了一条抵达现代文明的通途,由此明白现在的一切是怎样嬗变而来的,从而明白事物内在变迁与更替含有怎样的规律……④甚至,研究的价值仅仅在于为一个学术史的空白而作一份人类进步过程中的留存与备忘,乃至没有任何功利目的。相反,那种撷取一点过往的遗存而作今世借鉴的常态之论,虽然无可厚非,即使没有牵强附会,也是研究思想史最末端的范式(研究经济思想史也不例外)。因为古人尚知世易则备变,而况今人乎?因此,如"谓《管子》之说,今犹可行,非愚则妄"。⑤ 恩格斯说:"谁要想把火地岛的政治经济学和现代英国的政治经济学置于同一规律下,那么,除了最陈腐的老生常谈以外,他显然不能揭示出任何东西。因此,政治经济学本质上是一门历史的科学。"⑥

二是我们至少在三个方面必须明白《管子》繁富、具体的轻重论,和它所表征的经济思想背后的实质:

(1)其术:囤积居奇,贱买贵卖,操纵物价,巧取豪夺。乃至装神弄鬼,损招、怪招,层出不穷。

① 吕思勉:《先秦学术概论》,中国人民大学出版社 2011 年版,第 45 页。
② 张固也:《管子研究》,齐鲁书社 2006 年版,第 370 页。
③ 胡寄窗:《中国经济思想史》(上),上海财经大学出版社 1998 年版,第 369 页。
④ 波普尔认为,人类历史的进程是受到人类知识进步的强烈影响的,但我们无法以合理的或科学的方法预言我们的科学知识的增长,因此,我们无法预言人类历史的未来进程。换言之,人类总是在不断地获得知识,然而知识的增长其本身却并无规律可循,所以预言历史规律就是不可能的。参见波普尔:《历史主义贫困论》,何林、赵平译,中国社会科学出版社 1998 年版。需要说明的是,波普尔的这一反历史主义的史学观点,曾引起东西方史学界的普遍关注,但其观点能否成立,值得商榷。
⑤ 俞寰澄:《管子之统制经济》,载《十家论管》,上海人民出版社 2008 年版,第 159 页。
⑥ 《马克思恩格斯选集》(第三卷),人民出版社 1972 年版,第 186 页。

(2)其用心：为役民使民。

(3)其归旨：夺之无形，皆为君利。

二、"轻重"的含义、本质与原则

(一)"轻重"的广、狭义及"轻重"的本质

"轻重"一词最早见于《国语·周语》，因此轻重思想可以追溯到春秋时代。《周语》中的"量货币，权轻重"之轻重，意指钱的大小分量的不同。而《管子》将"轻重"发展成了一种理论体系，成了中国古代经济学的代表作之一。其中的"轻重"一词，有广、狭二义。狭义的"轻重"，《管子》有明确的界说：

> 夫物多则贱，寡则贵，散则轻，聚则重。①

这是中国古代先贤对商品与价格最原始的感知与表达。意思是说，[市场上的]货物多了，[价格]就贱；货物少了，价格就贵。如果抛售，物价就跌(价跌之谓"轻")，如果囤积，物价就涨(价涨之谓"重")。由此可见，《管子》中的"轻重"，就是"散轻聚重"的简称。

这一对"轻重"界说的前两句话，点出了影响物之贵贱的首先是"物"——实即商品本身的多寡，亦即影响价格的实质因素是供求关系。当某种商品供过于求时，商品过剩，卖方不得不以较低的价格处理他们过剩的存货，于是出现货多不值钱的现

象(此即"物多则贱")，形成买方市场；当某种商品供不应求时，商品短缺，买方不得不接受较高的价格以满足自身的需要，于是出现物以稀为贵的现象(此即"寡则贵")，形成卖方市场。应当说，这种原初的、朴素的"物多则贱，寡则贵"的思想，是《管子》轻重论最基本的思想。

后两句话，则进一步表明，附加了人为因素的交换，也会影响物之贵贱，导致物价的涨落。马克思主义的经典作家指出："没有交换，生产也能进行；没有生产，交换——正因为它一开始就是产品的交换——便不能发生。……这两种职能在每一瞬间都相互制约，并且互相影响，以致它们可以叫做经济曲线的横坐标和纵坐标。"②正因这一经济曲线的纵坐标的存在，才让"轻重"论的作者"天才"地悟到了人为的操纵，可以改变物之轻重，即"散轻聚重"。所以，《国蓄》的作者接着这两句，说透了其中的关窍：

> 人君知其然，故视国之羡不足而御其财物。谷贱则以币予食，布帛贱则以币予衣。视物之轻重而御之以准，故贵贱可调，而君得其利。③

直译过来，意思是人君主深知[散轻聚重]这个道理，所以根据国内市场物资的余缺状况来控制国内市场的财物。粮食贱就运用所发的货币投放于粮食，布帛贱就运用所发的货币投放于布帛。再观察物价的

---

① 《管子·国蓄》。

② 《马克思恩格斯选集》(第三卷)，人民出版社1972年版，第186页。

③ 《管子·国蓄》。

涨落而用平准之法来控制。其落脚点是"故贵贱可调而君得其利"。这，才是问题的实质：物价的高低可以调控，而调控物价的目的则是**君得其利**。关于这点，同一篇章中的另一表述则更加直接：

> 夫民有余则轻之，故人君敛之以轻；民不足则重之，故人君散之以重。敛积之以轻，散行之以重，故君必有十倍之利，而财之橅可得而平也。[1]

人君利用百姓货物的有余或不足，低价买进，高价卖出，即贱买贵卖，从而同时达到两个目的：一是使人君获得10倍的盈利，二是使市场的物价得到平抑。倒过来，先分析后一个目的。那就要追问物价的忽高忽低究竟是由什么原因造成的？其实《国蓄》的作者在这段论说之前也做过追问："然则岂财物固寡而本委不足也哉？"意思是，这难道是由于财物本来太少而生产和贮存不足造成的吗？这一追问就回到这个问题的最初原点——"物多则贱，寡则贵"上了。但有所不同的是这一追问还附加了贮存的因素。对这一问题，作者的问答是："夫民利之时失，而物利之不平也。"即认为这是因为错过了调控民利的时机，从而造成了物价的波动。当然，这一观点现在看来是很不科学的，作者在两千多年前自然不会明白商品价格是围绕着价值上下波动的，不会明白价值的变动是价格变

动的内在的、支配性的因素，是价格形成的基础，而把它简单归结为对供求关系的调控上。当然，正是基于这样的认识，才有人君操控物价的"理论基础"或者"借口"。

路易十四

再说第一个目的，即人君获得10倍的盈利，这才是人君调控贵贱的真正用心。必须指出的是，很多学者将人君等同于封建国家，亦即人君获利即国家获利，这样的看法值得商榷。虽然从"家天下"到"朕即国家"传达的是君主的就是国家的，但实际上，即使对专制君主作最宽容的理解，人君仅仅是国家的一个代表。中国虽有"普天之下，莫非王土，率土之滨，莫非王臣"的"通识"，但更有"立天子而贵之者，非以利一人也……立国君以为国，非立国以为君也"[2]的卓论和灼见。所以，不应将《管子》中的"君主经济论"等同或置换成"封建国

---

① 《管子·国蓄》。
② 《慎子·威德》。

家经济论"。①

事实上,由人君操纵物价涨跌,还有一个目的,就是让人民不得不依附于君主。这一点,在《国蓄》开篇就已说得非常清楚和直接:

> 故人君挟其食,守其用,据有余而制不足,故民无不累于上也。②

其中的"挟"字非常传神,以食相挟之谓,意思是人君控制粮食,掌握财货,依靠手中财物的有余来控制人民的不足,人民就没有不依附于君主的。由此,也就达到了控制人民的目的,从而更方便地役使人民。比这一表述更直接的是下论:

> 故予之在君,夺之在君,贫之在君,富之在君。③

予夺之权,贫富之柄,全在人君,这不是操控是什么?作者进一步说,如此,才能使"民之戴上如日月,亲君若父母"。要让被人君"绑架"的民众拥戴国君有如日月,亲近国君有如父母,这真是一个极其荒谬因而显得过于无耻的表达。这就像让羔羊爱上狼同理。所以,恩格斯早就指出:"经

济学所研究的不是物,而是人和人之间的关系,归根到底是阶级和阶级之间的关系",只不过,"这些关系总是同物结合着,并且作为物出现"④而已。所以,"轻重"理论归根结底,实质是君与民的关系,是统治者和被统治者的关系。当统治者把这种关系视作一种可资统治的手段时,"敛轻散重"也就变成了"轻重之术"。《管子》明言:

> 凡将为国,不通于轻重,不可为笼以守民;不能调通民利,不可以语制为大治。⑤

意思是大凡治理国家,不懂得轻重之术,就不能垄断经济来控制人民;不能调控民利,就不能通过管制经济来实现国家大治。也就是说,不懂经济,就难以为政。因此,政治与经济具有天然勾连而有政治经济学的生发。马非百甚至将"不能调通民利,不可以语制为大治"视为《管子》"轻重"理论中的若干基本原则之一,是对法家学派所谓"君臣上下贵贱皆从法,此谓为大治"的法治说的批判继承。⑥ 实际上,《任法》篇中的"君臣上下贵贱皆从法,此谓为大治"中的"大治",与此处"不能调通民利,不可以语制为大治"中的"大治"意涵不同,归旨不同,因而名同实异:前者指任法而

---

① 比如,巫宝三在其《管子经济思想研究》的"《管子》经济思想总论"中,直接列副标题为"《管子》的封建社会国家经济论"。不仅如此,在论述中也是以"国家经济论"为主线贯穿其中的。参见巫宝三:《管子经济思想研究》,中国社会科学出版社1989年版,第1～69页。

② 《管子·国蓄》。

③ 《管子·国蓄》。

④ 《马克思恩格斯选集》(第二卷),人民出版社1972年版,第123页。阶级分析的方法,在恰如其分的场域,实在是一把非常犀利的解剖刀。可惜,跟风过甚,加上被教条化和意识形态化,这一方法已由追捧转为弃之不用了。

⑤ 《管子·国蓄》。

⑥ 马非百:《论管子轻重》,载《十家论管》,上海人民出版社2008年版,第237页。

治,方为大治;后者指以轻重之术调控民利,方能大治,本质是不同的,不可混为一谈。

而广义的"轻重",已不限于以货物多寡为基础的"散轻聚重",还包括由此引起的"在人们心理上反映的'轻重'"。具体而言,《管子》一书"对'轻重'一词含义的具体说明,从'造六峜'、'作算术',到'树五谷'、'兴火食'、'烧山林'、'破增薮'、'焚沛泽'、'逐禽兽'、'钻燧取火'、'封土为社'、'置木为间'、'疏江凿湖'、'修建城郭'、'立皂牢'、'服牛马'、'用珠玉'、'合阴阳'等等,无不为'轻重'研究的对象。可知凡是古代统治者所推行的政治和经济措施,全被本书作者们概括在轻重理论范围之内"。此外,轻重理论还可以应用于法律、军事、教育等方面。[1] 可见,广义的"轻重",多从"轻重"之理的广泛运用而言之。再如,胡寄窗认为,轻重之理可以应用到万物、谷物、货币、人事方面。因此,"轻重一词的内容是很广泛的。凡关于封建国家的财政,土地政策,经济体制,货币,物价,积蓄,各种经济政策或措施,如对内对外贸易政策,农工业生产奖励……都是轻重论的重要应用范围。不过,在这许多的内容中,《管子》更侧重在谈货币、物价及农产品之交换等"。[2]

就《管子》轻重各篇的基本思想,巫宝三将它概括为四个方面:一是认为"轻重"是治理国家最为重要的经济政策,即所谓

"以轻重御天下之道"。二是认为应由封建国家来垄断盐铁之利,即所谓"官山海"。三是认为要用货币价格政策来统御民财,并取得财政收入,即所谓"币乘马"。四是排斥富商蓄贾,强化封建专制主义。[3] 这一概括,简要而不失全面,甚好。与此相比,吕思勉将《轻重》诸篇归之于农家,姑且不论是否妥帖,就其内容,概括为三事:治民之产;盐铁山泽和蓄藏敛散,似觉过于简单。而其"制民之产,为农业社会制治之原",[4]则言简语要,深得农业国度的治理枢机。

(二)"轻重"论的基本原则

"轻重"的意涵与本质既明,还应抽象出散见于《管子》中起指导作用的基本原则。对此,马非百总结出了九条"基本原则"。它们分别是:第一,视时立仪;第二,不能调通民利,不可以语制为大治;第三,"与天争壤";第四,"物之所生不若其所聚";第五,决定物价贵贱的自然因素与人为因素(又各有两种);第六,谷、币、万物三者之间的轻重对比关系;第七,劳动与财富的关系;第八,国际间的轻重关系;第九,具体运用轻重原则时的几个先决条件。[5] 此论详则详矣,然而失之于普泛。九条之中真正够得上"基本原则"的其实只有两条(在这九条之外,还应有其他两条),其他要么是具体做法,要么是一种理念,要么是其中的关系与条件,而不是真正的基本原则。

① 马非百:《论管子轻重》,载《十家论管》,上海人民出版社 2008 年版,第 234 页。
② 胡寄窗:《中国经济思想史》(上),上海财经大学出版社 1998 年版,第 321~323 页。
③ 巫宝三:《管子经济思想研究》,中国社会科学出版社 1989 年版,第 286 页。
④ 吕思勉:《先秦学术概论》,中国人民大学出版社 2011 年版,第 124~125 页。
⑤ 马非百:《论管子轻重》,载《十家论管》,上海人民出版社 2008 年版,第 236~244 页。

一项做法要成为基本原则,起码具备三个条件:指导性、普遍性和基石性。也就是说,它在整体理论体系中,是贯穿始终的指导思想,具有自始至终的普遍性,是这一理论的基石。以此衡量,"轻重"论的基本原则有以下四项:

1. 视时而立仪

《管子》此论,亦有一个发展的内在脉线。早期,《史记·货殖列传》所载计然、范蠡、白圭之徒,深观百物盈虚之消息,得出其术。计然曰:"知斗则修备,时用则知物,二者形则万货之情可得而观已。"此盖深观市情,以求制驭之术。其观察所得,为"贵上极则反贱,贱下极则反贵"。故白圭"乐观时变","人弃我取,人取我予"也。其行之之术,重于"择人而任时"。① 不同的是,计然、白圭之徒,用其术以富家,而《管子》则将"轻重"之术升格为治国,变成了尊君驭民之术。虽用心有别,但其旨则一。《管子》曰:

国准者,视时而立仪。②

所谓"视时而立仪",核心含义是按照不同时代而制定不同的制度和措施。内中强调的是不能因循守旧,而要根据变化了的现实制定具有针对性的制度和措施。这是先秦法家的共识,是他们进化史观的必然结论,也是法家治理国家之所以能够取得辉煌成就的出发点。比如,商鞅明确认为,"礼法以时而定,制令各顺其宜";③韩非子更明确地指出,"世异则事异,事异则备变"。④ 事实上,此论还是《管子》中"不慕古,不留今,与时变,与俗化"⑤在"轻重"论中的具体运用和另一表达。

必须指出的是,视时立仪不仅是一种"史观"与指导思想,更是一种"因时制宜"无处不在的具体做法。具体到"轻重"论,就是《管子》所言的"可因者因之,乘者乘之"。⑥ 意思是能利用的就要利用,能够乘机的就要乘机。因此,它的真髓是"时至则为,过则去。王数不可豫致"。⑦

2. "物之所生,不若其所聚"

这是《管子·轻重甲》中引述已失传的古籍《道若秘》里的观点而提出的第二个基本原则。这实质上与上述"散轻聚重"因而"贵贱可调"的观点是一致的,或者说,就是上述观点的抽象或总结。马非百认为,这"可以说就是本书作者的中心主张。'聚'即'聚则重'之聚,就是把货物聚集在自己手中,以便进行贱买贵卖。这是说直接从事生产活动,所获收入,不如通过囤积居奇的方式所获利润之大。此种情况,在古代大都如此"。⑧ 事实虽然如此,但我们知道,没有生产,就没有交换。也就是说,生

---

① 吕思勉:《先秦学术概论》,中国人民大学出版社 2011 年版,第 125 页。

② 《管子·国准》。

③ 《商君书·更法》。

④ 《韩非子·五蠹》。

⑤ 《管子·正世》。

⑥ 《管子·轻重丁》。

⑦ 《管子·国准》。

⑧ 马非百:《论管子轻重》,载《十家论管》,上海人民出版社 2008 年版,第 238 页。

产决定了交换，或者说，"聚则重"的前提是生产。所以，这一观点极易导致轻视生产而重视投机现象的发生。或者说，这一观点就是为君主囤积居奇和贱买贵卖服务的。马克思指出："你们如果以为劳动和其他任何一种商品的价值归根到底仿佛是由供给和需求决定的，那你们就完全错了。供给和需求只调节着市场价格一时的变动"。[1]

这一观点之所以成为"轻重"论的基本原则，是因为它贯穿了"轻重"论的始终，是理解和把握"轻重"方法与本质的关键。这一原则的核心是"据有余而制不足"，以此**尊君以使民**。

如果说，边沁的功利主义原则是"最大多数的最大幸福"，波普尔的社会民主主义原则是"最小少数的最小不幸"，那么，《管子》轻重论的功利原则，则是"最小少数的最大幸福"。

3. 予之为取

如前所述，"予之为取"首先是《管子》在《牧民》中确立的**为政总纲**，但必须看到，这也是贯穿"轻重"论的指导思想，即表面上"无籍于民"，但事实上通过囤积居奇、贱买贵卖而加倍"夺"民利于无形，这就是《管子》的"予之为取"。它更隐蔽、更诡诈，因之更具欺骗性。

4. 富上而足下

《管子》明确提出了"富上而足下"：

> 牧民者发仓廪、山林、薮泽以共其财，后之以事，先之以恕，以振其罢。此谓先之以德。其收之也，不夺民财；其施之也，不失有德。富上而足下，此圣王之至事也。[2]

"轻重"之旨，首先在于或者根本在于"富上"——富君上，但也不可否认的是，《管子》的确显豁地提出了"凡治国之道，必先富民。民富则易治也，民贫则难治也"。[3] 也就是说，在"富上"的前提下，也要使"民富"。而使民富的目的，则在于"易治"。因为不仅民贫则难治，而"民富则不可以禄使也"。[4] 也就是说，民富则难使。因此，所谓的"民富"，实际上仅指"足下"而已。换言之，不要"甚贫"罢了，绝对不会让民众富到哪里去，因为"甚富不可使"。[5] 这与《管子》治道的根本宗旨在于"尊君"以"使民"是相悖的。

当然，《管子》也注意到了"地之生财有时，民之用力有倦，而人君之欲无穷。以有时与有倦，养无穷之君，而度量不生于其间，则上下相疾也"。[6] 因此，主张"省刑罚，薄赋敛，则民富矣"。[7] 所以，《管子》提出要统治者去满足人民物质生活要求，动机虽在巩固封建秩序，但在当时阶级矛盾极度尖锐的情况下，这种要求的提出，多

---

① 《马克思恩格斯选集》（第二卷），人民出版社 1972 年版，第 167 页。

② 《管子·小问》。

③ 《管子·治国》。

④ 《管子·国蓄》。

⑤ 《管子·侈靡》。

⑥ 《管子·权修》。

⑦ 《管子·小匡》。

少总有它的进步意义"。①

两相比较，可见"富上"是没有任何问题的，怎样穷奢极欲都行，但对民众，"足下"而已。其限度，也就是既不能太贫，也不能（实际上也不可能）太富，而要做到"贫富有度"。因为"贫富无度则失"。② 因此，《管子》仅仅主张不要贫富无度，并非主张消灭贫富差异。事实上，"人民太富足，统治者以利禄为驱使人民的工具这一法宝就不灵了，因而得出了'民富则不如贫'③的另一结论"。④ 而这一结论，就让统治者用轻重之术操控民众的用心昭然若揭了。

三、农本与富国论

传统中国的文明是农耕文明。农耕文明之本为农业，而农业以地为根，以地为本。因此，重谷、贵粟，守农时，劝农事，兴水利，兼及林、畜、果菜、工事、女工，就成了富国论的必然内容。农本与富国二者之间，"务本是手段，富国是目的"。⑤

细审《管子》中的"本事"，它有二义。除了《霸形》篇桓管问答中的"本事"指以百姓为本，乃"政事"之本（"齐国百姓，公之本也"）外，其余皆指农业或农事。事实上，重视农战，以此富国强兵是法家治世的一贯主张，更是核心主张，无论齐法家，还是秦晋法家商、韩，无一例外。与商、韩相对比较普泛的重农不同，齐法家的重农，以"粟"

这一农事之本为切入点，对农本思想以及农战之间的关系有深论：

> 不生粟之国亡，粟生而死者霸，粟生而不死者王。粟也者，民之所归也；粟也者，财之所归也；粟也者，地之所归也。粟多则天下之物尽至矣。……先王者，善为民除害兴利，故天下之民归之。所谓兴利者，利农事也；所谓除害者，禁害农事也。农事胜则入粟多，入粟多则国富，国富则安乡重家，安乡重家则虽变俗易习、驱众移民，至于杀之而民不恶。此务粟之功也。上不利农则粟少，粟少则人贫，人贫则轻家，轻家则易去，易去则上令不能必行，上令不能必行则禁不能必止，禁不能必止则战不必胜、守不必固矣。夫令不必行，禁不必止，战不必胜，守不必固，命之曰寄生之君。此由不利农少粟之害也。粟者，王之本事也，人主之大务，有人之涂，治国之道也。⑥

作者在这段论说中首先指出，不生产粮食的国家会灭亡，生产粮食仅够消费的国家能称霸，生产的粮食在消费后仍有积蓄的国家，才可称王。这就把粮食生产的重要意义提高到国本的地位。不仅如此，在作者看来，粮食还是人民归附，财富积聚，开疆辟土的保证。一言以蔽之，"粟多，则天下之物尽至矣"。这又把粮食视为天下财富的象征。不仅如此，作者还"托古论

① 胡寄窗：《中国经济思想史》（上），上海财经大学出版社 1998 年版，第 301 页。
② 《管子·五辅》。
③ 《管子·山权数》。
④ 胡寄窗：《中国经济思想史》（上），上海财经大学出版社 1998 年版，第 307 页。
⑤ 巫宝三：《管子经济思想研究》，中国社会科学出版社 1989 年版，第 11 页。
⑥ 《管子·治国》。

证"——诉诸古代圣王舜,认为他之所以赢得了人民,关键是善于为民"兴利除害"。所谓兴利,其实就是有利于农业生产;而所谓除害,就是禁止有害于农业生产的事情。至此,作者推论说,农业发展了,则粮食就会增多;粮食增多,则国富,国富则人民安于乡居而爱惜家园,安乡爱家,则虽改变他们的风俗和习惯,对他们驱使和调遣,以至于有所杀戮,人民都是不憎恶。这都是致力于粮食生产的功效。反之,人君不发展农业,则粮食必少,粮少则人民贫困,贫困则轻视家园,轻家则容易外逃,人民轻易外逃则君令不能"必行",君令不行,则禁律不能"必止",禁律不能必止,则战争不能"必胜",防守也不能"必固"了。由此,作者把"四必",即令必行,禁必止,攻必胜,防必固,与农本紧密地连接到一起,同时也把刑法禁令和战事连接在一起,以此凸显农本的核心地位。否则,法令不能必行,禁律不能必止,出战不能必胜,防守不能必固,这叫作"寄生的君主"。而这,都是不发展农业,缺少粮食导致的。所以,作者强调和总结道,粮食乃是成就王业的根本大事,是人君的重大政务,是让民众归附的必由之路,因之也是治国的准则。这就把农耕文明背景下以粟为本提到无以复加的地位。

而让民众事农,必启于垦田,最终指向国富、兵强、地广:

民事农则田垦,田垦则粟多,粟多则国富。国富者兵强,兵强者战胜,战胜者地广。是以先王知众民、强兵、广地、富国之必生于粟也。[1]

这种托"先王"以求"高远其所从来"[2]的论说方式,实际上已成先秦诸子的一种"文化自觉"。因为诉诸先王,就是诉诸权威。《管子·治国》为了论证先王贵农,干脆统而论之曰:"昔者七十九代之君,法制不一,号令不同,然俱王天下者,何也?必国富而粟多也。"[3]也就是说,粟多国富是王天下的共同特质。

二牛抬杠耕作图

而《管子》所谓财富,一般是指谷物、桑麻、六畜、房屋等劳动生产品及山泽、土地、沟渎等自然财富"。[4] 可见《管子》重视物质财富生产的立足点,是发展农业生产,

---

① 《管子·治国》。
② 《淮南子·修务训》。
③ 《管子·治国》。"昔者七十九代之君",绝非译注家所谓的"泛指历代君主"。如前所注,从传说中的君主14位,夏代17位,商代30位,西周12位,东周从平王到管仲时襄王6位,前后正好79代,证明《管子·治国》著于管仲之时。
④ 胡寄窗:《中国经济思想史》(上),上海财经大学出版社1998年版,第294页。

与此同时,重视水利,特别提出了桑麻的种植和六畜的繁殖,以及瓜瓠荤菜百果和手工业生产,而这些几乎包括了古代社会的全部物质财富。但是,也应看到,《管子》的财富观是封建主义的,而不是重商主义的。① 正因如此,《管子》认为,加强农业,是英明君主的首务,为了保证"本事"不可动摇的地位,必须"去无用":

> 明王之务,在于强本事,去无用,然后民可使富。②

这里的"去无用",也就是其他地方提到的"禁末产",或者"禁末作文巧"。这是《管子》中反复申述和强调的基本观点:

> 故上不好本事,则末产不禁;末产不禁,则民缓于时事而轻地利;轻地利而求田野之辟、仓廪之实,不可得也。③

> 夫富国多粟生于农,故先王贵之。凡为国之急者,必先禁末作文巧;末作文巧禁,则民无所游食。民无所游食,则必农。④

那么,哪些是《管子》认为的"无用"呢?哪些属于"末作文巧"呢?《管子》作了明确的回答:

> 事有本,而仁义其要也,今工以巧矣,

而民不足于备用者,其悦在玩好。农以劳矣,而天下饥者,其悦在珍怪,方丈陈于前。女以巧矣,而天下寒者,其悦在文绣。是故博带梨,大袂列,文绣染,刻镂削,雕琢采。⑤

由此可见,所谓末作、文巧,以及"无用"的东西,是指玩好、珍怪、文绣等。玩好,泛指供人把玩欣赏以悦人耳目的物品;珍怪,则指珍贵奇异之物;而文绣,指绣有色彩花纹的丝织品及衣物。由此,作者主张,"是故博带梨,大袂列,文绣染,刻镂削,雕琢采",意思是需要把宽大的衣带裁窄,把肥大的袖子变小,把华丽的服饰染成单色,把刻镂的图案削掉,把精雕细琢的花纹磨平。凡此种种,即"去无用"。也就是说,把过分、过度的奢侈部分视为末作与文巧,而必要的手工品并不是"无用"的。作者归结道:"无用之物,守法者不失",即无用之物,守法者从不生产。

为何要"禁末作"?《管子》中也作了正面回答:"故禁末作,止奇巧,而利农事。今为末作奇巧者,一日作而五日食。农夫终岁之作,不足以自食也。然则民舍本事而事末作。舍本事而事末作,则田荒而国贫矣。"⑥

需要注意的是,《管子》中的"禁末",已涉及音乐:

---

① 巫宝三:《管子经济思想研究》,中国社会科学出版社 1989 年版,第 11~13 页。
② 《管子·五辅》。
③ 《管子·权修》。
④ 《管子·治国》。
⑤ 《管子·五辅》。
⑥ 《管子·治国》。

不听钟鼓，非恶乐也，为其伤于本事，而妨于教也。①

这，大概是后来商鞅提出"诗、书、礼、乐、善、修、仁、廉、辩、慧，国有十者，上无使守战"②的萌芽，难道也是韩非反贤、反德、反民智、反性善，进而反孝悌、反仁义礼智，以致否定一切文化价值的滥觞？

需要甄别的是，《管子》中一方面明确提出要"去无用"和"禁末作文巧"，用的是"去"与"禁"，其意是去掉，禁止；另一方面，则说"毋听淫辞，毋作淫巧"，③意思是最好不听浮夸不实的言辞，不造过度奇巧的物品。这是一种和缓的劝说，而非严禁。这与《管子·幼官图》中的态度十分相近：

务本饬末，则富。

对此，巫宝三指出，这一说法，是深可玩味的。"饬"是整顿，与禁止的意思是不同的。④ 也就是说，《管子》中即使用的是"去"与"禁"，也是"博带梨，大袂列，文绣染，刻镂削，雕琢采"，更何况还有劝说的"毋作"以及更和缓的"饬末"之论。因此，可以说《管子》"务本"但并不"禁末"，而是非常和缓的"抑末"。质言之，《管子》固然

重农以务本，但对手工业生产奢侈品采取了一种劝说、管理，最多也就是限制的态度，因此可称之为"**务本抑末**"论。此论实与《管子》的"士农工商四民者，国之石民也"⑤的主张和"四业分民"论是一致的。所以，《管子》中的"抑末"，多指抑制手工业中生产的奢侈品，⑥未及工业与商业。

正因如此，《管子》的"抑末"论，不仅与商鞅态度坚决的"禁末"有显著的区别，更与极端的韩非将"工商之民"视为"五蠹"之一，因而主张"人主不除此五蠹之民"⑦的"除末"论有天壤之别。

从对手工业奢侈品的"抑"到对商业全面的"禁"，再到对工、商业的"除"，一方面反映了从春秋到战国日趋激烈的社会矛盾，另一方面也反映了治世方略由宽缓到偏急的必然演进。事实上，传统中国过于实用与功利的治道方略，不仅是后来中国科技发展迟滞的根源之一，而且也是许多政治主张仅仅是救时之策，而非普世价值的缘由。

与农本论相关的，还有前面所述的"地德"论，以及地可正政。因之，地为政本。在农耕文明的国度为政，本事与地利，实为一体。所以《管子》认为："有地不务本事，君国不能壹民，而求宗庙社稷之无危，不可

---

① 《管子·禁藏》。
② 《商君书·农战》。
③ 《管子·五辅》。
④ 巫宝三：《管子经济思想研究》，中国社会科学出版社 1989 年版，第 16 页。
⑤ 《管子·小匡》。
⑥ 需要指出的是，由于《管子》非一人一时之作，所以，篇章之中亦有不少矛盾之论，比如，这里讲的"抑末"即禁止手工业奢侈品的生产，但在《侈靡》中明言"不侈，本事不得立"。问题是没有奢侈品的生产，哪有侈靡消费？这种相互抵牾的情形在《管子》中不少。
⑦ 《韩非子·五蠹》。

得也"。① 事实上,本事与地利,如前所述,这是为政的"四固"之一:

> 不好本事,不务地利,而轻赋敛,不可与都邑。②

这是说,把是否重视农业,注重地利,以及轻赋敛,作为能否任用为地方大员的根本标准,也可证明此乃"务本"的根基。如果说《管子》的"务本抑末"比较全面,不失之于偏急,相应的,它的富国论也就全面而具体:

> 山泽救于火,草木植成,国之富也;沟渎遂于隘,鄣水安其藏,国之富也;桑麻植于野,五谷宜其地,国之富也;六畜育于家,瓜瓠荤菜百果备具,国之富也;工事无刻镂,女事无文章,国之富也。③

这是《立政》篇中关涉国家贫富的"五事"。它与国家治乱所涉的"三本",与国家安危所涉的"四固"并论。从这"五事"中,作者列举了"国之富也"的农、林、畜、果菜、水利工程、工事、女事几个方面,实包括了古代社会的全部物质生产。更重要的是,除特别重视五谷外,《管子》还非常重视水利工程、六畜和手工业制造的必需品。在《管子》以前,尚无思想家论水利工程与富国的关系。还有,这里明确地提出非"刻镂"、非"文章"的"工事"和"女事"的手工业产品,都是国家物质财富的构成部分,也有其重要意义。可见《管子》是"抑末"论者不虚。而就非常全面的富国而论,说《管子》是现代国民财富论(物质财富生产的重要性和包括范围)的先驱,恐不为过。④

而要更深入地把握《管子》的轻重论,必须深入研究《管子》中的货币与价格学说。

---

① 《管子·权修》。
② 《管子·立政》。
③ 《管子·立政》。
④ 巫宝三:《管子经济思想研究》,中国社会科学出版社 1989 年版,第 11～12 页。

第十五章 治道论：《管子》的经济思想(中)

《管子》的轻重术可分为五步：第一步，得土壤人口谷物生产之确数。第二步，先分存钱币于各处，有如今之农贷。岁收时，准人民以谷物照市价偿还，则谷聚于上，其价自高。国需织帛，亦以谷准市价收买之。第三步，上散谷敛币。币重则物价平。第四步，上更散币以敛物，物价自高。第五步，官照市价，售出万物，价平而止。如是往复周转，达到彻底盘剥民众的目的，为封建国家的财政开支和人君的穷奢极欲服务。

如果说，《管子》轻重之术的实质是为了强化君主对全国财富的控制，那么，它的核心主张则体现在货币与物价对比关系的论述上。或者说，《管子》轻重学说的中心是货币学说和货币政策、价格学说和价格政策。①

我们知道，"轻重之术包括掌握物资，充实财政，调剂盈虚，平衡物价，阻止兼并，防止物资外流，吸取外国物资，进行国际垄断贸易，以至于借它破坏敌国的经济秩序……"②换言之，繁富、错杂、重叠的《管子》轻重论，在技术操作层面，最核心的主张是谷物、货币、万物三者之间的对比关系，也就是货币与价格的关系。因为"商品价格是用货币表现的，货币购买力的大小与商品价格高

低成反比例，此即《轻重》各篇所说的'币重而万物轻，币轻而万物重'之意"。③ 所以，"《管子》的轻重理论，在表象上固然变化万端，包罗宏富，但归根到底不外乎由封建国家采取各种措施以控制商品货币关系，它的全部内容决没有超出商品流通领域。它的理论基础，一部分涉及谷物价值的变动而引起的它与万物间的比价的变动。一部分涉及因供求关系变化而发生的价格与价值的偏离。一部分涉及的就是货币数量说，这也就是说《管子》所说的，实际是通过对货币发行数量的控制来左右货币的价值，由左右货币的价值进而改变它与谷物、百货间的轻重关系"。④

① 巫宝三：《管子经济思想研究》，中国社会科学出版社 1989 年版，第 309 页。
② 胡寄窗：《中国经济思想史》(上)，上海财经大学出版社 1998 年版，第 333～334 页。
③ 巫宝三：《管子经济思想研究》，中国社会科学出版社 1989 年版，第 55 页。
④ 胡寄窗：《中国经济思想史》(上)，上海财经大学出版社 1998 年版，第 334 页。

一、《管子》货币学说的总纲

巫宝三说:"在先秦诸子中,《管子》是唯一把货币作为一个单独问题提出来论述的。它论述的重点,是货币作为流通手段的职能和作用。"①用恩格斯在《卡尔·马克思〈政治经济学批判〉》中的话说,只不过是把"最初的粗陋的交换形式"转给了一种特殊的商品——货币而已。②但是,《管子》中的"货币"所表征的仅仅是作为"流通手段"的货币,还不是作为"价值尺度"的货币。

细审《管子》,带有总纲性质的货币学说,在《管子》中主要有两处:

> 五谷食米,民之司命也;黄金刀币,民之通施也。故善者执其通施,以御其司命,故民力可得而尽也。③

> 五谷粟米者,民之司命也;黄金刀布者,民之通货也。先王善制其通货,以御其司命,故民力可尽也。④

两相比较,意思完全一致,只不过个别字眼的表述略有不同而已。所谓"御其司命","就是说谷类这种商品,是人民经济生活中的命根子,对于这种'命根子',封建国家应该尽可能多地掌握在手中"。⑤用什么来掌握呢?货币。此即"善者执其通施,以御其司命"的含义。另外,在《揆度》曰:"五谷者,民之司命也;刀币者,沟渎也"。⑥其意是五谷食粮,是民众生命的主宰;黄金货币,是民众交易流通的手段。善于治国的君主(在《轻重乙》中变成了"先王"),就是善于用交易流通的工具——货币——"以御其司命",即"所谓以币守谷也"。⑦只有这样,才能最大限度地让民众尽力。

对《管子》这一段总纲性质的货币学说,巫宝三将它归结为三个论点:"货币的最主要职能是作为商品的流通手段,所说的'通施'、'通货'、'沟渎',都是这个意思;货币作为流通手段,它就同各种商品的贵贱有直接关系,国家要对它善为管理,此即'善者执其通施'之意;管理的目的,在于控制最重要商品五谷食米及其他商品的流通,使商品价格和商品流通能够正常化。《管子·轻重》各篇关于货币和价格问题的论述,都是以上述三个论点为中心。"⑧巫先生概括的甚好,只是忽略了最后一句"故民力可得而尽也"。实际上,这可是《管子》货币学说的真正用心所在,是"点睛之笔",不可忽视。这一句,可归结为第四个论点,

---

① 巫宝三:《管子经济思想研究》,中国社会科学出版社 1989 年版,第 47 页。
② 《马克思恩格斯选集》(第二卷),人民出版社 1972 年版,第 124 页。
③ 《管子·国蓄》。
④ 《管子·轻重乙》。
⑤ 马非百:《论管子轻重》,载《十家论管》,上海人民出版社 2008 年版,第 245 页。
⑥ 《管子·揆度》。沟渎,形象的说法,犹言"渠道"之义。
⑦ 郭沫若:《管子集校》(四),人民出版社 1985 年版,第 32 页。
⑧ 巫宝三:《管子经济思想研究》,中国社会科学出版社 1989 年版,第 48 页。

即《管子》为政，乃至轻重之术的核心目的，就是能最大限度地役使民力，为君主服务。与就事论事不同，马克斯·韦伯则看到了"货币经济不但没有削弱传统主义，结果反倒强化了它。这是因为货币经济与俸禄结合之后，为支配阶层创造了特殊的利得机会。"进而指出："东方家产制及其货币俸禄所造成的一般性结果是：很典型的，只有国土为武力所征服的情况下，或者成功的军事革命或宗教革命，才能够瓦解俸禄利益的强固结构，从而缔建全新的权力分配与新的经济条件。"①也就是说，货币经济与俸禄的结合，强固了所谓的"家产官僚制"的稳定性。

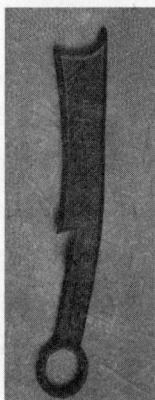

刀币
流通于春秋战国的齐、燕、赵等国

布币
古代农业掘土工具为铲，又别称为镈，布是"镈"的同声假借字，故铲状币叫作布币

二、货币三分说：上、中、下币

《管子》将当时的货币分为上、中、下三币，在《轻重》诸篇中反复其说，其论共四处，原典如下：

故先王度用其重而因之，珠玉为上币，黄金为中币，刀布为下币。先王高下中币，利下上之用。②

故先王度用于其重，因以珠玉为上币，黄金为中币，刀布为下币。故先王善高下中币，制下上之用，而天下足矣。③

玉起于禺氏，金起于汝汉，珠起于赤野……先王为其途之远，其至之难，故托用于其重，以珠玉为上币，以黄金为中币，以刀布为下币。三币，握之则非有补于暖也，食之则非有补于饱也。先王以守财物，以御民事，而平天下也。④

故先王各用于其重，珠玉为上币，黄金为中币，刀布为下币。令疾则黄金重，令徐则黄金轻。先王权度其号令之徐疾，高下其中币，而制下上之用，则文武是也。⑤

四处论说的大旨相同，略有小异。共同点是：(1)均托"先王"之名，一是为"高远其所从来"，二是表明决非自创，古已有之；

---

① ［德］马克斯·韦伯：《中国的宗教：儒教与道教》，简惠美译，广西师范大学出版社 2004 年版，第 109 页。

② 《管子·揆度》。

③ 《管子·轻重乙》。

④ 《管子·国蓄》。

⑤ 《管子·地数》。

（2）划分上、中、下币的标准，是以这些材质本身的贵重程度而定；（3）除《国蓄》篇外，其中最紧要的观点是"高下其中币，而制下上之用"。亦即三币之间并无确定的兑换率，①而以调节中币黄金价格的涨跌，来控制下币刀布和上币珠玉的使用。即"通过有意识地变动黄金的购买力，以调节珠玉与刀布之购买力"。②

不同的是，《轻重乙》中，表达了"高下中币，制下上之用"的效果——"天下足矣"，而在《地数》中则认为如此做，就是周文王和周武王了。《国蓄》说得比较直接和平实，虽然认为这三种货币本身，握之不能取暖，食之不能充饥，但却有"以守财物，以御民事，而平天下也"，即运用它来控制财物，掌握民用，而治理天下的效果；而《地数》篇则提及一个新观点，即政令的疾徐，是影响黄金轻重的一个重要因素："令疾则黄金重，令徐则黄金轻。"

胡寄窗认为，以黄金作为中币调节上币与下币的这一说法，是以错误的货币数量说作基础的。这既不是复本位制，也不是金本位制，也不是以两种货币为本位币而其中一种不许自由铸造的跛行本位制。而黄金与其他货币之间的关系，也不是主、辅币关系。珠玉虽被列为上币，却很少发生货币的作用。③ 在俞寰澄看来，黄金中币"制上下之用"，实隐然金本位也。大概珠玉之用最少，仅备国际之用。并举《轻重甲》中的一段论述，证明"珠玉专用以怀柔远人"。④

需要补充的是"货币的铸造权"。毋庸置疑，它定然为人君所垄断：

人君铸钱立币，民庶之通施也。⑤

在其后的论述中进一步申说了一个君主如不能散开囤积，调剂余缺，分散兼并的财利，调节人民的用费，即使加强农业，督促生产，而且自己在那里无休止地铸造货币，也只是造成人民互相奴役而已，怎么能算得上国家得治呢？即"然则人君非能散积聚，钧羡不足，分并财利而调民事也，则君虽强本趣耕，而自为铸币而无已，乃今使民下相役耳，恶能以为治乎？"⑥而《国蓄》篇中讲的"执其通施"，不仅意味着人君垄断铸币权，也意味着垄断发行权。不仅此论，还有如"君有山，山有金以立币"⑦均表明，铸币权为君主独控独专，亦明矣，不可能许可民间铸币。

---

① 《管子·轻重甲》："粟贾平四十，则金贾四千。"胡寄窗认为，这是将刀币的交换比率"钉住"在黄金上面，经常维持一比四千的比率，即黄金一斤之价为四千刀币。参见胡寄窗：《中国经济思想史》（上），上海财经大学出版社1998年版，第342页。

② 胡寄窗：《中国经济思想史》（上），上海财经大学出版社1998年版，第341页。

③ 胡寄窗：《中国经济思想史》（上），上海财经大学出版社1998年版，第341页。

④ 俞寰澄：《管子之统制经济》，载《十家论管》，上海人民出版社2008年版，第117页。

⑤ 《管子·国蓄》。

⑥ 《管子·国蓄》。

⑦ 《管子·山至数》。

三、谷物、货币、万物三者的对比关系

《管子》论述货币与价格之间的关系，是通过谷、币、物三者的比价关系来展开的。总体说来，谷、币、物三者之间的关系，"都表明货币贵贱与谷物及万物贵贱的**反比例**关系"。① 具体细分，又可分为以下三种：

1. 谷、万物之间的关系："谷重而万物轻，谷轻而万物重"；②或表述为："谷贵则万物必贱，谷贱则万物必贵。"③

2. 币、万物之间的关系："币重而万物轻，币轻而万物重。"④

3. 谷、币之间的关系："粟重黄金轻，黄金重而粟轻，两者不衡立。"⑤没有"币重则谷轻，币轻则谷重"的直接表述。

实际上，在以上三种对比关系中，前两种的反比例关系是《轻重》通例，而第三种谷、币之间的关系，是特例。这样就可以解释胡寄窗分析的"相矛盾"的情形。他分析说："这三种轻重关系分开来看是很容易理解的，如合并起来考察，即会产生一个问题。在币重而万物轻时，谷物既为万物之一，必须随之而轻。但谷物是独贵独贱的，倘使谷物因某种关系（如歉收）与万物比较起来是独重了，则必然得出币重、谷重而万物轻的结论，而与'币重则谷轻'的原则相矛盾。在币轻而万物重时，则谷物亦必随之而重，倘若物因某种原因（如大丰收）而独轻了，则必然得出币轻、谷轻而万物重的结论，而与'币轻而万物重'的原则相矛盾。"⑥

为何第三种谷、币之间的对比关系是特例？对此，梁启超作了最早的解释："古代金属货币之用未广，人民恒以谷帛为货币，而谷为尤重。故古代之谷所以与今异者。今之谷专为交易目的物，而古之谷则兼为交易之媒介物也。"又说："当时之谷兼含两种性质：一曰为普通消费目的物之性质；二曰为货币之性质。当其为普通消费目的物也，其价格固与百物同，为货币之价格所左右。当其为货币也则反是，而其价格常能左右百物之价格。"⑦也就是说，谷兼含两种性质决定了只有两种对比关系：谷与万物；或币与万物。当谷具有货币属性时，也就等同于货币——梁启超称为实币，那就存在"谷与万物"的对比关系；当谷为普通消费物时，属于万物之一，那就存在"币与万物"的对比关系。当然，梁启超对此解释的不是很明了，他在另一处，也将谷、币、物三者之间的关系看作是三种普遍的对比关系："管子之货币政策，其条件有三：以币权物一也，以谷权物二也，以币权谷三也。此管子之轻重主义，所以其术弥

① 巫宝三：《管子经济思想研究》，中国社会科学出版社1989年版，第52页。
② 《管子·山至数》。
③ 《管子·国蓄》。
④ 《管子·山至数》。
⑤ 《管子·轻重甲》。
⑥ 胡寄窗：《中国经济思想史》（上），上海财经大学出版社1998年版，第325页。
⑦ 梁启超：《管子评传》，《诸子集成》卷六，岳麓书社1996年版，第49页。

神而其理弥奥也。"①可见，梁启超对此的认识也是模糊不清的。

其实，这一问题，在《轻重》诸篇的作者那里，是很明晰的，绝不会糊涂地弄出一个谷、币之间"币重则谷轻，币轻则谷重"的说法来。这是因为：

其一，当"以谷准币"时，谷，就是等价物，因之直接与万物相对，其关系就是"谷重而万物轻，谷轻而万物重"。在这时，不可能发生谷与币的交互，交互了，就是币与币的关系，是同一关系，也就不存在二者之间的对比关系了。质言之，谷还是谷，仅仅是"准币"而非"货币"本身，它与币并驾齐驱，衡准万物。

其二，当"谷物独贵独贱"时，谷物单独定其贵贱，不以币衡。由此，也不可能发生谷与币的交互。

事实上，《管子》对二者的关系说得十分明白：

> 彼币重而万物轻，币轻而万物重，彼谷重而万物轻，谷轻而万物重。人君操谷币准衡，而天下可定也。此守天下之数也。②

从这一段论述中，作者明白无误地列举了谷、币、物三者之间的所有关系，实际上也就是通常的两种：(1)币与物；(2)谷与物。所谓"人君操谷币准衡，而天下可定"，更加显豁地证实了"操谷币"即可平衡万物之轻重，意味着只有"谷与物"和"谷与币"

两种对比关系是常态，所以，"此守天下之数也"。此外，就"操谷币"而言，胡寄窗也认为："其原因是国家操谷时即不操币，操币时即不操谷，把谷币替换收发即可平衡二者之相对轻重关系。"③

那么，如何看待谷与币（"粟与金"）之间的对比关系呢？

《管子》中有典型的两论，让我们看看谷、币之间怎样"相遇、相交"：

> 谷贱则以币予食，布帛贱则以币予衣。视物之轻重而御之以准，故贵贱可调，而君得其利。④

这是说，当谷物、布帛贱时，则以币易取之。何以如此？因为衣食所安，民之父母。当谷贱时用币换取，"以御其司命"，即"以币守谷"。换言之，保住关乎民生的"命根子"。而"视物之轻重而御之以准"，即是说，此时把"谷"当作梁启超所说的"普通消费目的物"来对待，但这个普通消费目的物其实并不普通，而是"民之司命"之物。在这种以币易取情形下，《轻重》的作者们并不认为这是"谷轻而币重"，而仅仅是通过货币这一手段，守住谷物而已。也就是说，在特殊情势下，可以按时价购谷，或将谷折成货币，这是非常态的临时支付手段。

此外，必得注意，此论的最终落脚点，始终不忘的还是"君得其利"。

---

① 梁启超：《管子评传》，《诸子集成》卷六，岳麓书社1996年版，第49页。

② 《管子·山至数》。张佩纶云："金衡"当作"准衡"，下节"准衡轻重国会"可证。参见郭沫若：《管子集校》(四)，人民出版社1985年版，第166页。

③ 胡寄窗：《中国经济思想史》(上)，上海财经大学出版社1998年版，第330页。

④ 《管子·国蓄》。

第二则谷、币"相遇"的典型论说，原典如下：

> 岁丰，五谷登，五谷大轻，谷贾去上岁之分，以币据之，谷为君，币为下。国币尽在下，币轻，谷重上分。①

这段话的语境是当桓公问管仲"请问国会"（即请问国家的会计理财工作）时，管子答以王者应"藏富于民"。具体做法，就是把国家的钱币放贷到民间，等到年景丰收，五谷丰登，由此粮价大降，比上年下跌若干份，国家就用放贷的钱币收购谷物囤积起来。这样，谷居上位，币居下位，因钱币都在民间，币值下跌，粮价则上升一半。可见，这段论述的实质就是"敛谷以币"。而"敛谷以币"的实质，一方面是"以币守谷"；另一方面，则是在人君囤积了大量五谷后，再以"民之司命"的五谷，轻重万物，操控物价。

因此，"粟重黄金轻，黄金重而粟轻"的对比关系，仅仅将粟与"制下上之用"的"中币"黄金比，而非与量大面广的下币——刀币比，这也证实这是一种特例，且与"握之则非有补于暖也，食之则非有补于饱也"的币和"民之司命"的谷物无法并论的基本思想是一致的。

对谷、币、物之间的比价关系，巫宝三认为可以通过货币作为一般等价物的作用以举例的方式直接表现出来：

$$100 钱 = 1 石谷$$
$$= 0.1 匹帛$$
$$= 500 斤柴$$
$$= \cdots\cdots$$

由上面等式可以得出谷与其他物品的比价：

$$1 石谷 = 0.1 匹帛$$
$$= 500 斤柴$$
$$= \cdots\cdots$$

巫宝三说，通过以上演示，可以看出，如果货币购买力未变，其他商品价格也未变，谷价涨高了，譬如说 100 钱 = 0.5 石谷，那么谷价与其他商品的比价也必改变，即变成"谷重而万物轻"。②

因此，我们看到，无论谷、币怎样"相遇"，仅存在"粟重黄金轻，黄金重而粟轻"的特例对比关系，《轻重》的作者把这叫作"谷物独贵独贱"。

四、为何"谷物独贵独贱"

所谓"谷物独贵独贱"，说透了，是指谷物的贵贱，不能以货币来衡量。它和货币一样，作为衡量万物的一般等价物，自定贵贱。

问题是，谷何以能独贵独贱呢？研究中国经济思想史的学者一般认为，谷与货币在《管子》一书中都是作为一般等价物看待的，甚至还认为谷是以高于货币的形态出现的。在马非百看来，在古代农业社会中，因为谷是占有很重要的地位的。它是人生之所必需，所以说："五谷食米，民之司命也。"又说："凡五谷者，万物之主也。"因而在一定时期，还可以取得"以谷准币"的

231

---

①　《管子·山至数》。
②　巫宝三：《管子经济思想研究》，中国社会科学出版社 1989 年版，第 53 页。

资格。①

与马非百此论不同，胡寄窗对此作了深入分析："首先，谷物的生产受自然因素的影响较大，无论从它的价值或反映其价值的价格来说，随时都可能体现一种增减、贵贱的波动，而为人们所最易察觉。其次，在谷物生产占社会总产品绝大比重的古代社会中，其他物价的波动不大容易牵动谷物价格，相反，谷物价格的变动却很容易引起其他物价的变动，因为食粮是劳动者消费的极大项目，而劳动费用又是商品成本中的极大项目，谷物价格对其他商品价格所引起的决定影响是很显然的。最后，谷物在《管子》的时代不仅是重要的生活资料，并还以一般等价物的姿态出现。既作为等价物，人们总会以其他商品与它相对立。人们总是看到其他商品的相对价值，通过这个一般等价物表现出来，而充作一般等价物的商品自身的价值似乎应由它自己决定，使人们更易于认识它是独贵独贱的。"②此论不仅全面，也很独到。巫宝三在此论的基础上认为，《轻重》篇的"谷独贵独贱"论，主要是就谷物的独特性（"民之司命"）和封建国家特别重视谷物而言的。《国蓄》篇说谷物是万物之主，就是说它有独特的使用价值，因此必须"重粟之价"。这"重粟之价"一语，可以说道破了"谷独贵独贱"论的真正含义。③

除了上述各论的理由外，之所以说"谷独贵独贱"，我们认为还有一点，就是《国蓄》篇在"凡五谷者，万物之主也"的前提

下，提出的"故人君御谷物之秩相胜，而操事于其不平之间"观点，也将谷、物的对比视作价格上下波动的常态，而不将谷以币衡之，这也是"谷独贵独贱"。

五、人君如何"御谷物之秩相胜"呢

1. 就谷、物贵贱的原因，在《轻重》各篇的作者看来，一是谷、物本身的多寡；二是供求关系——物之聚散；还有，年岁的凶穰，政令的缓急，都是决定和影响谷、物贵贱的重要因素。因此，马非百将《管子》论述的决定物价贵贱的因素分为两类，一类是自然的因素，另一类是人为的因素。其中，自然因素包括：（1）年岁的丰歉——如"岁有凶穰，故谷有贵贱"（《国蓄》）；（2）季节的影响——如"故岁有四秋，而分有四时。已有四者之序，发号出令，物之轻重相什而相伯。故物不得有常固"（《轻重乙》）。人为因素包括：（1）囤积的作用——如"聚则重，散则轻"（《国蓄》）等；（2）政令的缓急——如"令有缓急，故物有轻重"（《国蓄》）等。④

深入而论，就供求关系的改变而言，有些是自然的，但也有些是人为的。正因如此，"在制定政策上，就可以或用改变货币购买力政策以改变商品价格，或用改变商品价格政策以改变货币购买力，两种政策可以交互采用。……总之，《管子》的货币政策是用增减民间货币流通量的办法，提

---

① 马非百：《论管子轻重》，载《十家论管》，上海人民出版社 2008 年版，第 239 页。

② 胡寄窗：《中国经济思想史》（上），上海财经大学出版社 1998 年版，第 328 页。

③ 巫宝三：《管子经济思想研究》，中国社会科学出版社 1989 年版，第 340 页。

④ 马非百：《论管子轻重》，载《十家论管》，上海人民出版社 2008 年版，第 239 页。原文序号为"甲、乙"等，为醒目起见，改为（1）、（2）。

高或降低货币购买力，从而影响谷物和其他商品的价格，以达到封建君主控制全国财政的目的"。[①]

就政令的缓急影响而言，《管子》本身有深论：

> 今人君籍求于民，令曰十日而具，则财物之贾什去一；令曰八日而具，则财物之贾什去二；令曰五日而具，则财物之贾什去半；朝令而夕具，则财物之贾什去九。先王知其然，故不求于万民而籍于号令也。[②]

这是说，人君征收过急，就会影响物价。如果征收的是货币，则农民为了换取货币以完成纳税任务，就不得不急于把农产品卖出。这样农产品的价格就会降低。规定纳税的期限越短，商人的压价也越厉害，商品跌价的现象也越严重。此外，国家如果急征某种物品时，这种物品也会涨价。[③] 马非百还援引了恩格斯对《资本论》的补注："收税的日期到了，农民必须有货币。商人愿意给什么价格，农民就会凭什么价格出卖他们的产品。"进一步申说了政令的疾徐，能够改变货物的轻重关系。由此人为地造成物价"相什而相伯"的剧烈波动，进行贱买贵卖，大作其投机生意，以获得最大限度的商业利润。[④]

对年岁凶穰的影响而言，《管子》亦有明论：

> 岁适美，则市粜无予，而狗彘食人食。岁适凶，则市籴釜十繈，而道有饿民。……夫民有余则轻之，故人君敛之以轻；民不足则重之，故人君散之以重。敛积之以轻，散行之以重，故君必有十倍之利，而财之橫可得而平也。[⑤]

岁丰谷贱，粮食卖不出去，连猪狗都吃人食；相反，年景遇上灾荒，买粮一釜要花十贯钱，而且道有饿民。由此，人君利用民间粮食有余就肯低价卖出而大量低价收购；利用民间粮食不足就肯高价买进而高价抛售，如此贱买贵卖，君主不但有10倍的盈利，而且物价也可得到平抑。

2."人君御谷物之秩相胜"的目的，巫宝三认为："由官府收集或吐放货币，在谷物布帛收成或青黄不接之际，进行收购或抛售，其目的之一在于平物价，二在于制止富商大贾操纵市场和积聚大量财富，三在于使官府控制货币流通和贮存谷物，增强封建国家的财力。这项政策是《管子》'轻重论'的核心。"[⑥]实际上，要说"增强封建国家的财力"，多少有点美化《轻重》各篇作者的意旨，《轻重》各篇反复申说的是"君得其利"，或言"君必有十倍之利"等。毕竟，君利并非国家之利，也就是《国蓄》篇点透的"国利归于君"。质言之，《管子》的谷价政策已不仅限于使"农末俱利"（范蠡、计然），也不仅限于"使民毋伤，而农以劝"（李

---

① 巫宝三：《管子经济思想研究》，中国社会科学出版社1989年版，第55页。
② 《管子·国蓄》。
③ 马非百：《论管子轻重》，载《十家论管》，上海人民出版社2008年版，第242页。
④ 马非百：《论管子轻重》，载《十家论管》，上海人民出版社2008年版，第242页。
⑤ 《管子·国蓄》。
⑥ 巫宝三：《管子经济思想研究》，中国社会科学出版社1989年版，第44～45页。

恻），而明确提出要使"君必有十倍之利"，最多，还有一个"大贾蓄家不得豪夺吾民"的目的。用巴林顿·摩尔的话说，就是"尽管存在着种种不良后果，强大的王权却执行着一项不可替代的功能，即在初期阶段抑制暴戾的贵族"。[1]

此外，在谷价政策方面，《轻重》篇还根据地区间谷价差距提出谷物供应调剂措施。[2]

巴林顿·摩尔

3. 就谷、物"轻重"的过程而言，《管子》有一段表述很典型：

君下令于百姓曰：民富君无与贫，民贫君无与富。故赋无钱布，府无藏财，赍藏于民。岁丰，五谷登，五谷大轻，谷贾去上岁之分，以币据之，谷为君，币为下。国币尽在下，币轻，谷重上分。上岁之二分在下，下岁之二分在上，则二岁者四分在上，则国谷之一分在下，谷三倍重。邦布之籍，终岁

十钱。人家受食，十亩加十，是一家十户也。出于国谷策而藏于币者也。以国币之分复布百姓，四减国谷，三在上，一在下。复策也。[3]

实际上，《管子》中的《山国轨》、《山至数》等篇详细且不厌其烦地论述了操作谷物、货币、万物之间轻重的方法。俞寰澄将之总结为五个步骤："得土壤人口谷物生产之确数后，第二步办法：先分存于钱币于各处，有如今之农贷。岁收时，准人民以谷物照市价偿还，则谷聚于上，其价自高。国需织帛，亦以谷准市价收买之。第三步办法：上散谷敛币。币重则物价平。第四步：上更散币以敛物，物价自高。第五步：官照市价，售出万物，价平而止。如是往复周转，为轻重过程。"[4]马非百也总结道：《管子》"所主张的贱买贵卖，并不是直接以货币交换货物，而是以货币预购谷物，再设法把谷价抬高，然后用'以谷准币'的方法，支付货物的价款和货币借款。但事情并不是到此为止。它收到了大批货物，'聚则重'，货物之价复涨，国家又将货物按高价出售或出借，然后又用上述方法收回谷物。如此周而复始，无有穷期。"[5]以此种反复"轻重"的办法，达到彻底盘剥民众的目的，为封建国家的财政开支和人君的穷奢极欲服务。对此，也可用魏特夫的论断进行反观："中国古代的诸子百家假定，在政府需要的范

---

① [美]巴林顿·摩尔：《民主与专制的社会起源》，拓夫、张东东等译，华夏出版社 1987 年版，第338 页。

② 巫宝三：《管子经济思想研究》，中国社会科学出版社 1989 年版，第 57 页。

③ 《管子·山至数》。

④ 俞寰澄：《管子之统制经济》，载《十家论管》，上海人民出版社 2008 年版，第 111 页。

⑤ 马非百：《论管子轻重》，载《十家论管》，上海人民出版社 2008 年版，第 249 页。

围内,存在着人们真正选择行动的余地。不过,毫无例外,农业机构国家的统治者在满足其境内的建设、组织和征敛的需要时,都是最大限度地强调他们自己的利益,而对他们臣民的需要的重视则放在最低限度上。"①

需要特别点出的是,即使用来抚恤国家烈属的粮食,看似国家以平价收购豪族大贾囤积的粮食而来,实际上是平价收购来再加价 40 倍后卖给了困穷之民,然后以这些赚取的 40 倍的利润,赈济烈属和贫病、孤老者。说白了,赈济之物还是从剥削民众而来,再发给了部分民众。② 羊毛出在羊身上,这就是"予之为取"的真实样貌与"轻重"之术的深刻本质。

4. 就"轻重"谷物的具体手段,马非百作了详细总结:③

(1)举行农贷。春夏谷贵时,以货币、谷物或农具贷出,至秋收谷贱,用市价收取其谷(《臣乘马》、《国蓄》、《山国轨》《山至数》)。

(2)谷贱时,进行收购。如《国蓄》所谓"谷贱则以币予食"。

(3)利用"神宝"向大地主抵借藏谷,如《山至数》载述"御神用宝"。

(4)假借抚恤阵亡将士遗族(《轻重甲》),"发师置屯"(《轻重乙》),及以彗星出现将有天灾(《轻重丁》)等名义,用平价收购富户藏谷。

(5)提高国内谷价,吸收外国之谷(《山至数》、《揆度》、《轻重乙》)。

(6)用本国工业品吸收外国之谷。如《山至数》"与工雕文梓器以下天下之五谷"及《轻重甲》"伊尹以薄之游女工文绣纂组,一纯得粟百钟于桀之国"。

(7)"以无用之壤臧民之赢。"如《国准》所谓"彼渃菜之壤,非五谷之所生也,麋鹿牛马之地。春秋赋生杀老,立施以守五谷"。

(8)田租收入。如《轻重甲》"租税九月而具,粟又美",《轻重乙》"请以令使九月种麦,日至日获……量其艾,一收之积中方都二"等。

六、诸侯国之间的贸易

《管子》研究的前贤与时俊,大多将以春秋战国为背景的诸侯国间的贸易称为国际贸易,④虽无不可,但容易与当今真正的国际贸易相混淆,所以还是称为诸侯国间的贸易较为妥帖与平实。

除了上述国内谷、币、物之间的"轻重"外,《管子》的确非常重视诸侯间的贸易,并将其"轻重"之术运用到其他诸侯国,这是不争的事实。俞寰澄指出:"管子最注重国际贸易。其时知轻重者,只齐国之管子耳。他国昧昧焉堕术中而不知。管子重谷而他国重金。管子利用其特产如盐,而他国无特产,或有而不知利用。于是国际贸易中,

---

① [美]魏特夫:《东方专制主义》,徐式谷等译,中国社会科学出版社 1989 年版,第 126 页。

② 《轻重甲》:"困穷之民闻而籴之,釜鏂无止,远通不推。国粟之贾坐长而四十倍。"此即所谓的"抚恤烈属谋"。

③ 马非百:《论管子轻重》,载《十家论管》,上海人民出版社 2008 年版,第 246 页。

④ 如梁启超、胡寄窗、俞寰澄等,均言《管子》中诸侯国间的贸易为国际贸易或国际价格政策。

隐行其攻弱兼昧之经济战争,无不如志。"①

梳理《管子》关于诸侯间贸易的很多论述,最主要的观点有两论,原典如下:

> 天下高则高,天下下则下。天下高我下,则财利税于天下矣。②

> 故善为国者,天下下,我高;天下轻,我重;天下多,我寡。然后可以朝天下。③

对于诸侯国间的商品流通,特别是谷物流通,着眼点是本国制定的价格政策,要能吸取天下之财,避免本国财货外流。一句话,要保证使其有利于本国经济的发展与封建国家实力的保存。方略固然可以多样,但其根本的做法,万变不离其宗,一是"天下高则高,天下下则下",这样可使本国谷价、财货不低于诸侯国,从而避免国内财货外流,避免"天下高我独下,必失其国于天下"④不利后果的发生;二是"天下下,我高;天下轻,我重",即在必要时,提高本国某些财货的价格,吸引诸侯国财货流入本国。比如,《管子·轻重乙》:

> 管子曰:"滕鲁之粟釜百,则使吾国之粟釜千;滕鲁之粟四流而归我、若下深谷者。非岁凶而民饥也,辟之以号令,引之以徐疾,施平其归我若流水。"

如此,即可达到"调高下,分并财,散积聚"而"可以朝天下"的目的。

而何时采取"天下下,我高;天下轻,我重"之策,《管子》也认为应该"视时立仪",即"可因者因之,乘者乘之"。俞寰澄感叹并阐释道:"'可因者因之,乘者乘之',意精绝。国际贸易,全视时机。时机者,合天地人之和,而兆供需之率也。因者,因时机之顺。乘者,乘时机之逆。时机无定,应付亦无定,不使他国供需之变动,造成己国之恐慌。两语足抵无数之商业政策矣。"⑤

至于《管子》中列举的运用上述轻重之策倾覆他国的事例,如"鲁梁之谋"、"莱莒之谋"、"白鹿之谋"等,权当故事听听而已,不可实信。

七、市、准、衡、权、币乘马与国轨

1."市"。商品交易离不开市场,因此《管子》中还对"市"及其作用进行了论述。何谓"市"?《管子》说:

> 市者,货之准也。⑥

意即市场是商品供求状况的标志。这是中国古代先贤对市场的一个极其赅简的界说。也就是说,万物之贵贱,必须通过市场活动才能得到最后的确定。⑦ 由于当时

---

① 俞寰澄:《管子之统制经济》,载《十家论管》,上海人民出版社2008年版,第141页。
② 《管子·地数》。
③ 《管子·轻重乙》。
④ 《管子·轻重丁》。
⑤ 俞寰澄:《管子之统制经济》,载《十家论管》,上海人民出版社2008年版,第142页。
⑥ 《管子·乘马》。
⑦ 胡寄窗:《中国经济思想史》(上),上海财经大学出版社1998年版,第351页。

《管子》的作者不可能懂得"价值决定价格"，因此，只通过市场看到了"准"，也就是马克思所说的"它的市场价格绕之变动的标准价格"，而不可能明白价格是价值的货币表现，也不可能懂得价值的变动是价格变动的内在的、支配性的因素，是价格形成的基础。因此，只是直观地看到了价格在围绕一个什么东西在上下波动，他们把这个东西叫作"准"。当然，他们还看到了市场的作用：

市者可以知治乱，可以知多寡，而不能为多寡。为之有道。①

通过市场，可以通晓社会的治乱。这是"西周以来的传统看法。封建最高统治者巡狩时要'命市纳贾，以观民之所好恶，志淫邪辟'"。因此，这并不是《管子》的发现。《管子》作者的发现是，已"能认识到市的作用只能'知多寡'而不能'为多寡'，其抽象能力是很高的"。②而"为之有道"一语，意味着市场掌握起来，也是有规律的，这是"天才"的感悟，可惜在当时很难进一步升华并揭示出其中的价值规律来。

此外，《管子》还论及了"市"的另外两个作用：（1）市为财利聚集之所。《管子》曰：

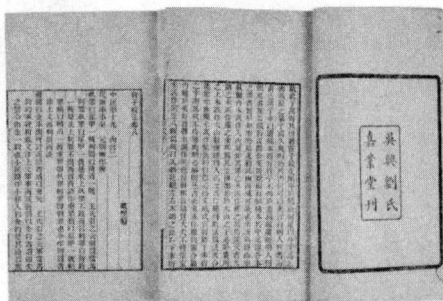

《管子》书影

"市者天地之财具也。而万人之所和而利也。"③这是说，市场是取得天地财货的工具。人们要寻求天地之财，不必自己登山入海，可以直接从市场上购得，所以每人都能从市场上得利。④（2）市场能劝本而起末。"市也者，劝也。劝者，所以起本善，而末事起。"⑤市场能起到鼓励、引导的作用。戴望注曰："善农者能多致市利，则自劝而不怠，故能起本也。"⑥不仅能促进农业生产，同时也可带动工商业的发展。对此，胡寄窗说，"《管子》也认识了交换可以反作用于生产"。⑦

正因为上述认识，所以《管子》认为应当普遍立"市"。因为"聚者有市，无市则民乏"，⑧还因为"处商必就市井"。⑨那么，立市又如何区划呢？《管子》对国内市场和对外市场作了不同的规划。对国内市场，《管子》的规划如下：

---

① 《管子·乘马》。
② 胡寄窗：《中国经济思想史》（上），上海财经大学出版社1998年版，第351～352页。
③ 《管子·问》。
④ 胡寄窗：《中国经济思想史》（上），上海财经大学出版社1998年版，第352页。
⑤ 《管子·侈靡》。
⑥ ［清］戴望：《管子校正》，《诸子集成》卷六，岳麓书社1996年版，第249页。
⑦ 胡寄窗：《中国经济思想史》（上），上海财经大学出版社1998年版，第352页。
⑧ 《管子·乘马》。
⑨ 《管子·小匡》。

方六里命之曰暴，五暴命之曰部，五部命之曰聚。聚者有市，无市则民乏。五聚命之曰某乡……①

在国内，每一乡都须设五个市，即六里见方的区域要有一个市。在生产力很不发达的春秋时代，市的设立密度已够大了。而对外贸市场，《管子》的规划如下：

百乘之国，中而立市，东西南北度五十里。……千乘之国，中而立市，东西南北度百五十余里。……万乘之国，中而立市，东西南北度五百里。②

"中而立市"，这是设立外贸市场的原则，按照国度的大小确定外贸市场与边境的距离，这是比较科学的，也反映了《管子》非常重视诸侯国间贸易的谋略。

2."准与衡"。在《管子》中论述很多。比如，将"准"与"绳"、"钩"并论：

夫绳扶拨以为正，准坏险以为平，钩入枉而出直。③

绳，可扶偏为正；准，可破险为平；钩，可去曲取直。而在《水地》篇中则言"准也者，五量之宗也"，以与"素也者，五色之质

也；淡也者，五味之中也"而托引出"是以水者，万物之准也"的论断。而真正用于"轻重"论中的"准"，其基本含义是"平准"或"准平"之谓。④ 比如：

乘马之准，与天下齐准。彼物轻则见泄，重则见射。此斗国相泄，轻重之家相夺也。⑤

意思是经过计算筹划的物价标准，应当同各诸侯国的标准保持一致。各类商品，价格偏低则泄散外流，偏高则别国倾销取利。这便是对立国家互相倾销商品，理财家互相争利的由来。又如：

凡轻重之大利，以重射轻，以贱泄平。万物之满虚，随财准平而不变，衡绝则重见。人君知其然，故守之以准平。⑥

此中之"准"，谓之"准平"，即平准之法，与"衡"并用。再如，"视物之轻重而御之以准，故贵贱可调，而君得其利"，皆是。而"此长有天下之道，谓之准道"，⑦则将"准平"上升为"平准之道"。

而在《山至数》中，直接将"准与衡"连用："准衡、轻重、国会，吾得闻之矣。"或干脆称为"准衡之数"。⑧ 但在桓公问："何谓

---

① 《管子·乘马》。
② 《管子·揆度》。
③ 《管子·宙合》。
④ 巫宝三说："在《轻重》各篇中，准的意义很明确，就是水平的意思，并且是说商品价格的水平，或者叫作准平。"参见巫宝三：《管子经济思想研究》，中国社会科学出版社1989年版，第301页。
⑤ 《管子·乘马数》。
⑥ 《管子·国蓄》。
⑦ 《管子·山权数》。
⑧ 《管子·地数》。

'正名五'"时,管仲"对曰:权也,衡也,规也,矩也,准也,此谓'正名五'"。① 可见,二者有时也是分立而论的。对此,《汉书》有一段对"五则"的解释,可资参考:

衡,平也。权,重也。衡所以任权而均物、平轻重也。其道如砥,以见准之正,绳之直。左旋见规,右折见矩……权与物钧而生衡。衡运生规,规圆生矩,矩方生绳,绳直生准。准正则平衡而钧权矣,是为五则。②

这一解释甚切、甚透。与此相应,在《管子》看来,掌握"天策阳也,壤策阴也"这一"事名二"和上述"正名五",这个合起来的"二五"之数被视为"此国之至机也,谓之国机"。由此,将一般具象意义上的"准"抽象就变成了"国准":

国准者,视时而立仪。③

也就是说,抽象出来的、真正意义上的"准",乃是"国准",即国家的平准方略,乃"视时而立仪"。正是在这一意思上,"准"转而成为"轻重"论的基本原则。④

就"衡"而言,《管子》中"权衡"之论甚多。而"衡"在"轻重"中的真正含义,"说的是表现商品价格的货币,是从衡量物的轻重的秤引申而来。货币是一般等价物,它具有衡量各种商品价值高下的职能",因此,"衡这一概念实有代表谷、币、金这三者的意义"。⑤ 真正体现"衡"之精义者,乃下论:

桓公问于管子曰:"衡有数乎?"管子对曰:"衡无数也。衡者使物一高一下,不得常固。"⑥

《管子》心目中所谓"衡",以政治经济学的术语来说,就是商品价格不断围绕一个中心而上下摆动的均衡运动。但它还未理解价格上下摆动须围绕怎样一个中心(即价值)。⑦ 所以,《管子》一方面主张人君掌握货币以平衡物价,但同时也主张"衡无数也。衡者使物一高一下,不得常固"。质言之,为了增加财政收入,取得巨额利润,此论宣扬可以**人为地制造物价上下大幅波动**,不惜由此导致商品供求关系的失调,不惜造成市场混乱,从而达到哄抬物价,以敛巨财的目的。这,也是"轻重"术的深刻本质。

实际上,"不得常固"的"衡无数"也与"国准"之"视时而立仪"的基本精神完全一致,二者共同发展的必然逻辑是——"轻重无数":

---

① 《管子·揆度》。
② 《汉书·律历志上》。
③ 《管子·国准》。
④ 参见前述,此处不赘述。
⑤ 巫宝三:《管子经济思想研究》,中国社会科学出版社 1989 年版,第 298~299 页。
⑥ 《管子·轻重乙》。
⑦ 胡寄窗:《中国经济思想史》(上),上海财经大学出版社 1998 年版,第 346~347 页。

桓公曰："轻重有数乎？"管子对曰："轻重无数，物发而应之，闻声而乘之。故为国不能来天下之财，致天下之民，则国不可成。"①

所谓"轻重无数"，就是"物发而应之，闻声而乘之"。国家如果不能积聚天下之财，不能招引天下之民，国将不国了。照此说来，轻重天下之财以聚民，成了封建国家的本性。

3."国权"。《管子》云：

桓公问管子曰："请问权数。"管子对曰："天以时为权，地以财为权，人以力为权，君以令为权。"②

天时、地财、人力、君令，构成了"权数"。权者，通权达变之谓也。由于天时乃人力所不可控者，故《管子》提出每年应贮蓄粮食十分之三。再运用好地权、人权与君权，则"三权皆在君，此之谓国权"。③

4."币乘马"与"国轨"。《管子》曰：

故币乘马者，布币于国，币为一国陆地之数。谓之币乘马。④

对这一表述，马非百甄别道："乘，读去

声，计也。马即计算用的筹码。乘马就是计算。币乘马是指货币需要量的计算方法。所谓'布币于国'，就是要计算各地需要多少货币资金和赈贷资金，才能控制全国的商品谷类。作者主张应该根据全国各地的土地肥瘠和谷类产量情况，计算出国家用来购买谷类的货币需要量，然后根据这个需要量来'布币于国'。"⑤而由货币供应量的统计，引出"国轨"。《管子》曰：

上立轨于国，民之贫富如加之以绳，谓之国轨。⑥

意思是君主设立统计制度于国内，就像使用绳索一样控制人民的贫富，这就叫作国家的统计理财工作。⑦此中不仅有解释，更有实施这项工作的目的，可谓言简意赅。巫宝三认为，由于《管子》重视货币流通的职能和作用，它又论述了按照商品流通所需要的货币数量的决定因素，这是《管子》在论述货币流通手段之外，在货币学说发展史上的又一卓越贡献。《管子》中的"币有轨"即计算货币流通之数。值得注意的是，《管子》还从个人购买商品支出所需的货币来计算货币流通量。⑧但胡寄窗认为："《管子》突出强调了货币作为流通手段

---

① 《管子·轻重甲》。
② 《管子·山权数》。
③ 《管子·山权数》。
④ 《管子·山至数》。
⑤ 马非百：《论管子轻重》，载《十家论管》，上海人民出版社2008年版，第245页。
⑥ 《管子·山国轨》。
⑦ 胡寄窗认为："所谓国轨，就是封建国家的经济立法或规划。"参见胡寄窗：《中国经济思想史》（上），上海财经大学出版社1998年版，第361页。
⑧ 巫宝三：《管子经济思想研究》，中国社会科学出版社1989年版，第50～51页。

的职能,反而阻止了它对货币本身价值做出分析,一直停留在货币与其他商品交换的对比关系的现象上,这也是它主张错误的货币数量说的主要根源。"[1]还由于它是从强化封建君主控制财富的观点出发,它的货币学说,缺乏科学的观念,其结果必然导致极端任意性的政策。[2] 一褒一贬,从不同侧面点出了《管子》货币学说的贡献与不足。

如果说,《管子》的货币价格论更多地体现了"轻重术"的技术操作手法,那么,它的赋税观、盐铁专卖、侈靡论,尤其是确有不少鄙俗的"轻重术",则直接揭露了"轻重术"的内在本质。

---

① 胡寄窗:《中国经济思想史》(上),上海财经大学出版社 1998 年版,第 336 页。
② 巫宝三:《管子经济思想研究》,中国社会科学出版社 1989 年版,第 56~57 页。

第十六章 治道论:《管子》的经济思想(下)

《管子》的盐铁专卖,由于"见予之形,不见夺之理",从积极意义上讲,是一种很高明的国家财政方式。但从本质上讲,则是一种更隐蔽、更具欺骗性,因而是更狡猾的榨取民财的方式。从思想与制度传承看,管仲的盐铁专卖思想,影响深远,成为春秋以后长达两千余年的中国食盐专卖制度的滥觞。

一、赋税观

税收是随着国家的产生而产生的。因此,马克思说:"国家存在的经济体现就是捐税。"[①]换言之,国家产生后,必然要出现保证国家运转和实现其职能的财政,因此,税收是国家正常运转的经济基础,这就是恩格斯所说的"为了维持这种公共权力,就需要公民缴纳费用——捐税"。[②]

(一)税赋迁变简论

就赋税起源而论,在中国,"'三代'王朝采取的占有直接生成者的剩余劳动产品的方式为贡、税、役三种"。[③]而"三代"田税课征的具体形式,《孟子》曰:

夏后氏五十而贡,殷人七十而助,周人百亩而彻,其实皆什一也。彻者,彻也。助者,藉也。龙子曰:'治地莫善于助,莫不善于贡。'贡者,校数岁之中以为常。乐岁,粒米狼戾,多取之而不为虐,则寡取之;凶年,粪其田而不足,则必取盈焉。为民父母,使民盼盼然,将终岁勤动,不得以养其父母,又称贷而益之,使老稚转乎沟壑,恶在其为民父母也?夫世禄,滕固行之矣。《诗》云:'雨我公田,遂及我私。'惟助为有公田。由此观之,虽周亦助也。[④]

学界据此认为,田税的形式,夏用"贡"法,商用"助"法,周用"彻"法。其中,"贡"是下献上之通称,孟子用来指传说中夏代

---

① 《马克思恩格斯选集》(第一卷),人民出版社1972年版,第188页。
② 《马克思恩格斯全集》(第二十一卷),人民出版社1965年版,第195页。
③ 郑学檬主编:《中国赋役制度史》,上海人民出版社2000年版,第4页。
④ 《管子·滕文公上》。

的田赋制度，到了战国已失其意义。"助"
是借民之力以耕公田，公田制度消亡，助法
亦不再见称。唯独"彻"法是指周人百亩什
一之税，后为赋税或租税等通用名词所代
替了。[1] 与田税不同，西周征调力役，则称
为"赋"。《周礼·地官·小司徒》中有明确
载述。

吕思勉指出："春秋战国时，井田之法
渐坏，而税法乃一变。"[2]亦即到春秋时
期，在鲁国，据《春秋》记载，鲁宣公十五
年（前594年）"初税亩"。杜预注曰："公
田之法，十取其一。今又履其余亩，复十
收其一。故哀公曰：'二，吾犹不足。'遂
以为常，故曰初。"孔颖达引赵岐注云：
"民耕五十亩者贡上五亩，耕七十亩者以
七亩助公家，耕百亩者彻取十亩以为赋，
虽异名而多少同，故云皆十一也。"又引郑
玄云："十一而税谓之彻。"孔颖达正义曰：
"彻，通也，为天下之通法。言天下皆十一
耳，不言畿内亦十一也。"[3]对鲁国实行的
"初税亩"，《左传》曰："初税亩，非礼也，谷
出不过藉，以丰财也。"[4]杜预注曰："周法：
民耕百亩，公田十亩，借民力而治之，税不
过此。"孔颖达正义曰："藉者，借也。民之
田谷而出共公者，不过取所借之田。欲以
丰民之财，故不多税也。即讥其税亩，言
'非礼'，乃举正礼言'谷出不过藉'，则知所

税亩者，是藉外更税。故杜以为十一外更
十取一，且以哀公之言验之，知十二而税自
此始也。"[5]

公羊传砖　拓片

《公羊传》曰："初者何？始也。税亩者
何？履亩而税也。初税亩，何以书？讥。
何讥尔？讥始履亩而税也。何讥乎始履亩
而税？古者什一而藉。古者曷为什一而
藉？什一者，天下之中正也。多乎什一，大
桀小桀；寡乎什一，大貉小貉。什一者，天
下之中正也。什一行而颂声作矣。"[6]而
《谷梁传》亦云："初者，始也。古者什一，藉

① 巫宝三：《管子经济思想研究》，中国社会科学出版社1989年版，第31页。
② 吕思勉：《中国制度史》，上海教育出版社1985年版，第550页。
③ 李学勤主编：《十三经注疏·春秋左传正义》，北京大学出版社1999年版，第665页。
④ 《左传·宣公十五年》。
⑤ 李学勤主编：《十三经注疏·春秋左传正义》，北京大学出版社1999年版，第672～673页。
⑥ 王维堤、唐书文：《春秋公羊传译注》，上海古籍出版社2004年版，第335页。

而不税。初税亩，非正也。古者三百步为里，名曰'井田'。井田者，九百亩，公田居一。私田稼不善，则非吏；公田稼不善，则非民。初税亩者，非公之去公田，而履亩十取一也，以公之与民为已悉矣。古者，公田为居，井灶葱韭尽取焉。"①

对以上三《传》，童书业作了甄别："三《传》所言，惟左氏为最谨慎。藉者助也，即'助'制——收田税不过'九一'或'什一'之'助'制，鲁'初税亩'，盖收田税超过'助'制矣。《公羊传》之说以为'履亩而税'，亦近是。惟'什一而藉'之制尚欠详细说明。《谷梁传》言'古者什一，藉而不税'，亦是。然言'初税亩'为'非公之去公田而履亩十取一'，出于猜测，尚有可疑耳。"所以，"'初税亩'者，或推'国中'之制于'遂'、'野'，开始'履亩而税'，此则为'井田'制开始崩溃，土地私有制逐渐发展之征"。② 此论甚是。的确，"一般认为，'初税亩'标志着鲁国正式废除公田、私田之分，向一切田亩征收实物税。这是适应日益发展的以一家一户为单位的个体农业生产的封建性质的地税"。③ 或者说，其实质与齐国的"相地而衰征"等改革，"进一步瓦解了原来的宗族土地所有制"。④ 郭沫若也认为"初税亩"三个字，不仅"是新旧两个时代的分水岭"，还"的确是井田制的死刑宣布，继起的庄园

制的汤饼会"。之所以要重视这三个字，是"因为在这时才正式地承认了土地的私有"。⑤

《汉书·刑法志》说，殷、商"有税有赋，税以足食，赋以足兵"。也就是说，从源头上讲，"税赋二者，古本有别，税以足食，赋以足兵，然至后世，则二者渐混而为一。至于役，则系征收其劳力，与税赋二者，尤截然不同。然至近世，则亦并为一谈矣"。⑥ 其实，"赋"字本义，即有征收、征取，以及"兵役、徭役"和"税"的含义，因此，后世一般将税赋并称连用。

孟德斯鸠有一项著名的"赋税通则"，即"国民所享有的自由越多，便越可征较重的赋税，国民所受的奴役越重，便越不能不宽减赋税。这是通则。过去到现在一直是如此；将来也将永远如此"。⑦ 按此检视《管子》的税赋主张，究竟是轻还是重呢？它与自由之间又是什么样的比例关系？

（二）《管子》的主张不是"无税论"

此论以梁启超首倡而言之："管子之财政政策，以不收租税为原则，以收租税为例外。此实一种最奇之财政计划也。吾名之曰无税主义。"⑧此后，黄汉顺梁任公大旨，亦言"至于进而彻底主张无税者，则千古惟

---

① 承载：《春秋谷梁传译注》，上海古籍出版社 2004 年版，第 424 页。
② 童书业：《春秋左传研究》（校订本），中华书局 2006 年版，第 172 页。
③ 郑学檬主编：《中国赋役制度史》，上海人民出版社 2000 年版，第 17 页。
④ 张晋藩主编：《中国法制史》，高等教育出版社 2007 年第 2 版，第 20 页。
⑤ 郭沫若：《十批判书》，东方出版社 1996 年版，第 44 页。
⑥ 吕思勉：《中国制度史》，上海教育出版社 1985 年版，第 545 页。
⑦ ［法］孟德斯鸠：《论法的精神》上册，商务印书馆 1961 年版，第 220 页。
⑧ 梁启超：《管子评传》，《诸子集成》卷六，岳麓书社 1996 年版，第 53 页。

《管子》一书"。① 还按照梁任公所列的无税主义的三大理由作了进一步阐发：一是租税妨害国民生产力；二是租税强夺国民之所得；三是租税贾国民之嫌怨。② 而俞寰澄也认为"管子主无税者也"，认为"天然之美利（如山海林泽），物价之贵贱，皆大贾蓄家擅其利，而小民不予焉。取大贾蓄家之利，以赡国用，使国无甚贫甚富"。并将《管子》中言及征税处的表述，视为"后人所窜乱也"。③ 这真是出于一腔情愿的"美化论"，不足为据。

《管子》果真主张"无税论"？**非也**。之所以会有"无税论"的错觉，是因为与《管子》的一段论述有关：

> 民予则喜，夺则怒，民情皆然。先王知其然，故见予之形，不见夺之理。故民爱可洽于上也。租籍者，所以强求也；租税者，所以虑而请也。王霸之君，去其所以强求，废其所虑而请，故天下乐从也。④

这是被视为"轻重"论总纲性质的《国蓄》篇明确表达的观点。⑤ 在这里，人君由于深谙"予则喜，夺则怒"的民性，所以，"见予之形，不见夺之理"，意思是显现给予人民好处的形迹，而掩盖夺取人民利益的本质。因此，人君应当"去其所以强求，废其所虑而请"的方式获得赋税，即避免强制征收［租籍］的形式，保留他经过谋划而征收租税的方式。如此一来，天下百姓就乐于服从了。

与此论相同的是《轻重乙》中的观点："故租籍，君之所宜得也；正籍者，君之所强求也。亡君废其所宜得而敛其所强求，故下怨上而令不行。民，夺之则怒，予之则喜。民情固然。先王知其然，故见予之所，不见夺之理。"⑥ 由此可见，是《国蓄》等篇不主张强征部分租税，而代之以更隐蔽的敛财方式的观点，蒙蔽了未深究其意者，让梁任公等人误以为《管子》是"无税论"者，此大谬矣。

从两段论述中，通过比较我们看到，在《国蓄》中，"租籍"是强征的，而"租税"属于"所虑而请"的征税范围，但到了《轻重乙》中，"租籍"却成了"君之所宜得"的，而"正籍"属于"君之所强求"。所以，胡寄窗认为，《管子》书错简甚多，关于"租"、"征"、"税"、"籍"等字的使用异常混乱。但是，细加甄别、梳理，可将《管子》所谓的租税分为两大类：一类可称为"征籍"，这是一种强制收入，指关市之征、房屋税、牲畜税、人头税、户税等；另一类可称为"租籍"或"租

---

① 黄汉：《管子经济思想》，载《十家论管》，上海人民出版社2008年版，第175页。

② 黄汉：《管子经济思想》，载《十家论管》，上海人民出版社2008年版，第177～178页。这三点理由与梁启超所讲的理由一字不易，是对梁启超观点的分别阐发。

③ 俞寰澄：《管子之统制经济》，载《十家论管》，上海人民出版社2008年版，第148～149页。

④ 《管子·国蓄》。

⑤ 黄汉认为，《管子》的经济思想，以《经言》中的《乘马》篇为总纲，而《轻重》诸章为分疏"。参见黄汉：《管子经济思想》，载《十家论管》，上海人民出版社2008年版，第107页。而马非百则认为，《国蓄》乃全书之理论纲领。章太炎则认为："知九地之际会，而帅《轻重》诸篇者，其言曰：兴时化者，'莫善于侈靡！'"参见《章太炎全集》（三）《訄书初刻》，上海人民出版社1984年版，第42页。

⑥ 《管子·轻重乙》。

税",这就是《管子》所谓"君之所宜得"而又为人民之"所虑而请"的自愿缴纳,其具体内容在《管子》中并无明确说明,但是,应指土地税及各种租金收入。① 这不仅因为"普天之下,莫非王土"的观念,即认为土地是人君的,因此缴纳土地税是"天经地义"的。事实上,《管子》本身有不少篇章明确主张应当征收土地税的,比如:《大匡》篇有"赋禄以粟,案田而税";再如,《轻重甲》有"是岁租税九月而具,粟又美";《戒》篇有"人患饥而上薄敛焉,则人不患饥矣";还有"彼轻赋税则仓廪虚,肥籍敛则械器不奉"②等,都证明不仅"土地是征税的,所谓无税论,完全是没有根据的",③还证明轻赋税的观点都是难以成立的。

其实,更具说服力的显著事例是《管子》载述,史实证明确实在齐国实施的著名的"相地而衰征"。

(三)相地而衰征

所谓相地而衰征,是指按照土质肥瘠程度与产量高低征收相应的税额。这一举措,在《国语·齐语》和《管子》中均有载述:

> 相地而衰其政,则民不移矣。④

刘师培云:"'政'字,《齐语》作'征'。"⑤甚是。所以,戴望注曰:"相地沃瘠,以差其政,则人案其沃瘠而不移",⑥则误矣。《管子》中具体阐述"相地而衰征"的有《乘马》、《乘马数》和《地员》等篇。比如:

> 故相壤定籍,而民不移。振贫补不足,下乐上。故以上壤之满,补下壤之众,章四时,守诸开阖,民之不移也。⑦

这是当桓公问怎样通过筹划进行理财的方法时,管仲应对的"策乘马之数"。管仲回答时将郡县的土地分为上、中、下三等后,认为应按土地的好坏来确定应征税额,则百姓安定。并提出用上等土地提供的盈余,补下等土地的不足,控制四时的物价变化,掌握市场的收放大权,则百姓安定。实际上,"相壤定籍",就是"相地而衰征"更为赅简的表述。而对"相地而衰征"运用最具体的阐述,是《管子》中的下论:

> 十仞见水不大潦,五尺见水不大旱。十一仞见水轻征,十分去二三,二则去三四,四则去四,五则去半,比之于山。五尺见水,十分去一,四则去三,三则去二,二则去一,三尺而见水,比之于泽。⑧

此论按照土地的好坏程度,级差递减,是对"相地而衰征"最贴切、最翔实的佐证与阐述。对此,巫宝三指出:"古典经济学

---

① 胡寄窗:《中国经济思想史》(上),上海财经大学出版社1998年版,第353~354页。
② 《管子·山至数》。
③ 胡寄窗:《中国经济思想史》(上),上海财经大学出版社1998年版,第354页。
④ 《管子·小匡》。
⑤ 黎翔凤:《管子校注》,中华书局2004年版,第410页。
⑥ [清]戴望:《管子校正》,《诸子集成》卷六,岳麓书社1996年版,第148页。
⑦ 《管子·乘马数》。
⑧ 《管子·乘马》。

家亚当·斯密和李嘉图都认为按地租高低征收土地税，最合乎公正原则。按照上述理论，管仲的'相地而衰征'这一征税原则，不但包含租税负担公平的原则，并且还包含**级差地租**的原理。考虑到早在公元前七世纪时这些原则和原理就被提出，纵然它是很概括的和缺乏详细论证的，但在思想史上也是应当大书特书的。"[①]是的，按照土地本身的肥瘠来确定应征税额，比按地租高低征收土地税更加合理，值得大书特书。

刘师培

（四）税率

《管子》中有关税率的论述有两个特点：一是采用有差别的弹性税率，二是表现为一种表面的轻税率。上述的"相地而衰征"，就是一种有差别的弹性税率。而表面的轻税率，在《管子》很多篇章中均有载述：

田租百取五，市赋百取二，关赋百取一。[②]

管仲对曰："公内修政而劝民，可以信于诸侯矣。"君许诺。乃轻税，弛关市之征，为赋禄之制……桓公践位十九年，弛关市之征，五十而取一。赋禄以粟，案田而税。二岁而税一，上年什取三，中年什取二，下年什取一；岁饥不税，岁饥弛而税。[③]

使税者百一钟，孤幼不刑，泽梁时纵，关讯而不征，市书而不赋。[④]

对这些税率，胡寄窗分析说，"五十而取一"，比白圭的"二十而取一"还低得多。在土地税方面，如按《大匡》中的办法，两年征税一次，上熟年份征百分之三十，等于每年征百分之十五；中熟年份征百分之二十，等于每年征百分之十；下熟年份征百分之十，等于每年征百分之五；如再加上岁饥之年不缴纳，则各年平均恐怕也比百分之五大不了多少，比当时所宣扬的什一之税差不多要减轻一半。因此，平心而论，不论上述意见曾否见诸实行，终归反映了《管子》的轻税观点。[⑤] 此外，《管子》的轻税，还表现在不重复课征。《问》篇讲："征于关者，勿征于市；征于市者，勿征于关。"即征收了关税，就不再征收商税，反之亦然。

但实际上，这仅仅是一种表面的轻税

---

① 巫宝三：《管子经济思想研究》，中国社会科学出版社 1989 年版，第 36 页。

② 《管子·幼官》。

③ 《管子·大匡》。

④ 《管子·霸形》。

⑤ 胡寄窗：《中国经济思想史》（上），上海财经大学出版社 1998 年版，第 357 页。

率而已。

之所以说是表面上的轻税，是因为我们必须看到，从本质上讲，《管子》既不是无税论者，实际上也不是"轻税"论者。《管子》在《立政》篇中说："轻税租，薄赋敛，不足恃也。"因此，轻税，只是一个表面现象，其实质始终不离"轻重"论的"予之为取"之道，即"多然后予，高然后下"。① 说透了，就是"管子采用垄断商业利润的做法，通过垄断价格。'寓税于价'，这是一种隐蔽税、间接税。从表面看'不见夺之理'且'天下乐从'；实际上价格的坚挺、其内核是税收的强制。一个'夺'字，活脱地暴露出强制性的实质。"②

一言以蔽之，没有巧取豪夺的诈取与榨取，怎能维持统治者的穷奢极欲？

二、盐铁专卖

关于盐铁专卖，有三点必先予以说明：一是《管子》中的专卖制度，并不限于盐铁，还有其他矿产、山泽产品等，也属封建国家专卖之列，铁只是其中最显著者，故标题论之。二是盐铁专卖是封建国家财政收入的主要来源之一，胡寄窗将之视为国家的经济收入，以此代替征税收入，并认为这"是《管子》财政学说的最大贡献"。③ 三是"寓税于价"，即通过盐铁专卖进而加价的方式，榨取垄断收入。

（一）"官山海"的背景与手段

盐铁专卖在《管子》中称为"官山海"。

所谓"官山海"，就是由国家垄断专营山海资源，亦即盐铁专卖。其提出的背景是，齐桓公拟征收房屋税、树木税、六畜税和人头税，管仲认为这等于叫人们拆毁房子、砍伐幼树、杀死幼畜、收闭情欲，大为不可。于是，管仲再次运用了"予之为取"之道，提出了"官山海"。其手段是，表面上"无籍于民"，即不征收盐铁税，但在盐铁专卖时加价，实际上还比要明着征税的收入要高，这也是管子一贯的"见予之形，不见夺之理"的最大运用。

画像砖

（二）盐铁专卖的具体论述

盐铁专卖之论集中在《管子》的《海王》篇中。对食盐专卖，管子称为"正盐策"，原典如下：

十口之家十人食盐，百口之家百人食盐。终月，大男食盐五升少半，大女食盐三升少半，吾子食盐二升少半，此其大历也。盐百升而釜。令盐之重升加分强，釜五十

① 《管子·轻重乙》。
② 段奇明：《管子税制思想管窥》，载《管子学刊》1991年第3期。
③ 胡寄窗：《中国经济思想史》（上），上海财经大学出版社1998年版，第357页。

也；升加一强，釜百也；升加二强，釜二百也。钟二千，十钟二万，百钟二十万，千钟二百万。万乘之国，人数开口千万也。禺策之商，日二百万，十日二千万，一月六千万。万乘之国，正九百万也。月人三十钱之籍，为钱三千万。今吾非籍之诸君吾子，而有二国之籍者六千万。①

盐是人民日用不离的必需品，这是垄断经营的前提。管子算了一账，一个万乘的大国，征人头税的当征数为一百万人，每月每人征税三十钱，总数才不过三千万。而实行食盐专卖，每升盐酌量加价，并没有向任何大人小孩直接征税，每月就有相当于两个大国的六千万钱的税收。可见，从收入上说，这是强征人头税的两倍。但酌量加价人民不易觉察，化税、化夺于无形，还不会引致人民的"嚣号"（即大喊大叫地反对），如此"盐策，则百倍归于上"，一举三得，何乐不为？

不仅如此，《管子》还以盐出口作"诸侯国间的贸易"来获利，这就等于让天下人给齐国纳税："君伐菹薪煮沸水以籍于天下。"②

而对于铁矿专卖，《管子》称之为"铁官之数"，原典云：

今铁官之数曰：一女必有一针一刀，若其事立；耕者必有一耒一耜一铫，若其事

立；行服连，轺辇者，必有一斤一锯一锥一凿，若其事立。不尔而成事者，天下无有。令针之重加一也，三十针一人之籍；刀之重加六，五六三十，五刀一人之籍也；耜铁之重加七，三耜铁一人之籍也。其余轻重皆准此而行。然则举臂胜事，无不服籍者③

所谓"铁官"，即掌铁之官，铁既归国有，必设官以司。④ 而铁官之数，即税铁的理财之法。由于铁器为民众必需品，从农耕用的犁铧锄具，到制造业用的斧锯锥凿，乃至女工用的一针一剪，无不赖之。因此，只要人们动手干活，从中加价，就没有不负担这种税收的。

但问题是，这里的"铁"是指"铁器"还是铁器原料呢？胡寄窗认为是铁制品，⑤而梁启超则认为"管子之铁税，征之于其原料。夫征之于成器，则民之得器也益难，而见厄于政府也益甚"。⑥ 黄汉也认为是铁器原料，理由是税及生产器具，民即感觉，易生反抗之举；税及原料，则民不觉，与所谓"不见夺之理"一致，二者相较，则当以征原料税为善。⑦ 从上述《海王》篇的论述看，管子列举的是铁器，但从"官山海"以及对其他矿产资源的专卖看，当属原料，而且与管子轻重论的原则相契。因此，梁、黄之论，更准确一些。

另外，《管子》此论，也证实了铁器的使

① 《管子·海王》。
② 《管子·地数》。
③ 《管子·海王》。
④ 黄汉：《管子经济思想》，载《十家论管》，上海人民出版社 2008 年版，第 185 页。
⑤ 胡寄窗：《中国经济思想史》（上），上海财经大学出版社 1998 年版，第 358 页。
⑥ 梁启超：《管子评传》，《诸子集成》卷六，岳麓书社 1996 年版，第 56 页。
⑦ 黄汉：《管子经济思想》，载《十家论管》，上海人民出版社 2008 年版，第 186 页。

用"可以上溯至春秋年间,有文献可考的是在齐国"。虽然"中国的铁器时代是秦以后才正式登上了历史舞台"。①

画像砖拓片

(三)其他矿产品、山泽产品专卖

关于矿产品专卖,实不限于铁矿。《管子》中作了部分列举:

> 山上有赭者,其下有铁;上有铅者,其下有银。上有丹砂者,其下有金,上有慈石者,其下有铜。此山之见荣者也。②

一旦发现这些"矿苗",就要封禁,就要由国家垄断这一"天财",即自然资源。而垄断经营自然资源则谓之"官天财"或"封天财"。也就是说,"采矿与铸币都是政治当局的特权"。③

与此相同,封建国家还对山泽、林木进行垄断:

> 为人君而不能谨守其山林、菹泽、草莱,不可以立为天下王。……管子对曰:山林、菹泽、草莱者,薪蒸之所出,牺牲之所起也。故使民求之,使民藉之,因此给之。④

山泽由国家控制的益处,在于不致动辄滥伐、滥捕引起资源的枯竭。比如,对木材分为三种,分别定三等租金:

> 宫室械器,非山无所仰。然后君立三等之租于山,曰:握以下者为柴楂,把以上者为室奉,三围以上为棺椁之奉。柴楂之租若干,室奉之租若干,棺椁之租若干。……巨家重葬其亲者,服重租;小家菲葬其亲者,服小租。巨家美修其宫室者,服重租;小家为室庐者,服小租。上立轨于国,民之贫富,如加之以绳,谓之国轨。⑤

这是一种差别租金,富家出重租,贫家出轻租,以此作为均贫富的手段,"实为《管子》的又一卓见。差别租金制度表面上是'加惠'于贫民,实质上是更有效、更狡猾的财政榨取办法。"⑥

归结而言,盐铁专卖,由于"见予之形,不见夺之理",从积极意义上讲,是一种很高明的国家财政方式。但从本质上讲,则

---

① 郭沫若:《十批判书》,东方出版社 1996 年版,第 54 页。

② 《管子·地数》。

③ [德]马克斯·韦伯:《中国的宗教:儒教与道教》,简惠美译,广西师范大学出版社 2004 年版,第 33 页。

④ 《管子·轻重甲》。

⑤ 《管子·山国轨》。

⑥ 胡寄窗:《中国经济思想史》(上),上海财经大学出版社 1998 年版,第 359 页。

是一种更隐蔽、更具欺骗性，因之是更狡猾的榨取民财的方式。从思想与制度传承看，管仲的盐铁专卖思想，影响深远，成为春秋以后长达两千余年的中国食盐专卖制度的滥觞，后世因此尊管仲为"盐宗"。因此，俞寰澄一言以蔽之，"管子政策之传于后世者，盐策而已"。①

此外，综观《管子》其他论述，孟德斯鸠提出的"赋税原则"在中国古代似乎是个例外。一方面，统治者通过各种手段使赋税非常繁苛，因之"薄赋敛"就成了历代追求宽和政治的一句口号；另一方面，我们也没有发现繁苛赋税下的人民享有多少自由，反而是猛于虎的苛政逼迫走投无路的农民不断揭竿而起。这大概是对专制作了深入鞭挞的孟德斯鸠也没有想到的。

三、俭侈辩证

无疑，《管子》的俭侈论主要关涉消费论，但不限于消费论。在基调上，"它既主俭，而又不是无条件地崇俭。它既反侈，而又肯定侈靡的作用"。② 侈俭论的核心观点是八个字："俭则伤事，侈则伤货"，由此构成了《管子》辩证的俭侈论。

（一）主俭论

《管子》中关于主俭最典型的论述，是下列文字：

> 明君制宗庙，足以设宾祀，不求其美；

为宫室台榭，足以避燥湿寒暑，不求其大；为雕文刻镂，足以辨贵贱，不求其观。故农夫不失其时，百工不失其功，商无废利，民无游日，财无砥墆。故曰：俭其道乎！③

这段文字，集中表达了节俭才是正道的"主俭"论。其中的宗庙不求其美，宫室台榭不求其大，雕文刻镂不求其观等，与《管子》中"强本事，去无用"的根本观点是相通和一致的。

主俭，必然反侈。《管子》中亦有多处论述，比如：

> 故奸邪之所生，生于匮不足；匮不足之所生，生于侈；侈之所生，生于毋度。故曰，审度量，节衣服，俭财用，禁侈泰，为国之急也。④

将节俭与禁侈并论，并以此视为治国的急务，节俭的重要性已不言而喻。事实上，勤俭，实为中华民族的优良传统。勤为开源，俭以节支。小到一人，大到一国，勤俭不仅是存立发展之源，也是修身、齐家、治国之道。诸葛亮曾把"夫君子之行，静以修身，俭以养德"作为"诫子书"的篇首，以与"非淡泊无以明志，非宁静无以致远"相契。而李商隐在《咏史》诗中的名句："历览前贤国与家，成由勤俭败由奢"，是对历史经验与法则的诗化总结。西汉初年文景二帝，固然以黄老无为之治为宗，但具体内

---

① 俞寰澄：《管子之统制经济》，载《十家论管》，上海人民出版社 2008 年版，第 145 页。此论之外，我们还能听到台湾诗人痖弦的一首名诗中二嬷嬷的呼喊："盐呀，盐呀，给我一把盐呀！"

② 巫宝三：《管子经济思想研究》，中国社会科学出版社 1989 年版，第 60 页。

③ 《管子·法法》。

④ 《管子·八观》。

核，则以崇尚节俭，力戒奢侈为务，从而成就了著名的"文景之治"。而骄奢淫逸败国、亡国的史例，则不胜枚举。可见，主俭论，也与华夏民族的精神相契。

可见，俭与侈不仅用于治国，《管子》亦以此论及个人修身：

> 故适身行义，俭约恭敬，其唯无福，祸亦不来矣；骄傲侈泰，离度绝理，其唯无祸，福亦不至矣。①

俭约恭敬，乃是一种修身而抵达的淡泊高境，恰与骄傲侈泰形成巨大反差。俭侈二者，似属蕞尔小事，实含人生玄机，乃祸福之枢机，清浊之要津，唯识者识之。

（二）侈靡说

《管子》首先区分了"俭"与"啬"：

> 审用财，慎施报，察称量。故用财不可以啬，用力不可以苦。用财啬则费，用力苦则劳矣。②

作者其后解释说："用力苦则事不工，事不工而数复之，故曰劳矣。用财啬则不当人心，不当人心则怨起。用财而生怨，故曰费。"③也就是说，超过"俭"的边界就成了"啬"，而"啬"由于返工、生怨，反而会造成更大的浪费。可见，俭与啬，关乎"度"：俭，是去掉不该花的，花该花的（钱、气力

等）；啬，则是去掉了该花的，该花的也不花。因此，甄别二者，尤其关乎个人与治国者的眼力与境界。那么，哪些是该花的呢？这就涉及《管子》中的侈靡说，其核心论述如下：

> 辨于黄金之理，则知侈俭。知侈俭，则百用节矣。故俭则伤事，侈则伤货。俭则金贱，金贱则事不成，故伤事；侈则金贵，金贵则货贱，故伤货。货尽而后知不足，是不知量也；事已而后知货之有余，是不知节也。不知量，不知节，不可，为之有道。④

对此，梁启超说："奢与俭无定形，必比例而始见。夫所入二百金而费及百金焉，则为奢矣；所入万金而仅费百金焉，则不为俭而为吝矣。奢固害母财，而吝亦非所以劝民业也。故管子曰：'俭则伤事，侈则伤货。货尽而后知不足，是不知量也；事已然后知货之有余，是不知节也。不知量，不知节，不可谓有道。'（《乘马篇》）货尽者，谓母财匮也；事已者，谓生产业中止也。夫两者皆非国民经济之福明矣，管子用是兢兢也。"⑤梁启超通过比例诠释了俭与侈的边界，把复杂的问题具象化，很切。也就是说，花该花的钱，用于消费，并不与"俭"相悖：

> 积者立余日而侈，美车马而驰，多酒醴

---

① 《管子·禁藏》。
② 《管子·版法》。
③ 《管子·版法》。
④ 《管子·乘马》。
⑤ 梁启超：《管子评传》，《诸子集成》卷六，岳麓书社 1996 年版，第 42 页。

而靡，千岁毋出食，此谓本事。①

意思是说，积财者应拿出余粮侈靡消费，美饰车马尽情驰乐，多置酒醴尽情享用，这样一千年也不会贫困乞食。因为这样做恰恰促进了农业生产。此论的本质，就是通过必要的刺激消费，拉动内需，从而促进经济增长。所以，作者归结道：

不侈，本事不得立。②

大意是如不进行侈靡消费，农业生产就不能得到长足的发展。同时，"辩于地利，而民可富；通于侈靡，而士可戚"。③ 理据何在？《管子》曰：

饮食者也，侈乐者也，民之所愿也。足其所欲，赡其所愿，则能用之耳。今使衣皮而冠角，食野草，饮野水，孰能用之？④

此论不仅深植人性——"足其所欲，赡其所愿"。尤涉功用，即对民众的役使——"则能用之耳"，或"孰能用之？"因为俭与侈，关涉贫与富，更及可使与不可使：

甚富不可使，甚贫不知耻。⑤

这与《管子》政治思想、经济思想的最终目的是完全一致的，即一切作为的出发点都是为了两个字"使民"。对此，张固也指出："《侈靡篇》始终围绕一个主题逐层深入地进行论述，即如何通过侈靡消费政策，自上而下地控制臣下和民众。它从历史发展的观点出发考察了不同时代君臣关系的变化，又从欲望论出发深刻论述了侈靡政策对于控制臣民的必要性，对如何使用臣民提出了许多具体的主张。"⑥由此，指向"尊君"。

归结而言，《管子》的俭侈观，可概括为四个字：主俭侈必。即主导性的观念依然是"俭"，在必要时提倡侈靡消费。这个必要，即"兴时化"。所谓兴时化，是指当生产品有了积压，因而阻碍了再生产的进行而欲推动生产之时，一个重要的举措就是"莫善于侈靡"。⑦ 即在社会生产不振之时会有提倡侈靡的必要性。所以，《管子》的俭侈论，不是胡寄窗所说的"并重论"。⑧

必须指出的是，对于挣扎在战乱时代的广大农民，侈靡消费是不可能的。也就是说，"农民的消费仅仅限于为封建主创造剩余产品所必需的狭小范围。在这种情况下，《管子》提倡侈靡不仅于生活在沉重压榨下的农民毫无裨益，而且反会为封建主

---

① 《管子·侈靡》。
② 《管子·侈靡》。
③ 《管子·侈靡》。
④ 《管子·侈靡》。
⑤ 《管子·侈靡》。
⑥ 张固也：《〈管子〉研究》，齐鲁书社 2006 年版，第 259 页。由此，张固也一改学界认为的《侈靡》篇是一篇以消费为主旨的论文的观点，认为"它基本上是一篇讨论君臣关系问题的论文"。
⑦ 《管子·侈靡》。
⑧ 胡寄窗：《中国经济思想史》（上），上海财经大学出版社 1998 年版，第 315 页。

的无耻浪费作辩解,反而加重封建主对广大农民的压制与剥削"。①

四、"鄙俗"与"琐屑"有无凭据

傅子曾言"《轻重篇》尤鄙俗",黄震也指出:"若《轻重》篇,要皆多为之术以成其私,琐屑甚矣,未必皆管子之真。"②对此独立、珍稀的批评意见,后世学者,或以其经济思想受到重视而认为此论"不攻自破",或以"高者托于儒流不言利,以掩其拙陋"③等为之辩护,为之遮掩,亦学界一怪事也。

如上所述,黄震所说的"《轻重》篇,要皆多为之术以成其私",何其一语中的之论,难道是对《轻重》篇的诬枉?公允而论,"轻重"论在中国古典经济学史上,的确有其独立的地位和不少卓越之论。"以量来说,《管子》谈经济问题言论不下十万言,可算是中国古代历史上所从来不曾出现过的经济巨著。以质来说,除价值论及'经济循环'学说外,对社会经济活动领域中的各个方面的问题差不多都曾接触到,而且都有它的独特见解。"④但是,毋庸讳言的是,"轻重"论在不知不觉间转换成了一种"术",其出发点和归宿点都是为了**人君之利**,其花样之多,用心之苦,渗透于"轻重之术"的字里行间。因此,胡寄窗在作了上述

高度评价后,也客观点出了"轻重"之术"总的目的不外乎是加强封建国家的经济实力和用'更巧妙'的办法以榨取国内外的劳动人民"。⑤

而"鄙俗"之揭,"琐屑"之论,亦非对"轻重"论的诬枉。《轻重》诸篇除了上述大量的、精彩的经济思想外,为了人君之利,除了囤积居奇,贱买贵卖,以操纵物价,巧取豪夺之术外,不惜装神祭鬼,损招、怪招层出不穷,怎能说它不"鄙俗",不是"琐屑甚矣"?

(一)装神弄鬼类

第一例:可名之曰:"向鬼神征税"谋。此谋在《管子·轻重甲》中,起因是桓公欲征房屋税、人口税、牲畜税、树木税,管仲认为这等于叫人们拆毁房子、砍伐幼树、杀死幼畜、收闭情欲,大为不可。⑥ 于是,管仲说:"请您向鬼神征税。"具体做法是,请桓公设立五个死者的祭祀制度,让人们来祭祀尧的五个功臣(即"五厉之祭")。春天敬献兰花,秋天奉祭新谷。用生鱼做成鱼干作为祭品,用小鱼做成菜肴作为祭品。这样,国家的鱼税征收可以比以前增加百倍,那就无须征收不耕地的罚款和征收人口税了。这就叫既设立了鬼神的祭祀,又推行了礼义教化。必须看到,这是假借"五厉之祭",通过征收高于以前百倍的鱼税而达到敛财的目的。

---

① 胡寄窗:《中国经济思想史》(上),上海财经大学出版社1998年版,第318页。
② "未必皆管子之真"一语,已为管子遮掩矣。
③ 俞寰澄:《管子之统制经济》,《十家论管》,上海人民出版社2008年版,第146页。
④ 胡寄窗:《中国经济思想史》(上),上海财经大学出版社1998年版,第367页。
⑤ 胡寄窗:《中国经济思想史》(上),上海财经大学出版社1998年版,第366页。
⑥ 这四种欲征的税种,也是《管子·海王》篇中的四种欲征税种,管子认为不可,进而提出了"官山海"之策。

唐尧画像

第二例：可名之曰"天使谋"。原典如下：

> 龙斗于马谓之阳、牛山之阴。管子入复于桓公曰："天使使者临君之郊，请使大夫初饬，左右玄服，天之使者乎！天下闻之曰：'神哉，齐桓公！天使使者临其郊。'不待举兵，而朝者八诸侯。此乘天威而动天下之道也。故智者役使鬼神，而愚者信之。"[①]

此例以天使降临齐国城郊，让齐国大夫、左右亲近之人穿上黑色礼服，煞有介事地去迎接天使，以此企图神话齐桓公，引得诸侯朝见。作者把这叫"智者役使鬼神，而愚者信之"。此例自我装神，旨在"乘天威而动天下"，美其名曰"智者役使鬼神"，实

际乃因"愚者信之"！

第三例：可名之曰"彗星谋"。原典如下：

> 管子入复桓公曰："……国有彗星，必有流血。浮丘之战，彗之所出，必服天下之仇。今彗星见于齐之分，请以令朝功臣世家，号令于国中曰：'彗星出，寡人恐服天下之仇。请有五谷菽粟、布帛文采者，皆勿敢左右。国且有大事，请以平贾取之。'功臣之家、人民百姓皆献其谷菽粟泉金，归其财物，以佐君之大事。谓乘天灾而求民邻财之道也。"[②]

此例以出现彗星，会有流血战事的征兆为由，让齐桓公下令"功臣之家、人民百姓皆献其谷菽粟泉金，归其财物，以佐君之大事"。于是，"功臣之家、人民百姓皆献其谷菽粟泉金，归其财物，以佐君之大事"。作者亦言：此"谓乘天灾而求民邻财之道也"。此例恰恰是利用当时人们对天象的不了解而引致的恐慌而乘机敛财的铁证。实际上，荀子对此已有清醒的认识并有非常著名的论断："夫星之队，木之鸣，是天地之变，阴阳之化，物之罕至者也。怪之，可也；而畏之，非也。"[③]

（二）损招、怪招类

同样，在《轻重》篇中有不少损招、恶招，以及怪招。

第一例："高杠柴池"谋。此谋在《轻重甲》中，原文较长，大意是，由于皮、干、筋、

---

① 《管子·轻重丁》。
② 《管子·轻重丁》。
③ 《荀子·天论》。

角四种兵器材料的征收太重了,致使价格昂贵,于是,管子提出了此谋:下令把桥梁修得比平地高出很多,把路中的洼地挖成深池。因桥高上不去,路上的深洼地过不去,于是用牛马拉车,结果,牛马都累死了,它们的皮、干、筋、角白送都没有人要。最后,作者说:

> 故高杠柴池,所以致天下之牛马而损民之籍也。《道若秘》云:物之所生,不若其所聚。①

对这一恶招、损招,马非百说:"表面上说是为了减轻人民对于'皮干筋角之征'的负担,结果反而把人民的牛马都糟蹋光了,充分暴露了地主阶级嫁祸于劳动人民的险恶用心!"②而胡寄窗则指出了更深层次的问题:"《管子》主张的经济收入,基本上都是通过贸易交换方式所进行的榨取,而不是封建国家直接经营生产活动以获取的利润。故在其思想意识上仍不能摆脱古代思想家重视流通现象和从流通过程中产生剩余生产物的错觉。"③

第二例:"剪树枝之谋"(或曰"三不归"之谋)。《轻重丁》和《轻重戊》中均有此谋,后一篇的文字似乎更"妙"一些。

此谋的起因是桓公问管仲:"人民饥而无食,寒而无衣,正常赋税无力交纳,房屋漏雨无力修缮,墙垣颓坏无钱重砌,该怎么办呢?"管仲出的计谋是:"请剪掉路旁的树枝。"桓公说:"好的。"于是下令剪去了路旁的树枝。一年后,百姓果然有了衣帛,缴纳了赋税,修缮了房垣。桓公问管子这是什么缘故,管仲回答说:"齐国是靠近东夷莱人的国家。百乘车马休息在一棵大树下,是因为树枝浓密可以乘凉。许多飞鸟在树上,青壮年拿弹弓在树下打鸟,因而终日不归;父老们扶着树枝高谈阔论,也是终日不归;赶集散市的人懒惰思睡,更是终日不归。此谓'三不归'。现在把树枝剪掉,正午的太阳当头,没有一点树荫,往返者都珍惜时光了,过路者快速赶路了,父老回家干活了,青壮年也回家勤于本业了。我之所以要纠正这个'三不归'的问题,正是因为百姓从前被它弄得衣食不继的缘故。"

这一"怪招",套用鲁迅评《三国演义》中"状诸葛之多智而近妖"之语,可谓**"饰管仲之多谋而近愚"**。只要细思,无论从哪个方面看,这个计谋的前因后果根本经不住任何推敲,它把极其复杂的贫困原因归结为树荫造成的"三不归",而把同样极其复杂的治理贫困之策,简单成"剪树枝",却也是天下奇文。无疑,这定然是《轻重》篇的作者闭门造车的产物,近于弱智。因为这个"三不归"压根儿就不可能发生,大抵是对史载的管子有"三归"的蹩脚附会。④

---

① 《管子·轻重甲》。
② 马非百:《论管子轻重》,载《十家论管》,上海人民出版社 2008 年版,第 258 页。
③ 胡寄窗:《中国经济思想史》(上),上海财经大学出版社 1998 年版,第 359~360 页。
④ 同样奇怪的是马非百对此的解读:"这不仅破坏了风景,而且对于劳动人民,无限制地加强了劳动强度,连他们在路上多休息一下的权利都被剥夺了。这显然是站在剥削阶级的立场为剥削阶级服务的。"参见马非百:《论管子轻重》,载《十家论管》,上海人民出版社 2008 年版,第 257 页。

第三例："引水射鸟谋"（或曰："削商济民谋"）。此谋在《轻重丁》篇，与"剪树枝之谋"的手法相反，但弱智程度近似。

此谋的起因，同样是桓公问："四郊的农民穷，而商人富，我想削减商人的财富来增补农民，该怎么办？"管仲回答说："请下令疏通洼地积水，使它流进市场中间的大街上。"桓公说："好的。"行令不到一年，四郊的农民果然渐渐富裕起来，而商人渐渐贫穷了。桓公问管子这是什么缘故，管仲回答说：将洼地的积水引进到市场中间的大街上，由于街上屠户、酒家的油水都流到水里，招来了蚊母类的大鸟和翡翠、燕类的小鸟，于是商人们纷纷离开自己的柜台，挟弹怀丸去打鸟，到日暮时，不得不将柜台的货物贱卖贵买，而农民则贱买贵卖，由此，农民怎能不富，而商人又怎能不穷呢？

此谋也是经不住任何推敲的，比如引水到商业街的可行性，油水倾倒到水里会不会引来飞鸟，以及会不会造成严重污染，会不会变成水上乐园等，都经不起一点追问。即使变成了水上乐园，唯利是图的商人难道会放下生意去打鸟，进而将货物贱卖贵买？难怪，连马非百也忍不住直言："这简直是把唯利是图的商贾之人，当作'孩提之童'看待了。"[1]实际上，不是把商人看成了幼稚的孩童，而是作者臆造这篇计谋时，智商就在稚童阶段。

（三）鄙俗、琐屑类

不可否认，有些经济谋略，是否可行，不好妄猜，但起码不是幼稚、荒谬的离谱。比如《轻重丁》明确题名的"石璧谋"。此谋

是为解决齐桓公西行朝拜天子，但贺献费用不足而由管子出的计谋。此谋先利用一项工程让玉匠雕制好石璧，再让周天子下令诸侯朝贺礼为石璧。于是，天下诸侯都运载着黄金、珠玉、粮食、彩绢和布帛到齐国来购买石璧。齐国的石璧由此流通天下，天下的财物归于齐国。所以，齐国八年没有征收赋税。

又如，"菁茅谋"。此谋也在《轻重丁》中，是为周天子财用不足而由管仲出的计谋。此谋让周天子先把菁茅封禁，然后昭告天下，凡随从天子在泰山祭天、在梁父山祭地的诸侯，都必须携带一捆菁茅作为祭祀之用的垫席。于是，原先囤积的菁茅价格上涨十倍，天下的黄金就从四面八方像流水一样聚来。因此，周天子七年没有向诸侯索取贡品。此谋大抵也是《轻重》篇的作者对史载的齐伐楚而以"楚之为菁茅不贡于天子"这一历史事件的附会，只不过不似"三不归"那样蹩脚罢了。

再如，《轻重乙》中的"出赂之谋"。桓公说："曲防战役时，百姓有很多借债来供给国家军费的，我想替他们出钱偿还，该怎么办呢？"管仲回答说："请您下令：令富商蓄贾凡握有百张债券的献马一匹，无马者可以向国家购买。这样，马价一定自然上涨到百倍之多。由此，国家的马匹还没有离开马槽，曲防战役的费用就足够偿还了。"

还有，《轻重乙》中的"优待外商"谋。桓公说："我国缺少皮、骨、筋、角、竹箭、羽毛、象牙和皮革等项商品，有办法解决么？"管仲回答说："只有用曲折隐蔽的办法才

---

① 马非百：《论管子轻重》，载《十家论管》，上海人民出版社2008年版，第258页。

行。"桓公说:"具体做法如何?"管仲回答说:"请下令为各诸侯国的商人建立招待馆舍,客商有车一乘的,供给饮食;有货车三乘的客商,还外加供应牲口的草料;有货车五乘的客商,还给他配备五名役使的服务人员。这样,天下各国的商人就会像流水一样涌向齐国。"

与这些不是太离谱的经济计谋不同,在《轻重》篇确有不少近乎鄙俗、琐屑的事例,兹举三例如下:

第一例:可称为"粮仓谋"。此谋在《轻重丁》中。起因是桓公说担心粮价贱,怕粮食外流到其他诸侯国去。为此,管仲提出,请君上分别送上玉璧礼问两家新建了粮仓的人家。于是,半年后,万民听说以后,有半数以上的人家都放弃了日常事务而建仓存粮。之所以如此,是因为两家新建了粮仓,君主送石璧慰问,使他们扬名国内,还存了粮,又可用于交税。名利并收,一举三得,百姓为什么不跟着做呢。之所以说此谋近于鄙俗和琐屑,是因为把民众设想的很弱智,一经表彰,就不把低价的粮食销往诸侯国? 更何况,有半数以上的人家都放弃了日常事务而建仓存粮,可能吗?

第二例:可称为"生鹿谋"。此谋载于《轻重戊》中。原典很长,近于琐碎,大意是齐国出高价收购楚国的生鹿,结果楚国百姓都放弃农业而从事猎鹿。等楚国粮价高达每石四百钱时,由于粮食不是三个月之内能生产出来的,齐国便派人运粮到芊地的南部出卖,楚人投降齐国的有十分之四。经过三年时间,楚国就降服了。此谋也很幼稚。因为不可能楚国百姓全都放弃农业

而从事猎鹿,再则齐国以那么高的价钱收购生鹿,何以为继? 难道只有齐国可以垄断天下粮食而让楚国无法购得? 事实上,楚国也没有降服于齐国的史实。

第三例:"峥丘之谋"。此谋载于《轻重丁》中。此谋是通过表彰那些放债的人家,把他们的大门一律粉刷,把他们的里门一律加高,还派八名使者送来玉璧,作为零用。于是,放债的人家就此毁掉了债券和借债文书,献出他们的积蓄,拿出他们的财物,贩济贫病百姓。此谋通过褒奖的方式让放债者放弃了对债权的主张,把放债者看得十分良善,同样显得十分虚伪和荒谬。因为"像这样根深蒂固的和封建制度密不可分的严重社会问题,幻想只靠统治者采取某些政策提高高利贷者和功臣世家的空头社会地位就可以促使他们自愿放弃其高利贷剥削行径,是行不通的"。[①]

至于载于《轻重甲》中的"汤之阴谋"、"弓弩"谋、"水豫"谋、"四夷朝拜"谋,载于《轻重乙》中的"素赏之计",以及载于《轻重丁》中"镰枝兰鼓"谋,以及"缪术"等,亦近琐屑、鄙俗,不一一细论。

五、余论

《管子》的经济思想,有三点尚需补述:

一是"轻重"之术的实施。"综览《管子》,其前提大约有三:一地,二时,三令。"[②]

二是"教数",即奖励有专业技能者。对"民之能明于农事者,民之能蓄育六畜

① 马非百:《论管子轻重》,载《十家论管》,上海人民出版社 2008 年版,第 257 页。
② 俞寰澄:《管子之统制经济》,载《十家论管》,上海人民出版社 2008 年版,第 120 页。

者，民之能树艺者，民之能树瓜瓠荤菜百果使蕃衰者，民之能已民疾病者，民之知时、曰'岁旦陀'，曰'某谷不登'，曰'某谷丰'者，民之通于蚕桑，使蚕不疾病者"，"皆置之黄金一斤，直食八石"。① 无疑，这一理念与做法对于促进各项专业技艺是大有裨益的，是值得肯定的。

三是需要分析一下《轻重己》的开篇之论：

> 清神生心，心生规，规生矩，矩生方，方生正，正生历，历生四时，四时生万物。圣人因而理之，道遍矣。②

这是完全颠倒了的治道论，正如恩格斯所说："它不是从现实本身推出现实，而是从观念推论出现实。"③ 事实上，这样"颠倒"了的论断，在《轻重》篇中并不鲜见，比如，"轻重"论没有认识到田税及国家征收的各种赋税，皆来源于农民及其他劳动者创造的剩余价值，而是认为在流通过程中产生了剩余价值。

综上可见，《轻重》各篇的作者完全主张封建君主在流通领域中采用商人牟利的方法，贱买贵卖，压价抬价，以及运用货币和价格政策控制全国货币和物资，特别是控制粮食，不是旨在发展商业，重视货币财富的积累，而是旨在把商品货币经济纳入封建主义的轨道，以巩固封建主义的生产方式。④ 从而役民使民，最终以尊君为务。

萧公权总结道："管子本尊君之旨，行顺民之术，实上承封建之遗意，下开商韩之先河。内容间杂，乃过渡思想之通例，此其较著者耳。"⑤ 而其中的"下开商韩之先河"，非谓直接开启之意。事实上，没有在同一时段，有组织、有意识组成的法家，自管仲首开大旨，终于韩非。这一前后相沿的法家群体，是松散而自发形成的。按时间顺序，晚管仲一百多年后有子产，同时代，在一国有邓析；到战国时期，继之以李悝、吴起、申不害，彰显于商鞅，经慎到，汇综于韩非。按实质内容，他们的治世主张，有前后脉理相通而不变者，亦有因时移世易而渐变以应世者，更有独创独发者。他们前呼后应，五百余载，涓滴成河，汇成治法与治道之海，蔚为壮观。

那么，让我们继续沿着他们的智思之河，顺流而下，在金戈铁马、风烟漫卷的春秋战国时代，一览由他们书写的波澜壮阔、无与伦比的智慧画卷……

---

① 《管子·山权数》。
② 《管子·轻重己》。
③ 《马克思恩格斯选集》（第三卷），人民出版社 1972 年版，第 135 页。
④ 巫宝三：《管子经济思想研究》，中国社会科学出版社 1989 年版，第 295 页。
⑤ 萧公权：《中国政治思想史》，辽宁教育出版社 1998 年版，第 185 页。

第十七章 "古之遗爱"的子产及其治世大略

> 子产为政五年后，不仅"国无盗贼，道不拾遗"，甚至连"桃枣之荫于街者莫援也，锥刀遗道三日可反"，可谓极致。

子产(? —公元前 522)，又名公孙侨、子美、侨，谥公孙成子。生年不可考，[①] 卒于公元前 522 年。春秋时期郑国人，郑国贵族司马子国的儿子。春秋末期杰出的政治家、思想家、外交家。公元前 544 年，子产为卿，第二年执政。从公元前 543 年至公元前 522 年，执政 22 年，在郑国推行法治。其时郑国弱小，处于晋、楚两大国之间，处境艰难，而郑国国内的显贵们又骄横妄为，"族大宠多"，施政阻力很大。即使在这样的情形下，由于子产的励精图治，不但在内政外交方面取得了出色的成绩，还使郑国安稳富强。

子产

一、"古之遗爱"的子产

子产，在风云际会的春秋时代，也是一位有自己独立主张，有施政舞台，有载入史册功业的风云人物。概括说来，他任郑国卿后，实行了一系列政治经济改革，承认私田的合法性，向土地私有者征收军赋；铸刑书于鼎，这是中国历史上第一次正式公布成文法，比古罗马的第一部成文法典《十二铜表法》大约早一个世纪。他不毁"乡校"，善外交辞令；第一个提出了"宽猛相济"的治国方略，将郑国治理得秩序井然。清代

---

① 胡寄窗根据《左传》鲁襄公八年的一段童子而言国事的记载，再按古礼以十五岁以上，十九岁以下谓童，再假定他此时是十九岁，推测他生于公元前 574 年。此论虽无法证实，但亦可备一说。参见胡寄窗：《中国经济思想史》(上)，上海财经大学出版社 1998 年版，第 79 页。

冯李骅在《读左厄言》云：“《左传》大抵前半出色写一管仲，后半出色写一子产，中间出色写晋文公、悼公、秦穆、楚庄数人而已。读其文，连其性情心术，声音笑貌，千载如生。”①

子产的政绩，看似只限于郑国，但他的影响远远超出了郑国，也超出了他的时代。自同时代的孔子起，历代对子产的评价甚高，将他视为中国历史上宰相的典范，清王源更推许他为“春秋第一人”。

1. 孔子的评价

相比之下，孔子似乎只有赞赏子产的言辞，没有批评。《论语》中孔子对子产的评价凡三见：

子谓子产：“有君子之道四焉：其行己也恭，其事上也敬，其养民也惠，其使民也义。”②

意即孔子说到子产：“他具有君子的四种道德：在行为方面，他自己很庄重，谦逊谨慎；他侍奉君主，很恭敬顺从；他对待人民，注意给予恩惠；他役使人民，注意合乎义理。”第二处是：

子曰：“为命，裨谌草创之，世叔讨论之，行人子羽修饰之，东里子产润色之。”③

其意是，孔子说：“郑国外交公文的创制，总是先由裨谌拟出草稿，然后由世叔提

意见，再由外交官子羽加以修饰，最后由东里的子产润色定稿。”还有一处是：

或问子产。子曰：“惠人也。”④

其意是，有人问子产是怎样的人，孔子说：“是惠爱于民的人。”

从以上三处可见，孔子对子产不仅赞扬有加，而且“及子产卒，仲尼闻之，出涕曰：‘古之遗爱也’”。⑤

"古之遗爱"子产祠

2. 孟子的评价

孟子和荀子对子产的评价，都不如孔

① [清]冯李骅、陆浩：《左绣·读左厄言》。
② 《论语·公冶长》。
③ 《论语·宪问》。
④ 《论语·宪问》。
⑤ 《左传·昭公二十年》。

子那样器赏有加,而是颇有微词。在《孟子》中,有关子产的评价有两处。先看第一处:

子产听郑国之政,以其乘舆济人于溱洧。

孟子曰:"惠而不知为政。岁十一月徒杠成,十二月舆梁成,民未病涉也。君子平其政,行辟人可也。焉得人人而济之?故为政者,每人而悦之,日亦不足矣。"①

这是孟子对子产在郑国执政时,用所乘的车辆帮助他人渡过溱水和洧水这一事件所发的议论。孟子对这一爱民之举,不仅没有赞扬,而是认为"这只是小恩小惠,他并不懂得政治。如果十一月修成走人的桥;十二月修成走车的桥,百姓就不会再为渡河发愁了。君子只要把政治搞好,他一出外,鸣锣开道都可以,哪里能够一个一个地帮助他人渡河呢?如果搞政治的人,一个一个地去讨人欢心,时间也就不够用了。"

孟子的议论乍看之下似乎是对的,细思,当是孟子不懂政治的表现。试想,弱小的郑国其时百业待举,夹在楚国和晋国两个大国中间,疲于应付。就其国力而言,能像孟子说的十一月修成走人的桥,十二月修成走车的桥那么容易吗?是子产路见行人,献以爱心,孟子之议,有点想当然,欠细虑、缺周详。

我们再看第二处孟子对子产的评说:

万章曰:"然则舜伪喜者与?"

曰:"否。昔者有馈生鱼于郑子产,子产使校人畜之池。校人烹之,反命曰:'始舍之圉圉焉,少则洋洋焉,攸然而逝。'子产曰:'得其所哉!得其所哉!'校人出,曰:'孰谓子产智?予既烹而食之,曰:得其所哉?得其所哉。'故君子可欺以其方,难罔以非其道。彼以爱兄之道来,故诚信而喜之,奚伪焉?"②

这段议论承接的是,孟子的弟子万章问孟子,舜娶妻事先未向父母告知,是什么道理,然后讨论舜的弟弟象要杀舜,不知舜该作何感想。孟子的回答是,象忧愁,他也忧愁;象高兴,他也高兴。然后就是上面万章问的"然则舜伪喜者与?",意思是,那么舜的高兴是假装的吗?孟子的回答是:"不!从前有一个人送条活鱼给郑国的子产,子产使主管池塘的人把鱼养起来,那人却煮着吃了。回报说:'刚放在池塘里,它还要死要活的;一会儿,摇摆着尾巴活动起来了,突然间远远地不知去向。'子产说:'它得到了好地方呀!得到了好地方呀!'那人出来了,说道:'谁说子产聪明,我已经把那条鱼煮着吃了,他还说:得到了好地方呀!得到了好地方呀!'所以对于君子,可以用合乎人情的方法来欺骗他,不能用违反道理的诡诈欺罔他。象既然假装着敬爱兄长的样子来,舜因此真诚地相信而高兴起来,为什么是假装的呢?"这段对答,看似通过子产被人欺骗的故事来解答舜不是假装的高兴,事实上,其中孟子试图表达一个道理,即君子对合乎人情的欺骗不会怀疑,

① 《孟子·离娄下》。
② 《孟子·万章上》。

也就是说，君子不以恶意来推测别人，会将心比心，这既不是假装，更不是不聪明。客观上，通过子产来说舜，亦可间接看出孟子对子产品格的肯认。

3. 荀子的评价

至于荀子对子产的看法，由于与管仲并论，已在上文中叙及。荀子认为子产是"惠人也"，一方面承接了孔子所论，另一方面也是事实；再就是认为子产是"取民者"——赢得民心的人，但为政不及管仲。而取民者能使一国安存，这也符合历史史实，评价相对公允。

二、子产治国的原则与理念

子产治国，尊礼而论为政之"宽猛"，政绩卓著。

1. 尊礼

子产认为，"礼"是统领天地万物之纲。子产曰：

> 夫礼，天之经也，地之义也，民之行也。[①]

杜预注："经者，道之常；义者，利之宜；行者，人所履。"[②]由此可见，子产将"礼"视为天地万物人伦之总纲。由于"礼"是天经与地义，因此，是民众行动的根据，所以"民实则之"。何以则之？"则天之明，因地之性，生其六气，用其五行。气为五味，发为五色，章为五声"。此乃"礼"之总纲也。由

于"淫则昏乱，民失其性。是故为礼以奉之"。具体讲：

> 为六畜、五牲、三牺，以奉五味；为九文、六采、五章，以奉五色；为九歌、八风、七音、六律，以奉五声。为君臣上下，以则地义；为夫妇、外内，以经二物；为父子、兄弟、姑姊、甥舅、昏媾、姻亚，以象天明；为政事、庸力、行务，以从四时；为刑罚、威狱，使民畏忌，以类其震曜杀戮；为温慈、惠和，以效天之生殖长育。民有好、恶、喜、怒、哀、乐，生于六气。是故审则宜类，以制六志。哀有哭泣，乐有歌舞，喜有施舍，怒有战斗。喜生于好，怒生于恶。是故审行信令，祸福赏罚，以制死生。生，好物也；死，恶物也。好物，乐也；恶物，哀也。哀乐不失，乃能协于天地之性，是以长久。[③]

这是对"礼"非常全面的阐述，实与《礼记》对礼的界说——"夫礼者，所以定亲疏，决嫌疑，别同异，明是非也"[④]——大为不同。所以赵简子闻而叹曰："甚哉，礼之大也！"而子太叔回答说："礼，上下之纪，天地之经纬也，民之所以生也，是以先王尚之。"刘泽华据此将"礼"归结为以下七个方面：

第一，祭祀时，供品要合五味，器用服饰合五色，音乐合五声；

第二，君臣、上下、夫妇、父子、兄弟、姊妹、甥舅、昏媾、姻亚等总体关系应如同地天之分和众星共辰一样；

---

① 《左传·昭公二十五年》。

② 李学勤主编：《十三经注疏·春秋左传正义》，北京大学出版社1999年版，第1447页。

③ 《左传·昭公二十五年》。这段细论，是子太叔游吉对上述子产界说的"礼"的进一步阐发。

④ 《礼记·曲礼上》。

第三，政事、庸力、行务要遵从四时的规律；

第四，刑罚、威狱要使民畏忌，如同雷电；

第五，温慈、惠和应如同天育万物生长那样；

第六，民承六气而有好、恶、喜、怒、哀、乐六情，这六情要用礼节之；

第七，喜生于好，怒生于恶，人好生而恶死，因此要"审行信令，祸福赏罚，以制死生"。①

由此，"礼"也就成了人类活动的基本规范，进而成了治国之大经："国之大节有五……畏君之威，听其政，尊其贵，事其长，养其亲，五者所以为国也。"②这是说，国家的大节有五项，畏惧君王的威严，服从国家的政令，尊重尊贵的人，事奉年长的人，奉养自己的亲属，这五者是治理国家的基本条件。

2. 为政的"宽、猛"观

当郑子皮把政权授予子产时，子产推辞说："国小而偪，族大宠多，不可为也。"③这是说，国家小而处在两个大国的逼迫之中，公族庞大，受宠爱的人很多，没法治理好。短短两语，寥寥八字，深察内外交困的郑国现实与症结所在，可谓智矣。对郑国当时这一国内外形势，《韩非子》作了更明确的表述：

郑简公谓子产曰："国小，迫于荆、晋之间。今城郭不完，兵甲不备，不可以待不虞。"子产曰："臣闭其外也已远矣，而守其内也已固矣，虽国小，犹不危之也。君其勿忧。"是以没简公身无患。④

此论说明，郑简公放手让臣下治理政事而终身无忧。韩非子以此要证明的是君臣各有职分，应当用法令督责臣下完成分内之事，切忌所谓身体力行，事必躬亲。事实上，此论也间接证明了子产执政，固修内政，慎修外交，国虽小而不危，使郑简公终身无患。

子产执政后，一方面，援引《郑书》上的话："安定国家，必大焉先"，即采取"安大"措施，意思是安定国家，一定要优先考虑大族。比如，有政事需要望族伯石去办，就赠送给他城邑，以使伯石归心，这是"安大"的显例。另一方面，在"安大"的同时，注重"安众"。《左传》云：

子孔当国，为载书，以位序，听政辟。大夫、诸司、门子弗顺，将诛之。子产止之，请为之焚书。子孔不可，曰："为书以定国，众怒而焚之，是众为政也，国不亦难乎？"子产曰："众怒难犯，专欲难成，合二难以安国，危之道也。不如焚书以安众，子得所欲，众亦得安，不亦可乎？专欲无成，犯众兴祸，子必从之。"乃焚书于仓门之外，众而

---

① 刘泽华：《中国政治思想史集》第一卷《先秦政治思想史》，人民出版社 2008 年版，第 90～91 页。

② 《左传·昭公元年》。

③ 《左传·襄公三十年》。这一年为公元前 543 年，则至子产卒年（前 522 年），执政应为 22 年。《史记》载述子产"治郑二十六年而死"，非谓执政 26 年，当是其从政而治郑时间，不可误为子产执政 26 年。

④ 《韩非子·外储说左上》。

后定。①

这里的"众",非民众之谓也,从上述记载可以看出,此"众"乃"大夫、诸司、门子",即大夫、各部门官员、卿的嫡子等,也就是贵族卿大夫。对此,子产有名论:"众怒难犯,专欲难成。"因此他采取了一条不触犯众怒的和缓之道,将"载书"烧掉后,"众而后定"。

在实施"安大"与"安众"这些策略的同时,子产建立起了日常的为政规与伦序:

> 子产使都鄙有章,上下有服;田有封洫,庐井有伍。大人之忠俭者,从而与之;泰侈者,因而毙之。②

所谓"都鄙有章",就是使城乡的一切事物都有规章;而"上下有服",是指规定贵贱有不同的衣冠服饰,实即规定上下尊卑有一定的制度;"田有封洫",则指田地有疆界与沟渠的界划;"庐井有伍",是以五家为伍,建立严密的户籍制度;还奖劝忠俭,惩罚泰侈。凡此种种,子产以制度治国,把郑国治理得很好。

在治国的理念上,子产第一个提出了"宽、猛"互济这一为政的核心问题。这一思想,影响深远。他在执政初期,强调"宽"的一面,认为"为政必以德,毋忘所以立"。③ 申述和强调为政以德。子产执政

后,有一件事足可证明子产的宽仁:丰卷将要祭祀,请求让他打猎取得祭品。子产不同意,说:"只有国君在祭祀时才用新杀的动物,一般人只要普通的祭品齐备就行了。"丰卷发怒,退出后就召集兵卒。子产要逃往晋国,子皮阻止了他,而放逐了丰卷,丰卷逃往晋国。子产请求不要没收丰卷的田地住宅,三年后让他回国,把田地和住宅归还了他,连三年的收入也给了他。为此,他的宽仁,赢得了国人的敬重。"从政一年,舆人诵之,曰:'取我衣冠而褚之,取我田畴而伍之。孰杀子产,吾其与之!'及三年,又诵之,曰:'我有子弟,子产诲之;我有田畴,子产殖之。子产而死,谁其嗣之?'"④这则有名的《舆人颂》中,第一年欲杀子产,"这表明在初期对于私有财产加以新的编制的时候,大家感觉不自由"。而第三年之后,"新编制的意义正是承认并保护私有财产,大家也明白了,于是乎诵声一变"。⑤《史记》亦载:"二十三年,诸公子争宠相杀,又欲杀子产。公子或谏曰:'子产仁人,郑所以存者子产也,勿杀!'乃止。"⑥可见,睿智的宽仁,不仅惠人,亦复佑己。

子产晚年开始强调为政"猛"的一面,认为为政"以宽服民"是有条件的,也是不易做到的。《左传》载:

> 郑子产有疾,谓子大叔曰:"我死,子必为政。唯有德者能以宽服民,其次莫如猛。

---

① 《左传·襄公十年》。
② 《左传·襄公三十年》。
③ 《史记·郑世家》。
④ 《左传·襄公三十年》。
⑤ 郭沫若:《十批判书》,东方出版社1996年版,第294页。
⑥ 《史记·郑世家》。

夫火烈,民望而畏之,故鲜死焉。水懦弱,民狎而玩之,则多死焉。故宽难。"①

在这里,子产虽然说"以宽服民"是"有德者"为政之策,但实际上已开始强调"猛"的一面。因为他意识到"以宽服民"固然很好,但实际上难以做到。再者,他把"宽"比作"水",由于水性柔弱会使"民狎而玩之",结果反而使人因麻痹放纵而致祸,所以他把"猛"比作"火",火性猛烈,"民望而畏之",因此人们见了就有防范,结果很少有人被烧死。质言之,其潜在的含义是,两相比较,溺死者不如烧死者多,所以宜"猛"不宜"宽"。可以说,子产的这一著名比喻以及由此提出的"宽"与"猛"的治世方略,对后世影响很大。从源流来讲,大致说来,与儒家交互影响,分别有了"以宽服民"的一面,强调"德主刑辅";而法家,则直接继承了他的"以猛服民"的一面,至商、韩,发展成为"以刑去刑"的主张。那么,后来的实际情形又如何呢?《左传》后叙道:

疾数月而卒。大叔为政,不忍猛而宽。郑国多盗,取人于萑苻之泽。大叔悔之,曰:"吾早从夫子,不及此。"兴徒兵以攻萑苻之盗,尽杀之,盗少止。仲尼曰:"善哉!政宽则民慢,慢则纠之以猛。猛则民残,残则施之以宽。宽以济猛,猛以济宽,政是以和。"②

为政之"宽、猛",无定数也。有德者为之,因德高望重,可化导于无形,上引而民从;而有德者毕竟寥寥,由此而观,与其政懦民狎,不如为政以猛。当然,最好是宽猛相济:宽以济猛,猛以济宽。而究竟宜"宽"还是宜"猛",亦应视时世和具体不同情势而定,不可拘滞也。

《左传》载述的子产此论,在《韩非子》中有了不同的意味:

子产相郑,病将死,谓游吉曰:"我死后,子必用郑,必以严莅人。夫火形严,故人鲜灼;水形懦,故人多溺。子必严子之形,无令溺子之懦。"子产死,游吉不忍行严刑,郑少年相率为盗,处于萑泽,将遂以为郑祸。游吉率车骑与战,一日一夜,仅能克之。游吉喟然叹曰:"吾蚤行夫子之教,必不悔至于此矣。"③

这一表述,实质认为宽政不易,猛政易行。这,难道也是不少朝代严苛政刑的一个来源?韩非在这里援引子产此例,虽然大旨与《左传》相近,而实质及用心已然大为不同:前者旨在强调宽政不易,非有德者难以为之;而后者,实际上是为他的"必罚以明威"和"严刑"作解,故形同实异。

子产为政的"宽"、"猛"相济思想,在日人石川英昭看来,"这种思想对后来中国法思想的发展不断地产生巨大的影响。因此,完全可以把这种思想作为中国法思想

① 《左传·昭公二十年》。
② 《左传·昭公二十年》。
③ 《韩非子·内储说上七术》。

中西哲思之源文丛——治法与治道

的一个基础来理解"。①

3. 政绩卓著

《史记》载述，子产的政绩卓著：

> 为相一年，竖子不戏狎，斑白不提挈，僮子不犁畔。二年，市不豫贾。三年，门不夜关，道不拾遗。四年，田器不归。五年，士无尺籍，丧期不令而治。治郑二十六年而死，丁壮号哭，老人儿啼，曰："子产去我死乎！民将安归？"②

索隐按：又韩诗称子产卒，"郑人耕者辍耒，妇人捐其佩玦也"。《史记》在另一处讲："声公五年，郑相子产卒，郑人皆哭泣，悲之如亡亲戚。"③看来，子产执政，的确深受民众爱戴。《韩非子》亦有近似之论：

> 子产相郑，简公谓子产曰："饮酒不乐也。俎豆不大，钟鼓竽瑟不鸣，寡人之事不一，国家不定，百姓不治，耕战不辑睦，亦子之罪。子有职，寡人亦有职，各守其职。"子产退而为政五年，国无盗贼，道不拾遗，桃枣之荫于街者莫援也，锥刀遗道三日可反。三年不变，民无饥也。④

由此论看，子产政绩更加骄人，不仅"国无盗贼，道不拾遗"，甚至连"桃枣之荫于街者莫援也，锥刀遗道三日可反"，可谓极致。

三、彪炳史册的三大功业

1. 铸刑书

公元前 536 年，"三月，郑人铸刑书"。杜预注："铸刑书于鼎，以为国之常法。"⑤即郑国执政子产将法律条文铸于鼎上公布于众，这是中国历史上第一次正式公布成文法，是史无前例的大事。子产的这一举措，遭到了代表旧势力的晋国叔向的反对。子产对叔向来信的诸多责难，复书以"吾以救世也"等寥寥数语，不屑多说。而内中传达的是淡定、坦荡、自信和不为所动。"救世"一语，呈现了子产公布成文法的纯正动机，以及对成文法公布后带来的社会功效的向往和肯定，殊为难得。

马克斯·韦伯

一向以西方文化优越论而沾沾自炫的

---

① ［日］石川英昭：《中国法思想的基础》，张中秋等译，载张中秋编：《中国法律形象的一面——外国人眼中的中国法》，法律出版社 2002 年版，第 33 页。

② 《史记·循吏列传》。

③ 《史记·郑世家》。

④ 《韩非子·外储说左上》。

⑤ 《左传·昭公六年》。

马克斯·韦伯,不仅在评述诸如国家、法律、经济,乃至音乐、建筑、绘画等各个层面时称,"只有在西方,才有理性化的发展",而且认为"其发展方向——至少我们西方人乐于如此想象——具备了普遍的、放诸四海而皆准的意义及效果"。① 而且在以"家产制法律结构"为题对中国古代的法律作研究时断言:"在我们西方人的观点里应列为最重要事项的诸种私法的(privatrechtliche)规定,却几乎完全没有(有的话,也是间接性的)。真正受到保证的、个人的'自由权'(Freiheitsrecht),是根本不存在的。"②他举的例证就是子产铸刑书。其原文是"在战国时代(公元前 563 年的郑国),士人官僚的理性主义得以表现在法典的编纂上(将法令刻于金属板上)。但根据史书的记载,当士人阶层对于这个问题加以讨论时,晋国的一位大臣(叔向)即有力地反驳道:'民知有刑辟,则不忌于上'。有教养的家产官僚体系所具有的卡里斯玛威信似乎因而被危及,所以此等权势利益再也不容许有这样的念头产生"。③ 这里,韦伯将公元前 536 年铸刑书误为公元前 563 年,④他所举的事例不要说与他的近于偏狭的断言毫不搭界,即使是对子产铸刑书这件史实本身的解读,也贴了"士人官僚的

理性主义"这一西方式的标签,而且惯用他的"卡理斯玛"⑤来解说此事,"再也不容许有这样的念头产生"则严重与史实不符。

公元前 513 年,"冬,晋赵鞅、荀寅帅师城汝滨,遂赋晋国一鼓铁,以铸刑鼎,着范宣子所为刑书焉"。史称"铸刑鼎"

成文法的公布,意义非凡,这已是法律史学界的共识。因为这"是中国古代法制发展史上的一件大事。它打破了法律制度的秘密操纵状态和由此而产生的法律的神秘性,摧毁了旧贵族世代垄断法律的特权,使法律内容逐步具有公开性和规范性。同时,它也结束了夏商周以来的'礼治'、'德治'、'人治'传统,剥夺了旧贵族的世袭法律特权,动摇了宗法等级制度的社会基础,为战国时期法家所倡导的'法治'原则的确立创造了条件,为君主专制中央集权统一国家及其新型社会制度的孕育和建立奠定

① [德]马克斯·韦伯:《中国的宗教:儒教与道教》,简惠美译,广西师范大学出版社 2004 年版,第 7 页。

② [德]马克斯·韦伯:《中国的宗教:儒教与道教》,简惠美译,广西师范大学出版社 2004 年版,第 157～158 页。

③ [德]马克斯·韦伯:《中国的宗教:儒教与道教》,简惠美译,广西师范大学出版社 2004 年版,第 158 页。

④ 在由王容芬翻译,商务印书馆出版的马克斯·韦伯的《儒教与道教》中,则是将公元前误为公元后,而年代是 536 年(见韦伯书,p.155)。

⑤ 韦伯所说的"卡理斯玛"(Charisma),是指某种人格特质,某些人因具有这种特质而被认为是超凡的,具有超自然的、超人的。或至少是特殊的力量或品质。它们具有神圣或至少是表率的特性。某些人因具有这些特质而被视为"领袖"(见韦伯书,p.67 译注)。

了基础"。① 因之，子产公布成文法，具有历史性的进步意义。郭沫若也指出："社会有了变革，然后才有新的法制产生，有了新的法制产生，然后才有运用这种新法制的法家思想出现。故尔法家倾向之滥觞于春秋末年，这件事的本身也就足以证明春秋中叶以后，在中国社会史上实有一个划时代的变革。"②

2. "作丘赋"

此外，子产"作丘赋"，"国人谤之"，说子产的父亲死在路上，他自己毒如蝎子的尾巴，在国内发布命令，国家将怎么办？子宽把这些话告诉了子产后，子产曰："何害？苟利社稷，死生以之。"③这又是何等坚毅、执着，是将生死置之度外的大无畏。所谓"作丘赋"，即以"丘"为计算单位，向土地私有者征收军赋。这一举措，进一步肯定了土地私有权的合法性，加速了封建生产关系的发展。其实，在这之前，子产首先"作封洫"，划定田界，以防止侵占和争夺。同时又把取得土地的农户按五家为伍的方式编制起来，以加强对农民的控制。

3. "不毁乡校"

而子产"不毁乡校"的史实，表明了他能听取不同意见，允许民众议论自己为政的得失与择善而从、闻过则改的精神，难能可贵。是当时执政者中的开明之士：

郑人游于乡校，以论执政。然明谓子产曰："毁乡校，何如？"子产曰："何为？夫人朝夕退而游焉，以议执政之善否。其所善者，吾则行之；其所恶者，吾则改之，是吾师也，若之何毁之？我闻忠善以损怨，不闻作威以防怨。岂不遽止？然犹防川，大决所犯，伤人必多，吾不克救也。不如小决使道，不如吾闻而药之也。"④

其中的"其所善者，吾则行之；其所恶者，吾则改之，是吾师也"，何等明达，何等襟怀！而"我闻忠善以损怨，不闻作威以防怨"，又是何等睿智！韩愈赞之曰："我思古人，伊郑之侨。"因为"川不可防，言不可弭"。其"诚率是道，相天下君。交畅旁达，施及无垠"。⑤ 是啊，非自信、真诚以及不具坦荡胸怀而睿智的大政治家，不能致也！

四、子产的其他思想

子产的思想以及政绩散见于史籍。沙海淘金，拣其要者，梳理如下。

1. 子产的用人观

对每一个治理国政的人来讲，选用人才，乃为政首务。子产总的用人观是择能而用，尤其能知人善任。《左传》载：

子产之从政也，择能而使之。冯简子能断大事，子大叔美秀而文，公孙挥能知四国之为，而辨于其大夫之族姓、班位、贵贱、

① 张晋藩主编：《中国法制史》，高等教育出版社 2007 年版，第 47～48 页。
② 郭沫若：《十批判书》，东方出版社 1996 年版，第 294 页。
③ 《左传·昭公四年》。林则徐后来有"苟利国家生死以，岂因祸福避趋之"的诗句，乃以身许国者所共见。
④ 《左传·襄公三十一年》。
⑤ 《四部精华下·集部》，《韩退之昌黎集精华·子产不毁乡校颂》，岳麓书社 1991 年版，第 43 页。

能否,而又善为辞令。裨谌能谋,谋于野则获,谋于邑则否。郑国将有诸侯之事,子产乃问四国之为于子羽,且使多为辞令。与裨谌乘以适野,使谋可否。而告冯简子,使断之。事成,乃授子大叔使行之,以应对宾客,是以鲜有败事。①

这段记载,实际上传达了两方面的信息:一是子产的知人善任;二是集众之慧,集体决策,不自以为是,因此郑国"鲜有败事"。如前所述,此事一入孔子法眼,亦大加赞赏:"子曰:'为命,裨谌草创之,世叔讨论之,行人子羽修饰之,东里子产润色之。'"②钱穆解曰:"本章见郑国造一辞命,如此郑重。又见子产之能得人而善用,与群贤之能和衷共济。即由造辞命一事推之,而子产之善治,亦可见矣。"③

《左传》载述的另一则用人的事迹,更加感人。原典很长,大意是子皮(郑穆公曾孙,郑国当国正卿,即后来将执政权交予子产之人)想委任尹何做自己封邑的长官,遭到了子产的反对。子产针对子皮因为喜爱尹何而委任他的理由,认为这如同让一个不知道怎样拿刀的人去割东西,会使他大大受到伤害。您如郑国的栋梁,不能坍塌,否则我也将被压在底下,怎敢不畅所欲言呢?假如您有一匹漂亮的锦缎,一定不会随便让人用它学裁剪。大邑的长官,是您自身的依托庇护,您怎能让人学着去治理呢?子产还用几个比喻来说明这样做的危

害,子皮听后深以为然,表示"自今请,虽吾家,听子而行"。并认为子产是个忠诚的人,所以把郑国的国政委托给他,"子产是以能为郑国"。④

曾亙嫚鼎

2. 外交策略

在外交方面,即"在与邻国的关系上,主要是对待南北二霸,子产采取了以礼为旗号,强辩慎行,卑中有亢,亢中示卑,鼠首两端,唯利是图的方针"。⑤ 比如,著名的"子产坏晋馆垣"即是显例:

鲁襄公三十一年,子产陪同郑简公去晋国,晋国对郑国这个小国态度轻慢,宾舍

---

① 《左传·襄公三十一年》。
② 《论语·宪问》。
③ 钱穆:《论语新解》,生活·读书·新知三联书店 2005 年版,第 358 页。
④ 《左传·襄公三十一年》。
⑤ 刘泽华:《中国政治思想史集》第一卷《先秦政治思想史》,人民出版社 2008 年版,第 92 页。

简陋狭窄，使郑国带去的纳贡礼物都无法安置。子产命人拆毁馆舍的墙垣，使车马得以进馆。当晋平公派士文伯来责问子产时，子产不卑不亢地申明自己的理由，句句针锋相对，义正而不阿，词强而不激，使晋平公为之折服，向子产谢罪，对郑简公增加礼仪，厚加款待。

3. 对商人采取自由政策

主要表现在以下几个方面：(1)与商人订有盟誓："尔无我叛，我无强贾，毋或匄夺。尔有利市宝贿，我勿与知。"[1]从这一盟誓看，就带有商贸自由和不加干涉的意愿。(2)从《史记》所载的"市不豫贾"来看，即对商品价格的贵贱根据市场行情而自行涨落，不事先定价。(3)"非官府之守器"，[2]均可自由贸易。(4)从史例来看，晋韩宣子使郑，要子产代为强购一只玉环，子产为了信守不强买的盟誓而拒绝了，于是"韩子辞玉"，[3]并致歉。由此可见"保护商人是郑国的传统政策，子产执行得更彻底。这种政策是进步的"。[4]

4. 无神论者

断然说子产是一位无神论者，不确当。但是，他的确有无神论的倾向：

梓慎登大庭氏之库以望之，曰："宋、卫、陈、郑也。"数日，皆来告火。裨灶曰："不用吾言，郑又将火。"郑人请用之，子产

不可。子大叔曰："宝，以保民也。若有火，国几亡。可以救亡，子何爱焉？"子产曰："天道远，人道迩，非所及也，何以知之？灶焉知天道？是亦多言矣，岂不或信？"遂不与，亦不复火。[5]

这段有趣的载述，把子产认为"天道"与"人道"是两回事，人间的吉凶祸福在于人事而不在天的赏罚之意作了传神的表达，实际上否定了商周以来盛行的"天罚"论。但，《左传》同时也载述了子产的另一件筑社被禳的事：

七月，郑子产为火故，大为社，祓禳于四方，振除火灾，礼也。[6]

这是说，子产因为火灾的缘故，大筑土地神庙，祭祀四方之神祈求消灾，救治火灾的损失，这是合乎礼的。如果对这一段以"礼"观之，则子产的无神论倾向依然成立；如果以所谓的祭"神"而否定子产的无神论倾向，实际上比较牵强。因为这仅仅是合乎"礼"的一种祭祀的方式。可资佐证的是《史记》对此的记载：

六年，郑火，公欲禳之，子产曰："不如修德。"[7]

---

① 《左传·昭公十六年》。
② 《左传·昭公十六年》。
③ 《左传·昭公十六年》。
④ 刘泽华：《中国政治思想史集》第一卷《先秦政治思想史》，人民出版社 2008 年版，第 93 页。
⑤ 《左传·昭公十八年》。这是中国古代首次出现"人道"一词，首次将"人道"与"天道"对论，富有意味。
⑥ 《左传·昭公十八年》。
⑦ 《史记·郑世家》。

按此，子产的无神论的倾向就很明显了。后来的荀子是否由此受到子产影响，不好妄猜，但荀子的《天论》之旨，即他强调的"天人分途"，与子产"天道远，人道迩，非所及也"的意旨完全相通，只不过荀子作了系统的论述，上升到了天人关系的高度，并提出了"明于天人之分"，从根本上对"天降祸福"予以"祛魅"而已。① 而子产，也许无暇论及，但其一语之论，亦足令天下识者心服，并肃然起敬。

与此相近一则史例是《国语》中的"郑子产来聘"。② 大意是郑简公派子产出使晋国，晋平公患病，接待子产的韩宣子说，晋平公病得很久了，天上地下的鬼神都一一祭祀祈祷过了，但病还是未除。子产说："以君之明，子为大政，其何厉之有？"意思是凭你们国君的贤明，又有你主持国家大政，哪有什么恶鬼作祟之事呢？然后指出，"恐怕是因为没有祭祀夏郊吧？"于是，"祀夏郊"，五天以后，晋平公病愈接见了子产，赐给他莒鼎。

5. 裁断狱讼

《韩非子》载述了两则子产裁断狱讼的事例，一则是"子产理讼"，涉及断讼方法：

有相与讼者，子产离之而无使得通辞，倒其言以告而知之。③

这是说，子产把相互争讼的双方隔离开来，使他们不能互相通话，然后把他们的话倒过来去告诉另一方，从而了解到事情本身的实情。虽然，韩非用此来说明"倒言反事"以察其奸的方式，但就断讼者而言，此法甚妙。

另一则是"子产察奸"，仅90字，刻画子产酷似"神探"：

郑子产晨出，过东匠之间，闻妇人之哭，抚其御之手而听之。有间，遣吏执而问之，则手绞其夫者也。异日，其御问曰："夫子何以知之？"子产曰："其声惧。凡人于其亲爱也，始病而忧，临死而惧，已死而哀。今哭已死，不哀而惧，是以知其有奸也。"④

单以此例本身而论，可见"道通为一"，只要抽象出事物本身的至理，再以此理返察物事，无有不应。子产并非专业听讼断狱之人，但独能在日理国政之隙，理讼察奸而成高手，以此。

当然，韩非子引此例的本意，是说子产这样做，纯属多管闲事。此事应当由主管狱讼的官吏去做，而不应事必躬亲。因此，韩非的评价是"恃尽聪明、劳智虑而以知奸，不亦无术乎"！⑤

五、简短的结语

需要说明的是，添子产于先秦法家行

---

① 可参阅本文丛之《儒宗正源》第二十六章"人的地位：明于天人之分"中的相关论述，厦门大学出版社2011年版，第157～169页。

② 《国语·晋语八》。

③ 《韩非子·内储说上七术》。

④ 《韩非子·难三》。

⑤ 《韩非子·难三》。

列,可能会生质疑。然子产前有"铸刑鼎"的破冰之举,后有设章立制之行,更有切世安国之功,因之不必拘执常论,使子产归于法家,可也。郭沫若就认为:"法家的产生应该上溯到子产。"①

关于子产,除了前述孔、孟、荀的评价外,刘泽华总结道:"总之,子产是位小心谨慎,承认现实,又不向前迈大步的政治家。他总是先思虑而后行,行不越思,正如他自己说的,'政如农功,日夜思之,思其始而成其终。朝夕而行之,行无越思,如农之有畔。其过鲜矣。'②子产守成多于进取,和上而压下。他维持了郑国的局面,却没有使郑国强盛。"③这一评论,既不诋毁,也不虚誉,但过于平实,与《史记》载述的子产政绩和人民对他的爱戴,有很大的反差。因此,二者可以参酌以定。

一方面,就法家的传承而言,子产铸刑书,虽然"仲尼曰'鼎在民矣,何以尊贵!'盖自刑之有律,而后贱民之赏罚,得不全视夫贵族之喜怒,而有所征以争。邓析之《竹刑》,殆即其所以教民为争之具,而当时之贵者,乃不得不转窃其所以为争者以为治也,此亦当时世变之一大关键也。其后百年,魏文侯用李克,著《法经》,下传吴起、商鞅,然后贵族庶民一统于法"。④另一方面,就我们对子产的深度把握而言,甚至需要通过与他是冤家对头的邓析的博弈,才能看出他对待异己的宽容与雅量。

---

① 郭沫若:《十批判书》,东方出版社 1996 年版,第 293 页。
② 《左传·襄公二十五年》。
③ 刘泽华:《中国政治思想史集》第一卷《先秦政治思想史》,人民出版社 2008 年版,第 93 页。
④ 钱穆:《先秦诸子系年》,商务印书馆 2005 年版,第 22 页。

第十八章 "事断于法"与邓析之死

> 邓析的"竹刑",再次无可辩驳地证明了立法的生命,既不在于是否以官方的名义来颁行,也不在于是否铸于铁"鼎"上,而在于是否符合天地大理,是否符合人性之质,是否符合社会之律,是否符合治世之需。

邓析(? —公元前501),郑国人,与子产同时,子产执政时,他是郑国大夫。学界多认为他是名家的创始人,"名辩之学"的先驱人物,实为中国"讼师"的鼻祖,还制定了绝无仅有的"竹刑",当时郑国执政驷歂杀邓析而用"竹刑"。今存《邓析子》一书,学界大多认为系伪书。《汉书·艺文志》将邓析列名家之首,其著述为《邓析》两篇,亡佚。①

一、特立独行、以身殉职的邓析

邓析的史料不多。邓析卓立于世的价值,似乎只是作为"靶子"而存在的。这么说来让人有点沮丧,倒也符合这个职业在这个古老国度的命运。后世学者,多将邓析归之于名家。实际上,从理论渊源上讲,"名、法二字,古每连称,则法家与名家,关系亦极密也。……以言论思想言之,名实相符则是,不相符则非。就事实言之,名实相应则治,不相应则乱。就世人之言论思想,察其名实是否相符,是为名家之学。持是术也,用诸政治,以综核名实,则为法家之学。此名、法二家所由相通也"。② 从史实而言,邓析聚众讲学,向人们传授法律知识和诉讼方法,并帮助别人诉讼,完全符合"持是术也,用诸政治,以综核名实,则为法家之学"的界说,也就是说,名家是表象,法家才是实质。更何况他有彪炳史册的"竹刑",因之归于法家,最切。

1. 邓析一生,有四个第一

其一,因不满子产所铸刑书,私自制定了一部成文法,把它刻在竹简上,因此叫作"竹刑"。显然,这是中国第一部没准也是最后一部非官方的"个人法"。③

---

① 钱穆认为:"《邓析》书乃战国晚世桓团辩者之徒所伪托。邓析实仅有'竹刑',未尝别自著书也。"参见钱穆:《先秦诸子系年》,商务印书馆2005年版,第23页。

② 吕思勉:《先秦学术概论》,中国人民大学出版社2011年版,第83页。

③ 显然,用"民间法"易与现在流行的"民间法"的特定概念相混淆,不妥;用"私法"又与现有的私法概念相悖,只好用"个人法"凸显它的非官方性,它的个人制定的特性。

其二,邓析是第一个旗帜鲜明地反对"礼治"的法律家。

其三,邓析是"名辩之学"的首倡者。

其四,邓析是中国讼师的开山鼻祖,也是第一个以身殉职的"先烈"。他的死,没有西哲苏格拉底赴死的灿烂光辉,有的只是留在中国历史深处的阴森与冰冷,那种入骨浸髓的嗖嗖阴风,至今不散。

苏格拉底与青年人在一起

2.《吕氏春秋》载述的邓析

《吕氏春秋》中有一整段记述邓析言行的文字,为了讨论的深入,分而述之:

> 郑国多相县以书者,子产令无县书,邓析致之。子产令无致书,邓析倚之。令无穷,则邓析应之亦无穷矣。是可不可无辩也。可不可无辩,而以赏罚,其罚愈疾,其乱愈疾。此为国之禁也。故辩而不当理则伪,知而不当理则诈。诈伪之民,先王之所诛也。理也者,是非之宗也。①

这段记述,很有意思。其实可再分为两部分,前一部分,记录了邓析与当时的执政者子产的"斗智斗勇";后一部分,则是对

此所发的议论。我们看到,子产铸刑书于鼎后,引起了郑国非常大的震动,故"郑国多相县以书",②即有很多人把抗议的文书张贴、悬挂于通衢、闹市,以让更多的人知晓。一个"多"字,表明提出抗议的不止邓析一人。对此,子产下令不准"悬书",邓析就改为"致书",即把抗议的文书投递给当政者,恐怕主要致书于子产。子产看了邓析的"致书",觉得头疼,就下令禁止致书,"邓析倚之"。"倚者,依也;倚书者,依倚他物杂而寄之,避讥检也。"③"令无穷,则邓析应之亦无穷矣。"看来,子产面对邓析,一点办法都没有。好在,没有看出子产运用手中的权力对邓析进行"制裁",这也表现了子产博大的胸襟和容忍异己的雅量,也是子产善于听取不同意见,与不毁乡校的精神相契。子产之所以下令禁止"悬书",作为执政者的他,似乎不得不为。这一禁止与反对之间的"博弈",竟造成"是可不可无辩也"的格局。"可不可无辩,而以赏罚",也就是说,某件事情行与不行已无法通过辩说达成一致意见,就代之以赏罚。赏罚者,实乃罚也。即通过惩罚来禁止不准做什么,而不是先通过辩论来决定不应做什么。这样一米,恶性循环立现:"其罚愈疾,其乱愈疾。"至此,《吕氏春秋》的作者认为,"故辩而不当理则伪,知而不当理则诈"。由于"理"乃是非之宗,所以,对策就是非常简单的"诈伪之民,先王之所诛也"。看看,没办法了,就祭起了"诛"的令旗。

《吕氏春秋》接上讲了一件邓析"操两

---

① 《吕氏春秋·审应览·离谓》。

② 县,通"悬"。《广雅·释言》云:"悬,抗也。"书,文字,文书。悬书,亦即张贴抗议的文书。

③ 范耕研:《吕氏春秋补注》,载《江苏国学图书馆年刊》1933年第6期。

可之说"的"经典咨询"案例：

> 洧水甚大，郑之富人有溺者，人得其死者。富人请赎之，其人求金甚多。以告邓析，邓析曰："安之。人必莫之卖矣。"得死者患之，以告邓析，邓析又答之曰："安之。此必无所更买矣。"[1]

洧水很大，有一年郑国有个富人渡河时不慎落入洧水中淹死了，其尸体被一个穷人打捞上来。富人的家属听说后想用钱赎回尸体安葬，打捞尸体的穷人要的钱很多，富人不想出那么多钱，双方因此相持不下。这时，死者家属便向邓析请教解决的办法，邓析说：你们不要着急，一文钱赎金也别多出。放心吧，对方只能把这具尸体卖给你，因为除了你，没有第二个人会向他买这具尸体，还怕他不卖给你？尸体不能长期存放，只要你拖着，穷人自然会降价的。死者家属觉得邓析言之有理，就耐心等着，不着急了。过了几天，不见死者家属来买尸体，那个穷人就坐不住了，也来找邓析出主意。邓析对那个穷人说：不要着急，一文钱赎金也不要降低，因为对方除了在你这里能买到那具尸体，在别处是买不到的。穷人一听有理，也不着急了。

这一经《吕氏春秋》载述的法律"咨询"案例，就成了邓析"操两可之说"的铁证。褒者因之说，看，这就是"名师之辩"！贬者因此说，看，这就是邓析"诡辩"的罪证！无论褒贬，邓析都被烙上"千古诡辩第一人"的印记，再也洗刷不掉。

────────────

[1] 《吕氏春秋·审应览·离谓》。
[2] 《吕氏春秋·审应览·离谓》。

此外，《吕氏春秋》还记叙了邓析代理狱讼、招收"法律学员"的事实：

> 子产治郑，邓析务难之，与民之有狱者约：大狱一衣，小狱襦袴。民之献衣襦袴而学讼者，不可胜数。[2]

头两句，似乎是邓析专找子产的"茬儿"，和治理郑国的子产过不去，用了三个字"务难之"。稍加思索就会发现，一国之内，如果执政者确实没有可"难之"的地方而硬要"难之"，正常人是不会这样做的，何况机智如邓析者。这就反衬了一个没有言明但事实存在的背景，即郑国子产颁行的"刑书"的确存在很多问题，引发了很多社会矛盾。这不但前可证之于"郑国多相县以书"，后可证之于"杀邓析，而用其《竹刑》"。怎么办呢？矛盾激化成狱讼，就得解决。于是，邓析就为民众做起了刑事案件的辩护人（后称之为"讼师"），并且与民众中有刑事案件的人约定，大的刑事案件需交一件上衣，小的刑事案件则收一件短裤，作为"辩护费"。除代理刑事案件外，邓析还招收愿意学习诉讼的学员，为他们传授法律知识。情况如何呢？"民之献衣襦袴而学讼者，不可胜数。"看来，诉讼需求者甚众，当然，不用猜测，邓析传授诉讼技巧的"课程"肯定非常吸引学员，而且从"邓析法律培训班"毕业的学员看，水平不可小觑：

> 以非为是，以是为非，是非无度，而可与不可日变。所欲胜因胜，所欲罪因罪。

郑国大乱,民口喧哗。①

竟然会产生"郑国大乱,民口喧哗"的局面,虽然,这一冲击波的内在根源在《吕氏春秋》的作者看来,是"是非无度"导致的。看来,邓析的好日子也到头了。接上段,《吕氏春秋》云:

子产患之,于是杀邓析而戮之,民心乃服,是非乃定,法律乃行。今世之人,多欲治其国,而莫之诛邓析之类,此所以欲治而愈乱也。②

这段记述,不要说"子产杀邓析而戮之"是错的,更错的则是"民心乃服,是非乃定,法律乃行"。前错错在**邓析不是子产所杀**,因为鲁昭公二十年(前522年)子产已死,而邓析被杀是在鲁定公九年(前501年),此时子产已经死去21年了,怎能是子产所杀?《左传》明确记载的是:"郑驷歂杀邓析,而用其《竹刑》。"③后者错在这一说法与前后文相矛盾。难道杀一邓析就没有"是非"了,"民心"就服了?既然"法律乃行",何必杀邓析后废旧法而用"竹刑"呢?显然不通。事实上,邓析的"竹刑"才更符合民心,所以在邓析死后,郑国的统治者不得不用"竹刑"。日人池田雄一说:"只是单被称为'竹刑'一事,或许意味着刑典已经没有必要像以

前那样借助于祭器的权威了。"④所以,其中的议论,显系作者托事以兜售己意。后面的说法就更糟,意思是想要治理好国家,而不杀邓析之类,就会越治越乱。这类混账话,其实代表了一个国度对一个职业的否定。

3. 邓析之死

无论怎样,邓析死了。唯因被杀,所以邓析之死,富有象征意味。

不止《吕氏春秋》,还有《荀子·宥坐》、《淮南子·氾论训》和《列子·力命》等均载述是"子产诛邓析",可见,在古代文献中,的确存在不少以讹传讹的情形。

邓析一人身死,在中国法制史上似乎是微不足道但实际上是一件影响深远的事件。之所以说微不足道,是因为他死非其所,不声不响,以至轻于鸿毛,没有苏格拉底之死那样惊天动地,颂歌不辍;但他的死,又绝对影响深远,因为他的死标识了对一个职业的彻底否定。时人不但企图通过肉体消灭的方式让邓析从事的职业消失,而且邓析死后的主流评论依然挞伐有加,不依不饶。邓析死后两千多年都不得安生,依然作为"靶子"成了众矢之的:

《淮南子·氾论训》云:"子产诛邓析,而郑国之奸禁。"高诱注曰:"邓析,诡辩奸人之雄也,子产诛之,故奸禁也。"这

① 《吕氏春秋·审应览·离谓》。

② 《吕氏春秋·审应览·离谓》。

③ 《左传·定公九年》。钱穆也认为,子产与邓析"前后相去二十一年,是邓析与子产同时,而非子产所杀"。参见钱穆:《先秦诸子系年》,商务印书馆2005年版,第21页。

④ [日]池田雄一:《论中国古代法制的发展——中国古代的法和国家》,载张中秋编:《中国法律形象的一面——外国人眼中的中国法》,法律出版社2002年版,第148页。

里，邓析成了诡辩的奸人，诛杀他就是禁奸。

《说苑·指武》云："子产诛邓析……所谓诛之者，非为其昼则攻盗，暮则穿窬也，皆倾覆之徒也。此固君子之所疑，愚者之所惑也。《诗》云：'忧心悄悄，愠于群小。'此之谓也。"此论更甚，邓析成了"倾覆之徒"，成了"群小"。

《列子·力命》云："邓析操两可之说，设无穷之辩。当子产执政，作《竹刑》，国用之，数难子产之治。子产屈之。子产执而戮之，俄而诛之。然则子产非能用《竹刑》，不得不用；邓析非能屈子产，不得不屈；子产非能诛邓析，不得不诛也。"此论比较"中立"，指出了"不得不用"、"不得不屈"之后，也说"不得不诛"。

原来农夫浇地，全用瓦罐背水，费力费时，效率低下。邓析就替他们设计了一个很好的工具——桔槔。即在水边立一木桩，把一根较长的横杆架在木桩上，一头系上水罐，一头系上石块，利用杠杆原理，从低处提水上来，这样一来，本来一天只能浇一畦地，现在能浇一百畦。这在当时，可谓先进的生产力，但当时守旧的人不但不

用，还说这种奇技淫巧之具把人心都搞坏了

《荀子·非十二子》云："不法先王，不是礼义，而好治怪说，玩琦辞，甚察而不惠，辩而无用，多事而寡功，不可以为治纲纪；然而其持之有故，其言之成理，足以欺惑愚众。是惠施、邓析也。"荀子此论，姑且不说将惠施与邓析并论是否合适，仅就其批评的理由来看，倒有文献价值，即"不法先王，不是礼义"乃邓析的主张。荀子批评的核心意思是，"甚察而不惠，辩而无用，多事而寡功"，亦即非常明察但毫无用处，雄辩动听但不切实际，做了很多事但功效却很少，因此，"不可以为治纲纪"，即不可以作为治国的纲领。这是荀子的儒家立场。如果荀子以重"功用"的视角"非"惠施尚可，但相对于邓析，就不那么贴切了。但荀子的睿智在于，他并不是一味攻击，而是有一定分寸，且能在批评中指出被批评者的优长——"其持之有故，其言之成理"，虽然指向"足以欺惑愚众"。

荀子在另一处论及君子时，把惠施、邓析作为"反面教材"评之："不恤是非、然不然之情，以相荐撙，以相耻怍，君子不若惠施、邓析。……惠施、邓析不敢窜其察，……是然后君子之所长也。"[①]其意是，不顾是与非、对与不对的实际情况，互相贬抑，互相侮辱，君子不如惠施、邓析。……惠施、邓析不敢贩卖他们貌似明察的诡辩……这些才是君子所擅长的。荀子给惠施、邓析的定位也是"诡辩"，把他们排除在"君子"之外。

---

① 《荀子·儒效》。

苏格拉底之死

的官僚式家产制国家里,辩论术显然没有发展余地。"②亦很有道理。

县衙

综上可见,邓析的命运就是法家的命运,他所从事的职业群体后来被冠之以"讼师"之名,虽然不至于像名家那样在众口铄金的挞伐下"中绝",但对"讼师"在主流社会,基本持否定的态度。在他们看来,邓析们所做的无非逞"口舌之利,操两可之说,设无穷之词",是一种投机取巧,让民风变得刁顽,人心不古,不利于统治者的一手遮天,因之不遗余力地贬黜和迫害。久而久之,变成了众口一词,成了一种**集体无意识**,成了像对付"害虫"一样的习惯与共同行动,悲夫!

虽然韦伯在他的《中国的宗教:儒教与道教》中常犯错误,甚至非常离谱,但亦不乏有一两处精彩之论:"在中国的家父长裁判下,西方观念中的律师,根本无法占有一席之地。"①以此论评邓析,甚切。他在后面又一次申述:"在一个没有形式化之司法

然而可叹的是,对中国传统法律文化颇有研究的某些当代学者,竟然也认为"讼师"是"社会赘疣",并声称"它对于社会的作用,很难是有益的",且说"倘我们将古人对于'讼师'的描述完全视为偏见,则我们对于历史的了解,便不能有丝毫的进步"。③照此说来,难道把古人对"讼师"的描述完全视为"正常",则我们对于历史的了解,才有进步?事实上,梁治平在其后的《再说讼师》一文中进一步通过引述古文献把"讼师"描画成"贪婪、冷酷、狡黠、奸诈,最善于拨弄是非,颠倒黑白,捏造辩饰,渔人之利"的形象,却同时又不得不承认"讼师也不尽是贪利不义之人",而且"表明传

① [德]马克斯·韦伯:《中国的宗教:儒教与道教》,简惠美译,广西师范大学出版社 2004 年版,第160 页。

② [德]马克斯·韦伯:《中国的宗教:儒教与道教》,简惠美译,广西师范大学出版社 2004 年版,第189 页。

③ 梁治平:《法意与人情·讼师》,中国法制出版社 2004 年版,第 272 页。

统社会里面，讼师自有其存在的客观上的理由"，并说旧时讼师的存在，"也包含了对于社会中某种正常需要的满足"，然而其结论却依然是"当然这并不奇怪，也未必能够说明什么问题"。① 梁氏此论，以否定为职志，却又含糊其辞，很暧昧地表示理解，这一模棱两可的态度，令人惊异莫名。

与此论不同，倒是一位法官在一篇文章里对邓析表示了"同情的理解"：

于是邓析终于死了。他的死，似乎象征着一种职业在中国法治史上的昙花一现。与希腊和古罗马不一样的是，辩护士在中国的传统法庭上，终究没能成为一种骄傲的吸引优秀人才参加的职业。更多拥有聪明才智和口才的人如苏秦、张仪之类，更渴望的是运用自己的"三寸不烂之舌"合纵连横，货与帝王家，谋繁华富贵于朝夕。只剩下一个孤零零的邓析，静静地躺在中国法律思想史中，诉说着一段如烟如梦的往事。②

二、"竹刑"与"事断于法"

论邓析，必及子产。如果说子产是一位官方性质的法律家，那么，邓析则是一位半官半民的法律家。他虽是郑国大夫，但毕竟未执政，更多的是民间法律的代言人。

1. 反对"礼治"

邓析为反对维护贵族特权的"礼治"，明确提出"不法先王，不是礼义"③的主张，即不以先王之制为法，不以西周之礼为是，内中传达的是他不屑于先王礼义的传统价值理念，而主张用法律来治理国家、明断是非，主张废除贵族们的特权。这，不唯要有卓识，尤需勇气。对周礼，他提出了针锋相对的"以非为是，以是为非"，④即以违反周礼的言行为是，以符合周礼的言行为非。这与他"不法先王，不是礼义"的主张具有内在的关联。仅此一项，就凸显了他超越于时人唯周礼是从的胆识。不仅与子产的"尊礼"不同，更与孔子论"齐之以礼"，⑤以及"事君尽礼"，⑥乃至"克己复礼为仁"⑦等对礼的崇尚，更加不同。

2. "竹刑"

邓析在立法上的巨大贡献，当是他的"竹刑"。《左传》载述邓析，与后半部《左传》写子产完全不同，仅十一字："郑驷歂杀邓析，而用其《竹刑》。"⑧杜预注曰："邓析，郑大夫，欲改郑所铸旧制，不受君命，而私造刑法，书之于竹简，故云《竹刑》。"孔颖达正义曰："昭六年，子产铸刑书于鼎，今邓析另造《竹刑》，明是改郑所铸旧制。若用君命遣造，则是国家法制，邓析不得独专其

---

① 梁治平：《法意与人情》，中国法制出版社 2004 年版，第 276～第 280 页。
② 黄鸣鹤：《邓析的命定之路》，载《福建论坛》2006 年第 1 期。
③ 《荀子·非十二子》。
④ 《吕氏春秋·审应览·离谓》。
⑤ 《论语·为政》。
⑥ 《论语·八佾》。
⑦ 《论语·颜渊》。
⑧ 《左传·定公九年》。

名。知其不受君命，而私造刑书，书之于竹，谓之《竹刑》。驷歂用其刑书，则其法可取，杀之不为作此书也。"①这一对比析论，可见"在野"的邓析之"竹刑"，比铸于"鼎"的子产的刑书，更加切合当时的社会现实，因而具有治理社会更强大的功用，因而即使杀了邓析，也不得不用其"竹刑"。钱穆也说："然必子产《刑书》疏阔，故邓析得变易是非，操两可，设无穷，以取胜。亦必其《竹刑》较子产《刑书》为密，故驷歂虽诛其人，又不得不舍旧制而用其书也。"②因此，这虽是一个历史的悲剧，但也以其"不得不"采用的必然，证明了刻于"竹"的条文，甚至比铸于"鼎"的官方的条文，更具生命力。

古代竹简

由此可见，立法的生命既不在丁是否以官方的名义来颁行，也不在于是否铸于铁"鼎"上，而在于是否符合自然大理，是否符合人性之质，是否符合社会之律，是否符合治世之需。

《左传》在载述了邓析之死和他的"竹刑"后，对驷歂杀邓析作了谴责：

> 君子谓："子然于是不忠。苟有可以加于国家者，弃其邪可也。《静女》之三章，取形管焉。《竿旄》'何以告之'，取其忠也。故用其道，不弃其人。《诗》云：'蔽芾甘棠，勿翦勿伐，召伯所茇。'思其人，犹爱其树，况用其道而不恤其人乎？子然无以劝能矣。③

此论比起后世某些学者之论，让人感到些许温暖。内中不仅谴责了加害邓析的驷歂为"不忠"，还指出从此将无法劝勉有才能的人了，间接地肯定了邓析之才，乃是"可以加于国家者"，大抵也就是对国家有用的人才。而且不惜笔墨，引诗为证，怜惜邓析当不该死于非命，即使私造"竹刑"、操"两可之说"等被视为"邪"，最大限度也就"弃其邪可也"，而不至于被杀身死。内中充满了宽宥、惜才的慈厚情怀，令人感动。孔颖达正义亦曰："《周礼·小司寇》：'以八辟丽邦法，附刑罚。三曰议贤之辟，四曰议能之辟。'郑玄云：'贤谓有德行者，能谓有道艺者。《春秋传》曰：夫谋而鲜过，惠训不倦者，叔向有焉，社稷之固也，犹将十世宥之，以劝能者。今壹不免其身，以弃社稷，不亦惑乎？'是贤能之人，当议其罪状，可赦则赦之。今邓析制刑，有益于国，即是有能者，杀有能之人，是不忠之臣，君子谓子然于是不忠也。国之臣民，诚有可以加益于

---

① 李学勤主编：《十三经注疏·春秋左传正义》，北京大学出版社 1999 年版，第 1579 页。
② 钱穆：《先秦诸子系年》，商务印书馆 2005 年版，第 22 页。
③ 《左传·定公九年》。

国家者,取其善处,弃其邪恶可也。"①此论引经据典,再次论证了邓析为有能之人,即使涉罪,理应赦免,不应杀有能之人,同时谴责了驷歂是不忠之臣。孔颖达的"正义"虽然有点"掉书袋",很啰唆,但的确忠实地诠释了《左传》意旨,也阐发了己意,甚好,故从而引之。两千多年后,钱穆亦承此论大旨,对邓析以中立的立场作了客观的评说:"今邓析,其为人贤否不可知,其'竹刑'之详亦不可考。要之与鞅、起异行同趣,亦当时贵族平民势力消长中一才士也。"②

3. "事断于法"与聚众讲学

虽然,邓析提出的"事断于法"出自伪书《邓析子》,但从邓析反对"礼治",有能力拟定"竹刑"的深厚素养来看,"事断于法"的主张出自邓析,是极有可能的。

更有意味的是,邓析还打破了"学在官府"的旧传统,聚众讲学,传授法律知识,并助人诉讼。《吕氏春秋》记载的邓析代理狱讼、招收"法律学员"的事实,表明邓析真是一位开一代先风、勇于实践的真法律家。

惜乎!他的"竹刑",他当年在郑国大地上精彩纷呈的诉辩,已尘封于历史深处厚重的阴霾之中,我们无缘得见。想想,在当时,由于他的睿智和辩才无碍,学讼者不可胜数,该是一种怎样的盛况啊!

邓析死了,春秋时代的法律气象遂告一段落。而经由春秋三家开创的以法治世的种子,在春秋向战国艰难行进的凄风苦雨里,已沉睡了很久,它会在战国初期的某个硝烟刚刚散去的黎明,带着晶莹的朝露,在一个叫李悝的人的心田里,再度发芽,破世而出,逐渐长成治法的参天大树,蓊郁了战国和战国以降的整个后世……

① 李学勤主编:《十三经注疏·春秋左传正义》,北京大学出版社 1999 年版,第 1579 页。
② 钱穆:《先秦诸子系年》,商务印书馆 2005 年版,第 22 页。

第十九章　李悝的治国之道

在"璜成争相"中，李悝不仅提出了著名的察人"五法"，还防祸于事前，沟通于事后，将可能的怨恨及时消解，避免了由怨恨转化的祸端，尤其以坦坦荡荡的襟怀和高论，让翟璜折服，真乃智慧之人。

李悝(公元前 455—公元前 395)，名悝，一作李克，濮阳人。战国初期魏国著名政治家、法律家。李悝曾以"魏文侯师"或"魏文侯相"①的身份，主持变法，从政治、经济、法律等方面进行了诸多改革。其不朽者，是制定了中国历史上第一部比较系统的成文法典——《法经》。他是法家的真正开山之祖。《汉书·艺文志》法家类，把《李子》32 篇列为法家之首。班固注："相魏文侯，富国强兵。"可惜的是，《李子》32 篇和《法经》6 篇，皆亡佚。

一、李悝的历史地位

魏国是战国初期最早进行改革的诸侯国之一。魏文侯在位(公元前 445—公元前 396)时，为了富国强兵，礼贤下士，师事儒门子弟子夏、②田子方、段干木等人，以魏成子为相，翟璜为上卿，乐羊、吴起为大

李悝雕像

---

① 李悝为魏文侯到武侯时人，做过中山相和上地守。桓谭以为李悝为文侯师，班固、高诱则以为是文侯之相。由于先秦文献缺乏记载，故此说尚难证实。但可以肯定的是，李悝多参与魏国大事，为文侯心腹之臣，当无异议。《淮南子·泰族训》曰："田子方、段干木轻爵禄而重其身，不以欲伤生，不以利累形，李克竭股肱之力，领理百官，辑穆万民，使其君生无废事，死无遗忧，此异行而归于善者。"此论可证李悝确为魏文侯股肱之臣，不好据此甄别究竟是"魏文侯师"还是"魏文侯相"。综诸史料，似以"魏文侯师"为宜。

② 钱穆说："子夏居魏，为儒术传于三晋之鼻祖。"参见钱穆：《先秦诸子系年》，商务印书馆 2005 年版，第 225 页。

将，西门豹为邺令，支持李悝变法，使魏国大治。

1. 李悝的三个"第一"

李悝彪炳史册者，有三个"第一"：

其一，李悝是重农主义的开山之祖，对中国农耕文明的形成具有首开之功。也就是说，"李悝首先提出重农思想，也是春秋后期商农并重向战国后期农本末商思想过渡的代表思想"。①

其二，第一个主张废除旧贵族的世卿世禄制度。

其三，主持制定中国第一部比较系统的成文法典——《法经》，是法家的真正开山之祖。郭沫若说："李悝在严密意义上是法家的始祖。"②最早涉及这一问题的，当属曹魏时代的刘劭。他在其《人物志·业流篇》中说："建法立制，富国强人（兵），是谓法家，管仲商鞅是也。"按此，则法家开山之人当属管仲，其实不然，管仲应当是法家的前驱，而商鞅在李悝之后。如按照章太炎"著书定律为法家"③为标准，法家真正的开山始祖当属李悝。因为，李悝不仅著《李子》32篇，还制定和颁布了《法经》，同时符合这两项标准。因此，《汉书·艺文志》将李悝列为法家之首，是有道理的。

2. 似乎波澜不惊的一生

史册中李悝的一生似乎比较平静，没有那么多的波澜与传奇。《资治通鉴》在威烈王二十三年，叙及传奇的正欲从鲁国投奔魏文侯的吴起时，"文侯问诸李克，李克曰：'起贪而好色，然用兵，司马穰苴弗能过

也。'于是文侯以为将，击秦，拔五城"。④由此看见，李悝无论是"魏文侯相"还是"魏文侯师"，魏文侯都是言听计从的，这也是李悝从政治、经济和法律等方面进行变革的依托和背景。此例也说明，李悝评价人物，功过两分，客观准确，深具眼力。

更见李悝眼力与襟怀的是《史记》中载述的"璜成争相"的故事，原典如下：

魏文侯谓李克曰："先生尝教寡人曰'家贫则思良妻，国乱则思良相'。今所置非成则璜，二子何如？"李克对曰："臣闻之，卑不谋尊，疏不谋戚。臣在阙门之外，不敢当命。"文侯曰："先生临事勿让。"李克曰："君不察故也。居视其所亲，富视其所与，达视其所举，穷视其所不为，贫视其所不取，五者足以定之矣，何待克哉！"文侯曰："先生就舍，寡人之相定矣。"李克趋而出，过翟璜之家。翟璜曰："今者闻君召先生而卜相，果谁为之？"李克曰："魏成子为相矣。"翟璜忿然作色曰："以耳目之所睹记，臣何负于魏成子？西河之守，臣之所进也。君内以邺为忧，臣进西门豹。君谋欲伐中山，臣进乐羊。中山以拔，无使守之，臣进先生。君之子无傅，臣进屈侯鲋。臣何以负于魏成子！"李克曰："且子之言克于子之君者，岂将比周以求大官哉？君问而置相'非成则璜，二子何如'？克对曰：'君不察故也。居视其所亲，富视其所与，达视其所举，穷视其所不为，贫视其所不取，五者足

① 胡寄窗：《中国经济思想史》（上），上海财经大学出版社1998年版，第269页。
② 郭沫若：《十批判书》，东方出版社1996年版，第295页。
③ 章太炎：《检论》卷二《原法》，《章太炎全集》（三），上海人民出版社1984年版，第437页。
④ 《资治通鉴》卷第一。

中西哲思之源文丛——治法与治道

以定之矣,何待克哉!'是以知魏成子之为相也。且子安得与魏成子比乎?魏成子以食禄千钟,什九在外,什一在内,是以东得卜子夏、田子方、段干木。此三人者,君皆师之。子之所进五人者,君皆臣之。子恶得与魏成子比也?"翟璜逡巡再拜曰:"璜,鄙人也,失对,愿卒为弟子。"①

在置相的大事上,究竟是任用魏成子还是翟璜,魏文侯拿不定主意,于是问计于李悝。李悝很机智,先以"卑不谋尊,疏不谋戚。臣在阙门之外,不敢当命"为由客套了一下,在文侯说"先生临事勿让"的诚请下,李悝并没有直接说出谁更合适,而是超越了具体的置相本身,提出了著名的识人、用人"五察"之法,即"居视其所亲,富视其所与,达视其所举,穷视其所不为,贫视其所不取",然后让文侯自己决定。经此一说,魏文侯说"先生您回家吧,我的宰相已经决定了"。李悝出来后直奔翟璜家,这也是李悝的过人之处,当翟璜问谁为相时,李悝说是魏成子,翟璜不服,质问李悝,说自己推荐了吴起、西门豹、乐羊、屈侯鲋和你李悝五位大臣,均为名臣,我哪一点比魏成子差?面对很激动的翟璜,李悝首先反问:"您向您的君主推荐我的目的,难道是为了结党营私来谋求做大官吗?"然后如实复述了他与魏文侯之间的对话,并指出,您怎么能跟魏成子相比呢?魏成子有千钟俸禄,十分之九用在外边,十分之一用在家里,因此从东方聘来了卜子夏、田子方、段干木。而这三个人,君主把他们都奉为老师。您所推荐的那五个人,君主都任他们为臣。

您怎么能跟魏成子相比呢?"至此,翟璜心悦诚服,向李悝道歉,说我翟璜是个浅薄的人,说话很不得当,我愿终身做您的弟子。

由此,这则"璜成争相"的主角,似乎既不是魏文侯,也不是翟璜和魏成子,而是身在事外的李悝。他不仅提出了著名的察人"五法",还防祸于事前,沟通于事后,将可能的怨恨及时消解,不仅避免了由怨恨转化的祸端,尤其以坦坦荡荡的襟怀和高论,让翟璜折服,真乃智慧之人。

再选两则魏武侯与李悝之间的对话,一见其哲:

魏武侯问于李克曰:"吴之所以亡者,何也?"李克对曰:"数战而数胜。"武侯曰:"数战数胜,国之福。其独以亡,何故也?"对曰:"数战则民疲,数胜则主骄。以骄主使疲民,而国不亡者,天下鲜矣!骄则恣,恣则极物;疲则怨,怨则极虑;上下俱极,吴之亡犹晚矣!夫差之所以自到于干遂也。"老子曰:"功成名遂,身退,天之道也。"②

这则对话,看似以吴国何以败亡为主旨,实乃《淮南子》的作者借此阐发道家老子之微言大义,比较牵强。精彩的倒是李悝独到而超乎常人的分析视角——"数战而数胜"导致吴国败亡,点出了其中的机理是"以骄主使疲民",则必亡矣。由于《淮南子》以道家思想为宗,故此,这则对话也很可能是假借李悝而言之,不一定真有其事其言。但也因此可以看到,李悝之智,已超越了诸子学派之宥,深植于后世学者之心。

---

①　《史记·魏世家》。

②　《淮南子·道应训》。

还有一则，则见其儒：

魏武侯谋事而当，攘臂疾言于庭曰："大夫之虑，莫如寡人矣！"立有间，再三言。李悝趋进曰："昔者楚庄王谋事而当，有大功，退朝而有忧色。左右曰：'王有大功，退朝而有忧色，敢问其说？'王曰：'仲虺有言，不谷说之。'曰：'诸侯之德，能自为取师者王，能自取友者存，其所择而莫己若者亡。'今以不谷之不肖也，群臣之谋又莫吾及也，我其亡乎！'"曰："此霸王之所忧也，而君独伐之，其可乎！"武侯曰："善。"人主之患也，不在于自少，而在于自多。自多则辞受，辞受则原竭。李悝可谓能谏其君矣，壹称而令武侯益知君人之道。①

魏武侯谋划事情总是很得当，但有一次他在朝廷中捋袖伸臂大声说："大夫们的谋虑，没有人赶得上我了。"看来，魏武侯有点自鸣得意了。对自夸的魏武侯，李悝以成就了很大功业的楚庄王的言行，给魏武侯立了一面"镜子"，立使武侯反省到君主的弊病，不在于自己看轻自己，而在于自己看重自己。自己看重自己，那么该接受的意见就会加以拒绝，那么进谏之路就堵塞了。对此，郭沫若以一语评之："这却表示着李悝具有儒家的气息。"②亦酷评也。

此外，《韩非子》中载述了两则李悝的"创举"。

其一，断讼以射：

李悝为魏文侯上地之守，而欲人之善射也，乃下令曰："人之有狐疑之讼者，令之射的，中之者胜，不中者负。"令下而人皆疾习射，日夜不休。及与秦人战，大败之，以人之善战射也。③

这是一则非常有意思的事典。李悝将诉讼的胜负定为是否善射，即射中箭靶多者胜诉。这一"怪招"，多少带有一丝人类早期"神示证据"的痕迹，但他巧妙地将善射在不知不觉间转变为对民众日常的军事训练，因此在后来与秦国的交战中大败秦国。韩非子借此间接说明了赏罚的巨大作用。④

其二，谩两和：

李悝与秦人战，谓左和曰："速上！右和已上矣。"又驰而至右和曰："左和已上矣。"左右和曰："上矣。"于是皆争上。其明年，与秦人战。秦人袭之，至几夺其军。此不信之患。⑤

韩非子想借此说明"小信成则大信立，故明主积于信。赏罚不信，则禁令不

① 《吕氏春秋·恃君览·骄恣》。

② 郭沫若：《十批判书》，东方出版社1996年版，第298页。

③ 《韩非子·内储说上七术》。

④ 可参阅本文丛之《治术与权谋——〈韩非子〉典正》第十三章中的相关内容，厦门大学出版社2013年版。

⑤ 《韩非子·外储说左上》。

行"。① 此典不一定真有其事,如有,则表明"他是位善良而相当机敏的人"。②

正如他似乎平静的一生一样,李悝善终。风云人物善终,这在风雷激荡的战国时期,亦算不是传奇的传奇。

二、李悝的治国之道

从现存的史料看,李悝的治世主张和思想,主要包括以下三个方面:

(一)政治上废除"世卿世禄制"

在政治上,李悝主张废除世卿世禄制。《说苑》载述了李悝的这一主张:

> 魏文侯问李克曰:"为国如何?"对曰:"臣闻为国之道,食有劳而禄有功,使有能而赏必行,罚必当。"文侯曰:"吾赏罚皆当,而民不与,何也?"对曰:"国其有淫民乎?臣闻之曰:'夺淫民之禄,以来四方之士;其父有功而禄,其子无功而食之,出则乘车马、衣美裘,以为荣华,入则修竽琴钟石之声,而安其子女之乐,以乱乡曲之教,如此者,夺其禄以徕四方之士,此之谓夺淫民也。"③

这是弥足珍贵的史料,虽简,但对我们一窥李悝的政治主张,足资参考。在这段文字里,我们看到,李悝提出的"为国之道",乃是"食有劳而禄有功,使有能而赏必行,罚必当"。这一政治主张的前一句,侧重点是食、禄是靠劳动和对国家的贡献得来,而不是靠享有的世袭特权获得,更不能无所事事就可据有。因此,他的这一主张和相应的举措,实际上就是要废除世卿世禄制,取消世袭特权,使无所事事的新老贵族不再"虚食重禄,素餐尸位",不再"其父有功而禄,其子无功而食之,出则乘车马、衣美裘,以为荣华,入则修竽琴钟石之声,而安其子女之乐"。现在看来,这似乎没有什么,但在当时,这一主张无异于冬天的惊雷,具有划时代的意义,非具有巨大魄力者不能为之。而后一句,则是对前一句的补充和强调,国家任用的应当是有能者而非庸碌之辈,如此,还要用制度保障,即"赏必行,罚必当"。而这一主张,实际是实行"法治"的必然前提。所以,别看寥寥二语,非常简洁,但其中蕴含了丰沛的历史意蕴。

当魏文侯说我已经赏罚皆当,而民众并不买账,这是什么缘故呢?李悝回答说:那是因为"国有淫民"。何谓"淫民"? 也就是享有世袭特权而又无所事事的新老贵族。因之,政治改革的主张,其实就三个字:"夺淫民。"即剥夺他们的世禄与实禄,"以徕四方之士",也就是让与那些前来魏国的贤能者。要知道,这是中国历史上第一次对腐朽没落的世袭制度进行的挑战和变革。这样改革的结果,大大削弱了魏国的"世卿世禄"制度,此后的封君在封国食邑内没有治民之权,只有衣食租税。此举真可谓空前的壮举。太史公说:"魏国李

① 《韩非子·外储说左上》。
② 郭沫若:《十批判书》,东方出版社 1996 年版,第 298 页。
③ 《说苑·政理》。

克,尽地力,为强君,自是之后,天下争于战国。"①

(二)经济上提出"废沟洫"、"尽地力"和"平籴法"

李悝在经济方面的改革举措有三,即"废沟洫"、"尽地力"和"平籴法"。这是他重农思想的必然举措。与一般重农不同,对于发展农业的意义,李悝把他提到治国之道的高度来认识,明确提出了**农为国本**的思想。他对魏文侯说:"农事害,则饥之本也。女工伤,则寒之原也。饥寒并至,而能不为奸邪者,未之有也。"因此,要国富民安,自然要重视农业生产,对农民务尽地力之教。②

而所谓"尽地力",就是要求农民"治田勤谨,则亩益三斗。不勤,则损亦如之"。即深耕细作,勤于除草,就可以提高农作物产量,否则就会减产。"由此可见他对劳动勤谨与否这一因素在生产中的作用估计很高。就当时的情况说,自然因素对农作物收获量的影响还很大,但在我国古代典籍中,如此注意劳动生产率,把它提得如此明确而具体的,李悝还是第一人。"③

与此相关的两项经济改革分别是"废沟洫"和"平籴法"。"沟洫"是井田的排水系统,同时也是划分井田的标志,所以,"废沟洫"也就是"废井田",这为土地私有制创造了条件。

所谓"平籴法",即丰年由国家平价收购粮食,用来备荒;荒年则由国家平价粜出,借以平衡丰年和荒年的粮价,以此"取有余以补不足",制止商人囤积居奇。可见,"李悝的平籴政策所要解决的现实问题是谷物价格的腾贵,所以他把重点放在丰年的收购以备荒年抛售,从而压低谷物价格这一点上"。④ 李悝认为,粮贵则对士民工商不利,谷贱则伤农,善治国者必须兼顾士民工商和农民双方的利益。他的"平籴法"就在于"使民无伤而农亦劝",其结果,"行之魏国,国以富强"。

比较详细记载李悝上述经济思想的文字,见于《汉书·食货志》,胡寄窗认为,它"确是中国古代经济论述中很完整而有系统的经济史料",且从中"不仅可以看到李悝的经济思想,并可看到当时的一些经济问题"。⑤ 原典如下:

> 李悝为魏文侯作尽地力之教,以为"地方百里,提封九百顷。除山泽、邑居,参分去一,为田六百万亩。治田勤谨,则亩益三斗;不勤,则损亦如之。地方百里之增减,辄为粟百八十万石矣。"又曰:"籴甚贵伤民,甚贱伤农。民伤则离散,农伤则国贫。故甚贵与甚贱,其伤一也。善为国者,使民毋伤而农益劝。今一夫挟五口,治田百亩,岁收,亩一石半,为粟百五十石。除十一之税十五石,余百三十五石。食,人月一石

① 《史记·平准书》。

② 吴朝林:《李悝的经济思想》,载巫宝三主编:《先秦经济思想史》,中国社会科学出版社1996年版,第528页。

③ 胡寄窗:《中国经济思想史》(上),上海财经大学出版社1998年版,第269页。

④ 胡寄窗:《中国经济思想史》(上),上海财经大学出版社1998年版,第270页。

⑤ 胡寄窗:《中国经济思想史》(上),上海财经大学出版社1998年版,第266页。

半，五人终岁为粟九十石，余有四十五石。石三十，为钱千三百五十，除社间尝新、春秋之祠，用钱三百，余千五十。衣，人率用钱三百，五人终岁用千五百，不足四百五十。不幸疾病死丧之费，及上赋敛，又未与此。此农夫所以常困，有不劝耕之心，而令籴至于甚贵者也。是故善平籴者，必谨观岁，有上、中、下熟。上熟，其收自四，余四百石；中熟，自三，余三百石；下熟，自倍，余百石。小饥则收百石，中饥七十石，大饥三十石。故大熟则上籴，三而舍一，中熟，则籴二。下熟，则籴一。使民适足，贾平则止。小饥则发小熟之所敛，中饥则发中熟之所敛，大饥则发大熟之所敛，而粜之。故虽遇饥馑、水旱，籴不贵而民不散，取有余以补不足也。"行之魏国，国以富强。①

郭沫若认为，这在中国的政治经济史上应该是极重要的一段文字，在这儿把战国初年的农民生活、田制物价等，都叙述得非常明白。土地依然是国有，"地方百里，提封九百顷"，也显然还保存着井田制的痕迹，而"山泽邑居参分去一"，已经不再是旧时的规整的井田了。中国以后的均输、常平仓等的办法，事实上都源于李悝的平籴法。这是最有实质的惠民政策。② 郭沫若的分析和解读，有些是合适的，比如依旧有井田的痕迹，但已不是规整的井田了，还有平籴法的影响等。但说"这是最有实质的惠民政策"，不仅普泛，实际上还欠妥。与此不同，著名的中国经济思想史家胡寄窗对这段载述进行了详细剖析。其主要要点

是，战国的百亩大约合现在三十一亩二分，一石合今之五分之一石弱，则每今亩约生产粟九市斗六市升。李悝的计算，除它所拟定的标准年份年产量可能偏低外，它对农民家计中的某几项费用也可能估计过高。胡寄窗经过推算，发现百亩之田还不能在平常年份免于饥寒，则李悝所提的平常年份的标准收获量一百五十石总是有问题的。也就是说，这段关于李悝的记载，有许多不合理之处。第一，这段记载叙明百亩在平常年份的收入，不足以维持一家五口的必要费用，这与当时的一般情况不符。第二，"食，人月一石半"也有问题。因为按此计算，每年百亩土地的收获物除吃饭及保留种子外，别的费用没有不必说，连什一之税都缴不上了。第三，衣服和社会费用的项目支出不可能占如此高的比例。第四，这里除了什一之税外，"上赋敛"似乎是可缴可不缴的微不足道的开支项目，这显然不符合客观事实。第五，农民的家庭预算部分虽有许多疑点，而对于平籴政策的筹划却相当周密。尤其是对收贮农民手中余粮这一点策划得非常细致，这说明这些数字是经过详细核算后的规定，而不是当时农民的实际收支情况。也就是说这是统治阶级自制的向农民收购粮食的方案。如果这样理解的话，则把平常年份的收获量估计偏低的原因就很明显了，因为只有这样在下熟、中熟、上熟年份增产的倍数就愈高，政府借平籴政策向农民勒索的粮食也更多。其表加以换算如下：③

---

① 《汉书·食货志》。

② 郭沫若：《十批判书》，东方出版社1996年版，第297页。

③ 胡寄窗：《中国经济思想史》（上），上海财经大学出版社1998年版，第275页。

						货币收入（按石三十钱计算）		
总收获量	什一税	每年自用粮食	每年食后余粮	政府收购食粮	自由出售余粮	按V计算	按VI计算	合计
I	II	III	IV	V	VI	VII	VIII	IX
平常年份								
150石	15石	90石	45石	—	45石		1350钱	1350钱
下熟年份								
300石	30石	90石	180石	100石	80石	3000钱	2400钱	5400钱
中熟年份								
450石	45石	90石	315石	200石	115石	6000钱	3450钱	9450钱
上熟年份								
600石	60石	90石	450石	300石	150石	9000钱	4500钱	13500钱

收购粮食的筹划虽然细致，而抛售粮食的计划确是很粗疏的。胡寄窗通过上面的分析，认为"这一段记载真是问题重重，愈是有条理有系统愈见其为不切实际的纸上谈兵之作。李悝不独是法家始祖，而且是主持魏国大政多年并曾使魏国富强的政治家，这样不切实际的纸上谈兵之作，很难令人相信它一定出于李悝之手"。因此，"这段记载的原始资料，其中数字部分很可能为西汉末年'四体不勤，五谷不分'的儒家因附会李悝的尽地力之说而向壁虚构的，班固不察，才采入《汉书》"。其结论是，"我们不能对《汉书·食货志》关于李悝的经济'统计'和'核算'部分的记载绝不能予以过高的信任与估计。但其阐述经济思想部分却另有其独立见解，不能一并予以抹煞"。①

在此基础上，胡寄窗对李悝的经济思想评价道："李悝既是中国历史上很早的重农思想家，而他的保护私有财产权利的'法经'，特别是他的平籴政策又被两千年来的中国封建社会政治家奉为至高无上不可动摇的经济政策的依据，他在中国经济思想发展过程中所起的影响，是不可忽视的。"②

（三）编撰著名的《法经》

固然，在中国经济思想史上，李悝的经济思想具有不可忽视的重要意义，但是，李悝彪炳史册者，主要在他编撰了著名的《法经》。《法经》已亡佚。现存的《晋书·刑法志》、《唐律疏议》及明代董说的《七国考》等文献记载中，保留了《法经》的主要篇目和部分内容。根据这些记载，《法经》共有6篇，为《盗法》、《贼法》、《囚法》（又称《网法》）、《捕法》、《杂法》和《具法》。③

1.《法经》的结构与主要内容

《晋书》在叙述曹魏刑法的渊源时，溯及李悝的《法经》：

秦汉旧律，其文起自魏文侯师李悝。悝撰次诸国法，著《法经》。以为王者之政，莫急于盗贼，故其律始于《盗》、《贼》。盗贼须劾捕，故著《网》、《捕》二篇。其轻狡、越城、博戏、借假不廉、淫侈逾制以为《杂律》一篇，又以《具律》具其加减。是故所著六篇而已，然皆罪名之制也。商君受之以相秦。汉承秦制，萧何定律，除参夷连坐之罪，增部主见知之条，益事律《兴》、《厩》、《户》三篇，合为九篇。④

① 胡寄窗：《中国经济思想史》（上），上海财经大学出版社1998年版，第271～277页。
② 胡寄窗：《中国经济思想史》（上），上海财经大学出版社1998年版，第278页。
③ 张晋藩主编：《中国法制史》，高等教育出版社2007年版，第48～49页。
④ 《晋书·刑法志》。

李悝广场的《法经》竹简造型

而《唐律疏议·名例》中从"天垂象，圣人则之"一路梳理而来，从"尧舜时，理官则谓之为'士'，而皋陶为之"，一直到："周衰刑重，战国异制，魏文侯师于里（李）悝，集诸国刑典，造《法经》六篇：一、盗法；二、贼法；三、囚法；四、捕法；五、杂法；六、具法。商鞅传授，改法为律。汉相萧何，更加悝所造户、兴、厩三篇，谓《九章之律》。"[1]再次追溯和承认了李悝的《法经》为后世立法结构体例之源。

面对这一体例结构，郭沫若虽非法学中人，但他有一语深击要害，不可忽视："李悝《法经》是治'盗贼'为首要，这便是说，新起的法家精神是以保卫私有财产权为本位

的。"[2]事实上，《法家》不仅将《盗法》、《贼法》列为最前，而且首次确立了"王者之政，莫急于盗贼"的立法原则，把直接侵犯官私财产所有权与人身安全、危害地主阶级政权及社会秩序的盗贼罪视为最严重的犯罪，作为刑事法律严厉打击的重点对象，[3]就完全说明了这一点。

据以上史料记载，《法经》的基本内容可归纳为以下三部分：

第一部分，主要是惩治盗贼犯罪的法律规定，包括前四篇，即《盗法》、《贼法》、《囚法》、《捕法》。"窃货曰盗"，"害良曰贼"，[4]所以盗罪是关于侵犯官私财物的犯罪，而贼罪则是侵害人身安全及危害社会秩序的犯罪。由于"以为王者之政，莫急于盗贼，故其律始于《盗》、《贼》"。还由于"盗贼须劾捕，故著《网》、《捕》二篇"。[5]

第二部分，即《杂法》。主要是惩治盗贼罪以外其他犯罪行为的法律规定，包罗甚广，但概括起来主要有六类：（1）"轻狡"，即盗窃兵符、玺印或议论国家法令等政治狡诡行为。（2）"越城"，即翻越城池或偷渡关津的行为。（3）"博戏"，即赌博、欺诈的行为。（4）"淫侈"，即奢侈、淫靡的行为。（5）"愈制"，即越级违法享用不应享有的特权或器物服饰的僭越行为。（6）"借假不廉"，即贪污贿赂等腐败行为。[6]

第三部分，即《具法》。主要是关于定

---

①　《唐律疏议》，刘俊文点校，法律出版社 1999 年版，第 2 页。
②　郭沫若：《十批判书》，东方出版社 1996 年版，第 295 页。
③　张晋藩主编：《中国法制史》，高等教育出版社 2007 年版，第 49 页。
④　《荀子·修身》。
⑤　《晋书·刑法志》。
⑥　孟德斯鸠说："在专制的国家里，贪污便是当然的现象。"参见孟德斯鸠：《论法的精神》上册，商务印书馆 1961 年版，第 65 页。如果以此看李悝《法经》中规定的"借假不廉"，还真有先见之明。

罪量刑原则的法律规定,相当于现代刑法的"总则"性质。按"又以《具法》具其加减"①的说法,其内容应是按犯罪情节的轻重给予加、减刑罚的规定。

2. 李悝《法经》的历史地位

《法经》作为中国历史上第一部比较系统的成文法典,具有重要的历史地位。

从法典的名称来看,改刑为法,初步确立了法的客观性,使单纯强调刑罚杀戮特性的"刑",向具有普遍规则性质的"法"过渡,反映了法律制度由相对野蛮残酷向相对文明人道发展的进步趋势。

从法典结构来看,《法经》以严惩盗贼罪为核心,根据罪名类型、囚捕程序、量刑标准等各项不同内容分立篇名,包含总则与分则、实体法与程序法、刑事法律规范与其他法律规范等各方面的内容,首次创立了成文法典的篇章体例结构,对后世各代法典的编撰与立法技术产生了深远的影响。它不仅成为秦国商鞅变法制定秦律的直接蓝本,而且也为后世的魏晋南北朝等各代立法所宗。从这个意义上说,《法经》是中国古代成文法典之源,开创了中华法系独树一帜的立法先河。② 从中国文化的意义看,是世界五大法系之一。"这不止为中国法系势力所被之广大,更为中国法系崭然独立自具特彩"③使然。

三、刑罚起源论

世论李悝者,大多止于上述诸论,而忽略其同样独树一帜的"刑罚起源论",非常可惜。此论载述于《说苑》中,原典如下:

> 魏文侯问李克曰:"刑罚之源安生?"李克曰:"生于奸邪淫佚之行。凡奸邪之心,饥寒而起。淫佚者,久饥之诡也。雕文刻镂,害农事者也;锦绣纂组,伤女工者也。农事害,则饥之本也;女工伤,则寒之源也。饥寒并至,而能不为奸邪者,未之有也。男女饰美以相矜,而能无淫佚者,未尝有也。故上不禁技巧,则国贫民侈。国贫穷者为奸邪,而富足者为淫佚,则驱民而为邪也。民以为邪,因之法随。诛之不赦其罪,则是为民设陷也。刑罚之起有原,人主不塞其本,而替其末,伤国之道乎?"文侯曰:"善。"以为法服也。④

严格说来,这么明确提出并阐述"刑罚起源"原因的文字,在先秦诸子中,并不多见。更多的是对"刑罚"或"刑法"乃至"法"本身及其作用的界说,集中追问并对"刑罚之源"进行论断的,除了此处的文字外,大抵还有荀子。⑤ 但荀子**"德先刑后的'刑罚缘起论'"**相对比较模糊,而商、韩也以"制争止夺"间接提到刑罚缘起,没有这段文字这么鲜明。所以,这段长期被法史学界忽略了的论述,弥足珍贵。

在李悝看来,刑罚源起于"奸邪淫佚之行"。他论证的理由是,"凡奸邪之心",皆因"饥寒而起"。而"淫佚者",则是"久饥之

---

① 《晋书·刑法志》。

② 张晋藩主编:《中国法制史》,高等教育出版社 2007 年版,第 49~50 页。

③ 梁漱溟:《中国文化要义》,上海人民出版社 2011 年版,第 23 页。

④ 《说苑·反质》。

⑤ 参见本文丛之《儒宗正源》,厦门大学出版社 2011 年版,第 200~201 页。

诡",意思是淫佚是由对久饥的背反。而"雕文刻镂,害农事者也;锦绣纂组,伤女工者也。农事害,则饥之本也;女工伤,则寒之源也"。由此,就会造成"饥寒并至"的发生,进而导致奸邪的发生。我们看到,在生产力还不发达的春秋、战国时代,"雕文刻镂,锦绣纂组",自《管子》以来,每与"农本"相比,一直被视为"末",因之"禁末"或者这里所言的"禁技巧"就成了关乎国治与否的大事,念念不忘在政治家、思想家的口中,挥之不去。

因此,在李悝看来,如果"不禁技巧","则国贫民侈",奸邪与淫佚并至,则"因之法随"。李悝以及后来的法家,一直有一个基本观点,就是没有预防犯罪而诛其罪,是"为民设陷"。[①] 因此,在李悝看来,既然刑罚起源于奸邪淫佚之行,而此行乃因"技巧"引起,所以,"禁技巧"就是他提出的刑罚起源论的诊治之策。这一思想,与他的重农思想,在内质上是完全一致的。

应当说,试图在社会经济生活中寻找刑罚的根源,即将其立论深植于经济生活之中,这本身是富有意味的,甚至是一种"天才"的直觉,"表现了早期法家法学思想的深邃"。[②] 但是,这种"深邃"仅具有原始的直觉,还很粗糙。这恰恰证明了马克思主义的经典作家所言的"物质生活的生产方式制约着整个社会生活、政治生活和精神生活的过程"。[③] 也就是说,是当时的物质生活条件决定和诞生了这种理论,反过来,它与当时的物质生活条件是相适应的。

在平静叙说完李悝后,让我们看看与李悝曾侍一主,历仕三国,在风云激荡的战国初期书写人生传奇的吴起,他又有怎样惊世骇俗、轰轰烈烈的人生风致?

---

① "为民设陷"论,发展到商、韩,企图通过严刑重罚而达到"以刑去刑"的目的。

② 吴朝林:《李悝的经济思想》,载巫宝三主编:《先秦经济思想史》,中国社会科学出版社 1996 年版,第 533 页。

③ 《马克思恩格斯选集》(第一卷),人民出版社 1972 年版,第 10 页。

第二十章　吴起传奇

> 　　如果说，民为国本，地为正本，则兵为争本。争者，争天下之谓也。由此观之，兵者亦大矣。春秋有孙武，战国有吴起，皆以兵法见重于世。兵法之显，非因春秋战国之图雄争霸使然，乃因其中深蕴主客、敌我、强弱、攻守、奇正、虚实、勇怯、劳逸、众寡、进退、胜败、动静、迂直、利患、死生等对立与转化之机，因之超越兵法本身而具哲思之象，因之超越时空恒立不易之则。由此理一分殊，遍入万有，化于无间，而应之无穷。

吴起（约公元前440—公元前381），卫国左氏人，亦称吴子。他是战国初期卓越的军事家、政治家，法家人物之一。在中国军事史上，他和孙武连称"孙吴"，而其《吴子》，则与《孙子》并称《孙吴兵法》。他一生历仕三国，在鲁鲁胜，适魏魏强，入楚楚昌。在楚相位上"明法审令"，大刀阔斧地改革，

吴起像

时短功卓。《汉书·艺文志》列《吴起》48篇，归兵权谋家。所谓"权谋者，以正守国，以奇用兵，先计而后战，兼形势，包阴阳，用技巧者也"。[①] 现存《吴子》6篇，文辞典正，深谙军机兵韬，且与战国时事相契，当非伪书。

一、人生峰谷：吴起的传奇

提到吴起，人们首先想到他是一位攻无不克、战无不胜的将领，一位立下赫赫战功且有兵法行世的卓越的军事家，堪与春秋末期的孙武并称并列。他的军事才能太卓越了，以致遮掩了他曾以楚相身份主持变法这一重大业绩。换言之，"吴起在一般只认为是兵家，但其实他也应该是法家的

----

① 《汉书·艺文志》。

一位重要人物"。① 因此,列吴起于法家,不仅能彰其人生的制高点,亦与史实相契。

吴起与同时代波澜不惊的李悝大为不同,他以一生的传奇书写了史册。

1. "杀妻求将"

在他投奔魏文侯之前,他已在鲁国"杀妻求将",且大破齐国。《史记》曰:

> 吴起者,卫人也,好用兵。尝学于曾子,事鲁君。齐人攻鲁,鲁欲将吴起,吴起取齐女为妻,而鲁疑之。吴起于是欲就名,遂杀其妻,以明不与齐也。鲁卒以为将。将而攻齐,大破之。②

这段洗练的文字,让我们看到,吴起原本是卫国人,"尝学于曾子",后来竟成长为一名颇富传奇色彩的将领,这恐怕是当年曾子未曾料到的。在齐国攻打鲁国,鲁国想让吴起为将之际,由于吴起的妻子是齐国人,就怀疑吴起能不能真为鲁国效力。吴起由于渴望成将以成功名,就毅然杀了自己的妻子,表明不向齐而忠鲁,这就是史称著名的"杀妻求将"。虽然,吴起有点被迫的意思,虽然,吴起求名心切,虽然,非常之人必有非常之举,虽然,鲁国终以吴起为将,吴起的确也是军事天才,大破齐师,但,即使有千万条理由,也不足以平衡"杀妻"在人们心里留下的失衡。

吴起在跃上历史舞台的第一步,就为日后惨烈的退场埋下了祸因。

他的"这一招"太出乎人们的意料了,因此也就彻底撕裂了人们的承受底线,诋毁因之而来:

> 鲁人或恶吴起曰:"起之为人,猜忍人也。其少时,家累千金,游仕不遂,遂破其家,乡党笑之,吴起杀其谤己者三十余人,而东出卫郭门。与其母诀,啮臂而盟曰:'起不为卿相,不复入卫。'遂事曾子。居顷之,其母死,起终不归。曾子薄之,而与起绝。起乃之鲁,学兵法以事鲁君。鲁君疑之,起杀妻以求将。夫鲁小国,而有战胜之名,则诸侯图鲁矣。且鲁卫兄弟之国也,而君用起,则是弃卫。"鲁君疑之,谢吴起。③

俗语有谓"一俊遮百丑",看来,吴起并没有因为大破齐师而载荣载誉。相反,他"杀妻"的残忍让人们翻出了他的"老底":少时因"游仕不遂,遂破其家",竟因为"乡党笑之",就"杀其谤己者三十余人"!换言之,吴起在杀妻前就是一个负有惊天命案的人,曾子居然收留他,亦一奇也。就这样,吴起"啮臂"给其母发誓要成为卿相,抛下孤零零的老母,出来闯荡世界。而曾子与吴起"绝之"的原因在于"母死不奔丧"。④ 由此可见,"孝"之于儒家中人灵魂深处的重要地位。说透了,杀妻,杀三十余人,还母死不奔丧,三项叠加,也就是史评

---

① 郭沫若:《十批判书》,东方出版社 1996 年版,第 299 页。后又申述"毫无疑问,吴起也应该列入于法家的"。

② 《史记·孙子吴起列传》。

③ 《史记·孙子吴起列传》。

④ 《资治通鉴》卷第一威烈王二十三年载:"起始事曾参,母死不奔丧,曾参绝之。今又杀妻以求为君将。起,残忍薄行人也。"

的"残忍薄行人也",曾子也就看透了吴起,因而"薄之",终与其绝交。而鲁国国君疑起,让吴起另谋高就,表面看是听信了他人的谗言,而实质上也是鲁君尊儒使然。也就是说,吴起形迹与儒道志趣相左,导致鲁君不用吴起。对此,钱穆分析道:"鲁缪虽礼贤,而尊信儒术。观或人谗起之言,皆本儒道立说,宜乎鲁缪之疑起矣。"①

2. 自学成才的军事家

从太史公假人之口补叙的"学兵法以事鲁君"可以看出,吴起的军事知识,大抵是"自学成才",但可以肯定的是他天分过人,属于倾心好之、为之而颖悟的军事天才。由于吴起被人潜为"残忍薄行人也",终使"鲁君疑之,谢吴起"。吴起也就在鲁国待不下去了。《资治通鉴》则曰:"起恐得罪。闻魏文侯贤,乃往归之。"即吴起是害怕获罪而自己离开的,不是被辞退的。吴起由鲁适魏,这是他第一次"跳槽":

> 于是魏文侯以为将,击秦,拔五城。起之为将,与士卒最下者同衣食,卧不设席,行不骑乘,亲裹赢粮,与士卒分劳苦。卒有病疽者,起为吮之。卒母闻而哭之。人曰:"子,卒也,而将军自吮其疽,何哭为?"母曰:"非然也。往年吴公吮其父,其父战不还踵,遂死于敌。吴公今又吮其子,妾不知其死所矣,是以哭之。"②

其实,吴起由鲁至魏前,如前所述,魏文侯为此咨询过李悝,问吴起这个人怎么样?李悝的答复要言不烦,说吴起"贪而好色",但用兵,即使著名的军事家司马穰苴③也超不过他啊!魏文侯一听,贪而好色,大抵属于小节,而这么杰出的军事才能,在征伐愈演愈烈的战国时期,如不用吴起,是一大损失。于是,魏文侯启用吴起为大将。事实上,按照《吴子》的载述,在"吴起儒服,以兵机见魏文侯"时,文侯以"寡人不好军旅之事"故意怠慢吴起,大抵欲视其才。在吴起以一番"内修文德,外治武备"的对答后,"文侯身自布席,夫人捧觞,醮吴起于庙,立为大将守西河"。④

田穰苴

按照《史记》载,吴起为魏大将后,"击秦,拔五城"。而按照《吴子》的说法,战绩更著:"与诸侯大战七十六,全胜六十四,余

---

① 钱穆:《先秦诸子系年》,商务印书馆2005年版,第186页。

② 《史记·孙子吴起列传》。

③ 即田穰苴。春秋时期齐国人,是齐景公时掌管军事的大司马,所以后人称他为司马穰苴。他是继姜尚之后一位承上启下的著名军事家。司马迁称赞他"闳廓深远,虽三代征伐,未能竟其义"。

④ 《吴子·图国》。

则钧解。辟土四面，拓地千里，皆起之功也。"①看来，吴起的确具有杰出的军事才能，岂是虚语！那么，这过人之处在哪里呢？《史记》说："起之为将，与士卒最下者同衣食，卧不设席，行不骑乘，亲裹赢粮，与士卒分劳苦。"吴起与士卒同甘共苦，非一般将领能真正实行也。由是，起"尽能得士心"。更为感人和难得的是，士卒患有毒疮的，"起为吮之"！就在你震撼之际，史笔一转，"卒母闻而哭之"。然后以一位士卒母亲的视角点出这种让你震撼背后更大的震撼："往年吴公吮其父，其父战不还踵，遂死于敌。吴公今又吮其子，妾不知其死所矣，是以哭之。"②质言之，在士卒母亲看来，吴起为士卒亲吮毒疮，就等于是让他情愿去卖命，去送死。也就是吴起自己说的如此，可以"使士卒乐死"。何其简洁的史笔，何其惨痛而力透纸背的言说！

对此，韩非冷冷地说："吴起怀瘳实而吮伤。"③意思是吴起怀着士兵伤愈去拼命作战的念头而为他们吮吸伤口。也就是说，在韩非看来，这不过是一种利用而已。这一令常人常常感动的画面，却被韩非轻轻觑破。

安王十五年，魏文侯薨，太子击立，是为武侯。当新任年少的魏武侯浮西河而下，泛舟中流，很抒情地对吴起说"美哉乎，山河之固，此魏国之宝也！"时，吴起的回应却是冷静的，他说魏国之宝："在德不在险。"亦即修政在德，修政在仁，而不在于山河险固。否则，"舟中之人皆敌国也"。武侯称善。④

王希孟：《千里江山图》（局部）（绢本，设色，纵 51.5 cm，横 1191.5 cm）

宋徽宗认为王希孟"其性可教"，于是亲授其法。徽宗政和三年（1113）四月，王希孟用了半年时间绘成名垂千古的杰作《千里江山图》卷，时年仅 18 岁，不久英年早逝。该图以"咫尺有千里之趣"描绘了故国的壮美河山。现藏北京故宫博物院

3. 与田文的相位之争

然而，当魏国再次"置相"时，没有任用当时已是"甚有声名"的西河守吴起，而是以田文为相。这次与前次"璜成争相"不同，前次还有一个李悝从中斡旋，这次没有。《史记》曰：

魏置相，相田文。吴起不悦，谓田文曰："请与子论功，可乎？"田文曰："可。"起

① 《吴子·图国》。
② 《史记·孙子吴起列传》。这一撼人心魄的短文，又见《说苑》等古籍，单从将之归于"复恩"篇下看，《说苑》未得其旨也。
③ 《韩非子·外储说左上》。
④ 《史记·孙子吴起列传》。此论精彩议论，又见《战国策·魏一》、《说苑·贵德》等古籍。二者文字基本相同，个别字眼不同，例如《说苑》中，不是"山河之固"，而是"河山之固"等。

曰:"将三军,使士卒乐死,敌国不敢谋,子孰与起?"文曰:"不如子。"起曰:"治百官,亲万民,实府库,子孰与起?"文曰:"不如子。"起曰:"守西河而秦兵不敢东乡,韩赵宾从,子孰与起?"文曰:"不如子。"起曰:"此三者,子皆出吾下,而位加吾上,何也?"文曰:"主少国疑,大臣未附,百姓不信,方是之时,属之于子乎?属之于我乎?"起默然良久,曰:"属之子矣。"文曰:"此乃吾所以居子之上也。"吴起乃自知弗如田文。①

当吴起愤愤不平地历数他的三大功业与田文相比较时,田文只是回答:"不如子。"这就更让吴起愤懑了,既然三方面的功业你都在我之下,为什么你的官位却在我之上呢?对这一似乎很难回答的问题,田文只用了12个字就说得透辟明了:"主少国疑,大臣未附,百姓不信",在这个特定时期,你当合适呢还是我当合适呢?背后的潜台词是你功高震主,相位当然是我田文最合适了。吴起一听这话,"默然良久,曰:属之子矣"。这一段精彩对论,《资治通鉴》把《史记》的主要文字一字不易地移了过去。不同的是,《资治通鉴》没抄《史记》"文曰:'此乃吾所以居子之上也。'吴起乃自知弗如田文"这一结果之语。

想想看,这么重大的相位之争,要让现代笔墨叙说,不知用多少文字方能说得明白?

有意味的是,对这起相位之争,也引起了马克斯·韦伯的关注,他将田文视为"士人"的代表,而将这件史实看成了"两千多年来,士人(die Literaten)无疑是中国的统治阶层,至今仍然如此"。② 也就是说,韦伯引述这起相位之争,是他的这一观点的一个绝好的例证。他的引述是这样的:"封建王国魏国,有一名战功彪炳的将领吴起——传为一兵书的作者,在兵法谋略上的权威性至今仍持久不衰——与一文士争夺首相之位。在此士人终被任命为相后,两人之间起了激烈的争辩。他(士人)承认无法一如将军那样领兵作战,亦无法掌理类似的政治事务。就在将军据此而宣称自己乃更胜一筹的人选时,士人乃言朝中有革命的威胁;至此,将军即毫不犹豫地承认,那位士人是防止此一事变发生的更好人选。"③姑且不说这样的引述已经走样到何种程度,就这件事件本身而言,将问题的关键落到"朝中有革命的威胁",由此可见西方学者对东方文化背后的意蕴多么隔膜,据此分析所得,也就有多么离谱。

4. 在楚国的改革与被乱箭射死的下场

其后,吴起中了田文的后继者公叔的离间计,遂奔楚。

楚悼王素闻起贤,至则相楚。明法审令,捐不急之官,废公族疏远者,以抚养战斗之士。要在强兵,破驰说之言从横者。

---

① 《史记·孙子吴起列传》。

② [德]马克斯·韦伯:《中国的宗教:儒教与道教》,简惠美译,广西师范大学出版社2004年版,第164页。

③ [德]马克斯·韦伯:《中国的宗教:儒教与道教》,简惠美译,广西师范大学出版社2004年版,第167~168页。

于是南平百越；北并陈蔡，却三晋；西伐秦。诸侯患楚之强。故楚之贵戚尽欲害吴起。[1]

在魏国立下汗马功劳的吴起，中计奔楚，亦即通过第二次"跳槽"当上了楚相，达到了他个人事业的巅峰，实现了少时梦想和当年对他母亲的誓言。

他在相位实施了三大措施。这些措施，一方面，使楚国强大起来；另一方面，因触及了楚国贵戚大臣既得的利益，也招来了他们的怨恨，为他的悲惨下场埋下了隐患："及悼王死，宗室大臣作乱而攻吴起，吴起走之王尸而伏之。击起之徒因射刺吴起，并中悼王。悼王既葬，太子立，乃使令尹尽诛射吴起而并中王尸者。坐射起而夷宗死者七十余家。"[2]

其兴不易，其亡也忽。吴起就这样由人生的峰巅坠入被乱箭射死的无限低谷。

5. 一个历史的评说

这位叱咤风云、威震诸侯的人物，竟狼狈到逃躲在楚悼王停尸的地方，且附伏在悼王的尸体下，但还是被攻打吴起的那帮人甚至不忌讳射刺王尸，将吴起杀死。可见，利损之恨，深入骨髓。楚肃王即位后，命令尹[3]把射杀吴起同时射中悼王尸体的人，全部处死。由于射杀吴起而被灭族的有70多家。尽诛为乱者，并不是为吴起平反，而是因为射吴起而"中王尸"的缘故。再者，由此而被灭族的有70余

家，还是因为因射吴起而"中王尸"，并非为吴起复仇。

越王勾践剑
篆体错金铭文

"越王鸠潜（勾践），
自乍（作）用剑"八字

通高55.7厘米，宽4.6厘米，柄长8.4厘米。1965年湖北省江陵县望山1号墓出土。现藏湖北省博物馆

对此，太史公曰："吴起说武侯以形势不如德，然行之于楚，刻暴少恩亡其躯。悲夫！"他将吴起的下场归结为"刻暴少恩"。如果说，邓析之死，标识了中国讼师这一职业在中国的命运，而吴起之死，则凸显了改革家在这个国度悲惨的下场。然复观吴起杀妻求将，杀其谤己者30余人，母死不奔丧，为他留下了"残忍薄行"的恶名；而"废公族疏远者"亦即动了既得利益者的"奶酪"，虽天纵将才，亦有修德之论，终至招来杀身之祸，两相叠加，遂不得善终。而就其超乎常人的残忍与薄行，也应了《左传》上

---

① 《史记·孙子吴起列传》。
② 《史记·孙子吴起列传》。据钱穆推考，"起寿亦且六十矣"。参见钱穆：《先秦诸子系年》，商务印书馆2005年版，第186页。
③ 春秋时楚国设置，为最高官职，掌军政大权，相当于国相。

的一句名言："多行不义,必自毙。"①

如果把吴起的形迹与下场上升为一种哲学观,大抵就是老子的哲学观:"强梁者不得其死。"以此观之,不亦宜乎?

二、"明法审令":吴起的变法

吴起由魏入楚后,被楚悼王任为宛(今河南南阳)守。一年之后,提升为令尹(相当于相)。他的变法,由此在楚国展开。

1. 变法原则

《说苑》通过吴起与楚国大夫屈宜臼之间的对话,把吴起在楚国的变法原则,讲了出来:

> 吴起为苑守,行县适息,问屈宜臼曰:"王不知起不肖,以为苑守,先生将何以教之?"屈公不对。居一年,王以为令尹,行县适息。问屈宜臼曰:"起问先生,先生不教。今王不知起不肖,以为令尹,先生试观起为之也!"屈公曰:"子将奈何?"吴起曰:"将均楚国之爵而平其禄,损其有余而继其不足,厉甲兵以时争于天下。"②

由此观之,吴起的变法原则有三条:一是"均楚国之爵而平其禄"。具体做法是取消封君(贵族)三世以后子孙的"爵禄",降低官吏的俸禄。二是"损其有余而继其不足"。即剥夺一些旧贵族的"有余"来补充新兴地主的"不足",逐步废除旧贵族的"世卿世禄"制度。三是"厉甲兵以时争于天下",即加强对军队训练,在战争中"进有重赏,退有重刑"。③ 用一支能征善战的强大的军队争于天下。

对吴起的这些举措,屈公曰:"吾闻昔善治国家者不变故,不易常。今子将均楚国之爵而平其禄,损其有余而继其不足,是变其故而易其常也。且吾闻兵者凶器也,争者逆德也。今子阴谋逆德,好用凶器,殆人所弃,逆之至也,淫洪之事也,行者不利。且子用鲁兵不宜得志于齐而得志焉;子用魏兵不宜得志于秦而得志焉。吾闻之曰:'非祸人不能成祸。'吾固怪吾主之数逆天道,至今无祸。嘻!且待夫子也。"吴起惕然曰:"尚可更乎?"屈公曰:"不可。"吴起曰:"起之为人谋。"屈公曰:"成刑之徒不可更已!子不如敦处而笃行之,楚国无贵于举贤。"④观此后论,可见吴起的变法,深深触及了当时旧贵族的利益,为日后埋下了祸患。但观屈氏"不变故,不易常"之论,和法家"与时变"的精神恰恰相反,近乎腐儒之言。而其"兵者凶器也,争者逆德也"之论,又酷似道家言。而最后教之以"敦处而笃行之",落脚于"举贤",又返回儒家立场。因此,后论是不是《说苑》作者借题发挥,不得而知,然其摇摆之论,甚可疑也。

事实上,吴起确立变法原则之后,在楚国大刀阔斧地进行了改革。为了能自上而下加以贯彻,首先主张"明法审令",⑤厉行"使私不害公,谗不蔽忠,言不敢苟同,行不

① 《左传·隐公元年》。
② 《说苑·指武》。
③ 《吴子·治兵》。
④ 《说苑·指武》。
⑤ 《史记·孙子吴起列传》。

敢苟容,行义不顾毁誉"①的"法治"。

2. 增收节支

增收,通过"捐不急之官",也就是"卖官",即卖掉不重要的闲职官位来增加官府的财政收入。② 而节支,即"废除公族疏远者",也就是废除那些非楚王直系的贵族的政治地位和经济保障,同时裁减群臣百官的俸禄,精简"无能"、"无用"的官员,裁撤不急之官,把节省下来的开支用于"抚养战斗之士,要在强兵"。③ 通过这一方略,为楚国的"强兵"之路提供了有力的经济保障。对这些措施,韩非亦有论述,可以佐证:"昔者吴起教楚悼王以楚国之俗,曰:'大臣太重,封君太众。若此,则上逼主而下虐民,此贫国弱兵之道也。不如使封君之子孙三世而收爵禄,绝灭百吏之禄秩;损不急之枝官,以奉选练之士。'"④

3. 强兵以"破横散纵"

在外交上,吴起以楚国军事实力的崛起替代纵横家游说之言。换言之,建立在"强兵"基础上的楚国外交,不再需要纵横家的调停和斡旋。因此他"破横散(纵),使驰说之士无所开其口",⑤以此禁止纵横家游说,防止内外勾结。应当说,吴起的强兵之策,建立在他擅长的军事谋略上,当是其长项。

按照《韩非子》的说法:"悼王行之期年而薨矣,吴起枝解于楚。"⑥则吴起在楚国的变法,仅仅实行了一周年,就因支持他变法的楚悼王的驾崩而终结,吴起也死于非命,成了变法的牺牲品。郭沫若感慨道:"假使悼王迟死,让他至少有十年或五年的执政期间,则约定俗成,他的功烈绝不会亚于商鞅。战国的局势主要是秦、楚的争霸,吴起的霸业如在楚国成功,后来统一了中国的功名恐怕不必一定落在秦人的手里了。"⑦

但是,这么短时间的变法,收效却十分显著,使楚国由弱转强,迅速发展起来,出现了"南平百越,北并陈蔡,却三晋,西伐秦",⑧一度大败魏国,"马饮于大河"⑨的强盛局面,各诸侯国为之震惊。

但吴起之后,国势日衰。所以韩非说:"楚不用吴起而削乱,秦行商君而富强。"⑩一个世纪后,公元前278年,在楚国被放逐的伟大诗人屈原在绝望和悲愤中投汨罗江而死。

三、吴子治国思想与兵法管窥

现存《吴子》6篇,与《汉书·艺文志》列《吴起》48篇,显然不符。但可从现存的

---

① 《战国策·秦策》。
② 这一举措被后来的统治者反复效仿,未详考吴起是否就是此举的始作俑者。
③ 《史记·孙子吴起列传》。
④ 《韩非子·和氏》。
⑤ 《战国策·秦策三》。
⑥ 《韩非子·和氏》。
⑦ 郭沫若:《十批判书》,东方出版社1996年版,第302页。
⑧ 《史记·孙子吴起列传》。《战国策·秦策三》则曰:"南收杨越,北并陈蔡。"
⑨ 《史记·赵世家》。
⑩ 《韩非子·问田》。

6篇中，窥一斑而知全豹。从文体上看，《吴子》或为与魏武侯的对话，或是吴子的语录。《图国》篇主要论述治国治军、亲民用贤等国家大计；《料敌》篇以"知彼"为务；《治兵》篇讲用兵、行军之道，以及治兵、驯养战马等；《论将》篇论述将领必备的素质，以及将领之于军队的重要性；《应变》篇论说战场出现的各种情形及应对方法；《励士》篇论赏罚，侧重以"赏"来激励将士。

1. 内修外治的治国论

毕竟，吴起曾师从曾子，因此，他的治国论乃至治军论，多以儒家价值观为基底，涉及"德"、"仁"、"义"、"礼"、"智"等核心范畴。他的治国论总纲，实乃初见魏文侯所言的"内修文德，外治武备"。由此，吴起说：

> 凡制国治军，必教之以礼，励之以义，使有耻也。夫人有耻，在大足以战，在小足以守矣。①

顾亭林在论《廉耻》时，曾称引《吴子》此论。② 这是说，无论管理国家还是统率军队，一定要用礼来教化民众，用义来激励人心，使大家以不讲礼义为可耻。人有了羞耻之心，国力强大的完全可以出战，国力弱小的也完全可以固守。《说苑》载述了一段魏武侯与吴起的对话，原典如下：

> 魏武侯问元年于吴子，吴子对曰："言国君必慎始也。""慎始奈何？"曰："正之。""正之奈何？"曰："明智。智不明，何以见

正，多闻而择焉，所以明智也。是故古者君始听治，大夫而一言，士而一见，庶人有谒必达，公族请问必语，四方至者勿距，可谓不壅蔽矣；分禄必及，用刑必中，君心必仁，思君之利，除民之害，可谓不失民众矣；君身必正，近臣必选，大夫不兼官，执民柄者不在一族，可谓不权势矣。此皆春秋之意，而元年之本也。"③

这段对话，以魏武侯问吴起，元年即君王即位的第一年意味着什么，吴起回答说，意味着"慎始"，也就是慎重对待事情的开端。因为"慎始"关乎"正"，亦即起始的方向要"正"，一开始歪斜了，后面就不好纠正了。这一关乎方向的态度就是"明智"。何谓"明智"呢？吴起说："多闻而择"，即多听别人的意见而从中加以选择。所以，君始听治，多闻以防壅蔽。只有"分禄必及，用刑必中，君心必仁，思君之利，除民之害"，方能不失民众。这就涉及为政的爵禄、刑罚、君心的仁爱，以及考虑民众的利益，消除民众的祸害等方面。同时，还须"君身必正，近臣必选，大夫不兼官"，掌握重要权位的大臣不得同属一个宗族，只有这样，才可以说不独占权势。这就是春秋大义，也是元年的本意。由此可见，这是比较典型的儒家为政观，与后来韩非强调的权势应为君主独断，截然不同。

需要插叙的是，这段对话，钱穆认为还是"吴起传《春秋》之证"。并引王应麟《考证》引《别录》云："左丘明授曾申，申授吴

---

① 《吴子·图国》。
② ［清］顾炎武：《日知录》（中），上海古籍出版社2006年版，第772页。
③ 《说苑·建本》。

起,起授其子期,期授楚人铎椒,作《抄撮》八卷,授虞卿。"① 而与此论相关的是一个争讼不已的学术考据话题:《左氏春秋》的得名,以及作者是谁的大话题。童书业认为,姚鼐认为《春秋左传》系"吴起之徒为之者盖尤多"似非妄说。童先生的结论为"本书盖吴起及其先师后学陆续写定,惟吴起之功为多耳"。② 而孙开泰、徐勇认为,姚鼐、童书业关于《左传》作者的意见最为合理,即《左传》主要成书于吴起,而左丘明实有草创之功。并说"吴起不仅是战国初期杰出的军事思想家和政治改革家,也是一位历史学家"。③ 愚以为,关于《左传》的作者,以及吴起是史学家之谓,权备一说。

回到主题。事实上,《吴子》中强调和申说"昔之图国家者,必先教百姓而亲万民",因此,必修"四德":

> 吴子曰:"夫道者,所以反本复始;义者,所以行事立功;谋者,所以违害就利;要者,所以保业守成。若行不合道,举不合义,而处大居贵,患必及之。是以圣人绥之以道,理之以义,动之以礼,抚之以仁。此四德者,修之则兴,废之则衰。"④

吴子认为治国治军,要修"道、义、谋、要"这"四德"。以此为"四德",这在先秦诸子中还不多见。而"道",吴子将之界说为"返本复始",这既不同于老子的"道",也不

同于孙子言说的"道"。就前者言,返本,只是老子的"道性"之一,曰"归根",然而二者意涵不同,兼具"反者道之动"之一意。就后者言,孙子的"道",乃是"经之以五事"(即以五个方面的情实为纲)之一,其意是"道者,令民于上同意,可与之死,可与之生,而不危也"。⑤ 二者大为不同。比较而言,孙子之言"道",贴切而务实,而吴子言"道",大而无当。至于"义、谋、要"三者,吴子分别对应"理之以义,动之以礼,抚之以仁",由此认为修此四德,国家就会兴旺,废之则衰。

其实,吴子下论,大旨与孙子的"道"相合:

> 民知君之爱其命,惜其死,若此之至,而与之临难,则士以进死为荣,退生为辱矣。⑥

孙子的"道",申说和强调的是从政治上使民众与君主的思想一致,这样,民众就能与君主同生死共患难,誓死效命,毫无二心。而吴子此处的"道",则表达了民众如果知道君主爱护他们的生命,怜惜他们的伤亡,再而让他们上阵与敌人搏斗,他们就会以进击而死为光荣,以退却逃生为耻辱了。

归结而言,吴子因师从曾子而有儒家的知识背景,因此,他不独以将军的眼光专

---

① 钱穆:《先秦诸子系年》,商务印书馆 2005 年版,第 224～225 页。
② 童书业:《春秋左传研究》(校订本),中华书局 2006 年版,第 347 页。
③ 孙开泰、孙东:《吴起传》附录:孙开泰、徐勇:"吴起也是史学家"。自"天涯在线书库"。
④ 《吴子·图国》。
⑤ 《孙子兵法·始计》。
⑥ 《吴子·图国》。

论军事,而是超越了一般军事家的眼光,论及治国之道。这也是他入楚为令尹进行变法,而能一展襟抱的深层原因。所以,《吴子》比《孙子兵法》特出之处,不仅眼界开阔,而且深深烙有儒家色彩,诚非"一介武夫",而实为"一代儒将"也。

孙武

2. 吴子兵法与孙子兵法管窥

如果说,民为国本,地为正本,则兵为争本。争者,争天下之谓也。由此观之,兵者亦大矣。[①] 春秋有孙武,战国有吴起,皆以兵法见重于世。兵法之显,非因春秋战国之图雄争霸使然,乃因其中深蕴主客、敌我、强弱、攻守、奇正、虚实、勇怯、劳逸、众寡、进退、胜败、动静、迂直、利患、死生等对立与转化之机,因之超越兵法本身而具哲思之象,因之超越时空恒立不易之则。由此理一分殊,遍入万有,化于无间,而应之无穷。

下面仅以《吴子》为线索,参照《孙子兵法》比较而论,以一窥《吴子》大意。

(1)论战争起因

与《孙子兵法》不同,《吴子》论及引起战争的原因:

> 凡兵之所起者有五:一曰争名,二曰争利,三曰积恶,四曰内乱,五曰因饥。其名又有五:一曰义兵,二曰强兵,三曰刚兵,四曰暴兵,五曰逆兵。禁暴救乱曰义,恃众以伐曰强,因怒兴师曰刚,弃礼贪利曰暴。国乱人疲,举事动众曰逆。五者之数,各有其道:义必以礼服,强必以谦服,刚必以辞服,暴必以诈服,逆必以权服。[②]

这也是与孙子不同之处。孙子似乎不大关心战争的起因,因之他的兵法多为具体的用兵之道。而吴子不仅论治国之道,还探讨战争的起因,这大抵也是吴子论"四德"而以"道"为首的缘故。在吴子看来,战争的起因,无非有五种情形:一是争名,二是争利,三是积仇,四是内乱,五是饥荒。相应的,战争的类型也有五种:一是义兵,二是强兵,三是刚兵,四是暴兵,五是逆兵。这一划分,虽然比较粗糙,但很有意味,因为他据此划分了"义战"与"非义战"之别。显而易见,五种中只有第一种"禁暴救乱"之战属于"义战",后四种皆非。对于这五种不同的战争,吴子分别提出了应对之策:义兵须以礼谊折服,强兵须以谦和悦服,刚兵须以言辞说服,暴兵须以机谋制服,逆兵须以权威慑服。平心而论,此论高则高矣,然而似乎有点"迂远",绝不及《孙子兵法》那么切当。

(2)论将

《吴子》专文"论将"。何故?因为"夫

---

① 故孙子曰:"兵者,国之大事,死生之地,存亡之道,不可不察也。"
② 《吴子·图国》。

将者,国之辅也"。① 而且"知兵之将,民之司命,国家安危之主也"。② 那么,吴子心目中的"将"是怎样的呢? 吴子曰:

> 夫总文武者,军之将也。兼刚柔者,兵之事也。③

以此论看,吴子心目中的将领,必须具有文武全才,方能胜任军队的将领;兼备勇气谋略,才可担任军事指挥。这一对将领总的要求,的确很高。与此不同,孙子认为,"将者,智、信、仁、勇、严也",④也就是一个好的将领,必须具备智、信、仁、勇、严五种素质。此论与吴子对将领的定位不同的是,界说的侧重点不同,似乎少了"文才"之涵,而只及武略之能。其实,孙子更强调的是为将的机变:

> 故将通于九变之利者,知用兵矣。⑤

也就是说,只有通晓灵活机变好处的将领,才是真正懂得用兵之道的将领。质言之,用兵之道,贵在随机应变。所以,孙子更看重的是一个将领因时、因地和"因敌而制胜"的机变能力。所以,孙子强调:"将不通九变之利,虽知地形,不能得地之利矣;治兵不知九变之术,虽知五利,不能得人之用矣。"⑥如果说,孙子对于将领必备素质的论述相对比较原则的话,吴子则提出了非常具体的"良将"之论:

> 吴子曰:"凡兵有四机:一曰气机,二曰地机,三曰事机,四曰力机。三军之众,百万之师,张设轻众,在于一人,是谓气机;路狭道险,名山大塞,十夫所守,千夫不过,是谓地机;善行间谍,轻兵往来,分散其众,使其君臣相怨,上下相咎,是谓事机;车坚管辖,舟利橹楫,士习战陈,马闲驰逐,是谓力机。知此四者,乃可为将。然其威、德、仁、勇,必足以率下安众,怖敌决疑,施令而下不敢犯,所在寇不敢敌。得之国强,去之国亡,是谓良将。"⑦

吴子明确认为,为将不仅要知"四机":气机、地机、事机、力机,而且要具备威、德、仁、勇的素质,并且"足以率下安众,怖敌决疑,施令而下不敢犯,所在寇不敢敌"的德高望重,以致此将乃是"得之国强,去之国亡"的不可或缺的栋梁之材,这才是所谓的"良将"。以此衡之,古今中外,亦寥寥可数也。

如果说吴子正面提出了一般将领,乃至良将的标准,而孙子则提出了将领有五个方面的性格偏执是危险的,应加以警惕:

> 故将有五危:必死,可杀也;必生,可虏也;忿速,可侮也;廉洁,可辱也;爱民,可烦

① 《孙子兵法·作战》。
② 《孙子兵法·作战》。
③ 《吴子·论将》。
④ 《孙子兵法·始计》。
⑤ 《孙子兵法·九变》。
⑥ 《孙子兵法·九变》。
⑦ 《吴子·论将》。

也。凡此五者,将之过也,用兵之灾也。覆军杀将,必以五危,不可不察也。①

这五个有危险的偏执性格是:有勇无谋,一味死拼,可以诱杀;贪生怕死,临阵畏葸,可以俘获;性躁易怒,刚忿偏急,可以凌侮;身廉自好,矜于名节,可以羞辱;过于仁慈,护民掣肘,可以烦扰。大凡这五个方面,都是将领素质上的缺陷,是用兵的灾难。全军覆没,将领被杀,一定因为这五个方面的危险因素,因而不可不察。

吴子则进一步指出,"凡战之要,必先战其将而察其才,因形用权,则不劳而功举",具体讲:

> 其将愚而信人,可诈而诱;贪而忽名,可货而赂;轻变无谋,可劳而困;上富而骄,下贫而怨,可离而间;进退多疑,其众无依,可震而走;士轻其将而有归志,塞易开险,可邀而取。②

此论与孙子上论比较接近,但视角不同。孙子是以中立立场而论"为将五危",而吴子则直接把识敌将不足作为取胜之道,即"因形用权"。

但就吴子上论中的"善行间谍",与此论中的"可离而间"一支析分开来而论,亦大有其道。按照孙子的分类,"有因间,有内间,有反间,有死间,有生间"。而"五间俱起,莫知其道,是谓神纪,人君之宝

也"。③ 甚至认为,"三军之事,莫亲于间,赏莫厚于间,事莫密于间。非圣智不能用间,非仁义不能使间,非微妙不能得间之实。微哉! 微哉! 无所不用间也"。④ 固然,后世战争发生了翻天覆地的变化,而谍战之术,愈演愈烈。从群英会蒋干中计,留下千古笑柄,到当今世界,军事、经济间谍出没于国际社会,谍影重重,乃至为《反不正当竞争法》等法律明令禁止的窃取权利人的商业机密,凡此种种,禁而不止,"莫知其道"。微哉,非慧者不能用间矣!

(3)知彼知己,百战不殆

《孙子兵法》曰:"知彼知己,胜乃不殆;知天知地,胜乃可全。"⑤如果这是一项总结战争一般规律的基本原则,那么,对此项原则诠释最早、也是最好的当属吴子。他进一步提出了著名的"见可而进,知难而退"。吴子曰:

> 凡料敌,有不卜而与之战者八:一曰疾风大寒,早兴寤迁,剖冰济水,不惮艰难;二曰盛夏炎热,晏兴无间,行驱饥渴,务于取远;三曰师既淹久,粮食无有,百姓怨怒,妖祥数起,上不能止;四曰军资既渴,薪刍既寡,天多阴雨,欲掠无所;五曰徒众不多,水地不利,人马疾疫,四邻不至;六曰道远日暮,士众劳惧,倦而未食,解甲而息;七曰将薄吏轻,士卒不固,三军数惊,师徒无助;八曰陈而未定,舍而未毕,行陂涉险,半隐半

---

① 《孙子兵法·九变》。
② 《吴子·论将》。
③ 《孙子兵法·用间》。
④ 《孙子兵法·用间》。
⑤ 《孙子兵法·地形》。

出。诸如此者,击之勿疑。①

"料敌",当属孙子所言的"知彼"。吴子这八种"料敌"情形,是对"知彼"原则的细化,不但非常具体,而且涵涉甚广:一是风急天寒,敌军长途跋涉,昼夜兼程,破冰渡水,而将帅对士卒的艰难困苦又不加顾惜;二是盛夏炎热,休息与活动没有定时,将帅驱使着饥渴的士卒们赶路,去攻取远处的目标;三是军队在外面滞留日久,粮食接济不上,老百姓怨恨愤怒,谣言和灾祸接连发生,上面又没有办法制止;四是军需品已经耗尽,柴草饲料短缺,又值阴雨连绵,想去抢掠而无处可抢;五是兵力单薄,不服水土,人马得了病疫,四邻的救兵又不会救援;六是长途行军,已近天黑,士兵们又疲劳又恐慌,又困倦又饥饿,把盔甲解下来睡着了;七是将领和官吏们没有威信,士兵们心神不定,全军屡屡惊恐不安,又指望不到援助;八是阵势尚未摆好,营帐尚未扎好,行经险要之处,部队半隐半露,摆布不开阵仗。

画像砖拓片

① 《吴子·料敌》。
② 《吴子·料敌》。
③ 《孙子兵法·谋攻》。
④ 《孙子兵法·用间》。

吴子认为,有此八种情形之一,可以"不卜而与之战",且要果断出击,不可迟疑。这八种情形,当属"见可而进"。

与此相反,吴子还提出了"不占而避之者六":

有不占而避之者六:一曰土地广大,人民富众;二曰上爱其下,惠施流布;三曰赏信刑察,发必得时;四曰陈功居列,任贤使能;五曰师徒之众,兵甲之精;六曰四邻之助,大国之援。凡此不如敌人,避之勿疑,所谓见可而进,知难而退也。②

吴子指出,这六种情形之一,无须占卜吉凶即应避免与敌方交战,应该避免与敌方交战而不可疑惑。这叫"知难而退"。

如果说,上述八种属于"可战"的情形,而后六种则属于"不可战"的情形。这就印合了孙子的"知可以战与不可以战者胜"。③ 属于"知胜有五"之一。诚能做到"八击六避",大抵也就是孙子论断的"先知者":

先知者,不可取于鬼神,不可象于事,不可验于度,必取于人,知敌之情者也。④

孙子这一著名论断,是朴素的唯物论。此处所谓的"先知者",非谓宗教中受神启示而传达神的意旨或预言未来的人,而是指事先了解敌情的人。孙子切切告诫,绝对"不可取于鬼神",即不可求神问鬼,也就是吴子所说的"不卜不占"。而"不可象于事",是指不可从过往相似的事件去类比推测,因为毕竟细微的情形不同,类比推测容易误导判断而产生认知错误;至于"不可验于度",则指不可从死守的成规中求得,而必须从人那里,即从了解敌情的间谍那里去获得。

除了上述的"八击六避"外,吴子的"料敌",更有对当时"六国之俗"的深论:

> 臣请论六国之俗:"夫齐陈重而不坚,秦陈散而自斗,楚陈整而不久,燕陈守而不走,三晋陈治而不用。"①

这是对六国军队阵势的总论,其后还有对六国的民性、地势、国情、君臣关系、政令、斗志等诸多实情的细论。由此可见,吴子不仅对六国军队的阵势了如指掌,而且对六国国情分析得非常透彻,还提出了针对性很强的攻击策略。

一言以蔽之,吴子知彼,料敌如神。

(4)必可击之道

如果说,"料敌"以知彼,那么,吴子的"必可击之道",则属料敌以知彼的直接运用:

> 用兵必须审敌虚实而趋其危。敌人远来新至,行列未定,可击;既食未设备;可击;奔走,可击;勤劳,可击;未得地利,可击;失时不从,可击;旌旗乱动,可击;涉长道,后行未息,可击;涉水半渡,可击;险道狭路,可击;陈数移动,可击;将离士卒,可击;心怖,可击。凡若此者,选锐冲之,分兵继之,急击勿疑。②

这13种"必可击"情势,也是涵涉甚广而军机深微,须专研军事者深玩细悟。但就其中两项而言,吴子与孙子可谓英雄所见略同。一项是吴子说的敌方"旌旗乱动,可击",孙子亦曰:"无邀正正之旗,无击堂堂之陈,此治变者也。"③另一项,吴子曰:"涉水半渡,可击",而孙子也说:"令半渡而击之利。"④这两例说明,两位杰出的兵法大家,对具有一般规律的军机,在深入观察、体悟后总结出的答案是一致的。唯因一致,反过来证明了真正的真理,是普适的,是超越了具体事项的一般规律。

就"可击"与"不可击"对比,加上对这两种情形的掌握程度,孙子对胜负作了细微的区分与甄别:

> 知吾卒之可以击,而不知敌之不可击,胜之半也;知敌之可击,而不知吾卒之不可以击,胜之半也;知敌之可击,知吾卒之可以击,而不知地形之不可以战,胜之半也。故知兵者,动而不迷,举而不穷。故曰:知彼知己,胜乃不殆;知天知地,胜乃可全。⑤

这就是他著名的"知彼知己,百战不殆"和"因敌而制胜"的思想。而其中的深

---

① 《吴子·料敌》。
② 《吴子·料敌》。
③ 《孙子兵法·军争》。
④ 《孙子兵法·行军》。
⑤ 《孙子兵法·地形》。

意，却在"动而不迷，举而不穷"八字之中，此与为将"通于九变之利"之旨神通。

（5）治兵与用兵

无论现存的6篇《吴子》，还是《孙子兵法》13篇，其中有不少具体、细微而又微妙的军事攻防策略，比较专深，不予细论。[①]再简要分析一下治兵与用兵。

> 武侯问曰："兵何以为胜？"起对曰："以治为胜。"又问曰："不在众寡？"对曰："若法令不明，赏罚不信，金之不止，鼓之不进，虽有百万何益于用？所谓治者，居则有礼，动则有威，进不可当，退不可追，前却有节，左右应麾，虽绝成陈，虽散成行。与之安，与之危，其众可合不可离，可用而不可疲，投之所往，天下莫当。名曰父子之兵。"[②]

因为兵为军本，《吴子》因此专文论"治兵"。在吴子看来，训练有素的兵士，才能在战争中取胜，而不在于多寡，此即"兵非贵益多也"。[③] 因此，吴子认为，法令严明，赏信必罚，才是治兵的关键。孙子也说："善用兵者，修道而保法，故能为胜败之政。"[④]意思是善于用兵的人，总是注意修明政治，确保治军法度，所以能成为战争胜负的主宰。由此可见，两论意旨相通。吴子进而认为，治兵的目标，是"投之所往，天下莫当"，也就是要锻造一支锐不可当的精锐之师。他把这支精锐之师叫作"父子之兵"。

而在赏罚二者中，吴子认为，应侧重以"赏"来激励将士：

> 今使一死贼伏于旷野，千人追之，莫不枭视狼顾。何者？忌其暴起害己也。是以一人投命，足惧千夫。今臣以五万之众为一死贼，率以讨之，固难敌矣。"[⑤]

即通过奖赏激励机制，使兵士万众一心，犹如伏于旷野，让千人胆战心惊的死贼，由是无敌。此外，吴子还认为，"用兵之害，犹豫最大；三军之灾，生于狐疑"。[⑥] 亦是不刊之论，值得珍视。

对孙、吴用兵之道，荀子在与临武君"议兵"时，大不以为然：

> 临武君曰："不然。兵之所贵者，势利也；所行者，变诈也。善用兵者，感忽悠暗，莫知其所从出。孙、吴用之，无敌于天下。岂必待附民哉？"
>
> 孙卿子曰："不然。臣之所道，仁人之兵、王者之志也。君之所贵，权谋势利也；所行，攻夺变诈也：诸侯之事也。仁人之兵，不可诈也。"[⑦]

---

① 本著述非专研军事的专著，更何况我对于军事谋略所知不多，也就点到为止，以应夫子之言："知之为知之，不知为不知，是知也。"

② 《吴子·治兵》。

③ 《孙子兵法·行军》。

④ 《孙子兵法·军形》。

⑤ 《吴子·励士》。

⑥ 《吴子·治兵》。

⑦ 《荀子·议兵》。

在临武君称引孙、吴用兵贵"势利"、"变诈"和"莫知其所从出"而无敌于天下时,荀子则认为不然,指出,"仁人之兵,不可诈也"。荀卿此论,以儒议兵,二者实质难有交集。在荀子看来,征服天下的根本不是军队,是昌明的政治,而攻战之本则在于得到人民的支持,最强大的军队是"仁人之兵"而不是"攻夺变诈"。荀子之论,高而远,难切于兵。

韩非说:"楚不用吴起而削乱,秦行商君法而富强。"[①]如果把吴起在楚国的变法视作一场预演的话,那么,商鞅在秦国的变法,则将法家的治世理论与实践直接推向了峰巅。

① 《韩非子·和氏》。

第二十一章　政论合一：商鞅的治世理论与实践（上）

> 商鞅的两次变法，其强度之大，影响之深，前无古人。其成效不仅使秦国后来居上，一跃而成为"兵革大强，诸侯畏惧"的强国，还为后来统一中国奠定了坚实的基础。对此，王充有酷评："商鞅相孝公，为秦开帝业。"

商鞅（约公元前390—公元前338），又称卫鞅、公孙鞅，卫国人。战国时期杰出的政治家、改革家、思想家，先秦法家的代表人物。在秦孝公的支持下主持变法，并被任为大良造（相当于相国兼将军）。终以"商鞅变法"而名垂青史。后因战功封于商，号"商君"，史称商鞅。《汉书·艺文志》列有《商君》29篇，现存26篇（2篇亡佚）传世。另有兵权谋家《公孙鞅》27篇，亡佚。

商鞅雕像

一、褒贬不一的商鞅与他跃升战国历史舞台的背景

商鞅一生，可谓轰轰烈烈。两次变法，使秦国走向强大，为一统中国奠定了坚实的基础。而他本人，终被车裂，尽灭其家，可歌可泣，可悲可叹。贬之者认为商鞅是刻薄少恩之徒，赞赏者认为商鞅是敢于触动旧势力，秉持"大公无二虑"信念，矢志改革，鹰扬伟烈的千古一人。

毋庸置疑，商鞅是将法家思想付诸实践的巅峰人物，他以无可辩驳的事实证明了法家治国的卓然成效，岂因诋毁而销匿？但也要看到的是，由于后世腐儒对商鞅的刻意贬损以及将"暴秦"速亡的原因肆意涂抹成法家的"刻暴少恩"，在儒家思想取得正统主导地位后，遂使法家跌入谷底，继而中绝，使独立的"以法治国"成为"不可能"，也是无可辩驳的事实。代之而起的，是以"阳儒阴法"亦即以礼法并用作为建构社会秩序的基本方略，这也是形成两千多年"超稳定"封建社会的内在成因之一。

311

其实，关于秦国，我们有太过简单而粗暴的评说。孙皓晖认为："大秦帝国是中国文明的正源。"然而，"不幸的是，作为统一帝国的短促与后来以儒家观念为核心的官方意识形态的刻意贬损，秦帝国在'暴虐苛政'的恶名下几乎湮没在历史的沉沉烟雾之中"。因此，孙皓晖在504万字的《大秦帝国》的"序"里表达了这样的观点。① 他进而认为："在古朴粗犷的铁器农耕时代，大秦帝国与西方罗马帝国一起，成为高悬于人类历史天空的两颗太阳，同时成为东西文明的正源。……一个是滔滔大河千古不废。一个是源与流断裂，莽莽大河化成了淙淙小溪。……秦帝国崛起于铁血竞争的群雄列强之林，包容裹挟了那个时代的刚健质朴、创新求实精神。她崇尚法制、彻底变革、努力建设、统一政令，历一百六十余年六代领袖坚定不移地努力追求，才完成了一场最伟大的帝国革命，建立起一个强大统一的帝国，开创了一个全新的铁器文明时代，使中国农业文明完成了伟大的历史转型。……中华民族的整个文明体系之所以能够绵延相续如大河奔涌，秦帝国时代开创奠定的强势生存传统起了决定性的作用。"② 另一因素则是赵林指出的"以夷变夏"的基本模式，导致了中国文化形态的超稳定结构，因之具有同化异质文化的能力。③

还是让我们看看史笔勾勒的、在战国波澜壮阔的历史舞台上风起云动的商鞅一生。而欲说商鞅，必得先说他之所以能够跃升战国历史大舞台的背景：

> 秦献公薨，子孝公立。孝公生二十一年矣。是时河、山以东强国六，淮、泗之间小国十余，楚、魏与秦接界。魏筑长城，自郑滨洛以北有上郡；楚自汉中，南有巴、黔中；皆以夷翟遇秦，摈斥之，不得与中国之会盟。于是孝公发愤，布德修政，欲以强秦。④

一言以蔽之，秦孝公"发愤，布德修政，欲以强秦"是商鞅登上政治舞台的最初背景。显王八年，孝公令国中曰："……宾客群臣有能出奇计强秦者，吾且尊官，与之分土。""于是卫公孙鞅闻是令下，乃西入秦"。

二、入秦前的商鞅和他过人的胆识

《史记》叙述了商鞅西入秦关之前的相关背景：

> 商君者，卫之诸庶孽公子也，名鞅，姓公孙氏，其祖本姬姓也。

> 鞅少好刑名之学，事魏相公叔痤为中庶子。公叔痤知其贤，未及进，会痤病，魏惠王亲往问病，曰："公叔病有如不可讳，将

---

① 为完成《大秦帝国》，孙皓晖所作的文史准备和研究长达30年，再呕心沥血耗时16年，才得以完成6部11卷的这部历史小说。

② 《中国文明正源的强势生存》，载孙皓晖长篇历史小说《大秦帝国》，河南文艺出版社2008年版，序。

③ 赵林：《中西文化分野的历史反思》，武汉大学出版社2004年版，第2~3页。

④ 《资治通鉴》卷第二。

奈社稷何？"公叔曰："痤之中庶子公孙鞅，年虽少，有奇才，愿王举国而听之。"王嘿然。王且去，痤屏人言曰："王即不听用鞅，必杀之，无令出境。"王许诺而去。公叔痤召鞅谢曰："今者王问可以为相者，我言若，王色不许我。我方先君后臣，因谓王即弗用鞅，当杀之。王许我。汝可疾去矣，且见禽。"鞅曰："彼王不能用君之言任臣，又安能用君之言杀臣乎？"卒不去。惠王既去，而谓左右曰："公叔病甚，悲乎，欲令寡人以国听公孙鞅也，岂不悖哉！"①

看来，商鞅与吴起一样，都是卫国人。他复姓公孙，名鞅。《广韵》载："封公之后，自皆称公孙。"又，《通志·氏族略》云："公孙氏，皆贵者之称。"由此可见，公孙乃与爵位关涉，是贵者的符号标识之一。公孙一姓的背后，隐托的是高贵与尊荣。而此处"卫之庶孙也"恰好印证了这一史实。而《史记》则细言："卫之诸庶孽公子也"，亦即卫鞅是卫国国君姬妾生的公子。

公孙鞅"好刑名之学"，也就是喜好、研习法律出身。按《汉书·艺文志》班固自注：尸子"名佼，鲁人，秦相商君师之。鞅死，佼逃入蜀"。按此，则公孙鞅的老师是尸佼，也就是在《尸子》中有"上下四方曰宇，往古来今曰宙"这一名论的人！还有一说公孙鞅师从鬼谷子，不切。鬼谷子有两名风云战国的著名学生：苏秦与张仪。《资治通鉴》卷二显王三十六年载："张仪者，魏人，与苏秦俱事鬼谷先生，学纵横之术。"《史记·苏秦列传》开篇即说："苏秦者，东周洛阳人也。东事师子齐，而习之于鬼谷

先生。"由此可见，鬼谷先生乃是纵横家的鼻祖。世间流传他神鬼莫测的《鬼谷子》一书，也叫《捭阖策》，亦可证得。高师出名徒，名徒显师高啊！

可能他是"卫之庶孙"的缘故，他一开始投靠的人就很厉害，是魏相公叔痤。这比吴起起于草莽，显然不可同日而语。史籍只说吴起"仕于鲁"，不知官阶几何。公孙鞅事公叔痤是他人生的第一次幸运，因为公叔痤深知其才，当魏惠王在公叔痤病重前往"关怀"并问及万一你老人家驾鹤西去，"将奈社稷何？"时，公叔痤一看时机来啦，立马举荐公孙鞅，其辞令人动容："痤之中庶子公孙鞅，年虽少，有奇才，愿王举国而听之！"想想看，公叔痤让魏惠王"举国而听之"！公孙鞅其幸乎！可是，世间事，总富有戏剧性，面对魏相如此不吝赞誉之辞和拍胸保证并让举国听之的举荐，竟然是"王嘿然"。

面对魏惠王的沉默，公叔痤揣度其意大抵是不用公孙鞅，或者不大信任自己的举荐，于是立即出主意让魏惠王杀了公孙鞅，不要让他活着离开魏国（以免日后为他国所用从而成为魏国的劲敌——没明说而已）。至此，如果说公孙鞅事魏相公叔痤因鼎力举荐是幸运的话，那么，此时则可见这种幸运与风险成正比。"忠君"是国相的第一要旨。他的目光已经透过时间之维看到了将来公孙鞅如果被他国重用的潜在危险。这就说明，他丝毫不怀疑自己对于公孙鞅"有奇才"的判断。对于他的这一建议，"王许诺而去"。大概是给了公叔痤一个面子，未决断，只是许诺而去。幸好有个

---

① 《史记·商君列传》。

时间空当,在魏惠王没有决断时,这位建议杀了公孙鞅的魏相,立即把公孙鞅叫来说了实情,说我举荐不成就建议杀了你,是迫不得已啊!因为"吾先君而后臣,故先为君谋",你赶快离开魏国另谋高就吧!至此,公叔痤也够意思了,因为他建议杀了公孙鞅,又让公孙鞅出逃,难道就不怕承担让公孙鞅逃掉的责任?

听了公叔痤的告知,公孙鞅竟淡淡地说:"王不能用君之言任臣,又安能用君之言杀臣乎?"竟然选择了不离开。如果说公孙鞅的分析是看透了魏惠王以及魏惠王和魏相的关系,而建立在这一判断之上的"卒不去"则凸显了对自己判断的自信,以及胆识!仅此一窥公孙鞅,的确胆识过人,有奇才。不要说魏惠王,其才智亦远在魏相之上。

这则见才智、见肝胆的故事结尾是:惠王既去,谓左右曰:"公叔病甚,悲乎!欲令寡人以国听卫鞅也(俄而又劝寡人杀之),岂不悖哉!"这就把魏惠王的愚蠢,淋漓尽致地活脱了出来。韩非因之有"公叔痤言国器,反为悖,公孙鞅奔秦"[1]之说。

这段仅有 260 余字的叙述,把公叔痤的识人与敬敏,公孙鞅的胆识与过人,魏惠王的犹疑和愚蠢,跃然纸上了!

需要补充的是,这位魏惠王,就是《孟子》第一篇《梁惠王上》中的梁惠王,他在《孟子》中虽"愿安承教"孟子高论,但他这个智商,又怎么可能理解孟子如星辰之远

的高蹈呢?

三、初说秦孝公:由帝道、王道而霸道

我们接上说公孙鞅。等公叔痤死后,他终于等来了秦孝公招揽天下奇士的昭告。"呜呼!非长袖不足以显善舞,秦固一长袖也;非错节无以别利器,当日之秦,亦一错节也。百年霸气,金剑沉埋;百二河山,风云凄黯。英雄造时势乎?时势造英雄乎?商君乃挟其雄伟之政略,挥其严辣之手腕,出而献技于舞台。"[2]

他乘时而动,西入秦,通过孝公的宠臣景监以求见孝公。《资治通鉴》的叙述是:

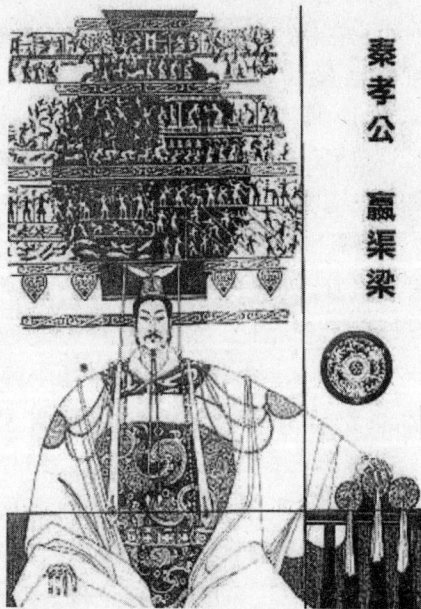

秦孝公 嬴渠梁

秦孝公画像

---

① 《韩非子·难言》。

② 麦孟华:《商君评传》,《诸子集成》卷六,岳麓书社 1996 年版,第 3~4 页。

"说以富国强兵之术。公大悦，与议国事。"①似乎公孙鞅入秦见秦孝公很顺利，一说就中，其实不然。《史记》详述了公孙鞅"语事良久，孝公时时睡，弗听。罢而孝公怒景监曰：'子之客妄人耳，安足用邪！'"以及公孙鞅"说公以帝道"、"说公以王道"以及最终"说公以霸道"才"语数日不厌"的过程。秦孝公要的是"霸道"，不要"帝道"和"王道"。因此，"以强国之术说君，君大悦"。表面看来，公孙鞅见用于秦孝公的"霸道"，是其末端矣！但究其当时情境，丘汉平认为："商君当初见孝公，说以帝王之道，孝公不听，因为当时天下横行，待行帝王之道，邻国之兵，早到边境了。并且帝王之道，是施之以渐，孝公要他本身能见到收效，帝王的道，自然不能满意他。后说霸道，及强国策略，遂见重。后儒便据此论商君是挟持浮说，其人不足取。这个批评是对他个人人格的批评，并不是与他的主张有直接关系。"②为此，丘汉平援引了明儒邵宝对此的评说：

> 商君岂真知帝王道者哉！知帝道者，不屑于王；知王道者，不屑于伯，而况于富强乎？古之遗人物者，必有所先。商君之言帝王也，其亦若将以为先者耳。不然，则将固孝公之心，而以是尝焉，再尝之而知其心之必在于富强也。故一语而辄合，盖商君于富强之术深矣。③

再引董份之说："卫鞅非说以帝王之

道，盖先以迂阔久远之事，使秦王之心厌，以益坚其用伯之志，见伯之速效耳。"然后评论说："这二人的批评，比较对题。商君之说帝王术，不过是试试孝公的心，他并没有帝王的兴趣。夫人不得其主，是何等的不幸！他初次见面的时候，尝尝孝公的嗜好是否和他平素的主张符合。如果孝公没有志治国，我想商君也要他走了。管仲若无齐桓公，不见得他的政策可实施；齐无管仲，不见得会霸。古代专制，臣不逢其主，妄把主张露出去，一旦遭斥，连命也不能保。"所以，结论是"商君所谓帝王术，不过是尝试罢了"。④ 此论如此言之凿凿，但无证据证明，实际上是一种臆测，但颇合情理。丘汉平据此要反驳的是后儒对商君之论属于"浮说"的批评，认为浮说之说不能成立，实为商君辩护罢了。

四、著名的商鞅变法

史载，商鞅变法前后有两次，内容各不相同，分述如下。

（一）变法前的论争与"徙木之赏"

显王十年，即公元前 359 年，卫鞅欲变法，秦人不悦。《资治通鉴》简化《史记》引卫鞅《更法》之言，对秦孝公曰：

> 夫民不可与虑始，而可与乐成。论至德者不和于俗，成大功者不谋于众。是以圣人苟可以强国，不法其故；苟可以利民，

---

① 《资治通鉴》卷第二。
② 丘汉平：《慎子底法律思想》，载《丘汉平法学文集》，中国政法大学出版社 2004 年版，第 93 页。
③ ［明］邵宝：《学史》卷三，浙江范懋柱家天一阁藏本。
④ 丘汉平：《慎子底法律思想》，载《丘汉平法学文集》，中国政法大学出版社 2004 年版，第 93 页。

不循其礼。

真乃高论也！卫鞅通过与甘龙、杜挚之辩，坚定了秦孝公的信心，赢得了秦孝公的支持。于是，秦孝公"以卫鞅为左庶长，卒定变法之令"。因此，"使商鞅成了功的秦孝公，我们也不好忘记，他确实是一位法家所理想的君主。他能够在二十余年间让商君一人负责，放手做去，不加以干涉，真是难能可贵的事"。①

《资治通鉴》载述第一次变法内容如下："令民为什伍而相收司、连坐，告奸者与斩敌首同赏，不告奸者与降敌同罚。有军功者，各以率受上爵。为私斗者，各以轻重被刑大小。僇力本业，耕织致粟帛多者，复其身。事末利及怠而贫者，举以为收孥。宗室非有军功论，不得为属籍。明尊卑爵秩等级，各以差次名田宅、臣妾、衣服。有功者显荣，无功者虽富无所芬华。"②

《资治通鉴》此段与《史记》所载有出入，兹录《史记》如下：

令民为什伍，而相牧司连坐。不告奸者腰斩，告奸者与斩敌首同赏，匿奸者与降敌同罚。民有二男以上不分异者，倍其赋。有军功者，各以率受上爵；为私斗者，各以轻重被刑大小。僇力本业，耕织致粟帛多者复其身。事末利及怠而贫者，举以为收孥。宗室非有军功论，不得为属籍。明尊卑爵秩等级，各以差次名田宅，臣妾衣服以

家次。有功者显荣，无功者虽富无所芬华。③

两相比较，《资治通鉴》遗漏了非常重要的"民有二男以上不分异者，倍其赋"的内容，而这项内容被法史学界认为是著名的"分户令"，是分家析产或论及中国古代家族法原理所必须追溯者。

在第一次变法尚未公布时，恐民之不信，于是乃有著名的"徙木之赏"。④《史记》载：

令既具，未布，恐民之不信，已乃立三丈之木于国都市南门，募民有能徙置北门者予十金。民怪之，莫敢徙。复曰"能徙者

徙木之赏

---

① 郭沫若：《十批判书》，东方出版社 1996 年版，第 309 页。
② 《资治通鉴》卷第二。
③ 《史记·商君列传》。
④ 钱穆说："立木南门，此吴起偾表之故智也。"参见钱穆：《先秦诸子系年》，商务印书馆 2005 年版，第 263 页。

予五十金"。有一人徒之,辄予五十金,以明不欺。卒下令。①

此举虽旨在取信于民,但"令行于民期年,秦民之国都言初令之不便者以千数"。看来,新法的适应不仅需要时间的校验,事实上,还得有一个"博弈"的过程:"于是太子犯法。卫鞅曰:'法之不行,自上犯之。'将法太子。太子,君嗣也,不可施刑,刑其傅公子虔,黥其师公孙贾。明日,秦人皆趋令。"②想想看,这需要多大的勇毅。如果说,后来荀子通过改造旧礼的世卿世禄特权以成"新礼"尚停留在理论层面的话,而比荀子早半个多世纪的商鞅则以不折不扣的变法实践,打破了"刑不上大夫"的特权,岂不令人感佩! 如果说,"徙木之赏"以取信于民,"刑上大夫"则直指特权。

(二)第一次变法

商鞅的第一次变法,始于公元前359年。主要内容是:

1. 改"法"为"律",将《法经》加以修改补充,制定了秦律。《唐六典》云:"商鞅传《法经》,改法为律,以相秦,增相坐之法,造参夷之诛,加车裂镬烹之刑。"我们知道,"法"者,重在公平与公正;"律"者,重在"均布"。因此,商鞅改"法"为"律",意味着更加强调法律规范在适用上的普遍性和统一性。

2. 奖励军功,禁止私斗;取消世卿世禄制度,宗室贵族如无军功不能列入宗室簿籍,不能享受贵族特权;增加"连坐法"。

3. 奖励耕织,重农抑商。"僇力本业,耕织致粟帛多者复其身,事末利及怠而贫者,举以为收孥。"③即努力从事农业生产和多生产粮食及布帛的人,可以免除自身的徭役赋税;相反,对那些贪图商贾之末利,不事农作,或因懒惰而致贫困者,则罚为官奴隶。对此,钱穆说:"今按重农政,李悝、吴起、商君一也。……重法律,亦李悝吴起商君一也。"④

4. 颁行"分户令"。明确规定:"民有二男以上不分异者,倍其赋。"⑤

第一次变法,其结果怎样呢?《史记》曰:

行之十年,秦民大悦,道不拾遗,山无盗贼,家给人足。民勇于公战,怯于私斗,乡邑大治。⑥

对此,司马光在其第三篇史论中以"信"为旨,感慨道:"夫信者,人君之大宝也。国保于民,民保于信。非信无以使民,非民无以守国。是故古之王者不欺四海,霸者不欺四邻,善为国者不欺其民,善为家者不欺其亲。不善者反之:欺其邻国,欺其百姓,甚者欺其兄弟,欺其父子。上不信下,下不信上,上下离心,以至于败。所利

① 《史记·商君列传》。
② 《史记·商君列传》。
③ 《史记·商君列传》。
④ 钱穆:《先秦诸子系年》,商务印书馆2005年版,第264页。
⑤ 《史记·商君列传》。
⑥ 《史记·商君列传》。

不能药其所伤,所获不能补其所亡,岂不哀哉!昔齐桓公不背曹沫之盟,晋文公不贪伐原之利,魏文侯不弃虞人之期,秦孝公不废徙木之赏。此四君者,道非粹白,而商君尤称刻薄,又处战攻之世,天下趋于诈力,犹且不敢忘信以畜其民,况为四海治平之政者哉!"①此论虽言商君刻薄,但大旨赞赏其信诚,与王安石的赞诗异曲同工。实际上,这是将法家治理之功通过其中的一端——所谓"信"而作了儒家化的解释。

新法坚持 10 年而不改易,方显效果。正是这一效果,无可辩驳地说明了法家治国的实效,卓然不俗。

(三)第二次变法

商鞅的第二次变法,始于显王十九年,即公元前 350 年。《资治通鉴》载:

> 秦商鞅筑冀阙宫庭于咸阳,徙都之。令民父子、兄弟同室内息者为禁。并诸小乡聚集为一县,县置令、丞,凡三十一县。废井田,开阡陌,平斗、桶、权、衡、丈、尺。

与《史记》对照,少了一句"而赋税平"一项。而在显王二十一年(即公元前 348 年),"秦商鞅更为赋税法,行之"。似乎赋税改革前后一贯,即按户按人口征收军赋。

按户,即令民有二男分异,否则,倍其赋。另,"舍地而税人"。② 其中任何一项变法,都影响甚巨。

始于公元前 350 年的第二次变法,其主要内容是:

1. 废除井田制,确立封建土地私有制。"开阡陌之疆","改帝王之制,除井田,民得买卖"。③ 这在钱穆看来,"此李克尽地力之教也"。④ 在郭沫若看来,"把旧有的井田制打破,承认土地的私有而一律赋税,这是一个划时代的变革"。⑤ 前者看到了源流,后者看到了意义。

秦半两钱

2. 普遍推行县制。"集小都、乡、邑、聚为县,置令、丞,凡三十一县。"⑥县令、县丞等地方官均由国君直接任免,集权中央。船山先生说:"郡县之制,垂二千年而弗能改矣,合古今上下皆安之,势之所趋,岂非理而能然哉?"⑦

3. 统一度量衡制度。"平斗桶权衡丈尺。"⑧

① 《资治通鉴》卷第二。
② 《通典·食货志·赋税》。
③ 《汉书·食货志》。
④ 钱穆:《先秦诸子系年》,商务印书馆 2005 年版,第 263 页。
⑤ 郭沫若:《十批判书》,东方出版社 1996 年版,第 305~306 页。
⑥ 《史记·秦本纪》;又见《史记·商君列传》。
⑦ 王夫之:《读通鉴论》,中华书局 1975 年版,第 1 页。
⑧ 《史记·商君列传》。

秦量

可以说，卫鞅的这两次变法，其强度之大，影响之深，前无古人。也正因了卫鞅的变法，秦后来居上，一跃而成为"兵革大强，诸侯畏惧"①的强国，为后来秦统一中国奠定了坚实的基础。对此，王充有酷评："商鞅相孝公，为秦开帝业。"②郭沫若亦言："秦王政后来之所以能够统一中国，是由于商鞅变法的后果，甚至于我们要说秦、汉以后的中国的政治舞台是由商鞅开的幕，都是不感觉怎么夸诞的。"③

第二次变法后，《史记》载："行之四年，公子虔复犯约，劓之。"劓刑，即源于西周法定五刑墨、劓、剕、宫、大辟之一。史料记载，五刑之属三千，其中，墨罚一千，劓罚一千，剕罚五百，宫罚三百，大辟二百。这里的劓之，就是割去鼻子。这一刑罚，不但要对受刑人的器官功能加以损害，还同时羞辱了受刑人的人格。想想看，公子虔能不忌恨交加？

显王二十九年（前340年），卫鞅建议伐魏，《史记》载：

孝公以为然，使卫鞅将而伐魏。魏使公子印将而击之。军既相距，卫鞅遗魏将公子印书曰："吾始与公子驩，今俱为两国将，不忍相攻，可与公子面相见，盟，乐饮而罢兵，以安秦魏。"魏公子印以为然。会盟已，饮，而卫鞅伏甲士而袭虏魏公子印，因攻其军，尽破之以归秦。魏惠王兵数破于齐秦，国内空，日以削，恐，乃使使割河西之地献于秦以和。而魏遂去安邑，徙都大梁。梁惠王曰："寡人恨不用公叔痤之言也。"

卫鞅既破魏还，秦封之於、商十五邑，号为商君。④

此段史实，很有意思。商鞅之计，可视为"前鸿门宴"，与鸿门宴的风光大大不同。鸿门宴与此计比较起来，徒有其名。这则"有名的欺骗公子印以败魏师的事，虽然是兵不厌诈，人各为主，但那样的出卖朋友，出卖故国，实在是可以令人惊愕的事"。⑤但正因商鞅此计，大破魏国，还使魏惠王心惊肉跳，"使使割河西之地献于秦以和"，还导致魏"徙都大梁"。这一惨痛的事实，终于使他想起了当年魏相公叔痤之言，但悔之晚矣。后悔药让公叔痤一并带到坟墓里去了。

至此，卫鞅以赫赫功业，名震天下。卫鞅因封地之於（今河南内乡东）、商（今陕西商县东南）十五邑，号"商君"，是为商鞅。

---

① 《战国策·秦策一》。
② 《论衡·书解》。
③ 郭沫若：《十批判书》，东方出版社1996年版，第303页。
④ 《史记·商君列传》。
⑤ 郭沫若：《十批判书》，东方出版社1996年版，第303页。

五、踌躇满志与车裂示众、尽灭其家的下场

就在商鞅踌躇满志、春分得意之时,问贤士赵良:"子观我治秦也,孰与五羖大夫贤?"赵良对商君说:

"千羊之皮,不如一狐之掖;千人之诺诺,不如一士之谔谔。仆请正言而无诛,可乎?"商君曰"诺。"赵良曰:"五羖大夫,荆之鄙人也,穆公举之牛口之下,而加之百姓之上,秦国莫敢望焉。相秦六七年而东伐郑,三置晋君,一救荆祸。其为相也,劳不坐乘,暑不张盖。行于国中,不从车乘,不操干戈。五羖大夫死,秦国男女流涕,童子不歌谣,舂者不相杵。今君之见也,因嬖人景监以为主;其从政也,凌轹公族,残伤百姓。公子虔杜门不出已八年矣。君又杀祝欢而黥公孙贾。《诗》曰:'得人者兴,失人者崩。'此数者,非所以得人也。君之出也,后车载甲,多力而骈胁者为骖乘,持矛而操闟戟者旁车而趋。此一物不具,君固不出。《书》曰:'恃德者昌,恃力者亡。'此数者,非恃德也。君之危若朝露,而尚贪商於之富,宠秦国之政,畜百姓之怨。秦王一旦捐宾客而不立朝,秦国之所以收君者岂其微哉!"[1]

此段高论,不唯有"千人之诺诺,不如一士之谔谔"的精彩,其论将商鞅与五羖大夫百里奚相较:百里奚不仅功业赫赫,尤其"劳不坐乘,暑不张盖。行于国中,不从车

乘,不操干戈",这与商鞅戒备森严的出行形成了鲜明对比。百里奚死后,百姓举国哀之,也与商鞅"畜百姓之怨","危若朝露"形成了强烈反差。且援之以《诗》,引之以《书》,真高人之论也!商鞅未死已有先评。事实上,商鞅对自己的危若朝露不是不知,否则他就不会"后车载甲,多力而骈胁者为骖乘,持矛而操闟戟者旁车而趋"了。

一个有意味的话题是,借势而起的风云人物,可以改变历史的进程,可是,他却无法掌控自己的命运,岂不悲乎?

秦陶量文字拓片

一如吴起一样,欣赏与重用他的国君一死,商鞅的好日子也就到头了。可见,人治社会,事因人而立,也因人而废。也就是通常所说的"人存政举,人亡政息"。对商鞅的下场,《史记》云:

---

[1] 《资治通鉴》卷第二。《史记》此段稍嫌芜杂,倒是《通鉴》去芜存菁,因之,引《通鉴》。

秦孝公卒，太子立。公子虔之徒告商君欲反，发吏捕商君。商君亡至关下，欲舍客舍。客人不知其是商君也，曰："商君之法，舍人无验者坐之。"商君喟然叹曰："嗟乎，为法之敝一至此哉！"去之魏。魏人怨其欺公子卬而破魏师，弗受。商君欲之他国。魏人曰："商君，秦之贼。秦强而贼入魏，弗归，不可。"遂内秦。商君既复入秦，走商邑，与其徒属发邑兵北出击郑。秦发兵攻商君，杀之于郑黾池。秦惠王车裂商君以徇，曰："莫如商鞅反者！"遂灭商君之家。①

商鞅逃亡中的浩叹："嗟乎，为法之敝一至此哉！"亦名言也！法，公器也，可不慎乎？这位"用法严酷，尝临渭沦囚，渭水尽赤"的商鞅，也像吴起被乱箭射死一样，也落得个车裂示众，并被尽灭其家的悲惨下场。

俗语有谓，冰冻三尺，非一日之寒。导致这一结果发生的背后，又有怎样的思想根由呢？

---

① 《史记·商君列传》。

第二十二章　政论合一：商鞅的治世理论与实践(中)

> 商鞅反复申述者，乃是他的制高点——"缘法而治"，其核心始终是"农战"，其方法则是"刑赏"。而这些主张的基座，则是商鞅"欲利避害"这一未及系统论述的人性论，最后指向"富国强兵"，借以实现"霸道"。

从思想史之外，商鞅在历史纷繁的脉线中定格于王充概括的"商鞅相孝公，为秦开帝业"这一不朽的历史功业；在思想史的视域内，商鞅著名在他的两次变法及其背后的治法思想。

我们知道，商鞅的思想以重法著称，在法家中，可谓自成一派。他不但是先秦法家中践行自己的理论者，也是最有成效的法律家和政治家，而且是形成法家思想体系的奠基者之一。现存的《商君书》成书较晚，虽非出鞅手，但毕竟是对商鞅治世论和治世实践的总结，因而是我们研究他的思想的主要依据。

通观现存的《商君书》，其反复申述者，乃是他的制高点——"缘法而治"，其核心始终是"农战"，其方法则是"刑赏"。而这些主张的基座，则是商鞅"欲利避害"这一未及系统论述的人性论，最后指向"富国强兵"，借以实现"霸道"。

一、商鞅的人性论

商鞅对人性的分析，是分析商鞅系列主张及其实现方略的基座。非以此，无法理解商鞅何以主张"缘法而治"，无法说明商鞅为何将其政治主张归结为"农战"，也无法理解他何以坚信和反复申述刑多赏少，何以坚持重刑主张等。也就是说，商鞅的人性论，是他治道论的逻辑出发点。

严格说来，《商君书》中对人性的论述并不多，尤其是没有展开论述，商鞅仅仅是将他对人性看法这一结果作为了他论说的前提和基础，未加系统论述。一个显著特点是，商鞅对人性的看法，直接对接他的治理方略。那么，在商鞅看来，人性的常态是什么呢？

民之生，饥而求食，劳而求佚，苦则索乐，辱则求荣，此民之情也。①

这种民性，是民之本性，谓之常性。为求食求佚，求乐求荣，因之趋利。与此不同，商鞅曰："其上世之士，衣不暖肤，食不满肠，苦其志意，劳其四肢，伤其五脏，而益裕广耳，非性之常，而为之者，名也。故曰

322

---

① 《商君书·算地》。

名利之所凑，则民道之。"①也就是说，那些古代的读书人，衣不求暖，食不求饱，苦其意志，劳其筋骨，不顾由此伤及五脏，意在增益胸怀与眼界，这看似非常人之性，但其实质，则是为了名。所以说，人不为利，便是为名。民众总是围着名利打转。换言之，人之常情常性，逐名趋利。

为了便于标识，商鞅的人性论，可称为"**名利论**"。在商鞅看来，名与利，乃民众生、死所求：

> 故民生则计利，死则虑名。名利之所出，不可不审也。②

"生则计利，死则虑名"，此语虽短，但说透了人争利务名的本性。由于名、利的诱引是如此巨大，甚至成了人之本能，因此，对于民众取得名、利的来路，就不能不加深察：

> 民之求利，失礼之法；求名，失性之常。③

这就是说，民众在追求利益的时候，往往不顾礼制的规定；而追求名声的时候，甚至丧失人性的常态。所以商鞅归结为：

民之于利也，若水于下也，四旁无择也。④

水之就下，其性使然，而民之趋利，如水之就下，且不加选择。一言以蔽之，求利是民之本性。而与民之本性"欲利"相对，就是"避害"，商鞅说：

> 故吾教令民之欲利者，非耕不得；避害者，非战不免。⑤

由趋利避害的民之本性，导向耕战，因为耕能获利，战能避害。至此，"法家一脉，至《商君书》出，其作为统治的赏罚理论，实基于人性好利恶害之必然性的考察"。⑥所以，商鞅要把民众的这种本性加以利导，以利农战：

> 利出于地，则民尽力；名出于战，则民致死。⑦

事实上，商鞅清醒地认识到："夫农，民之所苦；而战，民之所危也。犯其所苦，行其所危者，计也。"⑧也就是说，农耕虽苦，作战更危，民众还能对内归附农耕，对外一心作战，"计也"——这是出于一种盘算，一

---

① 《商君书·算地》。
② 《商君书·算地》。
③ 《商君书·算地》。
④ 《商君书·君臣》。
⑤ 《商君书·慎法》。
⑥ 张纯、王晓波：《韩非思想的历史研究》，中华书局 1986 年版，第 75 页。
⑦ 《商君书·算地》。
⑧ 《商君书·算地》。

种衡量,一种算计和谋划使然。① 既然民众好利,而利又来自农耕,在堵塞民众通过其他渠道获利的情形下,民众就会尽力耕种;既然民众好名,而名又来自作战,那么,民众就会拼死作战。商鞅进而认为"民之欲富贵也,共阖棺而后止",这就把人求利之心推到了极致,所以他强调和申述:"而富贵之门,必出于兵。"②

而常态是,"民之性,度而取长,称而取重,权而索利"。③ 亦即用尺量长短就要拿长的,用秤称轻重就要取重的,权衡利弊得失就要追求有利的。因此,这也意味着作为掌握了能给人名与利的君主,就要依据这一"操柄"来施展统治的策略:

> 主操名利之柄,而能致功名者,数也。圣人审权以操柄,审数以使民。④

这一"名利"之柄,是后来韩非总结的人性自利论和依刑、赏二柄进行治理的滥觞。由此,在商鞅看来,名利二柄不仅是统治的策略,是君子的手段,也是治国的关键。即"数者臣主之术,而国之要也"。问题是,名利万千,何以以此导引民众,商鞅将之归到了农战。

民何以"治"? 同样,商鞅建基于"人情"之上:

> 人情而有好恶,故民可治也。人君不可以不审好恶。好恶者,赏罚之本也。夫

人情好爵禄而恶刑罚,人君设二者以御民之志,而立所欲焉。⑤

民可治的根源在于"人情有好恶",换言之,即利用了人的本性为之。既然"人情好爵禄",则以"赏"相诱;既然人情恶刑罚,则以"罚"相迫,所以说,"好恶者,赏罚之本也"。换一视角,既然"羞辱劳苦者,民之所恶也;显荣佚乐者,民之所务也"。即羞耻、屈辱、劳累、痛苦,是人们所厌恶的;而显贵、荣耀、安逸、快乐,是人们所追求的,"故圣人之治也,多禁以止能,任力以穷轨",即圣人治国,多设立禁令来制止人们逃避农战的伎俩,任用实力来杜绝人们的欺诈。

而这一切的实现,必得"缘法而治"。

二、商鞅的国家与法律起源论

《商君书》有关国家和法律的起源凡三见。一处是:

> 昔者昊英之世,以伐木杀兽,人民少而木兽多。黄帝之世,不麛不卵,官无供备之民,死不得用椁。事不同,皆王者,时异也。神农之世,男耕而食,妇织而衣,刑政不用而治,甲兵不起而王。神农既没,以强胜弱,以众暴寡。故黄帝作为君臣上下之义,父子兄弟之礼,夫妇妃匹之合;内行刀锯,外用甲兵,故时变也。由此观之,神农非高

---

① "计"这一核心用语,后来被韩非加以继承和放大,用之于君臣关系等方面,富有意味。
② 《商君书·赏刑》。
③ 《商君书·算地》。
④ 《商君书·算地》。
⑤ 《商君书·错法》。

于黄帝也，然其名尊者，以适于时也。故以战去战，虽战可也；以杀去杀，虽杀可也；以刑去刑，虽重刑可也。[1]

这段言说，勾勒了华夏大地从昊英、神农到黄帝的早期人类发展史。不仅载述了昊英之世，树木多，野兽多，而人少，人们伐木捕兽的境况，而且叙说了黄帝之世，对自然，不准捕杀幼兽，不准取食鸟蛋这一早期人类"可持续发展"的雏形思想；对社会，官吏不准有供使唤的仆人，死后也不准用椁埋葬这一原始的社会现状。尤其是，此中强调了昊英、黄帝所做的事情不同，但都能称王天下，无它，"时异也"，即时代不同了，因之因时而异。神农时代，则是一幅古代家庭男耕女织的自然分工景况。而社会，则是"刑政不用而治，甲兵不起而王"的无为而治局面。神农之后，由于出现了"以强胜弱，以众暴寡"的局面，黄帝制定了君臣上下、父子兄弟和夫妻配偶之间的规范、礼节和原则。对内使用刑罚，对外使用武力。这一历史演进，在商鞅看来，也是"时变"之故。由此看来，神农并不比黄帝高明，但他的名望很高，这也是因为他适应了时势。商鞅由此得出一个重要的结论，就是用战争来消灭战争，即使进行战争也是可以的；用杀人来消灭杀人，即使杀人也是可以的；用刑罚来除去刑罚，即使加重刑罚也是可以的。

日本学者仁井田陞认为："就'以杀止杀'即通过处罚一人以威吓和警诫社会上的万人从而期望达到没有刑罚的（一般预防主义、威吓主义的）意义而言，法家学者自不必说，就是在自古以来的儒家学者也是存此用心的，从而体现出了很强的一般预防主义、威吓主义的传统。荀子也曾说过'杀一人，刑二人，而天下治'，[2]法家之一的商子所谓'以刑去刑'之类的话，也是屡屡可见。"[3]

神农治水画像石

真正直接论述国家和法律起源的是下文：

天地设，而民生之。当此之时也，民知其母而不知其父，其道亲亲而爱私。亲亲则别，爱私则险，民众而以别险为务，则民乱。当此时也，民务胜而力征。务胜则争，力征则讼，讼而无正，则莫得其性也。故贤

① 《商君书·画策》。

② 荀子的确在《荀子·议兵》有此论，其原文："古者帝尧之治天下也，盖杀一人，刑二人，而天下治。传曰：'威厉而不试，刑错而不用。'此之谓也。"

③ ［日］仁井田陞：《中国法制史》，牟发松译，上海古籍出版社2011年版，第67页。

者立中正,设无私,而民说仁。当此时也,亲亲废,上贤立矣。凡仁者以爱利为务,而贤者以相出为道。民众而无制,久而相出为道,则有乱。故圣人承之,作为土地货财男女之分。分定而无制,不可,故立禁。禁立而莫之司,不可,故立官。官设而莫之一,不可,故立君。既立君,则上贤废,而贵贵立矣。然则上世亲亲而爱私,中世上贤而说仁,下世贵贵而尊官。①

施觉怀的解读是:"商鞅的说法提出了人类社会最初是母系社会,人们依照血缘关系而定亲疏远近。按照法家观点,民众与国家的关系为'公',民众的家族之间的关系就是'私',所以称之为'亲亲而爱私'。由于家族式的社会根据血缘关系来定亲疏,这样做的结果会带来偏袒和混乱,引起相互争斗和诉讼,这就要求有能干的人出来主持公道,处理众人间的事。这时,'亲亲而爱私'就变为'上贤而说仁'。凡有能力的人都去追求利益,有知识的人都想超过别人,人愈来愈多,却又缺少制度约束,长久了又会发生混乱,这时圣人(君主)就应运而生,有了君主就不再依靠贤人而依靠官吏,于是'上贤而说仁'又变成了'贵贵而尊官'。商鞅的说法虽不一定十分确切,但他从历史发展的事实中说明社会在不断进步,认为时代变了,社会制度也应当变得更符合历史发展的要求而不应一味地向过去寻找参考。"②

此外,在这段著名的论述中,我们看到,开天辟地,人类诞生的初期,人们只知道自己的母亲而不知自己的父亲,这一表述,准确地反映了人类母系氏族公社前期群婚的表征。恩格斯指出,群婚制,"那个原始社会阶段,即使确实存在过的话,也是属于非常遥远的时代,以致在社会的化石间,在落后了的蒙昧人中间,未必可以找到它在过去存在的直接证据了"。③ 由此,在恩格斯看来,"确定原始的母权制氏族是一切文明民族的父权制氏族以前的阶段的这个重要发现,对于原始历史所具有的意义,正如达尔文的进化论对于生物学和马克思的剩余价值理论对于政治经济学的意义一样"。④ 事实上,民知其母而不知其父,不止《商君书》中有此表述。《吕氏春秋》云:"昔太古尝无君矣,其民聚生群处,知母不知父,无亲戚兄弟夫妻男女之别,无上下长幼之道,无进退揖让之礼,无衣服履带宫室畜积之便,无器械舟车城郭险阻之备。"⑤《庄子》亦曰:"神农之世,卧则居居,起则于于,民知其母,不知其父,与麋鹿共处,耕而食,织而衣,无有相害之心,此至德之隆也。"⑥而由班固汇编的《白虎通》,在论及这一问题是,还详细论述了

---

① 《商君书·开塞》。
② 施觉怀:《韩非评传》,南京大学出版社 2002 年版,第 170 页。
③ 恩格斯:《家庭、私有制和国家起源》,《马克思恩格斯选集》(第四卷),人民出版社 1972 年版,第 27 页。
④ 恩格斯:《家庭、私有制和国家起源》,《马克思恩格斯选集》(第四卷),人民出版社 1972 年版,第 14 页。
⑤ 《吕氏春秋·恃君览·恃君》。
⑥ 《庄子·盗跖》。

何谓"三皇"：

> 三皇者，何谓也？谓伏羲、神农、燧人也。或曰伏羲、神农、祝融也。《礼》曰："伏羲、神农、祝融，三皇也。"谓之伏羲者何？古之时未有三纲、六纪，民人但知其母，不知其父，能覆前而不能覆后，卧之言去言去，起之吁吁，饥即求食，饱即弃余，茹毛饮血而衣皮革。于是伏羲仰观象于天，俯察法于地，因夫妇正五行，始定人道，画八卦以治下。治下伏而化之，故谓之伏羲也。谓之神农何？古之人民，皆食禽兽肉，至于神农，人民众多，禽兽不足。于是神农因天之时，分地之利，制耒耜，教民农作。神而化之，使民宜之，故谓之神农也。谓之燧人何？钻木燧取火，教民熟食，养人利性，避臭去毒，谓之燧人也。谓之祝融何？祝者，属也；融者，续也。言能属续三皇之道而行之，故谓祝融也。①

对比可见，民知其母而不知其父，是对人类早期史前文化的共见。不同的是，《商君书》和《吕氏春秋》没有界定时段，而《庄子》将之置放于神农之世，《白虎通》将之置放于伏羲之世。如果说东汉《白虎通》的这段描述具有人类学及风俗学意义的话，那么《商君书》的论述，则触及一个导致国家和法律起源的根本——"爱私"。于是，"爱私则险，民众而以别险为务，则民乱"。在这个时候，民众都尽力制服对方来竭力争夺财物，这样就发生了争斗。发生了争斗又没有一个正确的准则来解决，那人们就没有办法过正常生活。为了维护人类社会正常的生活秩序，贤者就确立了中立无偏的原则，"设无私，而民说仁"，即主张无私，因而民众就喜欢仁爱的道德准则了。大凡讲究仁爱的人都把爱护、便利别人作为自己的事务，而贤能的人都把推举别人作为自己的处世原则。但问题是，百姓众多而没有一个制度，长期把推举别人作为处世的原则，那就又发生混乱了。所以，圣人接着就规定了土地、财物、男女的名分。名分确定了却没有个制度，是不行的，所以建立了法律禁令；法律禁令建立了却没有人去掌管它，也是不行的，所以设立了国君。已经设立了国君，那么，尊重贤人的思想就被废弃了，崇拜权贵的思想就被树立起来了。由此，商鞅对历史阶段进行了划分，并以此为据，申述他的进化史观："世事变，而行道异也。"②

与《开塞》篇相近的对国家起源的另一处论述是：

> 古者未有君臣上下之时，民乱而不治。是以圣人别贵贱，制爵位，立名号，以别君臣上下之义。地广，民众，万物多，故分五官而守之。民众而奸邪生，故立法制为度量以禁之。是故有君臣之义，五官之分，法制之禁，不可不慎也。③

这段论说，说明了君臣之义，五官之分，法制之禁，乃因民乱而不治，地广万物多，民众奸邪生之故所致。为何说"不可不慎"呢？"曰：以力也。盖'国之所以重、主

① 《白虎通·号》。
② 《商君书·开塞》。
③ 《商君书·君臣》。

之所以尊者，力也。'（《慎法》）此乃商君总结历史之演变所得之国家暴力论也。"①因之不可不慎也。

虽然，商鞅此论比较简陋，但将国家和法律的起源溯及到"私利"，并且将其与确认土地、货财的所有权联系起来，也就触及国家和法律是适应保护私有制的需要而产生的这一本质的命题，而且因国家暴力的质性，提出"不可不慎"之论，凡此种种，难能可贵。

三、因时而异的历史观

与国家和法律起源相关联的是商鞅"因时而异"的历史观。

在《商君书》开篇《更法》中，就载述了商鞅在秦变法前夕和贵族代表甘龙、杜挚要不要"变法"、"更礼"的辩论。

商鞅认为"苟可以强国，不法其故；苟可以利民，不循其礼"。意即如果可以使国家强盛，就不去效法旧的法度；如果可以使人民得到好处，就不去遵循旧的礼制。甘龙则认为："圣人不易民而教，知者不变法而治。因民而教者，不劳而功成；据法而治者，吏习而民安。"商鞅斥之为"子之所言，世俗之言也"。指出"三代不同礼而王，五霸不同法而霸。故知者作法，而愚者制焉；贤者更礼，而不肖者拘焉。拘礼之人，不足与言事；制法之人，不足与论变"。

针对杜挚所谓"法古无过，循礼无邪"之论，商鞅的反驳更是单刀直入，简洁有力："前世不同教，何古之法？帝王不相复，何礼之循？"进而得出了"礼法以时而定，制令各顺其宜"这一了不起的结论，是难得的进化史观。

因此，商鞅坚定地劝说秦孝公"治世不一道，便国不必法古"，赢得了秦孝公的首肯与支持。不但称"善"，且有名论："吾闻穷巷多怪，曲学多辨。愚者之笑，智者哀焉；狂夫之乐，贤者忧焉。拘世以议，寡人不之疑矣。"②这是说，我听说偏僻里巷中的人们往往少见多怪，一知半解的学者常常发生争辩，愚昧之人高兴的事情，聪明之人为它悲哀；狂妄之徒所乐之事，贤者为它忧虑。甘龙、杜挚等拘泥于世俗之见的议论，我不再因为他们的说法而犹疑不定了。秦孝公的这段话，实际上回应了商鞅开始所说的"臣闻之，'疑行无成，疑事无功'，君亟定变法之虑，殆无顾天下之议也。且夫有高人之行者，固见负于世；有独知之虑者，必见訾于民。语曰：'愚者暗于成事，知者见于未萌。民不可与虑始，而可与乐成。'郭偃之法曰：'论至德者，不和于俗；成大功者，不谋于众。'"这段高论。③

事实上，商鞅"因时而异"的历史观是一以贯之的，这不单单是他为了论证在秦变法的合理才有的论据，而是他进化的历史观让他坚执变法，并以此作为变法不易

① 陈奇猷：《商君书·韩非子》，岳麓书社1990年版，前言第3页。
② 《商君书·更法》。
③ 有意味的是，其中所论，在《管子·法法》中表述为："故民未尝可与虑始，而可与乐成功。是故仁者、知者、有道者，不与大虑始。"这一言意相近的表述，起码透出两点信息：一是这一观点非商鞅所言，所谓"语曰"，大抵就是"俗话说"的意思，由此亦见葛兆光竭力探寻的"春秋战国时代的一般知识与思想"的锋芒；二是无论《管子》此篇在《商君书》之前或之后，都反映了法家思想的一脉相承或者相互影响。

的信念之源,而不是相反。所以他申述"不法古、不修今",因为"法古则后于时,修今则塞于势"。意思是既不效法古代,也不拘泥现状。效法古代,就要落后于时代,而拘守现状,则会与社会发展的趋势相隔。商鞅还引述历史变迁加以论证"周不法商,夏不法虞,三代异势,而皆可以王"。① 因此,在商鞅看来,人类历史不但是变化的,而且是向前发展的,所以既不能复古,也不能拘泥当下,而应因时而异,以变化和发展的眼光来应对不断变化的社会,方能使法律和制度随时代的变化而变化,具有很强的治世之功。

商鞅的进化史观,尤其表现在他提出了著名的"四世论"。即将自有人类以来到他身处的时代划分为上世、中世、下世和今世,并指出各自不同的特征:"上世亲亲而爱私,中世上贤而说仁,下世贵贵而尊官。"以及"今世强国事兼并,弱国务力守"。②大体说来,商鞅所谓的"上世","民知其母而不知其父",是指母系氏族公社时期;"中世","上贤而说仁",大体指尧、舜、禹时期;"下世","贵贵而尊官",表明国家与法律已经产生,当是夏、商、西周时期;"今世",指战国时期,"上不及虞、夏之时,而下不修汤、武之道"。实际上是对战国时事的分析。正因"强国事兼并,弱国务力守",所以,富国强兵就成了必然。换言之,只能实行"以力服人"的"霸道",而不能实行儒家倡导的"以德服人"的"王道"。因之,整部

《商君书》中充满了对"力"的崇尚与表述,如"多力者国强","多力者王"等。而要实现"多力",亦即富国强兵,就成了商鞅所处"今世"国家生存乃至强大的根本。

四、基于立法目的的立法观

要阐明商鞅的立法观,必得明了商鞅眼中的"法目的",这两者在商鞅的论述中是一枚硬币的两面。在商鞅看来,法令之存,一为"治之本",二为"定分"。其论述如下:

> 法令者,民之命也,为治之本也,所以备民也。为治而去法令,犹欲无饥而去食也,欲无寒而去衣也,欲东西行也,其不几亦明矣。③

在商鞅看来,法令是民众的生命,治国的根本,是用来防备人民的。为治国而抛弃法令,好比希望不挨饿而抛弃粮食,希望不受冻而抛弃衣服,希望到东方而向西走一样,其相去甚远是很明显的。因之,商鞅认为:"民本,法也。故善治者塞民以法,而名地作矣。"④这是说,治理民众的根本方式是实行法治。因此善于治理国家的人,就是用法律来遏制民众,而名声和土地就都增加了。

此外,为了说明法令的目的或作用在于"定分",以"百人逐兔"的著名典喻来

---

① 《商君书·开塞》。
② 《商君书·开塞》。
③ 《商君书·定分》。
④ 《商君书·画策》。

阐发：

> 一兔走，百人逐之，非以兔也。夫卖者满市，而盗不敢取，由名分已定也。①

这个著名的典喻，就把"立法名分"或法令旨在"定分"的目的或者作用，阐发得非常形象，也非常直接。因这一典喻似是慎子所创，商鞅借用其意，也说明了其时思想、观念的相互影响。所以，商鞅认为，"故夫名分定，势治之道也；名分不定，势乱之道也。"②

在"定分"亦即明了法令目的的前提下，"立法"假定的背景又是什么呢？商鞅认为："夫微妙意志之言，上智之所难也。夫不待法令绳墨而无不正者，千万之一也，故圣人以千万治天下。故夫智者而后能知之，不可以为法，民不尽智。贤者而后知之，不可以为法，民不尽贤。"③这是说，微妙深奥的言论，上等才智的人也不易理解。不需要法令作准则而行为都是正确的，在千万人中只有一个。圣人是针对千万人来治理天下，所以只有智者才理解的东西不能用来作为法令，因为百姓不是人人都是智者。只有贤能的人能理解的东西，不能用来作法令，因为百姓不是人人都贤能。所以在商鞅看来，能为法令者，必得以民众"能知之"为前提，其假定是一般民众并不都是聪明人，所以要通俗易懂。用现在的话说，就是立法要"走群众路线"，以民众的理解为预设的背景：

> 故圣人为法，必使之明白易知。名正，愚智遍能知之。④

好一个"明白易知"，在简古的商鞅文辞中，唯此一语，千载之下，如平常家话，依然"明白易知"！也就是说，商鞅强调圣人制定法令，一定要使它明白易知。用来确定名分的用词恰当，愚人和智者都能懂得。这一从民众出发，强调所立法令必须明白易知的立法观，是极具践行价值的。孟德斯鸠也说："法律的体裁要质朴平易；直接的说法总是要比深沉迂远的词句容易懂些。"⑤进而明确指出："法律不要精微玄奥；它是为具有一般理解力的人们制定的。它不是一种逻辑的艺术，而是像一个家庭父亲的简单平易的推理。"⑥

---

① 《商君书·定分》。这个著名的典喻也见于慎子佚文："一兔走街，百人逐之，贪人具存，人莫之非者，以兔为未定分也。积兔满市，过而不顾，非不欲兔也，分定之后，虽鄙不争。"这就明确界分了无主之兔和有主之兔，并指出了其中的原因，乃在于"分定之后，虽鄙不争"。但《吕氏春秋·审分览·慎势》引慎子云："'今一兔走，百人逐之，非一兔足为百人分也，由未定。由未定，尧且屈力，而况众人乎？积兔满市，行者不顾，非不欲兔也，分已定矣。分已定，人虽鄙，不争。'故治天下及国，在乎定分而已矣。"表意更细密，更精致。而郭沫若却从中看出了"这对于私有财产权的承认，说得非常明了。这是很符合当时的时代精神的。"参见郭沫若：《十批判书》，东方出版社 1996 年版，第 157 页。

② 《商君书·定分》。

③ 《商君书·定分》。

④ 《商君书·定分》。

⑤ [法]孟德斯鸠：《论法的精神》下册，张雁深译，商务印书馆 1963 年版，第 296 页。

⑥ [法]孟德斯鸠：《论法的精神》下册，张雁深译，商务印书馆 1963 年版，第 298 页。

与此相应,商鞅认为,法律不仅应当"明白易知",而且应该简省:

法详则刑繁,法简则刑省。①

意思是法令周详,那么刑罚就会繁多;法令简明,那么刑罚就会减少。因为,过于烦琐的法律与"明白易知"是冲突的,也就无法实现商鞅"吏明知民知法令也,故吏不敢以非法遇民,民不敢犯法以干法官也"②以及"万民皆知所避就——避祸就福"③的立法目的,所以,法贵简明。可贵的是,其中还包括官吏明知百姓知道法令,所以官吏不敢以非法手段对待百姓的真意。换言之,这是"明法"的好处,也是以法限制官吏为非作歹的必要手段。此论在先秦法家治法论中,唯商君论及,殊为难得。

唯其如此,商鞅认为,制定政策、设立法度,必须察民情、宜于时:

不法古,不修今,因世而为之治,度俗而为之法。故法不察民之情而立之,则不成;治宜于时而行之,则不干。④

意思是立法既不效法古代,也不拘守现状,而应根据社会发展情况来制定相应的政策,考虑民情习俗来建立相应的法度。因此,法律的制定,如果不考察民情而立,那就不会成功;治理之策,如果能适应时代

的需要来行,就不会受到抵制。商鞅这一"因世而为之治,度俗而为之法"的立法观,内中支撑的是他"不法古、不修今"这一与时俱进的历史观,而适应时代需要,考虑民情而立的立法理念,是指导立法的不废之理,具有恒久的智慧光芒。

斗牛画像石

商鞅申述到:"故圣人之为国也,观俗立法则治,察国事本则宜。不观时俗,不察国本,则其法立而民乱,事剧而功寡。"⑤再次强调立法要"观时俗,察国本",否则法立而民乱,事剧而功寡。同样,这一立法思想是不朽的。

五、商鞅的普法论

商鞅还认为,必须"为置法官,置主法之吏,以为天下师,令万民无陷于险危"。⑥这就涉及立法后对法律的宣讲了,亦即"普法"了。可贵的是,商鞅不但提出立法要明白易知,而且为了防止因法令"令万民无陷于险危"境地情况的发生,商鞅有配套的方案,即给法令设置"法官",还设置主管法令

---

① 《商君书·说民》。
② 《商君书·定分》。
③ 《商君书·定分》。
④ 《商君书·壹言》。
⑤ 《商君书·算地》。
⑥ 《商君书·定分》。

的法吏,来做天下人的老师,宣讲法令,最后企图实现他心目中通过"自治"而达到"天下大治"的理想境地:

故圣人立天下而无刑死者,非不刑杀也,法令明白易知,为置法官吏为之师以道之知。万民皆知所避就——避祸就福,而皆以自治也。故明主因治而治之,故天下大治也。[1]

如果说立法要明白易知,而设置法官、法吏则使所立法令让民众明白无误,尽可能家喻户晓,使"妇人婴儿皆言商君之法",[2]其目的除了"万民皆知所避就",从而"守法"外,还包含了使"吏不敢以非法遇民,民不敢犯法以干法官"[3]的双向效果。前者,也就是商鞅所说的"避祸就福",以此实现他期冀的"自治",进而"因治而治之",所以天下就大治了。后者,似乎更加重要,旨在确保官民依法互治,即官吏不敢用非法的手段来对待民众,而民众也不敢犯法来冒犯法官。

六、商鞅论执法与守法

在执法方面,商鞅强调:"所谓壹刑者,刑无等级。自卿相将军以至大夫庶人,有不从王令,犯国禁,乱上制者,罪死不赦。"[4]商鞅的"刑无等级"一改"刑不上大夫"的痼习,坚决主张刑上大夫,并雷厉风行践行其主张:"刑其傅公子虔,黥其师公孙贾。明日,秦人皆趋令。"[5]何等决绝,何等不折不扣!因为商鞅深信:"古者民藂生而群处乱,故求有上也。然则天下之乐有上也,将以为治也。今有主而无法,其害与无主同;有法不胜其乱,与无法同。"[6]所以,执法必严就在于必须一改"法之不行,自上犯之"的痼疾。虽然,商鞅的"刑无等级"思想的确具有很强的历史进步意义,但是,必须清醒地认识到,它与近代资产阶级的"刑无等级"和在"法律面前人人平等"绝对不能等量齐观。因为商鞅的这一思想是在论述君主治国应该"一赏"、"一教"、"一刑"时阐发的,它强调的重点是君主在执法用刑时,对于所有"不从王令、犯国禁、乱上制"的臣民,都要"罪死不赦",商鞅的"刑无等级"可以说是在排除了君主本人以后,把所有臣民作为一个集合体统一看待,这同"法律面前人人平等"把所有人(包括最高统治者)看作独立平等的个体是有显著区别的。总之,商鞅"刑无等级"的思想是君主政体的产物,是一个反抗旧传统和旧贵族特权,在用刑执法问题上的尊君口号,而"法律面前人人平等"则是民主政体的原则,二者不能混淆。[7]

商鞅意识到,"国之乱也,非其法乱也,

---

① 《商君书·定分》。

② 《战国策·秦策》。

③ 《商君书·定分》。

④ 《商君书·赏刑》。

⑤ 《史记·商君列传》。

⑥ 《商君书·开塞》。

⑦ 刘新主编:《中国法哲学史纲》,中国人民大学出版社 2005 年版,第 112 页。

非法不用也。国皆有法，而无使法必行之法。"①即意识到国家的混乱，并不是因为它的法律混乱，也不是因为法律被废弃不用，每个国家都有法律，却往往没有使法律一定得到实施的办法。商鞅的这一发现非同寻常，一语中的，在战国时代就已说透了执法不力的根本原因，找准了执法环节的"软肋"，至今未有良策补救。对此，梁启超指出："'使法必行之法'，在民本的国家之下，能否有之，且未可定。在君权的国家之下，则断无术以解决此问题。夫无监督机关，君主可以自由废法而不肯废法，则其人必尧舜也。夫待尧舜而法乃存，则仍是人治非法治也。"②用孟德斯鸠的话说，则是因为专制的国家没有法律的保卫机构使然。

对这一关键问题，丘汉平也进行了追问，然后回答道："为什么没有使法必行之法呢？这是因为君上释道任私议，换一句话说，以感情用事罢了。现在要使法行，第一步先要摈弃私议而任法；第二步须实行刑赏，使法可行于宇内而无阻，上下守之而不议。刑赏要壹，才可收效。"③此论实乃丘氏推测之论，可备一说。实际上，商鞅感叹的"国皆有法，而无使法必行之法"，说的是没有监督法律实施之法，指向的是"法之不行，自上犯之"的痼疾，而非任私议，推刑

赏。对此，倒是章太炎一语道破："此以刑维其法，而非以刑为法之本也。"④章太炎的意思是，商鞅并非以刑为本，而是将刑罚作为法的必行之法。

有意思的是，为了保证法令的准确性和它的不可更改，郑重到"法令皆副置：一副天子之殿中，为法令为禁室，有键钥为禁而以封之，内藏法令，一副禁室中，封以禁印。有擅发禁室印，及入禁室视禁法令，及剟禁一字以上，罪皆死不赦"⑤的地步。

由此观之，商鞅的"缘法而治"，实质上涵括了立法、普法、执法、守法各个环节，论述虽然非常简略，但均触及问题的实质，不愧是法家的代表人物。而韩非却认为："商君虽十饰其法，人臣反用其资。故乘强秦之资，数十年而不至于帝王者，法不勤饰于官，主无术于上之患也。"⑥换言之，商君徒法而无术，因而为奸人所乘。其实，正如郭沫若所说："至于他的用法而不用术，正是初期法家的富有进步性的地方。初期法家主张公正严明，一切秉公执法，以法为权衡尺度，不许执法者有一毫的私智私慧以玩弄法柄。吴起、商鞅是这样，就是染上了黄老色彩的慎到，也是这样。"⑦此论无意中反驳了韩非的观点，对唯一以法为治的进步意义作了揭示，甚好。但随后所论，值得

---

① 《商君书·画策》。此论亦见《管子·七法》篇。
② 梁启超：《先秦政治思想史》，中国人民大学出版社2012年版，第164页。
③ 丘汉平：《慎子底法律思想》，载《丘汉平法学文集》，中国政法大学出版社2004年版，第87页。
④ 章太炎：《检论》卷九《商鞅》，载《章太炎全集》第三卷，上海人民出版社1984年版，第79页。
⑤ 《商君书·定分》。
⑥ 《韩非子·定法》。
⑦ 郭沫若：《十批判书》。东方出版社1996年版，第308～309页。

商榷。①

七、治国之要：法、信、权

商鞅认为："国之所以治者三：一曰法，二曰信，三曰权。"②由此可见，商鞅将"法"置于首位，辅之以"信"与"权"，不同于后来韩非总结的"法"、"术"、"势"。对这三者的功用及其关系，商鞅有精到的论述。商鞅认为，法，像称轻重的权衡、量长短的尺寸一样，成为判断是非功过和行使赏罚的公平标准，即"法者，国之权衡也"。③而"信"，则是"法"取信于民和君主行使刑、赏的内在要求；至于"权"，是君主所"独制"的，是"君尊则令行"的前提。商鞅集中论述道：

> 法者，君臣之所共操也；信者，君臣之所共立也；权者，君之所独制也。人主失守，则危；君臣释法任私，必乱。故立法明分，而不以私害法，则治；权制独断于君，则威；民信其赏则事功成，信其刑则奸无端。惟明主爱权重信，而不以私害法。④

由这段论述可见，法，君臣共操；信，君臣共立；唯有权，则"君之所独制也"，是人主不能失守者，失守则危。就三者而言，治之端在法，故立法权在君，臣据以执法，此谓"共操"。共操者，首先在于"立法明分"，关键在于"不以私害法"。换言之，"任法则国治矣"；⑤"权"因君主"独断"而君"威"；所谓"信"，具体而言，即必使民信刑、赏。而刑、赏，即后来韩非总结得"二柄"——刑、德。"何谓刑、德？曰：杀戮之谓刑，庆赏之谓德。"⑥实际上就是刑、赏，叫法不同而已，而二柄有赖于君"权"。商鞅总结道："惟明主爱权重信，而不以私害法。"⑦需要申明的是，这里为人主独专的"权"，它所形成的高压态势，就成了"势"。

关于君臣共操的"法"，在商鞅看来，实际上指向刑、赏："虽民至亿万之数，县重赏而民不敢争，行罚而民不敢怨者，法也。"⑧或言："明王之治天下也，缘法而治，按功而赏。"⑨而刑、赏最忌私意，因此他特别强调明主"赏厚而利，刑重而必，不失疏远，不私亲近"。⑩唯其如此，则"明主任法去私，而

---

① 郭沫若接着说："'术'是执法者以私智私慧玩弄法柄的东西，这倡导于老聃、关尹，而发展于申不害，再结穴于韩非。故如申不害与韩非，严格地说时已经不是纯粹的法家了。"首先，法家设计的执法者，乃是臣下，而"术"为人君专控，所以说执法者以术玩弄法柄，不当。而将"术"源于老子、关尹，已为深研道家的学者彻否。至于说申子、韩非已不是纯粹的法家，更难成立。

② 《商君书·修权》。

③ 《商君书·修权》。

④ 《商君书·修权》。

⑤ 《商君书·慎法》。

⑥ 《韩非子·二柄》。

⑦ 《商君书·修权》。

⑧ 《商君书·画策》。

⑨ 《商君书·君臣》。

⑩ 《商君书·修权》。

国无隙蠹矣"。① 否则，如果"君臣释法任私，必乱"。鉴于"法之不行，自上犯之"，也就特别要求君主带头守法："故明主慎法制。言不中法者，不听也；行不中法者，不高也；事不中法者，不为也。言中法，则听之；行中法，则高之；事中法，则为之。"②这段论说的句型，让人自然想起《论语》中颜渊问仁，孔子应之以"克己复礼为仁"后，颜渊"请问其目"后的经典回答："非礼勿视，非礼勿听，非礼勿言，非礼勿动。"③事实上，"法"乃法家之"经"，自然会有同样经典的表述。

君车画像石

不仅要求君主带头守法，对臣下要求更严乃至苛刻。如果"守法守职之吏，有不行王法者"，不但"罪死不赦"，甚至要"刑及三族"。为了加强纠告，规定"同官之人，知而讦之上者，自免于罪"。④ 对主管法令的人，如果胆敢忘记执行他主管法令所说的条文，那就分别按照他们所忘记的法令来惩处他们。即"各主法令之民，敢忘行主法令之所谓之名，各以其所忘之法令名，罪之"。⑤

商鞅认为，法治的理想状态是"有道之国，治不听君，民不从官"。⑥ 即有法度的国家，官吏处理事情不必去听从君主，民众处理事情不必去听从官吏。为什么？因为法令颁行后，该用刑还是该奖赏，在民众心里就能作出决断，即"刑赏断于民心"。

关于"信"，商鞅力主"信赏必罚"。为立"信"，不仅有"徙木之赏"的非常之举，而且要求明主"赏厚而信，刑重而必"。⑦ 意即英明的君主奖赏优厚而且必赏，刑罚严厉而且一定实施。究其实质而言，"信赏必罚"暗含"去私"的内容，即不论平民贵族，有功则赏，有罪必罚。也就是"不失疏远，不违亲近"，旨在"臣不蔽主，而下不欺上"。⑧ 事实上，商鞅做得很到位："商君治秦，法令至行，公平无私，罚不讳强大，赏不私亲近，法及太子，黥劓其傅。"⑨司马光虽沿称商鞅"尤称刻薄"，但在其第三篇"史论"中认为"信"是"人君之大宝。国保于民，民保于信。非信无以使民，非民无以守国"。⑩

① 《商君书·修权》。
② 《商君书·君臣》。
③ 《论语·颜渊》。
④ 《商君书·赏刑》。
⑤ 《商君书·定分》。
⑥ 《商君书·说民》。
⑦ 《商君书·修权》。
⑧ 《商君书·修权》。
⑨ 《战国策·秦策》。
⑩ 《资治通鉴》卷第二显王十年"臣光曰"。

关于"权",商鞅既然认为"权者,君之所独制也",其潜在的前提就必然是"尊君"。因为商鞅看到,"法"的推行,需要君主的权势加以保障,即"尊君则令行"。①换句话说,只有"秉权而立",才能"垂法而治"。②以此论看,"商鞅看到了推行法治必须以国家政权为后盾,这在一定意义上说是对的,但商鞅对君权的过分崇拜,只能导致君主专制主义,其结果只能是对真正意义上的法治的破坏"。③虽然在家国一体的封建社会,似乎"朕即国家",但实质上,君权毕竟不等于或者不就是国家的权力。问题还在于,当君"权"与"法"发生冲突时,何者为尊?换言之,由君主"独擅"的"权"与"君臣共操"的"法"二者冲突时,究竟以何者为第一?换一句现代的、比较浅白的话就是"权大还是法大"?

"权大还是法大"这一命题,与其说是一个先秦法家不经意忽略了的问题,毋宁说是刻意回避了的难题。因为我们看到,虽然先秦法家强调"禁胜于身,则令行于民矣"。④这是说,禁律能够管束君主自身,政令就可以行于民众。再如,"以有道之君,行法修制,先民服也"。⑤其意是有道的君主,行法令、修制度,总是先于人民躬行实践的。或言:"为人君者……官不私亲,法不遗爱,上下无事,唯法所在。"⑥等。这些著名论断,如果仅仅认为是一种思想,

一种倡导的话,那么,以决绝的实践坚决推行法制主张的商鞅,他强调的"刑无等级",也只是"自卿相将军以至大夫庶人"而已,难道能"无等级"到君主?也就是说,真当君主违反了相关法律时,还是留下了"一个人的缺口"。马中就一针见血地指出:"有一个人却必须设计在法网之外,他就是最高的执绳收网者——君主。从表面看,法家的法网只留下了一个人的缺口,然而,由于缺口部分是在一个关键的、要害的、决定性的位置,所以这个缺口足以毁灭法网自身。"⑦的确,别小看这"一个人的缺口",它确实足以毁灭法网自身。此论之好,好在一片附和太史公所言的法家"不别亲疏,不殊贵贱"声中,轻轻勘破了问题的实质所在,即法家的"一断于法"恰恰遗漏了君主本身,而这,却是致命的。

我们看到的史实是,商鞅以最终被车裂的杀身之祸换来的,也就"法及太子,黥劓其傅"而已。这似乎很惊天动地,又怎能触及据以依靠的君主本人呢?因之,除了商鞅力行并将之付诸实践外,大多只是思想上的提倡而已。尤其是,当权贵触犯了法律时,怎样保证这些倡导不被"虚化",其实并无制度方面的任何保障。这就是商鞅已经看到并痛心疾首的问题,即"无使法必行之法"。

商鞅的担忧不仅表明了他必欲践行的

---

① 《商君书·君臣》。

② 《商君书·壹言》。

③ 刘新主编:《中国法哲学史纲》,中国人民大学出版社 2005 年版,第 111 页。

④ 《管子·法法》。

⑤ 《管子·法法》。

⑥ 《慎子·君臣》。

⑦ 马中:《中国哲人的大思路》,陕西人民出版社 1993 年版,第 804 页。

真诚，而且让我们得以识见他以一个法治实践者与亲历者所洞察到的眼力与卓识。而"无使法必行之法"历经了历史的风烟，在积习不返中变成了**"商鞅的诅咒"**。

因此，我们沉痛地看到，史实一再表明的大量现实是，"法之不行，自上犯之"并未因为法家的倡导而一改前辙。恰恰相反，随着儒家思想的正统化，滥觞于魏晋南北朝时期的"八议"制度，即所谓的议亲、议故、议贤、议能、议功、议贵、议勤、议宾，是"刑不上大夫"的"礼治"原则在刑罚适用上的具体体现。秦、汉时期，虽然也出现过维护贵族官僚特权的规定和案例，但未见"八议"入律的记载。至三国时期，随着儒家主张的礼越来越多地纳入法律，为了维护在国家中居于统治地位的士族贵族的特权，魏明帝制定的《新律》，首次正式把"八议"写入法典之中，使封建贵族官僚的司法特权得到公开的、明确的、严格的保护。自此直至明、清，"八议"成为后世历代封建法典中的一项重要制度，历经一千六百余年而相沿不改。①

史实昭彰，历历在目，载之于史册，横行于曾经的现实，又怎能视而不见？

这样一来，法家的所有努力，几近溃灭。由此，不能把儒家的过错全部算到法家头上。虽然"一个人的缺口"极有可能撕裂法网，终于导致终极的"权大于法"，但是，"八议"的网开一面，则在更大的范围内，在制度堂而皇之的保障下，因之是在更

普遍的意义上将"法"总有例外写进了中国的史册。而"权大于法"就变成了一种现实。这更可怕，也更可悲。

必须特别需要加以辨明的是商鞅的"公"与"私"。具体讲，"任法"为"公"，而"释法"为"私"。因为"在法家看来，'公'是法的灵魂，无'公'也就无法，有法而不奉公，法也就失去了作用和意义"。② 所以商鞅主张"任法去私"，反对"释法任私"，亦明矣。由此，"战国时法家所共同的一个倾向，是强公室而抑私门。这里是含有社会变革的意义的"。③ 但世人不明商鞅之大公心，以刻薄少恩一语盖棺，不亦枉乎？商鞅所心仪者，乃在君主"为天下治天下"：

> 故尧、舜之位天下也，非私天下之利也，为天下位天下也。论贤举能而传焉，非疏父子，亲越人也，明于治乱之道也。故三王以义亲，五霸以法正诸侯，皆非私天下之利也，为天下治天下。是故擅其名，而有其功，天下乐其政，而莫之能伤也。今乱世之君臣，区区然皆擅一国之利，而管一官之重，以便其私，此国之所以危也。故公私之交，存亡之本也。④

皇皇之论，诚可悬诸日月；公心若揭，非为一己之利。在商鞅眼中，虽言君主应独制权柄，但究其实，是为天下的人治理天下。他所痛击者，恰是"今乱世之君臣，区区然皆擅一国之利，而管一官之重，以便其

①　马作武主编：《中国法制史》，中国人民大学出版社 2007 年版，第 113 页。
②　刘泽华：《中国政治思想史集》第三卷《王权主义与思想和社会》，人民出版社 2008 年版，第 335页。
③　郭沫若：《十批判书》，东方出版社 1996 年版，第 305 页。
④　《商君书·修权》。

私"。可惜,历代君王,只取独制的权柄,而把天下人的天下变成了"家天下"。呜呼,这难道也成了商鞅之过?

瓦当

此外,商鞅还有一段"道义与法"的论说,非常精彩:

圣人见本然之政,知必然之理,故其制民也,如以高下制水,如以燥湿制火。故曰:仁者能仁于人,而不能使人仁;义者能爱于人,而不能使人爱。是以知仁义之不足以治天下也。圣人有必信之性,又有使天下不得不信之法。所谓义者,为人臣忠,为人子孝,少长有礼,男女有别;非其义也,饿不苟食,死不苟生。此乃有法之常也。圣王者,不贵义而贵法——法必明,令必行,则已矣。①

在商鞅看来,治理民众的"本然之政"和"必然之理"不在于道义,而在于法度。

因为道义只能自律,不能他律。儒家所谓的种种道义,譬如忠、孝、礼、别,以及表现出来的行为,诸如"饿不苟食,死不苟生",在儒家乃是高端地践行了道义,而在法家看来,却不过国家有了法度之后的寻常之事。所以,圣明的帝王"不贵义而贵法",而且能够做到"法必明,令必行",那就够了。商鞅这段关于"道义与法"的论说,把"法"置于道义之上,实际指向了人的一切行为以法为准,且要求"法必明,令必行",凸显了法家中人的商鞅重"法"的显著特征,潜在地表明了法、儒二家的尖锐对立。这一对立,直到半个世纪后的荀子,才成功地将礼、法并立并论,初次弥合了儒、法二家的水火不容之势,真正开创了两千多年"礼法并用"的治世传统。客观说来,这一结果的形成,不用悬猜,荀子肯定是借鉴了商鞅单一法治之弊,吸收了儒家礼制之长而为。②

八、重刑主义

毋庸讳言,商鞅是重刑主义的倡导者。他明确提出"禁奸止过,莫若重刑",其理由是"刑重而必得,则民不敢试,故国无刑民。国无刑民,故曰明刑不戮。"③意思是刑重而且一定加以惩处,那么民众就不敢以身试法,所以国内也就没有受刑的人了。国内没有受刑的人,所以说,严明刑罚不会杀人。这也是商鞅"以战去战,虽战可也;以杀去杀,虽杀可也;以刑去刑,虽重刑可

---

① 《商君书·画策》。

② 关于荀子的相关主张及其"礼法并用",可参阅本文丛之《儒宗正源》第三十章"隆礼至法"中的相关内容,厦门大学出版社 2011 年版,第 196~214 页。

③ 《商君书·赏刑》。

也"①观点的具体表述。事实上,商鞅不但主张重刑,而且要以重刑加"连其罪"的方式,企图实现"褊急之民不斗,很刚之民不讼,怠惰之民不游,费资之民不作,巧谀恶心之民无变也"②的效果。严格说来,商鞅的重刑主张有其特定的内容:

首先,商鞅将刑、赏并论。在商鞅主张的刑、赏二者当中,就比例而言,应是"刑多而赏少"。③ 除有功于农战和告奸者外,反对滥赏。在次序上,应"先刑而后赏"。④在刑、赏之间的这一比例和次序安排,商鞅有他的理由:"重罚轻赏,则上爱民,民死上;重赏轻罚,则上不爱民,民不死上。"⑤或者表述为:"重刑少赏,上爱民,民死上;重赏轻刑,上不爱民,民不死上。"⑥意思是,加重刑罚、不滥加赏赐,那是君主爱护民众,民众也就会为君主卖命;滥加赏赐、减轻刑罚,那是君主不爱护民众,民众也就不会为君主卖命。如果追问,为什么"重罚轻赏"是君主爱护民众呢?

商鞅认为:"罚重,爵尊,赏轻,刑威。爵尊,上爱民;刑威,民死上。故兴国行罚则民利,用赏则上重。"⑦此其一。意思是刑罚重,爵位才显得尊贵;奖赏少用,刑罚才显得威严。爵位尊贵,才更体现出君主爱民众。所以强盛的国家使用刑罚,民众就能被君主役使;施用奖赏,那么君主就会受到尊重。还有一个理由是,"民之情也治,其事也乱。故行刑,重其轻者;轻者不生,则重者无从至矣。此谓'治之于其治'也"。⑧ 意思是民众性喜安定,但他们做的事情却往往造成混乱。所以实施刑罚的时候,对那些犯了轻罪的人用重刑,那么,轻微的犯罪就不会发生,严重的犯罪也就不能出现了。这就叫国家安定的时候去治理。换言之,重刑可以防患于未然,因之是一种"爱护"。

其次,轻罪重罚。这才是重刑主义的核心。对此,商鞅的反复申述如下:

行刑重轻,刑去事成,国强;重重而轻轻,刑至事生,国削。⑨

故行刑,重其轻者;轻者不生,则重者无从至矣。此谓"治之于其治"也。行刑,重其重者,轻其轻者;轻者不止,则重者无从止矣。此谓"治之于其乱"也。故重轻,则刑去事成,国强;重重而轻轻,则刑至而事生,国削。⑩

行罚,重其轻者,轻者不至,重者不来,此谓以刑去刑,刑去事成。罪重刑轻,刑至

---

① 《商君书·画策》。
② 《商君书·垦令》。
③ 《商君书·画策》。
④ 《商君书·壹言》。
⑤ 《商君书·去强》。
⑥ 《商君书·靳令》。
⑦ 《商君书·说民》。
⑧ 《商君书·说民》。
⑨ 《商君书·去强》。
⑩ 《商君书·说民》。

事生,此谓以刑致刑,其国必削。①

商鞅不遗余力地申述他的重刑思想,其义同一,只是论述详略不同而已。上述三部分的论说,包含以下几点主张:一是要对轻罪重罚,不能"重重"而"轻轻",即不能对犯重罪的人使用重刑,对犯轻罪的人使用轻刑,亦即不能是荀子后来所说的"罪刑相称",而应对重罪施以重刑,而对轻罪也要施以重刑。二是简要说明了为什么要轻罪重罚。理由是,施行刑罚时对犯轻罪的人使用重刑,那么刑罚就能去掉而事情就能办好,国家也就强盛;如果对犯重罪的人使用重刑,对犯轻罪的人使用轻刑,那么刑罚就得使用,而犯罪的事情还会发生,国家也就会被削弱。或者如上所述,对犯轻罪的人使用重刑,连犯轻罪的事情都不会发生,那么犯重罪的事情更无从出现了,也就是"以刑去刑"。三是指出了重轻、重重而轻轻的后果。重轻,即"重其轻者",亦即对轻罪重罚,刑去事成,国家就强盛;而重重而轻轻,即"重其重者,轻其轻者",后果是轻罪不止,重罪更会发生,国家就会被削弱。

其实,商鞅治世心切,急切之中,以为轻罪重刑,则轻罪不敢犯,大罪就无从发生了,从而达到以刑去刑的目的。这个想法的初衷似乎可以理解,但他把极其复杂的治世想得过于简单了。其中的问题,正如丘汉平追问的:"试问轻罪重刑,一旦大罪要怎样刑呢?他仅从一方面观察,以为小罪大刑,大罪就不会发生,便没有刑的必要。这个观念是错的:偷窃死罪,强盗奸掠也死罪,要做贼的都要做奸掠强盗,因为一旦被捕获到底一死。况且这种做法,一点哲学基础都没有,更谈不到科学的方法了。法律哲学是要完全法律的目的——公道(justice),像大盗和小偷都是一样的死罪,公道吗?所以他的小罪大刑或轻罪重刑观念是大错而特错,不是真正的法治精神,也是违背法律最后的目的了——公道。"②另外,一个不言自明的道理是:"法律过于严酷,反阻碍了法律的实施。"③还有,"刑罚可以防止一般邪恶的许多后果,但是刑罚不能铲除邪恶本身"。④换言之,体制的邪恶导致的罪恶无法通过严罚革除。即使对一般犯罪的预防,实际上重刑论只会导致激变,而无法完成以刑去刑的目的。

再次,刑多赏少的比例。商鞅主张刑多而赏少。但究竟是何比例,亦有反复申述:

王者刑九赏一,强国刑七赏三,削国刑五赏五。⑤

治国刑多而赏少,乱国赏多而刑少。故王者刑九而赏一,削国赏九而刑一。⑥

在商鞅看来,刑、赏的比例甚至决定了

① 《商君书·靳令》。
② 丘汉平:《慎子底法律思想》,载《丘汉平法学文集》,中国政法大学出版社 2004 年版,第 89 页。
③ [法]孟德斯鸠:《论法的精神》上册,张雁深译,商务印书馆 1961 年版,第 88 页。
④ [法]孟德斯鸠:《论法的精神》上册,张雁深译,商务印书馆 1961 年版,第 314 页。
⑤ 《商君书·去强》。
⑥ 《商君书·开塞》。

一国的层级与强盛。按他的话说，能够称王天下的国家，刑罚占十分之九，而奖赏占十分之一；强盛的国家，刑罚占十分之七，而奖赏占十分之三；削弱的国家，刑罚与奖赏各占一半。此论何据？商鞅没有论述。在我们看来，其意不在这一比例是否精准和有什么依据，而是通过这一方式强调"治国刑多而赏少，乱国赏多而刑少"。《去强》篇中的削国比例是"刑五赏五"，而《开塞》篇中削国的比例就成了"赏九而刑一"即是明证，因之，不可拘求。由此看来，古代中国的"赏罚就是法，法主要是刑罚（赏是次要的）"。[①]

需要插叙的是，法史学界绝大部分学者在论说中国古代的法时，认为其主要内容就是赏罚，而主要内容就是赏罚成了中国古代法比较简单、粗糙的代名词，因之持批判的姿态与立场。但倪正茂先生有独特的见解，认为重视法律激励，是中国法律文化传统中一个重要的而又长期未受到应有关注的特点。相比之下，古代西方各国的法律中，鲜有奖赏激励的法条规定。倪先生由此认为，这一在法律中重视奖赏的机制，是古代中国一直比较先进的内在原因之一。[②] 应当说，这一见解是独到和富有见地的，为我们重新审视中国古代法提供了审慎而又全新的视角。

对刑赏比例，与上例相近的还有下列论说：

故王者刑于九而赏出一。刑于九则六淫止；赏出一则四难行。[③]

其意是民众"欲有六淫，恶有四难"，所以，能称王天下的人，刑罚用在许多方面而奖赏只从农战这一个口子发放出来。刑罚用在许多方面，那么这"六淫"就能被制止；奖赏只从农战这一个口子发放出来，那么这"四难"就能推行了。可见，此处的"刑于九而赏出一"之"九"是不确定的多方面的意思，而"赏出于一"之"一"，特指农战。因之，"刑于九而赏出一"就不是一种比例关系。

最后，"德生于刑"和经由刑多赏少抵达的"至德"。商鞅等法家一贯主张的"以刑去刑"，实际上也是对儒家"以德去刑"的反动。因为在法家看来，轻刑和"德治"势必助长奸邪而"以刑致刑"，只有重刑才能使"民莫敢为非"，从而"是一国皆善也"。[④] 所以商鞅认为，"德生于刑"，其推论是：

刑生力，力生强，强生威，威生德，德生于刑。[⑤]

这一连环互生的关系是这样的，即刑罚能够产生实力，实力能够产生强盛，强盛能够产生威势，威势能够产生恩德。因此说，恩德是从刑罚中产生的。严格说来，商鞅此处之"德"不同于儒家"德治"之"德"。前者指由威势而生的恩德，而后者则指道

---

① 范忠信、郑定、詹学农：《情理法与中国人》，北京大学出版社 2011 年修订版，第 6 页。
② 倪正茂：《激励法学探析》，上海社会科学出版社 2012 年版。
③ 《商君书·说民》。
④ 《商君书·画策》。
⑤ 《商君书·说民》。

德教化,譬如,子曰:"为政以德,譬如北辰,居其所而众星共之。"或"道之以德,齐之以礼,有耻且格"。① 即是显例。

在这一连环互生的基础上,商鞅甚至认为:"刑多而赏少……故王者刑用于将过,则大邪不生;赏施于告奸,则细过不失。治民能使大邪不生,细过不失,则国治,国治必强。一国行之,境内独治;二国行之,兵则少寝;天下行之,至德复立。"②即将刑多赏少推而广之,成为"天下行之,至德复立"的原初动因。换言之,刑多赏少,最高的道德就能在天下重新建立起来,进而他将这一推论说成是"此吾以杀刑之反于德,而义合于暴也"。③ 意思是,这就是我认为

杀戮、刑罚能够回归于道德,道义反而合乎残暴的道理。虽然此理绝难说通,但由此亦见商鞅念兹在兹者,也就是"王者以赏禁,以刑劝;求过不求善,藉刑以去刑"。④ 但问题是,以刑去刑的愿望固然可嘉,但事实上,这只是一个说服了自己而根本没有任何科学道理的命题。

至此,商鞅渐行渐远而趋极端。由治法的人性论基座开始,从法律源起到立法、普法、执法与守法,乃至到重刑主义,目的只有一个,就是堵塞其他通途,驱民于农战,以图富国强民。究竟而言,此乃一剂猛药,固可立起疗效,然而毒浸骨髓,自绝而绝国,非普世价值也。

---

① 《论语·为政》。
② 《商君书·开塞》。
③ 《商君书·开塞》。
④ 《商君书·开塞》。

第二十三章　政论合一：商鞅的治世理论与实践(下)

太炎先生浩叹道："商鞅之中于谗诽也二千年，而今世为尤甚。其说以为自汉以降，抑夺民权，使人君纵恣者，皆商鞅法家之说为之倡。呜呼！是惑于淫说也甚矣。"

一、作为富国强兵的核心：农战

农战者，即农耕和作战。此乃商鞅通过刑、赏所驱迫与唯一鼓励者。

先说农耕。商鞅是法家"重农主义"的坚定推行者和将之推到极致者。他和法家重农主义的鼻祖李悝的区别是，他以极端的方式强调农耕的重要性，是除了作战之外唯一开启的"显荣之门"。如果说，李悝尚能兼顾商人的利益，那么，商鞅的重农，则"斥商"而"禁商"，即排斥和禁止商人及商业活动，以及手工业者。发展到后来，韩非更趋极端，主张"除末"。

客观说来，中华民族是以黄河流域为摇篮发展起来的。黄河流域气候温和，雨量充沛，土质松软，地形平坦，具有发展农业的良好条件。战国时期的秦国，虽在西陲，但地处号称"八百里秦川"的渭河平原，干流及支流泾河、北洛河等均有灌溉之利，

因之，秦国故地，自商鞅重农以后，成为中国历史上农业最富庶的地区之一。也就是说，一方面，商鞅看到了一国的强弱不唯在"政胜"兵强，尤在仓廪之实，在农耕；另一方面，客观的自然条件，促成了商鞅的重农主张，使得其策得以落实。由此，奠定了中华农耕文明的基座。用孙皓晖的话说："秦帝国兴亡沉浮的五百多年（从秦立诸侯国到帝国二世灭亡），是中国历史上最为自由奔放、充满活力的大黄金时代。用那个时候的话说，那是一个'礼崩乐坏，瓦釜雷鸣，高岸为谷，深谷为陵'的剧烈变化时代。用历史主义的话说，那是一个大毁灭、大创造、大沉沦、大兴亡，从而在总体上大转型的时代。青铜文明向铁器文明的转型，隶农贵族经济向自由农地主经济的转型，联邦制国体向中央统治国体的转型，使中华民族在那个时代达到了农业文明的极致状态。"一言以蔽之，"大秦帝国是中国文明的正源"。[①] 事实上，不唯中国如此。恩格斯

343

---

① 孙皓晖："中国文明正源的强势生存"：长篇历史小说《大秦帝国·序》，河南文艺出版社 2008 年版。

指出："农业是整个古代世界的决定性的生产部门。"①农业，在唐君毅看来，是"中国人经济生活之所托命"，而且"中国文化之广度的普被，中国人之精神之更趋于阔大……促成此种超敌对性与致广大性之精神之实现者，即农业为主之经济。"②而这一切，始基于商鞅极端的鼓励农耕。

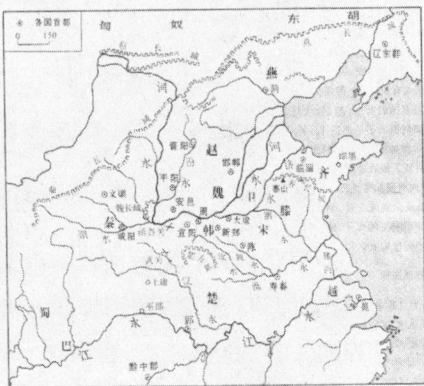

战国形势图

再说作战。客观说来，由于战国攻伐之盛，强兵也是诸侯国的必然选择。如以后来荀子所分，则一国有王、霸、存、危之阶。因此，兵弱则危，稍强即存，而兵力强大则可称霸。因此，在对内重农以求国富的同时，对外，则通过刑、赏以强兵。《境内》篇不仅记载了军队中的爵位等级，以及

通过战功"升级"的标准，而且记载了完不成战绩者的刑罚。如"战，百将、屯长不得，斩首；得三十三首以上，盈论，百将、屯长赐爵一级"。③即作战时，统领百人的将官和屯长所率领的队伍如果没有得到敌人的首级，那就杀掉这将官、屯长的头；如果他们的队伍斩获敌人首级在33颗以上，就满足了朝廷议定的标准，那就给将官、屯长赐赏爵位一级。这一规定，不只严苛，实乃血腥。这也间接体现了刑多赏少的特点。其时，军队中的爵位从第一级以下到小夫，任命为校、徒、操，开头的第一级爵位是公士。《境内》篇详述了从公士、上造、簪袅、不更、大夫、官大夫、公大夫、公乘、五大夫直到大良造的"升级"序列。需要说明的是，按照商鞅重订的军功爵，共有20级。④这20级爵位级别的形成，不仅是一种军人荣誉的标志，而且是军队严格等级管理制度的雏形。可以想象，每一次升级，真不知道要经历多少浴血拼杀。事实上，这一"升级"过程，实际上毕其一生也难抵达峰巅。商鞅本人才是大良造，即第16级大上造。在秦，仅有为秦开帝业的商鞅和战功赫赫，令六国胆战心裂，号称"万人屠"白起等人为

_____

① 恩格斯：《家庭、私有制和国家起源》，《马克思恩格斯选集》（第四卷），人民出版社1972年版，第145页。

② 唐君毅：《中国文化之精神价值》，江苏教育出版社2006年版，第9~10页。

③ 《商君书·境内》。

④ 这20级军功爵是：一级公士，二上造，三簪袅，四不更，五大夫，六官大夫，七公大夫，八公乘，九五大夫，十左庶长，十一右庶长，十二左更，十三中更，十四右更，十五少上造，十六大上造，十七驷车庶长，十八大庶长，十九关内侯，二十彻侯。彻侯以一县为食邑，并得以自置吏于封地；关内侯有食邑、封户，只能衣租食税而已；大庶长以下十八等，皆有岁俸。

白起

同民可治是基于"人情而有好恶"这一人性分析的基础一样，商鞅对此的分析依然建立在对人性趋利的基础上："民之于利也，若水于下也，四旁无择也。民徒可以得利而为之者，上与之也。"③意思是，民众只要能从某些事情中得到利益，就会去做这些事情，因而关键在于君主对什么事情给予奖赏。因此，商鞅讲：

> 民见上利之从壹空出也，则作壹。作壹，则民不偷营。民不偷营，则多力。多力，则国强。④

意思是民众看到君主的爵禄奖赏只从从事农战这一个口子发放出来，那就会专心从事农战了。民众专心从事农战，那就不会苟且经营其他行业了；民众不苟且经营其他行业，那么国家就实力雄厚；实力雄厚，那么国家就强大了。但接上的问题是，正如商鞅分析的，务农很苦，作战又很危险，何以使民众安于农战呢？商鞅进而分析道：

大良造。①

在商鞅看来，由于农战在当时是实现富国强兵的唯一通途，所以，《商君书》中再三反复申述为什么要通过刑、赏驱迫和鼓励农战，由于原理相同，所以，除了需要单列的事项外，商鞅是把农战放在一起加以论述的。就农战之于一国的重要性，商鞅首先作了精要的论述："国之所以兴者，农战也。"以及"国待农战而安，主待农战而尊"。②

问题是，民众何以会"喜农而乐战"呢？

> 故圣人之为国也，入令民以属农，出令

① 《史记·秦本纪》：秦惠工"五年，阴晋人犀首为大良造"。犀首，即公孙衍，合纵倡始者。亦即公元前333年，在商君被车裂后5年，犀首为大良造。之所以不愿提及这位以纵横术货与帝王家的投机家，无法与商鞅、白起相提并论。就史实论，这位乘商君强秦之势而谋得大良造的家伙，第二年就跑到了魏国，更名为宁秦。后相魏，组织五国伐秦，结果大败，被"斩首八万二千"。《韩非子》曰："魏两用犀首、张仪而西河之外亡。"于是相韩，结果又被秦"败韩岸门，斩首万，其将犀首走"（《秦本纪》）。后犀首又回到魏国，《韩非子》载："犀首与张寿为怨，陈需新入，不善犀首，因使人微杀张寿。魏王以为犀首也，乃诛之。"可见，秦把大良造一度给这么一个投机家，实在名不副实。《孟子》："景春曰：'公孙衍、张仪岂不诚大丈夫哉？一怒而诸侯惧，安居而天下熄。'"对此，孟子非常轻蔑地说，他们算什么大丈夫？这种对衍、仪之辈的轻蔑，又是何等准确，何等犀利！
② 《商君书·说民》。
③ 《商君书·君臣》。
④ 《商君书·农战》。

民以计战。夫农,民之所苦;而战,民之所危也。犯其所苦,行其所危者,计也。故民生则计利,死则虑名。名利之所出,不可不审也。利出于地,则民尽力;名出于战,则民致死。入使民尽力,则草不荒;出使民致死,则胜敌。胜敌而草不荒,富强之功,可坐而致也。①

商鞅分析的理由是,圣人治理国家,对内使民众归附农业,对外使民众打算作战。虽然务农很苦而作战又很危险,但"民生则计利,死则虑名",而"利"来自农耕,"名"来自作战,那么,民众就会尽力种地,拼死作战。这样,对内使民众尽力种地,则田地就不会荒芜;对外使民众拼死作战,就能战胜敌人,因此,国富兵强就可以毫不费力地取得了。

此外,在商鞅看来,只以"名利"让民众安于农战还是远远不够的,他的第二项配套方案是"劫以刑,而驱以赏":

使民之所苦者无耕,危者无战。二者,孝子难以为其亲,忠臣难以为其君。今欲驱其众民,与之孝子忠臣之所难,臣以为非劫以刑,而驱以赏莫可。②

商鞅冷静地看到,名利的诱引固然重要,但不足以完全驱使民众安心从事农战。他分明觉得,农耕之苦,作战之危,这二者是孝子为了他的双亲,忠臣为了他的国君

都很难去做的事情。因此,要驱使民众做孝子、忠臣都感到畏难的事情,光有名利的诱引是不够的,还得非用刑罚去逼迫、用奖赏去驱使不可。

商鞅把农战内外二分,即农耕属于"民之内事";而作战属于"民之外事",即"入使民属于农,出使民壹于战"。③ 商鞅认为,对"民之外事","轻法不可以使之":

民之外事,莫难于战,故轻法不可以使之。……故欲战其民者,必以重法。赏则必多,威则必严,淫道必塞,为辩知者不贵,游宦者不任,文学私名不显。赏多威严。民见战赏之多则忘死,见不战之辱则苦生。赏使之忘死,而威使之苦生,而淫道又塞,以此遇敌,是以百石之弩射飘叶也,何不陷之有哉?④

即一方面通过刑罚把对作战的逼迫具体化、重刑化;另一方面又用优厚的奖赏使民"忘死",同时还堵塞了"淫道",即那些搞诡辩、耍聪明的人不能得到尊贵的地位,到处游说谋求官职的人不能得到任用,研究文献典籍而有个人声名的人不能显赫荣耀。而对内又怎样呢?

民之内事,莫苦于农,故轻治不可以使之。奚谓轻治?其农贫而商富,故其食贱者钱重;食贱则农贫,钱重则商富;末事不禁,则技巧之人利,而游食者众之

---

① 《商君书·算地》。
② 《商君书·慎法》。
③ 《商君书·算地》。
④ 《商君书·外内》。

中西哲思之源文丛——治法与治道

谓也。①

商鞅同样认为，"轻治不可以使之"。即宽松的政治措施是不能驱使民众安心于农耕的，也就是排斥和禁止商人、手工艺者获利。质言之，也就是堵塞了通过商业、手工艺获利的渠道："食贵，籴食不利，而又加重征，则民不得无去其商贾技巧，而事地利矣。"即粮食贵，购买粮食不合算，又加上有沉重的赋税徭役，那么民众就不得不放弃经商、做手工艺的行当而去从事农业生产了。通过以上措施，商鞅总结说：

> 故为国者，边利尽归于兵，市利尽归于农。边利尽归于兵者，强；市利尽归于农者，富。故出战而强，入休而富者，王也。②

也就是说，把边境上的利益都给予战士，把市场上得到的好处都给予农民，这样国家就强大、富裕了。而出外作战时兵力强大，回来休整时能致富的国家，就能称王天下。此外，商鞅对内"令民归心于农"，不仅为了国富，还有另一番深意：

> 圣人知治国之要，故令民归心于农。归心于农，则民朴而可正也。纷纷则易使也；信，可以守战也。壹，则少诈而重居；壹，则可以赏罚进也；壹，则可以外用也。③
>
> 私利塞于外，则民务属于农；属于农则

朴，朴则畏令。④

这一深意即是，民众把心思都集中到务农上，就朴实而可以治理好，忠厚而容易役使，真纯而可以用来守城攻战，少欺诈而安土重迁，就可以用赏罚来督促，就可以在对外作战时加以使用。还有，民众朴实了，就会害怕法令。

通过以上名利诱引、刑赏驱迫和堵塞其他渠道这三个方面的措施，商鞅认为："是以明君修政作壹，去无用，止畜学事淫之民，壹之农，然后国家可富，而民力可抟也。"⑤

需要特别指出的是，商鞅针对"怯民"和"勇民"分别以刑、赏待之：

> 民勇，则赏之以其所欲；民怯，则刑之以其所恶。故怯民使之以刑，则勇；勇民使之以赏，则死。怯民勇，勇民死，国无敌者必王。⑥

汉画像砖

---

① 《商君书·外内》。
② 《商君书·外内》。
③ 《商君书·农战》。
④ 《商君书·算地》。
⑤ 《商君书·农战》。
⑥ 《商君书·说民》。

商鞅通过以上办法，真如他所言，使"民之见战也，如饿狼之见肉"。①由于"富贵之门，必出于兵。是故民闻战而相贺也；起居饮食所歌谣者，战也"。②信也。因为民众不得不然，不敢不然。

二、战法与用兵

商鞅的用兵被荀子讥为"盗兵"："……秦之卫鞅，燕之缪虮，是皆世俗之所谓善用兵者也。是其巧拙强弱则未有以相若也，若其道，一也，未及和齐也，掎契司诈，权谋倾覆，未免盗兵也。"③意思是秦国的卫鞅，燕国的缪虮，这些都是一般人所说的善于用兵的人。这些人的巧妙、拙劣、强大、弱小没有什么相似的，至于他们遵行的原则，却是一样的，他们都还没有达到使士兵和衷共济、齐心合力的地步，而只是抓住对方弱点伺机进行诡诈，玩弄权术阴谋进行颠覆，所以仍免不了是些盗贼式的军队，这一评说表明，作为大儒的荀子虽不认可商鞅的用兵方式，但间接承认并透露出商鞅是"善用兵者"的事实。的确，商鞅同吴起一样，也是著名的军事家，是《汉书·艺文志》所列"兵权谋十三家"之一。另外，《汉书·刑法志》亦曰：

雄桀之士，因势辅时，作为权诈以相倾覆。吴有孙武，齐有孙膑，魏有吴起，秦有商鞅，皆擒敌立胜，垂著篇籍。当此之时，合纵连衡，转相攻伐，代为雌雄。齐愍以技击强，魏惠以武卒奋，秦昭以锐士胜。世方争于功利，而驰说者以孙、吴为宗。

郭沫若说："由这段文字看来，可知齐的技击创始于孙膑，魏的武卒创始于吴起，秦的锐士创始于商鞅。"④世人但知商鞅为政治家、改革家，鲜知他既为大良造，必深谙军机。所以钱穆也说："重兵事，又李悝、吴起、商鞅三人所同也。后人视起仅为一善用兵者，而独不及李克、商鞅。其误于《史记·孙吴列传》，以起与孙武、孙膑并列。不知兵家亦有《李子》、《公孙鞅》，当时从政者率主兵，乃时代使然，岂得徒以兵家目之。"⑤

就《商君书》中所见，关于战法、用兵等，商鞅确有卓论。一如吴起，商鞅论兵，必涉于政。"凡战法必本于政胜"，即强调"政胜"是"战法"之本。也就是说，"民服而听上，则国富而兵胜"。因此，"王者之政，使民怯于邑斗，而勇于寇战"。《商鞅》曰：

见敌如溃，溃而不止，则免。故兵法："大战胜，逐北无过十里；小战胜，逐北无过五里。"

兵起而程敌：政不若者，勿与战；食不若者，勿与久；敌众勿为客，敌尽不如，击之勿疑。故曰：兵大律在谨。论敌察众，则胜

---

① 《商君书·画策》。
② 《商君书·赏刑》。
③ 《荀子·议兵》。
④ 郭沫若：《十批判书》，东方出版社1996年版，第300页。
⑤ 钱穆：《先秦诸子系年》，商务印书馆2005年版，第264页。

负可先知也。①

此论所引兵法，与吴子"战胜勿追"之旨同。而视双方政治、粮食以及兵力多寡而决定"勿与战"或"击之勿疑"，也与孙、吴军事思想中的知彼知己，以及"料敌"的用兵之旨相通。而"兵大律在谨。论敌察众，则胜负可先知也"。则是说用兵的重大法则在于谨慎。仔细考察敌情，弄清楚各种情况，那么，战争的胜负就可以预先知道了，这也与吴子的"八击六避"之论相契。

在商鞅心目中，真正的王者之兵，必须有"胜而不骄，败而不怨"②的禀赋，因为"胜而不骄者，术明也；败而不怨者，知所失也"。《商鞅》集中论述道：

> 若兵敌强弱，将贤则胜，将不如则败。若其政出庙算者，将贤亦胜，将不如亦胜。政久持胜术者，必强至王。若民服而听上，则国富而兵胜，行是，必久王。

> 其过失，无敌深入，偕险绝塞，民倦且饥渴，而复遇疾，此其道也。故将使民者乘良马者，不可不齐也。③

如果敌我双方兵力强弱相当，将领的水平就成了战争胜负的决定因素。这也与孙、吴十分重视将领之于战争的作用一致。相比之下，"政出庙算"，即战前的决策出自朝廷的谋划，比将领的水平更加重要，无论将贤与否，都能取胜。看来，商鞅更强调

"政出庙算"的决定作用。因此认为，在政治上长期掌握获胜的战术，国家就一定能强大。直到称王天下。与此相宜，"若民服而听上"，渐久亦王。

商鞅认为，具体到用兵的错误，则是轻敌深入，背靠险地而穿过要塞，士兵疲倦而饥渴交加，而又遇到疾病。所以将领使用士兵，就像驾驭好马一样，不可不适当啊。

进一步，《商鞅》以法家的思维提出了用兵作战，获胜有三本：

> 凡用兵，胜有三等：若兵未起则错法，错法而俗成，俗成而用具。此三者必行于境内，而后兵可出也。④

把用兵取胜之首策，认为是战事未起而法治先行，并使勇敢作战的风尚依法形成习俗，这一观点，恐怕在世界军事史上也是绝无仅有的。依法习战的风尚形成了，那战争所需要的人、财、物等资具便都具备了。需要指出的是，此处关于依法治军的重要性，比孙、吴强调的法令严明，赏信必罚更具高度。

而要实行以上三点，需有两个条件：

> 行三者有二势：一曰辅法而法行，二曰举必得而法立。⑤

在这两个条件中，商君认为，君主辅助推行法治，法治才能实行。这在君权至上

---

① 《商君书·战法》。
② 《商君书·战法》。
③ 《商君书·战法》。
④ 《商君书·立本》。
⑤ 《商君书·立本》。

的中国古代,倒是实情;二是君主言行一定要合乎法度,法治才能确立。后一点尤其重要,这已在前面作了大量论述。

因此,据"二势"以行"三本",则不恃众、恃备饰、恃誉目:

> 故恃其众者,谓之葺;恃其备饰者,谓之巧;恃誉目者,谓之诈。此三者恃一,因其兵可禽也。①

商鞅认为:"强者必刚其斗意:斗则力尽,力尽则备,是故无敌于海内。"②由此可见,商鞅看重的恰恰不是"恃其众"(依仗自己的士兵多)、"恃其备"(依仗自己的装备好)和"恃誉目"(依仗出谋划策的大臣),而是"刚其斗意",即让兵士具有勇敢顽强、百折不挠的战斗意志,这样的军队才能无敌于天下。所以,《商君书》说:

> 兵生于治而异,俗生于法而万转,过势本于心而饰于备势。③

意思是兵力产生于政治而又随着政治的好坏有强弱不同,风俗有法治的约束才能形成而又随法治不断发生变化,胜过敌人的力量来源于军心而又为武备的精良而增强。由此可见,商鞅论兵战,始终大处着眼,不离"战法必本于政胜",而且把军心视为胜敌之源,又为武备精良而增益,眼界实

宽于孙、吴。此三者,商鞅称之为安定强大的本源,所以,篇目命之曰"立本"。

此外,商君还提出"四战之国贵守战,负海之国贵攻战",以及"守有城之邑,不如以死人之力与客生力战"等"守城之道"。④而在攻城围邑中,在每一个要攻打的方面,提出要有18个冲锋陷阵的敢死队,即"陷队之士,面十八人"。如此,真乃亡命之旅,虎狼之师。可怖的是,商君规定:"陷队之士知疾斗,得斩首队五人,则陷队之士,人赐爵一级。死,则一人后;不能死之,千人环睹,黥劓于城下。"⑤这虽与吴起吮疮形异而实同,但从形式上看,商君之酷,非虚言也。

三、由重农禁商到堵塞其他通途

商鞅为了实现富国强兵,使民众归心于农战,不仅排斥商业、手工业者的发展,事实上,就他列举的所谓"六虱"、去"八者"、去"十者",实质上已堵塞了其他行业发展的路径。

先说排斥商业、抑制手工业者的发展。商鞅以农业为"本",而把商业、手工业视为"末"。他明确指出:"治国能抟民力而壹民务者,强;能事本而禁末者,富。"⑥事实上,事本禁末,是法家一贯的主张,只是程度不同而已。商鞅欲"使商无得籴,农无得粜"。目的是"无裕利则商怯,商怯则欲农"。尤

---

① 《商君书·立本》。
② 《商君书·立本》。
③ 《商君书·立本》。
④ 《商君书·兵守》。
⑤ 《商君书·境内》。
⑥ 《商君书·壹言》。

其要"重关市之赋，则农恶商，商有疑惰之心"。再有，"以商之口数使商，令之厮舆徒重者必当名，则农逸而商劳"。① 即按照商人家中的人数来向商人摊派徭役，使他们家中劈柴的、赶车的、服役的、当童仆的各种家丁，必须到官府登记注册，并按照名册服役，那么，农民就安闲，而商人就劳苦，以此重农抑商。

再说堵塞除农战外的其他路径。最著者，当属商鞅再三强烈抨击的"虱害"或"六虱"：

> 农、商、官三者，国之常官也。三官者生虱害者六：曰岁，曰食，曰美，曰好，曰志，曰行。六者有朴，必削。②
> 三官生虱六：曰岁，曰食，曰美，曰好，曰志，曰行。六者有朴，必削。③

在商鞅看来，务农、经商、做官这三项，虽是国家的合法职业，但能产生的虱害有六种：第一叫作"年终请客"；第二叫作"大吃大喝"；第三叫作"贩卖华美的衣物"；第四叫作"贩卖珍奇玩好"；第五叫作"意志消沉"；第六叫作"办事消极"。这六种事情有了依靠，国家必然削弱。在另一处，商鞅又有"六虱"的表述：

> 六虱：曰礼乐，曰诗书，曰修善，曰孝弟，曰诚信，曰贞廉，曰仁义，曰非兵，曰羞战。国有十二者，上无使农战，必贫至削。④

这里，商鞅将礼制、音乐；《诗经》《尚书》；修养、仁慈；孝顺长辈，尊重兄长；诚实信用，正直廉洁；仁爱、道义；反对战争，以参加作战为耻这六大类列为"六虱"，也就是六类虱子一样的东西。在他看来，国家有了这些，君主就没有办法使人们从事农战，国家必定贫穷以至削弱。与此相近的表述则是："国有礼有乐，有《诗》有《书》，有善有修，有孝有弟，有廉有辩。国有十者，上无使战，必削至亡；国无十者，上有使战，必兴至王。"⑤两相对照，就会发现，后面的表述中增加了"辩"，即善辩，去掉了诚信、坚贞、仁义、非兵和羞战各项。在这段"国有十者"表述的后面，接上的表述又为："国用《诗》、《书》、礼、乐、孝、弟、善、修治者，敌至必削国，不至必贫国。不用八者治，敌不敢至，虽至，必却；兴兵而伐，必取，取必能有之；按兵而不攻，必富。"⑥则变成了"八者"，又去掉了"廉"、"辩"。

---

① 《商君书·垦令》。

② 《商君书·去强》。

③ 《商君书·弱民》。

④ 《商君书·靳令》。

⑤ 《商君书·去强》。在《商君书·农战》中相近的表述为："《诗》、《书》、礼、乐、善、修、仁、廉、辩、慧，国有十者，上无使守战。国以十者治，敌至必削，不至必贫。国去此十者，敌不敢至；虽至，必却；兴兵而伐，必取；按兵不伐，必富。"两相对照，此处没有了"孝"、"悌"，代之以"仁"、"慧"。

⑥ 《商君书·去强》。在《商君书·说民》中相近的表述为："辩慧，乱之赞也；礼乐，淫佚之征也；慈仁，过之母也；任誉，奸之鼠也。……故国有八者，上无以使守战，必削至亡；国无八者，上有以使守战，必兴至王。"此处的"八者"，即辩慧、礼乐、慈仁、任誉。与《去强》中的"八者"又大不相同。

除此之外，更有甚者，商鞅在《垦令》中禁止的事类，简直到了无以复加的程度："声服无通于百县"（靡靡之音、奇装异服不准流行到各县去）、"无得取庸，则大夫家长不建缮"（不准雇请佣工，那么大夫家长就不能建造修缮房屋）、"废逆旅"（废除旅馆）、"重刑而连其罪"、"使民无得擅徙"（使民众不得擅自迁徙）、"博闻、辩慧、游居之事，皆无得为"（对于博学多闻、能言善辩、施展智巧、外出周游而寄居他乡的事情，都不准许做）、"民不贵学，则愚；愚则无外交，无外交则勉农而不偷"（民众不看重学问，就会愚昧无知；愚昧无知，就不会和外国交往；民众不和外国交往，就会努力务农而不偷懒）。对此，吕思勉说："《商君书》之所论，则'一民于农战'一语，足以尽之。"[1]

由此看来，商鞅为了防止所谓"显荣之门不一"，集中"农战"以富国强兵，基本上"砍掉"了其他一切人类文明的标识，与其说煞费苦心，毋宁说念兹在兹，走火入魔，所论也颠三倒四，错乱驳杂，立现偏、急、促、狭，可谓病入膏肓。遂将不世之功换得"刻薄寡恩"之评，亦一叹一悲也。

四、担当了生前事，何计身后评

司马迁对商鞅有言简意赅的评论：

商君，其天资刻薄人也。迹其欲干孝公以帝王术，挟持浮说，非其质矣。且所因由嬖臣，及得用，刑公子虔，欺魏将卬，不师

赵良之言，亦足发明商君之少恩矣。余尝读商君开塞耕战书，与其人行事相类。卒受恶名于秦，有以也夫！[2]

太史公此论，与评吴起"刻暴少恩"如出一辙。也就是说，自司马迁谓其"天资刻薄人也。……挟持浮说"以来，对商鞅的评说，历代不绝。商鞅因此被贴上了"刻薄"、"少恩"以及"浮说"的基本标签。而与此评不同，贾谊则功过两分，他在著名的《过秦论》开篇即言"秦孝公据崤、函之固，拥雍州之地……当是时也，商君佐之，内立法度，务耕织，修守战之具；外连衡而斗诸侯。于是秦人拱手而取西河之外"。但是他也有"商君遗礼义，弃仁恩，并心于进取；行之二岁，秦俗日败"[3]之论。自贾谊以后，评说商鞅者不绝。我们选不同时代的若干评论作为不同的节点，看看后世究竟是如何看待商鞅的。

节点一：除《史记》外，较早系统评说商鞅的，当属《盐铁论》中的《非鞅》篇。在该篇中，以御史大夫桑弘羊为一方，对商鞅一生的功业作了鲜明的肯定，而以贤良文学为一方，对商鞅的种种作为极度贬抑，两方针锋相对，有著名的"五辩"：

一辩商君相秦的政绩："大夫曰：'昔商君相秦也，内立法度，严刑罚，饬政教，奸伪无所容。外设百倍之利，收山泽之税，国富民强，器械完饰，蓄积有余。是以征敌伐国，攘地斥境，不赋百姓而师以赡。故利用

---

① 吕思勉：《先秦学术概论》，中国人民大学出版社 2011 年版，第 90 页。
② 《史记·商君列传》。
③ 《资治通鉴》卷第十三太宗孝文皇帝六年"梁太傅贾谊上疏"，世称《治安策》，或《陈政事疏》，乃西汉第一雄文。

不竭而民不知，地尽西河而民不苦。'"而"文学曰：'商鞅峭法长利，秦人不聊生，相与哭孝公。……秦日以弱。故利蓄而怨积，地广而祸构，恶在利用不竭而民不知，地尽西河而人不苦也？"很显然，文学所谓的"秦人不聊生"以及"秦日以弱"明显与史实不符。

二辩秦亡是不是商君之罪："大夫曰：'秦任商君，国以富强，其后卒并六国而成帝业。……今以赵高之亡秦而非商鞅，犹以崇虎乱殷而非伊尹也。'"而"文学曰：'商鞅以重刑峭法为秦国基，故二世而夺。……知其为秦开帝业，不知其为秦致亡道也'"。两方观点迥异，桑弘羊认为是赵高亡秦而非商鞅，而贤良文学则认为商君种种举措是亡秦之道。

三辩商君开塞是利还是害："大夫曰：'昔商君明于开塞之术，假当世之权，为秦致利成业，是以战胜攻取，并近灭远，乘燕、赵，陵齐、楚，诸侯敛衽，西面而向风。其后，蒙恬征胡，斥地千里，逾之河北，若坏朽折腐。何者？商君之遗谋，备饬素修也。故举而有利，动而有功。'"而"文学曰：'商鞅之开塞，非不行也；蒙恬却胡千里，非无功也；威震天下，非不强也；诸侯随风西面，非不从也；然而皆秦之所以亡也。商鞅以权数危秦国，蒙恬以得千里亡秦社稷：此二子者，知利而不知害，知进而不知退，故果身死而众败'"。两者的褒贬，大相径庭。

四辩商君何以遭妒："大夫曰：'夫商君起布衣，自魏入秦，期年而相之，革法明教，而秦人大治。故兵动而地割，兵休而国富。

孝公大说，封之於、商之地方五百里，功如丘山，名传后世。世人不能为，是以相与嫉其能而疵其功也。'"而"文学曰：'君子进必以道，退不失义，高而勿矜，劳而不伐，位尊而行恭，功大而理顺；故俗不疾其能，而世不妒其业。今商鞅弃道而用权，废德而任力，峭法盛刑，以虐戾为俗，欺旧交以为功，刑公族以立威，无恩于百姓，无信于诸侯，人与之为怨，家与之为雠，虽以获功见封，犹食毒肉愉饱而罹其咎也。……故事不苟多，名不苟传'"。视角不同，结论各异，然孰是孰非，智者一目了然。

五辩商君惨死究竟何因："大夫曰：'缟素不能自分于缁墨，贤圣不能自理于乱世。是以箕子执囚，比干被刑。伍员相阖闾以霸，夫差不道，流而杀之。乐毅信功于燕昭，而见疑于惠王。人臣尽节以徇名，遭世主之不用。大夫种辅翼越王，为之深谋，卒擒强吴，据有东夷，终赐属镂而死。骄主背恩德，听流说，不计其功故也，岂身之罪哉？'"而"文学曰：'比干剖心，子胥鸱夷，非轻犯君以危身，强谏以干名也。憯怛之忠诚，心动于内，忘祸患之发于外，志在匡君救民，故身死而不怨。君子能行是不能御非，虽在刑戮之中，非其罪也。是以比干死而殷人怨，子胥死而吴人恨。今秦怨毒商鞅之法，甚于私仇，故孝公卒之日，举国而攻之，东西南北莫可奔走，仰天而叹曰：'嗟乎，为政之弊，至于斯极也！'卒车裂族夷，为天下笑。斯人自杀，非人杀之也'"。①

两方的论辩，不仅针锋相对，而且结论判若云泥。褒者极力肯定商君的不世之

---

① ［汉］桓宽：《盐铁论》，《诸子集成》卷十，岳麓书社1996年版，第9～10页。

功,谓之功如丘山,名传后世;而贬者完全否认商君的赫赫业绩,谓其无恩无信,天怨人怒。这场离商君最近的辩论,辩题之集中,交锋之激烈,观点之对立,是后世所有评价商鞅的范围与基调。

桑弘羊(公元前152年—公元前80年),洛阳贾人子,13岁时"以心计"入赀为侍中,因能"言利事,析秋毫",深得汉武帝赏识,被委以重任,历任大农丞、大农令、搜粟都尉兼大司农等要职,统管中央财政近40年之久。始元六年(公元前81),昭帝召集各地贤良文学至长安,会议盐铁等国家大事

节点二:唐代司马贞的《史记索隐》,对司马迁的"刻薄"一语作了解释:"索隐谓天资其人为刻薄之行。刻谓用刑深刻;薄谓弃仁义,不惘诚也。"

节点三:苏轼论及商鞅,延续了《盐铁论》中"文学"一方将罪责源于商鞅的观点:"苏子曰:呜呼!秦之失道,有自来矣,岂独始皇之罪?自商鞅变法,以殊死为轻典,以参夷为常法,人臣狼顾胁息,以得死为幸,何暇复请!方其法之行也,求无不获,禁无不止,鞅自以为轶尧舜而驾汤武矣。及其

出亡而无所舍,然后知为法之弊。夫岂鞅悔之?秦亦悔之矣。"[1]

节点四:熙宁三年(公元1070年),秋风飒飒,时任宰相的王安石临窗望月,想到他将要进行的变法以及受到守旧势力阻却的现实,遥想秦时明月下的商鞅,以及他当年进行的变法,心潮逐浪,感慨系之,略作沉吟,挥毫立就《商鞅》七绝一首:"自古驱民在信诚,一言为重百金轻。今人未可非商鞅,商鞅能令政必行。"千载而下,临川先生感同身受,乃惺惺兮相惜之心语也。

节点五:梁启超由商鞅而论及法家所谓的"刻薄少恩",并作了热情洋溢的辩护:"后儒动诃法家刻薄少恩,其实不然。彼宗常言:'不为爱民亏其法,法爱于民。'(《管子·法法》篇)以形式论,彼辈常保持严冷的面目,诚若纯为秋霜肃杀之气。以精神论,彼辈固怀抱一腔热血,如子产铸刑书时所谓'吾以救世'者。故孔子称管仲曰:'如其仁,如其仁',称子产曰:'古之遗爱'。而后世宗尚法家言之诸葛亮亦谓'示之以法,法行则知恩'也。"[2]

节点六:章太炎经由他的《訄书》增删改定的《检论》里,依旧保留了专论《商鞅》篇。该文开篇提纲挈领曰:"商鞅之中于谗诽也二千年,而今世为尤甚。其说以为自汉以降,抑夺民权,使人君纵恣者,皆商鞅法家之说为之倡。呜呼!是惑于淫说也甚矣。"太炎先生接着认为:"法者,制度之大名。……故法家者流,则犹通俗所谓政治家也,非膠于刑律而已。"在作了这样的概

---

① 苏轼:《始皇扶苏论》,载《四部精华》(下),岳麓书社1991年版,第190页。
② 梁启超:《先秦政治思想史》,中国人民大学出版社2012年版,第161～162页。

说后，太炎先生梳理了"刑之乱，君之擅"究竟始于何时：

> 鞅固受《李悝》六篇，次有萧何为《九章》，犹斠然如画一。刑之乱，君之擅，本于"决事比"，远不本鞅，而近不本萧何。董仲舒、公孙弘之徒，踵武公羊氏而文饰之，以媚人主，以震百辟，以束下民，于是乎废《小雅》。此其罪则弘、仲舒为之魁，而汤为之辅，于商鞅乎何与？①

此论可谓正本清源。太炎先生接上论及商鞅何以作法及其政绩："鞅之作法也，尽九变以笼五官，核其宪度而为治本。民有不率，计画至无俚，则始济之以攫杀援噬。此以刑维其法，非以为本。刑既箸版，由不得剟一字也。故太史公称之曰：'行法十年，秦民大悦，道不拾遗，山无盗贼，家给人足。'今夫家给人足，而出于挢虔吏之治乎？功坚其心，纠其民于农牧，使乡之游惰无所业者，转而傅井亩，是故盖藏有余，而赋税亦不至于缺乏，其始也觳，其终也交足，异乎其厉民以鞭棰而务充君之左藏者也。"②由此，认为弘、汤、仲舒之流行刑的目的在于"以称天子专制之意"，进而指出："商鞅行法而秦日富，弘、汤、仲舒行法而汉日贫，观于汲黯之所讥，则可知矣。繇弘、汤、仲舒之法，终于盗贼满山，直指四出，上下相蒙，以空文为治。何其与鞅反也？则

章太炎

鞅知有大法，而弘、汤、仲舒意为是板荡者耳。法家与通经致用之士，其优绌诚不可较哉！"③

就人品心术而论，章太炎认为："迹鞅之进身与处交游，诚足可议者……其贤于汤之窥人主意以为高下者，亦远矣。辱太子，刑公子虔，知后有新主能为祸福，而不欲屈法以求容阅。呜呼！其魁垒而骨鲠也。庸渠若弘、汤之徒，专乞哀于人主，籍其苛细以行佞媚之术者乎？"④此一对比而出之高论，卓越古今，实为不刊之论也！

章太炎也不回避商鞅"一日刑七百人以赤渭水"的史实，而是认为："其酷烈或过弘、汤、仲舒，逆诈则未有也。观其定令，如列传所言，略已具矣。吾以为酷烈与逆诈

①　章太炎：《检论》卷九《商鞅》，载《章太炎全集》（三），上海人民出版社1984年版，第605页。
②　章太炎：《检论》卷九《商鞅》，载《章太炎全集》（三），上海人民出版社1984年版，第606页。
③　章太炎：《检论》卷九《商鞅》，载《章太炎全集》（三），上海人民出版社1984年版，第606页。
④　章太炎：《检论》卷九《商鞅》，载《章太炎全集》（三），上海人民出版社1984年版，第606页。

者,则治乱之殊、直佞之所繇分也。何者?诛意之律,反唇之刑,非有所受也。弘、汤、仲舒以为不如是不足以媚人主,故瘁心力而裁制之,若鞅则无事此矣。周兴、来俊臣之酷烈也,又过于鞅,然割剥之憯乱越无条理。且其意亦以行媚,而非以佐治,则鞅于此又不屑焉。……刑七百人,盖所以止刑也。俄而家给人足,道不拾遗矣!虽不刑措,其势将偃齐斧以攻槐楠。世徒见鞅初政之酷烈,而不考其后之成效,若鞅之为人,终日持鼎镬以宰割其民者,岂不谬哉!”不但指出了商鞅初政固然酷烈,但其出发点是以刑去刑而无逆诈,与酷刑媚主有天壤之别。尤其指出,“世徒见鞅初政之酷烈,而不考其后之成效”,不仅公允,而直击论鞅割裂之软肋,真高论也!

太炎先生更论及“汉氏以降,以儒生为吏者,多傅《春秋》。其义恣君抑臣,流虒而及于民。……今缀学者不能持其故,而以‘抑民恣君’蔽罪于商鞅。乌乎!其远于事情哉!”尤其论及商鞅变法的时代背景:

夫使民有权者,必其辩慧之士可与议令者也。今秦自三良之死,后嗣无法,民无所则效,至鞅之世,而冥顽固以甚矣。后百余岁,苟子犹曰‘秦无儒’,此其蠢愚无知之效也。以蠢愚无知之民,起而议政令,则不足以广益,而只以淆乱是非。非禁之,将何道哉?鞅之言曰:‘始秦戎翟之教,父子无别,同室而居;今我更制其教,而为男女之别,大筑冀阙,营如鲁、卫。’此非徒变法制,又易其闺门起居之礼也。是故不可与凡俗议矣。后世风教已饬,国邑所在有秀民,而

上必强于之,使不得与议令。故人君尊严若九天之上,萌庶缩朒若九地之下。此诚时于弘、汤之求媚,而非其取法于鞅也。①

此论在商鞅变法的背景上,再叙商鞅易俗之功,兼及抑民恣君乃“弘、汤之求媚”,从而撇清了罪及商鞅的无端世论。

事实上,一如太炎先生所论,商鞅乃“救时之相而已”。因此,“其法取足以济一时,其书取足以明其所行之法,非若儒、墨之著书,欲行其说于后世者也”。也就是说,商鞅所变之法,乃济一时;商鞅所著之书,是为了“明其所行之法”,不像儒、墨之著书,是“欲行其说于后世者也”。因此,太炎说:“后世不察鞅之用意,而强以其物色效之,如孙复、胡安国者,则谓之愚之尤;如公孙弘、董仲舒者,则谓之佞之尤。此其咎皆基于自取,而鞅奚罪焉?”②两千载之下,能知商君者如此,唯太炎先生也。

太炎先生并非一味褒鞅过甚,亦有中肯之论:“吾所为谶鞅者,则在于毁孝弟、败天性而已。”太炎先生进一步甄别道:“昔者蜀相行鞅术,至德要道弗蹈焉。贾生亦好法矣,而非其遗礼义、弃仁恩。乃若夫挽近之言新法者,以父子异财为宪典,是则法乎鞅之秕稗者也。宝其秕稗而于其善政则放绝之,人言之戾也,一至是哉!”这就是世人的偏颇,多少世事已然如此,夫复何言?

至此,太炎先生犹以民权之维,论及法家何以诞生:“夫民权者,文祖清庙之法,上圣之所以成《既济》也。有其法矣,而无其人,有其人矣,而无其时,则三统之王者起

① 章太炎:《检论》卷九《商鞅》,载《章太炎全集》(三),上海人民出版社1984年版,第607页。
② 章太炎:《检论》卷九《商鞅》,载《章太炎全集》(三),上海人民出版社1984年版,第607页。

而治之。降而无王，则天下荡荡无文章纲纪，国政陵夷，民生困敝，其危不可以终一哺。当是时，民不患其作乱，而患其骀荡姚易，以大亡其身。于此有法家焉。"他进而评说法家道："虽小器也，能综核名实，而使上下交蒙其利，不犹愈于荡乎？苟曰：'吾宁国政之不理，民生之不遂，而必不欲使法家者整齐而搏绁之'，是则救饥之必待于优饭，而诚食壶飧者以宁为道殣也。"①

最后，太炎先生感叹道："悲夫！以法家之鸷，终使民生；以法家之毂，终使民膏泽。而世之仁人流涕洟以忧天下者，狠以法家与弘、汤、仲舒佞人之徒同类而丑娸之，使九流之善，逐丧其一，而莫不府罪于商鞅。鞅既以刑公子虔故，蒙恶名于秦，而今又蒙恶名于后世。此骨鲠之臣所以不可为，而弘、汤、仲舒之徒，宁以佞媚持其禄位者也。"②

太炎先生感时伤世，纵论商君的前世今生，可谓字字珠玑，深入底奥，无以复加。假使国人有此高境与眼力，由此共识治国之要乃依法而治，因此一改嚣嚣饶饶之论，则千年文明古国，亦可得而治矣！呜呼，吾国不难有以生命书写彪炳史册的绝唱之人，而难有使俗众一识其职志之法。而欺世盗名、浮浪自是的腐儒，一知半解古人深论而以非为是，不仅自误，亦复误民误国，亦甚矣！

节点七：德国著名社会学家马克斯·韦伯（Max Weber），则以他的方式为商鞅贴上了西方式的标签："商鞅，士人的一个代表，被认为是理性化的内政之创始者；另一个士人魏冉，则创建了理性的国家军队制度，使秦国后来得以凌驾于他国之上。"③他将商鞅与魏冉并论，贴的标签竟是"士人的代表"和"理性化"的内政创始者，而把"秦王扫六合，虎视何雄哉！挥剑决浮云，诸侯尽西来"④的历史伟业，表述成了"凌驾于他国之上"，夫复何言？这可视为东西方不同文化背景带来的隔膜。

综上，《商君书》所论，以现在的眼光看，⑤依然利大于弊。其中，商鞅对人性的观察与分析，对国家与法律起源的论说和因时而异的历史观、立法观以及对治国之要的"法"、"信"、"权"的阐述，均含不刊之论。甚至他的"战法必本于政胜"观，他的依法治军的卓识，都闪烁着智慧的光芒。而他对法治的坚执，奋不顾身用生命书写于史册的不世之功，更是无法抹杀。但其弊有二：一是重刑主义，二是重农战之极端，此乃太炎先生所谓救时策也。前者给"以法治国"以致命的一击，后者则是商鞅非常时期的非常之举，不具普适价值。问题是，商鞅似乎没有把中国法家孜孜以求而赢得的一断于法的神髓接传下去，却把

① 章太炎：《检论》卷九《商鞅》，载《章太炎全集》（三），上海人民出版社1984年版，第608页。
② 章太炎：《检论》卷九《商鞅》，载《章太炎全集》（三），上海人民出版社1984年版，第608页。
③ ［德］马克斯·韦伯：《中国的宗教：儒教与道教》，简惠美译，广西师范大学出版社2004年版，第85页。而商务印书馆的译文则为："一位叫（商）鞅的士被视为理性的国内行政管理人的创始人，另一位士，魏冉，那个后来凌驾于各国之上的国家理性化军队制度的创始人。"参见马克斯·韦伯：《儒教与道教》，王容芬译，商务印书馆1995年版，第91页。
④ 李白：《古风五十九首》第三首。
⑤ 以今解古，比较危险。但作为对古典智慧的疏解、清理与继承，当是不得不为之法。

经由世代误解的**极权专制**这一巨大的阴影弥散开来，由此遮蔽了国人的视域，进而影响了中国两千多年，这一无可回避的历史宿命，使中国从此与法治几乎绝缘。

由此可见，世人智愚不同，所处地位不同，视角不同，乃至对历史之河的涉水深浅程度的不同等，都决定了对同一人物、同一事件的评价不同。因此，这种盖棺尚未论定的情形，真可用"担当了身前事，何计身后评"来释然。

叙述完轰轰烈烈的商鞅，让我们静静心意，游历到比较弱小的韩国，去看看相韩十五年的申子，看看他独标于世的"术"，有着怎样的玄机和智慧，能终其身而诸侯不敢侵韩。

第二十四章　申不害的"术"与法

> 如果说申子的"阳术"含有合理因素的话，那么，申子的"阴术"，则将君心变成了神秘莫测的术府，实质上将治法下的权术阴谋化，最后必然"弃法"而"独断"。

申不害(约公元前 400—公元前 337)，战国时期郑国京人，法家代表人物之一，以重"术"著称，世称"申子"。韩灭郑后，韩昭侯起用他为相，进行改革。他在韩为相的十五年中，"修术行道"，使韩国"国治兵强"。著作《申子》原有 2 篇(一说 6 篇)，现仅存《群书治要》卷三十六所引《大体篇》以及一些佚文。

一、重"术"善终的申不害

1. 由"郑之贱臣"到相韩十五年

申不害一生似乎和李悝一样，没有多少轰轰烈烈的事迹在史册中传扬，因之史料相对较少。《史记》仅在《老子韩非列传》中"捎带"叙及到他：

申不害者，京人也，故郑之贱臣。学术以干韩昭侯，昭侯用为相。内修政教，外应诸侯，十五年。终申子之身，国治兵强，无侵韩者。

申子之学本于黄老而主刑名。著书二篇，号曰《申子》。①

所谓"郑之贱臣"，是因为申不害所在的郑国在烈王元年(公元前 375)，被韩国所灭，②25 岁左右的申子也就成了亡国的遗民。由于他深谙治术权谋，尽管身为郑之贱臣，韩昭侯还是任用申子为韩相。钱穆说："申子以贱臣进，其术在于微视上之所说以为言。而所以教其上者，则在使其下无以窥我之所喜悦，以为深而不可测。夫而后使群下得以各竭其诚，而在上者乃因材而器使，见功而定赏焉。"③

另据钱穆考证："申子相韩前后当得十九年，《史》谓相韩十五年，亦误。"④其实，《史记》的另一处，载述申不害相韩也是十五年：

① 《史记·老子韩非列传》。
② 《资治通鉴》卷第一：烈王元年，"日有食之。韩灭郑，因徙都之"。
③ 钱穆：《先秦诸子系年》，商务印书馆 2005 年版，第 277 页。
④ 钱穆：《先秦诸子系年》，商务印书馆 2005 年版，第 276 页。

（韩昭侯）八年，申不害相韩，修术行道，国内以治，诸侯不来侵伐。……二十二年，申不害死。①

《资治通鉴》载：周显王十年，"韩懿侯薨，子昭侯立"。② 周显王十年是公元前359年，这一载述有误，应为周显王十一年，才是韩昭侯元年，而这一年是公元前358年。再按《史记》所载，（昭侯）二十二年，申不害卒，则这一年为公元前337年。《资治通鉴》另载：（显王）三十二年，"韩申不害卒"。③ 这一年也是公元前337年。看来，公元前337年申不害去世是比较确定的。

战国器皿

那么，韩昭侯八年，申不害相韩，则为公元前351年，至申不害卒年337年，压年是15年。再者，从《资治通鉴》所载（显王）十八年，"韩昭侯以申不害为相"。④ 这一年为公元前351年，与《资治通鉴》载述的显王三十二年（前337），"韩申不害卒"，压年也是15年，这与《史记》的载述完全吻合。因而，不是钱穆考证的申不害在韩为相19年，⑤而是15年。

另，《史记》此处言《申子》两篇，《汉书·艺文志》为"《申子》六篇"，均佚。至于太史公所言"申子之学本于黄老"，钱穆认为："此则托为黄老道德之说者，本出申子后。当申子之前，固犹无需乎虚无因应，变化无为，若黄老道德之所称也。"⑥

2. 申不害轶事

除了《史记》以上记述外，其他史籍零散载述了申子与韩昭侯之间的轶事，而以《韩非子》为最。第一则，为"申子请仕其从兄官"：

一日，申子请仕其从兄官。昭侯曰："非所学于子也。听子之谒，败子之道乎，亡其用子之术而废子之谒？"申子辟舍请罪。⑦

对这段颇有意思的轶事，《资治通鉴》依据《战国策·韩策一》中的记叙作了引述："申子尝请仕其从兄，昭侯不许，申子有怨色。昭侯曰：'所为学于子者，欲以治国

---

① 《史记·韩世家》。

② 《资治通鉴》卷第二。

③ 《资治通鉴》卷第二。

④ 《资治通鉴》卷第二。

⑤ 钱穆认为："知申子相韩在昭侯八年实不误。……至申不害卒，余疑实当韩昭侯二十六年。"也就是说，钱穆之所以认为申子相韩19年，乃是怀疑申子卒年不是韩昭侯二十二年，而为二十六年。参见钱穆：《先秦诸子系年》，商务印书馆2005年版，第275～276页。

⑥ 钱穆：《先秦诸子系年》，商务印书馆2005年版，第278页。

⑦ 《韩非子·外储说左上》。又见《战国策·韩一》，文字略异。

也。今将听子之谒而废子之术乎,已其行子之术而废子之请乎? 子尝教寡人修功劳,视次第;今有所私求,我将奚听乎?'申子乃辟舍请罪曰:'君真其人也。'"①这段对答,在《韩非子》中的引述是有背景的,这段文字的前面一段是这样的:

> 韩昭侯谓申子曰:"法度甚不易行也。"申子曰:"法者,见功而与赏,因能而受官。今君设法度而听左右之请,此所以难行也。"昭侯曰:"吾自今以来知行法矣,寡人奚听矣。"②

也就是说,韩昭侯对申子感叹法度很不容易实行啊。申子回答说,实行法治,就是见到功劳再给予奖赏,根据才能来授予官职,毋听左右之请。这段对话后,结果有一天申子请求韩昭侯委任他的堂兄做官。这显然与申子此前见功而与赏,因能而受官,毋听左右之请的说法是相悖的,于是韩昭侯反问道:我是听从你的请求而破坏你的治国之术呢,还是采用你的治国之术而不管你的请求呢? 于是,按照《韩非子》的版本:"申子辟舍请罪。"而按照《战国策·韩一》的说法,则多了一句"君真其人也"。以情理推断,后者更可信。韩非子援引此例,是为了证说君子不必"躬亲",而要像韩昭侯那样懂得"奚听",即怎样来听取意见;而《战国策》中则没有前后语境及其观点的倾向,只是一种客观记述。以申子以"郑之贱臣"身份而能跃居相位之智,当是以此试探韩昭侯,所以佯装"辟舍请罪",而实高兴"君真其人也",意思

是真能行申子治国之术之君。

第二则,是韩昭侯藏弊裤:

> 韩昭侯使人藏弊裤,侍者曰:"君亦不仁矣,弊裤不以赐左右而藏之。"昭侯曰:"非子之所知也。吾闻明主之爱,一颦一笑,颦有为颦,而笑有为笑。今夫裤,岂特颦笑哉! 裤之与颦笑相去远矣。吾必待有功者,故藏之未有予也。"③

这一则近乎琐屑。但从中可以看出,申子之"术",已由上一则试探韩昭侯用术的决心,到这一则已初见成效,连一条破裤子都要"藏"起来,且说,明主的一颦一笑都十分吝惜而不轻易表露,何况一条破裤子。虽是破裤子,也要"必待有功者"。

根据《韩非子》的载述,到后来,申子之"术",则彻底在韩昭侯身上"试验"成功了,因而发生了显著效果:"堂谿公每见而出,昭侯必独卧,惟恐梦言泄于妻妾。"④由此可见,韩昭侯为了做"不漏的瓦杯",防人之甚,已近乎神经质了,唯恐说梦话把他心中的想法泄露给身边的妻妾,因之"必独卧"。

由这些事例,可见申子的"术",最核心的部分,就是让人君掩其行迹,深藏不露。换言之,无法让他人窥伺到人君的任何想法,因而起到**察奸防奸,以暗驭明**的双向效果。

其实,申子之"术"除了上述核心部分外,《韩非子》还讲了两则被申子训练后,韩昭侯用"术"的故事,一则是"韩昭侯握爪,

---

① 《资治通鉴》卷第二。
② 《韩非子·外储说左上》。
③ 《韩非子·内储说上七术》。
④ 《韩非子·外储说右上》。

而佯亡一爪，求之甚急，左右因割其爪而效之。昭侯以此察左右之诚不"。① 这是被韩非子列为防奸术之一的"挟知而问"术，即拿已经知道的情况来询问臣下，以测试他们言论的真假和是否诚实。对此，郭沫若说："这'爪'恐怕是爪甲上的套饰品，故所以能够'握'之而'佯亡'。像这样，专爱使用些小诡计，什么小事都要管的人，断断乎是难于侍候的，而申子却做了他将近二十年的太平宰相，不显得申子真是有天大的逢迎本领吗？韩非责备他'托万乘之劲韩，十七年而不至于霸王'，实在也未免求之过高。他不仅不是那样的人才，而且也没有那样的野心。他的恶性的独裁主义恰足以使他与韩昭侯相安无事而已。"②此论真是说到了骨髓。还有一则可称为"南门外黄犊之察"，则带有"自神术"的成分。③

此外，《战国策》还载述了两件比较著名的事件：一件是"执圭救韩"，另一件是"围魏救赵"。

汉画像砖

先说"执珪救韩"。此典在《战国策》中：

> 昭釐侯，一世之明君也；申不害，一世之贤士也。韩与魏敌侔之国也，申不害与昭釐侯执珪而见梁君，非好卑而恶尊也，非虑过而议失也。申不害之计事，曰："我执珪于魏，魏君必得志于韩，必外靡于天下矣，是魏弊矣。诸侯恶魏必事韩，是我免于一人之下，而信于万人之上也。夫弱魏之兵，而重韩之权，莫如朝魏。"昭釐侯听而行之，明君也；申不害虑事而言之，忠臣也。④

韩昭侯四年（公元前 355 年），素与韩有隙的魏国出兵伐韩，包围宅阳。面对重兵压境的严重局面，韩昭侯及众大臣束手无策。危急关头，申不害审时度势，建议韩昭侯执珪去见魏惠王。此"非好卑而恶尊"，也"非虑过而议失"，而是要解国家危难，最好的办法是示弱。所谓降心以相从，屈己以求存也。因魏国强大，鲁、宋、卫皆去朝见，如果昭釐侯执圭去朝见魏王，魏王一定会心满意足，自大骄狂。这样必引起其他诸侯不满而同情韩国。"是我免于一人之下，而位于万人之上也。夫弱魏之兵，而重韩之权，莫如朝魏。"韩昭侯采纳了申不害的建议，亲自执圭去朝见魏惠王，表示敬畏之意。魏惠王果然十分高兴，立即下令撤兵，并与韩国约为友邦。

另一件是著名的"围魏救赵"的背景：

---

① 《韩非子·内储说上七术》。
② 郭沫若：《十批判书》，东方出版社 1996 年版，第 318～319 页。
③ 详论可参阅本文丛之《治术与权谋——〈韩非子〉典正》中的相关内容，厦门大学出版社 2013 年版。
④ 《战国策·韩策三》。

"魏之围邯郸也，申不害始合于韩王，然未知王之所欲也，恐言而未必中于王也。王闻申子曰：'吾谁与而可？'对曰：'此安危之要，国家之大事也。臣请深惟而苦思之。'乃微谓赵卓、韩晁曰：'子皆国之辩士也，夫为人臣者，言可必用，尽忠而已矣。'二人各进议于王以事。申子微视王之所悦以言语于王，王大说之。"①在摸透了韩昭侯的心思后，便进谏说应当联合齐国，伐魏救赵。韩昭侯果然"大悦"，即听从申不害意见，与齐国一起发兵讨魏，迫使魏军回师自救，从而解了赵国之围。这就是历史上著名的"围魏救赵"。

郭沫若将这两件事"参合起来"，说"可见申不害先生是怎样的狡猾。他本心是想答应赵国的要求的，恐怕韩侯疑心他'外市'（倚仗外国的势力买空卖空），唆使赵、韩二人去试探韩侯的结果，知道了韩侯是倾向魏国的，故改变自己的本心，尽力迎合，率性更劝韩侯执珪朝魏，与魏结为同盟。他这人是怎样的无主张，无定见，专门逢迎上层，以图固宠持禄，是明白如画的。"②说句题外话，郭沫若的逢迎功夫，申子如果有知，定会自叹不如。③

郭沫若

梁漱溟

钱穆在《申不害考》中归结道："《韩非》书言昭侯申子遗事者尚多，要其归在于用术以驭下，与往者商鞅、吴起变法图强之事绝不类，其所以然者，殆由游仕既渐盛，争以投上所好，而渔权钓势。在上者乃不得

---

① 《战国策·韩策一》。又见《韩非子·内储说上七术》："赵令人因申子于韩请兵，将以攻魏。申子欲言之君，而恐君之疑己外市也，不则恐恶于赵，乃令赵绍、韩沓尝试君之动貌而后言之。内则知昭侯之意，外则有得赵之功。"

② 郭沫若：《十批判书》，东方出版社1996年版，第317页。

③ 只要看看郭沫若在1976年写的那些《水调歌头》，以及《献给在座的××同志》和《题毛主席在飞机中工作的摄影》等阿谀奉承的谄媚诗歌，就不难明白了。为此，骨鲠的梁漱溟作诗讽刺道："淡抹浓妆务入时，两朝恩遇鬓垂丝。曾吹召吁趋前席，又见讴歌和屁词。好古既能剜甲骨，厚今何苦注毛诗。民间疾苦分明在，辜负先生笔一枝。"单就"两朝恩遇"仅举一例：1937年7月，郭沫若之父去世，蒋介石和毛泽东都送挽联致哀，蒋的挽联是："耄寿喜能跻，忧时何意成千古；中原终克定，告庙毋忘慰九泉。"毛的挽联是："先生为有道后身，衡门潜隐，克享遐龄，明德通玄超往古；哲嗣乃文坛宗匠，戎幕奋飞，共驱日寇，丰功勒石励来兹。"

不明术以相应。而吴起、商鞅以忠贞殉主之节已不可见。自此而往,乃为公孙衍、张仪结轼连骑于诸侯之间,颉颃以取重,而韩昭侯黄犊之察,弊袴之守,亦无以为驭矣。故自鞅起之变而为申子,又自申子变而为仪、衍,亦战国时代升降一大节目也。"①此论说申子教韩昭侯"用术以驭下",并分析了之所以如此的原因,甚好。但说"自鞅起之变而为申子",虽不显著,而且商鞅、申子基本在同一时代,但就由"法"而"术"而言,则是法家治世主张的一个演进路线。申子稍后,慎到更是以"势"论标识,至此,商鞅的法,申子的术,慎到的势,遂汇综于韩非的"法、术、势",亦脉络分明,夫复何疑?所以,更言"又自申子变而为仪、衍",则实难苟同。因为衍纵仪横之"纵横术",与申子的"君人南面之术"有绝大不同,何以成申子变而为仪、衍?不知钱穆此论何据?

3. 荀子的评价与身前身后

荀子认为"申子蔽于势而不知知",②意思是,申子蒙蔽于权势的作用而不知才智的作用。实际上,申子以"术"见长,蔽于"势"者,当是慎子,可荀子说"慎子蔽于法而不知贤",也不知荀子此论何据?无论如何,申子一生的最大功业,可用《汉书》一语高度概括:"相韩昭侯,终其身,诸侯不敢侵韩。"③

显王三十二年(公元前337年),"韩申

不害卒"。④申子善终的前一年,轰轰烈烈的商鞅被"车裂以徇,尽灭其家"。向后一年,孟子"后车数十乘,从者数百人",正浩浩荡荡,逶迤于战国硝烟弥漫的大地,"传食于诸侯",要面见梁惠王。"王曰:'叟,不远千里而来,亦将有以利吾国乎?'孟子对曰:'王何必曰利?亦有仁义而已矣。'"⑤何等风采迥异的战国人文图景,又那么波澜不惊地同时上演,真奇世复奇人也。

二、"任法"而重"术"

1."术"的背景——法治

申不害以"术"见重,但毕竟是法家人物,他同其他法家一样主张"法治",只是程度不同而已。⑥也就是说,推行"术治"的前提依然是"法治"。他认为:"尧之治也,善明法察令而已。圣君任法而不任智,任数而不任说。黄帝之治天下,置法而不变,使民安乐其法也。"这段出现在《艺文类聚》卷五四和《太平御览》卷六三八中的佚文,其实是《管子·任法》篇中两段的杂糅。如上已述,申子反对立法行私,曾对韩昭侯说:"法者,见功而与赏,因能而授官。今君设法度而听左右之请,此所以难行也。"申子告诫君主:"君之所以尊者,令。令之不行是无君也,故明君慎之。"⑦

---

① 钱穆:《先秦诸子系年》,商务印书馆2005年版,第277~278页。
② 《荀子·解蔽》。
③ 《汉书·艺文志》。
④ 《资治通鉴》卷第二。
⑤ 《资治通鉴》卷第二;又见《孟子·梁惠王上》。
⑥ 郭沫若认为:"严密地说时是应该称为'术家'的。"参见郭沫若:《十批判书》,东方出版社1996年版,第310页。
⑦ 《北堂书钞》卷四十五引《申子》。

但是，在韩非子看来，申不害的一个严重错误是他没有统一韩国的法令。对此，韩非子作了深刻的分析："问者曰：'徒术而无法，徒法而无术，其不可何哉？'对曰：'申不害，韩昭侯之佐也。韩者，晋之别国也。晋之故法未息，而韩之新法又生；先君之令未收，而后君之令又下。申不害不擅其法，不一其宪令则奸多。故利在故法前令则道之，利在新法后令则道之，利在故新相反，前后相悖。则申不害虽十使昭侯用术，而奸臣犹有所谲其辞矣。故托万乘之劲韩，七十年而不至于霸王者，虽用术于上，法不勤饰于官之患也。"①这就把申子重"术"而轻法甚至"徒术而无法"的弊端讲透了。而"申不害之所以'不擅其法，不一其宪令'，正是便于自己用术的人好上下其手"。②

其实，就"法"本身而言，韩非子认为"申子未尽于法也"。韩非子的分析和批评是："申子言'治不逾官，虽知弗言'。治不逾官，谓之守职也可；知而弗言，是不谓过也。人主以一国目视，故视莫明焉；以一国耳听，故听莫聪焉。今知而弗言，则人主尚安假借矣？"③韩非子肯定了申子所说的"治不逾官"，如果理解为"守职"是可以的，但是，韩非认为，"知而弗言，是不谓过也"。韩非子的批评是有道理的，因为，"虽知弗言"，与申子的"独断"论是相悖的。也就是说，韩非企图让君主掌控一国视听，从而达

到独断的目的。因此，就"法"与"术"二者而言，"申子则是以'术'为凭借，而把法放在不足轻重的地位的"。④

2. 申不害"术"的含义

那么，申不害的"术"，究竟何谓？

在申不害看来，君主制定了"法"，据有了"势"，其地位还不是稳固的，还不足以防止大臣"蔽君之明，塞君之听，夺之政而专其令，有其民而取其国"⑤的危险发生，还必须有"术"，否则，"法"与"势"就会变得威严而不受用，刻板而不通达的摆设。如果以"术"来联通"势"与"法"，则如虎添翼，无论动静，都会使臣下慑服。所以，申子认为，"术"对于人君是至关重要的。可见，"术是'帝王南面之术'，就是所谓权变"。⑥

而就"君人南面之术"的出发点而言，在申不害看来，一国要实行"法治"，国君必须集权于一身，让群臣围绕自己转。因此，他强调"明君如身，臣如手；君若号，臣如响；君设其本，臣操其末；君治其要，臣行其详；君操其柄，臣事其常"。这样，旨在防止"一臣专君，群臣皆蔽"现象的产生，从而达到"明君使其臣，并进辐辏，莫得专君焉"⑦的格局，否则会招致"乱臣破国"和"弑君而取国"的严重后果。就其主张的"术"而言，从现有的资料分析，申子的"术"可分两类：一类是阳术，另一类则是阴术。

第一类，申子的"阳术"，亦称"正名责

① 《韩非子·定法》。
② 郭沫若：《十批判书》，东方出版社1996年版，第315页。
③ 《韩非子·定法》。
④ 郭沫若：《十批判书》，东方出版社1996年版，第314页。
⑤ 《申子·大体》。
⑥ 郭沫若：《十批判书》，东方出版社1996年版，第310页。
⑦ 《申子·大体》。

实之术"，实即"督下术"。申子云：

> 为人君者，操契以责其名。①

刘泽华认为："君主对一切都要有明确的规定。事情千头万绪，难于一一应付，关键在于给事物以规定性。规定要明确具体，凡事有章可循。'昔者尧之治天下也以名，其名正则天下治；桀之治天下也亦以名，其名倚而天下乱，是以圣人贵名之正也。主处其大，臣处其细。以其名听之，以其名视之，以其名命之。'君主要善于抓大事，抓住了大事，就能控制细小，控制住臣下。申不害认为，君主不应把精力放在论人忠奸上，重要的是应该抓住一般的规定，并按规定进行检查、考察和评论得失。"②此论甚好，尤其点出了申子所谓"大体"之旨，乃在于"识大体，弃细务"，此乃君道。但说"申不害认为，君主不应把精力放在论人忠奸上"，则与上述韩昭侯察奸、防奸的良苦用心不符。

其实，申子此处所说的"操契以责其名"，本意是君主根据臣下曾经的承诺验证其实绩是否与之相符。引申之意，也就是君主监督、考核臣下的一种方法。这与后来韩非所说的"术者，因任而授官，循名而责实，操杀生之柄，课群臣之能者也"。③实有不同。申子所言，君主据以督责臣下

的乃是"契"，大致相当于后世的责任状；而韩非子的"循名而责实"所依据的则是"官职名分"，亦即按照官职名分来责求其实际的功效。如果说，申子的"正名责实之术"，属于"课能术"的初级阶段；而韩非子的"循名责实"，则属于相对比较成熟的"课能术"，还包括了"用人术"与"赏罚术"。就"用人术"而言，申子曰：

> 鼓不与于五音，而为五音主。有道者不为五官之事，而为治主。君，知其道也；官人，知其事也。十言十当，百为百当者，人臣之事，非人君之道也。④

申子此论是说"君主要巧于用人，而不要与臣争事，陷入事务主义的圈子；要使群臣围着君主转，君主稳居中心"。⑤

第二类，申子的"阴术"，亦称"无为术"，实即"潜御术"，包括察奸、防奸术，以及自神术。⑥ 申子云：

> 故善为主者，倚于愚，立于不盈，设于不敢，藏于无事，窜端匿疏，示天下无为。⑦

这是申子此"术"的核心观点。可分为两部分，前半部分为"倚于愚，立于不盈，设于不敢"，显然以道家思想为基底，即老子

---

① 《申子·大体》。
② 刘泽华：《中国政治思想史集》第一卷《先秦政治思想史》，人民出版社 2008 年版，第 141 页。
③ 《韩非子·定法》。
④ 《申子·大体》。
⑤ 刘泽华：《中国政治思想史集》第一卷《先秦政治思想史》，人民出版社 2008 年版，第 143 页。
⑥ 后来韩非子对"阳术"与"阴术"均作了系统的阐发，详论可参阅本文丛之《治术与权谋——〈韩非子〉典正》第十章"权谋治术：韩非子的术论"中的相关内容，厦门大学出版社 2013 年版。
⑦ 《申子·大体》。

的"反者道之动,弱者道之用"①在此术中的具体运用。后半部分为"藏于无事,窬端匿疏,示天下无为",这才是此术的实质内容,也就是掩其行迹,深藏不露,也就是韩非总结的"术者,藏之于胸中,以偶众端而潜御群臣者也。故法莫如显,而术不欲见"。② 所以,申子的"'无为'之术最关紧要的一点是把自己深藏起来,对任何事情都不要在事情未决断之前表示自己的好和恶、是和非、知和不知。因为只要有任何倾向性的表示,臣下都会钻空子或乘机捉弄"。③ 为此,申子提出了著名的"六慎":

申子曰:"上明见,人备之;其不明见,人惑之。其知见,人饰之;不知见,人匿之。其无欲见,人司之;其有欲见,人饵之。故曰:吾无从知之,惟无为可以规之。"

一曰:申子曰:"慎而言也,人且知女;慎而行也,人且随女。而有知见也,人且匿女;而无知见也,人且意女。女有知也,人且臧女;女无知也,人且行女。故曰:惟无为可以规之。"④

韩非援引申子之言"六慎",旨在证明他的这一观点:"人主者,利害之轺毂也,射者众,故人主共矣。是以好恶见,则下有因,而人主惑矣;辞言通,则臣难言,而主不神矣。"⑤可见,其术一在防奸,二在自神。前者如韩昭侯"佯亡一爪";后者则如韩昭

侯"南门外黄犊之察"。

上述第一段申子言论,其意是君主的明察显露出来,人们就会防备他;君主的糊涂显露出来,人们就会迷惑他。君主的智慧显露出来,人们就会用花言巧语来奉承他;君主的愚昧显露出来,人们就会隐瞒真情蒙蔽他。君主没有什么欲望表露出来,人们就会窥伺他;君主有欲望表露出来,人们就会引诱他。所以说:我没有办法去了解臣下,只有用无所作为来窥测。

第二段申子的言论,与上一段大旨相通,但表述不同。其意是申不害告诫君主说:"你的言论要谨慎,因为人们将会因此了解你;你的行动要谨慎,因为人们将会效仿你;你的智谋显露出来,人们将会隐瞒真情欺骗你;你的无知显露出来,人们将会算计你。你有智慧,人们将会躲开你;你没有智慧,人们将对你采取行动。所以说,只有用'无为'的方法才可以窥测。"

"术"的这种特性,就是要君主装作什么也不知道,使臣下莫测高深,无法投其所好,同时也使臣下无从隐藏他们的错误和缺点,这样君主就可以像明镜一样看到臣下的一切,此即"惟无为可以规之"。用韩非的话说,就是"明君无为于上,群臣竦惧乎下"。⑥韩非"竦惧"一词,可谓直透专制政体的天机,因为"专制政体的原则是恐怖",⑦或者干脆如孟德斯鸠直接指出的:"中国是一个

---

① 《老子》第四十章。

② 《韩非子·难三》。

③ 刘泽华:《中国政治思想史集》第一卷《先秦政治思想史》,人民出版社 2008 年版,第 142 页。

④ 《韩非子·外储说右上》。

⑤ 《韩非子·外储说右上》。

⑥ 《韩非子·主道》。

⑦ [法]孟德斯鸠:《论法的精神》上册,张雁深译,商务印书馆 1961 年版,第 58 页。

专制的国家,它的原则是恐怖。"①

很显然,申、韩所言的"无为",是将老子的"无为"(不强作、不妄为)加以改造,变成他们所谓的明君的统治之术——"无为",即深藏不露,不自操事,这与老子的"无为"已有质的区别。因此,这只是表面上的"无为",实际上人君把盘算暗运于心:

> 明君治国,而晦晦,而行行,而止止。三寸之机运而天下定,方寸之基正而天下治。一言正而天下定,一言倚而天下靡。②

对此,郭沫若讲:"明君要把天下人当成木偶,完全靠着自己的'方寸之机'在那儿运转天下。"③但也表明,"这句话目的旨在强调君主发号施令要慎之又慎,一句话会牵动全局,告诫君主只能'正',不能'倚'。但这句话也透露了申子所主张的君主专制达到了何种程度。只有在绝对的君主专制的条件下,才可能出现一言治天下,一言乱天下的局面"。④ 正因如此,申子干脆要求君主"独听"、"独视"和"独断":

> 独视者谓明,独听者谓聪。能独断者,可以为天下王。⑤

这就是他用"术"的真正目的——独断。由此可见,"无为以君主的独断为前提,同时又是为独断服务的。如果没有君主独断权力的这个前提,无为就一文不值"。⑥ 郭沫若亦言:"这简直是一种恶性的专制独裁主义。"⑦魏特夫在分析专制的权力——极权力量时指出:"专制国家缺乏实行内外制约的适当机构。这种情况便发展成为可以称作是不受制约的力量的一种累积趋势。……而在专制的情况下,居于最强有力地位的人,由于在权力不受制约的积累趋势中得到便利,往往通过拉帮结派、玩弄花招和无情的诡计来扩大他的权力,直到他征服所有的其他作最高决定的中心人物后而独占上风为止。"而由于"政府职能的发展不受外界有效控制的程度因制度的构成不同而有所不同。但是可以肯定地说,只要通过这一关口,最高权力的积累力量就往往会集中到一个掌握组织和作出决定的唯一的独裁中心人物手里"。⑧魏氏之论中的玩弄花招和无情的诡计,实即申子的"术"。

申不害还认为,治理国家不要依赖自己的知觉,而要设法把握事物的必然性和全局,而且只有抛弃个人感情上的好恶,才能明察事物,办事公道,才是真正的聪明。⑨所以,申子说:"去听无以闻则聪;去视无以

① [法]孟德斯鸠:《论法的精神》上册,张雁深译,商务印书馆 1961 年版,第 129 页。
② 《申子·君臣》。又《太平御览》卷六二四引《申子》。
③ 郭沫若:《十批判书》,东方出版社 1996 年版,第 314 页。
④ 刘泽华:《中国政治思想史集》第一卷《先秦政治思想史》,人民出版社 2008 年版,第 141 页。
⑤ 《韩非子·外储说右上》。
⑥ 刘泽华:《中国政治思想史集》第一卷《先秦政治思想史》,人民出版社 2008 年版,第 143 页。
⑦ 郭沫若:《十批判书》,东方出版社 1996 年版,第 313 页。
⑧ [美]魏特夫:《东方专制主义》,徐式谷等译,中国社会科学出版社 1989 年版,第 103 页。
⑨ 刘泽华:《中国政治思想史集》第一卷《先秦政治思想史》,人民出版社 2008 年版,第 142 页。

见则明；去智无以知则公。去三者不任则治；三者任，则乱。"①也就是《吕氏春秋》所说的"以此言耳目心智之不足恃也"。实际上，这一论断的背后，还有一个小故事：

韩昭厘侯视所以祠庙之牲，其豕小，昭厘侯令官更之。官以是豕来也，昭厘侯曰："是非向者之豕邪？"官无以对。命吏罪之。②

郭沫若将之归结为韩侯爱弄小智小慧。而"耳目心智之不足恃"，假使是作为纯粹的认识论上的问题，在两千多年前便能有这样深刻的见地，倒不失为大有哲学价值的命题；然而申子的本意并不是这样，他是教做人主的人听见要装作不听见，看见要装作不看见，知道要装作不知道，深藏不露，免得人有所提防，因而去听一切，见一切，知一切。③

秦始皇

3. 申子之"术"的溃疡

如果说申子的"阳术"含有合理因素的话，那么，申子的"阴术"，则将君心变成了神秘莫测的术府，实质上将治法下的权术阴谋化，最后必然"弃法"而"独断"。换言之，将本来应当公开、确定、透明的法阴暗化，实质上背离了法的本质与精神。因此，"法"外行"术"，治法由此创伤而成溃疡，由此难以畅行于国。

然而吊诡的是，申子此"术"一出，备受历代统治者的青睐。但从本质上讲，君臣之间，不待之以坦诚，而代之以隐藏与算计，其结果是人君绞尽脑汁布设驭臣之术，而臣下则使尽浑身解数应之以欺君之方。也就是说，既有驭臣之术，必有欺君之方。如此尔虞我诈，不仅荒芜了政事，而且导致官场日趋暗昧和阴险，诚所谓"仕途潜风急，权变思虑多"，个中三昧，想必历经宦海沉浮者，定有体会，感慨良多以至于无言。

至此，我们已由管仲经天纬地的韬略一路逶迤而来，在一览商君的"法"，申子的"术"后，深入"稷下先生"各呈奇姿、妙论无边的思想殿堂，然后再去看看慎子飞檐斗拱的"势"。如此，在先秦思想的天空上，治世的法、术、势也就风云际会，蔚成深邃无垠、灿若星辰的治道大观。

---

① 《吕氏春秋·审分览·任数》。
② 《吕氏春秋·审分览·任数》。
③ 郭沫若：《十批判书》，东方出版社1996年版，第312～313页。

第二十五章　稷下先生

从邹忌反复算计田忌的史实中，我们看到了中国比较普遍的一种现象，即有真材实料谋事成事的实干家，竟不如没有本事但工于心计算计的阴谋家。君子谋事，小人谋算。悲夫，国之不振，此亦一大源头。而自司马光首倡"与其得小人，不若得愚人"以来，真才转而不如奴才，大才时常屈居愚人之下，不亦悖乎？

一、所谓"稷下先生"

钱穆说："扶植战国学术，使臻昌隆盛遂之境者，初推魏文，既则齐之稷下。稷下者，《史记田齐世家集解》引刘向《别录》云：'齐有稷门，城门也。谈说之士，期会于稷下也。'"①又曰："盖齐之至稷下，始自桓公，历威、宣、湣、襄，前后五世，垂及王建，终齐之亡，逾百年外，可谓盛矣。"②郭沫若也说："齐国在威、宣两代，还承继着春秋末年养士的风习，曾成为一时学者荟萃的中心，周、秦诸子的盛况是在这儿形成了一个

最高峰的。"而这个中心，即齐国的稷下。"所谓'稷下'是在稷门之下，稷门是齐国国都的西门。刘向《别录》云：'齐有稷门，齐之城西门也。外有学堂，即齐宣王所立学宫也。故称为稷下之学。'"③而云集在稷下学宫的各派学者，世称"稷下先生"。

在未叙说慎子之前，先说与慎到一起的"稷下先生"。这不仅与本文丛专述先秦诸子这一大旨相合，还因稷下先生中富含治法与治道思想，也与本书的主旨相契。那么，稷下先生，除了曾游历稷下的荀子外，④还有哪些贤哲呢？《史记》曰：

---

① 钱穆：《先秦诸子系年》，商务印书馆 2005 年版，第 268 页。
② 钱穆：《先秦诸子系年》，商务印书馆 2005 年版，第 269 页。
③ 郭沫若：《十批判书》，东方出版社 1996 年版，第 143 页。
④ 孟子亦游稷下，但不列稷下先生。钱穆在《孟子不列稷下考》中认为，在《史记》所列稷下闻人中，孟子不在其中，此孟子不列稷下之证。原因主要是由于"稷下诸先生，不治而议论，此孟子所谓处士之横议，庶人不为臣，无常职，而托于诸侯，皆孟子所深斥也。故孟子在齐为卿有官爵，明不与稷下为类"。因之，"孟子本不与稷下为伍"。参见钱穆：《先秦诸子系年》，商务印书馆 2005 年版，第 273～274页。

自邹衍与齐之稷下先生，如淳于髡、慎到、环渊、接子、田骈、驺奭之徒，各著书言治乱之事，以干世主，岂可胜道哉！①

按照郭沫若的分类，邹衍、驺奭是阴阳家，田骈、慎到、环渊、接子，还有宋钘、尹文，都是道家，淳于髡则因"其学无所主"，是一位无所谓派。② 从太史公的这段记叙可见，这些多达 76 人的"稷下先生"，并非都是吃闲饭的，他们"各著书言治乱之事，以干世主"，看来不仅有思想，还积极入世，论说"治乱"主张，只可惜，他们的大论，多已亡佚。

临淄齐国古城

《史记》除了列举著名的"稷下先生"外，还简要叙述了他们在稷下学宫受到的尊荣与礼遇：

自如淳于髡以下，皆命曰列大夫，为开

第康庄之衢，高门大屋，尊宠之。览天下诸侯宾客，言齐能致天下贤士也。③

宣王喜文学游说之士，自如邹衍、淳于髡、田骈、接予、慎到、环渊之徒七十六人，皆赐列第，为上大夫，不治而议论。是以齐稷下学士复盛，且数百千人。④

先说"不治而议论"，钱穆讲："不治者，田骈设不宦之义，而淳于髡以终身不仕见称，此稷下之行谊也。"⑤ 而对当年稷下先生的待遇，郭沫若曾大发感慨："这些学者们得到了这样温暖的保护，也真好像在春雨中的蘑菇一样，尽量地簇生了起来。请看那发育条件是多么适宜呀！'赐列第为上大夫，不治而议论'，'开第康庄之衢，高门大屋'，供应是很丰富的，比如田骈'设为不宦，赀养千钟，徒百人'（《齐策》）。出行的时候也有供张，比如孟子'后车数十乘，从者数百人，以传食于诸侯'（《滕文公下》）。既无事务工作拖累，用不着坐办公厅，有好房子住，不愁穿，不愁吃，还有很多的人服侍，这还不好让脑细胞的活动充分向形而上的方面去发展吗？"⑥ 的确，春秋战国诸子百家鼎盛，与当时的养士和延揽人才是分不开的。但郭沫若将稷下先生大部分归为道家后，还认为齐国之所以要那样扶持道家，完全是一种高级的文化政策。自从齐威王袭田氏的遗烈，篡取了齐国之

---

① 《史记·孟子荀卿列传》。

② 郭沫若：《十批判书》，东方出版社 1996 年版，第 144 页。其实，这一划分是不够严谨的，比如，其后郭沫若就把慎到视为"真正的法家"。

③ 《史记·孟子荀卿列传》。

④ 《史记·田敬仲完世家》。

⑤ 钱穆：《先秦诸子系年》，商务印书馆 2005 年版，第 270 页。

⑥ 郭沫若：《十批判书》，东方出版社 1996 年版，第 149 页。

后，由向来养士的习惯，要有一批文化人来做装饰品，固然是一种动机，而更主要的还是不愿意在自己的肘翼之下又孵化出新的"窃国者"来，所以要预为之防，非化除人民的这种异志不可。在这个目标上，杨、老学说是最为适用的武器。① 聪明如郭沫若者亦不多见，然而此论臆测多于论证，实际上，稷下先生 76 人当中，并非全是道家。换言之，稷下黄老道家仅仅是其中的一部分，因此，齐威王、宣王对稷下先生的礼遇，一方面是养士之风的余绪，另一方面出于"宣王喜文学游说之士"，并非完全出于为掩饰窃国的政治目的使然，更何况杨、老学说怎么就成了掩饰窃国"最为适用的武器"了呢？ 相比之下，钱穆的论断就很审慎："田氏得齐未久，又身行篡夺。正魏文礼贤之风方衰，继而为此，揽贤士，收名声以自固位，恐有之耳。"②

二、"三邹子"

在稷下先生中，"三邹子"尤其见重于齐。《史记》："齐有三邹子。其前邹忌，以鼓琴干威王，因及国政，封为成侯而受相印，先孟子，其次衍，后孟子。"其后邹奭，史称"三邹子"。

1. 邹忌

从《史记》等典籍载述可知，邹忌以鼓琴见齐威王，并以琴所以象政状为喻，得出

"琴音调而天下治"的独特之论。由是，"邹忌子见三月而受相印。……居期年，封以下邳，号曰成侯"。③

对于邹忌以琴音论政而见重于齐，《新序》有相近的载述：

昔者，邹忌以鼓琴见齐宣王，宣王善之。邹忌曰："夫琴所以象政也。"遂为王言琴之象政状及霸王之事。宣王大悦，与语三日，遂拜以为相。齐有稷下先生，喜议政事，邹忌既为齐相，稷下先生淳于髡之属七十二人，皆轻忌，以谓设以辞，邹忌不能及。乃相与俱往见邹忌。④

虽然刘向将齐威王误为齐宣王，但同《史记》一样，还原了邹忌以鼓琴干威王，因及国政的基本事实，还言及了"稷下先生淳于髡之属七十二人，皆轻忌"，以及在邹忌为相后"俱往见邹忌"，试图以言辩让他难堪，结果由去时的"淳于髡之徒礼倨，邹忌之礼卑"，变成了"淳于髡等辟屈而去。邹忌之礼倨，淳于髡等之礼卑"。事实上，《史记》也载述了淳于髡见邹忌，"吾语之微言五，其应我若响之应声"⑤的内容。从这些内容看，就邹忌的为人，他谦卑的背后，是虚怀若谷和强大的自信使然，还是城府很深使然？ 但就其对话的思想看，则涉及邹忌的为政乃至治道思想。比如，"不敢杂贤以不肖"，"谨门内，不敢留宾客"，以及"减

---

① 郭沫若：《十批判书》，东方出版社 1996 年版，第 148～149 页。
② 钱穆：《先秦诸子系年》，商务印书馆 2005 年版，第 269 页。
③ 《史记·田敬仲完世家》。
④ 刘向：《新序·杂事二》。
⑤ 《史记·田敬仲完世家》。

吏省员，使无扰民"①的主张；而《史记》载述的淳于髡与邹忌的"微言五"中，可以一窥淳于髡和邹忌的为政之道：

淳于髡见之曰："善说哉！髡有愚志，原陈诸前。"邹忌子曰："谨受教。"淳于髡曰："得全全昌，失全全亡。"邹忌子曰："谨受令，请谨毋离前。"淳于髡曰："豨膏棘轴，所以为滑也，然而不能运方穿。"邹忌子曰："谨受令，请谨事左右。"淳于髡曰："弓胶昔干，所以为合也，然而不能傅合疏罅。"邹忌子曰："谨受令，请谨自附于万民。"淳于髡曰："狐裘虽敝，不可补以黄狗之皮。"邹忌子曰："谨受令，请谨择君子，毋杂小人其间。"淳于髡曰："大车不较，不能载其常任；琴瑟不较，不能成其五音。"邹忌子曰："谨受令，请谨修法律而督奸吏。"淳于髡说毕，趋出，至门，而面其仆曰："是人者，吾语之微言五，其应我若响之应声，是人必封不久矣。"居期年，封以下邳，号曰成侯。②

在这一对话中，涉及为臣之道，亲附民众，择君子而去小人，以及谨修法律，监督奸吏等方面。此外，在《战国策》中，有我们熟悉的"邹忌讽齐王纳谏"。从该文中，我们看到，邹忌是"修八尺有余，身体昳丽"的美男子，并以此劝说齐威王纳谏，使之广开言路，改良政治。于是"令初下，群臣进谏，门庭若市。数月之后，时时而间进。期年

之后，虽欲言，无可进者。燕、赵、韩、魏闻之，皆朝于齐。此所谓战胜于朝廷"。③

此外，史籍还载述了"邯郸之难"：

邯郸之难，赵求救于齐。田侯召大臣而谋曰："救赵孰与勿救？"邹子曰："不如勿救。"段干纶曰："弗救，则我不利。"田侯曰："何哉？""夫魏氏兼邯郸，其于齐何利哉！"田侯曰："善。"乃起兵，曰："军于邯郸之郊。"段干纶曰："臣之求利且不利者，非此也。夫救邯郸，军于其郊，是赵不拔而魏全也。故不如南攻襄陵以弊魏，邯郸拔而承魏之弊，是赵破而魏弱也。"田侯曰："善。"乃起兵南攻襄陵。七月，邯郸拔。齐因承魏之弊，大破之桂陵。④

《史记·田敬仲完世家》亦有相近的载述，不同的是，此处的"邹子"，段干纶在《史记》中为邹忌子、段干朋。由此可见，身为相国的邹忌简而无谋，仅对以"不如勿救"，倒是段氏的"围魏救赵"之谋，不损一兵一卒而一举两得，甚为高明。⑤《田敬仲完世家》曰："其后成侯邹忌与田忌不善。"两人由此结下了嫌隙，"二忌"相冲，成了解不开的结。《战国策》云：

成侯邹忌为齐相，田忌为将，不相说。公孙闬谓邹忌曰："公何不为王谋伐魏？胜，则是君之谋也，君可以有功；战不胜，田

---

① 刘向：《新序·杂事二》。
② 《史记·田敬仲完世家》。
③ 《战国策·齐策一》。
④ 《战国策·齐策一》。
⑤ 此计又见《史记·孙子吴起列传》，齐威王以田忌为将，以孙膑为军师，此计成了孙膑的谋略，后世多以此计归孙膑。

忌不进,战而不死,曲挠而诛。"邹忌以为然,乃说王而使田忌伐魏。

田忌三战三胜,邹忌以告公孙闬,公孙闬乃使人操十金而往卜于市,曰:"我田忌之人也,吾三战而三胜,声威天下,欲为大事,亦吉否?"卜者出,因令人捕为人卜者,亦验其辞于王前。田忌遂走。①

《史记》亦有相近记述。不同的是,田忌三战三胜后,公孙闬操十金而往卜于市乃是在齐威王三十五年,而非田忌三胜后直接再次用计。从这则史实中,我们看到了中国比较普遍的一种现象,即有真材实料谋事成事的实干家,竟不如没有本事但工于心计算计的阴谋家。君子谋事,小人谋算。悲夫,国之不振,此亦一大源头。而自司马光首倡"与其得小人,不若得愚人",②真才转而不如奴才,大才时常屈居愚人之下,不亦悖乎?

田忌,这位以"田忌赛马"举荐孙膑的名将,虽然在齐宣王二年,"宣王召田忌复故位",但又与冤家对头邹忌在战事的抉择上出现分歧:"魏伐赵。赵与韩亲,共击魏。赵不利,战于南梁。……韩氏请救于齐。宣王召大臣而谋曰:'蚤救孰与晚救?'"在面临这一抉择时,邹忌还是曾用过的四个字:"不如勿救。"而田忌则分析了不救的弊端,因而提出"不如早救之",观点针锋相对。孙膑则提出晚救之利,被采纳。结果是"韩因恃齐,五战不胜,而东委国于齐。

齐因起兵,使田忌、田婴将,孙子为师,救韩、赵以击魏,大败之马陵,杀其将庞涓,虏魏太子申"。③ 由此看,还是名实相符的军事家孙膑更胜一筹,由此引发了著名的"马陵之战",杀庞涓,虏太子申。此即孙膑以智败庞涓于马陵,"以此名显天下,世传其兵法"。④ 但田忌,最终还是受到排挤,不得不出走楚国。《战国策》曰:

田忌亡齐而之楚,邹忌代之相齐,恐田忌欲以楚权复于齐。杜赫曰:"臣请为君留楚。"谓楚王曰:"邹忌所以不善楚者,恐田忌之以楚权复于齐也。王不如封田忌于江南,以示田忌不返齐也,邹忌以齐厚事楚。田忌,亡人也,而得封,必德王;若复于齐,必以齐事楚。此用二忌之道也。"楚果封之于江南。⑤

邹忌不但排挤田忌使之亡齐而之楚,还彻底断了他回齐效力的后路,是真小人也,与蔺相如相比,真有云泥之判。

就其中的史实,梁玉绳《志疑》云:"田忌出奔在宣王二年战马陵之后,不在威王三十五年。忌之战功可见者,桂陵、马陵二役。若威王时已出奔,则安得马陵之胜?"鲍彪也认为:"齐威,贤王也!其知章子,察阿、即墨大夫明矣,独于是失之。然忌之走,亦非威王谴之也。……忌之出奔,在战马陵后宣王之世明矣,《史》载其奔在前,故谓召复位。忌既袭齐,岂得再复?成侯犹

① 《战国策·齐策一》。
② 《资治通鉴》卷第一,岳麓书社 1990 年版,第 4 页。
③ 《史记·田敬仲完世家》。
④ 《史记·孙子吴起列传》。
⑤ 《战国策·齐策一》。

在,岂宜并列? 而马陵后,忌无可书之事,知其必有误也。以威王之明,成侯、公孙闲之诈,岂能行其间? 其为宣王无疑也。"① 经过详考,钱穆则认为,"盖田忌自以威王时出奔,至宣王时复召","二氏之疑,皆失之未详考也"。②

2. 邹衍

邹衍,战国时期阴阳家学,稷下先生中的闻人。《汉书·艺文志》归阴阳家,著录《邹子》49 篇,以及《邹子终始》56 篇。为燕昭王师。生卒年不详,大约生于公元前 305 年,卒于公元前 240 年。其主要学说是"五德终始说"和"大九州说",因他"尽言天事",迂大而闳辩,号"谈天衍"。

邹子之学,实出于儒而归于儒。《盐铁论》云:"邹衍以儒术干世主,不用,即以变化始终之论,卒以显名。……邹子之作,变化之术,亦归于仁义。"③《史记》也说邹衍"深观阴阳消息而作怪迂之变……然要其归,必止乎仁义节俭,君臣上下六亲之施,始也滥耳。"④客观来说,促使邹衍"深观阴阳消息"的起因,恐怕不止是"显名"使然。更深层次的动因,则是"邹子疾晚世之儒墨,不知天地之弘,昭旷之道,将一曲而欲道九折,守一隅而欲知万方,犹无准平而欲知高下,无规矩而欲知方圆也。于是,推大圣终始之运,以喻王公列士。"⑤对此,葛兆光"用今天的话来说",认为"邹衍一类人是

在追问宇宙时空的奥秘,并试图以此来显示儒墨局限于现世是非曲直的弊病,为思想提供宇宙时空的最终依据"。⑥

《史记》简要列举了邹衍学说的起因与核心之旨:

> 邹衍睹有国者益淫侈,不能尚德,若《大雅》整之于身,施及黎庶矣。乃深观阴阳消息而作怪迂之变,《终始》、《大圣》之篇十余万言。其语闳大不经,必先验小物,推而大之,至于无垠。先序今以上至黄帝,学者所共术,大并世盛衰,因载其祥度制,推而远之,至天地未生,窈冥不可考而原也。先列中国名山大川,通谷禽兽,水土所殖,物类所珍,因而推之,及海外人之所不能睹。称引天地剖判以来,五德转移,治各有宜,而符应若兹。以为儒者所谓中国者,于天下乃八十一分居其一分耳。中国名曰赤县神州。赤县神州内自有九州,禹之序九州是也,不得为州数。中国外如赤县神州者九,乃所谓九州也。于是有裨海环之,人民禽兽莫能相通者,如一区中者,乃为一州。如此者九,乃有大瀛海环其外,天地之际焉。其术皆此类也。⑦

很明显,"邹衍诸论的出发点是针对当时的统治者只顾淫侈而不顾社会和黎民的

① [西汉]刘向集录:《战国策》,上海古籍出版社 1985 年版,第 319 页。
② 钱穆:《先秦诸子系年》,商务印书馆 2005 年版,第 303 页。钱穆一引梁玉绳,二引吴师道,故其"二氏"为梁、吴。而此处二引鲍彪,非吴师道之论,特作说明。
③ 《盐铁论·论儒》。
④ 《史记·孟子荀卿列传》。
⑤ 《盐铁论·论邹》。
⑥ 葛兆光:《中国思想史》第一卷,复旦大学出版社 2001 年版,第 154 页。
⑦ 《史记·孟子荀卿列传》。

疾苦,只顾眼前享乐而不计后果的现象而发的。为了解决哲学问题,邹衍不是枝枝节节局限于具体问题的针砭,而是从宇宙变化的必然过程来指出具体事物的命运"。① 由此,邹衍也是我国早期宇宙发生论的研究者之一。在对宇宙本原的推究上,他"必先验小物,推而大之,至于无垠。……推而远之,至天地未生,窈冥不可考而原也"。因此,谢和耐说:"传说认为,这种宇宙论观念的系统化工作应归功于一位名邹衍的人士(约于公元前305—前240年)。"②

邹衍的具体主张是以"五德"为核心:"称引天地剖判以来,五德转移,治各有宜,而符应若兹。"而其"五德"之说,源于五行理论。他的主张可统称为"五德终始说"。所谓"五德",是指五行的属性,即金德、木德、水德、火德、土德;所谓"终始",是指"五德"周而复始地循环运转,亦即邹衍用金、木、水、火、土五行相克的原理来揭示历史朝代的更迭规律。邹衍的这种历史观具有多种因素:从描述天地未开到人世繁荣看,显然具有进化论的成分;五德周而复始,则又是一种循环论;所谓的符应无疑是一种神秘主义。③《吕氏春秋》载述了"五德"的核心观点:

凡帝王者之将兴也,天必先见祥乎下民。黄帝之时,天先见大螾大蝼。黄帝曰:"土气胜。"土气胜,故其色尚黄,其事则土。及禹之时,天先见草木秋冬不杀。禹曰:"木气胜。"木气胜,故其色尚青,其事则木。及汤之时,天先见金刃生于水。汤曰:"金气胜。"金气胜,故其色尚白,其事则金。及文王之时,天先见火赤乌衔丹书集于周社。文王曰:"火气胜。"火气胜,故其色尚赤,其事则火。代火者必将水,天且先见水气胜。水气胜,故其色尚黑,其事则水。水气至而不知数备,将徙于土。④

观其序,乃以相克为递而代之:木克土,金克木,火克金,水克火,土克水,以此周而复始,相沿以递。由此可见,"邹衍是把人类历史尤其是政治史看成是一个不断循环的过程。每一个历史时期的权力拥有者都必须与一种'德',即与金木水火土相应的五种特质中的一种相匹配,才能获得其取代并存在的合理性和权威性"。⑤ 事实上,"在当时,五德终始的循环论,一方面比较合理地说明了朝代的更替,特别是其中关于周代之火德已衰,必将有体现水德者取而代之,这一点太符合战国诸侯的口味了。它在理论上论证了周必亡,新圣必兴,给那些想摘取王冠的诸侯以极大的鼓舞;另一方面,五德除顺序更替外,还有政治分类的含义,即把政治分为五种类型"。⑥ 邹衍以这一方式,开创了将五行纳入政治领域的先河,后世历代帝王建国,大

① 刘泽华:《中国政治思想史集》第一卷《先秦政治思想史》,人民出版社2008年版,第440页。
② [法]谢和耐:《中国社会史》,黄建华、黄迅余译,人民出版社2010年版,第89页。
③ 刘泽华:《中国政治思想史集》第一卷《先秦政治思想史》,人民出版社2008年版,第441页。
④ 《吕氏春秋·有始览·应同》。此论疑似邹衍佚文。
⑤ 葛兆光:《中国思想史》第一卷,复旦大学出版社2001年版,第153页。
⑥ 刘泽华:《中国政治思想史集》第一卷《先秦政治思想史》,人民出版社2008年版,第441页。

多沿用"五德之说"。比如,《史记》曰:"自齐威、宣之时,邹子之徒论著终始五德之运,及秦帝而齐人奏之,故始皇采用之。"又曰:"鲁人公孙臣上书曰:'始秦得水德,今汉受之,推终始传,则汉当土德,土德之应黄龙见。宜改正朔,易服色,色上黄。'"①

邹衍的"五运说"建立在对宇宙系统的认知上,其基本理念是五行替代,相承不绝。邹衍的这一理论,是两汉谶纬学说的主要来源之一。宋儒对"五运说"的反动始于欧阳修,他所作的《原正统论》,称五运说为"不经之说"、"昧者之论",而在其晚年改订的《正统论》中则以"绝统说"对它展开了正面的批判。"绝统说"从根本上动摇了五德转移政治学说赖以成立的基础,在理论上宣告了五德转移政治学说的终结。其实,韩非子对邹衍之术早就提出过质疑:"邹衍之事,燕无功而国道绝。"②

刘勰曰,"邹子养政于天文",③可谓一语中的。又曰,"邹子以谈天飞誉",④亦一语概括邹衍在当时的巨大影响。而这种影响是不是因为"王公大人初见其术,惧然顾化"导致的,已不得而知。从《史记》记载看,"邹衍以阴阳主运显于诸侯",⑤乃至"适梁,惠王郊迎,执宾主之礼。适赵,平原君侧行襒席。如燕,昭王拥彗先驱,请列弟子之座而受业,筑碣石宫,身亲往师之。作

《主运》。其游诸侯见尊礼如此,岂与仲尼菜色陈、蔡,孟轲困于齐梁同乎哉!故武王以仁义伐纣而王,伯夷饿不食周粟;卫灵公问陈,而孔子不答;梁惠王谋欲攻赵,孟轲称大王去邠。此岂有意阿世俗苟合而已哉!持方枘欲内圆凿,其能入乎?或曰,伊尹负鼎而勉汤以王,百里奚饭牛车下而缪公用霸,作先合,然后引之大道。邹衍其言虽不轨,傥亦有牛鼎之意乎?"⑥太史公的感慨,千载之下,犹闻其声。

而邹衍的"大九州"之论中,"赤县神州"一语乃邹子发明。而其大九州"乃有大瀛海环其外",以当时的地理知识而言,真乃神悟!这种神悟,甚至可以视作古代先哲对蔚蓝色文明的一种想象。而"在思想史上,我们可以认为邹衍的意义是象征了古代中国的空间意识在放大,虽然这种放大是传统的延续,因为它还是沿用着'九州'与'地若覆槃'的空间格局的思路,但是这也表明人们试图用思想扩充空间,来解释日益扩大的关于世界的知识"。⑦

3. 邹奭

《史记》云:"邹奭者,齐诸邹子,亦颇采邹衍之术以纪文。"⑧《汉书·艺文志》列阴阳家,著录《邹奭了》12篇,号"雕龙奭"。《史记集解》引《别录》曰:"邹衍之所言,五

---

① 《史记·封禅书》。
② 《韩非子·饰邪》。
③ 〔梁〕刘勰:《文心雕龙·诸子》。
④ 〔梁〕刘勰:《文心雕龙·时序》。
⑤ 《史记·封禅书》。其续文是"而燕、齐海上之方士传其术,不能通,然则怪迂阿谀苟合之徒自此兴,不可胜数也"。
⑥ 《史记·孟子荀卿列传》。
⑦ 葛兆光:《中国思想史》第一卷,复旦大学出版社 2001 年版,第 151 页。
⑧ 《史记·孟子荀卿列传》。

德终始，天地广大，尽言天事，故曰谈天。驺奭修衍之文，若雕镂龙文，故曰雕龙。"刘勰在《文心雕龙·时序》中讲"邹奭以雕龙驰响"和"邹子以谈天飞誉"并论。《史记》亦言："故齐人颂曰：'谈天衍，雕龙奭，炙毂过髡。'"①

三、幽默大师淳于髡

淳于髡，战国时期著名的政治家和思想家，生卒年不详，与邹忌同时。② 他学无所主，以善辩和博学多才著称，著有《王度

淳于髡

若朋友交游，久不相见，卒然相睹，欢然道故，私情相语，饮可五六斗径醉矣。若乃州闾之会，男女杂坐，行酒稽留，六博投壶，相引为曹，握手无罚，目眙不禁，前有堕珥，后有遗簪，髡窃乐此，饮可八斗而醉二参。日暮酒阑，合尊促坐，男女同席，履舄交错，杯盘狼藉，堂上烛灭，主人留髡而送客，罗襦襟解，微闻芗泽，当此之时，髡心最欢，能饮一石

记》，惜已亡佚。司马迁将其置于《滑稽列传》之首："淳于髡者，齐之赘婿也。长不满七尺，滑稽多辩，数使诸侯，未尝屈辱。"③ 其中载述了淳于髡以一鸣惊人的"隐语"对齐威王"好为淫乐长夜之饮"的讽谏，载述了出使赵国搬回救兵，载述了"臣饮一斗亦醉，一石亦醉"的"论酒"妙辞。最后点出"酒极则乱，乐极则悲；万事尽然，言不可极，极之而衰"的名论，使齐威王"乃罢长夜之饮"。太史公曰："天道恢恢，岂不大哉！谈言微中，亦可以解纷。"④ 又曰："淳于髡仰天大笑，齐威王横行。"⑤ 司马迁在另一处总结道："淳于髡，齐人也。博闻强记，学无所主。其谏说，慕晏婴之为人也，然而承意观色为务。"⑥

除了上述淳于髡与邹忌的"微言五"外，还值得一提的是，这么一位其貌不扬的幽默大师，曾"两难"孟子，辩难均载《孟子》中。第一次是一段不亚于庄惠"濠梁之辩"的精彩对答：

淳于髡曰："男女授受不亲，礼与？"

孟子曰："礼也。"

曰："嫂溺则援之以手乎？"

曰："嫂溺不援，是豺狼也。男女授受不亲，礼也；嫂溺援之以手者，权也。"

曰："今天下溺矣，夫子之不援，何也？"

曰："天下溺，援之以道；嫂溺，援之以

---

① 《史记·孟子荀卿列传》。

② 钱穆考辨后推测："若谓威王初年髡年近三十，则其寿殆逾七十矣。"参见钱穆：《先秦诸子系年》，商务印书馆2005年版，第418页。

③ 《史记·滑稽列传》。

④ 《史记·滑稽列传》。

⑤ 《史记·滑稽列传》。

⑥ 《史记·孟子荀卿列传》。

手。子欲手援天下乎?"①

这段充满了机智而不乏幽默的对答,侧面反映了作为"稷下先生"元老的淳于髡是多么了解孟子的思想。他先通过嫂溺之喻,直指"今天下溺矣,夫子之不援,何也?",意思是那现在天下黎民生活在水深火热之中,你不伸手相援,是为什么呢?此语背后的"隐语",是你究竟为天下做了什么呢?当然,孟子不愧是辩才无碍的大师,他回答兼反驳道:"天下溺,援之以道;嫂溺,援之以手。子欲手援天下乎?"意思是你难道要我用手去挨个儿拉天下人吗?

另一处,也是《孟子》载述。淳于髡曰:"先名实者,为人也;后名实者,自为也。夫子在三卿之中,名实未加于上下而去之,仁者固如此乎?"在此问中,淳于髡问孟子,重视名誉功业是为着济世救民,轻视名誉功业是为了独善其身。您为齐国三卿之一,对于上辅君王下济臣民的名誉和功业都没有建立,您就离开,仁人原来是这样的吗?

这一发问,又直指孟子毫无事功,非常尖锐。孟子呢,将伯夷、伊尹和柳下惠扯了出来,说他们三个处事不同,但都是为了"仁"。君子只要"仁"就行了,又何必事事一致呢?对这一问答,淳于髡很不屑,继续责问,鲁缪公的时候,公仪子为政,子柳、子思为臣,但鲁国不断失地。这样看来,所谓贤者对国家有什么用呢?孟子反驳说:"虞不用百里奚而亡,秦穆公用之而霸。不用贤则亡,削何可得与?"这是说有了贤人却不会任用,他怎么会不被削弱呢?淳于髡随即否定了孟子自己标榜贤者的话,他通过

举例指出:"有诸内,必形诸外。为其事而无其功者,髡未尝睹之也。是故无贤者也;有则髡必识之。"意思是有本事的人必然展现出来,做事情不见功效的人,我还没看到过呢。所以现在根本没有贤者,如果有,我肯定认识他。淳于髡把话说到这份上,也够"损"的了,实即彻底否认了孟子以贤者的自我标榜。孟子面对如此咄咄逼人又能拿到台面之词,不甘就此被"说倒",就说起孔子在鲁国做司寇的故事,最后归结为"君子之所为,众人固不识也"。② 言外之意,是说自己像孔子一样被无礼对待,因此离开齐国,但圣贤的行为,滑稽如淳于髡者,又怎会明白呢?看看,孟子始终将自己置于道德的制高点,这一方法,起码在论辩上,绝不会输给对方。而淳于髡即使面对这么一位以"予岂好辩哉"而自鸣的孟子,依旧不依不饶,其辩才绝不亚于孟子,其辩难水准之高,确乎罕见。

此外,《战国策》载述淳于髡的三则事略,今择两则。第一则,"淳于髡一日而见七人于宣王":

　　淳于髡一日而见七人于宣王。王曰:"子来临,寡人闻之,千里而一士,是比肩而立;百世而一圣,若随踵而至也。今子一朝而见七士,则士不亦众乎?"淳于髡曰:"不然。夫鸟同翼者而聚居,兽同足者而俱行。今求柴葫、桔梗于沮泽,则累世不得一焉。及之皋黍、梁父之阴,则郄车而载耳。夫物各有畴,今髡贤者之畴也。王求士于髡,譬若挹水于河,而取火于燧也。髡将复见之,

---

① 《孟子·离娄上》。
② 《孟子·告子下》。

淳于髡一天之内向齐宣王引荐七个人，宣王认为千里之内有一位贤士，这贤士就已是并肩而立了；百代之中出一位圣人，那已是接踵而至了。如今您一个早晨就引荐七位贤士，那贤士不也太多了吗？面对宣王的质疑，淳于髡则设喻指出了人以类聚，物以群分的道理，由此认为他将要再向君王引荐贤士，哪里只是七个人呢。这把淳于髡的自信、坦荡还有辩才无碍，表现得淋漓尽致，尤其他把"物各有畴"的道理用于荐贤，可谓独特。而这则荐贤的论说，在《说苑》中还有一则淳于髡的讽谏可作为背景资料：

> 齐宣王坐，淳于髡侍。宣王曰："先生论寡人何好？"淳于髡曰："古者所好四，而王所好三焉。"宣王曰："古者所好，何与寡人所好？"淳于髡曰："古者好马，王亦好马；古者好味，王亦好味；古者好色，王亦好色；古者好士，王独不好士。"宣王曰："国无士耳，有则寡人亦说之矣。"淳于髡曰："古者骅骝骐骥，今无有，王选于众，王好马矣；古者有豹象之胎，今无有，王选于众，王好味矣；古者有毛嫱西施，今无有，王选于众，王好色矣。王必将待尧舜禹汤之士而后好之，则禹汤之士亦不好王矣。"宣王嘿然无以应。②

此典应该倒过来看：淳于髡的机智和辩才在意料之中，倒是齐宣王面对如此讽

谏，依然能对稷下先生尊崇有加，格外礼遇，方是政治家的大度和雅量。

第二则，可命之曰"疾犬逐兔"：

> 齐于伐魏。淳于髡谓齐王曰："韩子卢者，天下之疾犬也。东郭逡者，海内之狡兔也。韩子卢逐东国逡，环山者三，腾山者五，兔极于前，犬废于后，犬兔俱罢，各死其处。田父见之，无劳倦之苦，而擅其功。今齐、魏久相持，以顿其兵，弊其众，臣恐强秦、大楚承其后，有田父之功。"齐王惧，谢将休士也。③

此典之妙，妙在以疾犬逐兔，农夫得利设喻，把齐、魏长久相持，会招致其时的强秦、大楚得利的道理说透了。这既绕开了齐、魏的力量对比分析，又不用详细分析强秦、大楚的虎视眈眈，而以设喻把其中的道理以可知可感的方式不费吹灰之力讲清楚了。此典与"鹬蚌相争，渔人得利"有异曲同工之妙。由此亦见淳于髡以形象的寓言故事巧谏君王的本事，以及巧舌如簧。

四、"或使"的接子

接子是当时76名"稷下先生"中的一位。关于他的史料实在太少。我们所能知道的是他与慎到同时，齐人，为稷下先生，后因齐湣王矜功不休而亡去。《庄子·则阳》称"接子之'或使'"，意思是接子主张万物有个主宰者，与季真主张"莫为"即万物

① 《战国策·齐策三》。
② 《说苑·尊贤》。
③ 《战国策·齐策三》。原典题为《齐欲伐魏》。

没有主宰相对立。可见其学说以为万物之动或有某种力量使之然。郭象注云:"接子曰:道或使。或使者,有使物之功也。"庄子则认为:"斯而析之,精至于无伦,大至于不可围,或之使,莫之为,未免于物而终以为过。或使则实,莫为则虚。"①意思是按有没有主宰分析起来,精微到无可再分,大到无边无际,主张有个主宰和主张没个主宰,都未免受分析实物的局限而最终还是失当的。主张有个主宰,就说得太实了;主张没有个主宰,那就说得太虚了。即庄子认为天地一切变化皆是"不得不然",大化何尝有个主宰?钱穆分析道:"季真莫为,则近于机械的自然论。要之二人,既不信有天神主宰(莫为),又不许有人力斡旋(或使),皆处不得已而为随顺。与庄周同时而持义亦相近。"②

五、环渊

《史记·孟子荀子列传》曰:"环渊,楚人。皆学黄老道德之术,因发明序其指意。……著上下篇。"寥寥 23 字。据此,我们能知道的,他是楚国人,学黄老道德之术,与詹何齐名。曾讲学稷下,整理老聃语录,成《道德经》上下篇,对保存道家原始思想资料作出了贡献。

另据《汉书·艺文志》载,道家类中有:"《蜎子》十三篇。名渊,楚人,老子弟子。"郭沫若认为,蜎渊就是环渊。虽然,《艺文志》载其著述与《史记》篇数不同,但亦不排除上下篇中有 13 篇文论的可能。资料罕见,不好妄猜。

六、田骈、尹文与宋钘、彭蒙

田骈与尹文,均为稷下先生,有趋同,亦各异。有论者认为,他们在"齐宣王时,居稷下,与宋钘、彭蒙、田骈,同学于公孙龙"。③ 而《庄子·天下》则曰:"田骈学于彭蒙,得不教焉。"

1. 田骈

田骈,又称陈骈,战国时期思想家。其生卒年不详,为"稷下先生"之一,齐国人,与田齐宗室出于同姓,人称"天口骈",谓其口才好,妙论无穷,谁也辩不倒他。《汉书·艺文志》:"《田子》二十五篇,已佚。名骈,齐人,游稷下,号'天口骈'。"列入道家。《七略》曰:"田骈好谈论,故齐人为语曰'天口骈'。天口者,言田骈子不可穷其口,若事天。"田骈本学黄老,借道明法,其说"贵齐",与慎到齐名。

《吕氏春秋》载述了一则田骈以道术说齐的短论:

田骈以道术说齐,齐王应之曰:"寡人所有者,齐国也,愿闻齐国之政。"田骈对曰:"臣之言,无政而可以得政。譬之若林木,无材而可以得材。愿王之自取齐国之

---

① 《庄子·则阳》。
② 钱穆:《先秦诸子系年》,商务印书馆 2005 年版,第 496 页。
③ [清]钱熙祚校《尹文子》,引山阳仲长氏《原序》,载《诸子集成》卷七,岳麓书社 1996 年版,第 2 页。

政也。"①

在田骈看来，大抵齐国之政属于"术"，必因"道"而为之。换言之，为政以道，才是真正的为政。从《吕氏春秋》将这则对话收入"执一"题目中也可看出，"王者执一，而为万物正"，亦即"执一而应万"。因此，岂能一一尽数？也就是《庄子》中所言的"选则不遍，教则不至，道则无遗者矣"。② 而其内在的思想，则是"因任"，亦即"变化应来而皆有章，因性任物而莫不宜当"。从这则对话可见，田骈的"道术"比较宏阔，因之齐王请求只就齐国的政事具体言之，但田骈依旧没有听齐王之请，而让齐王"自取齐国之政"，即让齐王从他的道术宏论中自己选取治理齐国政事的道理。也就是说，田骈并没有因为齐王的要求而拿出一个"具体治理"齐国的方案来。这是何等独立的精神！这种"士"的独立精神，体现在他对"士"——君子的定位与界说之中：

客有见田骈者，被服中法，进退中度，趋翔闲雅，辞令逊敏。田骈听之毕而辞之。客出，田骈送之以目。弟子谓田骈曰："客士欤？"田骈曰："殆乎非士也。今者客所弁敛，士所术施也；士所弁敛，客所术施也。客殆乎非士也。"③

虽然前来拜见田骈的客人服饰合于法式，进退合于礼仪，举止娴静文雅，言辞恭顺敏捷，但在田骈看来，他不够"士"的资等，原因是这位客人的行为刚好与"士"的敛施相反。也就是说，"士"必"淳淳乎慎谨畏化，而不肯自足；乾乾乎取舍不悦，而心甚素朴"。④ 所以，不是这位客人只拘谨于外表的礼仪，如此，就会巧诈多端，因而非真士也。

田骈真正的主张，其实就一个字："齐"。也就是《吕氏春秋》所言的"陈骈贵齐"。⑤ 即从"大道"的视角来看，万物是齐一的。《庄子·天下》云：

公而不党，易而无私，决然无主，趣物而不两，不顾于虑，不谋于知，于物无择，与之俱往，古之道术有在于是者。彭蒙、田骈、慎到闻风而悦之，齐万物以为首，曰："天能覆之而不能载之，地能载之而不能覆之，大道能包之而不能辨之。知万物皆有所可，有所不可，故曰选则不遍，教则不至，道则无遗者矣。"

《庄子》从"品评中提到该派具有'齐万物以为首'的特点。从《齐物论》中，我们已经知道'齐物'是庄子解构'物累'、'物役'等世间异化和走向'道通为一'的根本方法。所以，该派能'齐万物以为

---

① 《吕氏春秋·审分览·执一》。
② 《庄子·天下》。
③ 《吕氏春秋·士容论·士容》。
④ 《吕氏春秋·士容论·士容》。
⑤ 《吕氏春秋·审分览·不二》。该篇总结了部分先秦诸子的主旨："老耽贵柔，孔子贵仁，墨翟贵廉，关尹贵清，子列子贵虚，陈骈贵齐，阳生贵己，孙膑贵势，王廖贵先，儿良贵后。"赅而要，甚好。

首'确实是走向道的一种进展。正是具有这个'为首'的特点，所以对于趋向于道的'天能覆''不能载'、'地能载''不能覆'、'道能包''不能辩'有所认识。特别是，关于'道能包''不能辩'的感悟，接近于道之体会。……看似都很接近于庄子《齐物论》中的思想。但实际上，两者又有本质的区别。主要的本质的区别在于，庄子是从'道通为一'的境界高度，体悟'齐物'，是以'无'这个根本处出发，即如《逍遥游》篇把'无名'、'无功'、'无己'作为体道思想的总纲提出那样。而在彭蒙等人一派这种'齐物'之说里，还没有从'知'的层面进入'悟'的层面。"①

实际上，贵"齐"之义，旨在不偏一曲，追求"整全"之谓。因为有选则不遍，有教则不至，因此，只有大道无遗。此外，他们主张"齐万物以为首"，要求摆脱各自的是非利害，回到"明分"、"立公"的自然之理，从"不齐"中实现"齐"。也就是"听任自然的所谓'不齐之齐'"。②还有，按《庄子·天下》："不顾于虑，不谋于知。"即强调顺应自然，不用思谋智虑。如果说"不师知虑，不知前后，魏然而已矣"，还有某种任自然的精神，但是"推而后行，曳而后往，若飘风之还，若羽之旋"等表现，则完全是一种随波逐流的态度。这种态度，与能动地体道

或与禅宗以顽强意志力参禅，都是不可同日而语的。③

另外，《战国策》等典籍载有田骈的轶事。如《战国策·齐策四》："齐人见田骈曰：'闻先生高议，设为不宦，而愿为役。'田骈曰：'子何闻之？'对曰：'臣闻之邻人之女。'田骈曰：'何谓也？'对曰：'臣邻人之女，设为不嫁，行年三十，而有七子。不嫁则不嫁，然嫁过毕矣。今先生设为不宦，訾养千钟，徒百人。不宦则然矣，而富过毕也。'田子辞。"这就把田骈以不仕为高，然而得享訾养，福裕甚丰，以及自命清高作了反讽。

2. 尹文、彭蒙、宋钘

尹文（约公元前360—公元前280），齐国人，战国时期著名哲学家。他与宋钘、彭蒙、田骈同时。《汉书·艺文志》列《尹文子》一篇，归名家。吕思勉说："今所传《尹文子》分二篇。言名法之理颇精，而文亦平近。疑亦南北朝人所为，故《群书治要》已载之也。"④《钦定〈四库全书〉提要》曰："《尹文子》一卷，周尹文撰。……其书本名家者流，大旨指陈治道，欲自处于虚静，而万事万物，则一一综核其实，故其言出入于黄、老、申、韩之间。周氏涉笔谓其道以至名，自名以至法，盖得其

①　王树人、李明珠：《感悟庄子——"象思维"视野下的〈庄子〉》，江苏人民出版社2006年版，第450页。

②　郭沫若：《十批判书》，东方出版社1996年版，第160页。

③　王树人、李明珠：《感悟庄子——"象思维"视野下的〈庄子〉》，江苏人民出版社2006年版，第450页。

④　吕思勉：《先秦学术概论》，中国人民大学出版社2011年版，第93页。

真。"①从现存《尹文子》看,《大道上》论述形名理论,而《大道下》论述治国之道。综观而言,其思想以名家为方法,自道至名,由名而法,最终归旨于"道法"。可谓上承老子,下启荀、韩。

《汉书·艺文志》列"《宋子》十八篇。孙卿道宋子,其言黄、老意"。②荀卿说宋钘"严然而好说,聚人徒,立师说,成文典"。③《庄子·天下》则通过田骈论及彭蒙:"田骈亦然,学于彭蒙,得不教焉。"由此可见,彭蒙的"不教",正是秉承老子"不言"之旨的遗风。④

(1)让我们先看看《尹文子》载述的田骈、宋钘和彭蒙之间的一段对话:

田子读书,曰:"尧时太平。"宋子曰:"圣人之治,以致此乎?"彭蒙在侧,越次答曰:"圣法之治以至此,非圣人之治也。"宋子曰:"圣人与圣法何以异?"彭蒙曰:"子之乱名甚矣。圣人者,自己出也;圣法者,自理出也。理出于己,己非理也;己能出理,理非己也。故圣人之治,独治者也。圣法之治,则无不治矣。此万物之利,惟圣人能该之。"宋子犹惑。质于田子。田子曰:"蒙之言然。"⑤

这段对话中的起因,是田骈读书时感叹"尧时太平",大抵就是《尹文子·佚文》中的"尧德化布于四海,仁惠被于苍生"。⑥对此,宋子追问,是圣人之治达到了这样的程度吗?结果没等田骈回应,彭蒙在一旁代替田骈回答说,尧时太平,是"圣法之治以至此,非圣人之治也"。

汉画像砖

这真是中国思想史上一个长期被忽略了的石破天惊的回答!

因为,彭蒙轻轻拨开了儒、道两家一贯称道的"圣人之治",⑦而是说"圣法之治"优于"圣人之治",尧时太平不是"圣人之

① [清]钱熙祚校《尹文子》,引《钦定〈四库全书〉提要》,载《诸子集成》第七卷,岳麓书社1996年版,第1页。
② 班固将《宋子》归为小说家,未识何据。
③ 《荀子·正论》。
④ 陈鼓应:《老子与先秦道家各流派》,载《老庄新解》,商务印书馆2008年版,第184页。
⑤ 《尹文子·大道下》。
⑥ 《文选》刘越石《劝进表》注。
⑦ 可参阅本文丛之《文明的源起——以"双宇宙"为主线》第七章"老子的'德'论:小宇宙的'无为而无不为'"中"圣人之治"的相关内容,厦门大学出版社2011年版,第181~194页。

治"的结果,而是"圣法之治"才得以如此!一字之差,将"法治"优于"人治"在春秋时代就擘画得非常清楚了!很显然,对话中的宋子不明二者的区别何在,因而不假思索地追问:"圣人与圣法何以异?"意思是"圣法之治"与"圣人之治"不就一字之差嘛,这二者有什么不一样呢?彭蒙对这位笨伯显然有点生气,首先说你连"(圣)法"与"(圣)人"这两个不同的名称都搞不清,混乱到极致了啊!然后以极其赅简的语言讲透了二者的不同:圣人之治,是按照自己的意愿来治理的;而圣法之治,则是按照事理本身内在的规律来治理的。理虽然出于己,但己并不等于理;己虽能反映出理,但理也不等于己。所以,圣人之治,是"独治",即按照一个人的意愿的个人治理;而圣法之治,则是**规则之治**,是按事理本身的规律来治理的,因此没有不被治理好的。至此,彭蒙把圣法之治何以优于圣人之治讲透了。他补充说,这对万事万物都有利的圣法,只有圣人才能制定和完备它。宋钘听了这段高论,更迷惑不解了,就质问田骈。田骈显然对彭蒙的妙论心领神会,非常赞同,就对宋钘说:"彭蒙说得很对。"

宋钘何以对彭蒙的高论"犹惑"呢?恐怕在彭蒙补充的那两句话。彭蒙的意思是,虽然圣法之治优于圣人之治,但圣法之治中所依据的"法",只有圣人才能制定并完备它。这就把宋钘给搞糊涂了:既然圣法之治优于圣人之治,而圣法之治所依据的法又是圣人制定的,绕了半天,这哪是哪啊,还不是圣人之治嘛!其实,彭蒙的意思很明确,虽然,圣法之治所依据的法是圣人制定的,但圣法之治毕竟是依据"自理出"的"法"进行治理,而不是依据"自己出"的"人"来治理,这有质的不同。所以,杨鸿烈说:"这段文字虽很简短,却能代表法家以客观为准据的精神,所以根本不取主观的人治主义,初不问其人之为何等。"[1]

从这段田骈赞同彭蒙的关于治国理念——"圣法之治"的对话,我们至少可以得出以下五点看法:

第一,法治优于人治。

第二,(圣)法自理出,强调和申明的是"法"要遵循事物本身的原理、规律,而不是临事听凭圣人一己之见与好恶的"己"出。

第三,"惟圣人能该之",暗含了"法"的制定,不仅要循"理"而定,且要由"圣人"——古代人格的极致——来制定。合而言之,即"法"是圣人依理而定,有"良法"之趋向在其中。

第四,圣人依圣法而治,而非圣人之治,暗含了圣法之治的"法"制定在前,非因一时一事而立,使法具有普遍性。这是圣法之治优于圣人之治的内在逻辑。

第五,圣人依法而治,克服了圣人之治所带来的"独治"之弊,是对儒、道两家一贯倡导的圣人之治的颠覆。可见,彭蒙与田骈对圣人之治有独立而清醒的认识,这是非常难能可贵的。柳诒徵就说:"《庄子》以田骈、彭蒙与慎到并举,《荀子》亦以田骈与慎到并举,则田骈、彭蒙为法家矣。"[2]此论甚是。

(2)通过三则小故事以论"名"。在《尹文子》载述的这段弥足珍贵的对话后,是三

385

① 杨鸿烈:《中国法律思想史》,中国政法大学出版社 2004 年版,第 69 页。
② 柳诒徵:《中国文化史》(上),上海古籍出版社 2001 年版,第 310 页。

则非常有趣的小故事,其文甚妙,照录《尹文子》原典如下:

> 庄里丈人,字长子曰"盗",少子曰"殴"。盗出行,其父在后追,呼之曰"盗!盗"。吏闻,因缚之。其父呼"殴"喻吏,遽而声不转,但言"殴,殴",吏因殴之,几殪。康衢长者,字僮曰"善搏",字犬曰"善噬",宾客不过其门者三年。长者怪而问之,乃实对。于是改之,宾客复往。郑人谓玉未理者为璞,周人谓鼠未腊者为璞。周人怀璞谓郑贾曰:"欲买璞乎?"郑贾曰:"欲之。"出其璞,视之,乃鼠也。因谢不取。①

我们从上文中看到,尹文在论"名"时,不是板起脸来作枯燥的说教,而是通过讲故事的方式说明其中的道理,是有趣之人。第一则是讲一个人给两个儿子起名叫"盗"和"殴",结果被官吏误绑误打;第二则是讲以长者给仆人起名叫"善搏",给他的狗起名叫"善噬",结果吓得宾客三年不敢到他家登门拜访。第三则更有趣,说郑国人把没有雕琢加工的玉叫作璞,周地人把没有晒干的老鼠叫作璞。一次周地人怀里揣着未晒干的老鼠,对郑国商人说:"想买璞吗?"郑国商人说:"想买。"周地人拿出璞让郑国商人看,原来是未晒干的老鼠。郑国商人便说抱歉,不想买啦。前两则表明名实不符给人带来的麻烦,而后一则表明名同实异让人啼笑皆非。正如有论者所言,暂且抛开内中的"名"、"法"之论,看看古人的调皮之处,也是一得。

《尹文子·大道上》还讲了"宣王好射"、"黄公有二女"、"楚人以山雉为凤凰"以及"魏田父得宝玉"四则故事,以此论说"世有因名以得实,亦有因名以失实"的现象。

(3)《吕氏春秋》也载述了一则尹文与齐湣王之间的对话,十分有趣:

> 尹文见齐王,齐王谓尹文曰:"寡人甚好士。"尹文曰:"愿闻何谓'士'?"王未有以应。尹文曰:"今有人于此,事亲则孝,事君则忠,交友则信,居乡则悌。有此四行者,可谓士乎?"齐王曰:"此真所谓士已。"尹文曰:"王得若人,肯以为臣乎?"王曰:"所愿而不能得也。"尹文曰:"使若人于庙朝中深见侮而不斗,王将以为臣乎?"王曰:"否。大夫见侮而不斗,则是辱也,辱则寡人弗以为臣矣。"尹文曰:"虽见侮而不斗,未失其四行也。未失其四行者,是未失其所以为士一矣。未失其所以为士一,而王以为臣,失其所以为士一,而王不以为臣,则向之所谓士者,乃士乎"?王无以应。尹文曰:"今有人于此,将治其国,民有非则非之,民无非则非之,民有罪则罚之,民无罪则罚之,而恶民之难治,可乎?"王曰:"不可。"尹文曰:"窃观下吏之治齐也,方若此也。"王曰:"使寡人治信若是,则民虽不治,寡人弗怨也。意者未至然乎!"尹文曰:"言之不敢无说,请言其说。王之令曰:'杀人者死,伤人者刑。'民有畏王之令,深见侮而不敢斗者,是全王之令也,而王曰:'见侮而不敢斗,是辱也。'夫谓之辱者,非此之谓也。以为臣不以为臣者,罪之也。此无罪而王罚之

386

---

① 《尹文子·大道下》。

也。"齐王无以应。①

这则故事的前提是"名正则治，名丧则乱"。因此，辨名核实，使名实相符，就成了初民社会的要务。因此作者说，形名异实、名实不符，把不肖当成贤明，把邪僻当成善良，把悖逆当成可行，像这样，国家不混乱，自身不危险，又怎么可能呢？基此，作者认为齐湣王就是这样。知道喜欢"士"，却不知道什么人才叫"士"。所以尹文问他什么叫"士"，湣王无法回答。在尹文的层层推理和辩驳下，更使"齐王无以应"。

实际上，如果真的是"深见侮而不敢斗者，是全王之令"的话，那么只能说这个"令"本身有问题。深见侮而不敢斗，是鼓励犯罪；敢斗，用现在的刑法术语讲，属于"正当防卫"。以此观之，尹文这段与齐湣王的对话，在辩论上虽然占了上风，但情未尽，理未精也，难以服人。即使无理，也占上风，这是被称为名家之人的厉害，类似于古希腊专以辩论而胜出从中获利的"智者派"，柏拉图轻蔑地称他们为"销售灵魂食品的商人"。②

（4）就"见侮不斗"，似乎尹文、宋钘的趋向一致。《庄子·天下》对宋、尹一派的主张载述道：

不累于俗，不饰于物，不苟于人，不忮于众，愿天下之安宁以活民命，人我之养毕

足而止，以此白心。古之道术有在于是者，宋钘、尹文闻其风而说之，作为华山之冠以自表，接万物以别宥为始；语心之容，命之曰心之行，以聏合驩，以调海内，请欲置之以为主。见侮不辱，救民之斗，禁攻寝兵，救世之战。以此周行天下，上说下教，虽天下不取，强聒而不舍者也，故曰：上下见厌而强见也。虽然，其为人太多，其自为太少，曰："请欲固置五升之饭足矣。先生恐不得饱，弟子虽饥，不忘天下。"日夜不休，曰："我必得活哉！"图傲乎救世之士哉！曰："君子不为苛察，不以身假物。"以为无益于天下者，明之不如己也。以禁攻寝兵为外，以情欲寡浅为内。其小大精粗，其行适至是而止。

观此论说，可见宋钘、尹文在处世姿态上，内以"崇俭"，外以"非斗"。所以，傅佩荣说："此派立场在于将'心之容'推及于'心之行'，要为天下人谋求最大的福祉。"③照实说，他们真是意图高尚的救世之士啊！颇近墨家大旨，"此最墨徒之精神"。④ 以致日人渡边秀方将宋钘视为"墨门之正系"，误以为他们为正宗的墨家弟子。荀子在《非十二子》中就将墨子和宋钘并论："不知壹天下建国家之权称，上功用，大俭约，而僈差等，曾不足以容辨异，县君臣；然而其持之有故，其言之成理，足以欺惑愚众：是墨翟宋钘也。"⑤但二者毕竟不

① 《吕氏春秋·先识览·正名》。
② ［美］撒穆尔·斯塔普夫、詹姆斯·菲泽：《西方哲学史》，丁三东等译，中华书局2005年第7版，第42页。
③ 傅佩荣：《傅佩荣译解庄子》，东方出版社2012年版，第431页。
④ 钱穆：《先秦诸子系年》，商务印书馆2005年版，第435页。
⑤ 《荀子·非十二子》。

同。"此派与墨家的差异,主要是前者'以自苦为极',并且学说较为完备,如师法禹等。而两派都意图救世,值得佩服"。①

而其中所谓宋钘、尹文"接万物以别宥为始",意思是宋、尹应接外物从去除成见开始。宥者,囿也,谓有所拘碍、蔽塞而识之不广也。别宥之说,又见《吕氏春秋》:

> 邻父有与人邻者,有枯梧树,其邻之父言梧树之不善也,邻人遽伐之。邻父因请而以为薪。其人不说,曰:"邻者若此其险也,岂可为之邻哉?"此有所宥也。夫请以为薪与弗请,此不可以疑枯梧树之善与不善也。齐人有欲得金者,清旦,被衣冠,往鬻金者之所,见人操金,攫而夺之。吏搏而束缚之,问曰:"人皆在焉,子攫人之金,何故?"对吏曰:"殊不见人,徒见金耳。"此真大有所宥也。夫人有所宥者,固以昼为昏,以白为黑,以尧为桀。宥之为败亦大矣。亡国之主,其皆甚有所宥邪?故凡人必别宥然后知,别宥则能全其天矣。②

钱穆说:"此盖宋尹别宥说之犹存者(《吕氏》篇首即引东方墨者谢子,亦由宋尹墨徒,故引墨家事为说)。其言亦就近取譬,类于街谈巷语,故《汉志》以入小说家。余疑《吕氏·去宥》一篇,或取之《宋子》十八篇也。"③

此外,《荀子》也载述并评说了宋钘的主张:

> 子宋子曰:"明见侮之不辱,使人不斗。人皆以见侮为辱,故斗于也;知见侮之为不辱,则不斗矣。"④

宋钘认为,人们之所以发生争斗,是因为人们都把被侮辱当作耻辱。如果懂得了被侮辱算不上是一种耻辱,就不会争斗了。由此推而广之,则是《庄子》所说的"禁攻寝兵"。对此,荀子认为,人们相互格斗的原因,不是感到或不感到羞辱,而是因为他憎恶对方的行径。因此,荀子说:"夫今子宋子不能解人之恶侮,而务说人以勿辱也,岂不过甚矣哉!金舌弊口,犹将无益也。不知其无益,则不知;知其无益也,直以欺人,则不仁。不仁不知,辱莫大焉。将以为有益于人,则与无益于人也,则得大辱而退耳!说莫病是矣。"⑤即宋钘企图让人甘心受辱,其说必难施行。荀子进而对宋子的"见侮不辱"论进行了批评,认为荣辱乃人生的大端,因此宋子"独诎容为己,虑一朝而改之,说必不行矣"。意思是宋钘以独自用委曲容忍来调理自己,由此想一朝改变历来的道德原则,他的学说一定行不通。

《荀子》还评述了宋钘的另一观点:

> 子宋子曰:"人之情,欲寡,而皆以己之情,为欲多,是过也。"⑥

---

① 傅佩荣:《傅佩荣译解庄子》,东方出版社 2012 年版,第 431 页。
② 《吕氏春秋·先识览·去宥》。
③ 钱穆:《先秦诸子系年》,商务印书馆 2005 年版,第 438 页。
④ 《荀子·正论》。
⑤ 《荀子·正论》。
⑥ 《荀子·正论》。

此即《庄子》所说的"以情欲寡浅为内"。荀子认为，欲望多是人的本性，"今子宋子以是之情为欲寡而不欲多也，然则先王以人之所不欲者赏，而以人之欲者罚邪？乱莫大焉"。意思是宋先生认为古代这些人的本性是想要少而不想要多，就等于古代的圣王是用人们所不想要的东西来奖赏，而用人们想要的东西来处罚吗？天下没有比这更混乱的道理了。因此，荀子归结道："宋子有见于少，无见于多。"[①]因此，"宋子蔽于欲而不知得"。[②] 其实，这是荀子对宋子的误解。大抵宋子本意，是说人的欲求本来可以很少，现在人的欲求却很多，这就过了。而荀子则误解为人的本性欲少而不欲多，以此批评宋钘，似乎欠妥。钱穆说："此《老子》所谓'勇于不敢'、'柔弱处上'、'大白若辱'、'知雄守雌'者也。《庄子》称之曰：'宋荣子，举世誉之不加劝，举世非之不加沮，定乎内外之分，辨乎荣辱之境。'（《逍遥游》）此《老子》所谓：'明道若昧，深不可识'，'知我者希则我贵'者也。"[③]

归结而言，宋子主旨，寡情节欲，以修内治己；禁攻寝兵，以图外治世。

（5）《尹文子》有一段对当时治世的"道"、"法"、"术"、"权"、"势"之间关系的论述，非常精彩：

道不足以治则用法，法不足以治则用术，术不足以治则用权，权不足以治则用势。势用则反权，权用则反术，术用则反法，法用则反道，道用则无为而自治。[④]

以道治，是大治，根本之治，[⑤]唯因道不足，始用法治。由此可见，在中国古代先哲心目中，法治并非最好的治理方式，乃是不得不为之。法治以下，则是术治，术以秘奥为宗。术不够用，再降而从次，则为权治，实以威权压服而治。权治不够用，最后用势治。实际上，权与势，二而一也：因权踞势，以势威权。由此审视，后来韩非以法、术为两翼护"势"，乃见得法、术、势，乃至威权，皆不足也。质言之，无论"法"，还是术、权、势，皆人性徘徊于低位时的权宜之治。上论中唯"术用则反法"，则侧面说透了法与术，势不两立。法，乃坦坦荡荡、公之于众的天下公器，良规善施，何以用术？

与此相应，《尹文子》对名、法、术、势有精简的界说：

名有三科，法有四呈：一曰命物之名，方圆白黑是也；二曰毁誉之名，善恶贵贱是也；三曰况谓之名，贤愚爱憎是也。一曰不变之法，君臣上下是也；二曰齐俗之法，能鄙同异是也；三曰治众之法，庆赏刑罚是

---

①　《荀子·天论》。
②　《荀子·解蔽》。
③　钱穆：《先秦诸子系年》，商务印书馆2005年版，第435页。
④　《尹文子·大道上》。
⑤　此道也，可广义释之，在儒家即为德治，行教化以施仁政，不得已辅以刑罚，此谓"德主刑辅"。在道家，则必"无为而治"，因任自然，去强力，不妄为，不以人定法而拘锁人心。

也；四曰平准之法，律度权量是也。①

这样的界说，何其赅简，何其透彻，又何其精准！不仅有界说，而且有相对周延的分类，即把名分为"命物之名"、"毁誉之名"和"况谓之名"；而把法分为"不变之法"、"齐俗之法"、"治众之法"和"平准之法"，这在先秦诸子之论中还是鲜见的。梁启超认为："法家所谓法，以此文之第一、四种为体，而以第三种为用，是为狭义的法。……狭义的法，须用成文的公布出来，而以国家制裁力盾乎其后。"②由此尹文说："术者，人君之所密用，群下不可妄窥；势者，制法之利器，群下不可妄为。人君有术而使群下得窥，非术之奥者；有势而使群下得为，非势之重者。大要在乎先正名分，使不相侵杂，然后术可秘，势可专。"③而对名称本身，尹文子曰：

> 名称者，别彼此而检虚实者也。④

一语说透"名称"的底奥。由此，则"万事皆归于一，百度皆准于法。归一者简之至；准法者易之极。如此，则顽嚚聋瞽，可与察慧聪明同其治也"。⑤ 所以，在尹文子看来，至治之术，一方面，"不贵其独治，贵其能与众共治"。另一方面，尤其强调儒家

的仁、义、礼、乐，名家之"名"，法家的"法"与"刑、赏"，"凡此八者，五帝、三王治世之术也"。⑥ 所以，尹文子认为弥纶天地，笼络万品，治道无非八者并施：

> 故仁以道之，义以宜之，礼以行之，乐以和之，名以正之，法以齐之，刑以威之，赏以劝之。⑦

这八者中的主骨，显然是"道法"。从这一段论说亦见，尹文子综合了道、法与儒、墨，一改百家争鸣的激烈攻讦，代之以融会，实在难得。对此，钱穆指出："兼名、墨，启道、法，此自是稷下学风。盖略当于魏文之邺下。一时学者广收并纳，包孕富有，散而为天下之道术，则不胜其异也。"⑧尹文子之所以强调"贤愚不相弃，能鄙不相遗"，是因为与他的"夫不能自能，不知自知，则智好何所贵，愚丑何所贱；则智不能得夸愚，好不能得嗤丑，此为得之道也"⑨的基底判断分不开的。事实上，尹文明言："大道治者，则名、法、儒、墨自废；以名、法、儒、墨治者，则不得离道。"⑩由此，尹文认为，至治之要，在于"与众共治"：

> 为善使人不能得从，此独善也；为巧使

---

① 《尹文子·大道上》。
② 梁启超：《先秦政治思想史》，中国人民大学出版社 2012 年版，第 147～148 页。
③ 《尹文子·大道上》。
④ 《尹文子·大道上》。
⑤ 《尹文子·大道上》。
⑥ 《尹文子·大道下》。
⑦ 《尹文子·大道下》。
⑧ 钱穆：《先秦诸子系年》，商务印书馆 2005 年版，第 440 页。
⑨ 《尹文子·大道上》。
⑩ 《尹文子·大道上》。

人不能得从,此独巧也,未尽善巧之理。为善与众行之,为巧与众能之,此善之善者,巧之巧者也。所贵圣人之治,不贵其独治,贵其能与众共治也。所贵工倕之巧,不贵其独巧,贵其能与众共巧也。今世之人,行欲独贤,事欲独能,辨欲出群,勇欲绝众。独行之贤,不足以成化;独能之事,不足以周务;出群之辨,不可为户说;绝众之勇,不可与征阵。凡此四者,乱之所由生。是以圣人任道以夷其险,立法以理其差。使贤愚不相弃,能鄙不相遗。能鄙不相遗,则能鄙齐功;贤愚不相弃,则贤愚等虑。此至治之术也。①

正如梁启超所言:"尹文此论,深有理致,彼盖欲将法治主义建设于民众的基础之上也。今世学者,或言群众政治能使政治品质降低,此语确含有一面真理。盖群众之理性,本视个人为低下(法人卢梭所著群众心理最能发明此义),故'媚于庶人'(《诗经》文)之治,非治之至焉者也。虽然,政治又安能离群众而行,'独能之事,不足以周务;绝众之勇,不可与征阵',此事实所不能不承认者也。然则'与众共治'之原则,固无往而得避也。既已与众共治,则只能以'能鄙齐功、贤愚等虑'自甘。现代欧美之民众政治,盖全在此种理论上维持其价值,尹文所倡,亦犹是也。"②梁任公此论,深中尹文子之论鹄的,甚好。唯其如此,尹文子谓之"至治之术"。尹文子还认

为,以道行世,和以法行世毕竟不同:

道行于世,则贫贱者不怨,富贵者不骄,愚弱者不慑,智勇者不陵,定于分也;法行于世,则贫贱者不敢怨富贵,富贵者不敢陵贫贱,愚弱者不敢冀智勇,智勇者不敢鄙愚弱。此法之不及道也。③

道与法,在治世的功用方面,尹文子认为,前者是一种自觉而化,后者则是一种被迫而为,因此,法之不及道。虽然如此,尹文的治道主旨,依旧以"道法"为宗。即使在《说苑》中的一段与齐宣王的对话,也以"道法"为治道主骨:

齐宣王谓尹文曰:"人君之事何如?"尹文对曰:"人君之事,无为而能容下。夫事寡易从,法省易因,故民不以政获罪也。大道容众,大德容下,圣人寡为而天下理矣。"④

其中强调的是大道容众,法省易因,故民不以政获罪,这与尹文以道法为宗骨的治国理政主张是一以贯之的。

(6)尹文子还论述了是非、贫贱与富贵之于治道的关联。比如,有谓"凡天下万里,皆有是非",强调了是非乃天下常态,因之得出"故人君处权乘势,处所是之地,则人所不得非也"。再如,申说"国乱有三事:年饥民散,无食以聚之则乱;治国无法则

---

① 《尹文子·大道上》。
② 梁启超:《先秦政治思想史》,中国人民大学出版社 2012 年版,第 196 页。
③ 《尹文子·大道上》。
④ 《说苑·君道》。

乱;有法而不能用则乱"。① 一再申述了法之于治国的极端重要性,还强调了有法不用则乱,有法能行则治的"法治原则"。

汉画像砖

(7)令人称奇和难忘的是,尹文子还为我们贡献了一则极富理趣、机智幽默的"狐假虎威"的寓言:

《尹文子》曰:虎求百兽食之,得狐。狐曰:"子无食我也,天帝令我长百兽,今子食我,是逆天帝命也。子以我言不信,吾为子先行,子随我后,观百兽之见我不走乎!"虎以为然,故遂与行,兽见之皆走。虎不知兽之畏己而走,以为畏狐也。②

有此一则寓言,尹文子的风趣、睿智和可爱立现,足以立于哲史之林矣!

归结而言,在风雷激荡的战国时代,对英才的竞争也趋于白热化。这一格局,客观上为以"游士集团"和"稷下先生"为表征的各家学说提供了外在的物质保障,而各派之间的论争则为思想的碰撞和升华提供了内在的不竭活力。"稷下学宫"也因之成了当时的英才汇聚之地,在其兴盛时期,曾容纳了当时"诸子百家"中如道、儒、墨、法、名、兵、农、阴阳诸家的各个学派,而其倡导的"不治而议论"、"无官守,无言责"的争鸣方针,是稷下学宫长期兴盛的内在原因。司马光在《稷下赋》中赞道:"致千里之奇士,总百家之伟说。"③

虽然,那是一个烽火连天、生存不易的时代,但也是一个思想激荡,大才如云的时代,吾心渴慕,心向往之!

那么,作为"稷下先生"之一的慎到,又有怎么别具风光的治道高论呢?

① 《尹文子·大道上》。
② [清]钱熙祚校《尹文子·佚文》,载《诸子集成》卷七,岳麓书社1996年版,第14页。这则著名的寓言见《太平御览》卷四百九十四"诡诈"。又,《战国策·楚策一》中亦有此则寓言。
③ 《温公文集·卷四十三》。

第二十六章　出道入法：慎到的尚法与"势"

尤其是"我喜可抑，我忿可窒，我法不可离也"的果决，"骨肉可刑，亲戚可灭，至法不可阙也"的凛然，千载之下，依然深感它的正大与庄严。因此，这段论说与其说是论说，毋宁说它是对任法而治的宣言，是对一心崇法信念的礼赞，是对信法为真如诗一样的吟唱，遍捡史籍，无出其右。

慎到（约公元前390—公元前315），战国时期赵国人，早年曾"学黄老道德之术"，因之应当是从道家分化出来的法家。他长期在齐国稷下讲学，为"稷下先生"之一。《史记》说他著有12论，《汉书·艺文志》列法家，有《慎子》42篇，早佚。现仅存《威德》、《因循》、《民杂》、《德立》、《君人》和《群书治要》里的《知忠》、《君臣》，共7篇，还有一些佚文。世论慎子，多以为他以"势"著称，然综观其论，慎子是先秦法家中唯一一位持论中正的法家，以"道法"为宗，思想深邃，富于哲思。

一、慎子考论及其思想归旨

同申子一样，《史记》也是"捎带"论及慎到：

慎到，赵人。田骈、接子，齐人。环渊，楚人。皆学黄老道德之术，因发明序其指

意。故慎到著十二论，环渊著上下篇，而田骈、接子皆有所论焉。①

这段夹记在《史记·孟子荀卿列传》中的文字表明，慎到仅是太史公重点叙述的邹衍、淳于髡"领衔"的"稷下先生"之一。有意思的是，名为"孟荀列传"，其实记述孟、荀的文字，远不及记叙邹衍和淳于髡为代表的"稷下先生"详细。司马迁的记叙虽然这么赅简，但也清楚地表明了慎到思想的基底，乃是"黄老道德之术"。因此，慎子的治道论，是以黄老学说为本结合治法而成就的道法论。

1. 慎子与申子，孰先孰后

据《汉书·艺文志》："《慎子》四十二篇。名到，先申、韩，申、韩称之。"但钱穆先生认为："夫到与孟子同时，而按《盐铁论》，慎子以湣王末年亡去，则慎子辈行犹较孟子稍后，岂得先申子？《荀子·非十二子》以慎到、田骈齐称。《庄子·天下篇》称彭

---

① 《史记·孟子荀卿列传》。

蒙、田骈、慎到。田骈学于彭蒙而与慎到同时，是慎到后于彭蒙也。……今据《史记·孟荀列传》，慎到，赵人，为齐稷下先生，与田骈齐名，至湣王时而去，则慎子之事可信者。"①钱穆据此认为，慎子稍后于申不害。此论甚是。

丘汉平则参考了胡适"《汉书》云：'慎子先申韩，申韩称之。'此言甚谬。慎子在申子后"的说法，也认为"《汉书》说'慎子先申韩，申韩称之'，这是错的，因为申不害相韩是在纪元前三五一年至三三七年。照《史记》说'十五年终申子之身'，也是前四世纪末季的人。据此，慎到应在申子后了"。并引梁启超论中国先秦法治盛行时期的代表人物作为佐证："'其在春秋，则管仲子产范蠡；其在战国，则李悝、吴起、申不害、商鞅之流；皆以法治卓著成绩。……逮战国末年，则慎到尹文辈益精研法理，至韩非而集其成。'如梁任公说：则申不害最先，慎到次之，韩非最后。自然不是'先申韩'了。"②所以，慎子在申子之后，是无疑的。

2. 庄、荀对慎到的批评

关于慎到的主张和思想，《庄子》评说道：

> 是故慎到弃知去己，而缘不得已。泠汰于物以为道理。曰："知不知，将薄知而后邻伤之者也。"謑髁无任，而笑天下之尚贤也；纵脱无行，而非天下之大圣。椎拍輐断，与物宛转；舍是与非，苟可以免；不师知虑，不知前后，魏然而已矣。推而后行，曳而后往，若飘风之还，若羽之旋，若磨石之隧，全而无非，动静无过，未尝有罪。是何故？夫无知之物，无建己之患，无用知之累，动静不离于理，是以终身无誉。故曰："至于若无知之物而已。无用贤圣，夫块不失道。"豪杰相与笑之曰："慎到之道，非生人之行，而至死人之理，适得怪焉。"

> ……其所谓道非道，而所言之韪不免于非。彭蒙、田骈、慎到不知道。虽然，概乎皆尝有闻者也。③

这段着墨甚多的评价，评说了慎到等"弃知去己"（不用智虑，抛除己见），笑贤，非圣，"椎拍輐断"（笞挞行刑，随事而定），不知前后，只有"块不失道"（土块才不失"道"）。庄子引用当时豪杰们的嘲笑，都说"慎到的学说，讲的不是活人的行为，而是死人的道理"。在庄子看来，慎到所讲的"道"并不是真正的"道"。其结论是，慎到不懂得"道"，只是曾经听说了"道"的一些说法而已。庄子的评说，以道家立场解读和评价慎子，失之于武断。同样，荀子更是对慎子作了直接批评：④

> 尚法而无法，下修而好作，上则取听于上，下则取从于俗，终日言成文典，及纠察之，则偶然无所归宿，不可以经国定分；然

---

① 钱穆：《先秦诸子系年》，商务印书馆 2005 年版，第 492～494 页。
② 丘汉平：《慎子底法律思想》，载《丘汉平法学文集》，中国政法大学出版社 2004 年版，第 49～50 页。
③ 《庄子·天下》。
④ 互相攻讦，这是先秦第二代圣哲以降诸学的一种"集体无意识"。相比之下，作为开山之祖的第一代圣哲，致力于创辟，加之胸襟独阔，无暇于评议，怎会致力于攻讦？

而其持之有故，其言之成理，足以欺惑愚众。是慎到、田骈也。①

在荀子看来，慎到推崇法治却没有法则，轻视贤能而好自作主张，上则听从君主，下则依从世俗，整日谈论制定的法典，但反复考察这些典制，却脱离实际而没有着落，不可以以此用来治理国家、确定名分。荀子的结论是，其一，"慎子蔽于法而不知贤"。② 其二，"慎子有见于后，无见于先"。③

分析而言，荀子之所以批评慎到"尚法而无法"，大抵在荀子看来，慎到的主张侧重强调统治者只要拥有绝对的权力就可以统治，所谓"尚法"其实是尚"势"，所以说他"尚法而无法"；而"蔽于法而不知贤"，意思是慎子蔽于法治而不知任用贤人，这其实是典型的以儒解法。④ 也就是说，荀子批评慎子"不知贤"只是儒家的标准，而非具有真理性质的唯一标准。至于"慎子有见于后，无见于先"，意思是说慎子对在后服从的一面有所认识，但对在前引导的一面却毫无认识。换言之，这是说慎子只知法立后的服从，而不知任用贤人在前的引导，这实质上还是"蔽于法而不知贤"的另一表达。其实，这一批评单以事实而论，慎子的《知忠》篇就有"将治乱，在乎贤使任职而不在于忠也"⑤的明确表述，说慎子"不知

贤"，也是不够确当的。

比较而言，庄子的评说与荀子对慎到的批评相比，二者相同、相近的有两方面：一是荀子说"慎子有见于后，无见于先"，而庄子说慎到"不知前后"；二是荀子说"慎子蔽于法而不知贤"，庄子亦言慎到笑贤，非圣。而庄、荀不同的地方，荀子批评慎到"尚法而无法"，还没有彻底否定他"不知法"。而庄子则评说慎到"弃知去己"以至"块不失道"，结论是慎到等"不知'道'"，只是"尝有闻"而已，否定尤重。可见，慎到的"道法"结合思想，似乎两不讨好。这大致也是综诸两家思想而行第三条道路者，所面临的共同命运。

在我们看来，慎到的道法结合之论，不但深刻，而且持论中正平和，独有过人之处，时见高策妙论，多有真知灼见。其论恰在道法两家之间"去偏补漏"，因之庄、荀的责难，各据一家立场，难掩一偏之嫌。

3. 慎子是道家、法家还是杂家

自元、明以降，《慎子》版本可归为三类：一为一卷本的五篇本，明代陶宗仪所辑《说郛》有《慎子》五篇，注云"一卷全"。其后，万历五年周子义等所刊《子汇》中之《慎子》，及清光绪元年湖北崇文书局所刊《子书百家》中之《慎子》，均为五卷本，另附有潜庵子从马总《意林》中所辑出的佚文十二条等。二为内外篇本，此本出现于明代万

---

① 《荀子·非十二子》。
② 《荀子·解蔽》。
③ 《荀子·天论》。
④ 后来韩非不但彻底批判了儒家的"贤治"论，也批判了慎到的"自然之势"论，提出了"人设之势"，由此开出了他的处势、用术、抱法的综治论。详论可参阅本文丛之《治术与权谋——〈韩非子〉典正》第九章中的相关论述，厦门大学出版社2013年版。
⑤ 《慎子·知忠》。

历年间，为慎懋赏编辑校勘。三为一卷本的七篇本，通行的七篇本，乃清代钱熙祚所校的《守山阁丛书》本。另有《慎子佚文》附于后。现据传世的《守山阁丛书》本《慎子》及"佚文"，来研究慎子的思想。

（1）关于《慎子》的真伪，学界代表性的观点有三：一是清姚际恒的《古今伪书考》中认为《慎子》一书是后人的伪作；二是顾实的《重考〈古今伪书考〉》中认为"《慎子》非伪书，《汉书》有四十二篇，今仅余七篇，严可均从《群书治要》中录出。然以《四部丛刊本》为最多，虽有残缺，而所说尚明白纯正，流本贯末"；三是据章学诚认为此"皆不知古人并无私自著书之事，皆是后人缀辑"的观点，认为《慎子》虽非自著，但书中内容代表了慎到的学说。在我们看来，综观现存《慎子》以及佚文，辞典意深，非真慧者不能道也，其中必然蕴藏了慎子的真意，非后伪者也。

（2）关于慎子的学术派别，或以为道家，或以为法家，还有将其列为杂家的，各陈己见，似无定论。如庄子、司马迁等将其列为道家；而荀子、《汉书》、《隋书》、《旧唐书》、《新唐书》、《通志》、《宋史》等将其列为法家；《四库全书》、《子书百家》则把慎子列为杂家。还有不少学者作了更深入的析分，认为慎到是"稷下黄老学派"的道家之一。比如，陈鼓应就认为，稷下黄老思想今仅存在《管子》书中；楚国黄老思想见于传世本《鹖冠子》；秦国黄老思想多保存在《吕氏春秋》。而稷下道家略可分为三支：宋钘、尹文合为一派；田骈、慎到合为一派；环渊、接子又成为一派。其中，宋钘的思想为道墨合流，尹文则近于黄老，而彭蒙、田骈、环渊、接子与正宗的老庄思想接近。而慎到，其思想可能为"道中兼法或援法入道"。[1]

汉画像砖

通观慎子的思想，我们以为，慎子当是以道家为底子的法家。或者说，是出"道"入"法"的一个转变环节，其重心在"法"而不在"道"，这也是太史公所谓的"学黄老道德之术，因发明序其旨意"[2]之意。也就是说，"道家"思想仅仅是慎子法治主张的一个"基底"或"背景"。因此，慎子是从道家分化出来尚"法"而重"势"的法家人物。正因如此，刘泽华认为："从哲学上看，慎子属于道家。从政治思想看，则为法家的重要代表人物。"[3]实际上，把一个人的思想二分和割裂开来，这是有问题的。郭沫若则明确认为："慎到、田骈的一派是把道家的

① 陈鼓应：《老子与先秦道家各流派》，载《老庄新解》，商务印书馆 2008 年版，第 182～185 页。
② 《史记·孟子荀卿列传》。
③ 刘泽华：《中国政治思想史集》第一卷《先秦政治思想史》，人民出版社 2008 年版，第 128 页。

理论向法理一方面发展了的。严格地说，只有这一派或慎到一人才真正是法家。"①

丘汉平研究慎子，有一个理念甚好，那就是先要对慎子的政治哲学有一个鸟瞰。在他看来，"那个时代的思想者，一言一行，都是想救治当时的纷乱状态。老子的'无为'，孟子的'仁义'，墨子的'兼爱'，杨朱的'为我'，商鞅的'刑赏'，个个是在疗治当时政治，所以论慎子的法律思想，他的政治哲学是不可不先有鸟瞰的观察"。②丘汉平分析到，慎子找出的当时时代的第一个病根是"主观私见"，即当时的人君从一己之所欲，为所欲为。诛赏予夺，皆从君出。但人情喜怒无常，今天所喜欢的，到明天保不定变成憎恶。以这种变化不定的主观私见，怎能使人民得到平等的待遇呢？由此，丘汉平认为慎子开出的一贴对症药方是以"无知之物"确定的"客观标准"。他援引胡适的说法作结："凡有知之物，不能尽去主观的私见，不能不用一己的小聪明，故动静定不能不离于理。这个观念用于政治哲学上，便主张废去主观的私意，建立物观的标准。"③接着，丘汉平认为慎子找出的第二个病源是"政权不分"。丘汉平说，慎子以

为一国之"治与不治"是在于政权，政权便是势位。而势位好比总机关，无论什么人拿到，就发生影响。而握到总机关——政权——的人，只要用"无知之物"，便可建立"无建己之患，无用知之累"，而"动静不离于理"，天下就可以永远升平，用不到好作聪明的人君了。丘汉平还甄别道："慎子——以及一切法家——决没有反对'人'来治理国家之理，他们所反对的是以一国之治乱存亡系乎'特定之人'（即贤人）。"④丘汉平认为慎子找到的第三个病源是"自私自利"，而开出的药方有二：一是定分，二是因情。用无知之物定分，就会有法律的效用，就能"一人心"。而利用各人的"自私心"，则能增进社会幸福。对此，丘汉平联想到："西洋有亚丹·斯密倡明此理，应用到经济上去，就变成了'自由竞争'和'个人主义'。"⑤公允而论，丘汉平的"鸟瞰"，部分触及了慎子的核心思想，但绝不是全部。

此外，胡适认为，慎到的哲学根本观念——"弃知去己而缘不得已"——有两种结果：第一是用无知的法治代有知的人治；第二是因势主义，又有两种说法：一是"因人之情"，二是他的"势位"观念。⑥对比可

---

① 郭沫若：《十批判书》，东方出版社1996年版，第153页。

② 丘汉平：《慎子底法律思想》，载《丘汉平法学文集》，中国政法大学出版社2004年版，第50～51页。

③ 丘汉平：《慎子底法律思想》，载《丘汉平法学文集》，中国政法大学出版社2004年版，第52页。胡适的这段论说，参见胡适：《中国哲学史大纲》（上），东方出版社1996年版，第265页。梁启超则认为，"物准"可以量物，量人则不能以物准而唯当以"心准"，亦即"心矩"。参见梁启超：《先秦政治思想史》，中国人民大学出版社2012年版，第165页。

④ 丘汉平：《慎子底法律思想》，载《丘汉平法学文集》，中国政法大学出版社2004年版，第52～55页。

⑤ 丘汉平：《慎子底法律思想》，载《丘汉平法学文集》，中国政法大学出版社2004年版，第55～56页。

⑥ 胡适：《中国哲学史大纲》（上），东方出版社1996年版，第267～268页。

见，丘汉平论说慎到的主旨，是从胡适那里来的。

刘泽华则对慎子思想以比较的方式作了"鸟瞰"，然后给出了总体特征："如果把《慎子》与《申子》、《商君书》、《管子》中法家派的著作以及《韩非子》加以比较，《慎子》一书有明显的特点，这就是贵势而不尚独断，尚法而不崇苛严，任术而不贵阴谋。整个思想显得庄重、深沉。慎到又是法家中最先把道法结合起来的人物。所以在法家学派中占有特别重要的地位。"①此论甚好。

二、"人莫不自为"的人性观

虽然，《慎子》中没有专门就人性展开的论述，但他的《因循》篇中，明确包含了对人性的观察与界说，并以此作为治道论的前提或基座。《慎子》说：

> 天道因则大，化则细。因也者，因人之情也。人莫不自为也，化而使之为我，则莫可得而用矣。是故先王见不受禄者不臣。禄不厚者，不与入难。人不得其所以自为也，则上不取用焉。故用人之自为，不用人之为我，则莫不可得而用矣。此之谓因。②

这篇仅有93字的短文，其内涵是丰富的。观其大旨，在底色上，是道家的因循自然；在人性论上，则是慎子独家体贴出来的"自为"论；在治道上，是"用人之自为，不用人之为我"，意思是人君要善于利用人们都尽力为自己做事的本性，而不强求他们去做不愿做的事情。其核心理念只有一个字："因"——因循自然，顺应民情。也就是"因循者，因人之情，循人之欲"。③可见，体悟慎子，始终不应忘记他是以道家为底子的法家。

慎子此论的根据是"天道因则大，化则细"，意思是天道因循自然就广大，人为地改变它就缩小。所以治国理政就应"因人之情"。而"人之情"是什么呢？就是慎子独出的"人莫不自为也"，即人没有不为自己打算的。如果"化而使之为我，则莫可得而用矣"，意思是要强求他们改变为自己做事而变成为我做事，那就不可能找到合用的人才。因此，先王不用那些"不受禄"者，因为"人不得其所以自为"，则不为国君"取用"。甚至对于接受俸禄不优厚的人，都不要求他们担当艰巨的工作，其内在的道理是这类人连给自己做事都不尽心尽力，如何能为国家尽心尽力？所以国君顺应人的"自为"本性，"用人之自为，不用人之为我"。

应当说，管、商、韩"趋利避害"的人性论和慎子的"自为"论，都切中了常人为己的一般本性，因之有切世的治道论。但二者毕竟不同：趋利避害是"自为"的具体表现，而"自为"则是趋利避害的总体样貌与表征。尤其在人性论的出口上，二者更加不同：趋利避害的出口，是利用人们的这一

---

① 刘泽华：《中国政治思想史集》第一卷《先秦政治思想史》，人民出版社2008年版，第128～129页。

② 《慎子·因循》。

③ 郭沫若：《十批判书》，东方出版社1996年版，第158页。

本性，以赏罚驱迫而为统治者所用；而"自为"的出口，则更多地利用人们为自己做事的特点"因"之而为统治者所用。前者的本质是强迫与牵引，后者的特点是顺应与因循，此一微妙区别，不可不察也。而就其功效而言，前者急功近利而有速效，后者隐蔽和缓而近高明。

从这篇短文中，我们可以真切地感知慎子由道入法的转变。《庄子·天下》篇中说慎到"公而不党，易而无私"，固然也是讲公正不偏，平易无私的，但这个公正不偏，是指去掉主见，不用心智谋划的"于物无择"，即同等对待万物，随万物而行道术之意，这是道家底子的慎到。但慎到由此将之改造成为法治行世的核心理由乃是能去主观而趋于客观，就是以道家的理论论证法家主张的慎到，因而是法家的慎到。再如，《天下》篇中关于慎到等"齐万物以为首"那一段，本是讲大道与万物的关系，即讲万物"皆有所可"，但慎到却将之改造成《民杂》篇开头的那一段，变成了君和民的关系，即讲民众"各有所能"，论证的方式如出一辙，但内容已有了质的转变。质言之，慎子的人性论，就其方法而言，实亦一"势"焉，即顺"人性之势"而为，如此，则政可理，国可治。

三、慎子的"尚法"思想

慎子"尚法"，论断鲜明。[1] 其论持平

中正，异于偏激严苛的商、韩之论，实为法家治世思想中的瑰宝。

1. 法的作用、立法的原则和目的

慎子论法的文字虽然不多，但言简意赅，弥足珍贵。其至高之论，乃是有法胜于无法：

> 法虽不善，犹愈于无法，所以一人心也。[2]

"法虽不善，犹愈于无法"，这是一个著名的观点。这一观点表明，"法"不一定是治国最好的方法，或者说，法也不一定全都尽善尽美，但是，在可选择的治国方法中，相比之下，有法总比无法好。因为虽不善的"法"，终究可以"一人心"，亦即法乃是公共的行为标准。这个"一人心"的内容，用慎子的另一表述来作注解，则更确当：

> 法者，所以齐天下之动，至公大定之制也。[3]

法之所以能"一人心"，乃因它能"齐天下之动，至公大定之制"。反之，慎子曰：

> 故治国无其法则乱，守法而不变则衰。[4]

治国固然离不开法治，但"守法而不变

---

① 丘汉平认为慎子主张法治的理由，最显著者有三：一是能去主观而设定物观；二是在不公平之中求得最公平；三是无为而治。参见丘汉平：《慎子底法律思想》，载《丘汉平法学文集》，中国政法大学出版社 2004 年版，第56～58 页。

② 《慎子·威德》。

③ 《慎子·佚文》。

④ 《慎子·佚文》。

则衰"，内中申说的是法固宜守，但应因时而变，不可拘守。这一论断的背后，则是世异则备变的进化史观。此简短两语，触及了法的立、改、废这一大问题。那么，法从何来？慎子曰：

> 法非从天下，非从地出，发于人间，合乎人心而已。①

这更是著名论断。在慎子看来，法既不是从天上掉下来的，也不是从地里长出来的，因而既不是统治者随心所欲而制定的律文，更不是统治者拍脑袋凭空臆造的产物，而是"发于人间"，且要"合乎人心"。"发于人间"，强调立法应当是社会的产物；而"合乎人心"，则同时强调了立法还应该立基于人性基座之上，符合人们对是非曲直的普遍判断，因为"它是人们制定来做评判人群相互关系的标准。故法律之良恶全缺，要看人民的智识程度、社会情形、经济状况来决定，但这是'程度'问题，并不是法律本身的'良恶'"。② 因此，要"因人之情"，这如同"治水"须知水性："治水者，茨防决塞，九州岛四海，相似如一。学之于水，不学之于禹也。"③也就是说，虽然禹善治水，但禹识水性，也是学之于水，因此与其学之于禹，不如学之于水，其理在求本溯源。治水如此，立法也是如此。

而立法的主体，虽然也是人君，但慎到所论，毕竟与其他法家不同：

> 以力役法者百姓也，以死守法者有司也，以道变法者君长也。④

不同就不同在法的立、改、废有一个前提，即"以道"变法，防止立法恣意。换言之，"君长有变法之权，但无任意变法之权，其变法之原则须根据道，不合道的就不准更变"。⑤ 相同的是，百姓服法，有司守法，这是立法之后法的外显运行的两个层次。换言之，立法权要集中于君主之手，各级的官吏只能严格地遵守法律和执行法律，即"以死守法"，而百姓则要接受法令的规定，按法做事，即"以力役法"。

就立法目的而言，慎子明确认为应当是"立公弃私"：

> 法制礼籍，所以立公义也。凡立公，所以弃私也。⑥

"立公弃私"这一立法的目的，贯穿慎子的整个法治思想。唯其如此，方能与法的功用无缝对接，也就是"法之功，莫大使

---

① 《慎子·佚文》。
② 丘汉平：《慎子底法律思想》，载《丘汉平法学文集》，中国政法大学出版社 2004 年版，第 58 页。
③ 《慎子·佚文》。需要补述一则史料：2005 年秋，通过对陕西灞河下游发现的汉代埽工遗址的考古发现，埽体工程中所用骨料主要是柴草，文献记载者有柳榆荆苇秸秆之类，作为大骨，以索编网连之。草束密置其上，然后铺土泥，以心索为芯卷之。参见呼延思正：《汉埽工遗迹现身灞河》，载《西安晚报》2006 年 2 月 26 日。因此，慎子所说的"茨防"，可能就是早期的草埽，这大抵是先秦治水的核心技术。
④ 《慎子·佚文》。
⑤ 丘汉平：《慎子底法律思想》，载《丘汉平法学文集》，中国政法大学出版社 2004 年版，第 61 页。
⑥ 《慎子·威德》。

私不行"。①

2. 对法的崇仰与坚执

慎子的"尚法"，还体现在他对法的崇仰与坚执上：

> 故智者不得越法而肆谋，辩者不得越法而肆议，士不得背法而有名，臣不得背法而有功。我喜可抑，我忿可窒，我法不可离也；骨肉可刑，亲戚可灭，至法不可阙也。②

慎子面对智者的越法而肆谋，辩者的越法而肆议，士的背法而有名，以及臣的背法而有功诸种乱象，不假思索地作了否决，这就把对法应当得到一体遵循之旨说透了。③尤其是"我喜可抑，我忿可窒，我法不可离也"的果决，"骨肉可刑，亲戚可灭，至法不可阙也"的凛然，千载之下，依然深感它的正大与庄严。因此，这段论说与其说是论说，毋宁说它是对任法而治的宣言，是对一心崇法信念的礼赞，是对信法为真如诗一样的吟唱，遍捡史籍，无出其右。

3. 何以"尚法"

慎子之所以"尚法"，这是由慎子透析"法"的性质后决定的。慎子曰：

> 夫投钩以分财，投策以分马，非以钩策为均也。使得美者，不知所以德；使得恶者，不知所以怨。此所以塞愿望也。故著龟，所以立公识也；权衡，所以立公正也；书契，所以立公信也；度量，所以立公审也；法制礼籍，所以立公义也。凡立公，所以弃私也。④

慎子通过举例说投钩分财，投策分马，⑤不是钩、策本身有多么公正，而是通过这种方式可以杜绝私意，因此也就堵塞了别人产生怨恨的渠道。由此可见，慎到和其他法家一样，都习惯于以权衡、度量等比拟"法"的客观与公平。在慎子看来，著龟立公识，权衡立公正，书契立公信，度量立公审，法制立公义，皆为一公，公立则私弃。因为法度和权衡、尺寸一样，具有准确、客观的内在质性：

> 有权衡者，不可欺以轻重；有尺寸者，

---

① 《慎子·佚文》。

② 《慎子·佚文》。

③ 当然，我们现在能一眼看到其中缺了"君主不得凌法而妄为"这最重要的一项。虽不能苛求古哲，但著实是一个根本的问题。丘汉平说："政体既限于专制，又尊重君主，于是谈政者都在于想怎样可使君主成为有道之君"而已。而慎到，"除了叫君主'爱民'以外，别无他法了"。参见丘汉平：《慎子底法律思想》，载《丘汉平法学文集》，中国政法大学出版社 2004 年版，第 62 页。

④ 《慎子·威德》。

⑤ 投钩，犹"拈阄"，俗称"抓阄"，此法至今不衰，这与其说反映了原始公正方法的有效，毋宁说反映了公正本身的不易和稀缺。此法的背后，乃是将过于复杂或审慎之事问计于冥冥大化，诉诸运与命，使相关之人无以抱怨实体与程序的不公，自认结果之好坏，因之是一种删繁就简的办法。之所以自认，乃因在抓阄面前人人平等，没有暗箱操作。抓阄有利者暗喜自己命好运顺，不利者则自认倒霉，只能怨己而不能怨人。甚至在日常生活中，也常有一人掷一枚硬币来决定事情的走向之举，也反映了独决于己时，己犹惑然而顺之以所谓运命，况众决乎？而"策"，指竹制的马鞭，投策分马，原理与抓阄相同。

不可差以长短；有法度者，不可巧以诈伪。①

此论在以权衡、尺寸比拟后认为，法度可以止诈伪。止诈伪，则立公而弃私。

汉画像砖

那么，为何要"立公而弃私"呢？慎子阐述道：

> 天有明，不忧人之暗也；地有财，不忧人之贫也；圣人有德，不忧人之危也。天虽不忧人之暗，辟户牖必取己明焉，则天无事也；地虽不忧人之贫，伐木刈草必取己富焉，则地无事也；圣人虽不忧人之危，百姓准上而比于下，其必取己安焉，则圣人无事也。故圣人处上，能无害人，不能使人无己害也，则百姓除其害矣。圣人之有天下也，受之也，非取之也；百姓之于圣人也，养之也，非使圣人养己也，则圣人无事矣。②

此论以道家的天地之德，引出圣人之德乃在"不忧人之危"，即圣人不必担忧人间存在的危难，因为人们是"自为"的：一如人们辟户牖必取己明，伐木刈草必取己富一样，百姓必然会准上而比于下，必取己安。所以，慎子认为"圣人无事"，此乃"无为"的基底。但问题是，圣人处在上位，能够做到不害人，却不能使人们不危害自己，那么百姓就要除掉他们的祸害。由此，慎到再次提出了振聋发聩的观点：

> 圣人之有天下也，受之也，非取之也。

这一著名的惊世骇俗的观点，彻底颠覆了夏商以来"天命神授"论，认为圣人能有天下，是受了百姓之托，而非私自窃取得到的。与之相应，是百姓奉养了圣人，而不是靠圣人来养活百姓。而"慎到的百姓养圣人之说，从经济关系上给'立天子以为天下'的主张，提供了有力的根据"。③由此可见，天下是百姓的，因之是"公立"的。既然是公立的，因此应当立公弃私。慎子从这一根本观念出发，推衍出更具冲击力、更具进步意义的观点：

> 故立天子以为天下，非立天下以为天子也；立国君以为国，非立国以为君也；立官长以为官，非立官以为长也。④

在将国家视为"家天下"的中国古代，这一根本观念无疑是令人耳目一新的，其

---

① 《慎子·佚文》。

② 《慎子·威德》。

③ 刘泽华：《中国政治思想史集》第一卷《先秦政治思想史》，人民出版社 2008 年版，第 131 页。

④ 《慎子·威德》。

进步意义也是不言自明的。"慎到这种说法可说是开亘古之新论,启迪后人之烛光,给君主占有天下说以有力的一击。"①尤其是他已从公、私观上将天下、国家和天子、国君区分开来。这种区分,实质上已涉及国体和政体的关系。不但如此,就君主本人来说,也只能为国、为"公",而不能"行私"。② 对此论,郭沫若也说:"这见解是很进步的。"③丘汉平甚至将之解读为法律是"社会意志的结晶"。④ 也就是说,立天子以为天下,这应当是公意的体现,而非倒过来"立天下以为天子",将国家变成谋一己之私的舞台。所以,在这段论说前,慎子明确讲:

> 古者,立天子而贵之者,非以利一人也。⑤

诉诸"古者",兼有追溯源头、诉诸权威之意,而拥立天子使他尊贵,并不是让天子一个人得利。也就是说,天下、国家并不是天子或国君的私有财产。其潜在的意思是天下是天下人的天下,因而是"公"有的天下。可见,"慎到认为君主并不是'公'的化身,'公'在理论上比君主更高。法虽然是君主制定出来的,法一旦制定出来,君主也必须遵从"。⑥ 所以,在"立公弃私"这一根本观念下,慎子进一步认为"法治"优于"身治"或"心裁":

> 君人者,舍法而以身治,则诛赏予夺从君心出矣。然则受赏者虽当,望多无穷;受罚者虽当,望轻无已。君舍法,而以心裁轻重,则同功殊赏、同罪殊罚矣,怨之所由生也。是以分马者之用策、分田者之用钩,非以钩策为过于人智也,所以去私塞怨也。故曰:大君任法而弗躬为,则事断于法矣。法之所加,各以其分。蒙其赏罚而无望于君也,是以怨不生而上下和矣。⑦

这篇短文,把慎子何以"尚法"的观点表达得非常清楚,殊为难得。概言之,慎子之所以"尚法",是因为具有客观质性的"法"能"去私塞怨",亦即"任法"优于"身治"或"心裁",实质上就是"法治"优于"人治"。慎子认为,如果国君"舍法而以身治,则诛赏予夺从君心出矣"。从君心出,即使是很公允的,但受赏者"望多无穷",而受罚者则"望轻无已",这就是人性。因为从君心出,受赏者总觉得还可以得到更多的赏赐,而受罚者则期盼得到更轻的处罚,这一愿望是"无穷无已"的。不唯人性使然,还有一个原因是因为没有"法定"的客观标准,一切断之以"心裁",难免会基于个人的好恶,甚至主观判断的失误而导致"同功殊

---

① 刘泽华:《中国政治思想史集》第一卷《先秦政治思想史》,人民出版社 2008 年版,第 131 页。
② 张国华主编:《中国法律思想史》,法律出版社 1982 年版,第 96~97 页。
③ 郭沫若:《十批判书》,东方出版社 1996 年版,第 155 页。
④ 丘汉平:《慎子底法律思想》,载《丘汉平法学文集》,中国政法大学出版社 2004 年版,第 59 页。
⑤ 《慎子·威德》。
⑥ 刘泽华:《中国政治思想史集》第一卷《先秦政治思想史》,人民出版社 2008 年版,第 134 页。
⑦ 《慎子·君人》。

赏、同罪殊罚"的发生,所以慎子一再申述投策分马,投钩分财,不是说钩、策超过了人智,而是因为钩、策这一客观的方法能"去私塞怨"。所以明君依法办事,不必事事躬亲,一断于法。对此,郭沫若认为:"法家在慎到这个阶段是还适应着社会变革的上行期,还在替人民设想,而没有专替新起的统治者设想——韩非便和这相反——是还富有进步性的东西。大体上他也在调和儒、墨,承继了儒家的'垂拱而治'的理念,虽然也在谈礼,但更把它发展而为法了。"①的确如此。

而此篇中的"法之所加,各以其分",则是慎子的一句名言。这比著名的查士丁尼皇帝钦定的《法学阶梯》中关于正义的表述:"正义是给予每个人他应得的部分的这种坚定而恒久的愿望"②更言简意赅。由于赏罚均有客观标准,所以慎子说"蒙其赏罚而无望于君也,是以怨不生而上下和矣"。

与此相类,慎子一再强调和申说了法的客观性带来的确当,一如钩、策,慎子曰:

行海者,坐而至越,有舟也;行陆者,立而至秦,有车也;秦越远途也,安坐而至者,械也。

厝钩石,使禹察锱铢之重,则不识也。悬于权衡,则牦发之不可差,则不待禹之智,中人之知,莫不足以识之矣。③

这两则佚文,前一则是说,假以舟车,虽远途安坐而至,"械也",说明凭借外在于人的机械的巨大作用;而后一则则更加明确地说明凭借客观的、不以人的智识为判准的"钩石"与"权衡",即使是中人之智,④也能识别毫发之差,否则,"厝钩石",让大禹分别锱铢的轻重,"则不识也"。这两则比喻,反复论说了"法"作为客观判准的重要性,告诫人君不应舍法而以身治,而应该依法而治。而依法而治的枢要在于"私议不行"而"事断于法":

今立法而行私,是私与法争,其乱甚于无法。……故有道之国,法立则私议不行……事断于法,是国之大道也。⑤

有法而行私,谓之不法。⑥

以上两论,申说了两个方面:一是如果立法而不禁私,所带来的混乱"甚于无法"。因此,"有道之国,法立则私议不行",而"事断于法,是国之大道也"。二是慎子明确认为,如果"有法而行私",就是"不法"行为,言下之意,应当严惩不贷。基于以上论述,慎子归结道:

官不私亲,法不遗爱,上下无事,唯法

---

① 郭沫若:《十批判书》,东方出版社 1996 年版,第 158 页。
② [罗马]查士丁尼:《法学总论——法学阶梯》,张企泰译,商务印书馆 1989 年版,第 5 页。
③ 《慎子·佚文》。
④ 韩非大概受了慎子"中人之智"论的启发,把它发展成反对儒家"贤君"论的有力工具,代之以"中君"论,即认为中智之君只要抱法、处势、用术即可进行有效统治,不必等待"千世而一出"的贤君。
⑤ 《慎子·佚文》。
⑥ 《慎子·佚文》。

所在。①

这是对人君的要求，也是"尚法"的必然结论。可见，慎子"尚法贵公"的思想在理论上提出了君主与国家职能的关系问题，慎子认为天子、君主只是国家职能的执行者。② 换言之，"朕非国家"。因此，慎到认为欲达国家大治，上下无事，只有施行法治才能实现，别无他途。

四、慎子的"无为而治"

慎子的"无为而治"，是由道家理论和他阐发的君臣关系决定的。如上所述，无事为天地之德，因此，圣人无事，也就是"君道无为"而"臣道有为"。

以"尚法"论，慎子认为，"大君任法而弗躬为，则事断于法矣"。其方略是：

为人君者不多听，据法倚数以观得失。③

所谓"不多听"，是指不多听臣下之言，而察其之实，也就是"据法倚数以观得失"，此论近"术"。而其具体做法则是"无法之言，不听于耳；无法之劳，不图于功；无劳之亲，不任于官"。

以君臣关系论，慎子曰：

君臣之道，臣事事，而君无事。君逸乐而臣任劳，臣尽智力以善其事，而君无与焉，仰成而已，故事无不治。治之正道然也。④

这是慎子"无为"而治的核心，即"君臣之道，臣事事，而君无事"。也就是说，无为而治首要的任务是摆正君臣关系：臣子做事，君主无事。如此，则臣尽智力以善其事，而人君坐享其成。慎子认为，治理国家的正道就应该是这样的。那么，这样做的道理何在呢？

首先，慎子以"道"论之：

民杂处而各有所能，所能者不同，此民之情也。大君者，太上也，兼畜下者也。下之所能不同，而皆上之用也，是以大君因民之能为资，尽包而畜之，无能去取焉。是故不设一方以求于人，故所求者无不足也。大君不择其下，故足；不择其下，则易为下矣。易为下则莫不容，莫不容故多下，多下之谓太上。⑤

将此段同前述的《庄子·天下》中"齐万物以为首"那一段比较研究，再参之以"天道因则大"，就不难发现，慎子之意，是说君主在社会中的地位，类似于道在万物中的地位。万物"皆有所可"，民众也"各有所能"，虽然"所能不同"，但"皆上之用"，故"因民之能为资，尽包而畜之"。对照而言，道尽包万物，君主则"尽包而畜之"万民。

---

① 《慎子·君人》。
② 刘泽华：《中国政治思想史集》第一卷《先秦政治思想史》，人民出版社 2008 年版，第 136 页。
③ 《慎子·君臣》。
④ 《慎子·民杂》。
⑤ 《慎子·民杂》。

由于大道无所不包没有遗漏，所以君主也应"兼畜"万民而"不择其下"。因为"选则不遍，教则不至"，故"不选"、"不教"，即不以君主的好恶挑选民众。所以慎子认为，"不择其下，则易为下矣。易为下，则莫不容。莫不容，故多下"。多下，亦即下多，所以称为"大君"，称为"太上"。对此，刘泽华说："从这段论述可以看到，慎到在政治上颇通辩证法。"[①]而"尽包而畜之"与"不择其下"，亦"无为"之质也。

其次，慎子以"君智"与"众智"作了对比和分析：

> 君之智，未必最贤于众也。以未最贤而欲以善尽被下，则不赡矣。若使君之智最贤，以一君而尽赡下则劳，劳则有倦，倦则衰，衰则复反于不赡之道也。[②]

慎子在此作了两方面的推论：一方面，从常理判断，君主一人之智，"未必最贤于众"，这几乎是不证自明的公理。因此，"以未最贤而欲以善尽被下，则不赡矣"，意即人君若自矜其能而"善尽被下"，是远远不够的。另一方面，假定君主之智最贤，然而人的精力毕竟是有限的，欲将繁杂的国事归人君一人处置，定会劳苦不堪，劳苦不堪就会倦怠，而倦怠势必造成衰败，"衰则复反于不赡之道也"，其结果与"未最贤"一样，还是"不赡"。这也就是慎子所说的：

"弃道术，舍度量，以求一人之识识天下，谁子之识能足焉"[③]之意。因此，慎子指出：

> 是以人君自任而躬事，则臣不事事，是君臣易位也，谓之"倒逆"。倒逆则乱矣。[④]

如果人君执意"自任而躬事，则臣不事事"，由此会导致"君臣易位"，这就叫作"倒逆"，即倒行逆施。国家倒行逆施，社会就会混乱。其中的道理又何在呢？慎子分析道：

> 人君自任，而务为善以先下，则是代下负任蒙劳也，臣反逸矣。故曰：君人者，好为善以先下，则下不敢与君争为善以先君矣，皆私其所知以自覆掩。有过则臣反责君，逆乱之道也。[⑤]

这是说，如果国君什么事情都亲自去做，"而务为善以先下"，这是替臣下"负任蒙劳"，臣下反而安逸享乐。另外，人君"好为善以先下"，则臣下就不敢争先为善，都把自己的聪明才智隐藏起来，不肯卖力。而一旦国家的政事有了失误，由于是国君所为，则"臣反责君"，所以这是"逆乱之道"。因此慎子认为：

> 人君苟任臣而勿自躬，则臣皆事事矣，是君臣之顺，治乱之分，不可不察也。[⑥]

---

① 刘泽华：《中国政治思想史集》第一卷《先秦政治思想史》，人民出版社 2008 年版，第 130 页。
② 《慎子·民杂》。
③ 《慎子·佚文》。
④ 《慎子·民杂》。
⑤ 《慎子·民杂》。
⑥ 《慎子·民杂》。

所以真正的有道之君，决不应事必躬亲，而应让臣下去做事。这"是君臣之顺，治乱之分"，因之"不可不察也"。只有"君逸臣劳"，才是无为而治。由此，慎到引谚语云"不聪不明，不能为王；不聪不聋，不能为公"来进一步阐述他的无为而治思想，而且用"海与山争水，海必得之"[1]的妙喻，说明了此乃"势"之使然。

五、慎子的"势"

世论慎子，皆言他以"势"著称。然而以现存的文献看，慎子论"势"，其实十分简略。之所以著称，多因他是首倡者。后来韩非将慎子之"势"称为"自然之势"，而在韩非看来，人君之势，当为"人设之势"。

从慎子之论看，慎子的"势"，主要内容有以下几个方面：

首先，慎子因循人性之势以为治，实亦一"势"焉。

其次，在慎到看来，"尚法"必得倚"势"，此"势"无它，乃君主的权势，这是慎子之"势"的核心内容。慎子曰：

> 腾蛇游雾，飞龙乘云，云罢雾霁，与蚯蚓同，则失其所乘也。故贤而屈于不肖者，权轻也；不肖而服于贤者，位尊也。尧为匹夫，不能使其邻家；至南面而王，则令行禁止，由此观之，贤不足以服不肖，而势位足以屈贤矣。[2]

这段论说，也是典型的慎子以喻说理的方式。实际上他将国君的权势形象地比喻为龙蛇所凭借的云雾，亦即龙蛇有了云雾才能高飞，一旦云消雾散，龙蛇没有了凭借之势，也就与地上的蚯蚓无异。因此，贤者屈服于无能之辈，是因为权势小；无能之辈能被贤者制服，是因为贤者的地位高。由此慎到假设，如果尧是一个普通人，连邻家都使唤不了，而一旦"南面而王，则令行禁止"。由此看来，贤德不足以让无能之辈服从，而权势和地位却足以使贤者屈服。质言之，慎到认为，"势位"才是令行禁止的原因与保障。这一论断，"从理论上看，慎到把权力看成高于一切，把道德、才能、是非看成不过是权力的仆从，无疑是片面的。但在实际上，这种说法是符合当时历史实际的。臣民中，无论是在才能、道德、见识哪一方面都超过君主的，大有人在。然而他们必须听命于君主。君主所依恃的就是权势"。[3] 学界所论，大多及此。

飞龙乘云

407

---

①《慎子·佚文》。
②《慎子·威德》。
③ 刘泽华：《中国政治思想史集》第一卷《先秦政治思想史》，人民出版社 2008 年版，第 129 页。

再次，慎子所论之"势"，尚有"得众助"以成事之意：

> 故无名而断者，权重也；弩弱而矰高者，乘于风也；身不肖而令行者，得助于众也。故举重越高者，不慢于药；爱赤子者，不慢于保；绝险历远者，不慢于御。此得助则成，释助则废矣。夫三王、五伯之德，参于天地，通于鬼神，周于生物者，其得助博也。①

与这一段表述相匹配的，还有前论，即毛嫱、西施是天下最美的女子，要是让她们穿上兽皮和粗麻布衣，"则见者皆走"；要是让她们换上漂亮的细麻布衣，"则行者皆止"。由此看来，丽色亦须好衣助之。这就是慎子总结的"得助则成，释助则废"。即使"三王、五伯之德，参于天地，通于鬼神"，可以遍及万物，也是"其得助博"的结果。所以，慎子之"势"，还有**得助则成**的一层意涵。

将慎子的"势"论对接他的"尚法"思想，实际上是说"尚法"必得借"势"，亦即法令的推行还得依靠"势"，依靠权势，依靠得助之势。

复次，"独头"政治与"民一于君"，乃"势"的归宿。慎到认为，权势本身也得维护，他把这种权势本身的维护叫作**德立**。通观《德立》全篇，未及一个"德"字，何以命之曰"德立"？德立之"德"，非道德之"德"，而是慎子另一篇名《威德》之"德"。如前已

述，《管子》有云："政者，正也。正也者，所以正定万物之命也。是故圣人精德立中以生正，明正以治国。"②借此，所谓德立，即是确立了各个层级的最高统治者，就是"精德立中以生正，明正以治国"，就是威德的确立。所以在慎子看来，"为了确保权势的威力，最忌讳同一种权力有'两'，即二元化或多元化"。③ 慎到在篇幅短小的《德立》篇中阐述了"两则争，杂则相伤"的思想，由此认为权力必须集中，各阶层必须"独头"：

> 立天子者，不使诸侯疑焉；立诸侯者，不使大夫疑焉；立正妻者，不使嬖妾疑焉；立嫡子者，不使庶孽疑焉。疑则动，两则争，杂则相伤，害在有与不在独也。故臣有两位者，国必乱。臣两位而国不乱者，君在也，恃君而不乱矣，失君必乱；子有两位者，家必乱。子两位而家不乱者，父在也，恃父而不乱矣，失父必乱。臣疑其君，无不危之国；孽疑其宗，无不危之家。④

《德立》这篇短论，实际上有很大的思想"背景"。它仅仅是以冰山一角的方式凸显了这种思想的结果。就其中心意思，阐述了各个层级，必得有一个最高统治者，如此，则国不危，家不乱；如此，则威德得以确立。这个看似不经意的论说，实质上暗含了传统中国文化的一个密码，一把打开千年专制文化的锁钥，它即是从"一"或"尊无二上"的观念。而这种观念的基本理由，即

---

① 《慎子·威德》。
② 《管子·法法》。
③ 刘泽华：《中国政治思想史集》第一卷《先秦政治思想史》，人民出版社 2008 年版，第 129 页。
④ 《慎子·德立》。

是各个阶层确立一位官长，是为了防止属下生疑，因为"疑则动"，即生疑就不得安宁，由此导致"两则争，杂则相伤"。慎子据此认为，危害产生于双方的争斗中，而不在于"独头"。这一论说的逻辑归宿，必然就是慎子所说的"民一于君"：

> 君之功，莫大使民不争。……立君而尊贤，是贤与君争，其乱甚于无君。……君立则贤者不尊。民一于君……是国之大道也。①

一言以蔽之，"在政治体制上，慎到主张君主一元化的独头政治"。② 所以，慎到之"势"的实质乃是"人莫不自为也"这一人性论的逻辑必然。因为人既然"莫不自为"，就不可能用"德"去感化，只能针对人的"自为心"用"势"使之不得不服从。显然，慎到以及后来的韩非主张倚"势"行法，触及了法律的推行须以国家政权为后盾这一实质问题。

那么，慎到何以反对"贤治"呢？慎子曰：

> 古者，工不兼事，士不兼官。工不兼事则事省，事省则易胜；士不兼官则职寡，职寡则易守。故士位可世，工事可常。百工之子，不学而能者，非生巧也，言有常事也。今也国无常道，官无常法，是以国家日缪。教虽成，官不足，官不足则道理匮，道理匮则慕贤智，慕贤智则国家之政要，在一人之

心矣。③

慎子反对"贤治"，除了"立君而尊贤，是贤与君争，其乱甚于无君"的理由外，还因为"工不兼事，士不兼官"，如此，则"士位可世，工事可常"。但当今之世，"国无常道，官无常法，是以国家日缪"。因此，实行教化虽然很有成效，但各级官吏缺乏且多数不称职，导致治国方法的匮竭，因此就会仰慕贤能智慧之人，进而让国家的政要完全操纵在所谓贤者手中，而这与"民一于君，事断于法"，乃"国之大道"是相悖的，因此，在慎子看来，"独头"与"尊贤"不两立，而独头又是必需的，所以反贤。由此，慎子的结论是：

> 明君动事分功必由慧，定赏分财必由法，行德制中必由礼。故欲不得干时，爱不得犯法，贵不得逾亲，禄不得逾位，士不得兼官，工不得兼事。以能受事，以事受利，若是者，上无美赏，下无美财。④

这实质上是对"明君"的要求，即明君必须做到的事项。此论中不但要求明君应当做到"动事分功必由慧，定赏分财必由法，行德制中必由礼"，而且禁止人君"欲不得干时，爱不得犯法，贵不得逾规，禄不得逾位"，再次申述了"士不得兼官，工不得兼事"。如果用人"以能受事"，庆赏"以事受利"，则"上无羡赏，下无羡财"，上下无事，

---

① 《慎子·佚文》。
② 刘泽华：《中国政治思想史集》第一卷《先秦政治思想史》，人民出版社 2008 年版，第 129 页。
③ 《慎子·威德》。
④ 《慎子·威德》。

国治政理。

最后，慎子之"势"，也指事理使然，不得不然：

> 离朱之明，察秋毫之末于百步之外，下于水尺，而不能见浅深，非目不明也，其势难睹也。①

离朱目力过人，他"能视于百步之外，见秋毫之末"，但是，往水下看尺许，就已经不能看见水的深浅了，这不是眼睛不明，而是情势使然。可见，慎到的"势"，亦有"情势"、"情状"和"形势"之意。

六、慎子的其他思想

除了上述所论，慎子还有独到的"忠臣论"，还有对"礼"的阐述，不应忽视。

1. 独卓的"忠臣论"

慎子对历代官民共同称赏的"忠臣"有非同寻常的独到见解，提出了"忠未足以救乱世，而适足以重非"的著名论断。他的理据与分析是：

> 乱世之中，亡国之臣，非独无忠臣也；治国之中，显君之臣，非独能尽忠也。治国之人，忠不偏于其君；乱世之人，道不偏于其臣。然而治乱之世，同世有忠道之人。臣之欲忠者不绝世，而君未得宁其上，无遇比干、子胥之忠，而毁瘁主君于暗墨之中，遂染溺灭名而死。②

这段大论，首先指出了一个显而易见的事实，这就是社会处于动乱的时代，在国家衰亡时的大臣中，国家并非没有忠臣；在国家得到治理的时候，在君主名声显赫时的大臣中，并非都能尽忠。治国之人，他们的尽忠并不独在君主身上；乱世之人，治国之道并不独在几个贤臣身上。也就是说，无论是治世还是乱世之中，世上都有忠于国家的人。而另一事实是，想为国家尽忠的臣子世代不绝，但君主却没有因此得到安宁，难道是他所在的时代没有遇到比干、伍子胥这样的忠臣吗？显然不是。因为他们那样忠于国家，却使夏桀、夫差身败名裂而身死国亡。为了进一步论证这一观点，慎子列出了两个著名论据：

> 父有良子而舜放瞽叟，桀有忠臣而过盈天下。然则孝子不生慈父之家，而忠臣不生圣君之下。③

这是两个著名的典故。一个是恶父瞽叟与孝子舜之间"故事"；另一个是暴君桀与忠臣关龙逢之间的史迹。关于舜与瞽叟，《史记》曰：

> 舜父瞽叟盲，而舜母死，瞽叟更娶妻而生象，象傲。瞽叟爱后妻子，常欲杀舜，舜避逃；及有小过，则受罪。顺事父及后母与弟，日以笃谨，匪有解。④

---

① 《慎子·佚文》。
② 《慎子·知忠》。
③ 《慎子·知忠》。
④ 《史记·五帝本纪》。

瞽叟，《孟子》中作"瞽瞍"，其义也就是瞎了眼睛的老头。有意思的是，舜却是传说目有双瞳的，因之取名"重华"。这似乎是一个借喻，意即舜目力过人。根据《史记》所述，舜生活在"父顽、母嚣、象傲"的家庭环境里，且其父及后母和弟象，都必欲置舜于死地。然而，舜对其父及后母十分孝顺，与弟象十分友善，一如既往，没有丝毫懈怠。舜在家里人要加害于他的时候，设法逃避，所以是"欲杀，不可得"。对《史记》载述的"纵火焚廪"和"下土实井"这一欲置舜于死地和分财的史迹，《孟子》中以万章的口吻作了极其简洁的叙述：

> 万章曰："父母使舜完廪，捐阶，瞽瞍焚廪。使浚井，出，从而揜之。象曰：'谟盖都君咸我绩，牛羊父母，仓廪父母；干戈朕，琴朕；弤朕；二嫂，使治朕栖。'象往入舜宫，舜在床琴。象曰：'郁陶思君尔。'忸怩。舜曰：'惟兹臣庶，汝其于予治。'不识舜不知象之将杀己与？"[1]

由此可见，瞽瞍是一个生性顽劣，经常想要寻机杀死儿子舜的父亲，但舜却仍然孝顺地侍奉瞽瞍，不敢有半点不敬。孟子曰："舜尽事亲之道而瞽瞍厎豫，瞽瞍厎豫而天下化，瞽瞍厎豫而天下之为父子者定，此之谓大孝。"[2]意思是，舜竭尽一切心力来侍奉父母，结果他父亲瞽瞍变得高兴了；瞽瞍高兴了，天下的风俗因此得到淳化；瞽瞍高兴了，天下父子的伦常也由此确定了，这便叫作大孝。在孟子看来，舜的行为，淳

虞舜孝行感天

化了风俗，确定了父子的伦常，是大孝。

舜的事迹，不仅以"孝感动天"成了后来"二十四孝"之首，事实上，舜之德化，使舜成为中华民族道德化育之祖。这也就是《尚书》所说的"德至舜明"，也是《史记》复述的"天下明德皆自虞帝始"之故。可见，舜文化，即道德文化。

慎子此处援引其事，旨在表明"孝子不生慈父之家"，以衬托史典中"桀有忠臣而过盈天下"，进而得出"忠臣不生圣君之下"这一结论。在慎子《佚文》中，则指出了缘何"孝子不生慈父之家，忠臣不生圣君之下"："君明臣直，国之福也；父慈子孝，夫信妻贞，家之福也。故比干忠而不能存殷，申生孝而不能安晋，是皆有忠臣孝子而国家灭乱者，何也？无明君贤父以听。故孝子不生慈父之家，忠臣不生圣君之下。"在慎子看来，关键是"无明君贤父以听之"，的确如此。在中国古代，忠臣、孝子知遇明君贤父，不唯是个人之幸，亦是国家之福。然

---

① 《孟子·万章上》。
② 《孟子·离娄上》。

而常态是孝子不生慈父之家,忠臣不生圣君之下,慎子由是慨叹焉!

需要辨明的是,慎子所言的"舜放瞽叟"之"放",不是《孟子》中"万章问曰:'象日以杀舜为事。立为天子则放之,何也?'孟子曰:'封之也,或曰放焉。'"①中的"放"。后者之"放",是指舜做了天子,流放了象,孟子认为,其实是舜封象为诸侯,不过有人说是流放他罢了。而前一个"放",并非舜流放了瞽叟。《孟子》中有一段师徒间的问答:

> 桃应问曰:"舜为天子,皋陶为士,瞽叟杀人,则如之何?"
> 孟子曰:"执之而已矣。"
> "然则舜不禁与?"
> 曰:"夫舜恶得而禁之? 夫有所受之也。"
> "然则舜如之何?"
> 曰:"舜视弃天下犹弃敝蹝也。窃负而逃,遵海滨而处,终身訢然,乐而忘天下。"②

当孟子面对弟子桃应假定的一个"二难选择"的设问,孟子并没有被难住,而是对答如流。在孟子看来,如果真的出现这一情况,舜必定"窃负而逃",并且到海边住下来,并且快乐得很,把曾经做过天子的事情忘记掉。如此表明"孝"这一人伦根本高于天子之位。因此,慎子所言的"舜放瞽叟"之"放",当是"窃负而逃"

之谓。

至于"桀有忠臣而过盈天下"的史典,更是家喻户晓。

至此,慎到一反常论,自出不同众俗的独卓之见:

> 忠未足以救乱世,而适足以重非。③

慎子此论,戛戛独造。在慎子看来,桀之所以"过盈天下"乃至亡国,不是没有忠臣,恰恰是由于有忠臣而加重了桀的过失,可见忠臣之忠,不仅不足以救乱世,而恰恰加速了夏桀的灭亡。但慎子的这一著名论断,并没有把后来统治者以及后世腐儒苦心建构起来的"忠臣"华殿予以瓦解,而是因了慎子的法家之名,尘封于思想的深处。

慎到独辟蹊径,看到了常人看不到的历史真相,认为国家的治乱兴亡,与忠臣的有无,并没有必然联系。因此,慎到总结历史经验教训而曰:

> 故明主之使其臣也,忠不得过职,而职不得过官。是以过修于身,而下不敢以善骄矜守职之吏。人务其治,而莫敢淫偷其事。④

历史的教训是惨痛的。慎到认为,真正的明君任用臣下,不能因臣下的忠诚而授予超出其才智的职务,必使臣下尽职而

① 《孟子·万章上》。
② 《孟子·尽心上》。
③ 《慎子·知忠》。
④ 《慎子·知忠》。

不越过其职责范围。质言之，不能因为所谓的"忠"而超越了相应的职权范围。此外，君主有了过失自己加以修正，在下面的臣子就不敢骄傲自大，各级官吏都会忠于职守，尽心竭力而不敢怠惰。如此，则"官正以敬其业，和顺以事其上"，这才是"至治"。基于这样的认识，慎到提出了自己的"功过观"：

> 亡国之君，非一人之罪也；治国之君，非一人之力也。将治乱，在乎贤使任职而不在于忠也。故智盈天下，泽及其君；忠盈天下，害及其国。故桀之所以亡，尧不能以为存。然而尧有不胜之善，而桀有运非之名，则得人与失人也。故廊庙之材，盖非一木之枝也；粹白之裘，盖非一狐之皮也；治乱安危，存亡荣辱之施，非一人之力也。[①]

现在看来，这种观点是非常确当的，是对当时儒家宣扬的似乎亡国就是一人之罪，而国治全在一人之功的一种颠覆。而在"智"与"忠"之间，慎子认为，智足以利天下而泽其君，而忠不足以恃而害其国，所以夏桀的灭亡，即使有尧这样的忠臣也不能使国家安存。所以"尧有不胜之善，而桀有运非之名"，可见治国的关键是得到人才还是失掉人才。因此，国家的治乱安危，存亡荣辱，乃各种合力使然，"非一人之力也"。

需要甄别的是，慎到认为国家的治乱"不在于忠也"，而"在乎贤使任职"，此乃"任贤论"。乍看之下，这似乎与他在《威德》篇中所说的"贤不足以服不肖，而势位足以屈贤"，以及《韩非子·难势》所引的"吾以此知势位之足恃而贤智之不足慕也"中的"屈贤论"相悖。但细加甄别，就会发现，其实二者并不冲突，语境不同使然。"屈贤论"，其语境是针对国君本人而言的，强调的是国君本人的圣贤与否相对于君"势"而言是次要的，只有"贤"不行，还得借助于"势"，有了权"势"，就可令行禁止；否则，即使其贤如尧，如果"尧为匹夫，不能使其邻家"，而"贤而屈于不肖者，权轻也"。[②]而"任贤论"，其语境是针对国君如何在臣下的忠与贤之间作出选择，亦即"忠"并不重要，重要的是"贤使任职"，要职与贤称。由此可见，不但二者并不相悖，恰恰证明了慎到强调君主的举贤任能。因此，荀子所谓"慎子蔽于法而不知贤"的批评，失之于片面。

荀子批评慎到"蔽于法而不知贤"即使成立，也仅仅是儒、法分野的区别之一，而葛兆光则将此作为"彭蒙、田骈、慎到一流的思路的起点"，未识何据。葛先生由此认为"这种思路很容易成为专制主义的基础，因为它否认了个体思考的意义，也消解了更新变革的必要，这一点就是后来出'道'而'法'的转换关节"。[③] 此论似可商榷。姑且不论把荀子批评慎子的片面之论作为分析慎到他们的"思路起点"是否合适，单就由道而法而言，怎么就因此否定了"个体思考的意义"？以"世易则备变"著称的法家中人，以更新变革为己任，怎么就因由道

---

① 《慎子·知忠》。
② 《慎子·威德》。
③ 葛兆光：《中国思想史》第一卷，复旦大学出版社2001年版，第120页。

而法"消解了更新变革的必要"？更何况，慎子之论，虽有"民一于君"之论，但更有"立天子以为天下"的卓论，又何以说"这种思路很容易成为专制主义的基础"？葛先生接着写道："但是，也要看到，当这种思考成为对理性的权威进行质疑的起点时，它又拥有了一种思想的睿智，即瓦解或消解那些固执的，甚至是专制的话语权力，促使人们从无偏无党的'原初之思'出发，平等地公正地看待一切，也促使人们摆脱现实的具体的得失利害去追寻一种自然与超越的境界，即他们所理解的'道'。"①显然，葛先生所说的"理性的权威"大抵是以贤治论为表征之一的儒家思想，他把它视为一种"专制的话语权力"，由此认为慎到们对这种"理性的权威"的质疑是一种"思想的睿智"，因此能实现两个"促使"。如果说第一个"促使"似乎有那么一点意思的话，那么第二个"促使"就与慎到们的思想不沾边了。因为第二个"促使"言说老、庄大抵可以，而言说"各著书言治乱之事，以干世主"的稷下先生，则很不切当。因为慎到们的主张和理论恰以人间的利害为入手处，进而提出了治世之略，何言"摆脱"与"超越"？

2. 关于"礼"

我们知道，管仲曾将"礼义廉耻"视为"国之四维"，且将"礼"置于四维之首，但孔子因为管仲有"反坫"而批评"管氏而知礼，孰不知礼？"。与此不同，邓析第一个旗帜鲜明地反对"礼治"。而慎到，似乎介于二者之间：既没有把"礼"抬得那么高，也没有

弃之不用。从《慎子》及佚文可一窥他对"礼"的态度。慎子曰：

> 度量，所以立公审也；法制礼籍，所以立公义也。②

在慎到看来，法令制度与礼仪典章是用来确立公正道义的，这如同用度量来立公审一样。由于立公旨在弃私，所以慎到接着讲："行德制中必由礼。"如前已述，这是作为"明君"必须做到的。在慎到心目中，"礼"关涉和规范"行德制中"，即施行德政要恰到好处，一定要符合礼仪规范，这同"法"规范"定赏分财"，"慧"规范"定赏分财"一样，是同等重要的。而在《慎子·佚文》中，有三处论及"礼"：

> 礼从俗，政从上，使从君。国有贵贱之礼，无贤不肖之礼；有长幼之礼，无勇怯之礼；有亲疏之礼，无爱憎之礼也。③

我们知道，"礼"与"法"都是中国古代的法权形式。"礼"讲上下尊贱之别，而"法"则讲行为齐一之准，二者虽然都是社会规范，但面向不同。慎子此处所讲的"礼从俗，政从上，使从君"，既是对当时社会规范与现象的一种表述，也是一种行为规范本身。至于国有贵贱、长幼、亲疏之礼，而无贤不肖、勇怯、爱憎之礼，是因为作为法权规范形式的"礼"，是对贵贱、长幼、亲疏的一种客观判断标准，故有此

① 葛兆光：《中国思想史》第一卷，复旦大学出版社 2001 年版，第 120 页。
② 《慎子·威德》。
③ 《慎子·佚文》。

礼;而贤与不肖、勇敢与怯懦、爱与憎,关涉性情与好恶的判断,是主观的,故无此礼。

第二处"礼",是说古昔天子之所以"无失言失礼",乃因"天子手能衣而宰夫设服,足能行而相者导进,口能言而行人称辞"。[①] 以道家思想为基底的《淮南子》中有一段论述与这一段非常近似:"人主之术,处无为之事,而行不言之教。清静而不动,一度而不摇,因循而任下,责成而不劳。是故心知规而师傅谕导,口能言而行人称辞,足能行而相者先导,耳能听而执正进谏。是故虑无失策,谋无过事,言为文章,行为仪表于天下。"[②]《淮南子》中强调的,无非是要"人主行不言之教","因循而任下,责成而不劳",还能"虑无失策,谋无过事"。而慎子佚文强调的,则比较单一,即让天子"无失言失礼"。

第三处言"礼",其文曰:"能辞万钟之禄于朝陛,不能不拾一金于无人之地;能谨百节之礼于庙宇,不能不弛一容于独居之余。盖人情每狎于所私故也。"[③]此论,复见对人性的考察亦深矣。儒家所谓"慎其独",又何其不易。不易,遂倡,复申,信然。

七、慎子佚文拾珠

按以上条目分析慎子,不少妙论无法囊括其中,有遗珠之憾。因此另列"拾珠"条目以补。其一曰:

善为国者,移谋身之心而谋国,移富国之术而富民,移保子孙之志而保治,移求爵禄之意而求义,则不劳而化理成矣。[④]

此段论述好在两个方面:一是以最易发轫之意志移转于更具普适意义之事业;二是并列而论可见慎子思想的"杂糅"。前者,在慎子看来,真正善于治理国家的人,谋国、富民、保治、求义四要的实现,要有推己及物的济世情怀。要把谋身之心转换成谋国之心,要把富国之术变成富民之术,要把保子孙之志移转成保治之志,要把求爵禄之意转变成求义之意,如此,"则不劳而化理成矣"。后者,我们看到,四要内涵丰富,杂糅了先秦儒、道、法、墨等家思想,已非单一的法家之论,或简单的"道法结合"。

我们非常感慨的是"移富国之术而富民"。富国还是富民,这是一个问题,而问题的症结在于二者是不是对立的,或者说在何种情形下是对立的。慎子既然说要"移富国之术而富民",看来统治者似乎更醉心于富国之术,从此一意义上讲,二者是对立的。因为国富一定民富?那不一定。因为国富民穷的史例太多,大抵这是慎子此论的出发点。如再追问国是怎么富的?我们知道,"国"本身不创造财富,财富是通过老百姓纳税积聚起来的。也就是说,这种"国富"的渠道决定了国富非但不一定民富,很多情况下,苛捐杂税往往导致民不聊

---

① 《慎子·佚文》。

② 《淮南子·主术训》。

③ 《慎子·佚文》。

④ 《慎子·佚文》。

生。因之,在中国的历史上,还有一个"苛政猛于虎"的著名典喻。与民不聊生形成强烈反差的是统治者的穷奢极欲,史料之载,数不胜数。由此,我们至今心仪汉初"文景之治"的清静俭约,①心仪下面每读辄叹的记载:

> 孝文帝从代来,即位二十三年,宫室苑囿狗马服御无所增益,有不便,辄弛以利民。尝欲作露台,召匠计之,直百金。上曰:"百金中民十家之产,吾奉先帝宫室,常恐羞之,何以台为!"上常衣绨衣,所幸慎夫人,令衣不得曳地,帏帐不得文绣,以示敦朴,为天下先。②

把话说回来,即使统治者清廉俭约如此,也还有一个"拿谁的钱给谁来花"(茅于轼语)的问题。也就是说,我拿钱给统治者(政府),统治者再给我花,不要说中间有很多成本,不要说统治者腐败,其实又何必多此一举呢?实际的情形往往是,纳税人不知道自己的钱政府花给谁了。在重新分配的机制下,纳税人不仅是不知情的,事实上也是失语的。天朝的税民,似乎只有义务而无权利,而统治者似乎只有权利而无责任。所以,国富不一定民富,则具有必然性。所以历代思想家或主张"凡治国之道,必先富民",③或曰"足国之道,节用裕

民",④或干脆指出"以富乐民为功,以贫苦民为罪"。⑤一言以蔽之,要"藏富于民",民富则国强,如此,二者不悖。

贾谊像

其二,慎子谈"生死"以晓"利害",非常精到:

> 始吾未生之时,焉知生之为乐也;今吾未死,又焉知死之为不乐也。故生不足以使之,利何足以动之;死不足以禁之,害何足以恐之。明于死生之分,达于利害之变,是以目观玉辂琬象之状,耳听白雪清角之声,不能以乱其神。登千仞之溪,临蝯眩之岸,不足以滑其知。夫如是,身可以杀,生可以无,仁可以成。

---

① 可参阅本文丛之《文明的源起——以"双宇宙"为主线》第七章"老子的'德'论:小宇宙的'无为而无不为'"中有关"文景之治"的内容,厦门大学出版社 2011 年版,第 192~196 页。

② 《史记·孝文本纪》。

③ 《管子·治国》。

④ 《荀子·富国》。

⑤ 〔汉〕贾谊:《新书·大政上》。

以"吾"未生之时不知生之为乐，推出今吾未死，又焉知死之为不乐。以如此豁达通透的生死观，引申出利害论，即"生不足以使之，利何足以动之；死不足以禁之，害何足以恐之"。也就是"明于死生之分，达于利害之变"，如此的人生高境，则心神自守自凝，不会因耳目乱其神；无论身处千仞之溪，还是猿眩之岸，都不足以"淆其知"。果若如此，则可杀身成仁。

其三，与此段近于儒家的高蹈之论不同，下面这段则更近于道家本色：

> 鸟飞于空，鱼游于渊，非术也。故为鸟为鱼者，亦不自知其能飞能游。苟知之，立心以为之，则必堕必溺。犹人之足驰手捉，耳听目视，当其驰捉听视之际，应机自至，又不待思而施之也。苟须思之而后可施之，则疲矣。是以任自然者久，得其常者济。①

此论好就好在通过对鸟飞鱼游的观察，得出"非术"的观点。在慎到看来，鸟能飞，鱼能游，就像人的耳听目视，是一种"应机自至"，是"不待思而施之"的本能，倘若鸟飞鱼游"立心以为之"，则必堕必溺。因此，慎到认为，这些本能，当是不应而至的，如果必须通过思考而后再实施，"则疲矣"。由此，慎到得出了与老子因任自然，知常曰明与常德不离等著名观点很神似的观点——**"任自然者久，得其常者济"**，是对老学更赅简的表达以及扩展，甚妙！"应机自至"固好，但问题是，慎子在强调"应机自至"的同时，从《庄子》的批评来看，似乎走

---

① 《慎子·佚文》。
② 《慎子·佚文》。

向了"不用智虑"的极端。由此可见，极端固然彰显立论的特质，但易跨越必要的界限而由真理转为谬误。

其四，慎子曰："河之下龙门，其流驶如竹箭，驷马追弗能及。"此乃"势"也。

其五，慎子曰：

> 有虞之诛，以幪巾当墨，以草缨当劓，以菲屦当刖，以艾韠当宫，布衣无领当大辟，此有虞之诛也。斩人肢体，凿其肌肤，谓之刑。画衣冠，异章服，谓之戮。上世用戮而民不犯也，当世用刑而民不从。②

舜帝时执行五刑，各有替代之物。而作者身处时代的刑，则"斩人肢体，凿其肌肤"，而戮，则"画衣冠，异章服"，趋于重刑。慎子说，"上世用戮而民不犯也，当世用刑而民不从"，这反映了作者主张轻刑的倾向。

其六，《佚文》曰：

> 孔子云：有虞氏不赏不罚，夏后氏赏而不罚，殷人罚而不赏，周人赏且罚。罚，禁也；赏，使也。

慎子《佚文》中引孔子云，叙说了舜帝时不赏不罚，到夏代赏而不罚，殷商时罚而不赏，到周代则赏罚并用。这一方面反映了世风的变迁，社会的日趋复杂；另一方面也反映了治世手段随之而变和趋重的趋向。罚，是为了"禁止"；赏，则是为了"役使"。此解甚贴。

其七,慎子曰:"匠人成棺,不憎人死,利之所在,忘其丑也。"①这既是对这一行业的客观描述,也因抽象与提纯而具有放射的意蕴,它更是一种人性。韩非将之阐发,将之体系化,把它打造成解剖人性的犀利刀锋。

其八,慎子曰:《诗》,往志也;《书》,往诰也;《春秋》,往事也。"②非得此三部经典的神髓者,不能道也。

其九,慎子曰:"两贵不相事,两贱不相使。"③慎子认为权力的平等不能并存。④实际上,此亦一人性也。

其十,慎子曰:

家富则疏族聚,家贫则兄弟离。非不相爱,利不足相容也。⑤

一语说透了贫富对人性的影响,说透了利之于人间的巨大悲欢。

其十一,慎子曰:

王者有易政而无易国,有易君而无易民。汤、武非得伯夷之民以治,桀、纣非得跖跻之民以乱也。民之治乱在于上,国之安危在于政。⑥

此论虽简,却具有核变之力:政权可以更迭,国无可易;君可以替换,而民无可易。

汤、武并非必得伯夷之民才治,而桀、纣亦非跖跻之民而乱。所以,慎子复出名言:"民之治乱在于上,国之安危在于政。"至理也。

其十二,慎子曰:

日月为天下眼目,人不知德;山川为天下衣食,人不能感。有勇不以怒,反与怯均也。⑦

前一半,言日月、山川大德不德,而人们习以为常,不知感德;后一半,言适时的愤怒是勇敢的必要表现,是对勇、怒、怯三者关系的独到诠释。

其十三,慎子曰:

小人食于力,君子食于道,先王之训也。故常欲耕而食天下之人矣,然一身之耕,分诸天下,不能人得一升粟,其不能饱可知也;欲织而衣天下之人矣,然一身之织,分诸天下,不能人得尺布,其不能暖可知也。故以为不若诵先王之道而求其说,通圣人之言而究其旨。上说王公大人,次匹夫徒步之士。王公大人用吾言,国必治;匹夫徒步之士用吾言,行必修。虽不耕而食饥,不织而衣寒,功贤于耕而食之,织而衣之者也。⑧

---

① 《慎子·佚文》。

② 《慎子·佚文》。

③ 《慎子·佚文》。

④ 刘泽华:《中国政治思想史集》第一卷《先秦政治思想史》,人民出版社 2008 年版,第 129 页。

⑤ 《慎子·佚文》。

⑥ 《慎子·佚文》。

⑦ 《慎子·佚文》。

⑧ 《慎子·佚文》。

从此论可见，一是小人食于力，君子食于道，成了先秦社会的"一般知识"；二是精神生产高于物质生产，即一人耕、一身之织，不若诵先王之道而求其说，通圣人之言而究其旨，上可用于治国，下可用于修身。

其十四，慎子曰：

鹰，善击也，然日击之，则疲而无全翼矣；骥，善驰也，然日驰之，则蹶而无全蹄矣。①

此论颇富哲理，其旨在于虽如善击的鹰，善驰的骥，亦需节制涵养；而丘汉平则将之视为"恃贤为治必败"的显例。②

其十五，慎子曰：

周成王问鬻子曰："寡人闻圣人在上位，使民富且寿。若夫富，则可为也；若夫寿，则在天乎？"鬻子对曰："夫圣王在上位，天下无军兵之事，故诸侯不私相攻，而民不私相斗也，则民得尽一生矣；圣王在上，则君积于德化，而民积于用力，故妇人为其所衣，丈夫为其所食，则民无冻饿，民得二生矣；圣人在上，则君积于仁，吏积于爱，民积于顺，则刑罚废而无夭遏之诛，民则得三生矣；圣王在上，则使人有时，而用之有节，则民无疠疾，民得四生矣。"③

圣君为政，使民富易。然使民寿，则在天乎？这是一个近乎天才的提问。而鬻熊把政治的清明所带来的民有四得，譬之以"民得四生"，则表明了民之年寿，不独在天，亦复人为。为政若此，犹民得四生，这一回答，则就是一个天才的回答。

至此，在黄褐色的大陆版图上，在农业丰茂的文明深处，我们已穿越先秦诸子浓荫遮蔽的丛林，通过邹衍想象过的大海——环于神州之外的大瀛海，我们发现，它蔚蓝色的文明波涌在遥远的爱琴海岸，无法浸润先哲们的梦境，它只是一种梦想……

① 《慎子·佚文》。
② 丘汉平：《慎子底法律思想》，载《丘汉平法学文集》，中国政法大学出版社2004年版，第57页。
③ 《慎子·佚文》。

第二十七章　中国"尊无二上"与西方早期图景

> 当"独头"成了不易的法则，而"尊君"又成了必然，二者的合力，实际上从当时的正当性、权威性两方面确立了君主权力的终极性。加上人性本身的弱点，以及不愿受到限制的本性，遂使君主专制成为可能。

一、王权支配社会

马克思概说法国中世纪"行政权力支配社会"的论断，在刘泽华看来，这一论断对认识中国传统社会具有提纲挈领的指导作用。借此，刘泽华认为"中国传统社会的最大特点是'**王权支配社会**'"。[①] 王权支配的社会，其实质就是"王权至上"。普而化之，则是"权力至上"。[②] 所以，刘泽华进而认为："不是经济力量决定着权力分配，而是权力分配决定着社会经济分配。"因此提出，与其用经济解释社会现象这一通常的方法（即"经济决定论"），还不如从王权解释社会现象（即"权力决定论"）"更具体、

更恰当"。基此，刘泽华将"王权主义"分为三个层次：一是以王权为中心的权力系统；二是以这种权力系统为骨架形成的社会结构；三是与权力系统和社会结构相适应的观念体系。[③] 由于王权主义是整个思想文化的核心，因此中国古代的思想家多将天、道、圣、王"四合一"，由此"置王于绝对之尊，即王只能有一个，一切权力集中于王之手"。[④] 此即"尊无二上"。

"尊无二上"就是"独头"政治。它是一种客观的社会现实，因而是一种事实描述，自古及今，概莫能外。换言之，"独头"并不天然就是专制，它仅仅是一种组织形式。而专制意味着独自掌控和占有权力，不容他人和机构染指。因此，专制并不单指君

[①]　刘泽华：《中国政治思想史集》第三卷《王权主义与思想和社会》，人民出版社 2008 年版，第 1 页。

[②]　中国社会的"权力至上"，恰与西方推崇的"权利至上"相反，这一根基性的差异，是导致很多制度和观念相异的源头。

[③]　刘泽华：《中国政治思想史集》第三卷《王权主义与思想和社会》，人民出版社 2008 年版，第 2 页。

[④]　刘泽华：《中国政治思想史集》第三卷《王权主义与思想和社会》，人民出版社 2008 年版，第 3～4 页。

主个人的专制,也指不受制约、独享政权的集团和党派力量。

如果说"纯粹的专制君主是根据其自由的无限制的意志及其偶然兴致或一时的情绪颁布命令和禁令的",那么"其行为是不可预见的,因为这些行为并不遵循理性模式,而且不受明文规定的规则或政策的调整"。① 博登海默进一步甄别道:"历史上记载的大多数专制主义形式,并不具有上述纯粹专制统治的一些极端特征,因为一些根深蒂固的社会惯例或阶级习惯一般还会受到专制君主的尊重,而且私人间的财产权与家庭关系通常也不会被扰乱。"② 但是,当这种社会惯例或阶级习惯与君主的欲望或专断意志发生冲突时,这种尊重就会被弃置。对此,魏特夫指出,"人们设想风俗习惯和信仰能够限制最暴虐的政权",然而,即使"自然法则和文化模式,两者都不是(对专制的)有效的制约力量",因此,人们的"命运归根结蒂将由行使极权力量的人的意志来决定"。③ 这就是专制之所以为专制的狰狞与本质。

二、中国古代专制形成的原因

那么,专制究竟是如何形成的呢?在诸多关于专制起源和形成的理论中,魏特夫的"治水社会"导致专制的理论,可谓独特。魏特夫在其献给资本主义世界的贡物——《东方专制主义》一书中,把马克思在19世纪50年代提出来的"亚细亚生产方式"的概念"发挥"为所谓的"治水社会",即"东方专制主义"。其论述是这样的,"在干旱或半干旱地区,定居的农业文明只有在治水经济的基础上才能永久地繁荣下去",④因此,就需要治水工程,而"这样的工程时刻需要大规模的协作,这样的协作反过来需要纪律、从属关系和强有力的领导";而"要有效地管理这些工程,必需建立一个遍及全国或者至少及于全国人口重要中心的组织网。因此,控制这一组织网的人总是巧妙地准备行使最高政治权力",于是便产生了专制君主,"东方专制主义"。⑤

魏特夫将极其复杂的专制形成原因归结为地理因素引起的农业灌溉,即治水技术与工程引发的组织、管理,并且命名这一社会为"治水社会",以及贴出"治水文明"等标签后归结为这一组织、管理乃是"东方专制主义",实在让长期浸润在中国文化和身在中国的人们感到十分"惊艳"。近世以来最伟大的史学家汤因比就不以为然地评论说:"如果告诉那些碰巧居住在'亚洲'传统边界之内的各族人民说,由于地理位置的不可避免,他们一定要在'治水农业管理'类型的'东方'专制主义下呻吟,他们听

① [美]E.博登海默:《法理学:法律哲学与法律方法》,邓正来译,中国政法大学出版社 1999 年版,第 231 页。

② [美]E.博登海默:《法理学:法律哲学与法律方法》,邓正来译,中国政法大学出版社 1999 年版,第 232 页。

③ [美]魏特夫:《东方专制主义》,徐式谷等译,中国社会科学出版社 1989 年版,第 104 页。

④ [美]魏特夫:《东方专制主义》,徐式谷等译,中国社会科学出版社 1989 年版,第 175 页。

⑤ [美]魏特夫:《东方专制主义》,徐式谷等译,中国社会科学出版社 1989 年版,中译本出版说明第 2 页。

了也会大怒的。"①而以《民主和专制的社会起源》一书与韦伯的《新教伦理与资本主义精神》、涂尔干的《自杀论》被奉为二十世纪社会学的三大经典著作的巴林顿·摩尔也直言不讳地指出："魏特夫以水利控制为基础的论战性的东方专制主义理论……中的'水利',恐怕是一个过于狭隘的概念。只要中央政权承担的任务或实施的监控活动对社会运行具有决定意义,都会造成传统专制主义的崛起。"②

阿诺德·约瑟夫·汤因比（Arnold Joseph Toynbee,1889—1975）,英国著名历史学家,有享誉世界的12册巨著:《历史研究》。他被誉为世界通哲,一代历史学巨匠

其实,中国古代君主专制的形成,成因虽然非常复杂,但主要因素不外以下六个方面:

1. 天人观、"差等文化"的影响

在"天垂象,圣人则之"的思维范式下,在儒家,自然得出"天无二日,土无二王,家无二主,尊无二上"③的天人观;在法家韩非看来,就是"道无双,故曰一"。④ 于是,"独头"政治就成了必然。进一步,由"天尊地卑"的天地之则,推演出"天尊地卑,乾坤定矣。卑高以陈,贵贱位矣"⑤的差等观念,进而演变成儒家的人伦纲常。瞿同祖说,中国古代社会的"伦常须礼来维持完成",而"所谓伦常纲纪,实即贵贱、尊卑、长幼、亲疏的纲要"。因"贵贱、尊卑、长幼、亲疏各有其礼,自能达到儒家心目中君君、臣臣、父父、子子、兄兄、弟弟、夫夫、妇妇的理想社会,而臻于治平"。问题是在君臣、父子、夫妇、兄弟、朋友这五伦中,"除朋友一伦处于平等地位以外,其余四种都是对立的优越与从属关系"。⑥ 质言之,五伦即"差等"。费孝通先生就说:"伦重在分别,在《礼记》祭统里所讲的十伦:鬼神、君臣、父子、贵贱、亲疏、爵赏、夫妇、政事、长幼、上下,都是指差等。"⑦他所说的"差序格局"的实质,也就是"差等"。当差等变成了一种次序或秩序安排时,它就成了一种"**差等文化**",而差等文化的实质,则是对特权的集体公认。孟德斯鸠指出:"在必须有身份区别的国家,就必定有特权的存在。"⑧

---

① ［英］汤比因:《评魏特夫〈东方专制主义〉》,载 *The American Political Science Review* 1958 年第 52 卷第 1 册。

② ［美］巴林顿·摩尔:《民主与专制的社会起源》,拓夫、张东东等译,华夏出版社 1987 年版,第 337 页。

③ 《礼记·坊记》。

④ 《韩非子·扬权》。

⑤ 《易经·系辞上》。

⑥ 瞿同祖:《中国法律与中国社会》,中华书局 2003 年版,第 300～301 页。

⑦ 费孝通:《乡土中国　生育制度》,北京大学出版社 1998 年版,第 28 页。

⑧ ［法］孟德斯鸠:《论法的精神》上册,张雁深译,商务印书馆 1961 年版,第 74 页。

事实上,以特权为内质的差等文化是先秦诸子的共识。儒、法两家自不用说,即使是道家,庄子亦谓:"君先而臣从,父先而子从,兄先而弟从,长先而少从,男先而女从,夫先而妇从。夫尊卑先后,天地之行也,故圣人取象焉。"①将差等文化用于治道,表述自然就是"礼不下庶人,刑不上大夫"的特权秩序。也就是说,以刑为表征的"法不过是作为礼的附庸来贯彻礼所确定的等差罢了"。②而由一礼一法这两条维系中国古代社会经纬编织的筐篮,它装载的全部货品,其实就三个字:"不平等"。借用孟德斯鸠论说贵族政治的国家有两个主要的致乱之源的观点,来论说差等文化的内核,也十分恰当:"一个是治者与被治者之间存在着过度的不平等,一个是统治团体成员之间也有同样的不平等。"③因此,"中国古代的传统法律是特权法,是以维护不平等的社会关系为特征的",④而"法律成了压制性的力量,是记载义务的文本,而不是权利的宣言书"。⑤可见,在这样的天人观和差等文化的背景下,处于金字塔塔尖的君主在差等秩序世界里,不让他专制都难。换

言之,特权之于一国的极致就是专制。

2. 尊君的必然

中国传统治道理论和思想基本形成于纷乱的春秋、战国时代,当以周天子为中心的等级分封制逐步解体之后,结束诸侯争霸、战国争雄的纷乱格局,乃至压制贵族,⑥皆需强有力的中央集权制度,与之相应,"君之必尊,亦时势所趋,不得不然"。⑦也就是说,在特定的历史条件下,君主制是结束战乱,促进社会进步和生产发展的有效制度,有其必然性。问题是必然性不等于合理性,两千多年来不仅没有因时更易,反而不断强固,这是可悲与可怕的。

大体而言,夏、商两代,君主制与宗法制出现,由天下为家演变为"家天下",此乃中国式的专制主义的胚芽。自周代始,君主制进一步发展,宗法世袭形成,即以血缘关系为纽带形成国家政治结构,其政权特点是神权与王权的结合,而代表性的制度则是宗法制和分封制。诸侯世袭,形成"世官制"。春秋、战国时代,出现君主专制,部分地区分封制开始被官僚制取代。至秦朝,君主专制确立。自两汉始,君主专制中

---

① 《庄子·天道》。

② 梁治平:《法辨》,中国政法大学出版社 2002 年版,第 147 页。

③ [法]孟德斯鸠:《论法的精神》上册,张雁深译,商务印书馆 1961 年版,第 51 页。

④ 张晋藩:《中国法律的传统与近代转型》,法律出版社 2005 年版,第 42 页。

⑤ 张晋藩:《中国法律的传统与近代转型》,法律出版社 2005 年版,第 53 页。谢晖认为:"法律规范背后的真义,不是别的,而恰恰是人们的权利。"参见谢晖:《法的思辨与实证》,法律出版社 2001 年版,第 113 页。其实,二者并不矛盾。张晋藩先生说的是中国古代法的实然状况,而谢晖先生说的则是法本身的应然性质。事实上,康德就把法视为"权利的科学",且认为"只有一种天赋的权利,即与生俱来的自由",而"通过权利的概念,他应该是他自己的主人"。参见康德:《法的形而上学原理——权利的科学》,沈叔平译,商务印书馆 1991 年版,第 50 页。

⑥ 梁启超说:"管子之独张君权,非张之以压制人民,实张之以压制贵族也。"参见梁启超:《管子评传》,《诸子集成》卷六,岳麓书社 1996 年版,第 17 页。

⑦ 萧公权:《中国政治思想史》,辽宁教育出版社 1998 年版,第 180 页。

央集权得以巩固。在官员的选任上,三国两晋南北朝实行"九品中正制",它上承两汉"察举制",下启隋唐"科举制"。至隋、唐,君主专制中央集权制得以完善,确立三省六部制。两宋、元代,君主专制中央集权制进一步加强。至明代,君主专制极端强化,明太祖时废丞相,权分六部。遍设厂卫特务组织,实行八股取士。到清代,设军机处,跪受笔录,向军国大臣传达皇帝旨意。大兴文字狱,君主专制发展到顶峰。由此可见,君主专制自确立后是一个君权不断得到强化的过程,国家是一人的国家,政治是一人的政治,君主的权力基本没有限制,因之独断、任意和恣肆。而家天下背景下的君臣关系,就是"主人"和"奴才"的关系。即"在专制的国家,只有一个人受到幸运的极端恩宠,而其他的一切人则受幸运的凌辱"。①

3. 缺乏有效的监督与分权制衡

当"独头"成了不易的法则,而"尊君"又成了必然,二者的合力,实际上从当时的**正当性、权威性**两方面确立了君主权力的**终极性**。加上人性本身的弱点,以及不愿受到限制的本性,遂使君主专制成为可能。孟德斯鸠更是认为:"因为只要有情欲,就可以建立专制政体,所以是谁都会这样做的。"②而经久的、共识的、经由文化浸润和现实强化的"定于一尊",转而放大了君主专制的必然,因此变得"天经地义",似乎是悬诸日月而不易的"天理",是人间不得不依循的铁律。舍此,则"失君必乱",国将不国,家亦非家。这一可怕的观念历经时间的默化变成了民众的一般认同,以致连质疑的念想都不曾有过。大到天无二日、民无二主,小至女子嫁夫,也要从一而终。

而君主究竟如何行使权力,它的边界何在,不但法无明文,事实上,尊君的理论决定了对这一问题压根儿就不曾设想过,否则就是"亏礼废节",属于"大不敬"。从前述法家理论主张看,最大限度也就是"令尊于君",而如何使之"尊于君",实际上付之阙如,这种主张也就成了一种"看上去很美"的空洞说辞。由此,既无明文规定的约束,又无实施机构的监督,更无分权制衡的保障,完全听任君权自律,权力的滥用就成为必然。③ 因为"一切有权力的人都容易

---

① [法]孟德斯鸠:《论法的精神》上册,张雁深译,商务印书馆1961年版,第83页。
② [法]孟德斯鸠:《论法的精神》上册,张雁深译,商务印书馆1961年版,第64页。
③ 如此断然说君主的权力没有任何监督机制,似乎失之于武断。事实上,自周代设立谏官起,谏官制度曾盛行于秦汉至唐宋时期。赵映诚教授认为,历代设立的谏官及谏官机构,"较好地发挥了谏诤职能"。且认为谏官及谏官制度作为一种存在能够绵延几千年,有其历史的必然性。这种必然性体现在三个方面:第一,尧舜禹等古代圣贤的求言纳谏,为后世作出了榜样。第二,沿袭谏官例制。历代帝王无不想留得从言纳谏的美名,因而谏官例制不敢轻易取消。第三,谏官对统治阶级的长远利益以及皇权的巩固,的确发挥着重要作用,所谓"立谏诤之官,开启沃之路"。参见赵映诚:《谏官与谏官制度》,香港新世纪出版社1993年版,第15页。但是,正如赵映诚教授非常清醒而客观指出的:"谏官制度是制约皇权的制度,当然这种制约在封建专制制度下,也是极其有限的。"冯天瑜教授在该书的"题记"中也认为:"为了弥补这种由帝王独断所可能造成的对王朝根本利益的损害,列朝都采取了一系列措施,而谏官制度便是其中重要的一环。中国历史上出现的那些敢于'犯言直谏'的谏官和善于纳谏的帝王,都是这一机制的产物;而一切阿谀逢迎之徒和不纳良谏的帝王,则破坏那种弥补机制,加剧专制体制的危机。"

滥用权力,这是万古不易的一条经验。有权力的人使用权力一直到遇有界限的地方才休止"。①可问题是,君主的权力几乎没有边界,专制就成为必然。至于冀望于君主的贤明,乃至传统、礼俗、民心的向背,乃至文化模式的约束,其效实在微乎其微。

4. 民主传统的缺乏

严复感叹道:"夫自由一言,真中国历古圣贤之所深畏,而从未尝立以为教者也!"②梁启超则直击这一问题的要害:"美林肯之言政治也,标三介词以櫽括之曰:Of the people,By the people,and For the people,译言政为民政,政以为民,政由民出也。我国学说,于 Of,For 之义,盖详哉言之,独于 By 义则概乎未之有闻。申言之,则国为人民公共之国,为人民共同利益故乃有政治。此二义者,我先民见之甚明,信之甚笃。惟一切政治当由人民施行,则我先民非惟未尝研究其方法,抑似并未承认此理论。夫徒言民为邦本,政在养民,而政之所以出,其权力乃在人民之外。此种无参政权的民本主义,为效几何?我国政治论之最大缺点,毋乃在是。"③梁漱溟则追问道:"在中国虽政治上民有民享之义,早见发挥,而二三千年卒不见民治之制度。岂止制度未立,试问谁曾设想及此?三点本相联,那两点从孟子到黄梨洲可云发挥甚至,而此一点竟为数千年设想所不及,讵非怪事?"④因此,金耀基总结说:"任何一位大儒,都几乎是民本思想的鼓吹者,'天下非一人之天下,天下人之天下',肯定了民有(of people)的观念;'民之所好好之,民之所恶恶之',肯定了民享(for people)的思想……但是,中国的民本思想毕竟与民主思想不同,民本思想虽有'民有'、'民享'的观念,但总未走上民治(by people)。"⑤换一国际视野,巴林顿·摩尔也说:"中国农民很难发展出一种政治民主的平等理论,因为中国不存在自己的民主传统。"⑥可见,民主传统的缺乏,是君主专制得以形成的民众土壤。而中国的农民之所以很难发展出一种政治民主的平等理论,乃因封闭、松散的农民很难形成"公民社会结构",而"没有公民社会结构,自由就依旧

---

① [法]孟德斯鸠:《论法的精神》上册,张雁深译,商务印书馆 1961 年版,第 154 页。
② 卢云昆编选:《严复文选》,上海远东出版社 1996 年版,第 4 页。对何谓"自由",孟德斯鸠曾有名论:"在一个有法律的社会里,自由仅仅是:一个人能够做他应该做的事情,而不被强迫去做他不应该做的事情。"或者说:"自由是做法律所许可的一切事情的权利。"参见孟德斯鸠:《论法的精神》上册,张雁深译,商务印书馆 1961 年版,第 154 页。
③ 梁启超:《先秦政治思想史》,中国人民大学出版社 2012 年版,第 6 页。
④ 梁漱溟:《中国文化要义》,上海人民出版社 2011 年版,第 238~239 页。他在另一处说道:"其所发挥仅至民有(of people)与民享(for people)之意思而止,而民治(by people)之制度或办法,则始终不见有人提到过。更确切地说:中国人亦曾为实现民享而求些办法设些制度,但其办法制度,却总没想到人民可以自己作主支配这方面来。"参见梁漱溟:《中国文化要义》,上海人民出版社 2011 年版,第 21 页。
⑤ 金耀基:《从传统到现在》,中国人民大学出版社 1999 年版,第 21 页。
⑥ [美]巴林顿·摩尔:《民主与专制的社会起源》,拓夫、张东东等译,华夏出版社 1987 年版,第 499 页。

是一根摇晃不定的风中芦苇"。① 另一方面，自由的缺失，还因中国古代的立法权、行政权、司法权全部集中于君主一人之手，而"当立法权和行政权集中在同一个人或同一个机关之手，自由便不复存在了。……如果司法权不同立法权和行政权分立，自由也就不存在了。如果司法权同立法权合二为一，则将对公民的生命和自由施行专断的权力，因为法官就是立法者。如果司法权同行政权合而为一，法官便将握有压迫者的力量"。② 所以，没有自由的种子与根芽，专制就疯长成罂粟花，两千多年来一直荫蔽着中华帝国的庭院。

5. 农耕文明的"个体散沙化"

用汉娜·阿伦特追溯极权主义根源的话说，就是"群众社会的毫无结构"，一种归咎于"分子化的、个人化的群众的具体条件"。③ 实际情形是，中国幅员辽阔，民众散居而相对比较封闭，而自给自足的小农经济，造就了大多数国民衷怀"天高皇帝远"的共识，因之对政治漠不关心。梁漱溟说："中国人散漫无组织，家族意识乡里意识每高于其国家意识民族意识。"④ 这种松散和散漫，一方面对君主专制与否持放任的态度；另一方面，"散沙化"的个体反而希望一种强有力的政体，君主专制遂成为被民众乃至精英阶层一度默认的统治形态。

6. 治道设计者的精英论证

儒宗宗师孔子心目中的政治秩序及其层级，就是他所说的"君君、臣臣、父父、子子"。⑤ 而且认为"天下有道，则礼乐征伐自天子出；天下无道，则礼乐征伐自诸侯出"。由此说："天下有道，则政不在大夫。天下有道，则庶人不议。"⑥ 这就直接把国家的最高政治权力是否掌握在君主手上，成了判断天下是否"有道"的标准。儒家经典《礼记》的表述更具有代表性："子云：天无二日，土无二王，家无二主，尊无二上。"再如，荀子也直言："君者，国之隆也；父者，家之隆也。隆一而治，二而乱。自古及今，未有二隆争重而能长久者。"⑦ 这就把"国不堪贰"的理念绝对化了。

以法家思想为主骨的《管子》则曰："主尊臣卑，上威下敬，令行人服，理之至也。使天下两天子，天下不可理也；一国而两君，一国不可理也；一家而两父，一家不可理也。"⑧ 内中申说的也是将权力必须集中于一人，否则无法治理。慎到亦言："多贤不可以多君，无贤不可以无君。"⑨ 说的也是多贤可以，但君主只能有一位；无贤可

---

① ［英］拉尔夫·达仁道夫：《现代社会冲突》，林荣远译，中国社会科学出版社 2000 年版，第 36 页。

② ［法］孟德斯鸠：《论法的精神》上册，张雁深译，商务印书馆 1961 年版，第 156 页。

③ ［美］汉娜·阿伦特：《极权主义的起源》，林骧华译，生活·读书·新知三联书店 2008 年版，第 414 页。

④ 梁漱溟：《中国文化要义》，上海人民出版社 2011 年版，第 288 页。

⑤ 《论语·颜渊》。

⑥ 《论语·季氏》。

⑦ 《荀子·致士》。

⑧ 《管子·霸言》。

⑨ 《慎子·佚文》。

以，但不可以无君。因为"两贵不相事，两贱不相使"。① 而韩非子更将君主与道对应："道无双，故曰一"。君主便是人间的"一"。且说"一家二贵，事乃无功"。②

即使是道家，老子亦有"故贵以贱为本，高以下为基。是以侯王自称孤、寡、不穀"③之论，间接认可侯王的独一无二。庄子则说："夫天地至神，而有尊卑先后之序，而况人道乎！"④

由此可见，"尊无二上"已是先秦诸子的一种共识。他们虽然在治世方略上各异，但在这一点上却是共通的。正如王海明指出的，中国诸子百家之不同，不在于是否主张专制，因为他们都是肯定专制的专制主义论者；也不在于主张在何种历史条件下应该专制，因为他们都认为专制在任何历史条件下都是应该的，他们都是永恒的超历史的专制主义论者。他们的不同只在于主张怎样的专制：是王道的、开明的、仁慈的专制主义，还是霸道的、野蛮的、邪恶的专制主义？因此，中国专制主义便可以归结为两大混合类型：以孔子和儒家为

代表的"永恒且开明专制主义"与以韩非和法家为代表的"永恒且邪恶专制主义"。⑤ 而刘泽华将君王的"尊无二上"归结为"五独"："势位独一，权力独操，决事独断，地位独尊，天下独占。"而这"五独"，不仅是先秦诸子的共同主张，也是社会的一般共识。从理论上分析，"五独"其实同君主要开明、要纳谏、要虚心、要用贤、要听众、要有罪己精神等并存不悖。⑥

以上六个方面交互作用，遂使君主专制在中国成为一种必然和"传统"。这一传统，用达仁道夫概说极权主义的话说，"是在看不清脸色的行进纵队里发出的关于过去和未来的感伤歌曲"。⑦ 这首感伤歌曲的主调，被马克思一语道破："君主政体的原则总的说来就是轻视人，蔑视人，使人不成其为人。"⑧孟德斯鸠则通过对比，深入骨髓而不乏幽默地说道："在共和国政体下，人人都是平等的。在专制政体下，人人也都是平等的。在共和国，人人平等是因为每一个人'什么都是'；在专制国家，人人

---

① 《慎子·佚文》。

② 《韩非子·扬权》。

③ 《老子》第三十九章。

④ 《庄子·天道》。

⑤ 王海明：《专制主义概念辩难》，载《山东大学学报》（哲社版）2007年第2期。需要说明的是，我在拙著《治术与权谋——〈韩非子〉典正》中提出，以孔子和儒家为代表的是"永恒且伦理的专制主义"，即宜用"伦理"这一中性的且符合儒家思想内核的词语替换"开明"这一褒扬性很强但无实质内核支撑的词语；而以韩非和法家为代表的是"永恒且法治的专制主义"，即宜用"法治"这一中性的且符合法家思想内核的词语替换"邪恶"这一贬义判断但是否成立值得商榷的词语。事实上，专制主义是残忍的，"仁慈仅仅笼罩着政治宽和的国家"（孟德斯鸠：《论法的精神》上册，张雁深译，商务印书馆1961年版，第83页）。

⑥ 刘泽华：《中国政治思想史集》第三卷《王权主义与思想和社会》，人民出版社2008年版，第4页。

⑦ ［英］拉尔夫·达仁道夫：《现代社会冲突》，林荣远译，中国社会科学出版社2000年版，第107页。

⑧ 《马克思恩格斯全集》（第一卷），人民出版社1956年版，第411页。

平等是因为每一个人'什么都不是'。"①

三、希腊三贤心仪的政体与西哲对君主制的推崇

与中国先秦诸子公认的单一的君主专制政体不同,古希腊先贤对政体作了多方位的探讨。比如,苏格拉底主张城邦应由"知识贵族"来统治,并将之视为凌驾于民主制、寡头制、僭主制、氏族贵族制和传统的君主制之上的理想政体。苏格拉底说:

> 君王和统治者并不是那些拥大权、持王笏的人,也不是那些由群众选举出来的人,也不是那些中了签的人,也不是那些用暴力或者欺骗手法取得政权的人,而是那些懂得怎样统治的人。②

苏格拉底所说的"那些懂得怎样统治的人",就是"哲人统治"。其内在机理,像他举的例子一样:"在一只船上,懂得〔业务〕的人是统治者,而船主和所有其他在船上的人都听命于这个懂得的人。"苏格拉底坚决反对民主制,认为当时的雅典民主制业已衰落。而民主制的主要缺陷在于它是由抽签产生的公职人员不够格,人民大会缺乏政治智慧,无知的人变成了统帅。③

其中的人民大会缺乏政治智慧,其意旨颇近先秦法家的"民不可与虑始,而可与乐成"以及"论至德者,不和于俗;成大功者,不谋于众"④之论。

柏拉图在苏格拉底"哲人统治"的基础上,认为一个最理想的国家就是"哲学王"统治的国家。他以苏格拉底和格劳孔的对话,并借苏格拉底说:

> 除非哲学家成为我们这些国家的国王,或者我们目前称之为国王和统治者的那些人物,能严肃认真地追求智慧,是政治权力与聪明才智合而为一;那些顾此失彼,不能兼有的庸庸碌碌之徒,必须排除出去。否则的话,我亲爱的格劳孔,对国家甚至我想对全人类将祸害无穷,永无宁日。我们前面描述的那种法律体制,都只能是海客谈瀛,永远只能是空中楼阁而已。⑤

苏格拉底、柏拉图追求的"哲学王"之治,与中国先秦古哲追求的"内圣外王"这**一内修己身以成圣,外达济世之功以成王**的政治理想十分神似。但与"中国古代贤人治国论最终导致对一种专制政体的认同"⑥殊异。

后来罗素深刻地指出:"哲学家国王很久以前就被当作痴心妄想抛弃,但是哲学

---

① [法]孟德斯鸠:《论法的精神》上册,张雁深译,商务印书馆 1961 年版,第 76 页。真正的平等是民主政治国家的灵魂,而在专制国家,孟德斯鸠在另一处写道:"在那里,人人都是平等的,没有人能够认为自己比别人优越;在那里,人人都是奴隶,已经没有谁可以和自己比较一下优越了。"(见孟德斯鸠书上册,第 25 页)

② [古希腊]色诺芬:《回忆苏格拉底》,吴永泉译,商务印书馆 1984 年版,第 118 页。

③ 谷春德主编:《西方法律思想史》,中国人民大学出版社 2000 年版,第 21 页。

④ 《商君书·更法》。

⑤ [古希腊]柏拉图:《理想国》,郭斌和、张竹明译,商务印书馆 1986 年版,第 214~215 页。

⑥ 谷春德主编:《西方法律思想史》,中国人民大学出版社 2000 年版,第 32 页。

家政党虽然同样荒谬,却被欢呼为一大发现。"①而阿伦特则揭示了人不仅是一种社会的或政治的动物,而是复数性的,这为政治赋予了不可思议的开放性。正是由于在复数的行动者中间的行动的"偶然性",自柏拉图以来的政治哲学家们才试图用一种制作艺术品的政治模式取代行动。继哲学王注视理想模型,并把他消极的臣民改造得适合于这个模型之后,出现了一个又一个精心阐述的完美的社会方案,在其中,每个人的行动都符合作者设计的蓝图。乌托邦思想这一令人吃惊的贫乏性质,尽管阿伦特指出这一点已经四十年了,但主流政治哲学还陷在同样的陷阱里面,仍然不愿意认真对待行动和复数性,仍然想要找到某些可以从逻辑上加以推演的理论原理……②这与其说反映了人类思想的惰性,毋宁说人类总是锲而不舍地试图寻求规律性质的东西,以便在"不确定的海洋"上寻找"可预见的岛屿"的一种努力。

柏拉图之后,亚里士多德则据执政者人数的多少和统治趋向的目的这两个标准,把政体分为正常政体和变态政体。前者又分为统治者为一人的君主政体,统治者为少数人的贵族政体,以及统治者为多数人的共和政体。后者则包括为君主私人利益而凌驾于人民之上的僭主政体,为富有者利益而凌驾于平民之上的寡头政体,以及为平民利益而对富有者进行限制的平民政体。以此观之,政体的好坏,不在于是不是君主政体,而在于统治趋向的目的。

正因如此,在西方思想家中,大有推崇君主制者,比如,托马斯·阿奎那直接认为"君主制是最好的政体"。其论证的出发点是"任何统治者都应当以谋求他所治理的区域的幸福为目的,正如舵手的任务是驾驶船只穿越惊涛骇浪以达于安全的港口一样"。③阿奎那进而论证道:"在自然界,支配权总是操在单一的个体手中。在身体的各器官间,有一个对其他一切器官起推动作用的器官,那就是心;在灵魂中有一个出类拔萃的机能,那就是理性。蜜蜂有一个王,而在整个宇宙间有一个上帝,即造物主和万物之主。这是完全合乎理性的:因为一切多样体都是从统一产生的。因此,既然人工的产物不过是对自然作品的一种模仿,既然人工的作品由于忠实地表现了它的自然范本而益臻完善,由此必然可以得出结论,人类社会中最好的政体就是由一人所掌握的政体。"④阿奎那这种类比的论证方法,竟与中国传统的论证方式惊人的相似。

与此不同,著名的机械唯物主义哲学家霍布斯没有采用这种类比的方式来论证他极力推崇的君主制,而是采用了逻辑的方法予以分析。他首先沿用了亚里士多德以执政人数划分政体的方法,认为国家只有三种:"当代表者只是一个人的时候,国家就是君主国,如果是集在一起的全部人的会议时便是民主国家或平民国家,

---

① 罗素:《权力论》,靳建靳译,中华书局(香港)有限公司 2002 年版,第 69 页。

② [美]汉娜·阿伦特:《人的境况》,王寅丽译,上海人民出版社 2009 年版。此系玛格丽特·加诺芬为阿伦特《人的境况》写的"导言",第 10～11 页。

③ [意]托马斯·阿奎那:《阿奎那政治著作选》,马清槐译,商务印书馆 1963 年版,第 48 页。

④ [意]托马斯·阿奎那:《阿奎那政治著作选》,马清槐译,商务印书馆 1963 年版,第 49 页。

托马斯·霍布斯

如果只是一部分人组成的会议便称为贵族国家。"①霍布斯进而把君主政体和另外两种政体加以比较,认为君主制有三点好处:(1)"公私利益结合得最紧密的地方,公共利益所得到的推进也最大。在君主国家中,私人利益和公共利益是一回事。"(2)"君主可以随便在任何时候、任何地点听取任何人的谘议,因之便可以不论阶级和品位听取其所考虑的事物的专家的意见。"(3)"君主的决断除人性本身朝三暮四的情形以外,不会有其他前后不一的地方。但在议会中则除人性之外还有人数产生的矛盾。"(4)"君主绝不可能由于嫉妒或利益而自己反对自己,但议会却会这样,甚至达到可以引起内战的程度。"②同时,霍布斯也指出了君主制有两方面的流弊:一是"任何臣民的全部财产都可能由于一个独夫的权力而被剥夺,用以养肥君主的宠臣或谄佞人物""但议会的嬖人为数就多了",因此这一流弊更甚。二是"主权可能传到一个

孺子或不辨善恶的人手中"。③一言以蔽之,在推崇君主制的论者那里,君主制虽有流弊但比其他政体更好。

事实上,对君主政体的推崇,属于西方政治思想的"非主流"。从政治理论到政治实践,更多表明的是君主政体不仅不是唯一的,而且也不是最好的。美国沃特金斯教授在他的《西方政治传统》一书中,将目光直指伯里克利时代,认为古希腊才是西方现代自由主义的真正起源。他深刻地阐释了自从古希腊世界建立了"法律之下的自由"的观念之后,自由与法治的原则便紧密结合在一起,成为西方政治领域最具特色的信念。沃特金斯说:"在历史上,多数社会往往认为,若要长治久安,民众不能不服从英明领袖之一人。个人固然可以负责其自身的事情,却绝对不可逾越上级权威定下的限制,惟有在这一难以预料的限制以内,个人才有权行动。古希腊人的态度,却与此判然不同。他们相信,惟法律是将众人结合为一的最基本纽带,故而无法满足于行使单纯的专断权威。"④

四、雅典民主的"黄金时代"

考古史发现,早在 2500 多年前,古希腊就出现了诺萨斯文化和迈锡尼文明,是世界文化发展的摇篮。

① [英]霍布斯:《利维坦》,黎思复、黎廷弼译,商务印书馆 1985 年版,第 142 页。
② [英]霍布斯:《利维坦》,黎思复、黎廷弼译,商务印书馆 1985 年版,第 144～145 页。
③ [英]霍布斯:《利维坦》,黎思复、黎廷弼译,商务印书馆 1985 年版,第 145～146 页。
④ [美]弗里德里希·沃特金斯:《西方政治传统》,黄辉、杨健译,吉林人民出版社 2001 年版,第 5 页。

经由荷马时代，到公元前 8 世纪至前 6 世纪，手工业从农业中分离出来，生产奴隶制取代家庭奴隶制，工商业奴隶主和土地贵族的矛盾日渐突出。经过提秀斯（Theseus）改革、梭伦（Solon）改革和克里斯提尼（Kleisthenes）改革，奴隶制国家得以最后确立。经过公元前 492 年至公元前 449 年，持续了 43 年的"希波战争"，以希腊胜利而告终。雅典成为当时希腊的军事、商业和贸易中心。执政官伯里克利建立了希腊奴隶主民主制，希腊国家达到了鼎盛时期。

稍作梳理，我们看到，当雅典最后一个国王科德罗斯死后，王权衰落，政权由氏族贵族执掌。公元前 752 年，执政官改为十年一任；公元前 682 年起，执政官一年一选。公元前 7 世纪中叶，形成了由 9 名执政官分别掌管国家最高行政、军事、司法和宗教事务的局面。公元前 621 年，执政官德拉古把习惯法用文字记录下来，公之于众，这便是众所周知的《德拉古法典》，在一定程度上限制了氏族贵族的权力。

公元前 594 年，由双方共同选出的执政官梭伦进行改革。梭伦改革，首先颁布了旨在解除贵族对贫民债务的"解负令"，即废除雅典公民以人身作抵押的一切债务，禁止再以人身作抵押借债，禁止把欠债的平民变为奴隶。由国家出钱把因无力还债而被卖到异邦为奴的人赎回，并废除了"六一汉"①制度；以财产状况划分居民，分为自由民、土地贵族、骑士、驾牛户。创立 400 人会议，作为公民大会的常设机构，为最高行政机关。400 人会议由 4 个部落各选 100 人组成，骑士级以上的公民皆有资格当选为成员。同时建立公民大会制度，城邦的重大问题由议事会经过讨论后形成议案，提交公民大会表决。执政官与其他执政人员均由公民投票选出，公民还同时选出一个由 11 人组成的最高法庭，负责审理对执政官所作判决不服的上诉，以防止执政官执政过程中的专断和独裁；另外，还成立一个具有行政监督职能的元老院。值得一提的是，梭伦还首创了陪审法庭制度和立遗嘱制度等；制定新法典取代德拉古的严酷法律，只保留了其中有关杀人罪的部

梭伦

---

①　梭伦改革前的雅典曾一度盛行租佃制，这种租佃制下的佃农（"六一汉"），即由拥有小块土地的自耕农破产后转化而来。因为佃农无力还债，不得不为债主耕种土地，把收成的六分之五作为地租交给债主，自己只能保留六分之一，故名"六一汉"。

分，使整个雅典法具有人道色彩。梭伦改革，提高了公民大会的权力，调整了公民集体内不同阶层之间的利益关系，由此奠定了雅典民主政治的基础。

梭伦改革的公元前 594 年，在东方中国，鲁国开始实行"初税亩"。一个向民主政治奠基，一个向私有制启程。一中一西，形成富有意味的对照。

公元前 508 年的克利斯提尼改革，以地域部落取代血缘部落，即以 10 个地区的部落取代原来的 4 个氏族部落，由每一部落选出 50 人，组成 500 人会议，以替代原来的 400 人会议。绝妙的是，500 人会议从 10 个部落的任何等级公民中，经抽签各选出 50 人组成；这 50 人分组轮流管理国事（这在"尊无二上"的古代中国，简直不可思议）；实行贝壳（陶片）放逐法，以防止僭主政治再起；建立十将军制，每部落选一人掌军事；公民会议成为最高权力机构，削弱了贵族会议权力，促进了雅典民主政治的发展，确立了民主政体。

至于伯里克利时代，世称雅典民主的"黄金时代"。伯里克利的改革，主要内容是：扩大公民的参政范围，即所有成年男性公民，可以担任除十将军以外的所有官职；改革最高权力机构——公民大会，成年男性公民均可参加并有发言权和表决权；改革 500 人会议的成员构成和扩大权限；提

高国家最高司法机关和监察机关——陪审法庭的权力和地位；扩大十将军委员会的权力，规定首席将军执掌国家军政大权；制定"公职津贴"制度，为参政公民发放工资和津贴；奖励学术，提倡文艺。一时雅典人才辈出，文化昌盛。鼓励公民接受政治教育和文化熏陶，向公民发放"观剧津贴"等。但占人口多数的奴隶、外邦人和妇女都被剥夺了政治权利。由此可见，伯里克利的改革，进一步发展了雅典奴隶主民主制，把古代希腊奴隶制民主政治推向顶峰。

纵观以海洋为依托的古希腊文明，它的发轫与兴盛，与古希腊的地理位置和地理环境有重大关系。

古希腊地处地中海东部的巴尔干半岛，东邻爱琴海，海岸线崎岖，海岛星罗棋布，半岛上重峦叠嶂，山势陡峭，相对分隔。由于这一特殊的地理环境，古希腊出现了 200 多个奴隶制小国，史称"城邦"或"城市国家"。因此，古希腊城邦的基本特征是小国寡民，其政体有民主制、贵族制和君主制等。其中，实行贵族制的斯巴达和实行民主制的雅典是古代希腊城邦的典型代表。

就古代希腊的民主政治而言，它的时代背景是氏族制度瓦解，奴隶制正在确立的过程中。其显著特征不仅是小国寡民，尤其还具有独立自主的精神。雅典民主政治的基本特征是全体公民是统治者，参与政治，集体掌握国家最高权力；公民集体内部相对平等；法律至上。但它毕竟是奴隶制民主，它的民主政治是建立在奴隶制基础之上的，真正能够享受到城邦民主的人毕竟是少数。虽然如此，足以光耀乾坤，成了无数文人学者寄寓理想的、恒久的乌托邦！

伯里克利的伟大，不仅彰显在他彪炳史册的奴隶制民主政治制度的"黄金时代"里，从此把一个"地方的经验"逐步普化为具有世界意义的普世价值，甚至体现在他距今二千四百多年前在阵亡将士葬礼的演讲中。他那真挚的、令人心悦诚服的、"遗留了永久的纪念于后世"的演讲，至今让人怦然心动、感佩不已！

这篇保存在修昔底德①的《伯罗奔尼撒战争史》中的著名演讲词，是用他的人格与智慧的生命凝结而成的，内中充满了大气和不羁，却又表现于小心翼翼的甄别与呵护。其中展示和呈现了他的襟怀、理想与抱负，描绘了一幅在他心目中臻于完美的社会愿景。

他开场坦陈："过去许多在此地说过话的人，总是赞美我们在葬礼将完时发表演说的这种制度。在他们看来，对于阵亡将士发表演说，似乎是对阵亡将士一种光荣的表示。这一点，我不同意。"因为在伯里克利看来，"这许多人的勇敢和英雄气概毫不因为一个人对他们说好或说歹而有所变更"。他因之认为，发言的恰如其分在于"真情"：

伯里克利

"当听众不相信发言者是说真情的时候，发言者是很难说得恰如其分的。"这个恰如其分就是"颂扬他人，只有在一定的界线以内，才能使人容忍；这个界线就是一个人还相信他所听到的事务中，有一些他自己也可以做到"。

在这一基调下，伯里克利首先缅怀了他们的祖先和表达了对祖先的敬意。他说："在我们这块土地上，同一个民族的人世世代代住在这里，直到现在；因为他们的勇敢和美德，他们把这块土地当作一个自由国家传给我们。"注意，伯里克利关注和强调的是"把这块土地当作一个自由国家"传给了我们。伯里克利提及了父辈的勇敢和经由军事行动扩充了的帝国，但是，伯里克利心仪的不是这些，他"不说我们用以取得我们的势力的一些军事行动，也不说我们父辈英勇地抵抗我们希腊内部和外部敌人的战役"。他"所要说的，首先是讨论我们曾经受到**考验的精神，我们的宪法和使我们伟大的生活方式**"。请允许我加黑体表示特别强调。因此，伯里克利自信和自豪的是：

> 我要说，我们的政治制度不是从我们邻人的制度中模仿得来的。我们的制度是别人的模范，而不是我们模仿任何其他的人的。我们的制度之所以被称为民主政治，因为政权是在全体公民手中，而不是在少数人手中。

这简直是第一次代表人类对民主政治

433

① 修昔底德（Thucydides，约公元前 460—公元前 400/前 396 年），古希腊著名历史学家，以其著名的《伯罗奔尼撒战争史》而在西方史学史上占有重要地位。

的热情讴歌!

不仅如此,伯里克利接着讲:"解决私人争执的时候,每个人在法律上都是平等的。"想想,多么简短、无华的一个事实表述,"每个人在法律上都是平等的",这不是一个宣言、一种理论标识,要知道,它是事实描述,是在"解决私人争执的时候",而且是在公元前五世纪。这不是近代资产阶级的启蒙宣言,它是人类对法治精神首次石破天惊的宣谕!

伯里克利接上说:"让一个人负担公职优先于他人的时候,所考虑的不是某一个特殊阶级的成员,而是他们有的真正才能。"似乎这句话与中国先秦的先哲关于职与才相称的论述并无二致,但仔细分析就不难发现,伯里克利的演讲中有"特殊阶级"的表述,这一阶级观,令人惊异。而这源于他们的"政治生活是自由而公开的"和"彼此间的日常生活也是这样的"。伯里克利因之骄傲地宣称:

在我们私人生活中,我们是自由的和宽恕的;但是在公家的事务中,我们遵守法律。这是因为这种法律深使我们心悦诚服。

对于那些我们放在当权地位的人,我们服从;我们服从法律本身,特别是那些保护被压迫者的法律,那些虽未写成文字,但是违反了就算是公认的耻辱的法律。

要记住的是,法律之所以被遵守,不是因为其潜在的威胁和强制,而是"因为这种法律深使我们心悦诚服",即发自内心的肯认与信仰。

尤其要记住的是,那些"当权地位的

人",是"我们放在"那里的,所以"我们服从";而"我们服从法律本身",不是因为法律的威慑,恰恰是因为那些法律保护被压迫者,甚至是"那些虽未写成文字,但是违反了就算是公认的耻辱的法律"。未写成文字的法律,实际上镌刻于每一个知耻的公民心中,这样的法律,也就是现代法治国家心仪并尊奉无违的一种生活方式。这,其实就是伯里克利前面要说的"我们的宪法和使我们伟大的生活方式"。这种生活方式因之是健康的,通过"各种娱乐"提升了的精神,伯里克利说"我们的城邦这样伟大,它使全世界各地一切好的东西都充分地带给我们,使我们享受外国的东西,正好像是我们本地的出产品一样"。是啊,先后兴建的帕特农神庙、雅典卫城正门、赫淮斯托斯神庙、苏尼昂海神庙、埃列赫特伊昂神庙以及附属于这些建筑的各种塑像、浮雕精美绝伦,成为千古不朽的造型艺术杰作。

恢宏庄严的帕特农神庙一角

伯里克利是他的时代亦即古典希腊文化的推崇者和倡导者,在他的身边,不仅有杰出的哲学家阿拉克萨戈拉,还有公认的最伟大的古典雕刻家菲狄亚斯,他著名的作品为世界七大奇迹之一的宙斯巨像和巴特农神殿的阿西娜巨像,与这一时期雕塑艺坛最杰出的代表米隆和波利克里托斯并称三大雕刻家;与伯里克利过从甚密的还有著名的悲剧家索福克勒斯。他在长达70年的创作生涯中,共写了123部悲剧和滑稽剧,流传至今的有《安提戈涅》和《俄狄浦斯王》等7部作品。与埃斯库罗斯、欧里庇得斯一起被称为古希腊最伟大的三大悲剧作家。

这是一个多么神奇的时代,因此成了后世人们寄寓梦想的时代。

在军事安全的态度方面,伯里克利在继续演说中讲,与敌人的差别是,他们"所倚赖的不是阴谋诡计,而是自己的勇敢和忠诚"。这让我们想到了荀子"仁者之兵",在于"百将一心,三军同力",而不在"攻夺变诈"。可见高士所论,英雄所见,虽中外一也。

在教育制度上,伯里克利说,雅典与斯巴达人的差别,不是从孩提时代起就受到最艰苦的训练,使之变为勇敢,而是"自愿地以轻松的情绪来应付危险"。因为,在伯里克利看来:

> 我们的勇敢是从我们的生活方式中自然产生的,而不是国家法律强迫的;我认为这些是我们的优点。我们不花费时间来训练自己忍受那些尚未到来的痛苦;但是当我们真的遇着痛苦的时候,我们表现我们自己正和那些经常受到严格训练的人一样勇敢。我认为这是我们的城邦值得崇拜的一点。

多么好,勇敢是从生活方式中自然产生,"而不是国家法律强迫的",这点又是多么重要。这同我们熟知的商鞅通过"劫以刑,而驱以赏",亦即"怯民使之以刑,则勇;勇民使之以赏,则死"的思路、方略根本

不同。而且这种勇敢也不是训练出来的。这的确是伯里克利的雅典城邦值得崇尚的一点,且是根本的一点。

在个人事务和国家事务方面,伯里克利讲:"在我们这里,每一个人所关心的,不仅是他自己的事务,而且也关心国家的事务。就是那些最忙于他们自己的事务的人,对于一般政治也是很熟悉的——这是我们的特点:一个不关心政治的人,我们不说他是一个注意自己事务的人,而说他根本没有事务。"因此,伯里克利申述,"真的算得勇敢的人是那个最了解人生的幸福和灾患,然后勇往直前,担当起将来会发生的事故的人"。

在友谊问题上,伯里克利宣称:"我们结交朋友的方法是给他人以好处,而不是从他人方面得到好处。"因此,友谊不是债务,不是交换,而是给予的慷慨和真诚。他进而断言:

> 我们的城市是全希腊的学校。

这是多么自豪和自信的宣言啊!

他同时断言:"我们每个公民,在许多生活方面,能够独立自主;并且在表现独立自主的时候,能够特别地表现温文尔雅和多才多艺"。这,只要稍加思索,看看雅典诸多伟大的成就,就可明了这不是吹嘘,"而是真正的具体事实",一如伯里克利所言:"真的,我们所遗留下来的帝国的标志和纪念物是巨大的。"并且,"我们遗留了永久的纪念于后世"!

"那么,这就是这些人为它慷慨而战、慷慨而死的一个城邦",伯里克利说。这些人是阵亡将士们。他说:"使我们的城邦光

明灿烂的是这些人和类似他们的人的勇敢和英雄气概。"

伯里克利说，这些人"中间有些人是有缺点的"，但是，"我们所应当记着的，首先是他们抵抗敌人、捍卫祖国的英勇行为。他们的优点抵消了他们的缺点，他们对国家的贡献多于他们在私人生活中所作的祸害。他们这些人中间，没有人因为想继续享受他们的财富而变为懦夫；也没有人逃避这个危难的日子，以图偷生脱离穷困而获得富裕。他们所需要的不是这些东西，而是要挫折敌人的骄气。在他们看来，这是最光荣的冒险"。

伯里克利讴歌阵亡将士们："贡献了他们的生命给国家和我们全体；至于他们自己，他们获得了永远长青的赞美，最光辉灿烂的坟墓——不是他们的遗体所安葬的坟墓，而是他们的光荣永远留在人心的地方；每到适当的时机，永远激动他人的言论或行动的地方。"他申述到："他们的英名是生根在人们的心灵中，而不是雕刻在有形的石碑上。"这简直就是至理名言。

伯里克利深入阵亡将士们的心魂："一个聪明的人感觉到，因为自己懦弱而引起的耻辱比为爱国主义精神所鼓舞而意外地死于战场，更为难过。"没有人能比伟大的伯里克利更理解阵亡将士们的心声了，没有人的演讲能比这几句将爱国主义精神的旗帜加披在他们身上更安抚他们的在天之灵了。

伯里克利不但要祭奠亡灵，更要安抚生者："我要努力安慰他们。他们很知道他们生长在一个人生无常的世界中。但是像

阵亡将士一样死得光荣的人们和你们这些光荣地哀吊他们的人们都是幸福的；他们的生命安排得使幸福和死亡同在一起。"

伯里克利理解的悲伤是真正的悲伤，他说："一个人不会因为缺少了他经验中所没有享受过的好事而感到悲伤的；真正悲伤是因为丧失了他惯于享受的东西才会被感觉到的。"这是对人性的深刻洞察与体悟才有的知见，一种心同此理的透彻表达。

他鼓励"适当年龄的人"要"更多生一些儿女"，这不仅是因为"这些新生的儿女们会使你们忘记那些死者，他们也会帮助城邦填补死者的空位和保证它的安全"。而对于"那些已经太老，不再生育了的人，我请你们把你们享受幸福的大部分生命作为一个收获，记着你们的余年是不长了的"，因此，当"你们想到死者的美名时，你们心中要想开些"，他说："只有光荣感是不会受年龄的影响的。"伯里克利继续道：

> 当一个人因年老而衰弱时，他最后的幸福，不是如诗人所说的，是谋利，而是得到同胞的尊敬。

诗人是指西蒙尼德。① 伯里克利虽是借引，但这也能看出不同于诗人的政治家的睿智——老年人最后的幸福，是得到同胞的尊敬。

接着，伯里克利对死者的儿子们或弟兄们表达了他的劝慰与激励，更有犀利之论："当人活着的时候，他总是易于嫉妒那些和他们竞争的人的；但是当人去世了的

① 普鲁塔克在《道德对话集》中载述，有人批评西蒙尼德爱钱，西蒙尼德说，因为年老，其他乐趣都没有了，但是他还有一种乐趣以自娱，那就是谋利。实际上，明显可以看出，这是诗人的调侃。

时候,他是真诚地受人尊敬的。"这就叫入木三分,即使在葬礼上,伯里克利也时刻不忘经由他的观察与感悟而得的透彻,以及真诚。

最后,他还要对那些因战争失去丈夫的寡妇说"一个短短的忠言",那就是"你们的大光荣没有逊于女性所应有的标准"。顺此,他的演讲结束于一个庄重的承诺:

将来他们的儿女们将由公费维持,直到他们达到成年时为止。这是国家给予死者和他们的儿女们的花冠和奖品,作为他们经得住考验的酬谢。凡是对于勇敢的奖赏最大的地方,你们也就可以找到人民中间最优秀的和最勇敢的精神。现在你们对于阵亡的亲属已致哀吊,你们可以散开了。

这就是著名的伯里克利在阵亡将士葬礼上的演讲。

这份难得的文本足以让我们一窥伯里克利何以伟大,足以让我们一窥伯里克利的时代何以至今是让人遥望和心慕不已的"黄金时代"!

这就是不同于古代中国"尊无二上"的雅典民主品质的内涵与真意。

我们知道,正是雅典民主的理论与实践,为近代西方政治制度奠定了最初的基础。

后　记

天蓝如洗,白云飞渡。

在秋日,当我把多年写作的甘苦化作天空一样高远而静定的心绪之际,依然充满了无限感慨。

如果没有魂牵梦绕的热爱,如果没有生命不能承受之轻的堪负,如果没有耳闻目睹一个伟大民族绝非空谷传响的精神传统面临断裂的危险,而涌起的自不量力的担当,很难经受从点点滴滴的储备到一字一句的写就,又反反复复修改的无尽熬煎;很难经受在蒸笼般的夏日,挥汗如雨以致寝食难安的磨砺;很难经受把自己囚禁在一方斗室,"放风"时间尚不及囚徒的惜时之苦……这些,都随着书稿的付梓已淡淡远去,而至乐,将永存心底。之所以说是至乐,是因为在写作过程中,每有悠然神会处,或豁然贯通时,不觉手之舞之,足之蹈之。此乐也,心神俱醉,瞬间已胜万千之苦。唯历此境者,方可道得,正所谓"极盘游于至乐,虽日夕而忘劬"。

当然,热爱与担当并不必然带来灼见。真的智者,会有波普尔的自觉:"我所追求的所有知识,只是为了更加充分地证明自己的无知是无限的。"从此一意义上讲,六卷本的"中西哲思之源"文丛,与其说是我殚精竭虑、呕心沥血贡献的一己之思,毋宁说是我系统学习中西源头经典的札记。深入其中,不要说中西哲思体系的庞大与义理的幽微精深,仅仅一个分支中的细节,甚至是片言只语所抵达的高远之境,就有无限理趣,就有无边魅力,就足以玩味一生。在写作的过程中,我时常肃然于中西文化源头的圣哲们博大精深的思想,面对他们,心怀敬畏。当我试图以他们身处的时代,以他们的视角作穿越时空的"体证式"理解时,我时常感到我与他们一道忧伤,一道喜悦,一道指点江山,激扬文字。而他们,就以大师的不动声色,将我从芸芸众生的熙攘中超拔了出来,和他们一起,在云布风动的广大天空下,在历史的烟尘深处,展开无边的思想画卷……

经年的研究,感觉就像行进在无垠的大野,放眼望去,前方山叠水嶂,歧途四布,稍有不慎,就无法经由正道抵达正觉。事实上,常怀怵惕之心,并不意味着对导引人类文明进程的哲思一味认同而不加鉴识,恰恰相反,唯有经由敬畏与体证式的理解之途,才能抵达圣哲们思想的高地,才能在尊重的前提下不致郢书燕说,才能克服现代人的狂妄与无知,才能一改以今解古的积习,进而小心甄别不同学说的优劣,划开超越时空的卓见与一事一策的时论,考虑恒久于人性并根植于人心的理宗,辨察中西大师不同的治世方略。

而这些想法的实现,海量的知识储备自不待言。单就心性来讲,需要聚精会神,心无旁骛,因此,静与定,不可或缺。所谓静,不仅需要玉韫珠藏的沉潜,而且需要涵养澄默的

438

灵觉,甚至需要写作过程中心灵的寂逸。下面这首题为《寂逸·之一》的小诗,真实记述了我写作中心境的清幽与孤寂:

柴扉白云封,

雪径久无痕。

风吹枯叶响,

疑是故人踪。

因为只有"静",方能去掉心浮气躁,而独得大机趣,活泼泼地呈现鸢飞鱼跃的气象,才有望一窥"仰之弥高,钻之弥坚。瞻之在前,忽焉在后"的大师门径。

而"定",在孟子是浩然之气,是"不动心";在阳明先生是"心之本体",是"天理";在庄子是"用志不纷,乃凝于神"。就定的主体而言,则是老子自诩的"愚人"。

老子当年说"我愚人之心也哉!众人昭昭,我独昏昏;众人察察,我独闷闷"——那是多么淡远和遗世独立的样子啊!朴拙得像是一株历经千年的大树,根生大地,枝摇天空,清风明月,苍藤胸襟。内中充满了"我独异于人"的静定。由此,当我面对因为这部书稿失去的很多东西时,非常淡然,反而复哀杜工部在公元752年秋登上慈恩寺时浩叹的"君看随阳雁,各有稻粱谋"的机巧。

而书稿,是心念所系,每有独见新思,辄遇妙论高论,甚至偶得精致出尘的片言只语,不惮烦劳,勤采以补,由此版式大乱,而一一重排,凡此种种,耗精费神,书稿即成,反复增删已不知多少遍。由此,我最大的一个感觉是,这部书稿似乎永远也写不完。

是的,这是一部似乎永远也写不完的书稿。所论既繁,而博览难穷,加之构架宏大,愿景弘远,又一改此类著述的惯例,尝试创辟,且时贤辈出,后来居上,岂能荟萃无余?事实上,以我的一己之力来完成如此宏大的构想,用葛兆光先生在《中国思想史》第一卷后记中的话说,"已经有些折肱以举鼎的力不从心","说实在话,现在这个样子,我已经差不多筋疲力尽了"。

至于"文丛"的雅俗之间,力争易懂,即在比较古奥的原典后参之以权威注疏家的译文,以晓其义,但不刻意媚俗,以保持"文丛"应有的学术品质。在资料的取舍方面,力争撷取一流名家的至论或时俊的灼见,力争将具有人文底蕴的资料恰如其分地引入其中。有时,一幅图片胜过千个文字,因此,"文丛"配插了与文稿内容有关的图片,不仅赏心悦目,亦一特色也。

"文丛"所论,既有廊庙的经纶,亦不乏林泉的高致。借用门无子的话说,之所以"窃不自量,而肆笔于是",虽无夫子"君子疾没世而名不称焉"的慕道之驱,甚至亦无学者应有的天机清澈与胸次玲珑,愚钝如我者,实有感于学者生涯的无以为报,以及孤独如斯。2010年2月12日,即在"文丛"写作进程的间隙,在一首小诗的题记中,记录了这份孤独和偶露的"峥嵘":

　　雨雪初霁,天清地明。心境如洗,鸟鸣风吟。想往来古今,世相纷纷,机心如尘,多少至人,湮没其中。无以步其踪,无缘话道真。寂然四顾,唯冬阳朗照,江南草青。往者不可追,来者不可闻。孤独斯世,袖手乾坤。胸中廓然万古,梦魂几多贤俊。孑然笃行于罕径,昼夜兼程。青灯黄卷,悠然心会,飘飘若神。不图虚名,岂仰虚士?心邈神远,遗世孤鸿。乐我之劳,优游出尘。此心唯究天人相与之妙谛,力挽大理不废之时空。微斯人,吾与谁行?一时慨然,作歌以《述怀》:

> 万象纷如尘,
>
> 闲坐听山青。
>
> 独步苍茫后,
>
> 喧嚣一人行。
>
> 观澜知海浩,
>
> 沿波寻本根。
>
> 悠悠大化中,
>
> 何物越时空?

　　在"文丛"即将付梓之际,我要感谢无法——细列但铭记于心的师友给予我的良多教益,感谢中国计量学院给予我的大力支持,感谢我的同事对我真诚的帮助,感谢浙江省高校中青年学科带头人专项资金的资助,感谢浙江省标准化与知识产权管理人文重点研究基地的资助。

　　我要特别感谢厦门大学出版社副社长施高翔老师的鼎力支持,他和他的同仁为"文丛"的出版付出了巨大心力,这份感动,将永存心底。

　　千里江山昨梦非,转眼秋光如许。多少年来,超时空追寻中西圣哲的精神之旅,从有形的文本上告一段落了,但真正的神会,其实刚刚开始。嘤其鸣矣,求其友声,此时的心情,与其说如释重负,毋宁说充满期待。这套"文丛",虽敝帚自珍,因学力有限,恐属野芹之献,不当乃至错谬之处定然不少,尚祈四海方家,不吝指教。

　　写完后记,已是夜半。走出小楼,庭院幽静。此际也,秋月高悬,清辉无限,而秋虫四唱,一派祥和。月下小坐,一时心体澄明,积劳顿消,怡然忘忧,至乐难述。

王斐弘

2012 年中秋·杭州半隐庐

图书在版编目(CIP)数据

治法与治道/王斐弘著. —厦门:厦门大学出版社,2014.4
（中西哲思之源文丛）
ISBN 978-7-5615-4094-7

Ⅰ.①治⋯　Ⅱ.①王⋯　Ⅲ.①法家-哲学思想-研究　Ⅳ.①B226.05

中国版本图书馆 CIP 数据核字(2014)第 071108 号

厦门大学出版社出版发行

（地址:厦门市软件园二期望海路 39 号　邮编:361008)

http://www.xmupress.com

xmup @ xmupress.com

沙县方圆印刷有限公司印刷

2014 年 4 月第 1 版　2014 年 4 月第 1 次印刷
开本:720×1000　1/16　印张:29.25　插页:2
字数:619 千字　印数:1~2 000 册
定价:56.00 元
本书如有印装质量问题请寄承印厂调换